教育部人才培养模式改革和开放教育试点法学教材

犯罪心理学

（第三版）

主　编　罗大华

撰稿人　罗大华　赵桂芬
　　　　刘建清　刘邦惠
　　　　邢红枚　陈　欢
　　　　李　婕

中国政法大学出版社

2014·北京

出 版 说 明

　　广播电视大学自 1979 年创建至今已有 20 多年，为国家培养了几十万法律专业高等专门人才。1999 年为适应我国社会经济发展，建设社会主义法治国家的需要，教育部现代远程教育工程，中央广播电视大学"人才培养模式改革与开放教育试点"项目，作为国家重点科研课题正式启动，法学专业本科人才培养模式改革与开放教育试点是该项目的重要组成部分。为了实现教育资源的优化配置，中央广播电视大学和中国政法大学合作推出了法律专业专科起点的本科教育，同时邀请了北京大学、中国人民大学等部分高等学校的专家参加教学资源的建设。

　　为了更好地探索现代远程开放教育规律，充分体现学生自主学习的特点，中央广播电视大学结合 20 多年办学经验，从教材的体例、版式设计上做了改革，以适合学生的学习。在内容上力求反映应用性的特点，使学生掌握本学科的基本概念和理论体系，具有分析问题和解决问题的能力，培养其自学能力和认识事物的创新能力，以满足人才培养模式改革和开放教育的需求。在建设文字教材的同时，我们还根据远程开放教育的特点，辅之以录音、录像、CAI、网络课件等学习材料为学习者提供学习支持服务。本教材为中央广播电视大学实施教育部"人才培养模式改革和开放教育试点"项目法学专业系列教材。

　　该系列教材分别由中央广播电视大学出版社、中国政法大学出版社等出版社出版。在教材建设过程中，我们得到了中央广播电视大学、中国政法大学、北京大学、中国人民大学、清华大学、中国人民公安大学、中央民族大学、对外经济贸易大学、中国社会科学院法学研究所、国家法官学院等十几家高等院校、法学研究机构、国家司法机关的有关专家、学者的大力支持，在此表示衷心的感谢。

法学教材编委会

2007 年 7 月

第三版说明

　　为中央广播电视大学编写的《犯罪心理学》教材第二版（2007年）出版距今已有6年多的时间。在这段时间里，犯罪现象有了新的变化，出现了一些新的手段和趋势，有关犯罪的研究也有了新的方法和新的成果，犯罪心理学的研究也在迅猛发展，呈现出一系列新的研究进展和成果。所以，基于不断更新和完善犯罪心理学知识的需要，我们对原教材的内容做了必要的补充和修订。

　　具体的修订内容主要包括三个方面：一是对犯罪心理学的理论进行补充和替换，为读者呈现多元化的理论和研究取向；二是吸收和介绍了国内外犯罪心理学最新的研究成果，尤其是增加了国外犯罪心理学最新的研究成果；三是更新了犯罪心理学研究的数据，替换了教材中的大量例证，力求更贴近社会发展现实，便于同学理解。

　　教材的修订过程是一次梳理、学习和整合的过程，在长达半年的时间里，每位作者都尽其可能地查阅相关资料，不断更新内容，力求精益求精。诚然，由于修订时间有限和作者水平的局限，本书仍有不尽如人意之处，缺点和错误在所难免，诚请各位读者批评指正。

　　教材的修订原则上由该章节作者本人完成，其中我的博士陈欢、李婕也参与了部分章节的修订工作。

　　第三版的各章修订人分工如下：

罗大华、陈欢、李婕　　第一章、第三章、第四章、第六章。

刘邦惠　　　　　　　　第二章、第十五章。

赵桂芬　　　　　　　　第三章、第五章、第八章、第九章、第十三章。

刘建清　　　　　　　　第七章、第十章、第十二章、第十四章。

刑红枚、陈欢、李婕　　第十一章。

罗大华

2014年3月

第二版说明

　　为中央广播电视大学编写的《犯罪心理学》教材自出版以来，受到中央广播电视大学师生的好评。近几年来，心理学和犯罪心理学有了很大的发展，出现了很多新的研究成果；同时，刑事犯罪及与犯罪做斗争的形势也有了很大的变化。因此，需要对原有教材的内容作些必要的补充和修改。

　　第二版的各章撰写人分工如下：

　　罗大华　　第一章、第三章、第四章、第六章。

　　刘邦惠　　第二章、第十五章。

　　赵桂芬　　第三章、第五章、第八章、第九章、第十三章。

　　刘建清　　第七章、第十章、第十二章、第十四章。

　　邢红枚　　第十一章。

　　全书由罗大华统编定稿，研究生杨伟伟协助做了许多工作。

　　由于时间仓促和水平有限，本书仍有不尽如人意之处，缺点和错误在所难免，诚请各位读者批评指正。

编　者

2007 年 7 月

第一版说明

广播电视大学是一种远程开发性的教学模式，其教学的特殊性主要表现在：教与学在时间和空间上的分离性，学习者成分的多样性，学习者学习条件的差异性，以及学习者学习的独立自主性。本教材正是面向有这些特殊性的学习者而编写的。我们在编写时尽可能做到理论结合实际、深入浅出、通俗易懂，并注意必要的教学辅导，包括各章的学习目的和要求、旁批、小结、练习和思考等，以便给学习者以学习指导和帮助，引导其思考问题，拓展其学习思路，从而比较容易地掌握本教材的内容。本教材是在中央广播电视大学文法部和中国政法大学经济法系的推动下，在中央广播电视大学教务处、中国政法大学教务处和法律系以及中国政法大学出版社的支持下出版的。

本教材主编中国政法大学罗大华教授在时间非常紧张的情况下，仍组织作者完成了编写工作，为教材的出版付出了大量的心血。中国政法大学出版社社长李传敢先生也给予了大力支持。在本教材的建设过程中，中国社会科学院社会学所赤光副研究员、中国人民公安大学李玫瑾教授、司法部预防犯罪研究所吴宗宪研究员对《犯罪心理学》的教学大纲及书稿进行了审定，并提出了宝贵的意见。参加大纲和书稿审定工作的还有中国政法大学罗大华教授，中央广播电视大学文法部叶志宏副主任、讲师杨毅，中国政法大学出版社副编审杜娟、编辑韩思艺。

执笔人分工如下：

罗大华　第一章、第三章、第四章、第六章。

刘邦惠　第二章、第十五章。

赵桂芬　第三章、第五章、第八章、第十三章。

刘建清　第七章、第十章、第十二章、第十四章。

陈　蔚　第九章、第十一章。

我们首次为中央广播电视大学编写《犯罪心理学》教材，由于水平有限、经验不足，缺点和错误在所难免，诚请各位专家和学者批评指正。

编　者

2001 年 12 月

目　　录

第一章

导　论

■**学习目的和要求**

通过本章学习，要求学生

● 重点掌握：犯罪心理学的定义和研究对象。

● 掌握：犯罪心理学的学科性质、任务和学习犯罪心理学的意义。

● 一般了解：研究犯罪心理学的原则、方法和发展概况以及本书的体系构思。

第一节　犯罪心理学的定义和对象

一、犯罪心理学的定义

犯罪心理学是研究影响和支配犯罪人实施犯罪行为的心理及其结构形成、发展和变化规律以及犯罪对策的心理学依据的一门学科。理解这一定义，必须先明确以下基本概念和原理：

犯罪心理学既研究犯罪人心理，也研究犯罪对策的心理学问题。

（一）犯罪和犯罪人

"犯罪"是刑法学的概念。国际上，犯罪（crime）通常被界定为"违反法律法规，或者未作出符合法律要求的行为，在量刑定罪中会受到法律的制裁与惩处"[1]。我国《刑法》第13条明确规定："一切危害国家主权、领土完整和安全，分裂国家、颠覆人民民主专政的政权和推翻社会主义制度，破坏社会秩序和经济秩序，侵犯国有财产或者劳动群众集体所有的财产，侵犯公民私人所有的财产，侵犯公民的人身权利、民主权利和其他权利，以及其他危害社会的行为，依照法律应当受到刑罚处罚的，都是犯罪。"根据这个规定，犯罪可以定义为危害社会的、触犯刑法的、应受刑罚处罚的行为。"犯罪人"就是指实施了这种犯罪行为的人。

犯罪心理学中的"犯罪"概念与刑法学的"犯罪"概念是一致的。这种一致性一方面有利于刑事一体化，使刑事科学法律体系下的刑法学和犯罪心理学这两门独立学科之间有了统一的基本概念，促进两学科之间的互利互补。另一方面，这种一致性也不会影响各自研究对象范围和重点的不同。刑法学侧重研究犯罪行为的构成要件，研究罪与非罪的界限及量刑依据；而犯罪心理学则根据人的行为来源于动机的原理，把犯罪动机及其形成作为研究的重要课题。

（二）犯罪心理和犯罪行为

犯罪心理，指影响和支配犯罪人实施犯罪行为的各种心理因素的总称。这些心理因素包括认识、情感、意志、性格、兴趣、需要、动机、理想、信念、世界观、价值观及心理状态等。也有学者提出更为广泛的犯罪心理，指"犯罪前、犯罪过程中以及犯罪以后的各种心理活动与成分，这些动态的心理活动和成分都应该成为犯罪心理学的研究对象"[2]。

犯罪行为，指犯罪人在一定的犯罪心理影响和支配下所实施的危害社会的、触犯刑法的、应受刑罚处罚的各种行为的总称，包括刑法中规定的故意犯罪行为和过失犯罪行为两大类。

犯罪心理与犯罪行为既有区别，又有密切联系，两者的关系错综复杂。

---

[1]　[美] Curt R. Bartol，Anne M. Bartol：《犯罪心理学》，杨波、李林等译，中国轻工业出版社2009年版，第1页。

[2]　杨波、张卓：《犯罪心理学》，开明出版社2012年版，第4页。

犯罪心理与犯罪行为的主要区别有三个：

1. 犯罪心理具有内隐性特征，犯罪行为则具有外显性特征。犯罪心理是犯罪人大脑的活动，在没有以言语和动作的形式表现出来即没有发生犯罪行为之前，是看不见、摸不着的。而犯罪行为总是犯罪心理以作为或不作为的形式表现出来的外部活动。

2. 犯罪心理具有相对的独立性，而犯罪行为则具有依存性。在犯罪人犯罪行为发生前，犯罪心理就已独立存在，犯罪行为结束后，犯罪心理也不一定立即结束，它可以继续存在于犯罪人的头脑之中。通俗地说，有犯罪心理的人，不一定必然是现实的犯罪人，如果没有合适的情境刺激，可能终生都不会犯罪；而另一方面，有犯罪行为的人，则一定会有犯罪心理。

3. 犯罪心理形成在先，犯罪行为发生在后。犯罪心理总是在犯罪行为发生前就已形成，犯罪行为总是在犯罪心理形成之后才可能发生。

犯罪心理与犯罪行为的密切联系主要表现在以下三方面：

1. 犯罪行为总是在一定的犯罪心理的影响和支配下发生的，没有犯罪心理就没有犯罪行为。

2. 要了解犯罪心理，必须先了解犯罪行为。只有犯罪人的犯罪行为发生之后，才能从行为表现入手，对影响和支配犯罪人实施犯罪行为的心理作归因分析。没有犯罪心理的外部表现，就无从了解犯罪人的犯罪心理。

3. 犯罪行为的性质往往由犯罪心理状况决定。如刑法中故意犯罪和过失犯罪的区分即是如此。

犯罪心理与犯罪行为的关系错综复杂。具体地说，二者的一致性表现在：在某种犯罪心理支配下实施某种犯罪行为，如在贪利性动机支配下，实施盗窃犯罪行为；在某种犯罪心理支配下实施多种犯罪行为，如在贪利性动机支配下实施盗窃、抢劫、诈骗、贩毒、贪污、受贿等犯罪行为；在多种犯罪心理支配下实施某种犯罪行为，如贪利、报复、嫉妒、友情、好奇心、显示欲等心理都可导致盗窃行为的发生；在多种犯罪心理支配下实施多种犯罪行为，如在贪利、性欲等动机支配下，实施抢劫、强奸、杀人等犯罪行为。一般情况下，犯罪心理与犯罪行为是相一致的，但在主客观因素影响下，也存在着两者不一致的情况，具体表现为：①犯罪动机和犯罪行为的结果不一致，刑法学中的间接故意犯罪即属这种情况。如某犯罪人在报复动机支配下，趁黑夜潜入仇人卧室欲杀仇人，因事实上的认识错误而误杀仇人之妻。②犯罪人本无犯罪动机，只是在别人胁迫下不得已实施了犯罪行为。

注意犯罪心理与犯罪行为的区别、联系和关系

你能否补充说明"犯罪心理与犯罪行为"的"一致性"关系和"不一致"关系

（三）犯罪心理及其结构形成、发展和变化规律

犯罪心理及其结构总是在一定的内外因素相互作用下形成的。它在形成后并非固定不变，而是在一定的内外因素相互作用下发展、变化。犯罪心理及其结构的形成、发展和变化都是有规律可循的。犯罪心理学就是研究这种规律性的学科。

（四）犯罪对策的心理学依据

犯罪对策，指预防、揭露、惩罚犯罪和矫治罪犯的各种策略、方法和手段的总称。犯罪心理学要为制定和运用犯罪对策的人员提供心理科学的原理和方法，以增强犯罪对策的有效性。

二、犯罪心理学的研究对象

（一）研究哪些人

1. 犯罪人。犯罪人是犯罪心理学的基本研究对象，指实施了犯罪行为并已由公安部门拘留、逮捕，或是经法院定罪判刑的人。否则，便难以作为研究对象。

2. 一般违法人。一般违法人是指虽然违反了刑事法律，但情节显著轻微，危害不大，不认为是犯罪的人和违反《治安管理处罚法》，经治安部门发现和处理的人。犯罪心理学之所以把一般违法人也作为研究对象，原因有二：①虽然犯罪行为与一般违法行为在法律上有比较明显的界限，但从心理机制上看，两者往往难以区分。例如，行为人在道路上驾驶机动车追逐竞驶，要达到"情节恶劣"的程度才构成危险驾驶罪，没有达到"情节恶劣"的程度就不构成该罪。可见，罪与非罪的界限相当明显，但是行为人实施行为的心理机制很难说有什么不同。盗窃的累计金额在一定数额以上者为盗窃罪，不足此数额者属一般违法行为，这是法律的界限，可是在心理机制上两者很难说有什么不同。②犯罪行为往往由一般违法行为演变而来，为了预防犯罪，防止一般违法人演变为犯罪人，犯罪心理学有必要把一般违法人作为研究对象。

3. 虞犯。虞犯是指根据其品性和环境，可以预测其有较大可能触犯刑事法律的人，即有犯罪之虞者。虞犯一般包括：①经常与有犯罪习性的人交往者；②经常出入不良场所者；③经常逃学或离家出走者；④参加不良组织者；⑤无正当理由经常携带凶器者；⑥个性有严重缺陷者；⑦生活环境比较复杂混乱经常出现犯罪现象者。犯罪心理学之

为什么犯罪心理学要研究六种人，而不只是研究犯罪人

所以把虞犯作为研究对象，是出于防止他们演变成犯罪人的考虑。

4. 刑满释放人员和解除劳动教养人员。刑满释放人员与解除劳动教养人员不同于一般普通民众，他们经历过法律的惩处，在监狱中接受过改造，行为模式与人格或多或少会发生改变，有的甚至会形成监狱人格。他们出监后能否适应社会、是否会重新犯罪，都是犯罪心理学关心的问题。此外，大量调查数据表明，很大一部分刑满释放人员和解除劳动教养人员走上了重新犯罪的道路。为了预防他们重新犯罪，犯罪心理学有必要把他们作为研究对象。

5. 揭露与惩治犯罪的有关人员。揭露与惩治犯罪是公安、司法部门的主要任务。具体担负这项任务人员的心理状况、人格特质和行为或决策时的心理活动等直接影响着任务的完成。以法官为例，法官个体性格、偏见、易受情绪的影响程度以及职业紧张度等因素都可能影响案件的定罪量刑。因此，犯罪心理学有必要把担负揭露与惩治犯罪任务的警察和司法人员的心理作为研究对象，以提高办案质量。在揭露犯罪的过程中，证据起着至关重要的作用。证据的主要来源除犯罪人的供述外，还有被害人的陈述和证人的证言。为了取得可靠的证据，犯罪心理学不能不研究被害人和证人的心理。此外，随着恢复性司法的兴起，研究被害人心理以帮助他重新回归社会，进行正常的生活成为犯罪心理学新的研究课题。

6. 监管矫治罪犯的人员。在监狱服刑的罪犯，由监狱工作人员实行监管矫治，他们的心理素质如何，直接影响着罪犯心理矫治的成效。为此，犯罪心理学亦有必要研究监管矫治罪犯人员的心理。

（二）研究哪些课题

1. 犯罪心理形成和犯罪行为发生的原因。
2. 犯罪的心理机制。
3. 犯罪心理结构。
4. 犯罪心理发展和变化规律。
5. 不同类型犯罪人的心理特点和行为特征。
6. 犯罪心理的预测、预防和矫正。
7. 公安和司法人员的心理特点与决策行为。
8. 证人与被害人的心理特点和行为特征。

这些课题是紧密相联的，都是犯罪心理学研究对象的有机组成部分。

第二节　犯罪心理学的学科性质

一、犯罪心理学是一门社会科学与自然科学相结合、偏于社会科学的综合性学科

犯罪是一种社会现象，它是一定社会历史条件下阶级矛盾和其他社会矛盾的综合反映。某种行为是否视为犯罪，是由一定社会的统治阶级通过法律的形式来规定的。某个个体或群体的犯罪，尽管是多种因素相互作用的结果，但社会性因素往往起着主要的作用。作为具有社会属性的犯罪人头脑中犯罪心理的内容无一不是客观社会现实的反映，其犯罪行为总是触犯统治阶级利益的危害社会的行为。因此，把犯罪人作为研究对象的犯罪心理学就不能不具有社会科学的性质。这是主要的一面。同时，也必须看到，犯罪人具有生物属性的一面，无论是犯罪心理的形成或犯罪行为的发生，都离不开一定的生理机制的作用。因此，研究犯罪人实施犯罪行为的心理形成、发展和变化规律的犯罪心理学，又不能不具有一定的自然科学的性质。因而，犯罪心理学是社会科学和自然科学结成联盟而又偏于社会科学的综合性学科。因此，犯罪心理学与许多社会科学、自然科学以及介于这两者的交叉学科有着密切关系。研究犯罪心理学，需要综合运用哲学、政治学、经济学、法学、伦理学、社会学、犯罪学、教育学、统计学、心理学（普通心理学、社会心理学、生理心理学、实验心理学）、生理学、精神病学、遗传学、脑生物化学以及信息论、系统论、控制论等学科的理论知识，才能对复杂的犯罪心理进行深入有效的研究。以犯罪心理画像为例，要提升犯罪心理画像的准确性，需要整合除心理学以外的生物学、精神病学、人类学、社会学、政治学、经济学和历史学等学科知识。

二、犯罪心理学是犯罪学科与心理学科之间的一门交叉学科

顾名思义，犯罪心理学既是犯罪学科体系中的一个分支学科又是心理学科体系中的一个分支学科，它介于两门学科之间，是一门交叉学科。如下图所示：

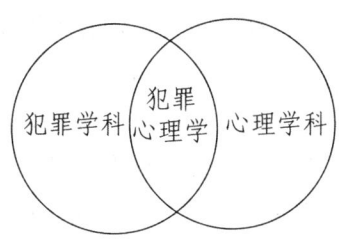

但是，犯罪心理学并不是犯罪学科的部分领域与心理学科的部分领域的简单拼凑，而是应用心理学的理论方法，研究犯罪学科的基本对象——犯罪人，从而形成交叉于这两门学科之间的一门新的独立的学科——犯罪心理学。

为什么说犯罪心理学是犯罪学科与心理学科之间的一门交叉学科

三、犯罪心理学既是理论学科，又是应用学科

犯罪是极其复杂的社会现象，个体发生犯罪行为也是个极其复杂的问题。因此，犯罪和犯罪对策学科必然是纷繁复杂地共同构成刑事法学的体系。在庞大的刑事法学的学科体系中，犯罪心理学与犯罪人类学、犯罪生物学、犯罪精神病学共同组成犯罪学科中的犯罪原因学。它从心理学的角度研究犯罪原因，为预防犯罪、揭露和惩治犯罪以及改造罪犯提供心理学的理论依据。因此，犯罪心理学在犯罪学科中乃至刑事法学中处于理论学科的地位。心理现象是极其复杂的，可以从各种角度去研究。因此，心理学就产生各种各样的分支学科，组成了门类繁多的心理学科体系，总的看来，大致可分为基础心理学和应用心理学两大部分。犯罪心理学在心理学科体系中属于应用心理学部分，它研究特殊对象——犯罪人的犯罪行为发生的原因和动机，进而提出预防、矫治的办法。

四、犯罪心理学是一门或然性学科

许多科学研究的结论只具有相对性，它只告诉人们在某种特定条件下或然性（概率）有多大，绝对准确的预测是难以做到的。犯罪心理学的研究也不例外。影响犯罪人犯罪心理形成和犯罪行为发生的因素是极其复杂的，它涉及许多的变量，即使是很小的差异，也可以改变结果。因此，犯罪心理学研究的结论并不适用于每一个人，也不是对不同情境下的同一个人永远应验。例如，犯罪心理学研究表明，接触过海淫海盗物品的青少年比没有接触过的更容易犯罪，但这并不意味着凡是接触过海淫海盗物品的青少年都一定会犯罪。又如，大量的统计数据表明，中小学流失生是青少年犯罪的重要"后备军"，但这并不是说，凡

把握犯罪心理学的学科性质就基本把握住了犯罪心理学的研究方向

是流失生都一定会犯罪。原因在于，除此之外，还有许多其他因素足以
遏制犯罪心理的形成和犯罪行为的发生，因人而异，因境有别。结论仅
仅是针对多数情况而言。所以，犯罪心理学的研究结论带有一定的或然
性，它只告诉你，人们在某种情况下的心理和行为过程可能如此，而不
是说必然如此。不能把这些结论绝对化。但是，这绝不是说犯罪心理学
的研究成果不准确，或者无价值，它毕竟揭示了一些规律，提供了一定
概率，必然有助于预防和控制犯罪。

指出犯罪心理学是一门或然性学科的意义在于避免将犯罪心理学结
论绝对化，机械地认定研究结论与现实有直接和必然的因果关系。同
时，犯罪心理学的研究成果价值也不会因为其或然性而受到损害。

为什么说犯罪心理学是一门或然性学科

第三节　犯罪心理学的任务和作用

一、犯罪心理学的任务

我国犯罪心理学的基本任务是：以马克思主义的辩证唯物论和历
史唯物论为指导，应用心理学原理，研究犯罪人实施犯罪行为的心理
及其结构形成、发展和变化的规律，为预防犯罪、揭露和惩治犯罪以
及改造罪犯提供心理科学的依据，为维护社会治安、巩固人民民主专
政、保障社会主义建设事业的顺利进行服务。实际上，自从社会出现
犯罪现象以来，人们就一直在对犯罪问题进行探索研究，提出了种种
见解，出现了许多学科，但直到现在，仍然有许多问题尚待进一步探
讨。例如：犯罪的原因究竟是什么；影响犯罪的诸多因素之间是什么
样的关系；犯罪人的犯罪行为是怎样发生的；怎样科学地预测犯罪和
有效地预防犯罪；怎样准确地发现和判断犯罪人；怎样才能对犯罪人
进行有效矫治，防止他们重新犯罪，使其重新适应社会；等等。犯罪
心理学从本学科的角度来探讨这些问题。一方面，它为家庭、学校和
社会提供一些犯罪心理学的科学知识，以便更好地培养和保护社会成
员，特别是青少年的健康成长，防止他们沦为罪犯，发挥社会治安综
合治理的最大效能；另一方面，通过对犯罪人不同的心理状态和不同
类型犯罪人心理的研究，为公安、检察、法院、监狱等部门的工作人
员提供揭露和惩治犯罪以及改造罪犯的心理学依据，以保障社会安定
和社会主义建设的顺利进行。

国外的犯罪心理学家更加注重对于刑事司法过程的介入和干预，英

国犯罪心理学之父莱昂内尔·霍厄德（Holder）[1]提出犯罪心理学家在刑事司法过程中的四个任务：①临床诊断：即运用访谈、量表等评估工具对犯罪人的心理功能进行评估；②实验研究，即通过实验来模拟犯罪现场，从而鉴别犯罪嫌疑人、证人的言辞真伪；③统计预测，即通过统计模型对再犯进行风险评估；④咨询建议，即犯罪心理学家给予公安、法官、律师等专业的建议。

任务问题实质上是这一学科的指导思想问题

二、犯罪心理学的作用

1997 年 1 月，江泽民同志在接见中国法学会第四次会员代表大会全体代表时的讲话中指出："现在我国经济有很大的发展，人民生活有很大的提高，为什么还有相当一部分人犯罪呢？他们出于什么原因，什么犯罪心理？"有些研究者认为，贫困是犯罪的根源。实际上，犯罪心理产生的原因是一个复杂的系统，贫困是促使一部分人产生犯罪心理的原因之一，但不是全部原因。犯罪心理的产生，除了客观环境因素外，还与个体的心理因素有关。客观环境的变化，如物质生活水平的提高，不能成为抑制犯罪现象产生的充分条件，相反，仅有物质生活水平的提高，而没有其他方面如文化环境、法治环境、心理环境的改善，犯罪现象只会以一种更新的形式出现，而不会得到抑制。因此，要了解犯罪心理产生的原因，寻求犯罪心理预防的方法以及在打击犯罪的实践中采取有效的对策，必须全面掌握犯罪心理学的内容。具体地说，学习和研究犯罪心理学有以下几点作用：

明确了犯罪心理学的作用，才能提高学习的积极性

（一）有助于全面了解犯罪问题

刑法学、犯罪学和刑事侦查学等学科都是研究犯罪问题的学科，它们从各自学科的角度来研究犯罪。但是，这些学科都没有专注于犯罪人的内部动机对犯罪问题进行探索，犯罪心理学正是从行为人的心理进行犯罪问题研究的。必须系统地了解犯罪心理学知识，才能从宏观和微观两方面全面把握犯罪原因问题。从微观上说，个体选择犯罪行为，不仅仅是客观环境的作用，个体的生理和心理因素也在其中起着一定的作用；从宏观上说，犯罪现象呈上升或下降趋势，不仅与社会经济、政治、法治等方面有密切关系，而且也与当时的社会心理环境有密切关系，如经济发展不平衡所带来的人们社会心理失衡，刑罚的畸轻畸重导致的人们不畏惧刑罚等。

---

[1] R. Bull, C. Cooke, et al., *Criminal Psychology*: *A Beginner's Guide*, Oneworld Publications, 2006, pp. 3~4.

（二）有效预防犯罪行为的发生

犯罪心理学是一门实用性很强的学科，研究犯罪心理学并不纯粹是为了发展某种理论，或者丰富犯罪科学的内容。研究犯罪心理学的根本任务是预防和减少犯罪行为，维护和保障社会安定。要完成这样的任务，就必须对犯罪心理的形成和发展变化、犯罪行为的实施等有恰当的认识，只有在准确了解犯罪心理和犯罪行为产生与发展变化情况的基础上，才能采取合理、有效的措施，预防和减少犯罪行为的产生。例如，根据某些犯罪决意对情境环境的依赖性的研究可以着重对社会环境的治理，减轻情境因素对犯罪决意的正面刺激作用，可以对一些已经形成犯罪心理的人加强环境的阻碍作用，防止犯罪心理恶化为犯罪行为，从而预防犯罪行为的发生。此外，监狱系统的工作人员在准确了解服刑人员的心理变化规律的基础上，在入监初，服刑时，出监前的各个不同阶段，针对其心理特点，进行犯罪心理的矫治、教育和社会适应技能的培养、训练，帮助其解决不同阶段的心理困惑和焦虑，完成矫治，回归社会，避免其再次犯罪。

（三）有助于提高刑事司法活动的水平

司法人员深入了解和研究犯罪心理学，可以提高他们进行刑事司法活动的效能。例如，了解不同类型犯罪人的犯罪心理和不同类型犯罪行为的犯罪心理之后，可以采取"回溯法"，即在案件发生之后，根据案件现象等了解到的线索，推断犯罪人的心理特征，包括犯罪动机、犯罪人的性格特征等，从而为确定案件性质、划定犯罪嫌疑人的范围和最终查明犯罪提供依据。最具代表性的犯罪心理画像是根据犯罪人的特征对犯罪人的人格特质、行为模式、地理位置、人口学变量进行推断，以帮助公安机关迅速侦破案件，逮捕犯罪嫌疑人。再如，根据犯罪心理学的研究，可以在对犯罪嫌疑人的审讯活动中，根据犯罪嫌疑人的性格特征、案件类型的特征等，进行有效的审讯活动。

（四）有助于提高改造罪犯的质量

监狱管教民警通过犯罪心理学的学习，对犯罪原因、犯罪心理和犯罪行为特征会有更全面的认识，使教育改造措施和方法更加有的放矢。犯罪心理学也介绍了诊断和矫治罪犯犯罪心理的技术和方法，监狱管教民警掌握后，定将提高改造罪犯的质量。

详见第十五章犯罪心理矫治

第四节 犯罪心理学的研究方法

一门学科所使用的具体研究方法是由该学科研究对象的特点、学科性质以及研究课题的需要决定的。犯罪心理学常用的具体研究方法分为质的研究和量的研究两大类。

一、质性研究方法

质性研究的"理论基础是现象学、符号互动论等,认为人对世界的理解是经过人'知觉'的过滤选择,再加上个人诠释建构而成,意义是建构出来的,心理学的研究应该以整体性的观点为基础,不预设立场,从整理脉络中了解事件、现象的意义,探索个人的意义及其社会文化的意义"[1]。用于研究犯罪心理的质性研究主要包括观察法、访谈法、问卷调查等资料收集的方法以及资料分析、个案研究等综合性的方法。

(一) 观察法

观察法是指有计划、有目的地通过对可能犯罪人或既然犯罪人的言词、表情、动作和行为等外部表现去了解他们的心理活动的一种方法。观察法是由许多更为具体的方法技术所组成的一个方法体系。可分为:

1. 客观观察法。客观观察法包括直接观察与间接观察两种方法。

直接观察包括:①指对可能犯罪人或既然犯罪人在学习、劳动、交往活动过程中的观察,或对有精神疾病的违法犯罪者在临床中的观察。这种观察不易被研究对象所觉察,比较自然,所得材料比较真实。②个案法,指通过了解某个违法犯罪者生活史或对其未来的生活历程进行追踪、观察了解,以研究其犯罪心理形成和发展、变化过程的方法。

间接观察有问卷法、谈话法、活动产品分析法等。问卷法是一种通过填写表格、回答问题等形式来分析研究对象心理的方法。这种方法成功的关键是问卷设计的科学性。其优点是可以同时在大量的研究对象中进行,然后对答案进行统计处理或文字总结,从中可发现研究

---

[1] 黄希庭、张志杰主编:《心理学研究方法》,高等教育出版社2005年版,第177~178页。

对象的某些共同的心理特点。缺点是所得材料无法与研究对象的活动和行为加以对照，所以难以作质量分析。谈话法就是研究者根据事先确定的研究目的，提出一定的问题，同研究对象进行谈话以了解其心理活动的方法。谈话法的优点是可以与研究对象交谈，不清楚之处可以当场补充提问加以弄清。缺点是对研究对象的心理活动的结论只能根据他自己的回答作出。所以，这种方法虽常用，但必须有其他方法配合补充。活动产品分析法是通过对研究对象的活动成果（如日记、文章、作品、书信、劳动产品等）的分析，从中揭示其心理活动的方法。在过去的 20 年，心理尸检的方法日益盛行，它是通过访谈死者的家庭成员、同事和朋友并进行各种心理测量，系统分析死者的日记、书信等，试图重构死者死亡之前的认知过程及自杀者可能的死因用以确立他人或某一机构需要承担的法律责任。

2. 自我观察法。自我观察法也叫内省法、主观法。它是通过研究对象自己的陈述来研究其心理活动的一种方法。自我观察法也可分为直接观察和间接观察两种。分析研究对象的口头或书面陈述属于直接观察；分析研究对象的书信、日记、自传、回忆录等属于间接观察。自我观察是研究对象的主观报告，难免有不精确、遗漏甚至歪曲之弊。因此，只能作为一种辅助性方法。

（二）访谈法

访谈法分为结构式访谈、半结构式访谈和开放式访谈。如何与被试建立良好的关系、如何选取访谈的形式、如何辨别访谈对象言语的真伪都是对研究者能力的考察。在研究犯罪心理问题上，除了可以对犯罪人进行深度、系统的访谈外，也可以考虑对犯罪人的亲戚、朋友、同事进行访谈，对于在押犯而言，可以对管辖他的狱警进行访谈，全面系统地了解犯罪人。

（三）问卷调查法

问卷调查法是目前研究者最常用的方法。它省事省力，因匿名而真实性高，调查样本较大，但也存在不够深入等问题。

以上三种方法是研究犯罪心理常用的资料收集的方法。收集完资料后，可以用资料分析法进行研究。分析包括预处理和正式分析两步。"预处理包括资料的整理、审核、将录音逐字誊写，给材料标页码等。正式分析包括细读数据、了解情境的相关性、确认数据中的意义单元，并找出信息单元隐藏的意义，以归纳法寻找各种类别，以及用归类和比较法使主题呈现出来。"[1]这其中如何对资料进行编码是分析的基础和核心，编码分为开放式编码、主轴编码和主题编码。

（四）个案分析法

个案分析通过"反复测量，用分析的方法或整体的方法来研究个案，也可以从有机的、文化的角度或多种角度研究个案"[2]。个案分析法就是选择具有研究价值的各类案件，进行心理分析，从中找出不同类型犯罪人犯罪心理形成和发展变化规律，进而找出犯罪人犯罪心理形成和发展变化规律的方法。这是一种从具体到抽象、从分析到综合、从特殊到一般的研究方法。这种方法要得出有价值的结论，关键在于所选择的案例要有一定的数量和质量。

（五）归因法

归因法是探讨犯罪人犯罪行为原因与分析因果关系的方法，也就是从犯罪行为回溯推论犯罪行为原因的方法。归因法对犯罪心理学的研究具有特殊的意义。因为如前所述，对犯罪人犯罪心理的研究，常常是间接的，即在犯罪行为发生之后，根据犯罪人的供述或其他证据材料对犯罪行为的原因作回溯推论。

归因法主要包括三方面：①犯罪心理的归因，即把犯罪心理的产生归结为什么原因；②犯罪行为的归因，即根据犯罪人的行为和外表表现推测其心理活动；③对犯罪人未来行为的预测，即根据犯罪人过去的行为表现，预测其今后在有关情境中产生什么行为。

在运用归因法时，研究者要防止归因偏见，以免发生错误归因。

（六）经验总结法

经验总结法就是研究者应用心理学的原理去总结公安、检察、法院、监狱等部门的实际工作者与犯罪做斗争及矫治罪犯的丰富经验，从中得出科学结论的方法。这是犯罪心理学研究的一个重要方法。这种方法简便易行，成果也容易推广。但也有一定的局限性，如某一地区、某一个人的经验是否有普遍意义等。

---

[1] 黄希庭、张志杰主编：《心理学研究方法》，高等教育出版社2005年版，第186页。

[2] 诺曼·K. 邓肯、伊冯娜·S. 林肯主编：《定性研究：策略与艺术》，风笑天等译，重庆大学出版社2007年版，第465页。

质性研究的方法内容庞大，除了上述简介的适合犯罪人研究的方法外，还有许多其他的方法，如：人种志法（是研究者在现场进行长期的观察、访问、记录，针对所选择的场所、针对自然发生的对象而作的研究。尤其适合于对社会群体、个体与群体所处的背景以及人际交往过程的研究）、叙事分析、心理传记、扎根理论方法（是研究者在研究开始之前一般没有理论假设，直接从实际观察入手，从原始资料中归纳出经验概括，然后上升到系统的理论。这是一种从下往上建立实质理论的方法，即在系统性收集资料的基础上寻找反映事物现象本质的核心概念，然后通过这些概念之间的联系建构相关的社会理论）等。读者若有兴趣，可参看相关书籍。

二、定量研究方法

定量研究的"哲学基础是逻辑实证主义，主张实证主义方法是认识人和社会的唯一途径。心理学的研究可以运用假说验证来建立法则，通过对有代表性的样本的研究结果推论演绎，就可以解释行为，充分理解心智与行为的关系，进而预测、控制行为"[1]。研究犯罪心理学的定量方法分为实验法和心理测验法。

（一）实验法

实验法是研究者有意控制某些条件，促使研究对象发生一定的心理现象，以研究某些心理活动的规律的方法。由于实验室中很难模拟出真实情境中的犯罪人心理以及实验方法设计的伦理道德问题，所以用实验法研究犯罪人心理不常见。但是，不可否认一个设计巧妙、具验证性的实验影响力和说服力之大。并且，实验对额外变量的有效控制可以很好地解释出某两个或多个变量之间的因果关系。此外，实验法除了实验室实验外还有生态实验法，生态实验可以更好地模拟现实情境，使被试更接近真实情况，也是当前心理学研究的趋势之一，当然这也面临着更多问题，如对额外变量的控制、突发事件的处理、被试被欺骗的事后解释等。

（二）心理测验法

使用某种测验工具——测验量表对研究对象的智力水平和心理特征的个别差异从事量化的方法。例如，用智力测验法测量违法犯罪人

---

〔1〕 黄希庭、张志杰主编：《心理学研究方法》，高等教育出版社 2005 年版，第 177 页。

的智商，用人格量表测量违法犯罪人的人格特征等。目前，心理测验法已在我国监狱系统广为应用，许多监狱对犯罪人入监时进行大量的心理测验，并将这些数据作为犯罪人档案的一部分，出监前也对其进行心理测验，用以评估其再犯危险性。诚然，心理测验由于其较高的信效度被广泛接受和使用，但是，研究人员及实际部门的工作人员也应注意其局限性，不能把测验结果的解释绝对化。

根据自己的兴趣，选择一个研究课题。思考一下，哪种研究方法适合你的研究课题

在研究犯罪心理学的方法中，质性的方法和定量的方法并不是水火不容的，现在心理学的研究中，将质性的方法与定量的方法相互融合，多种方法并用，聚合地研究某一课题已经成为一种新的取向。

第五节 犯罪心理学发展概况

德国著名心理学家艾宾浩斯（Hermann Ebbinghaus，1850 年～1909年）曾说过："心理学有悠久的过去，但仅有短暂的历史。"这话同样适用于犯罪心理学的发展历史。犯罪心理学作为一门独立的学科历史短暂，而人们对犯罪心理学思想的探讨却源远流长。了解它的历史与现状，有助于理解犯罪心理学这一学科。

一、西方犯罪心理学发展概况[1]

美国犯罪心理学家 Bartol（1994）对在英美较为流行的数本犯罪心理学著作的评述中认为犯罪心理学的研究范畴，应当包括那些可以与犯罪行为的解释、预防以及矫正相关的全部心理学理论。[2]Andrews 等人（2003）在《犯罪行为心理学》（第三版）一书中指出，犯罪心理学主要的研究范畴是考察犯罪行为发生过程中各种现象的理论以及量化的理解，尤其是犯罪行为的个体差异方面的合理的量化理解。犯罪行为心理学，主要研究犯罪、刑事司法以及一般性的反社会行为中的心理学现象。[3]根据上述几位主要的犯罪心理学研究者对犯罪心理学的理解，可以认为，当代西方犯罪心理学的研究人员立足于广义的理解来研究犯罪心理学，在研究内容上呈多元化发展的趋势。一方面，主流的犯罪心理学研究领域仍然是犯罪心理形成原因和犯罪个体的差

---

〔1〕 引自罗大华等编：《犯罪心理学》，北京师范大学出版社 2012 年版。

〔2〕 Bartol, R. Curt, "The Psychology of Criminal Behavior", *Criminal Justice and Behavior*, 1994, Vol. 21, No. 3, pp. 366～372.

〔3〕 D. A. Andrews, James Bonta, *The Psychology of Criminal Conduct*, 3rd ed., 2003, OH: Anderson Publishing Co., pp. 2～34.

异性，以及犯罪心理的预测与矫正方面；另一方面，尤其是近二十年来，犯罪心理学研究异军突起，强调从打击犯罪的角度研究犯罪人个性的侦查心理学（investigative psychology）在英美等国逐渐成为犯罪心理学研究的重要内容。当代西方犯罪心理学主要研究内容概述如下：

（一）个体犯罪心理

对个体犯罪心理的研究始终是犯罪心理学研究者极为关注的方面，主要研究方向集中于如下几个方面：个体形成犯罪心理的原因；形成犯罪心理的个体有哪些特殊的个性特征及环境特征；他们的犯罪性是否会随着时间的推移发生变化以及发生怎样变化等。

1. 犯罪原因。西方学者关于犯罪原因研究的显著特征，是将人格心理学、学习心理学、发展心理学、社会心理学等多种理论和方法应用于犯罪心理的研究之中。从总体上来说，人们试图从整合的角度找出可以解释任何一种犯罪行为发生原因的理论，但至今未果。

英国学者 Blackburn（2000）在其《犯罪行为心理学——理论、研究和实践》一书中，运用社会学理论、个性与认知发展理论、家庭与社会影响等方面全面探讨犯罪心理形成的原因。他认为，解释犯罪行为发生原因的社会学理论与心理学理论各有不同的侧重点，并且各有局限性。把社会和文化过程作为越轨行为的关键因素的理论，不能解释这样的问题，即为什么处在同样环境的个人没有按照同一模式发展，而心理学理论则可以关注那些作为越轨行为发展中介的"内部因素"，只不过是心理学理论也不能忽略社会环境对个体心理形成的影响。他还指出，即使是那些最折中的整合理论，也存在着缺陷，即这些理论观点是把人看成是多种原因的被动接受者。[1]

加拿大学者 Andrews 和 Bonta（2003）认为，犯罪行为心理学既是犯罪学的分支，又是人类心理学的分支。作为心理学的分支，犯罪行为心理学是融科研与实践为一体的庞大学科体系的一部分。现代心理学的宗旨是对人的行为提供以经验为基础的科学解释。同时，心理学家们也试图用他们的科学知识来解决个人、团体以及社区的实际问题。因此，大多数心理学家所遵循的是科学和实践相结合的模式。作为犯罪心理学家，他们认为犯罪人的心理特征是理解犯罪发生的前提。但个

---

〔1〕 ［英］Ronald Blackburn：《犯罪行为心理学：理论、研究和实践》，吴宗宪、刘邦惠等译，中国轻工业出版社2000年版，第97～118页。

体的心理特征只是提供了犯罪的可能性。在导致犯罪方面，社会和环境同样起着重要的作用。他们认为要想全面解释犯罪行为，犯罪学家要在心理学的基础上容纳许多社会因素。Andrews 和 Bonta 认为犯罪行为的心理解释应该是多元化的。庞大的心理学系统中的很多研究领域都可以为犯罪学研究提供理论基础和解释的框架。这些领域包括个体发展，感觉与感知，学习与认知，记忆与信息处理，动机与感情，个性与个体差异，测定（assessment）与评估（evaluation），历史与哲学，临床的与应用的，社会的和团体的，生物的与生理的心理学等。他们认为，这种以心理学为主体、以多元因素为基础的犯罪学会比以社会学为基础的犯罪学更具科学性和应用性。简而言之，Andrews 和 Bonta 认为，犯罪心理学在研究犯罪行为时应该考虑生物的、个人的、人际关系的、家庭的、社会的和文化的因素。同时，它也应该考虑个人所处的特定环境以及大的社会环境。Andrews 和 Bonta 的观点对近几年西方犯罪心理学的发展产生了很大的影响。[1]

2. 个体犯罪性的发展变化。从发展心理学的角度，一些研究人员通过长期的跟踪研究，试图找出影响个体犯罪性（criminality）发展变化的因素。目前这种研究在英美等国有多个研究项目，比较有影响力的是美国学者 Sampson 和 Laub 在美国格卢克夫妇原有研究数据的基础上所做的研究，以及 Farrington 等人从事的英国剑桥大学的犯罪发展研究项目等。

Sampson 和 Laub 通过对格卢克夫妇 20 世纪 30 年代在波士顿进行的问题儿童跟踪研究数据的再分析，发现了与年龄相联系的社会控制——儿童与青春期时的家庭、学校、同辈；成年时的婚姻与就业——对少年犯罪与成年犯罪有非常强烈的影响。他们还提出了一个重要的概念，即转折点（turning point）。所谓转折点，是指导致个体脱离原来的犯罪生活方式而开始一种守法的行为模式的某个事件或生活情境，这些转折点包括服军役、就业以及婚姻。服军役为这些原本在教养学校接受矫正教育的孩子提供了行为与纪律的约束，而就业与婚姻则为他们提供了一种稳定性以及为维持工作和家庭而必须承担的责任。转折点有助于理解生命历程中犯罪行为的稳定性与变化。[2]最近，生命历程理论对于随着时间的推移而可能改变轨迹的生命事件有一些

〔1〕 D. A. Andrews, James Bonta, *The Psychology of Criminal Conduct*, 3rd ed., 2003, OH: Anderson Publishing Co., pp. 2 ~ 34.

〔2〕 R. J. Sampson, J. H. Laub, "Crime and Deviance in the Life Course", *Annual Review of Sociology*, 1992, Vol. 18, pp. 63 ~ 84.

不同的观点，其中最为重要的是良好的教育。这种观点具有非常强烈的政策意义，因为它表明，如果未成年犯罪人得到更好的教育，他们将得到更多的社会资本来产生与社会的积极地联系，如稳定的工作和良好的婚姻，这些被证明是他们生命历程中的积极的转折点。[1]

剑桥大学从事的对未成年人的跟踪研究已有了大量的数据，该研究项目开始于 1961 年，研究对象是 411 名年龄在 8~9 岁的男孩。到目前为止，跟踪研究仍然继续。他们的研究方法不仅包括查阅官方档案，还包括对被试的测试以及访谈其本人和父母、同伴以及老师等。大约 20% 的被试在 18 岁以前被判有罪，约 40% 的被试在 40 岁以前被判有罪（包括轻罪），持续性犯罪人仅占 11.3%。通过对其中有犯罪记录的被试与无犯罪记录的被试的比较，研究人员试图找到预测不良行为发生的个体因素。总体上，研究人员认为，儿童早期生活中的某些不良行为的频繁发生及其严重性，可以预测后来的反社会行为及犯罪行为。Farrington 教授 1991 年对 21~32 周岁之间犯罪的被试在 21 周岁前的行为进行了专门的研究，其是否犯罪可以通过下列预测要素进行判定：在 11~12 岁之间是否与其父亲共度业余时间；是否在 8~10 岁智力较低；是否在 16 周岁有一个稳定的工作；是否在 18 周岁严重酗酒。事实上，大约有 90% 的无业且酗酒的人在 21 周岁后重新犯罪。从犯罪生涯看，人的早期犯罪容易走共同犯罪道路，但是，随着年龄增长与犯罪经验的增加，犯罪人倾向于单独作案。[2]

至 2004 年，剑桥大学研究人员对被试（此时平均年龄为 48 周岁）进行了第九轮访谈，其中有 95% 的被试仍然健在。研究结果表明，这些被试在调查的当年（48 周岁左右时），人生的成功与否可以通过其早年是否参与过犯罪活动来预测，而无需考虑其早年的个人以及环境中的风险因素。早年的犯罪行为对这些个体的其他生活领域如就业、人际关系、心理健康以及那些有助于控制犯罪倾向的因素等产生了消极的影响。[3]

[1] Juvenile Justice Educational Enhancement Program (JJEEP): *2002 Annual Report to the Florida Department of Education*: *Juvenile Justice Educational Enhancement Program*, Chapter 1, http://www.criminologycenter.fsu.edu/jjeep/pdf/annual2002/chapter1ar02.pdf.

[2] David P. Farrington, "Childhood Aggression and Adult Violence: Early Precursors and Later Life Outcomes", in *The Development and Treatment of Childhood Aggression*, edited by Debra J. Pepler and Kenneth H. Rubin. Hillsdale, NJ: Lawrence Erlbaum, 1991, pp. 5~29.

[3] Alex R. Piquero, David P. Farrington, Daniel S. Nagin, Terrie E. Moffitt, "Trajectories of Offending and Their Relation to Life Failure in Late Middle Age: Findings from the Cambridge Study in Delinquent Development", *Crime and Delinquency*, 2010, 47 (2), pp. 151~173.

（二）犯罪的社会心理学

犯罪的社会心理学研究旨在考察犯罪个体与社会环境的互动以及犯罪组织内的社会心理现象对犯罪行为的影响。根据 Canter（2000）等人的理解，研究犯罪的社会心理学，有助于执法部门准确有效地开展打击犯罪的工作。[1]他们的相关研究发现，犯罪人的网络、小组或群体以及组织形成的过程，并不完全是紧密型的和封闭型的，更多的情形是表现为不同组织结构上的混合，这些组织结构既可表现为完全无组织状态，也可表现为有严格的等级结构。这些组织结构上的社会心理现象从三个方面影响犯罪行为的发生：①影响犯罪人的自我认同；②组织的结构形式影响到犯罪行为在组织中的角色地位以及犯罪活动的规则；③影响犯罪人的"职业化"发展的可能性。

（三）犯罪预测

近年来，在犯罪行为的预测方面基本上有两大趋势：

1. Harcourt（2003）所称的"精算模式（Actuarial Model）"。[2]精算模式的主要特征是用统计法来寻求和鉴定犯罪的成因。现代西方犯罪心理学大多都采用这种研究方法。研究的重心侧重于智商、个性、认知以及其他和犯罪倾向性有关的一些主观因素上。精算模式不论在数据收集、数据整理还是数据分析上都有一套严谨的治学方式。正是这个原因，犯罪心理学者往往把他们的研究所得称为科学成果，并试图用他们的研究去影响司法和惩处政策。

在精算模式的拥护者中，有些人认为他们用科学方式鉴定的心理因素本身就可以解释犯罪行为。这些人往往把犯罪的原因归结到少数的心理因素上。比如说，很多研究性暴力的犯罪心理学家认为变态人格（Psychopath）是导致这种犯罪行为的主要原因。另外一些人则把犯罪行为归结到智商（Wilson 和 Hernstein，1985）[3]或大脑神经介质的失调上（Rubin，1987）[4]。因为他们所使用的精算模式以及他们对个体

〔1〕 David Canter, Laurence Alison, *The Social Psychology of Crime: Groups, Teams and Networks*, Hampshire: Ashgate Publishing Limited, 2000, p. 1.

〔2〕 Bernard E. Harcourt, The Shaping of Chance: Actuarial Models and Criminal Profiling at the Turn of the Twenty-first Century, *The University of Chicago Law Review*, 2003, 70, pp. 105～128.

〔3〕 James Q. Wilson, Richard J. Hernstein, *Crime & Human Nature*, New York: Simon and Schuster, 1985.

〔4〕 R. T. Rubin, "The Neuroendocrinology and Neurochemistry of Antisocial Behavior", in Sarhoff A. Mednick, Terrie E. Moffitt, Susan A. Stack (Eds.), *The causes of crime: New biological approaches*, Cambridge: Cambridge University Press, 1987, pp. 239～262.

心理因素的过分重视，这些人常被称为心理实证主义者（Gottfredson 和 Hirschi 1990）[1]。

在犯罪行为的预测方面，Andrews 和 Bonta 认为犯罪心理学研究应该既包括静态因素也包括动态因素。这些因素不应当是无中生有的，而应当是由常年的统计分析总结出来的。静态因素增加犯罪的可能性，而动态因素则会直接引发犯罪行为的变化。Andrews 和 Bonta 把动态因素又称为犯罪需求（criminogenic need）因素。如果犯罪心理学家对这些因素，尤其是动态因素，能够达成全面和透彻的理解，他们也就能比较准确地预测犯罪行为。Andrews 和 Bonta 的这些观点也已被犯罪心理学界所普遍接受。

2. 犯罪人特征剖析（criminal profiling）。做这种研究的人常用或然性的分析来筛选嫌疑对象，决定是否对他们进行特殊防范。犯罪人特征剖析在 20 世纪的中期就已经开始。比如，美国早在 20 世纪 60 年代就开始用犯罪人特征剖析有选择地筛选和监视那些可能劫持美国商务飞机的可疑人物。20 世纪 70 年代后期，犯罪人特征剖析常被用来鉴定贩毒或贩卖人口的可疑人员。近几年来，在暴力犯罪和性犯罪侦查中，常常运用犯罪人特征剖析方法。在侦查系列犯罪时，警察也常常使用犯罪人特征剖析。经常使用犯罪人特征剖析的另一个领域是反恐怖活动。警察和边防人员常用犯罪人特征剖析方法来决定是否搜查符合一定特征或拥有一定社会、文化背景的人。

从某种程度上讲，犯罪人特征剖析和精算模式有很多相似的地方。两者全采纳或然性的思维方式，偏重于某些因素和某种后果之间的可能具有的因果关系。但他们之间也有很大的不同。精算模式常常采用精密的计算方法，通过多元化的统计分析确定因果之间的联系。相比之下，犯罪人特征剖析往往是建立在经验和实践的基础上，用逻辑、分类和推理来建立和犯罪行为相关联的个体和社会特征。犯罪人特征剖析不像精算模式那样过分地强调统计分析，所使用的统计方法也没有那么高深。当然，这些区分只是相对的。随着犯罪心理学的发展，这两者之间的差距也变得越来越小。

犯罪人特征剖析可以有各种方式，有的偏重于个人心理因素，有的偏重于社会和文化因素。比如，在美国比较有争议的种族特征剖析（racial profiling）就是偏重于社会和文化因素。它以人的种族属性、衣着和行为举止来决定是否被划为嫌疑之列。和犯罪心理学关系比较密

---

[1] M. R. Gottfredson, T. Hirschi, *A general theory of crime*. Stanford, CA: Stanford University Press, 1990.

切的是犯罪人个性特征剖析（Criminal Personality Profiling）。在作犯罪人个性特征剖析时，特征剖析人员把主要注意力放在具备某种个性的个人身上。这些人之所以受到重视是因为他们的个性和那些犯过类似罪行的罪犯所表现出来的个性相一致。通过对犯罪现场的仔细观察，受过职业训练的特征剖析人员往往能为特征剖析收集到充足的心理资料。换句话说，特征剖析员能通过包括受害者在内的整个犯罪现场来揭示到底是谁犯了这个罪。当特征剖析人员一旦决定犯罪人拥有异常的个性特征时，他们会通过以下五个步骤来剖析犯罪人具有的各种特征：①对犯罪行为的本质和犯过这种罪的罪犯进行详细的研究；②透彻地分析犯罪现场；③深入地考查受害人和作案人的背景和生活经历；④推测所有的参与人的潜在动机；⑤根据作案者的行为特点，做出对其心理结构和特征的推断。Pinnizzotto 和 Finkel（1990）的研究证明用这种方式得出的犯罪人个性特征剖析比非专业人员提出的特征剖析要准确得多[1]。这种被实践证明的犯罪人特征剖析方式不仅在英美颇为流行，而且在其他国家也开始产生一定的影响。

（四）犯罪预防

在西方早期的犯罪学研究中，研究者大多关注犯罪原因的研究，而忽略了犯罪预防的探讨。20世纪以来，犯罪预防的理念、措施越来越受到西方各界的重视与运用。从理论上来说，预防犯罪是要努力排除或抑制导致个体产生犯罪心理的各种消极因素。因此，犯罪预防的研究仍然是以犯罪原因理论的研究为前提的。犯罪心理形成原因的多元性，必然产生了多元的犯罪预防理论。近些年来，一些西方学者发现，从个体犯罪心理产生的主观原因上干预的难度较大。于是，西方学界对法律预防、社会预防、被害预防、特殊预防等等犯罪预防做出了全面深入的研讨。同时，在西方犯罪预防理论发展过程中特别注意理论的操作性，重视理论在实践中的应用，并努力以各种实证措施来验证预防手段的有效性和科学性。

国外研究人员已经发现，旨在预防青少年犯罪的项目很难获得成功，原因在于导致一名儿童成为潜在犯罪人的风险因素实际上是由很多方面所构成的，如个人、家庭以及社会网络。然而，一些长期跟踪研究项目表明，一些早期儿童干预项目可以起到预防犯罪的作用。这

〔1〕 Anthony J. Pinizzotto, Norman J. Finkel, "Criminal Personality Profiling: An Outcome and Process Study", *Law and Human Behavior*, 1990, 14, pp. 215~233.

些项目用生态学的方法，通过对影响儿童的各种社会因素的干预来提高儿童社会化过程的发展水平以及他们适应社会的能力，包括良好的学校表现以及人际关系。[1]一份华盛顿大学的研究报告显示，对问题儿童在早期进行干预可以取得较好的犯罪预防的效果。研究人员对 97个家庭的 4~8 岁的问题儿童进行随机分组，一组是培训父母，一组是针对孩子进行培训，一组是两者结合，一组为控制组。矫正的评估显示，通过观察他们与朋友的相处发现，接受培训的三组实验对象与控制组相比在问题解决以及冲突管理技能等方面都有显著的进步，其中针对孩子进行培训的项目的成绩要好于其他两个组；此外，在家庭内亲子互动方面，其外两个组的效果要更好一些。一年以后的跟踪调查发现，改变效果仍然持续着，孩子在家里的行为问题已有显著减少。[2]

(五) 犯罪矫正

虽然现代西方犯罪学一直由社会学所主导，但在罪犯矫正方面，心理学的影响却要比社会学更为广泛。这主要是因为社会学一般所关心的是宏观社会问题，主张通过司法政策和社会环境的改变来解决犯罪问题。社会学家所倡导的司法政策往往是以社会结构和社会环境为目标，而通常不是针对个人所提出的。相比之下，心理学家往往把更多的注意力放在个别人或个别团体上。他们更擅长于解决个人和团体所面临的心理和生活上的问题。正是因为如此，心理评估、心理咨询和心理矫正在西方的监狱系统中受到了广泛的应用。很多监狱里都有专职的心理学家。另外，常和犯人打交道的社会工作者往往也受过一些心理学教育。他们所拥有的心理知识成为他们对罪犯进行管教的有效工具。

传统上，由弗洛伊德发明的精神分析法常被用来做心理咨询和心理矫正。近几年的研究证明精神分析对犯人并没有多少有效的作用。主要的原因之一是犯人常被从一个地方挪到另一个地方，导致治疗的中断。如果疗程太短或不持续的话，精神分析疗法就不会有太好的效益。现在最经常提到的心理矫正模式是认知治疗（cognitive therapy）。认知治疗的对象是思维方式。心理学所说的思维涵盖众多的技能和程

[1] Zigler, E. Taussig, C. Black, Kathryn, "Early Childhood Intervention: A Promising Preventative for Juvenile Delinquency", *American Psychologist*, 1992, Vol 47 (8), pp. 997~1006.

[2] Webster-Stratton C., Hammond M., "Treating Children with Early-onset Conduct Problems: A Comparison of Child and Parent Training Intervention", *Journal of Consulting and Clinical Psychology*, 1997, vol. 65, No. 1, pp. 93~109.

序，包括解决问题的技巧、筹划未来的能力、情感沟通的能力、随机应变的能力以及对行为后果的预测能力。和认知密切相关的不仅是技巧和能力，也包括思维的内容，如态度、信仰、价值观念，以及人们在认识周围世界时所使用的固定模式等。大多数人都意识不到思维的欠缺可以导致很多问题，包括忧郁症、焦虑症以及其他心理疾病等。尤其值得注意的是，那些屡次犯罪的人经常在认知和思维方面有问题。和平常人相比，他们思考问题时缺少逻辑性，衡量事情时缺少责任感，经常表现出内化的反社会的倾向和价值观念，而且拥有非常有限的解决问题和为人处事的能力。正是因为这些原因，认知治疗对犯人来说可能特别有效。

在西方矫正系统中，尤其是在美国，认知治疗已成为最流行的心理矫正模式。Lester 和 Van Voorhis（1997）[1]指出导致这种现象的原因主要有两个。一是认知治疗的成效。近几年的很多研究证明以认知为中心的心理治疗方式在罪犯矫正方面特别有效。比如，最近 Wilson，Bouffard，和 MacKenzie（2005）对关于认知治疗的研究进行了系统的评估。总体上，他们发现以认知为基础的矫正措施可以有效地降低犯人的再犯。[2]早期的一些研究也得出了同样的结论（Andrews，Zinger，Hoge，Bonta，Gendreau & Collen，1990[3]；Antonowicz & Ross，1994[4]；Izzo & Ross，1990[5]；Lipsey，1992[6]）。

认知治疗流行的另一个原因是和它的简单易用有关。认知治疗被称为"快速治疗法"。它不仅省时而且省力。首先，认知治疗的对象是思维和行为等可衡量的个体特征。这些特征比心理分析的治疗对象，如潜意识、恐惧和焦虑心理，容易观察，因此，认知治疗的方法和程序比较容易使用。其次，认知治疗符合矫正组织的人事需求。因为大

〔1〕 D. Lester, P. Van Voorhis, "Cognitive Therapies", in P. Van Voorhis, M. Braswell, D. Lester (Eds.), *Correctional Counseling and Rehabilitation*, 3rd edition, 1997, Cincinnati, OH: Anderson.

〔2〕 D. B. Wilson, L. A. Bouffard, D. L. Mackenzie, "A Quantitative Review of Structured, Group-oriented, Cognitive-behavioral Programs for Offenders", *Criminal Justice & Behavior*, 2005, 32, pp. 172~204.

〔3〕 D. Andrews, I. Zinger, R. Hoge, J. Bonta, P. Gendreau, F. Cullen, "Does Correctional Treatment Work? A Psychologically Informed Meta-analysis", *Criminology*, 1990, 28, pp. 369~404.

〔4〕 D. Antonowicz, R. Ross, "Essential Components of Successful Rehabilitation Programs for Offenders", *International Journal of Offender Therapy and Comparative Criminology*, 1994, 38, pp. 97~104.

〔5〕 R. Izzo, R. Ross, "Meta-analysis of Rehabilitation Programs for Juvenile Delinquents: A Brief Report", *Crimnal Justice and Behavior*, 1990, 17, pp. 134~142.

〔6〕 M. Lipsey, "Juvenile Delinquency Treatment: A Meta-analysis Inquiry into the Variability of Effects", in T. Cook, H. Cooper, D. Cordray, H. Hartmann, L. Hedges, R. Light, T. Louis, F. Mosteller (Eds.), *Meta-analysis for explanation*, New York: Russell Sage Foundation.

多数矫正机构只能雇用为数有限的心理学家或临床社会工作者，它们的咨询和矫正工作往往由没有受过临床训练的工作人员去做。这些工作人员必须接受系统的训练。因为它的简单易学性，认知治疗符合这一需要。矫正组织发现一般的工作人员可以在很短的时间内学会使用认知治疗的方法。

除了心理咨询和治疗之外，现代西方犯罪心理学的另一个焦点是罪犯的评估、诊断和分类。由青少年和成人组成的罪犯人口是一个相当混杂的群体。他们之间在个人的需求、适应矫正环境的能力、接受再教育的容纳性、参与矫正活动的积极性、触发纠纷的危险性以及与他人的沟通性等方面存在着很大的差异。如果矫正人员不能鉴别和理解这些个人之间的不同的话，他们也就不能对罪犯进行有效的管理和改造。出于这一需要，西方犯罪心理学家把很多精力放在罪犯的评估、诊断和分类上，他们在这些方面也取得了很大的成就，如明尼苏达多相人格调查表（MMPI），精神疾病诊断标准（DSM-IV），威斯康辛危险 – 需求评估法（Wisconsin Risk and Needs Assessment），修改列表服务水平（LSI-R）以及精神变态筛查系统（PCL-R）等经常使用的评估和诊断程序就是在最近几十年里发明或完善的。从这些例子也不难看出，在评估、诊断和分类上犯罪心理学家的侧重点各有不同。有的偏重于心理健康（如 DSM-IV），有的偏重于人格特征（如 MMPI），也有的偏重于犯人的危险或需求水平（如 LSI-R）。一般对罪犯的评估和诊断都集中在这三方面。

近几十年来，西方的犯罪心理学研究主要偏重于两方面：犯罪行为的预测和罪犯的矫正。从二十世纪中期开始，西方的犯罪学研究一直以社会学为主导。从心理学角度进行的犯罪学研究虽然做出了很大的贡献，但对整个学术界的影响相对比较薄弱。

需要特别提出的是，目前西方国家日益重视再犯预测，即再犯风险性评估的研究。犯罪风险评估工具经历了四代：临床判断（第一代，20 世纪 50 年代到 70 年代后期）；精算预测（第二代，20 世纪 70 年代后期到 80 年代早期）；静态风险与动态需求综合评估（第三代，20 世纪 90 年代）；风险评估与个案管理相结合（第四代，21 世纪）。[1]加拿大、美国、英国、澳大利亚等国家风险评估的"风险 – 需求 – 响应模

思考一下，是否还有其他的因素可以预测未成少年犯罪

---

〔1〕 ［加］罗伯特·B. 科米尔："犯罪风险评估：加拿大发展状况概述"，载陈诚、王平主编：《加拿大风险评估》，加拿大刑法改革与刑事政策国际中心 2007 年版，第 6～11 页。

式（RNR）"在 20 世纪 90 年代已经标准化。[1]

二、我国古代犯罪心理学思想

我国著名的心理学史专家高觉敷（1896 年～1993 年）1987 年在给一本专著作序时指出："我们近时才有犯罪心理学，但有关犯罪心理学的思想则起源很早。"[2]我国古代许多思想家有关犯罪心理、犯罪行为以及犯罪对策的论述比当时西方的研究要深刻得多，其中不少可供我们研究现代犯罪心理学时借鉴。

（一）关于犯罪心理形成原因的论述

1. 社会经济与犯罪心理。先秦诸子很重视从社会经济角度分析犯罪心理形成的原因。形成了两种对立的观点：①认为贫困是导致人们欲求得不到满足，从而产生违法犯罪心理的原因。如春秋前中期的杰出政治家管仲（？～公元前 645 年）提出了"仓廪实而知礼节，衣食足而知荣辱"（《管子·牧民》），孔丘（公元前 551 年～公元前 479 年）提出了"贫而无怨难"，等等。②认为富裕是导致人们产生犯罪心理的原因，其主张者是老聃（约公元前 571 年～公元前 471 年）。老聃认为，犯罪是由法令完善、经济发展、物资丰富引起的，主张"常使民无知无欲"。

经济的贫困和富裕与犯罪都有密切关系

2. 人性与犯罪心理。我国古代思想家关于人性的探讨，尤其是"性善论"、"性恶论"、"性三品说"和"性二气论"，对于研究我国犯罪心理学思想史有着重要的价值。实际上，这是从心理方面探讨犯罪的原因。"性善论"的代表人物是孟轲（公元前 372 年～公元前 289 年），他认为，犯罪心理不是人生来就具有的；荀况（公元前 313～公元前 230 年）的"性恶论"主张人生而就具有贪财、重色等本性；董仲舒（公元前 179 年～公元前 104 年）、韩愈（768 年～824 年）等人的"性三品说"认为上品之人不可能犯罪，下品之人是天生的犯罪人，中品之人则既可为善，又可为恶；朱熹（1130 年～1200 年）的"性二气论"把人性分为天命之性和气质之性，天命之性即仁、义、礼、智等先天之禀，是至善至美的，气质之性即人之知觉、感情、欲望等，是有善有恶的。

你对几种人性学说与犯罪的关系怎样评价

---

[1]　J. Bonta, D. A. Andrews, "Risk-need-responsivity Model for Offender Assessment and Rehabilitation", *Her Majesty the Queen in Right of Canada*.

[2]　艾永明、朱永新：《刑罚与教化——中国犯罪心理思想史论》，对外贸易教育出版社 1993 年版，第 1 页。

3. 后天习俗与犯罪心理。人性论从先验的人性探究犯罪心理形成的原因，虽主张各异，但大多数思想家还是主张犯罪心理产生的原因不是先天的人性，而是后天的习俗。孔丘第一个明确指出"性相近也，习相远也"；荀况虽持"性恶论"的观点，但也认为"注错习俗，化性起伪"，即后天的学习可以改变个体恶的本性；东汉王充（27年~97年）指出，对于绝大多数"中人"而言，"习善为善，习恶为恶"；而晋傅玄（217年~278年）则更精辟地指出："近朱者赤，近墨者黑。"

犯罪是"先天的人性"决定的，犯罪是"后天的习俗"决定的，你对这两种观点有什么看法

（二）关于犯罪心理预防的思想

中国古代思想家多主张从预防的角度治理犯罪现象，主要提出如下观点：①身教胜于言教；②重视家庭预防的功能、社会交往的预防功能及早期教育的预防功能；③重视刑罚和教化的心理预防功能；④修身自强。

（三）关于审判心理的论述

1. 注意在讯问中观察被讯问人的心理反应。《周礼》提出著名的"五听"方法，是中国古代关于在讯问中如何用察言观色的方法来帮助判断口供真实性的最早论述，即"以五声听狱讼，求民情，一曰辞听，二曰色听，三曰气听，四曰耳听，五曰目听"。

2. 强调严格按照犯罪者的主观心理状况定罪量刑。《尚书·康诰》写道："人有小罪，非眚，乃惟终，自作不典，式尔，在厥罪小，乃不可不杀。乃有大罪，非终，乃惟眚灾，适尔，既道极厥辜，时乃不可杀。"意思是说，有人罪过虽小，但并非过失而是故意，而且一犯再犯，怙恶不悛，此人不可不杀；反之，有人罪过虽大，但属于过失偶犯，而且知错认罪，愿意悔过，就可以不杀。《尚书》中的《吕刑》也强调不要就罪论罪，决定刑罚时应按照犯罪者的主观动机灵活掌握。董仲舒提出"原心论"，主张将心之善恶作为定罪量刑的主要依据。他在《春秋繁露·精华》中说："春秋之听狱也，必本其事而原其志。"就是说，对待犯罪问题，不仅要"本其事"，以犯罪事实为根据，还要追查犯罪动机，把两者结合起来。

联系实际，评价我国古代关于审判心理的论述

3. 司法人员应当具备一定的心理素养。《尚书·吕刑》提出，司法人员存在"五疵"，即"惟官、惟反、惟内、惟货、惟来"。"官"指曾同居官位；"反"即欺诈诱逼供词；"内"即内亲用事；"货"即贪赃枉法；"来"即老相识。《吕刑》规定，如果因为这五种关系而在审

这些论述是否可供借鉴

判中徇私枉法，司法人员罪与"犯罪者同"。要求司法人员公正无私，听取诉讼两方的申诉。宋代包拯（999 年～1062 年）是我国古代历史上著名的"清官"，他把挑选司法人员看作关系到国家安危存亡的大事。在《包拯集·天章阁对策》中他说："人之司命，而邦国安危所系，择这不可不审。"司法人员"事权至重，责任尤剧，设非其人，则一路受弊"。必须"选有才能、公直、廉明之人充任"。宋代郑克在《折狱龟鉴》一书中要求司法人员应具有"仁"、"智"、"勇"三方面的心理素质。[1]

三、我国犯罪心理学研究现状

犯罪心理学作为一门独立的学科在我国出现，只有很短暂的历史。20 世纪初，随着心理学传入我国，有的学者也翻译介绍了国外的犯罪心理学专著，有的学者则编著了有关著作，撰写了一些论文。据查阅，新中国成立前，译著有：寺田精一所著的（张廷建译，1927 年；吴景鸿译，1932 年）《犯罪心理学》，柏替所著的（王书林译，1937 年）《法律心理学》等；专著有：吴南轩所著的（1935 年）《证述心理学》，孙雄所著的（1939 年）《变态行为》等。除上述译著和专著外，我国早期创办的《心理》杂志上，也发表了一些犯罪心理学的文章。

20 世纪 50 年代以来，我国台湾地区学者对犯罪心理学的研究取得了相当的进展，其中台湾大学教授蔡墩铭的著述尤引人注目。他撰写的大学用书《审判心理学》（1971 年）、《犯罪心理学》（1979 年）、《矫治心理学》（1988 年）及在《法学丛刊》上发表的《论人犯之拘禁心理》、《论监狱管理人员心理》、《论监所专门人员心理》、《论监所行政人员心理》（1981 年～1982 年）等论文，不仅在理论上造诣颇深，而且在指导刑事司法与罪犯矫治实践上亦有重要价值。台湾文化大学教授周震欧（1926～）的论著也很有价值，他所著的大学用书《犯罪心理学》（1973 年，1996 年）对青少年犯罪心理及其防治的研究都是颇有影响的学术成就。我国台湾地区学者杨士隆所著的《犯罪心理学》（1996 年），在学术上也取得了新的进展。

由于种种原因，我国大陆的犯罪心理学作为一门独立的学科开展教学与研究始于 20 世纪 70 年代末。30 余年来，犯罪心理学的教学与研究工作都有了较大进展，主要体现在：①公安与政法院校系开设了犯罪心理学课程；②中国政法大学、中国人民公安大学培养了一批犯罪心理

我国犯罪心理学有很大发展，但毕竟年轻，有待完善、成熟

---

[1] 艾永明、朱永新：《刑罚与教化——中国犯罪心理思想史论》，对外贸易教育出版社 1993 年版，第 7～14 页。

学、司法心理学、警察心理学方向硕士研究生，从 2004 年起，中国政法大学开始招收犯罪心理学方向博士生，2007 年开始招收司法心理学方向博士研究生；③有学术团体——中国心理学会法制心理专业委员会（2010 年改为中国心理学会法律心理学分会），二十几个省、自治区、直辖市亦有相应的学术团体；④翻译出版了一批犯罪心理学专著，如美国尼茨尔所著的《犯罪及其矫正》、汉斯·托奇所著的《犯罪与司法心理学》、英国布莱克本所著的《犯罪行为心理学》、巴尔托尔所著的《犯罪心理学》、詹妮弗所著的《剑桥司法手册》、日本山根清道主编的《犯罪心理学》、森武夫所著的《犯罪心理学入门》、平尾靖所著的《违法犯罪心理》、安倍淳吉所著的《犯罪社会心理学》、苏联塔拉鲁欣所著的《犯罪行为的社会心理特征》、库德里亚夫采夫所著的《犯罪的动机》等；⑤出版编著、专著、教材、工具书、论文集近 300 种，发表论文 5000 余篇，其中不少作品获奖；⑥开展了国际性学术交流。此外，犯罪心理测试技术（测谎技术）、罪犯心理测量、咨询与矫治技术等也在有关实际部门得到了相当广泛的应用。其中，1994 年成立了由司法部监狱管理局、中国心理学会法制心理专业委员会、司法部预防犯罪研究所、中央司法警官学院组成的联合课题组，进行"中国罪犯心理评估系统"的研制工作。经过课题组和全国 11 个试点省、市有关同志多年来的共同努力和艰苦工作，这项工作已取得了很大进展，《中国罪犯心理测试（COPA）》系列各个分测验已陆续推出。从 2000 年 6 月起，我国部分监狱已开始试用《中国罪犯心理测试——个性分测验》（CO-PA-PI）量表，2006 年 8 月通过了国家级专家鉴定后在全国监狱系统推行。由于犯罪心理学研究者在实际部门的不懈推进，在政法系统中形成了一批热爱和运用犯罪心理学的工作者，仅以监狱为例，全国 12 万心理咨询师中有 1/3 在监狱系统工作。2011 年 10 月 21 日是一个值得铭记的日子，以"心理学在法律中的价值"为主题的中国政法大学第一届国际法律心理学大会暨中国心理学会法律心理学分会第十五次学术大会召开，历史性、创造性地实现了中外法律心理学界全方位的交流。[1]

四、我国犯罪心理学的研究方向

30 多年来，我国的犯罪心理学得到了很大的发展。在今后的研究

---

〔1〕 ［英］詹妮弗·M. 布朗、伊丽莎白·A. 坎贝尔主编：《剑桥司法心理学手册》，马皑、刘建波等译，中国政法大学出版社 2013 年版。

工作中，我们不能墨守成规，而是要与时俱进，要在充分肯定犯罪心理学 30 多年来研究成果的基础上，从以下几方面努力：

（一）在刑事一体化视野中开展犯罪心理学研究

在刑事一体化的学科体系中，犯罪心理学应当准确定位，既要明确其在刑事学科中处于基础理论学科和应用学科的地位，又要明确其独特的研究视角和方法，从而为刑事科学建设、刑事立法、刑事司法发挥其特有的、其他刑事学科所无法替代的作用。这种定位，使我们犯罪心理学工作者看到了大有作为的美好前景，是激励我们不断进取的动力；这种定位，对我们犯罪心理学工作者无疑又增加了压力，因为对我们提出了更高的要求，要求我们的研究成果经得起实践的检验并得到其他刑事学科的认同。

（二）开展犯罪心理学方法论的研究

要充分弄清犯罪心理学的研究对象和研究方法的特点，把它从一般的心理学研究中分化出来，在保持传统心理学研究若干基本方法的基础上，根据其特点逐步建立自己的方法论基础和方法学系统。从冯特开始的现代心理学的研究，崇尚自然科学的研究方法，从促进心理学脱离哲学母体，开创心理学作为独立学科的角度看，值得称道。但是，犯罪心理学研究，需要在脱离母体之后不忘母体，在遇到难以实证的问题时，更多地依靠哲学和系统科学方法论的指导，从宏观和微观相结合上提出科学假设，并通过若干个案研究或小范围的实验性研究和社会实践的验证来得出结论，确立自己的理论体系。

（三）总结回顾我国犯罪心理学的研究成果和几次争鸣的意义

"犯罪心理结构"（structure of criminal mind）同"犯罪心理特征"（characteristics of criminal mind）之争，"犯罪综合动因论"（synthetic agent theory of crime）和"聚合效应论"（theory of convergence effect）之争，加深了我们对犯罪人本质的认识。在犯罪心理学研究中，既要反对完全沿着自然科学的实证道路来规范犯罪心理学研究方向的倾向，也要反对对过去的研究成果持"过时论"的虚无主义态度。我们要与时俱进，随着时代的发展变化不断地修正过时的理论，但任何新的研究都是在以往研究的基础上进行的，应在以往研究成果的基础上扎扎实实地开拓进取。

（四）以应用为本，以服务于司法实践为目的，选择自己的研究方向和课题

犯罪心理学研究的目的全在于应用，离开应用它就失去自己生存的价值。因此，犯罪心理学的发展，决不能离开这个正确的方向，去搞理论上玄而又玄的所谓"创新"，写出既不需要实证、又无实用价值的空谈。

（五）加强犯罪心理学基本理论的建设，夯实理论基础

一门学科能否立足于科学之林，关键就在于它有无自身的特殊规律和反映此领域有别于彼领域的基本理论。否则，就会使对犯罪心理的研究成为普通心理学加案例，或一般心理学原理在犯罪心理学中的数据论证。犯罪活动是犯罪人对社会规范和利益的破坏，是应受惩罚的行为。犯罪心理具有其他心理活动所没有的特征。犯罪心理学要加强理论研究，如犯罪综合动因论、犯罪行为的共同原因和模式、不同犯罪的特殊原因和模式、犯罪对策的心理学依据等，夯实犯罪心理学的理论基础。

（六）加强对现实犯罪问题的心理学研究，使之紧密联系实际

为使犯罪心理学研究为现实斗争服务，必须与时俱进，研究新出现的犯罪类型和现实的犯罪心理问题。如青少年犯罪、集群犯罪、腐败性犯罪、传销犯罪、毒品犯罪、计算机犯罪、邪教犯罪等，都须进行犯罪心理学的研究。犯罪心理学研究要密切联系社会现实，及时为预防犯罪、惩治犯罪和改造罪犯服务。

（七）加强对犯罪侦查心理的研究

犯罪案件发生后，必然在现场留下心理痕迹，为侦查案件提供线索。目前，侦查员在犯罪现场的勘查，侧重于物证的提取，对心理痕迹重视不够。以往的研究，仅提出有关理论，缺乏实证性的探索，没有多少规律性的东西，因而对侦查工作帮助不大。今后应加强勘查心理、审讯心理以及犯罪心理测试技术的研究，为公安民警的侦查破案工作服务。

（八）加强对犯罪人心理矫治的研究

预防和矫治，是综合治理犯罪的两个轮子，缺一不可。犯罪心理矫

治，虽然已经引起广泛的重视，但多数单位仍停留在诊断和咨询阶段，犯罪心理矫治的个别化尚不理想；对某些较严重的犯罪心理的治疗，对不同犯罪类型罪犯的治疗方案的研究，仍然比较薄弱，亟须加强。

（九）加强对犯罪心理预测的研究

以往的犯罪心理学体系中的犯罪心理预测，主要指初犯和重新犯罪的个体的心理预测，这方面的研究仍需加强。但是，对未来一个时期犯罪类型的发展变化预测和新的犯罪类型的心理预测，从社会心理变迁的角度看，仍是可行的。应从社会变迁、社会心理变化和社会控制的角度，加强对今后一个时期新的犯罪类型及其心理预防的研究，以便从整体上为社会控制犯罪服务。

（十）加强对公安、司法人员心理的研究

在刑事司法过程中，公安干警、检察官、法官、狱警的心理直接影响到对犯罪分子的侦查、检控、判决和管理矫治。应对公安及与案件相关的司法人员心理特点、心理状况、行为模式、精神活动进行全面系统的研究，从而有利于对罪犯的有效侦查、合理量刑、科学矫治。

第六节　本书的体系构思

本书由导论、犯罪人心理和犯罪对策心理三个部分组成，阐述了犯罪心理学的基本问题，共 15 章。

第一部分为第一章导论，起开宗明义的作用，阐述了犯罪心理学的研究对象、学科性质和研究意义，介绍了研究的方法，评介了犯罪心理学的历史和现状。

第二部分为基本理论和类型理论，共 11 章。

第二章至第三章是犯罪心理学的基本理论。阐明了犯罪人的犯罪心理结构的方方面面（第二章 犯罪心理结构）；犯罪人"为什么"会犯罪，犯罪心理和犯罪行为是"怎么样"形成及犯罪心理是"如何"发展变化的（第三章 犯罪心理结构的形成和发展变化）。

第四章至第十二章是类型理论，除介绍国内外形形色色的犯罪类型理论和提出多元统一犯罪类型理论（第四章 犯罪类型理论）外，还从不同角度论述几种主要犯罪类型的心理，包括不同动机的犯罪（第五章），

未成年人犯罪心理（第六章），女性犯罪心理（第七章），不同犯罪经历的犯罪心理（第八章），智能犯罪心理（第九章），群体犯罪心理（第十章），过失犯罪心理（第十一章）以及变态犯罪心理（第十二章）。

第三部分共 3 章，论述了犯罪人在刑事诉讼过程中的心理及对策（第十三章），犯罪心理预防（第十四章）和犯罪心理矫治（第十五章）。

本书围绕"犯罪心理结构"这一核心构筑全书理论体系。第三章论述的是犯罪人为什么会形成犯罪心理结构，犯罪人犯罪心理结构是怎样形成的，以及犯罪心理结构的发展变化规律，第四章至第十二章分别探讨了不同类型犯罪人的心理结构及其行为特征，第十三章论述了在刑事诉讼过程中针对犯罪人犯罪心理结构的特点采取相应的对策和方法，第十四章论述了如何预防犯罪心理结构的形成，第十五章论述了如何矫治犯罪人的犯罪心理结构。

□ 小　结

本章主要阐述了犯罪心理学的定义、对象、学科性质、任务和作用、研究方法和发展概况以及本书的体系构思。主要内容是：

一、犯罪心理学的定义和对象

（一）犯罪心理学的定义

犯罪心理学是研究影响和支配犯罪人实施犯罪行为的心理及其结构形成、发展和变化规律以及犯罪对策的心理学依据的一门学科。

（二）犯罪心理学的研究对象

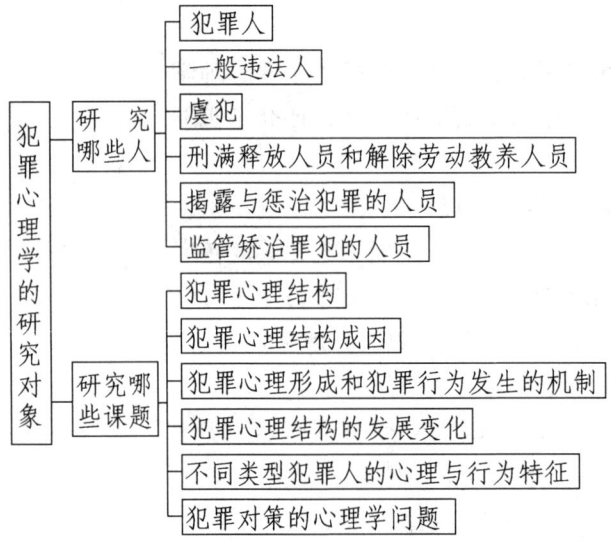

二、犯罪心理学的学科性质

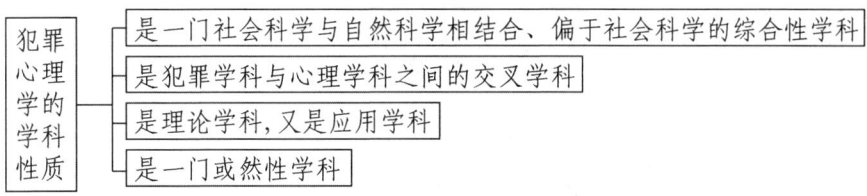

犯罪心理学的学科性质
- 是一门社会科学与自然科学相结合、偏于社会科学的综合性学科
- 是犯罪学科与心理学科之间的交叉学科
- 是理论学科,又是应用学科
- 是一门或然性学科

三、犯罪心理学的任务和作用

(一) 犯罪心理学的任务

通过犯罪人实施犯罪行为的心理及其结构形成、发展和变化规律的研究,为预防犯罪、揭露和惩治犯罪以及改造罪犯提供心理科学依据,为维护社会治安、巩固人民民主专政、保障社会主义建设事业的顺利进行服务。

(二) 犯罪心理学的作用

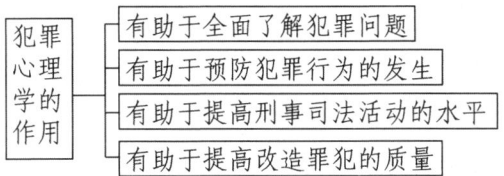

犯罪心理学的作用
- 有助于全面了解犯罪问题
- 有助于预防犯罪行为的发生
- 有助于提高刑事司法活动的水平
- 有助于提高改造罪犯的质量

四、犯罪心理学的研究方法

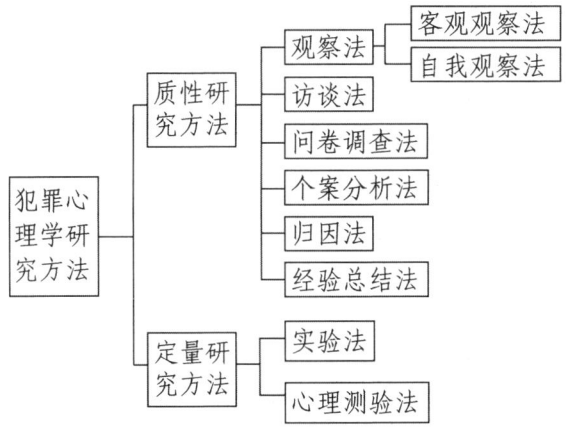

犯罪心理学研究方法
- 质性研究方法
  - 观察法
    - 客观观察法
    - 自我观察法
  - 访谈法
  - 问卷调查法
  - 个案分析法
  - 归因法
  - 经验总结法
- 定量研究方法
  - 实验法
  - 心理测验法

五、犯罪心理学发展概况

(一) 西方犯罪心理学发展概况

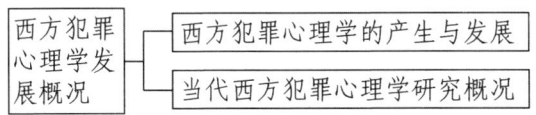

西方犯罪心理学发展概况
- 西方犯罪心理学的产生与发展
- 当代西方犯罪心理学研究概况

(二) 我国古代犯罪心理学思想

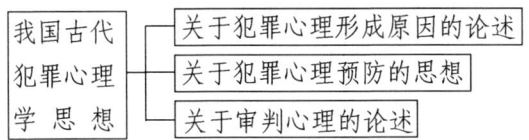

我国古代犯罪心理学思想
- 关于犯罪心理形成原因的论述
- 关于犯罪心理预防的思想
- 关于审判心理的论述

（三）我国犯罪心理学研究现状

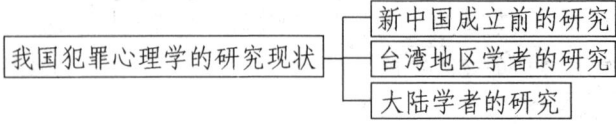

（四）我国犯罪心理学的研究方向

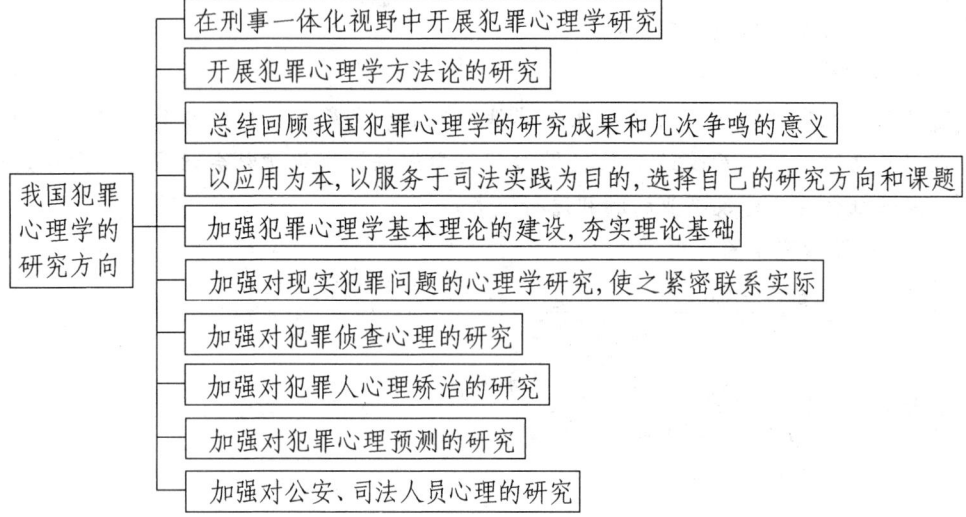

六、本书的体系构思

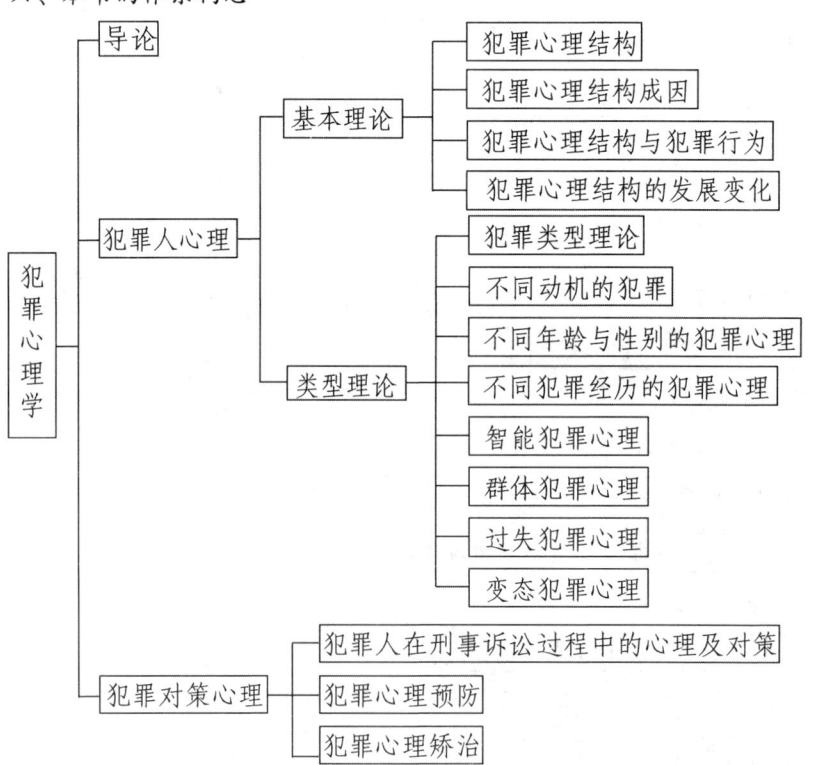

□练习与思考

一、名词解释

1. 犯罪心理学

2. 犯罪人

3. 犯罪心理

4. 犯罪行为

5. 犯罪对策

二、简答题

1. 简述犯罪心理学的概念。

2. 简述犯罪心理学的作用。

三、思考题

1. 如何理解犯罪心理学的研究对象？

2. 如何理解犯罪心理学的学科性质？

3. 各种犯罪心理学研究方法的优缺点是什么？

第二章

犯罪心理结构

■学习目的和要求

通过本章学习，要求学生

● 重点掌握：犯罪心理结构的概念；犯罪心理结构的组成部分。

● 掌握：犯罪心理结构的模式及形态变化。

● 一般了解：犯罪心理结构的由来；犯罪心理结构的意义。

第一节　犯罪心理结构概述

一、什么是犯罪心理结构

守法者与犯罪人心理上质的区别，在于犯罪人具有犯罪心理。影响和支配犯罪人实施犯罪行为的犯罪心理，往往不是某种单一的因素，而是多种因素有机联系、共同起作用的复合体。这个复合体是以一种什么样的形态存在于犯罪人的头脑中呢？国内一些学者提出了"犯罪心理结构"这一概念。

（一）犯罪心理结构的含义

所谓犯罪心理结构，是指行为人在犯罪行为实施前已经存在的、在犯罪行为实施时起支配作用的那些畸变心理因素有机而相对稳定的组合。它是行为人个性心理结构中社会心理缺陷的总和，是其发动犯罪行为的内部心理原因和根据。[1]

尽管近十几年来对"犯罪心理结构"这一概念的界定各种各样，但笔者认为上述定义是比较成熟和精炼的，它揭示了犯罪心理结构这一概念的本质特征：

1. 犯罪心理结构是由犯罪人一些畸变的心理因素构成的复合体。在大量的刑事案件中我们可以发现，犯罪人犯罪往往不是受某一种心理因素所支配，而是受多种心理因素所支配。如一个盗窃惯犯，既有"人无外财不富，马无夜草不肥"、"人为财死、鸟为食亡"、"能偷不偷，等于白丢"等偏常认识，也有缺乏同情心，把自己的快乐建立在别人的痛苦之上的异常情感，同时还缺乏自制力，不能抗御犯罪欲求，好吃懒做，缺乏进取心，等等，诸如此类的消极心理特点有机地结合起来，一旦出现犯罪机遇，就会诱发犯罪动机，导致犯罪行为的发生。因此，犯罪人的犯罪心理绝不仅仅是单一的心理因素，即使是初犯和偶犯的犯罪心理，也是多种不良心理因素畸变的复合体。

2. 犯罪心理结构是个性心理结构中的一个亚结构。一个人的个性心理结构是由若干较为稳定的心理特征组成的。国内心理学界一般从个性倾向性（包括需要、动机、兴趣、理想、信念、抱负水平、价值观、世界观等）和个性心理特征（包括能力、气质、性格等）两部分来研究，无论是守法者还是犯罪人的心理都具有这些心理特征。但是在犯罪人的个性心理中，有很多的心理特征是与社会道德的要求和法律的规定相悖的，如犯罪人异常强烈的低级需要，卑劣的动机，低级下流的兴趣，错误的人生观、价值观、世界观，不良的性格特征等等，这些个性中的社会心理缺陷，构成了犯罪人的犯罪心理结构。

3. 犯罪心理结构是犯罪人发动犯罪行为的内部心理原因和根据。犯罪人犯罪行为的发生，必然有其内部和外部的原因。犯罪心理结构就是犯罪人发生犯罪行为的内在原因。辩证唯物主义告诉我们，事物内部的原因即内因是行为发生的根据，事物的外部原因即外因是行为产生的条件，外因通过内因而起作用。在同样恶劣的环境或情境中，

---

[1] 罗大华主编：《犯罪心理学》，中国政法大学出版社1999年版，第33页。

为什么有的人犯罪，更多的人却没有犯罪，就是因为犯罪的人具有其他人没有的犯罪心理结构。

4. 犯罪心理结构是一个开放性的自组织结构。首先，犯罪心理结构，是一个具有自组织功能的结构。所谓结构的自组织功能，根据普利高津·哈肯的观点，是指没有外部指令，系统内各子系统（要素）之间能自行按照某种规则形成一定的结构功能。这里所谓心理的自组织能力，是指行为主体在特定的认知水平、价值观念、情感、意向等因素的基础上所形成的对外界做出各种反应的能力。我们在强调犯罪心理结构的自组织作用的同时，必须重视犯罪心理结构的开放性。自组织性只反映了系统间要素的相关互动和内部生成转化，但是犯罪心理结构绝不是一个自我封闭的系统。它的形成和发展变化，时刻都与外界保持着密切的联系和积极能动的反馈与互动。正是由于结构的开放性，才保证了犯罪心理结构与外界环境的一致性，才使心理自组织系统的功能得到有效的发挥，离开了结构的开放性，犯罪心理结构就失去了生成和发展的客观依据，成为无本之木，无源之水。

（二）犯罪心理结构的理论依据

从哲学的观点看，结构是事物存在的普遍形式。无论是在自然界还是在社会生活中，结构都是普遍存在的。早在古代，学者们就已经开始了对事物结构的探索，如中国的"五行"学说，古希腊德谟克里特的原子论学说等，就是这种探索先驱、原始的思想。资本主义现代化工业的兴起推动着人们对物质结构、细胞结构、天体结构、地质结构、化学结构等自然科学领域的研究；进而，又扩展至社会、思维领域，相继开展对经济结构、管理结构、教育结构、语言结构、思维逻辑结构以及心理结构的研究。

结构由许多成分组成，这些成分之间的关系紧密。事物与结构是不可分割的，一定的结构，可以使组成事物的各个因素发挥它们单独不能发挥的作用。现代系统论、信息论、控制论、耗散结构理论等科学为事物结构的生成、发展、变化提供了理论基础，任何事物的结构都不是一个静止、一成不变的结构，而是一个不断生成、建构的动态演变的结构。结构具有自组织功能，构成事物的多种因素能根据当前情景和内在需要自发能动地选择和组织其相关要素，使其统一和谐地相互作用，形成事物的结构。事物的结构不是封闭的，孤立的，而是一个开放的系统，时刻都与外界保持着密切的联系和积极能动的反馈和互动。

迄今为止，关于"犯罪心理结构"的定义有近十种。

犯罪人的犯罪心理也是由其特定的认识水平、价值观念、情感、意向等多种因素构成的，这些心理因素不是散乱、无序地存在于犯罪人的头脑中，而是通过不断生成、建构而形成一个紧密联系的结构。犯罪人犯罪心理结构的形成和发展变化，时刻都与外界保持着密切的联系和能动的反馈与互动，使犯罪心理结构与外界环境趋于一致。

犯罪心理结构也是一个不断生成建构的动态变化结构。

（三）犯罪心理结构的实证依据

犯罪人是否具有犯罪心理结构，国内外学者都进行了大量的研究，获得了一些有价值的研究成果。例如，苏联犯罪心理学家库德里亚夫采夫（B. H. КуДРЯВЦеВ）于1976年绘制了一个"违法行为主观原因结构"模式图（见图2-1）。

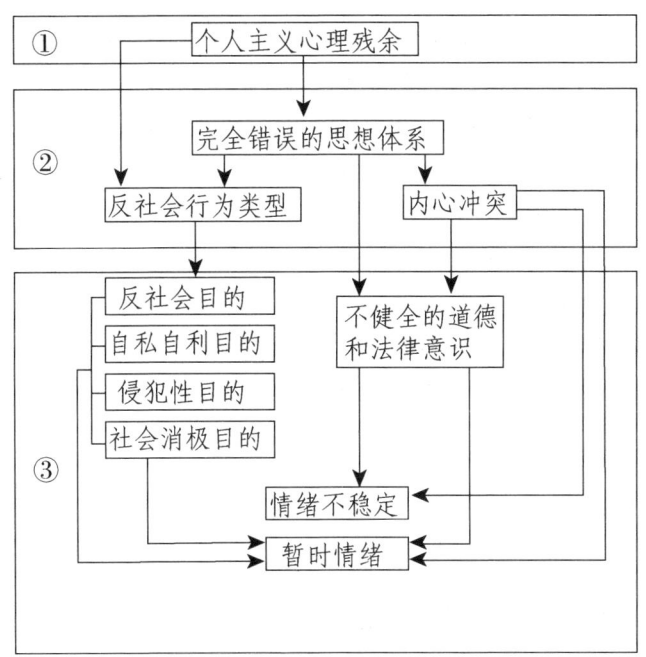

①社会（日常）状态 ②小集体心理 ③违法者个性

图2-1

库德里亚夫采夫认为，犯罪学的一个重要任务，就是要"揭示违法者个性的内部结构"。"研究者可以用心理学关于个性一般结构的观念来分析这种结构。"[1]

---

[1] ［苏联］库德里亚夫采夫：《违法行为的原因》，韦政强译，群众出版社1982年版，第188～189页，第225页。

国内许多学者对罪犯的智力、个性特征都进行了研究，也发现了罪犯与守法者心理上的巨大差异。例如，顾玉甫应用明尼苏达多相个性量表（MMPl）调查了 512 名在押罪犯，将所得的数据与宋维真等运用 MMPI 对正常中国人（非犯罪者）的测量结果进行了对比，发现：犯罪者在疑病（Hs）、反社会人格（Pd）、妄想（Pa）、精神衰弱（Pt）、精神分裂（Sc）量表上与非犯罪者存在着显著的差别。按照中国常模（临床量表）的障碍指标，犯罪者在上述几个方面均达到或超过障碍指标。这一结果同国外对犯罪者使用 MMPI 测试的结果是相似的。国外测试结果表明：多数犯罪者精神病质的指数高，偏执性高，幼稚，本位主义，内省差，任性，行为轻浮，过分敏感，易猜疑，往往偏重攻击行为等[1]。顾玉甫还对不同罪种（主要是财产犯罪和性犯罪）的犯罪者在 MMPI 上的测量结果进行了比较，发现：除 F（诈病）、Pa（妄想）等少数量表差异显著外（$P < 0.05$），其他量表均未达到显著水平。这表明，不同类型的犯罪人，具有大体相似的个性特征。国内外其他一些学者使用艾森克个性问卷（EPQ）、Y – G 性格检查问卷、SCL – 90 症状自评量表、瑟斯顿（Thurstone，L，L.）配对比较判断律等测试手段，对犯罪者与非犯罪者进行了广泛的比较研究，同样证实了犯罪心理结构的存在，以及不同类型罪犯在犯罪心理构成要素上的某些差异。

此外，大量的案例和司法实践也表明，犯罪人尽管也是人类社会生活的成员，但他们的心理同一般人有质的区别，他们不只是存在某些消极的心理因素，而是存在着足以发动犯罪行为的内部心理原因——犯罪心理结构。

二、犯罪心理结构的由来

"犯罪心理结构"这一概念最早出现在新中国成立以后第一本犯罪心理学教材中，该书第三章第二节使用了犯罪心理结构作为节标题，并提出了犯罪心理结构的雏形。[2]该书提出：①犯罪行为人的犯罪心理是发动犯罪行为的内部原因，犯罪心理与犯罪行为是一种因果决定论的关系；②犯罪心理并不是杂乱无章凑合而成的，而是呈一种结构态，各种因素有机而稳定地结合在一起；③组成犯罪心理结构的各心理因素发生畸变；④犯罪心理结构所包含的心理成分是发生畸变的成

---

[1] 参见［日］森武夫：《犯罪心理学》，邵道生等译，知识出版社 1982 年版，第 276 页。
[2] 罗大华等编著：《犯罪心理学》，群众出版社 1983 年版，第 67 ~ 89 页。

分，犯罪心理结构并不是个性结构之外的东西，而是寓于个性心理结构之中的亚结构。但是该书没有提出犯罪心理结构的完整概念，也没有提出各种犯罪（如故意犯罪、过失犯罪等）的犯罪心理结构模式。

"犯罪心理结构"概念提出以后，在国内学术界引起激烈的争论。争论从1985年开始，一直持续到1995年，学者们发表了数十篇文章，各抒己见，硕果累累，促进了犯罪心理学科的发展。

有关"犯罪心理结构"这一问题的争论，大致可以分为两大派，即结构论与非结构论。主张犯罪心理结构论的学者认为，犯罪心理结构是犯罪心理学主要的基本理论课题之一，对揭示犯罪心理特殊矛盾性、揭示犯罪人产生犯罪行为的内部原因、建立犯罪心理学的理论体系以及以此为基础开展关于犯罪对策的心理学研究都有重要意义。认为犯罪心理结构是客观存在的，是科学的概念。其主要的理由是：①"结构"是宇宙间万事万物存在的形式，大至天体，小至原子，都是有一定结构的，犯罪心理这一事物概莫能外；②只要承认系统方法是犯罪心理学的一般方法论，就必须把犯罪心理视为有结构的事物，因为结构性是系统的特征之一；③我国的普通心理学、社会心理学以及各分支心理学论著中，结构这一概念的使用比比皆是，为什么犯罪心理学不能使用犯罪心理结构这一概念呢？④根据以上三点，完全可以通过演绎的方法，提出犯罪心理结构的概念；⑤犯罪心理结构是可知的，这不仅有丰富的经验为基础，而且也是可以通过心理测量工具检测的，这些年来，已有多篇检测报告证实了犯罪心理结构的存在。

否定犯罪人存在犯罪心理结构的学者认为，犯罪心理结构是主观虚构的、不科学的概念。其理由是：①在普通心理学中"心理结构"这一概念就不明确且有争论，在此基础上提出"犯罪心理结构"的概念就更难以令人信服；②心理结构的概念本身就缺乏实证研究的证实，有极大的主观想象成分，犯罪心理结构论正是犯了建立理论时主观想象、臆造概念的错误，反映出研究问题时具有思辨哲学的色彩；③从关于"犯罪心理结构"这一概念是国内法律心理学工作者的独创"犯罪心理结构"的构成成分的论述看，犯罪人与一般人的心理成分缺乏本质的区别，实质上，犯罪人与守法人在法律上界限清楚，心理上界限不清楚；④使用"犯罪心理结构"的概念来解释犯罪心理，会把活生生的事物僵化起来，从而陷入形而上学的境地；⑤用"特征论"、"不良个性倾向性"或者"动力定型"来解释人的犯罪行为，更具有解释的广泛性和普遍性，而且不能将"什么样的特征"和"什么样的不良个性倾向性"的分析作为"结构论"存在的依据，等等。

以上的争论实质上不单纯是"犯罪心理结构"这一概念之争，从根本上说是方法论、犯罪原因论的分歧，或对犯罪人怎么看的问题。

"犯罪心理结构"的学术争鸣除了以上截然对立的争论之外，结构论者内部对犯罪心理结构的概念表述、犯罪心理结构的构成成分、犯罪心理结构的模式以及适用范围等问题也进行了较为深入的探讨，提出了各种各样的见解，使犯罪心理结构这一概念及相关理论越来越精确，越来越完善。

欲了解详细内容，可参看《中国法制心理科学研究十年》（中国政法大学出版社 1994 年版）的相关部分

三、研究犯罪心理结构的意义

（一）理论意义

任何一门学科都是为了揭示该领域的规律性，犯罪心理学这门学科也不例外。犯罪是一种危害社会的、触犯刑事法律的、应该受到刑罚惩罚的行为，实施这种行为的犯罪人的心理结构与守法者的心理结构必然有质的差异。犯罪心理学之所以成为一门独立的分支学科，正是为了揭示犯罪人个性心理结构的特殊矛盾性，即表现为一定的犯罪心理结构的运行方式和规律。犯罪心理结构反映了本学科特殊的矛盾性，那么，从一定意义来说，犯罪心理学这门分支学科，是围绕着犯罪心理结构——产生犯罪行为的心理原因来建立自己的理论体系的。它涉及影响犯罪心理结构形成的各种内部的和外部的原因、条件、因素，犯罪心理结构形成的过程，犯罪心理结构的特殊性，由犯罪心理外化为犯罪行为的机制等一系列理论问题；还涉及在深入认识犯罪心理结构的特征和规律的基础上，探求预防、侦讯、矫治犯罪的心理学依据，运用心理学技术开展犯罪的对策研究。

（二）实践意义

犯罪人的犯罪心理结构是犯罪心理学研究的基本理论之一，以犯罪心理结构为核心的基础理论研究，揭示了犯罪心理产生、发展和变化的一系列规律，这些规律对于刑事司法实践以及犯罪人心理矫正都有十分重要的意义。例如，在对犯罪人的侦查和讯问中，司法人员可以运用犯罪心理学提供的不同类型犯罪人的心理结构及其特点的知识，有针对性地运用各种对策揭露和惩罚犯罪人。在对服刑罪犯的心理矫治中，监狱民警可以运用不同类型犯罪人犯罪心理结构的知识，找到犯罪人社会心理缺陷的症结，因人施教，破除其犯罪心理结构，重建其守法心理结构，使犯罪人不至于因没有改造好而重新走上犯罪道路。

揭示犯罪人犯罪心理结构产生、发展和变化的规律性，对于预防犯罪也有很重要的意义。犯罪心理结构的研究表明，个体社会化进程中的缺陷有可能导致犯罪心理的滋生，因此，掌握了个体社会化进程中的缺陷，就能对个体的犯罪行为作出预测和预防。犯罪心理结构的研究还表明，个体内外的很多因素对于个体形成犯罪心理结构都有影响，如果我们对这些来自个体内部或外部的因素进行限制，加以防范，就可以阻止犯罪心理结构的形成。例如，杜绝青少年的不良交往和模仿，培养和塑造健全的个性心理结构等，就可以使青少年刚萌发的犯罪心理消失，防止其犯罪心理结构的形成。

第二节 犯罪心理结构的组成部分

一、犯罪心理结构的总体模式

犯罪人的犯罪心理结构是由各种畸变的心理因素构成的复合体，这个复合体是以什么样的形态存在于犯罪人的头脑之中，很多学者对此进行了较为深入的研究，但是由于见解不完全相同，所建立的总体模式也不一样。主要有以下几种模式：

1. 相互作用模式论。有些学者对构成犯罪心理结构的成分，分别论述其在犯罪心理结构形成中的地位和作用，然后进一步分析各成分之间的相互作用，并绘示意图，这是早期研究中常用的模式。

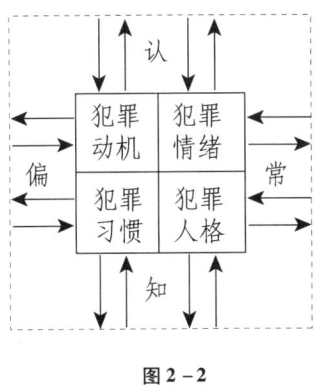

图 2 - 2

2. 偏常认知主导模式论。提出这一模式的学者借助于认知心理学的研究成果来建构犯罪心理结构的总体模式。他提出，偏常认知是犯罪者的犯罪心理结构中最主要、最本质的内容，犯罪心理结构就是以偏常认知为主导，并在其指导、控制下的若干犯罪心理因素（主要是犯罪动机、犯罪情绪、犯罪习惯、犯罪人格）相互联系的整合体。其模式见图 2 - 2[1]：

"结构论"者内部对犯罪心理结构的总体模式看法不同，这与学者看问题的角度有关

---

[1] 朱伟："犯罪心理结构的本质和作用"，载《犯罪心理学学术论文集》，中国人民公安大学出版社1987年版，第83～92页。

3. 多层次多维度模式论。[1]鉴于早期的"相互作用模式论"的缺陷，一些学者在参考其他模式理论的基础上，又提出了"多维度模式论"。这种模式论把犯罪心理结构分成一般犯罪心理结构、不同类型犯罪心理结构和个体犯罪心理结构三种不同层次的模式，再分别考察各种模式的特点，给人勾画出一幅多层次、多维度的犯罪心理结构的图像，以反映出形形色色犯罪行为的复杂的内部心理原因和特点。

多维度模式理论把一般犯罪心理结构分为结构模式和机能模式两个侧面。结构模式显示其各种要素的地位及其相互联系，机能模式表明各要素的层次和作用。结构模式见图2－3：

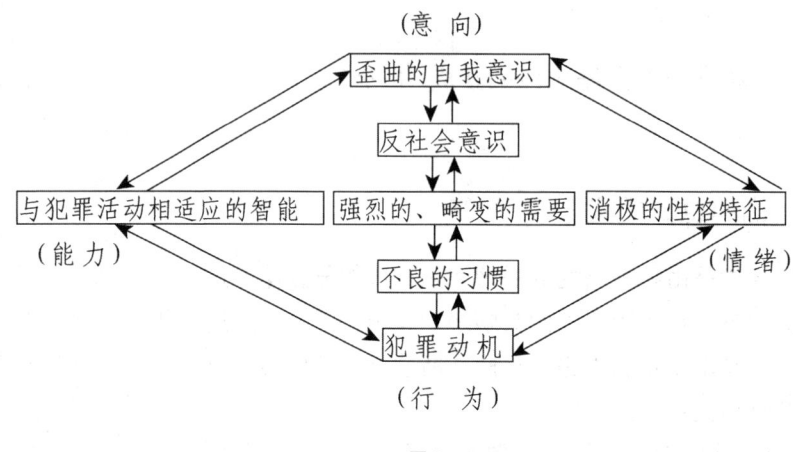

图 2－3

该图说明，犯罪心理结构以犯罪需要为核心，形成从意向到行为的心理锁链，并以一定的情绪状态和相应的能力作为引发犯罪行为的条件。机能模式见图2－4所示。

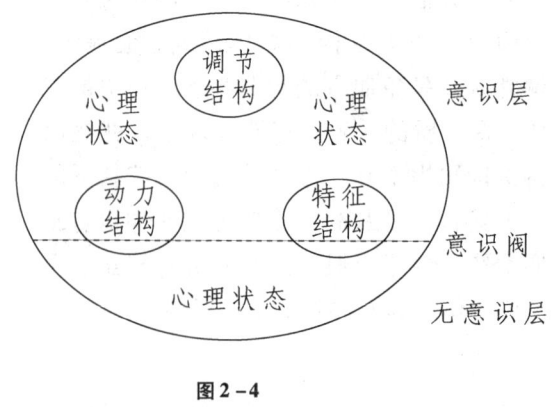

图 2－4

---

[1] 罗大华主编：《犯罪心理学》，群众出版社1991年版，第96～101页。

对此图的说明：①根据各因素间的紧密程度，可将犯罪心理结构分为弥散性的心理状态和具有紧凑性的亚结构体（指调节结构、动力结构和特征结构）；②根据犯罪心理结构的意识状态不同，可将它区分为意识层次和无意识层次，心理状态和动力结构、特征结构中，均有无意识的结构因素；③根据其机能的不同，犯罪心理结构的亚结构可以分为动力结构、调节结构和特征结构。在多层次、多维度的犯罪心理结构中，起重要作用的是亚结构体，弥散在其中的心理状态起条件作用和其他配合、辅助作用。

多维度模式论从不同角度划分出不同类型的犯罪心理结构：从动力划分，有需要型犯罪心理结构和情绪型犯罪心理结构；从心理成分上划分，有典型的犯罪心理结构和非典型的犯罪心理结构；从稳固性上分，有稳固的犯罪心理结构和不稳固的犯罪心理结构。

多维度模式论认为，上述各类犯罪心理结构，只是论述了驱使行为人产生犯罪行为的内部心理原因，它还不足以表明行为人的全部个性心理状况。因此，又进一步考察了个体犯罪心理结构，发现在个体心理结构中同时存在着犯罪心理和常态心理，常常存在着犯罪心理和守法心理的斗争，社会控制力与罪犯的自我控制力（守法心理）相结合，形成一道屏障，阻碍着犯罪心理因素的滋长。上述对个体犯罪心理结构的理解不是单向的、平面的发展趋势，而是双向的、立体的矛盾斗争趋势。

二、犯罪心理结构的亚结构

从犯罪心理结构的总体模式中，可以发现犯罪心理结构中包含许许多多的成分，对这些心理成分进行再次归类，把联系紧密、性质相近以及作用相同的一些心理成分组合在一起，可构成犯罪心理结构中的亚结构，它们是犯罪心理结构中的动力结构亚结构、调节结构亚结构和特征结构亚结构。

（一）动力结构的组成因素

根据普通心理学中的个性心理结构的理论，个性倾向性是个性中的动力结构。个性倾向性由需要、动机、兴趣、理想、信念、世界观等多种心理成分组成。它是个性心理结构中较为活跃的部分，是个性积极性的源泉，对个体活动起着定向选择的作用。犯罪人与守法者之间的差异主要体现在这些心理成分所包含的社会心理内容上的差异。

1. 反社会意识。所谓反社会意识，就是与宪法所规定的国家制度、思想体系相背离，与正常的社会生活相对立，以损害公众利益满足一己私利的价值取向为核心的各种错误观念的总称。具体表象为错误的社会态度、社会动机和对社会秩序、社会规范的否定与蔑视，它是个体实施犯罪行为精神支柱。反社会意识对个体不良欲求起着定向作用，对犯罪动机起着促进和加固作用，对犯罪行为起着支配作用。

2. 强烈、畸变的需要。需要是个体和社会所要求的事物在人脑中的反映。人的需要大致可划分为生理性需要（如食物、性、御寒等需要）和社会性需要（如交往的需要、学习的需要等）。美国的心理学家亚拉伯罕·马斯洛（A. H. Maslow）把人的需要分为五个层次，它们由低级向高级排列：生理需要—安全需要—爱、归属需要—自尊需要—自我实现需要。需要是形成动机的基础，动机是需要的现实表现。犯罪者的需要与守法者的需要不同，突出地表现在其对需要强烈程度的失控和需要满足方式和社会关系的对立。强烈的、畸变的需要是犯罪行为的内在驱动力，主要表现在强烈的物质占有欲和挥霍享受欲；畸变的性欲；不健康的、畸形的心理需要（如报复、嫉妒、逞凶斗狠、寻求刺激，在违法团伙中讲"义气"）；错误的精神需要（如封建迷信以及权位欲、支配欲、领袖欲）等。

3. 犯罪动机。犯罪动机是驱使犯罪人实施犯罪行为的内心起因。它是在犯罪人强烈、畸变需要的基础上，在外界诱因的刺激作用下产生的。如非分的物质需要引起财产犯罪动机，淫乐需要引起性犯罪动机等。它是动力结构中最活跃的因素，是犯罪行为的直接动力。

4. 不良的兴趣。兴趣是个体力求探究某种事物的认识倾向。犯罪人的兴趣常常与低层次的需要相联系，偏重于感官刺激的兴趣，缺少高尚的兴趣；追求新奇、富于刺激性的直接兴趣多于间接兴趣。

（二）调节结构的组成要素

个体行为调节受到社会和个体自身两大控制系统的制约。社会控制即从警察对犯罪行为的打击力度、群众防范意识、社会舆论、技术防范的水平（如防盗门、监视器等）、社会风气等方面进行宏观控制；个体的自我控制则受个体的自我意识、道德意识以及法律意识的调节，从而进行微观的控制。犯罪人犯罪心理调节结构属个体自我控制系统，对犯罪人的欲求及其指向，起加强或削弱、发动或中止的调控作用。

1. 偏倾的自我意识。自我意识是指主体对自身的意识，包括对自己机体及状态的意识；对自己肢体活动状态的意识以及对自己的思维、情感、意志等心理活动的意识。自我意识的发展过程是个体不断社会化的过程，其成熟标志着个性的形成。自我意识是人的个性结构的重要组成部分，是个性结构中的自我调节系统。犯罪人的自我意识常常是偏倾的，对自己的认识常常是不客观的，要么过高地估计自己，盲目地自高自大；要么过低地估计自己，极端自卑，其自我评价体现出幼稚性、歪曲性和盲目性，不能很好地调节和控制自己的行为。

2. 扭曲的道德意识。道德意识是反映社会生活中人与人之间道德关系、道德现象的观念体系，包括道德认识、道德情感、道德评价等，主要表现为道德义务感、责任感，对个体的行为起着自觉而不是被迫的调节作用。犯罪人的道德意识是扭曲的，表现为对社会公认的是非善恶准则的践踏，如在犯罪人中流行的"人为财死，鸟为食亡"、"宁在花下死，做鬼也风流"、"吃苦一辈子，不如享乐一阵子"等。犯罪人的道德意识虽然支离破碎、杂乱无章，但仍然对其犯罪行为起支撑作用，对其内部心理冲突起调节作用。

3. 错误的法律意识。犯罪人的法律意识极为淡薄，除少数人是因为对法律的无知而犯罪外，绝大多数犯罪人是因为存在错误的法律观念，对法律的态度不正确以及缺乏守法的行为素养而犯罪。如有的犯罪人认为"法难治众，中国这么大，违法犯罪的人那么多，浑水摸鱼，被抓住的是少数"，"两厢情愿，性自由（聚众淫乱）不犯罪"，"打死坏人不犯法"，这些错误的法律意识，妨碍其守法观念的建立，使其违法犯罪行为更加有恃无恐。

（三）特征结构的组成要素

个性心理特征由气质、性格和能力三种心理成分构成。如果说，动力结构是个性的深层结构，特征结构则属于个性的表层结构，表现出个性心理活动稳定性的特点和独特的行为方式。犯罪心理的特征结构，显示出个体犯罪行为的特点和区别于他人的某种特征。

犯罪心理的特征结构包括：

1. 特定的气质特征。气质是指个体心理活动的动力特征，这些动力特征主要表现在心理活动的强度、指向性和速度等方面，并且与个体的神经类型有密切的联系，受遗传基因的影响，心理学中一般把气质分为胆汁质、多血质、粘液质和抑郁质四种类型。气质无好坏之分，每一种气质类型都有积极和消极的方面。气质类型对人的心理活动（尤其是情感）发生的速度和强度有很大的影响，对于个体行为的方式也有影响，但它不决定行为内容，即不能决定人的行为的对与错。犯罪人的气质特点会在其犯罪类型和选择的犯罪方式中表现出来。有研究表明：暴力犯罪者如杀人抢劫的人中，胆汁质的人较多；诈骗犯中，多血质的人较多；贪污犯中，粘液质的人较多。

2. 消极的性格特征。性格是个体对现实稳定的态度和习惯化的行为方式。个体性格的形成方面受先天遗传素质的影响，另一方面受后天社会生活的制约，后天的培养、教育对个体性格的形成影响更大。性格有复杂的心理结构，包括：①对现实和对自己态度的性格特征；②性格的理智特征；③性格的情绪特征；④性格的意志特征。这些特征既有积极的，也有消极的。积极的性格特征如热情、开朗、做事认真、有责任心、富于同情心、意志坚定、情绪稳定等，这些特征有助于养成优良的性格，很好地适应社会生活。消极的性格特征往往与品德不良、犯罪等相联系，很多研究表明，犯罪人往往缺乏对社会、对集体、对他人的责任感、义务感，好逸恶劳，贪婪自私，心胸狭窄，有很强的报复心、嫉妒心、虚荣心，意志薄弱，自制力差，思维偏执，固执己见。这些消极的性格特征容易导致个体社会生活适应不良，发生人际矛盾和冲突，形成反社会意识。

3. 与犯罪活动相适应的能力。能力是指个体成功地完成某种活动所必须具备的个性心理特征。一定的能力是个体获得生活技能、适应社会生活必不可少的条件。犯罪人在能力发展水平上出现偏倾情况，有些犯罪人智力水平低，缺乏必要的生产和生活技能；有些犯罪人却形成了与犯罪活动相适应的技能，如盗窃犯敲门压锁、掏包的技能，从计算机中盗取国家机密和金钱的技能等。

4. 不良的行为习惯。习惯既是某种特殊能力的熟练，又是一种生活定势。长时间从事犯罪活动的人，必然形成不良的行为习惯，包括犯罪习惯和不良的生活习惯。它对犯罪动机起着引发和加固的作用。不良的行为习惯具有滞后于意识的惰性。有时，在犯罪心理结构中，即使其他心理因素有所改变，也很难使犯罪习惯马上改变。

综上所述，犯罪心理结构中的若干犯罪心理因素可归纳为三个亚结构，这些亚结构内部各心理因素是紧密相连的，起着相同的作用；这些亚结构之间又是相互联系、相互影响、相互制约的，它们一起构成犯罪人发动犯罪行为的内因，推动犯罪人犯罪行为的发生。

三、犯罪心理结构的心理背景

在推动犯罪人发动犯罪行为的心理因素中，有些心理因素是有特定作用的，如前述中的动力结构、调节结构和特征结构中的心理因素，有些心理因素的作用不是那么明显，如心情抑郁、意识朦胧、激情爆发，有时莫名其妙地发怒等。尽管这些心理因素在发动犯罪行为中的作用不甚明显，但是它们的作用也不可低估，有时甚至直接推动犯罪行为的发生，如激情犯罪、冲动性犯罪等。在犯罪心理结构中，这些心理因素相互之间联系不紧密，时隐时现，就好似犯罪心理结构的背景，主要包括犯罪人的心理状态和潜意识两个方面。

（一）犯罪人的心理状态

心理状态是指心理活动在开展时于活动过程中所具有的独特状况和相对稳定的状态。在不同的时间或不同的条件下，人的心理活动都具有不同的状态。在心理活动开展时，人的心理状态可以是兴奋的、抑郁的、疲惫的、注意的、平静的、亢奋的……，这些状态体现着心理活动开展时主体的心理激活程度和脑功能的积极性水平。在睡眠的情况下，脑机能处于抑制状态，心理激活性极低，在此基础上的心理活动处于一种无意识水平，人得到的只是一些无逻辑关系的离奇梦境。觉醒状态时人的心理激活程度与脑机能的积极性水平也不尽一致。人在振奋状态下，心理活动积极有效；疲惫的状态使人的心理活动效能低下；分心状态使人对某种特定的刺激视而不见，听而不闻；突发的事件使人处于高度警觉的应激状态，以保证个体对刺激做出瞬间的迅速反应。就其动态性而言，心理状态的变化不如心理过程那样流动，具有一定的时间延续性，但也不像个性心理特征那样稳固持久。一种心理状态不仅会随时为另一种心理状态所代替，而且一种特定的心理状态，也会在产生后处于不断的变化中。犯罪人的心理状态在犯罪心理结构中呈弥散状态，对犯罪心理结构中的动力结构、调节结构和特征结构以及整个心理结构均产生一定的影响。有时，犯罪人的心理状态本身，也可能成为一种犯罪行为的驱动力。如犯罪人在激情状态下发生的杀人、伤害、毁物、爆炸等暴力性犯罪行为。处于激情状态下的犯罪人，由于强烈的情绪冲动，使其失去理智，极易伤害无辜酿成惨祸。

犯罪人消极、不良的心境是其决定实施犯罪行为的催化剂。心境是一种微弱的、持续时间较长的、弥散性的情绪状态。消极、不良的心境，使人长时间处于紧张、压抑、矛盾冲突的情绪体验中，从而导致犯罪动机的产生。

在实施犯罪行为的整个过程中，犯罪人的心理都处于异常的状态，注意力高度集中，警觉性特别高，情绪处于亢奋状态，调动机体内的一切能量以达到犯罪目的。这种特定的异常心理状态，是实施犯罪时必不可少的重要心理环境。

（二）犯罪心理结构中的潜意识

"潜意识"是奥地利的心理学家弗洛伊德（S. Freud，1856年~1939年）提出的精神分析学说中的一个重要概念，是指个体心理中被压抑的、当时感觉不到的本能欲望和经验。对犯罪人的调查研究结果表明，犯罪人的犯罪心理结构中确实存在潜意识状态。犯罪心理结构中的潜意识状态，对有些犯罪人实施犯罪行为过程中的某些不合逻辑、不合理的行为，能够作出解释和回答；对于一些无动机犯罪或动机模糊的犯罪也能较好地给予解答。

犯罪心理结构中的潜意识包括：

1. 动力结构中的潜意识。犯罪人的某些需要、兴趣，凡属于主体不能清楚地意识到的本能、欲望和经验，应视为潜意识。如青春期的性躁动，欲望受挫后产生的焦虑等，往往形成一种无名的冲动而产生越轨行为。即使是犯罪动机，有时也可能在意识朦胧状态下发生，如激情状态下的杀人，某些游戏型犯罪动机等。

2. 特征结构中的潜意识。人的自我意识有时是不充分的。个人的气质和某些能力、行为方式，并非每个人都能清楚地意识到。因而，在作案时往往留下蛛丝马迹，客观上为侦破案件提供了线索。即使是欲盖弥彰的掩饰，反而出现"藏头"不能"掩尾"的情况，更加暴露了其心理和行为特征。

3. 心理状态中的潜意识。行为人的心境、激情往往不能被主体清晰地意识到，这种"无名的烦恼"为何出现？"怒火三丈"的缘由是什么？为什么有一种非发泄不可的压抑感？主体的意识状态往往是模糊的。如果主导心境受上述心理状态支配，就有可能产生犯罪行为。总之，上述犯罪心理结构的各要素是综合地起动力作用的。它们之间按一定层次相互结合而形成内在联系，互相配合与制约地发挥作用，从而产生具有一定特征的犯罪行为。

第三节　犯罪心理结构的模式及形态变化

一、犯罪心理结构的模式

犯罪行为是一种复杂的行为，不同类型的犯罪行为与不同个体的犯罪行为既有共同性又有特殊性。作为推动犯罪人发动犯罪行为的内在动因——犯罪心理结构，同样存在共同性和特殊性，在上述两节中，我们对犯罪心理结构的总体模式——共同性进行了分析，下面我们按不同标准对犯罪心理结构作不同的类型划分。

（一）以犯罪人有无犯罪动机作为标准，可划分为故意犯罪心理结构与过失犯罪心理结构

故意犯罪心理结构是犯罪心理结构中最常见的类型，绝大多数犯罪人的犯罪心理结构属于此种类型。研究者以大量故意犯罪案例作为研究对象，概括出故意犯罪心理结构的主要心理成分及相互作用方式，揭示出故意犯罪共同的心理特征和规律，这种犯罪心理结构是一种典型的犯罪心理结构。

在过失犯罪中，行为人因疏忽大意或盲目自信而导致犯罪，因此过失犯罪行为人不存在犯罪动机，但仍然存在犯罪心理结构。学者们认为，无论是故意犯罪还是过失犯罪，都是在行为人的某种犯罪心理（故意或过失）支配下实施的，都同样受个体心理成熟水平、个体心理特征和特定情境下的心理状态所制约。这些心理因素都是相互联系、相互作用、互为动力和呈结构状态的，都可以称之为犯罪心理结构。过失犯罪是一种非典型的犯罪心理结构。因此，过失犯罪和故意犯罪的心理结构在心理根据、心理动力、心理品质、结构形态、偶然性与必然性、主要心理因素、行为人的态度等方面都有很大的差异。

（二）根据犯罪心理结构的牢固程度和心理成分的多寡，可划分为稳固、完全的犯罪心理结构和不稳固、不完全的犯罪心理结构

稳固、完全的犯罪心理结构，各种犯罪心理因素一应俱全、各种心理因素之间的联系紧密、呈胶着状态，不易被分解；自组织作用增强，能自动配合驱动；具有这种犯罪心理结构的犯罪人应变能力强，能适应各种环境，主动寻找或制造犯罪机遇，犯罪动机斗争减少，有时犯罪行为能在缺少动机斗争的状态下发生，已形成犯罪人格。累犯、惯犯以及职业犯罪人的犯罪心理结构属于这一种。

不稳固、不完全的犯罪心理结构缺少犯罪心理结构中的某些重要心理成分，且各种心理成分之间结构松散，不够协调；犯罪人在实施犯罪行为前内心矛盾冲突多，动机斗争经常出现且较为强烈；犯罪决意形成晚，常常在犯罪机遇出现时犹豫不决，尚未形成犯罪人格。初

犯和偶犯的犯罪心理结构属于这种类型。

（三）以犯罪人发动犯罪行为的动力作为标准，可划分为需要型犯罪心理结构和情绪型犯罪心理结构

需要型犯罪心理结构是最常见的犯罪心理结构。又可分为两类：一类是以生理的、物质的畸变需求作为犯罪行为的内驱力，如性欲型犯罪和贪污、盗窃等物欲型犯罪；一类是以反常精神需求作为犯罪行为的内驱力，如权力欲、支配欲、领袖欲引起的危害国家安全罪，因行帮意识、封建迷信、亲情友情等引起的各种犯罪等。

情绪型犯罪心理结构是一种特殊的犯罪心理结构，犯罪人发动犯罪行为，不是为了获取直接利益。此种类型的犯罪人往往缺乏权衡利害得失的思维能力和对事物的认知、判断能力，情绪的发泄占主导地位，理智减弱或丧失，不能控制自己的情绪，所以此类犯罪多系突发，较少预谋。如2010年的"药家鑫案"，在开车撞人之后，药家鑫不仅没有打"120"救人，反而连刺伤者八刀致其死亡。他这样做的原因之一是与当时药家鑫撞人之后情绪处于一种应激状态有关。

二、犯罪心理结构的形态变化

犯罪心理结构不是一个静止的、一成不变的静态结构，而是一个不断生成建构的动态结构。按照耗散结构理论以及协同论、突变论的观点，犯罪心理结构是一个开放性的自组织结构，其形成、发展和变化，时刻都与外界保持着密切的联系和积极能动的反馈和互动。有学者提出，从犯罪心理结构的形成到犯罪行为的实施直至犯罪活动结束，犯罪心理结构经历了潜在、恶变、衰落三个阶段和三种形态上的变化。[1]

这里的犯罪心理结构形态变化是针对一次犯罪行为而言的。

第一阶段——潜在形态的犯罪心理结构。在这一阶段，犯罪行为在一些不良的心理因素和不健全的人格基础上，经过不断的发展，积累到一定程度时，便产生了以非法手段获得利益的犯罪意向。犯罪意向的产生，表明个体心理发生了质的变化，由自发的偶尔发生的不良行为的模糊状态，进入了自觉的违法行为倾向状态，即实施犯罪行为前的准备状态。此时，犯罪人已经具有犯罪心理结构的雏形，其中的各不良心理因素进行了初步整合，但仍然没有完全摆脱混沌、无序的状态。

---

[1] 罗大华主编：《犯罪心理学》，中国政法大学出版社1999年版，第53~57页。

第二阶段——恶变形态的犯罪心理结构。犯罪心理结构是一个开放的自组织系统，犯罪人的犯罪心理结构初步形成之后，就能根据当前的情景和内在需要自发能动地选择和组织其相关的心理各要素的活动，使各种心理因素变得稳定、紧凑与有序，形成朝着实现犯罪目标方向发展的"合力"结构，从而导致犯罪行为的发生。在这一阶段中，外界的不良诱因是导致潜在犯罪心理结构恶变的条件；心理系统的"整合"功能是犯罪心理结构恶变的内部机制；犯罪动机外化为犯罪行为是犯罪心理结构恶变的结果。上述机理，对于突发性、激情性犯罪人也是适用的。一般性犯罪动机的形成与突发性、激情性犯罪之间，只是存在着渐进与突发这一时间上的差别，其内部运行机制并无不同。当然，一般来说，突发性、激情性犯罪人恶变的结构并不牢固，离开了一定的情景，便会迅速衰落。

第三阶段——衰落形态的犯罪心理结构。犯罪行为实施以后，犯罪人的心理逐渐恢复常态，由于担心罪行暴露或受到惩处，他们心理上可能出现后悔、自责或惊恐不安。这样，原来实施犯罪行为时发生恶变，呈现稳定、有序状态的犯罪心理结构开始衰落，又变得"松弛"、"无序"，暂时不会形成"合力"结构。但这种实施犯罪行为后的松弛、无序状态，同实施犯罪行为前的混沌、无序状态有着性质上的差别，衰落是经过整合后的涣散状态，仍然保持着"合力"结构时的模型。随着犯罪次数的增加，犯罪心理的多次强化，犯罪心理结构的自组织能力越来越强，因此，犯罪人今后实施犯罪行为的频率会大大增加，其犯罪心理结构的衰落现象会大大减少，仅有所"衰减"。

□小　结

本章主要阐述犯罪心理结构的基本理论，包括犯罪结构的基本概念、犯罪心理结构的构成成分、犯罪心理结构的模式及形态变化。其主要内容是：

1. 犯罪心理结构概述。
2. 犯罪心理结构的组成部分。
3. 犯罪心理结构的模式及形态变化。

□练习与思考

一、名词解释

1. 犯罪心理结构

2. 犯罪动机

3. 心理状态

4. 潜意识

二、简答题

1. 简述犯罪心理结构的概念及其与个性心理结构的关系。

2. 犯罪心理结构可分为几个亚结构，这些亚结构在犯罪人发动犯罪行为的过程中各起什么作用，请简述之。

3. 简述犯罪心理结构可划分为哪几种模式。

三、思考题

1. 结合司法工作中的实际，谈谈研究犯罪心理结构的意义。

2. 述评犯罪心理结构理论。

第三章

犯罪心理结构的形成和发展变化

■学习目的和要求

通过本章教学，要求学生

● 重点掌握：犯罪心理结构的形成原因、犯罪行为发生机制、犯罪心理的发展变化。

● 掌握：犯罪行为的发生机制，并能对案例进行分析，分清犯罪行为发生模式。

●一般了解：犯罪人在不同犯罪阶段的心理状态及犯罪动机、犯罪心理结构的发展变化的原理。

第一节　犯罪心理结构成因

一、影响犯罪心理结构形成的因素

影响犯罪心理结构形成的因素多种多样，大致可分为主体因素和主体外因素两大类。

（一）影响犯罪心理结构形成的主体因素

影响犯罪心理结构形成的主体因素是指犯罪人犯罪心理结构赖以形成的生理情况、心理状况和行为发展水平等因素。主要包括生理因素、心理因素和行为因素等三个方面。

1. 生理因素。生理因素是个体心理发展的物质基础。犯罪心理的产生离不开犯罪人的生理基础，但是，生理因素与犯罪心理结构的形成并没有必然联系，它只是犯罪心理形成的相关因素。生理因素可分为年龄、性别、神经类型和异常的生物学因素四种。

(1) 年龄因素。年龄对犯罪心理的形成虽然没有必然联系，但不同年龄阶段的人，由于身心发展成熟的程度不同，社会经历的各异，对犯罪率的高低和犯罪种类、方式的选择，会产生直接或间接的影响。各国犯罪统计表明，犯罪高发年龄，大都处在十四五岁至二十五岁的青少年时期。这是由于这一时期的青少年，生理上特别是性生理上迅速发育成熟，而心理的发展相对缓慢，因此，具有心理冲突多、情绪不稳定、易于冲动、追求刺激、性的关心和冲动增强等特殊心理；他们体力充沛、欲望强烈，但个性发展还不成熟，缺乏足够的是非判断力和自制力。同时，青少年时期生活变动比较大。例如，刚由学校步入复杂的社会生活，职业不熟练，生活条件不安定，交往增加而又缺乏社会经验等。上述这些特点，使青少年容易在其他不良因素的影响下形成犯罪心理。反之，犯罪率最低的年龄段，一般均在60岁以上的老年阶段。未满14岁者，因生理尚未发育成熟，受父母保护多，独立行动少，故违法行为也少。年龄与犯罪种类的选择也有一定关系。例如，体力旺盛、行动冲动、性欲强烈、控制力差的青年易从事杀人、伤害、抢劫和强奸等暴力犯罪。未成年人犯罪多属财产犯罪尤其是盗窃、抢劫、抢夺等犯罪。诈骗、贪污、伪造文书等是需要更多使用智力的犯罪，多是中年人所为。

年龄对犯罪心理的形成无因果联系，但有影响

(2) 性别因素。由于性别不同，男女性在身体结构上存在差异，因此男性与女性在犯罪时会选择与性别相适应的种类与手段。如在侵犯财产罪中，男性多从事较为暴力和需要更多时间精力准备的抢夺、入室盗窃等犯罪行为；而女性则更多选择力量付出较少但容易获取他人信任的诈骗犯罪。在暴力犯罪中，女性犯罪人多采用投毒的方法杀人，且选择对象通常为熟人，甚至是家庭成员。

不同性别的犯罪人在选择犯罪种类和手段方面体现出其性别特征

(3) 神经类型因素。指人的高级神经活动类型。巴甫洛夫发现，高级神经活动的兴奋过程和抑制过程在强度、平衡性和灵活性方面具有不同的特点。这些特点的不同组合，形成了四种高级神经活动类型，即：①灵活型；②安静型；③兴奋型；④抑制型。巴甫洛夫认为，神经类型是作为心理特征的生理基础，气质是神经类型的心理表现，两者相互对应。在犯罪心理形成过程中，主要是神经类型所表现出的心理特点，与其他心理因素相联系，使犯罪人在选择犯罪种类和犯罪手段时体

在犯罪种类和犯罪手段的选择上体现出犯罪人神经类型的特征

现出各自的特色。例如，有资料表明，暴力犯中兴奋型的人居多；盗窃犯中灵活型、安静型的人较多。

（4）异常的生物学因素。异常的生物学因素可以导致异常的心理活动，容易受不良的主体外因素的影响而形成犯罪心理。对犯罪心理的形成有影响的异常的生物学因素主要有以下几种：①遗传负因。指血亲中遗传给子孙，使其容易趋于犯罪的某种精神素质，如精神病、人格障碍、嗜酒癖、遗传性癫痫等。目前的研究发现，单胺氧化酶 A（MAO-A）以及儿茶酚胺氧位甲基转移酶（COMT）等基因与个体的攻击和暴力行为有密切关系。累犯、惯犯中，人格障碍遗传负因远比初犯、偶犯高。有时，父母的酒精中毒，损害胎儿，成为子女身心异常的原因，从而可能导致子女走向犯罪。②精神发育不全（低能）。表现为判决力、理解力差和行动迟缓，缺乏自主性，易受暗示，也易冲动、兴奋，易发生性犯罪和杀人、放火、盗窃等犯罪。③内分泌异常。内分泌失调会导致机体的反射活动和有关的心理现象发生变化。其中有些变化与犯罪心理的产生有一定联系，如甲状肾上腺素、血清素（5－羟色胺）与情感变化有直接关系；性激素异常与精神症状、性欲亢进有关。④物质代谢异常。如血中缺糖使人兴奋，增强攻击性，引起性欲亢进，削弱意志力；缺钾造成情绪不稳定，爱动肝火。这些心理现象的变化与暴力犯罪、性犯罪心理的形成关系密切。⑤脑损伤。主要是脑疾患后遗症。脑损伤达到某种程度时，会产生性情乖僻、智力低下和能力减退；在脑发育尚未成熟阶段，这种脑损伤又可能会导致精神发育不全和脑功能障碍，容易形成犯罪心理。目前的研究发现，前额叶皮层和杏仁核与暴力和攻击行为密切相关。前额叶皮层主要负责计划和决策等高级执行功能，它是个体在受到攻击、敌意等刺激时进行解释、判断、思维进而做出反应的脑区，一旦它受到损伤，个体便难以控制自己的暴力行为。杏仁核是边缘系统的重要组成部分，位于脑区中的颞叶部分。它负责觅食、攻击、防御、情绪反应、生殖行为等。杏仁核与面部表情的识别和负性情绪的识别密切相关。当个体的杏仁核受损时，他无法正确识别他人面部表情和情绪，无法正确评估，使个体对他人的社会评价功能受到影响，因而更容易产生暴力行为。⑥精神障碍。指人的精神疾病。如精神分裂症、躁狂症患者等，容易造成违法犯罪。至于是否应负刑事责任，是司法精神病学要解决的问题。⑦染色体异常。XYY 型和 XXY 型的男性，因智力低下和其他精神方面的障碍，容易在其他不良因素的影响下形成犯罪心理。XYY 染色体因 Y 染色体异常被称为 XYY 综合征或者超雄（super-male）。1965 年，英国研究者雅各布斯发现，在苏格兰监狱里有暴力行

异常的生物学因素对犯罪的影响不可忽视

为的 197 名男犯里有 7 例 XYY 个体，超过一般人群中 1% 的发生率。雅各布斯提出两个 Y 染色体可能造成此类个体的身材异常高大并增加攻击性和暴力行为[1]。然而，后来的研究并未证实 XYY 型染色体与暴力犯罪存在明显相关，威特金（1976）等人比较了 XYY 综合征的个体与 XY 型的对照组男性，发现尽管 XYY 型个体更可能出现犯罪行为，但在匹配了身高、年龄和社会阶层后，两群体的暴力犯罪倾向并没有显著差异。此后的研究也表明，在控制了社会经济地位及教育水平后，XYY 综合征个体与攻击、犯罪不再相关[2]。⑧酒精中毒。表现为认识能力低下或丧失，急剧兴奋，自我控制能力减弱，盲目攻击，健忘，易发生交通肇事、伤害或性犯罪等。⑨药物依赖。兴奋剂、致幻剂、麻醉剂等各种药物，对生物体有特殊影响，一旦成癖，产生耐药性、依赖性，不仅因药物中毒而损伤机体，发生脑区中永久性的损伤，也会使性格发生变化，导致犯罪。此外，吸毒成瘾者为了获取经济来源，易犯盗窃、抢劫、诈骗、走私等罪。

2. 心理因素。这是指主体原有的心理结构中存在的与犯罪心理形成有密切关系的不良心理因素。主要包括个性倾向性和性格结构中的不良因素。犯罪人通过这些不良心理因素，积极地吸收主体外的不良因素，从而内化为犯罪心理。

（1）个性倾向性因素。个性倾向性是指人对社会环境的态度和行为的积极特征，包括需要、动机、兴趣、理想、信念和世界观等。它是人活动的基本动力，制约着所有的心理活动，表现出个性的积极性。个性倾向性对心理活动的影响，主要表现在心理活动的选择性、对事物的不同态度和行为模式上。不符合社会要求的个人需要、利己主义的动机、不良的兴趣、缺乏正确理想以及错误的信念和世界观等个性倾向性，与犯罪心理的形成有密切关系。一个与社会要求相悖的个人，需要十分迫切的人，当其需要受到社会的限制时，就可能对社会持抵触或敌对态度，产生反社会心理，或者萌发选择犯罪方式来满足个人需要的犯罪心理。

（2）性格结构因素。性格是人对现实的稳定态度以及与之相适应的行为习惯。性格是十分复杂的心理构成物，它包含复杂的内容：①对社会现实的个性特征。对社会持敌视态度，对集体漠不关心，自私自利，冷酷无情，狡猾虚伪，野蛮粗暴，自卑虚荣，狂妄自大，以

主体原有心理结构中存在的不良心理因素与犯罪心理结构的形成有密切关系。尤其是其中的个性倾向性和性格结构因素，关系更密切

[1] P. A. Jacobs, M. Brunton, M. M. Melville, et al., "Aggressive Behavior, Mental Subnormality and the XYY Male", *Nature*, 1965, 208 (5017), pp. 1351~1352.
[2] 杨波、张卓主编：《犯罪心理学》，开明出版社 2012 年版，第 39 页。

及好逸恶劳、浪费奢侈等性格特征，都容易在其他不良因素作用下形成犯罪心理。研究已发现冷酷无情（Callous-Unemotion，CU）特质是一种异常的情感和人际风格，包含了缺乏共情和愧疚感以及情感浅薄等特征，是成人精神病态的核心特质，对预测严重的反社会和攻击行为非常重要[1]。②性格的意志特征。指一个人能否自觉地调节自己行为方式的性格特征。下列不良的意志品质与犯罪心理的形成有关：盲目性、冲动性、放纵性、依赖性、易受唆使性、任性、顽固性、鲁莽冒险性，以及意志薄弱、缺乏自制力等。③性格的情绪特征。人的情绪活动具有稳定的经常表现的特点时，就形成他的性格的情绪特征。下列消极的情绪特征与犯罪心理形成有关：强烈的愤怒情绪，起伏和波动程度大的不稳定情绪，严重的对立和敌对情绪，萎靡不振、消沉悲观、多愁善感的心境等。④性格的理智特征。是人们在认识方面稳定的经常表现的特点。下列认识方面的特点与犯罪心理的形成有关：思维偏激极端，是非善恶的分辨能力差，道德认识和评价的水平低等。1969年，科尔伯格在其《道德思想和行动发展的阶段》一书中将人的道德发展分为三个水平、六个阶段：前习俗水平（服从与惩罚定向和工具与相对主义定向）、习俗水平（好孩子定向和维护权威与社会秩序定向）、后习俗水平（社会契约定向和普遍的道德原则定向）。1969年，科尔伯格研究犯罪人的道德水平，发现犯罪人处在前习俗和习俗的道德水平上。四年以后，科尔伯格对社会背景相同的犯罪人和非犯罪人进行研究发现：大部分青少年犯罪人道德处在服从惩罚定向和工具与相对主义定向阶段，而75%的青少年非犯罪人道德处在好孩子定向和维护权威与社会秩序定向阶段。可见，犯罪人的道德水平确实低于非犯罪人，他们的道德水平很多还处在前习俗水平，他们的道德认识不是来自人际交往、社会规范和内心的准则，而是因为畏惧惩罚和权威而产生的道德。

（3）控制系统的缺陷。一个在个性倾向性和性格特征上有缺陷的人，在不良的外界诱因刺激下，能否形成犯罪心理，取决于自我控制系统是否健全。自我控制系统不仅由道德观念和法制观念构成，也受到生物因素的影响和制约。一个道德观念和法制观念缺乏的人，容易形成犯罪心理。而一个脑区受到损伤的人，尤其是主管控制和决策的前额叶皮层受到损伤，也易产生犯罪心理。

---

〔1〕 P. J. Frick，"Developmental Pathways to Conduct Disorder"，*Child and Adolescent Psychiatric Clinics of North America*，2006（15），pp. 311~331.

（4）个性异常。个性异常即人格障碍。人格障碍与犯罪心理的关系极为密切。

3. 行为因素。这是指犯罪人原有的不良行为特点。不良行为是在不良的心理支配下发生的。根据行为主义的强化学说，不良行为如果得逞，会反作用于不良心理，使不良心理得到强化和发展。恶性发展的趋势之一就是形成犯罪心理。下列不良行为与犯罪心理的形成有关：

（1）错误的活动。这是指参加不符合社会要求、为社会所禁止的活动。如看淫秽书刊和录像，违反纪律，扰乱公共秩序、非法集会、参加恐怖主义组织、参与传销组织等。这些活动对行为人的心理产生各种不良影响，减弱他对不良诱因的抵抗力，增强不良的心理因素，进而诱发犯罪心理。不良的行为包括经常说谎、赌博、欺凌弱小和报复等。采用不良行为方式实施的行为如果没有受到处罚，而该行为又满足了个体的需要，那就会增强行为人对该行为的心理肯定和接纳，遇到相似情形时会再次采用不良行为方式满足需求。因此，这种错误经验是形成犯罪心理的基础之一。

第十二章将详细论述人格障碍与犯罪的关系
不良行为是在不良心理支配下发生的，不良行为又会使不良心理恶性发展，其结果之一就是犯罪心理的形式

（2）不良的行为方式及其结果。不良的行为方式很多，如欺骗、赌博、欺凌弱小和报复等。如果通过不良的行为方式满足了需要，就会在心理上肯定这种行为方式，今后用以再次满足需要。因此，这种错误经验是形成犯罪心理的基础之一。

（3）有害的行为习惯。行为习惯是由于重复而巩固下来的。如撒谎、好逸恶劳、自由涣散、占便宜等，如果多次重复又得不到制止，就会成为难以克制的"自动化"了的恶习，成为一种需要而不断起作用。在其他不良因素或特定情境的作用下，不良行为习惯就很容易触发犯罪心理的作用。

（4）模仿和学习不良模式。客观现实中的各种不良模式，往往成为缺乏识别能力的人特别是青少年模仿和学习的对象。这种模仿和学习，不仅给心理结构增添了消极成分，而且直接影响行为的方向。如班杜拉[1]的实验研究表明，观看成人殴打橡胶娃娃影像的学龄前儿童相较于观看积极行为影像的儿童，在观看影像后模仿出现更多攻击行为。并且大量的实证研究表明，暴力电影和暴力游戏对大众的攻击行为产生显著影响。对已有不良社会心理缺陷的人，甚至可以直接诱发犯罪心理并见诸行动。

---

[1] A. Bandura, A. Huston, "Identification as a Process of Incidental Learning", *Journal of Abnormal and Social Psychoolyy*, 1961, 63, pp. 311~318.

（二）影响犯罪心理结构形成的主体外因素

人们的心理是客观现实在人脑中的反映。犯罪心理归根到底也是客观存在的各种不良因素在犯罪人头脑中的反映，因此，研究犯罪心理结构形成的原因，就不能不分析与犯罪心理结构形成有关的存在于主体外的客观因素，包括社会环境因素、自然环境因素和情境因素。

1. 社会环境因素。社会环境因素是指社会生活中足以影响犯罪心理形成的各种因素的总称。可分为大社会环境因素和小社会环境因素两类。

（1）大社会环境因素。大社会环境是指个体生活的整个社会环境，它影响着犯罪心理的性质和犯罪类型，以及全社会犯罪率的高低。主要包括：①政治环境因素。包括政治制度、阶级矛盾、阶级斗争以及战争等。这些因素在犯罪人的阶级意识的作用下，容易形成政治性犯罪心理。这种因素决定着犯罪人反社会的阶级本质。②经济环境因素。包括经济制度、经济政策、经济发展状况和物质生产情况等。这些因素与犯罪人经济犯罪心理的产生有关。实证研究表明，在贫富差距大的社会转型时期，更容易出现经济、暴力型犯罪。此外，经济因素并不是孤立地影响犯罪，它还经常通过影响其他中介变量来影响犯罪。以贫困为例，它不仅会导致犯罪人因物质的匮乏，为满足生理和安全的需求形成犯罪心理，也会在很大程度上通过影响家庭环境因素来影响犯罪心理的形成。研究表明，处在贫困家庭环境中的家长没有更多的时间和精力去教育和抚养孩子，他们往往采用更直接、更迅速的方式对待孩子，常形成专制、胁迫等粗暴型的教养方式。这种教养方式为孩子提供了负性的榜样和暴力的家庭氛围，使得孩子在处理问题时更易采用暴力和专制的方式。③文化环境因素。习俗、风尚、道德、文艺、大众传播等方面存在的不良因素，对犯罪心理的形成有重要的影响。例如，买卖婚姻、包办婚姻、纳妾、重男轻女等旧习俗，可能导致干涉婚姻自由、重婚、虐待、遗弃等犯罪心理的形成。社会风气不正，可以滋生多种犯罪心理。诲淫诲盗和宣扬暴力的读物、视听材料等，最容易刺激青少年萌生性犯罪和寻衅滋事、盗窃或抢劫的犯罪心理。④精神环境因素。又称观念环境因素。包括社会生活中存在的信念、世界观、价值观等意识形态方面的不良因素。这些因素与犯罪心理的形成有密切关系。例如，受神汉、巫婆蛊惑，有可能形成杀人、伤害、强奸、重婚、虐待、毁损等犯罪心理；在错误人生观支配下，可能产生政治性犯罪心理；在"一切向钱看"的价值观驱使下，可能形成经济犯罪心理。⑤法治环境因素。指刑事立法、司法和法制宣传教育情况以及社会治安状况等因素。在司法

大社会环境因素，包括政治环境、经济环境、文化环境、精神环境和法治环境等因素，它影响着犯罪心理的性质以及犯罪类型和犯罪率

威信不高、司法有失公正的法治环境中，某些虞犯可能会滋生出犯罪后不受刑罚惩罚的侥幸心理，刺激了犯罪心理的形成。刑罚如果畸重，对某些犯罪人来说，不仅不能矫正他的犯罪心理，反而导致他对刑事法律和政策以及司法机关产生敌对情绪；畸轻则不可能发挥刑罚的威慑作用，使不法之徒更加无所畏惧。错误的法制宣传，可能使某些人从案例中得到启发，而萌发犯罪心理，或习得犯罪方式手段。

（2）小社会环境因素。小社会环境是指个体生活的具体环境，它更为直接地影响着犯罪心理的产生。主要包括：①家庭环境因素。一是家庭结构缺损，即因死亡、离婚、分居、遗弃或入狱等原因，缺损父母一方或双方，或有继父、继母的家庭。有关青少年犯罪的调查表明，在青少年犯罪群体中，结构缺损的家庭远多于结构完整的家庭；也有国外研究者主张更多地关注家庭中的互动，而非仅关注家庭结构，因为安全、相互支持的家庭在预防青少年犯罪中至关重要。二是家庭状况，包括多子女、独生子女、非婚生子女、非婚同居等家庭成员状况，生活贫困和生活优裕等家庭经济状况，夫妻之间、父母之间及父母与子女之间的社会态度、经济利益的矛盾状况等。三是家庭人际关系，既包括父母间、夫妻间、父母与子女间的人际关系的障碍造成的不和睦家庭，情感淡漠的家庭，也包括与邻居不和受到孤立的家庭。四是不轨家庭，包括家庭成员中有不道德和违法犯罪行为。五是教养的缺陷。家庭的教养分为四种类型：民主型、专制型、放任型、溺爱型，除民主型以外的教养类型都极易产生问题。容易产生犯罪心理的教养包括溺爱、纵容、护短、歧视、虐待、专横，或管教不严、管教过严、期望不当等教养态度和教育方法的缺陷，也包括长辈对子女教养的态度和要求不一致，或教养态度和要求前后不一致，父母缺乏教养知识，不知如何管教子女的家庭。六是有精神障碍者的家庭。七是无暇管教的家庭。②学校环境因素。主要包括：一是教育内容的缺陷，如重智育轻德育或者缺少必要的性知识和性道德教育。二是教育态度和方法上的偏差，如重视重点学校，重点班，忽视一般学校，普通班；对"双差生"歧视冷淡，简单粗暴，滥加惩罚等，导致一些学生形成自卑感和对立情绪。三是教职工之间、师生之间、同学之间、班际之间以及校际之间关系的障碍，酿成矛盾激化，导致一些人产生犯罪心理。四是学校管理的缺陷，如放任不管，赏罚不明，致使纪律松弛，秩序混乱，不正之风盛行，这种学校环境容易使一些人滋生犯罪心理。③工作环境因素。主要包括：一是只注重产量、效益，不注重员工的思想、心理，不注重企业的文化和公平，导致一些员工内心不平衡，道德和法制观念淡薄，不正之风盛行。组织

小社会环境因素包括家庭环境、学校环境、工作环境、居住环境、人际交往和职业条件等因素，它直接影响着犯罪心理的形成

心理学的研究表明，当组织不公平时，员工对组织的忠诚度下降，甚至会产生报复组织的心理，由此易出现消极怠工、破坏生产甚至盗窃、贪污等犯罪行为。二是领导与职工之间、职工与职工之间、管理人员与工人之间的人际关系障碍，如果处理不当，容易激化矛盾，导致产生报复性犯罪心理。三是管理缺陷，包括规章制度不健全，或者有章不循，管理混乱，容易诱发利己主义者产生盗窃、贪污等犯罪动机。四是存在不良小群体，迫使或引诱别人依附于它，结成犯罪群体。④居住环境因素。即邻里环境因素。主要包括：一是不良居住环境对邻里成员，尤其是青少年的个性形成产生不良影响，或者进一步发展了他们在家庭环境中已经形成的不良个性，使他们逐渐产生犯罪心理。二是邻里关系障碍可能成为激发犯罪心理的诱因，容易产生杀人、伤害、放火、投毒等犯罪心理。三是犯罪者常利用邻里关系，向青少年灌输犯罪意识，传授犯罪技能和方法，直接教唆犯罪，甚至组织犯罪群体，使青少年犯罪不断滋生。四是邻里成员互不关心，给犯罪分子以可乘之机；对邻里成员中的不良行为不予谴责制止，最终酿成犯罪；对邻里之间的矛盾纠纷不劝说调解，导致矛盾激化而犯罪。⑤人际交往因素。不良的人际交往主要在越轨小群体中进行。它对犯罪心理的影响表现为：一是群体成员相互模仿越轨行为方式以及犯罪技能和方式。二是超轨群体成员在群体活动中竞相表现自己，使个人的犯罪心理得以形成和发展。三是犯罪群体核心人物对一般成员，老成员对新成员进行犯罪意识和行为方式的教唆和传习。四是越轨群体在获得非法的共同利益的基础上，依靠"哥们儿义气"维持，靠核心人物的威信和各成员的自动服从以及相互监督来控制，从而使群体成员的犯罪心理不断巩固和发展。⑥职业条件因素。与犯罪心理形成有关的职业条件因素可分为无业和有业两方面。无业者不仅生活困难，而且感到自己的正当权益无保障，容易产生对社会的不满情绪；同时，也易感前途渺茫，悲观失望，精神空虚，产生颓废消极情绪。这种心理状态极容易接受外界不良影响而产生报复犯罪心理或去寻找刺激而犯罪。有业者所从事的职业与犯罪心理的关系表现在：一是职业可以为犯罪提供机会，如国家工作人员利用执行职务之便，以权谋私，产生敲诈勒索的动机；水电费收缴员利用职业理由进入他人住房，产生入室抢劫或强奸等犯罪动机。二是职业可以为犯罪提供方便条件，如经济工作人员利用职务之便，产生贪污、贿赂、诈骗、走私等犯罪心理。三是职业可以为犯罪提供技术手段，如医生可产生利用医术杀人的犯罪心理，雕刻工人可产生伪造印章、证件的犯罪心理，配钥匙工人可产生利用配钥匙技术开锁进入他人房屋后盗窃的犯罪心理。

2. 自然环境因素。自然环境因素是指与犯罪人的社会生活密切联系的时空因素。包括地域、季节、时间和自然灾害等因素。自然因素总是和社会因素以及主体因素相结合才能对犯罪心理的形成有所影响。

（1）地域因素。地域因素是指边境、沿海与内地，山区与平原，农村与城市，繁华闹市与偏僻小巷等因素。犯罪学的调查数据表明，城乡结合部的盗窃、抢劫、强奸等犯罪的发生率要远高于城市和农村。地域因素对犯罪心理形成的作用表现在：①可以为犯罪人提供满足某种需要的对象，如边境、沿海多发生走私案件，农村多发生盗窃耕畜案件，城市多发生盗窃汽车案件。②犯罪人可凭借地理环境增强既能作案成功又能确保安全的侥幸心理，如盗窃案件多发生在繁华闹市和公共场所，抢劫和强奸案件多发生在偏僻地区，入室行窃多发生在独门独院和高层建筑的高层居室。

（2）季节因素。季节只有同人们的习惯和日常生活联系起来，才能对犯罪心理的形成起一定的影响作用。例如，春夏之际，特别是夏季，由于人们户外活动多，相互接触多，穿着单薄，体型清晰，对具有不良意识的人易产生刺激，而形成猥亵、强奸犯罪心理，因此，温暖的季节中，猥亵、强奸案件比其他季节要多。又如，盗窃案件多发生于春秋两季，因为夏季人们穿着单薄，事主容易觉察；冬天穿得多，钱包多在内层衣袋，盗窃不易得逞。

（3）时间因素。时间包括时刻和日期，对犯罪心理的形成也有影响。例如，抢劫、盗窃、杀人、放火、猥亵、强奸等犯罪，多发生在夜间。白天工作时间，则易发生入室抢劫和盗窃，因为这时室内多只有老人或无人。至于日期，发薪日及其后几天，多发生扒窃和酗酒伤害的案件；重大节日前扒窃也较多；节日期间伤害案较多。

（4）自然灾害因素。自然灾害发生后，群众的生命财产遭受巨大损失，衣、食、住、行、用等方面突然变得困难，群众中存在紧张、恐惧、焦虑、忧伤等情绪。在这种情况下，有不良意识的人容易乘人之危，产生盗劫、抢劫、强奸等犯罪动机。

3. 情境因素。情境因素是指直接影响犯罪人形成某种犯罪行为动机的周围环境因素。包括侵害对象、现场其他人、现场条件和气氛、机遇等因素。虽然前述各大小社会环境因素对犯罪人犯罪心理的形成和犯罪决意的确立起着程度不同的作用，打下犯罪的心理基础，但是，实际犯罪动机的形成，往往与情境因素有密切关系。

（1）侵害对象。作为犯罪侵害对象的人和物的存在，与犯罪人犯罪动机的形成并无必然联系，但却是一个重要的相关因素，起着诱发、

自然环境因素包括地域，季节、时间、自然灾害等因素，它不直接决定犯罪心理的形成，但却是犯罪心理形成的外部条件

触发和强化犯罪动机的作用。如携带巨款的人，诱发犯罪人形成图财害命的犯罪动机；珍品和紧俏物品诱发犯罪人产生盗窃犯罪动机；美色诱发犯罪人产生性犯罪动机；被害人言行的强烈刺激会触发犯罪人的激情而伤害或杀害被害人；在犯罪人实施某种犯罪行为的过程中，由于被害人某种特点的刺激，使犯罪动机得以增强，迅速组合成犯罪动机体系。如犯罪人在抢劫时见被害人是女性，又产生强奸犯罪动机，强奸后又产生杀害动机。对于侵害对象，被害人心理学对此有专门的研究，研究者关注为什么有些人会成为"习惯性被害人"。他们发现被害人的易感性特征：是指被害人对被害状态、被害情景所具有的一种无意识的顺应性的特性。而具有这些易感性特征的人的出现则会对犯罪人犯罪动机的形成起到一定的促进作用。

（2）现场其他人。现场其他人是指现场除犯罪人和被害人之外的人，如同案犯和目击者。这是一种影响犯罪人犯罪动机的相关因素。在共同犯罪中，由于责任扩散，从众、竞争等集群心理效应，犯罪人心理压力减轻，犯罪动机不断增强。公共场所发生的案件（如寻衅滋事，哄抢财物等）中，目击者对犯罪人犯罪动机的影响往往取决于目击者对犯罪的态度。这种影响是复杂的，一般而言如果害怕犯罪者，不敢制止，犯罪人就会更加肆无忌惮；反之则能抑制犯罪人的犯罪动机。但是也可能出现奋力反抗，制止犯罪而激怒犯罪人的情形。

（3）现场条件和气氛。现场条件是指犯罪现场的物质环境。犯罪人对犯罪现场的选择，总是以是否有利于实现犯罪目的，又能确保自身安全为准。如扒窃犯多选择公共场所作案，强奸、抢劫犯多选择荒郊野地、偏僻小巷作案。现场气氛是指犯罪现场的精神环境。它影响着犯罪人是否存在心理压力及其程度。如被害人或目击者大声呼叫"抓坏人"，一般犯罪人会产生巨大的心理压力，可能抑制犯罪动机而逃离现场，也可能触发杀害被害人或目击者的动机。犯罪人还可能利用现场气氛作案，如在春节前夕的鞭炮声中实施持枪抢劫。有时，犯罪人为了实现犯罪目的，故意制造恐怖气氛来迫使被害人就范。在特定环境中，群体成员之间的情绪感染也是一种气氛，它对具有同一指向的人的心理产生重大作用，有些人就可能迅速形成犯罪心理。如在球迷暴力事件中，应该说多数犯罪者犯罪心理的形成是受了现场气氛的感染所致。

（4）机遇。机遇是指影响犯罪人形成犯罪心理的偶然的机会。机遇因素可以迅速诱发犯罪人的犯罪心理，如犯罪人见没有上锁的车而迅速产生偷车的动机；也可以促使犯罪人不良心理恶性发展为犯罪心理，

情境因素包括侵害对象、现场其他人、现场条件和气

如平时品行不端的人，在荒郊偶遇少女而产生强奸动机。最典型的实案便是许霆案，正是遇到自动取款机出现故障，多吐钱款的机遇，才迅速诱发了犯罪人盗窃金融机构的犯罪心理。机遇也可能使有过犯罪经历的人重新产生犯罪心理，如刑满释放人员，遇到过去的同伙，出于哥们儿义气，又产生犯罪动机。当然，机遇的出现只是一种外在条件，是否因此产生犯罪心理，取决于个人的态度。

氛以及机遇等因素，它直接影响着犯罪动机的形成

二、影响犯罪行为发生的因素

犯罪心理结构是在主体内外因素相互作用下形成的。犯罪心理一经形成，就以结构的形式存在于个体的头脑之中，这就是犯罪心理结构。虽然犯罪心理结构是个体实施犯罪行为的前提和心理基础，但是个体具备了犯罪心理结构也不意味着他就必定会实施犯罪行为。形成了犯罪心理结构的人是否实施犯罪行为以及实施犯罪行为的迟与早，取决于下列各种因素的相互作用。

（一）犯罪行为人因素

已形成犯罪心理结构的人要实施犯罪行为，必须具备一定的条件，包括足以实施该种犯罪行为的体格、作案的知识和技能、作案时机的确定以及作案工具的准备等。

只有具备了犯罪行为人本身的因素和实施犯罪行为的情境因素，犯罪心理结构才可能外化为犯罪行为

（二）犯罪行为情境因素

已形成犯罪心理结构的人要实施犯罪行为，还须具备犯罪行为情境条件，如侵害对象（人或物）的确定和实际存在、有利于犯罪的现场条件和气氛等。因此可以说，犯罪行为的发生是具有犯罪心理结构和主体条件的犯罪行为人与犯罪行为情境相互作用的结果。其关系如下图：

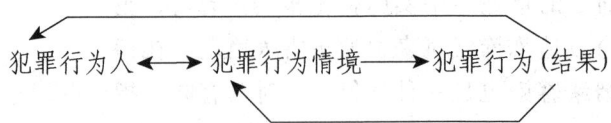

犯罪行为人 ←→ 犯罪行为情境 —→ 犯罪行为(结果)

上图可以解释三种犯罪行为的发生过程：①犯罪行为人主动寻找或制造犯罪行为情境，一旦找到或造成，便发生犯罪行为。②犯罪行为人等待犯罪机遇的出现，一有机遇，即发生犯罪行为。这种人性格多属内向型，犯罪心理隐蔽极深，如无机遇，也许一生都不犯罪。③犯罪行为人在实施犯罪行为过程中，出现新的情境，并作用于犯罪

行为人的犯罪心理结构，从而导致实施新的犯罪行为；或者，犯罪行为的结果先成为情境的组成部分，再反馈到犯罪人犯罪心理结构，导致新的犯罪行为；或者，犯罪行为的结果，直接反馈到犯罪人的犯罪心理结构，再导致新的犯罪行为。这些相互作用是使犯罪行为不断恶化的心理机制。如犯罪人入室欲盗窃，发现室内有女子，即产生强奸动机，在强奸过程中，由于被害人反抗、呼救，使犯罪人受到威胁，这种新出现的情境反馈到犯罪人的犯罪心理结构，又迅速产生杀人灭口的动机，即动手杀人。被害人被杀这一犯罪行为结果，直接反馈到犯罪人的犯罪心理结构，又产生了焚尸灭迹的动机，进而实施纵火的犯罪行为。

三、犯罪综合动因论

（一）犯罪综合动因论的涵义

长期以来，人们对犯罪原因问题进行了许多探讨，提出了各种各样的学说，归纳起来，无非是"内因论"（强调个体犯罪是由主体因素决定的）、"外因论"（强调个体犯罪是由主体外因素决定的）和"内外因论"（强调个体犯罪是主体因素和主体外因素共同决定的）。这些学说都有静止孤立之嫌。为了科学解释犯罪的原因，应以辩证唯物主义为指导，探讨影响个体犯罪的各种因素是如何相互作用从而形成犯罪心理、发生犯罪行为的，这就是犯罪综合动因论。具体说来，犯罪综合动因论认为：个体犯罪原因是一个整体系统（母系统），由若干相互联系和相互作用着的主体内外因素（子系统）所构成，形成多层次多维度的原因网络结构；作为整体系统的个体犯罪原因，具有其各主体内外因素所单独没有的新质特性；由于各种因素的相互作用，个体犯罪原因处于一种动态变化之中。犯罪之所以发生，正是多种主体内外因素综合的互为动力作用的结果。可见，犯罪综合动因论注重犯罪影响因素的多层次多方面，并采用系统和动态的观点看待犯罪原因，弥补了"内因论"、"外因论"和"内外因论"静止孤立的缺陷。

犯罪综合动因论是为了纠正"内因论"、"外因论"和"内外因素论"的偏差而提出的

犯罪综合动因论的核心是：人之所以犯罪，是多种主体内外因素综合的互为动力作用的结果

（二）犯罪综合动因论的要点

1. 整体性。影响个体犯罪的主体内外因素是有机的整体，应当从整体综合地考察各因素的作用。列宁说："要真正地认识事物，就必须把握、研究它的一切方面、一切联系和'中介'。我们决不会完全地做

到这一点，但是全面性的要求可以使我们防止错误和防止僵化。"[1]因此，首先应该把犯罪原因视为一个由多种主体内外因素构成的整体。人之所以犯罪，既不是由主体外因素单独决定的，也不是由主体因素单独决定的，而是由主体外因素和主体因素共同构成的犯罪原因所决定的。犯罪原因论中的"外因论"和"内因论"，都是片面的，"唯某种因素决定论"是不正确的。其次，各种因素并不是简单的拼凑，不是孤立地作用，它们是相互联系和相互作用的，并形成一个有机整体。无论是主体外因素与主体因素之间，或主体外因素之间，或主体因素之间，都是相互联系和相互作用的，即各因素之间具有综合的互为动力的性质。这些因素所构成的整体具有了各个单独因素和单独因素简单相加所不具有的新性质和新功能，导致犯罪心理的形成和犯罪行为的发生。这是任何单一因素或孤立存在的各种因素所不可能具有的。犯罪原因论中的所谓"内外因论"，由于忽视了因素的相互联系和相互作用，只是机械地、孤立地分析，也不能揭示个体犯罪的真正原因。

2. 层次性。在考察个体犯罪原因时，一定要注意各层次因素之间质的差异及各种因素在原因整体中的作用。个体犯罪原因系统既按垂直方向排列，各种因素处于不同的等级、层次，又按水平方向排列，形成各类组成因素之间的维度联系。这种层次和维度，便形成了个体犯罪原因的网络结构（见小结二）。

根据各层次因素之间的差异及其所起作用的不同，应当把因素区分为原因因素和条件因素、主要因素和次要因素。在影响个体犯罪的各种因素中，有的起条件作用，有的起原因作用，如文化环境、精神环境、家庭环境、机遇等因素。有的只能起条件作用而不能成为原因因素，如自然环境、职业等因素。一般来说，在犯罪心理形成中，社会环境因素总是起主要作用，构成主要原因，而生物因素则是起次要作用，构成次要原因。根据外因只能通过内因起作用的原理，任何社会环境因素都不能直接作用于人的心理，而只能被个体原有的心理所折射吸收。因此，个体原有的不良心理和意识，在犯罪心理形成中起着决定性的作用。否则就无法解释在大体相同的社会生活条件下，为什么大多数人不犯罪，而只是少数人犯罪。

把因素区分为原因因素和条件因素、主要因素和次要因素，就可以区分各因素在形成犯罪心理结构中的不同作用

3. 结构性。各种因素之间的结构对犯罪原因的整体有很大影响。不同的个体犯罪原因，是由不同性质的构成因素及其不同构成方式所决定的。只要这两者一改变，犯罪原因的整体就会随之发生变化，从而形

不同性质的构成因素及其不同的构成方式决定着不同个

---

[1] 《列宁选集》第4卷，人民出版社1995年版，第453页。

成不同的犯罪心理和发生不同的犯罪行为。例如，主体的错误人生观与贪图财物的强烈欲望这两种因素相结合，就容易构成贪污、受贿等犯罪；如果错误的价值观与报复泄愤等需求相结合容易产生杀人、伤人等犯罪行为；而如果个体错误的价值观遇到不良的社会风气则容易滋生聚众打架斗殴等犯罪行为。即使是同一类犯罪，由于其原因系统构成因素及构成方式不同，也会导致不同的犯罪心理和不同性质的犯罪行为。例如，同样是杀人，图财害命者的犯罪原因系统，大多是以犯罪人强烈的金钱欲望为主，加上体力强壮和被害人的金钱诱惑等因素构成；报复杀人者的犯罪原因系统，则大多是以犯罪人强烈的挫折感和薄弱的挫折忍受力为主，加上体力强壮和原来的挫折程度等因素构成。

体的犯罪原因

4. 动态性。犯罪综合动因论的动态性是指个体犯罪原因是个开放系统，它的形成是一个过程，因此要用发展变化的观点看待个体犯罪的原因。犯罪心理和犯罪行为随主体外因素和主体因素的变化而变化，特别是随着大社会环境、小社会环境、情境因素以及主体的行为因素的变化而变化，因此需要动态地加以综合分析，切忌静止化。不同的主体由于本身内外不良因素的差异，致使不同主体的具体犯罪原因也有所不同，在分析个体犯罪原因时切忌公式化和概念化。即使组成原因系统的各种因素相同，由于因素之间相互作用的力量大小不一，也会导致形成不同的犯罪心理。在犯罪心理形成和犯罪行为实施过程中，某些因素的变化，也会引起犯罪心理和犯罪行为的改变。

"动态性"特点可
以防止公式化、静
止化地分析犯罪
原因

第二节　犯罪行为的发生机制

在了解犯罪心理结构形成的原因之后，还需了解各种主体内外因素在个体头脑中演化为犯罪动机直至发生犯罪行为的一般规律，即犯罪行为的发生机制。只有全面掌握犯罪人从犯罪心理结构形成到犯罪行为发生的机制和规律，才能对犯罪心理形成到犯罪行为发生这一动态过程有正确的认识。本节着重从犯罪行为发生的角度，把犯罪心理形成和犯罪行为发生两个阶段结合起来作综合性研究，探讨其动力、机理和规律，以较为全面地反映犯罪行为发生的机制。

一、犯罪行为发生机制的概念

机制的概念：机制（mechanism）一词，一般是指机器的构造和工

作原理，有时也叫机理。在心理学研究中，也经常使用"机制"的概念。美国心理学家武德沃斯（Robert Sessions Woodworth，1869 年 ~ 1962 年）将"机制"定义为一种（或一组）有目的的反应方式，认为人的活动包括驱力（drive）和机制，驱力发动机制，机制可以转为驱力。精神分析学派则认为机制代表由压抑而产生的意识的行为动因。在心理学界，一般将产生心理或行为的生理——化学过程统称为"机制"。

犯罪行为发生机制的概念：又称犯罪心理机制，是犯罪心理学的重要课题之一。国外学者所用的犯罪心理机制，一般是指与犯罪有关的防卫机制（defense mechanism）。我国学者一般认为，犯罪心理机制就是犯罪心理形成与犯罪行为发生机制，也可简称为犯罪行为发生机制。它是犯罪心理特别是犯罪动机引起犯罪行为的工作方式与心理过程的总称，也就是要从犯罪人的心理方面提示犯罪行为产生的原理和机制问题。主要研究三个方面的问题：①犯罪行为发生的动机源泉问题，即阐明犯罪心理结构最活跃的因素——犯罪动机问题；②犯罪行为发生的常见模式与特殊模式问题；③犯罪行为发生的过程，即探讨从犯罪心理到犯罪行为的有关环节和阶段等问题。[1]

> 防卫机制，又称防御机制，如"合理化"、"投射"等

二、内外化机制

我国学者在探讨犯罪行为发生机制时，多数是把犯罪心理形成和犯罪行为发生两个阶段结合起来，作综合性研究。内外化机制是犯罪行为发生机制中最重要的机制，它反映出犯罪心理形成和犯罪行为发生的基本过程和规律。

（一）概述

内外化机制，是犯罪行为发生机制中最重要的机制。其基本含义是：从吸收外界客观的消极因素到形成主体犯罪心理的过程和规律，是犯罪心理的内化机制；由犯罪心理的整合到发动犯罪行为的过程和规律，是犯罪心理的外化机制。内外化过程的两个阶段不能截然分开，它们是互相衔接、渗透和相互作用的。何为民教授拟制的犯罪心理内外化机制示意图如下：[2]

---

〔1〕 罗大华主编：《犯罪心理学》，中国政法大学出版社 1999 年版，第 93 页。

〔2〕 罗大华主编：《犯罪心理学》，中国政法大学出版社 1999 年版，第 106 页。

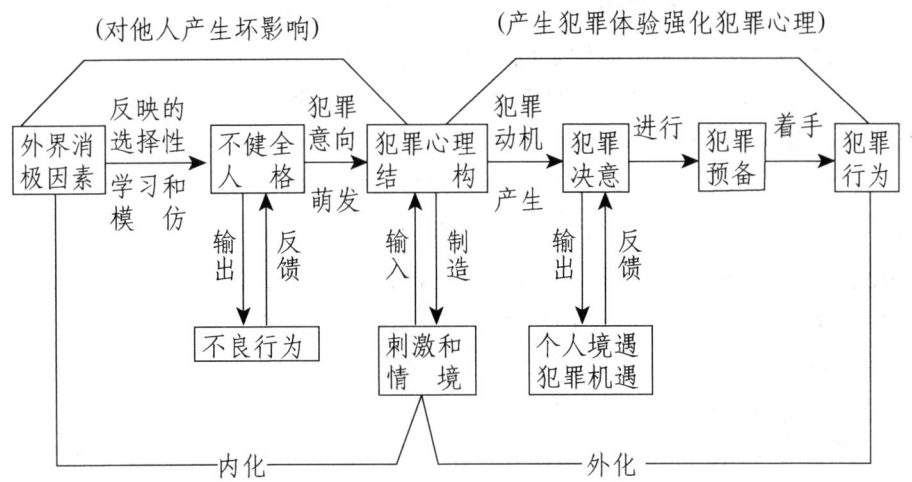

从上图可以看出：

1. 犯罪心理的内化机制：是以对外界消极因素的学习和模仿为开端，造成个体心理上的不良因素沉积，心理上的不良因素驱使个体对外界信息进行选择化吸收，在具有倾向性和选择性的反映活动中形成不健全人格，开始尝试不良行为。此种行为习惯和态度渐趋定型化，进而萌生犯罪意向，犯罪心理形成。犯意的萌发，是犯罪心理形成的标志，也是内外化机制的结合部。

2. 犯罪心理的外化机制：是以主体具有犯罪心理作为内因，在刺激和情境的诱发下，产生犯罪动机，确定犯罪目的，进入犯罪决意阶段。在个人境遇和犯罪机遇的条件下，进行犯罪预备，着手实施犯罪行为。

3. 内外化机制的关系：内外化机制既可作阶段性划分加以区别，又不能截然分开。内化中有外化，外化中有内化，可以说，内外化机制是紧密结合、相互渗透的。在犯罪心理内化过程中，其消极言语和不良行为对他人产生坏影响，也是一种外化。在犯罪心理外化为犯罪行为的过程中，必定产生犯罪体验，从而强化犯罪心理，这又是一种内化。

4. 内外化机制的运行：两种机制都以外部刺激和内部需要为动因，以不健全人格和犯罪意向作中介，以特定情境和机遇作为条件，其间，经历了若干心理环节和反馈作用，终于形成了相对稳固的犯罪心理结构，引爆了犯罪行为。

（二）犯罪心理的内化机制

内化，就是个体经由言语、模仿、学习、实践等中介，将客观现实转化为主观映象，逐渐形成思想意识的过程。从社会心理学的角度看，它是将一定的精神文化转化为个体稳定的心理结构的过程。研究个体犯罪心理内化过程中的心理机制，就是要揭示影响个体犯罪心理形成的主客观因素相互联系、相互作用的规律。主要有以下机制：[1]

1. 认知的选择与加工机制：即个体在一定的心理基础上（如人格不健全、品德缺陷），选择外界消极因素在头脑中不断予以反映和加工，经过多次反复，内外因素逐渐接近、融合，某些消极的客观因素便转化为个体的主观因素。认知的选择与加工的内化机制一般是经历对社会消极信息的感知、记忆、思维联想和加工，形成犯罪动机，进行犯罪活动和犯罪心理强化这样几个过程完成的。

2. 模仿学习机制：研究表明，犯罪心理大多是在不良品德的基础上形成的。而不良品德的形成，又同未成年期的交往和模仿有关。据调查，在不良未成年人的周围（家庭、学校、邻里、社区），大多数有一个不良环境。在这个不良环境中，往往有一个或几个坏榜样，通过密切的接触和交往，给予不良未成年人以心理上的影响与行为上的诱导。模仿学习是主体自觉、不自觉地效仿榜样的言行、举止而引起自身与之相同或相似的行为活动的过程。在犯罪行为的模仿学习中，榜样的"威信"、可接近性、感染力与吸引力很重要。同时，也和模仿者本人的愿望、观念、实际利益有关。与模仿学习机制相似，较之更深一层的是教唆学习机制，即主体在犯罪意识牢固、犯罪经验丰富、犯罪技巧熟练的惯犯、累犯教唆下，学习犯罪，将教唆者的犯罪心理内化为自己犯罪心理的过程。教唆学习机制的特点是：主体由被动观察、模仿变为主动学习，榜样由无意展示错误言行变为有意传习、教唆，因而具有更大的危害性。

3. 角色扮演机制：犯罪行为的角色扮演机制，是个体通过在犯罪群体内的角色学习和群体成员间的心理互动，将社会的消极影响通过违法尝试内化为自身犯罪心理的过程。这一角色扮演，往往以自身被激起的欲求冲动的满足为动力，以对榜样行为方式的效仿作为自身角色扮演的依据，并且以无力克服内心冲突或自我抑制力的缺乏为条件。一旦作了违法尝试，体验到内心欲求获得满足的快感，这种快感又会进一步强化不良需求，使其欲罢不能，反刺激行为人进行行为的反复尝试，直至成为行为习惯，从而由不良品德向犯罪心理结构的形成，

美国当代犯罪学之父萨瑟兰提出"犯罪行为是通过学习获得的"。学习和模仿是犯罪心理内化的重要方式

---

[1] 解玉敏："关于犯罪心理内化的社会心理机制"，载罗大华主编：《中国法制心理科学研究十年》，中国政法大学出版社1994年版，第208~210页。

跨出了决定性的一步。

4. 自我强化机制：由于违法活动能够满足主体的需要，符合自我价值期待和犯罪群体的价值期望，必然获得自我肯定、自我奖赏和群体奖赏，使犯罪心理进一步强化，成为再一次犯罪的动力。随着违法犯罪活动的多次进行，不仅犯罪心理进一步强化，手段更加成熟，而且逐渐形成违法犯罪的行为习惯，标志着反社会态度的定型化。

在个体犯罪心理内化的过程中，各种内化机制并不是单独起作用的，而是相互联系、相互渗透共同起作用的。但是，不同的犯罪个体，由于主客观条件的不同，在犯罪心理内化的过程中，各种机制所起的作用是不均衡的，可能某些机制起主导作用，其他机制起辅助作用。

（三）犯罪心理的外化机制

外化，是指由主观的、内部的心理活动向外部行为活动的转化。研究个体犯罪心理的外化机制，主要是揭示行为人将其犯罪心理外化为犯罪行为的过程和规律。主要有以下机制：

1. 预谋发动机制：这是最常见的犯罪行为发生机制。即为了实现犯罪动机而实施犯罪行为，犯罪行为是在犯罪人意志控制之下，由犯罪动机转化而来的。就行为人来说，这一机制具有犯罪需要迫切、犯罪动机强烈、情境诱发作用较小、犯罪行为的产生经历了较为清晰的意识过程参与其中等特点。

2. 情境互动机制：与预谋发动机制不同，在这一机制中，情境对诱发犯罪行为起到重要作用，如果没有情境与犯罪人犯罪动机的互动过程，犯罪行为不一定会发生。例如，某些机会型犯罪、突发型犯罪，以及在犯罪过程中，由于情境的变化，促使犯罪动机迅速转化，都说明了情境刺激与主体内在因素的互动作用。

3. 挫折攻击机制：挫折是一种因欲求不满、未能实现预定目标而体验到的主观状态。当个人遭受挫折时，常常引起愤怒情绪，因而有可能导致攻击行为。感受到强烈挫折体验的人，并不一定事先都具有犯罪心理，有的是在具有强烈挫折感之后，由于认知范围狭窄，找不到自我解脱的方法而迅速产生犯罪动机，引发攻击行为的。美国心理学家索尔·罗森茨韦克（Saul Rosenzweig）认为，遭受挫折后的攻击行为有三种方式：①外罚性反应，即将挫折引起的愤怒情绪向外界发泄，容易引发暴力性犯罪；②内罚性反应，即个体把挫折引起的愤怒情绪向内部（自己）发泄，容易产生自虐、自杀等行为；③无罚反应，即个体并没有将愤怒情绪发泄出来，没有惩罚性反应，可能是客观分析事物，也可能是假装逃避攻击所致。挫折攻击机制中最容易引发犯罪行为的是外罚性反应，往往是突发性暴力犯罪的来源。

三、犯罪动机、犯罪目的与犯罪行为

犯罪动机是犯罪人实施犯罪行为的内驱力，犯罪目的是犯罪人实施犯罪行为希望达到或实现的目标。犯罪动机与犯罪目的之间不是一一对等的关系，犯罪动机、犯罪目的与犯罪行为之间的关系也是复杂的。只有清楚地了解三者之间的相互关系，才能正确把握犯罪人实施的犯罪行为所蕴含的心理内容。

（一）犯罪动机的形成

犯罪行为是犯罪人犯罪心理的外化，而犯罪人犯罪心理与犯罪行为之间最直接的联系点是犯罪动机。个体在社会化过程中形成的各种不良心理品质，并不是直接可以促使个体选择犯罪行为。在特定的环境因素刺激下，各种不良心理品质相互作用，使个体产生了为满足不正当需要而侵犯他人及社会的内驱力即犯罪动机后，犯罪行为才有可能发生。可以说，犯罪动机是各种不良心理品质的"聚合效应"。[1]

当然，攻击行为仅仅是挫折引起的行为反应的一种，并非所有的挫折都必然导致攻击。关键在于个体自我意识水平的高低和自我调控能力的强弱

1. 犯罪动机的概念与类型。

（1）犯罪动机的概念：动机是直接推动个体活动以达到一定目的的内部动力。犯罪动机是指引起和推动犯罪人实施犯罪行为，以满足某种需要的内因，是犯罪心理结构中的重要动力因素。它产生于藐视法律的强烈的个人需要和与此相关联的反社会意识。犯罪动机总是同危害他人与社会的故意犯罪行为相联系。过失犯罪行为虽然没有犯罪的故意与犯罪的动机，但存在着引起过失的不良动机，如疏忽大意，不当地过于自信等。

（2）犯罪动机的类型：为了更准确地认识犯罪动机，有必要对犯罪动机的类型进行分析。按照不同标准可对犯罪动机进行不同类型的区分：①根据犯罪动机与需要的关系，可分为政治型、物欲型、性欲型、情欲型、戏谑型、过失型等六种类型；②根据犯罪动机的心理倾向，可分为目的型、理想型、幻想型、激情型、嫉妒型、攻击型、自尊型、义气型、脆弱型、报复型等十种类型；③根据犯罪动机运作的形式，可分为偶发型、激情型、趁机型、预谋型、职业型、惯常型等六种类型；④根据犯罪动机的社会意义，可分为一般动机型和不良动

---

〔1〕 朱营周主编：《新编犯罪心理学》，警官教育出版社1997年版，第58页。

机型两种类型；⑤根据犯罪动机的意识状况，可分为一般意识动机型和潜意识动机型两种类型；[1]⑥根据动机的结合程度，可分为简单动机和复杂动机；⑦根据动机的地位和作用，分为主导性动机与辅助性动机；⑧根据动机与行为的关系，分为直接动机和间接动机。[2]

（3）犯罪动机的特点：犯罪动机除了具有动机的特点外，还具有自己的特点。犯罪动机主要有以下几个特点：①犯罪动机的低级性。根据马斯洛的需要层次理论，人的需要是分层次的，从底层的生理需要、安全需要、情感与归属的需要、尊重的需要到自我实现的需要。在犯罪动机中，低级的物质、生理需要引起的犯罪动机的数量很多，自我实现的精神需要引起的犯罪动机比较少。②犯罪动机的复杂性。犯罪人的犯罪动机往往是多种动机并存的，这些动机的强度、内容也不相同，构成了一个复杂的犯罪动机体系，其中起主要作用的是被犯罪人意识到的、强度大的犯罪动机。③犯罪动机的动态性。个体在复杂的动机斗争中形成犯罪动机，由于犯罪人犯罪需要的改变以及犯罪环境的制约等原因，犯罪动机也是不断发展变化的。

"动"即行为、行动，"机"即原因，动机是指推动和维持人们活动的内部原因或动力

2. 犯罪动机形成的条件。犯罪动机是在犯罪人需要的基础上产生的，但犯罪人的需要并不能必然地、自动地转化为犯罪动机。犯罪人的需要转化为犯罪动机，应当具备两个条件：

（1）需要必须达到一定强度。犯罪人的需要可以表现为不同的强度水平。刚刚处于萌芽状态的不良需要，仅仅使犯罪人产生不安感，不足以在犯罪人的意识中明显地反映出来。随着需要程度的不断加深，犯罪人由不安转化为焦虑、紧张和不可忍耐的烦躁。最后，当犯罪人的需要不断增强并能明确被犯罪人意识到时，犯罪人的需要才可能转化为犯罪动机。

犯罪动机的发展变化将在第三节作详细的说明

（2）必须存在外部诱因。当犯罪人产生一定犯罪愿望时，虽然知道需要什么和怎样才能满足需要，但如果环境中没有满足需要的对象，犯罪需要仍不能转化为犯罪动机。只有当具有一定犯罪需要的人，遇到或想到能够满足这种需要的对象时，犯罪需要才能转化为犯罪动机。这类能满足犯罪人的需要并能引起犯罪动机的对象或刺激物，就是犯罪诱因。

犯罪需要和诱因相结合才能转化为犯罪动机

3. 犯罪动机的形成过程。犯罪动机和其他心理现象一样，有着自身发生、发展和终了的过程。一般要经过以下四个阶段：

[1]　罗大华主编：《犯罪心理学》，中国政法大学出版社1999年版，第106页。
[2]　朱营周主编：《新编犯罪心理学》，警官教育出版社1997年版，第61页。

（1）萌发犯意。犯罪动机总是由一定原因引起，或者由外部因素刺激所致，或者由内部因素的冲动而萌发。在这个阶段，犯罪动机首先具有初始性，即刚刚开始萌生、孕育；其次具有模糊性，即犯罪动机的各种成分正在按一定模式聚集，还没有形成完整的结构，主体对自己的动机的认识还不够明确、清晰；再次具有内隐性，即犯罪动机的初始性和模糊性，反映了它的意识状态还处在意识与潜意识之间的前意识层。犯罪动机的萌发阶段，又可称为犯罪意向阶段。

（2）明确动机。当犯罪动机萌发之后，主体会对产生犯罪动机的基础进行评价，即在知、情、意和个性特征等心理因素的参与下，对犯罪动机进行价值衡量、道德衡量与利弊衡量，以决定取舍，并确定犯罪目的，形成清楚、明晰的犯罪动机。此时，犯罪动机已上升到人的意识层，能够被主体所意识。明确动机阶段又可视为犯罪动机的过渡阶段。

（3）形成犯罪决意。当犯罪动机完全明确之后，行为人何时实施及如何实施犯罪行为，还需要通过锁定行为目标、选择时机、确定行为方式等动机斗争，最后下决心，对犯罪动机加以确认和巩固定型。从行为上看，行为人已经开始为犯罪行为的实施准备作案工具、追踪行为对象等活动，进入犯罪预备阶段。

（4）犯罪动机消失，即犯罪动机的终了阶段。一般情况下，通过犯罪行为实施，犯罪目的已经达到，犯罪动机抵达归宿点而消失。有些时候，虽然犯罪行为已实施，但处在未遂状态，犯罪目的未实现，由于主客观原因暂时不可能实现，而放弃犯罪动机，如入室盗窃被主人发现而逃跑，放弃犯罪；或者原犯罪动机为新犯罪动机所取代，原犯罪动机消失，如本打算抢劫银行，但是看到银行的保险柜没锁而萌发盗窃的犯罪动机和犯罪决意，实施盗窃行为。

如同其他动机呈现周期性变化一样，犯罪动机也会出现循环周期。可表述为以下公式：

某种强烈需要——心理紧张——犯罪动机形成——犯罪行为实施——犯罪需要的满足（或放弃、代替）——心理紧张解除——犯罪动机消失（——强烈需要的再现——再次产生心理紧张……）[1]。

（二）犯罪目的的确定

1. 犯罪目的的概念和特征。犯罪目的，是指行为人主观上通过实

---

〔1〕 罗大华主编：《犯罪心理学》，中国政法大学出版社 1999 年版，第 107～108 页。

施犯罪行为所希望达到的结果。犯罪目的是一种观念形态，而不是结果本身。它虽然是行为人内在的心理活动，但可以通过人的活动表现和行为指向性加以确认。刑法学理论认为，犯罪目的是某些类型犯罪的主观构成要件之一，但它只存在于直接故意的犯罪中，犯罪目的表现了直接故意的内容，并通过故意实施犯罪来实现。在过失犯罪和间接故意犯罪中，是不存在或缺乏犯罪目的的。因为过失犯罪造成的危害性后果，不符合行为人意愿，不是行为人主观上所追求的目的。间接故意犯罪虽然预见到自己的行为结果具有某种社会危害性，但实际发生的后果并非犯罪人追求的目的。因此，明确犯罪人的犯罪目的，对于准确地定罪量刑，严格依法办案，具有重要的意义。

犯罪目的具有以下特征：

（1）反社会性和违法性：犯罪目的反映了犯罪人的利益和社会利益之间的严重对立和冲突，同时，也表明了它具有触犯国家刑事法律的性质。

（2）以极端的个人主义为基础：犯罪目的反映了犯罪人为了满足个人私欲或发泄个人不满情绪而不惜侵犯国家利益、集体利益和法律所保护的其他公民的合法利益的特性，是一种极端个人主义的行为目的。

（3）与犯罪手段密切联系：犯罪目的离不开犯罪手段（或行为方式），它总是通过一定的手段来达到。犯罪目的的反社会性决定了犯罪手段的反社会性。两者是统一在违法性的基础之上的。

2. 影响犯罪目的确定的因素。犯罪目的是一种行为主体内部的心理活动，并不意味着犯罪目的是纯主观的、随意的。马克思主义哲学认为，目的本身受到具体社会历史条件、经济条件的决定和制约。由于各种人所处的社会历史条件不同，所以他们的目的也是各不相同的。因此，人的目的体现了主观与客观的辩证统一。就犯罪目的而言，其影响因素有以下几个方面：

（1）社会经济历史条件。人们的行为目的的内容和水平是由一定的社会经济、历史条件决定的。以经济目的为例，建国初期，人们以追求温饱为目的，在现实条件下，人们以小康甚至富裕为目的。反映在犯罪人头脑中，财产犯罪从之前的"改善生活"动机驱使下的窃取少量财物为目的，演变为追求奢华生活，在一夜暴富的动机驱动下实施传销和贪污受贿等犯罪行为，犯罪涉及金额动辄上百万甚至上千万。在价值观多元化的当今社会，社会的包容性使不同的世界观和价值观可以并存，青少年的犯罪动机从之前的"好勇斗狠"为特征逐步转变为为了

犯罪目的的形成是多种因素作用的结果，这里只介绍了几种主要的因素

取乐而进行的游戏型犯罪。以上状况，说明犯罪目的的社会历史制约性。

（2）社会地位。个人追求的目的受其所处的社会阶层、社会地位的影响。就犯罪人来说，因其社会地位和境遇不同，在犯罪目的上，既有政治目的，也有经济目的或其他目的。例如，手中握有一定权力、取得一定地位者，往往以"权钱交易"手段攫取巨额财富或者采用行贿巩固自己地位；处于社会底层者中的某些人，对社会地位高或者具有一定经济实力者怀有愤恨，在"仇富"动机驱使下，实施打砸抢等报复性犯罪。

（3）意识形态。犯罪人实施犯罪行为，必然受错误的意识形态支配。犯罪目的不同，反映了意识形态内容的不同。例如，危害国家安全犯罪，反映了政治上的反动与自由化倾向；财产犯罪，反映了人生观、价值观的偏倾；性淫乱犯罪，反映了特定的性文化观念。

（4）犯罪能力和条件。受自身犯罪能力和条件的限制，犯罪人实现犯罪目的的手段各有不同，从而影响了犯罪目的的表现形式。具有高学历的白领，掌握着一定的技术技能，特别是在计算机飞速发展的今天，掌握电脑技术的人员具备获取电脑信息的能力。在管理机制不健全条件下，犯罪者很可能会窃取、盗窃计算机信息，引发泄露信息或秘密型犯罪。身强力壮的男性可能完成较为暴力的犯罪，而女性在身体上大多处于劣势，多以诈骗和盗窃居多。行为者各以自己不同的能力、机会和条件，分别确定不同数额的财产犯罪目的。此外，确定何种犯罪目的，还取决于他们对自身犯罪能力的自我意识。犯罪人的自我意识往往不符合实际，他们的自我估价偏高，对实现犯罪目的抱有侥幸心理。

（5）犯罪动机。犯罪目的是在犯罪动机推动下产生和确定的。犯罪动机是犯罪目的产生的原因。犯罪动机的强度不同，犯罪目的的确定也会出现等级差别。犯罪动机的指向性决定犯罪目的内容上的差异性；犯罪目的随犯罪动机的变化而递进和转化。

（三）犯罪动机与犯罪目的的联系与区别

行为的动机和目的既密切联系、又相互区别。动机是激励人们行动的内心起因，是需要的具体体现。但是需要是有对象的，人们总是通过自己的行为活动取得或创造使自己的需要得到满足的对象。这个对象就是目的。目的是行为人的行为活动的起点和归宿，它是主观与客观、观念和现实的统一。作为行为活动的起点，它是以观念形态存在于人的头脑中的预想的行为结果；作为行为活动的归宿，则是这种结果的实现或破灭。

1. 犯罪动机与犯罪目的的联系。犯罪动机与犯罪目的的联系表现为：

（1）从产生看：犯罪动机与犯罪目的都来源于行为人过于强烈的或不良、畸形的需要，是客观世界对行为人产生消极影响的结果，也是行为人对不良社会环境因素的反映。

（2）从作用看：犯罪动机与犯罪目的都对犯罪行为起到重要的影响作用。犯罪动机对犯罪行为主要起激发（使动）功能，犯罪目的对犯罪行为主要起引导（导向）功能。这两种功能是密切联系在一起的。

（3）从表现形式看：犯罪动机往往表现为一定的犯罪目的，犯罪目的也必然是犯罪动机的反映。因此，在了解犯罪动机与犯罪目的时，可以使这两者相互印证。

（4）从相互作用看：犯罪动机与犯罪目的这两种心理因素是相互影响的。一方面，犯罪动机在形成过程中出现动机斗争时，势必影响到犯罪目的的选择；另一方面，犯罪目的的实现与否，也必定会对犯罪动机起强化或弱化作用。

2. 犯罪动机与犯罪目的的区别。犯罪动机与犯罪目的的区别表现为：

（1）从产生的心理过程看：犯罪动机形成在先，犯罪目的产生于后，犯罪动机是产生犯罪目的的原因。犯罪动机与需要紧密联系，犯罪目的与犯罪方式、手段直接联系，与需要间接联系。

（2）从意识水平看：犯罪动机是一种比犯罪目的更内在、蕴藏得更深的心理成分。犯罪人对其犯罪目的的意识必定是清晰的，而对犯罪动机的意识有时未必清晰，可能出现无意识（潜意识）的犯罪动机，却不可能有无意识的犯罪目的。

（3）从对犯罪行为的作用看：犯罪动机向犯罪行为提供动力，回答"为什么"要实施犯罪行为的问题，起到推动犯罪行为的作用。犯罪目的决定犯罪行为的方向，回答"干什么"的问题，引导犯罪行为向预期达到的目标运行。

（4）从相互关系看：犯罪动机与犯罪目的在许多情况下是一致的，而在另一些情况下又是不一致的。两者的关系不是单一的，而是错综复杂的联系。

（四）犯罪动机、犯罪目的与行为的相互影响

犯罪动机与犯罪目的、犯罪行为之间，构成一种环环相扣的犯罪活动的链条公式，即：从犯罪动机出发，反映、推动、调整、监督着犯罪行为，使之向着犯罪目的运行，防止偏离。其错综复杂性可以从下一个问题中找到答案

犯罪动机、目的与行为三者之间，有其一致性，但并非一一对应的关系，而是存在着同一犯罪动机对不同犯罪目的选择的多样性，和同一犯罪目的来自于不同犯罪动机的复杂性，并由此决定了犯罪行为对犯罪目的的适应性。试以下图示意三者关系：

犯 罪 行 为

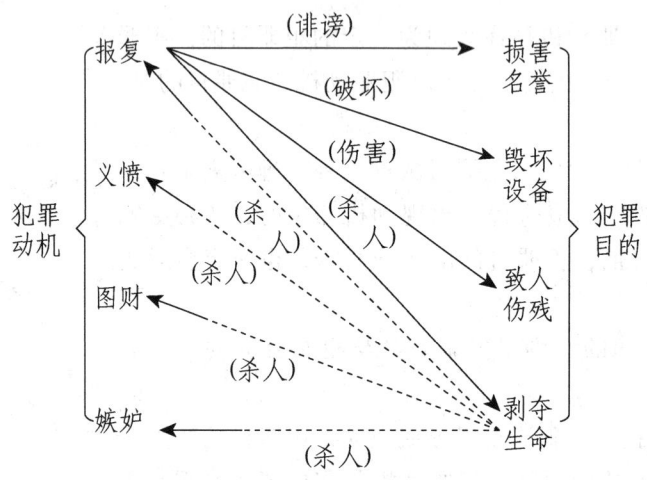

从上图可以看出，出于报复的动机，主体可选择损害名誉、毁坏设备、致人伤残、剥夺生命等多种目的。上述多种目的决定了犯罪人采取与其相匹配的诽谤、破坏、伤害、杀人等多种轻重不同的犯罪行为。同一种杀人行为，必定达到同一种犯罪目的（即剥夺对方生命），却有可能出自报复、义愤、图财、嫉妒等多种不同动机。

综上所述，对犯罪动机、目的、行为三者之间的关系，可概括为以下几点：

1. 在多数情况下，犯罪动机与犯罪目的是一致的，甚至可以互相转化。报复动机产生非法伤害他人身体和剥夺他人生命的犯罪目的，实施故意伤害和故意杀人行为。

2. 犯罪动机相同，而犯罪目的不同。在一些案件中，目的又从动机中分化出来，彼此相区别。如前述报复动机可以选择由轻到重的不同犯罪目的，究竟选择何种目的，由动机的强度所决定。

3. 有时犯罪目的相同，而犯罪动机不同，即同一犯罪目的可以来源于不同犯罪动机。如危害国家安全的犯罪目的，有可能出自金钱动机、报复动机、政治信仰动机等，但这些犯罪动机的强度须大体上与这一目的相适应。

4. 犯罪动机来源于需要，犯罪目的既来源于犯罪动机，又受行为人的个性（知识、经验、能力、习惯等）、当时的情境、条件所制约，犯罪行为则服从于犯罪目的，它是实现犯罪目的的手段。

5. 在实施犯罪过程中，常因犯罪得手即犯罪目的的实现，而使犯罪动机强化。而犯罪动机的强化，又促使犯罪目的发生、递进和不断升级。譬如由小贪发展到大贪，由入室行窃发展到抢劫银行，以取得更多的财富。同时，也有可能因外部条件和情况的变化，给予犯罪人以新的刺激，引起犯罪动机的恶性发展与犯罪的多样化；或者因犯罪目的受阻，而使犯罪动机弱化。犯罪动机与目的的变化，决定着犯罪行为方式的变化。

四、犯罪行为发生机制模式

就多数犯罪人来说，犯罪行为发生的机制，是一种渐进的、自觉的过程和模式。然而，在实际发生的案例中，往往呈现出复杂的情况。大体上可分为常见模式和特殊模式两种类型。

（一）常见模式

所谓常见模式，是指其犯罪心理的形成和犯罪行为的发生，符合或基本符合犯罪行为发生机制的一般过程，实施犯罪行为比较自觉。这是一种在犯罪案件中较为常见的情形。又可分为以下几种类型：

1. 渐变型。这是一种典型的犯罪行为发生模式，适合大多数案例。其特点是：由量的积累到质的飞跃，具有渐进性；由部分质变到整体质变，具有渗透性；由朦胧意向到犯罪心理，具有自觉性；从产生需求到犯罪决意，具有预谋性。又可分为两种类型：

（1）原发型。原发型是指从未成年期起，通过不良交往和违法尝试，逐渐发展成为犯罪心理的类型。这类人社会化不完全或经历了错误的社会化，始犯年龄早，犯罪恶习深，矫治难度大。莫非特（Moffit，1993）将这类人称之为"终身持续性犯罪人（life course-persistent offenders，LCP）"。他指出，大多数的终身持续性犯罪人在童年时期就出现了神经功能上的问题，他们表现出坏脾气、注意功能缺失、多动症以及学校中如逃课、欺凌等诸多越轨问题，待到其成年后，还有明显的判断和决策缺陷。这类犯罪人在其漫长的一生中都会实施多种多样的犯罪行为。

（2）继发型。这类人早期无劣迹，社会化过程无明显缺陷，已经被视为合格的社会成员，甚至被信任重用。但在其生活经历的某一阶段，由于经不起金钱、女色等诱惑，或受到错误思想的腐蚀，渐渐腐化堕落而走上犯罪道路。在其渐变过程中，原有的隐而不现的心理品质缺陷成为渐变的突破口，暴露出其社会化过程的不完全，种下了日后堕落的祸根。

贪污受贿犯罪一般属于继发型犯罪模式

2. 突变型。突变型犯罪模式，是指行为人事先并无劣迹和预谋，因突然发生对个人至关重要的情况或受环境、气氛的刺激而卷入犯罪。其特点是：由产生犯罪意向到发生犯罪行为，时间短，过程迅速，带有突发性；行为人一般无预谋，并对事变的发生缺乏预见性；犯罪多与突然发生的情况有关，具有情境性；行为人不能适应情况变化，认知范围狭窄，意志薄弱，不能自控，具有明显的情绪性特征。突变型犯罪虽有一定的偶然性，仍和行为人心理品质方面的缺陷有一定联系。主要是个人社会化水平低，不足以应付（或不能适应）某种突发情况。因此，内部心理原因仍然是突变型犯罪发生的根据。当然，如果不遇到此种突发情况，也可能不至于发生犯罪。具体又可分为以下三种类型：

（1）由人际冲突引起的突变型。这种突变模式最为常见。例如，因恶语相加产生口角，因财产纠纷矛盾激化等。由于情况发生突变，矛盾冲突急剧升级，行为人在不能自控的情况下，采取暴力性的犯罪行为。

偶犯多是突变型模式

（2）由回避危险引起的突变型。这种突变模式包括以下几种情况：由于在突发性冲突中，受害一方的正当防卫明显超过必要限度造成重大的损害行为；或由于紧急避险超过必要限度；或由假想的危险而造成的人身伤害这一类犯罪行为。这几种情况的发生，主要是因为行为人在认知方面发生困难，举止失措造成的。另有一类在职务上、业务上负有法定义务的个体，不适于紧急避险，遇到法定义务情形中逃避其应负的责任而触犯刑法，则属于缺乏责任心而渎职的品德缺陷。如负有扑灭火灾责任的消防人员不能在火灾中避险，负有阻止犯罪责任的警察在执行公务的过程中不能逃避面临犯罪的威胁。

如消防警不能在火灾中避险

（3）由特定气氛引起的突变型。社会生活中，有时会出现某种特定的环境与气氛，使在场者情绪激动而引起群体性的骚动，一部分人因缺乏辨别是非和自我调控能力，卷入其中而造成犯罪。例如，球迷暴力事件，街头暴力事件，不符合法律规定的示威游行、骚乱等。一些犯罪人趁火打劫，借闹事之机抢劫财物、调戏妇女，则属于受自身犯罪心理驱使的机会型犯罪。

3. 机遇型。机遇型的犯罪模式，是指行为人在接触有利于实施犯罪之机遇前并无犯罪意图，接触此种机遇后，或渐次产生犯罪心理，或突然起意而犯罪。犯罪机遇的出现，对推动行为人产生犯罪动机，起到了关键性的作用。至于早有犯罪意向乘机实施犯罪者，不应列入机遇型的犯罪模式。机遇型犯罪模式与犯罪行为中的条件因素是有区别的，前者是机遇对犯罪行为起关键性的决定作用，而后者中机遇只是犯罪行为发生的条件，是情境因素中重要的组成部分。

（二）特殊模式

所谓特殊模式，是指其犯罪心理的形成和犯罪行为的发生，有别于犯罪行为发生机制的一般过程和模式，或者在实施犯罪行为时意识状态比较模糊。这是一种在犯罪案例中所占比例较小的犯罪行为发生模式。具体可分为以下几种类型：

1. 习惯型。所谓习惯，是一个人在一定的情况下，自动地去进行某些动作的特殊倾向。习惯有时会在潜意识状态下进行，行为人对自身的动作没有清晰的意识。犯罪习惯是犯罪者多次作案而形成的一种特殊形态的熟练，由于反复地强化，它便成为犯罪者的自动化行为，有时很可能下意识地去做，比如盗窃者形成习惯后看到有他人钱财外露的情况就会想要秘密窃取。习惯型犯罪者的犯罪行为还是受到他的整个意识水平支配的，并不是完全的无意识。

2. 朦胧型。并非所有犯罪行为的发生，都经过犯罪意向、犯罪动机明确、犯罪决意这样三个清晰的动机发展阶段，有些犯罪行为是犯罪意向直接引起的行为，其意识状态比较模糊。例如，违法团伙成员都存在犯罪意向。其中，为首者发现了侵害对象，他的犯罪意向便立刻转化为意识到的行为动机，在他的暗示、指挥下，团伙成员虽然迅速投入斗殴、抢劫等活动，但他们的意识状态实际上仍然停留在犯罪意向阶段，没有清晰地意识到他们为什么要这样干，企图达到何种犯罪目的，只不过在团伙意识支配下，追随为首者犯下了罪行。

3. 变态型。有些犯罪行为是由变态心理引起的。变态心理中的反社会型变态人格、偏执型变态人格、冲动型变态人格、恋物癖、异装癖以及其他性心理障碍者，易于引发违法犯罪行为。如偏执型变态人格者坚信受到他人迫害而进行假想防卫，造成伤害案件的发生；恋物癖者偷盗他人衣物；异装癖者着异性服饰招摇过市，扰乱社会治安等。他们明知此类行为有可能违法，也常下决心停止这样做，但仍受变态心理驱使，情不自禁地重复同类行为而触犯刑法。

需要说明的是，上述两大类六种类型的犯罪行为发生机制模式，只是大体的划分，各种类型之间仍有所重叠和交叉，不能截然分开。

第三节 犯罪心理的发展变化

一、犯罪人在不同犯罪阶段中的心理状态

除少数惯犯、累犯外，大多数犯罪人在实施犯罪行为的不同阶段中会有比较明显的、有区别的心理反应。犯罪人实施犯罪行为的全过程可划分为三个阶段，即犯罪前、犯罪过程中和犯罪后。

（一）犯罪行为人犯罪前的心理状态

1. 自我辩解。在犯罪人犯罪动机形成的过程中，犯罪人尚未完全泯灭的良知和对法律的畏惧，使他们的内心充满了冲突。为了克服内心冲突，减轻心理紧张，犯罪人往往会产生种种特殊的心理防御机制，为自己将要实施的犯罪行为进行自我辩解。犯罪人在犯罪前采取的自我辩解的方式主要有合理化、比拟、投射、补偿等。

（1）合理化。犯罪人在进行犯罪活动之前常用寻找一些理由来将自己将要实行的犯罪活动进行合理化解释，以此消除内心的恐惧和紧张，求得内心的平静，使自己能心安理得地去犯罪。例如，经受家庭暴力的妇女想要毒杀丈夫之前往往以"如果我再忍下去就会被他（丈夫）打死，大家都会体谅我的"的想法把自己的杀人行为合理化，以此消除内心的恐惧，并为实施犯罪行为打气。

（2）比拟。这种方式是犯罪人把自己的犯罪行为与社会历史上和现实生活中有价值或有名的人或团体的行为相提并论，提高自己的自信心和胆量，以便可以从容地、理直气壮地犯罪。例如，某些未成年犯罪人，把自己比作某些文学作品中行侠仗义、劫富济贫的英雄，把纠集而成的犯罪团伙比作是"桃园三结义"。犯罪人的这种错误比拟使他们的罪恶感弱化，可以肆无忌惮地与法律相抗衡。 又称认同作用

（3）投射。即犯罪人将自己的观点、欲望、态度、性格特点等转移到被害人或其他人身上，认为他们和自己一样有着不合法的行为倾向和不光彩的想法。如强奸犯罪人在犯罪之前认为被害人愿意同自己发生性行为，杀人犯认为自己的犯罪行为只不过是"以牙还牙"而已。这种投射心理使犯罪人打消对被害人的怜悯和同情，避免产生良心谴

责，从而可以断然地实施犯罪行为。

（4）补偿。有的犯罪人由于自己有生理缺陷或社会经济条件差、受教育少等原因，在社会交往中受到各种挫折，为使自己达到一种心理平衡，往往采取一些过激行为来弥补自己的缺陷。例如，家境贫苦的青少年通过各种财产犯罪行为使自己经济上得到"补偿"；因外貌上的缺陷而遭受婚恋挫折的青年，通过毁坏异性容貌求得心理的平衡。

犯罪人形成犯罪决意前可能采用上述一种或多种心理防御机制来为自己的犯罪行为进行辩解，以消除紧张激烈的动机冲突引起的紧张与不安。以上心理防御机制在犯罪行为人实施犯罪行为的过程中和犯罪行为结束后也常被用来消除惊慌、恐惧等情绪。

2. 犯罪决意形成状态。犯罪人经过激烈的动机斗争，确定了犯罪目的之后，进入到犯罪决意形成状态。犯罪决意形成于犯罪动机产生之后，犯罪行为实施前的一个心理活动阶段。犯罪决意形成时间的长短，犯罪计划是否周密，对不同的犯罪者来说是有差异的。

预谋犯的犯罪决意是通过缜密思考，并且经过较长时间的选择时机、确定方式而形成的；机会犯的犯罪决意与犯罪机遇的出现有密切关系，因此，形成时间较短，没有预谋犯那样完整周密的计划；冲动犯的犯罪决意是由于强烈的外界刺激作用，情绪难以自控时而骤然形成的，其特征是犯罪决意形成前，犯罪人的意识范围狭窄，根本不可能有时间考虑犯罪的时机和方式。例如马加爵故意杀人案件中，马加爵在杀人之前上网查阅了许多资料，并购买好锤子作为作案工具，还制造了假身份证，以备作案完成后出逃时用。可见，马加爵是经过缜密思考和选择进行作案的，是预谋犯的犯罪决意过程。

3. 等待犯罪时机时的焦虑状态。犯罪决意形成后，一切犯罪准备工作就绪，犯罪人进入等待犯罪时机的状态。在等待犯罪时机时，犯罪人会因担心自己的计划暴露，担心实施犯罪过程中遇到麻烦，担心目的是否能达到等等问题而产生焦虑心理。这时，犯罪人常常处于焦虑不安状态，在行为上也会表现一些异常举动，尤其是初犯更为明显。如果此时周围有人仔细观察，能够发现这些犯罪前的异常情绪波动和行为举动。

（二）犯罪人犯罪过程中的心理状态

一般来说，犯罪人在犯罪过程中会出现难以抗拒的心理失衡现象。这种心理失衡主要表现为产生紧张、惊慌、恐惧和亢奋等不良情绪状态。这是因为犯罪行为一方面是一种危害他人、危害社会且必定要受到严厉的刑事惩罚的行为，实施犯罪意味着必将承担受到惩罚的风险；另一方面，犯罪人通过实施犯罪行为又可以满足自己的各种非法欲望或变态心理。因此，一般来说，犯罪人在实施犯罪的过程中，必然会产生激烈的心理冲突，导致情绪变化明显，心理控制能力减弱，出现惊慌失措的行为反应。

但是，人的心理的复杂性在于人的心理状态是受当时情境中主客观条件的影响和制约的，犯罪人在作案时的心理特点同样也是受到当时主客观条件的影响和制约，因此主客观条件不同，犯罪人的心理特点便表现出差异，心理失衡也就有程度的不同。具体来说，犯罪人心理失衡严重与否主要受以下因素影响：[1]

1. 犯罪经历。犯罪经历指行为人是否在之前实施过类似的犯罪行为。犯罪经历不同，犯罪人在犯罪过程中的心理稳定性便有所不同，初犯常常表现得相当紧张恐惧，动作慌乱；而惯犯、累犯在犯罪过程中，心理相对稳定，甚至有的惯犯在犯罪过程中还会出现情绪的兴奋、亢奋状态。国外的学者调查发现，在进行犯罪活动时，能够若无其事作案的，惯犯占58%；有计划地作案的初犯只占17%；恐惧慌乱，不顾一切的初犯者高达83%。

2. 犯罪人的个性。犯罪人的认识、情感、意志、态度无不影响到他在犯罪时的心理稳定性。就认识方面来说，犯罪合理化认识、反社会的认识、对受害人的仇视是促使犯罪时心理稳定的因素，而犯罪人内心尚存的法律意识、罪责感、道德意识等则是导致其心理波动的因素。就意志方面来说，较强的自制力、独立性、坚持性等方面是促进其犯罪时心理稳定的因素，而意志薄弱的人有更强的恐惧和紧张感。从犯罪人的性格来看，具有残忍冷酷性格的人，犯罪时心理较稳定，而尚有同情、怜悯之心的犯罪人，犯罪时心理波动更强烈。

3. 犯罪的准备程度。就心理准备而言，犯罪动机越强，越会不顾一切地去实施犯罪，越不易受犯罪现场其他因素的影响；就物质准备而言，犯罪的准备越充分，预谋越周密，犯罪时心理越稳定。

4. 情境因素。犯罪情境中的因素如受害人、当时的时间、地点、现场其他人的态度对犯罪人的心态都有重要影响，比如受害人实施有力的反抗可以使犯罪人情绪紧张、心理恐惧而放弃进一步犯罪的动意；无谓的反抗有时会使犯罪人出现更强的激情爆发，导致更严重的犯罪后果，而受害人的软弱可欺则会促进犯罪人犯罪时的心理稳定。犯罪

〔1〕 张保平编著：《犯罪心理学》，警官教育出版社1995年版，第298～230页。

周围环境持续不变能够给犯罪人继续实施犯罪行为的稳定情绪，一旦
周围环境出现变化，如有第三者的出现会引动犯罪人情绪的波动，可
能使犯罪人放弃犯罪行为，也可能使其伤害第三者排除继续犯罪的
障碍。

5. 犯罪的组织性。一般来说，多人共同犯罪可使犯罪人产生责任
扩散和安全感，所以一般共同犯罪中，犯罪人的恐惧感、紧张感较单
独进行犯罪的人要弱得多。法人犯罪中，犯罪人则几乎没有恐惧感。

（三）犯罪人犯罪后的心理状态

犯罪行为结束后，犯罪人的情绪和行为上都会出现一些较为明显
的表现，这对侦查人员根据外部表现及时识别犯罪嫌疑人很有帮助。

1. 情绪表现。

（1）不安和恐慌。多数犯罪人，尤其是初犯和大案要案的犯罪人，
作案以后都会产生不安和恐慌的情绪。有的对自己所实施的犯罪结果
感到吃惊，有的终日惶惶不安，甚至产生幻觉，老是觉得有人在监视
自己，或脑海中常常不由自主地浮现出被害人遇害前的惨状，由此而
产生一系列身心反应，如坐卧不宁、食不甘味、行为反常等。

（2）满足和得意。犯罪行为实施后，由于犯罪既遂，犯罪目的达
到，犯罪心理暂时趋于缓和状态，犯罪人心理上产生一种极大的满足
感，尤其是累犯和惯犯，以及一些犯罪决意十分坚决的犯罪人，没有良
心的谴责只有犯罪得逞后的满足和得意。这种情绪状态将会极大强化其
犯罪心理，使其向恶性转化。

比如，发现了超乎
想象的巨额钱财

（3）麻木。犯罪人在准备和实施犯罪的过程中，往往存在一种使
之一意孤行的强烈的犯罪冲动。在犯罪结束时，有的犯罪人在犯罪时
的高度兴奋状态迅速消退，趋向抑制，反应灵敏度大大下降，精神处
于极度松弛状态，尤其是一些大案、要案犯罪人和冲动性犯罪人，面
对严重的犯罪后果，处于"激情性休克状态"，麻木不仁，毫无表情，
也无任何行动。

（4）罪恶感。罪恶感是指个人在其观念或行为与社会正常的道德
标准、价值观念发生冲突时产生的有罪和羞耻的心理体验。有些犯罪
人在实施犯罪后，良知、理智感逐渐恢复，萌生罪恶感，出现新的心
理冲突。有些犯罪人有意识地压抑罪恶感，使自己能较平静地面对他
人，然而，潜意识内的罪恶感或多或少会影响到内心的平静。初犯
（尤其是过去一贯表现好）罪恶感十分强烈，惯犯、累犯的罪恶感
较弱。

2. 异常行为表现。

（1）试探。犯罪人作案后迅速逃离了现场，但其心理上却摆脱不了现场。为了逃避法律的制裁，他们具有急切了解案件侦破进展的心态。因此，他们往往表现出对案件的发展和侦破十分关心，有时甚至故作姿态，参与议论案情，痛斥犯罪人。有的甚至一再跑到现场观察，对报纸、广播等新闻媒体变得敏感起来。这些反常的表现可以给破案提供线索。

（2）反常行为。犯罪人作案后，为了掩饰自己惊恐不安的心理和所犯下的罪行，往往有如下一些反常的行为表现[1]：①反常的积极。表现在平时工作并不积极，也没有集体观念，不关心他人，案发后，却一反常态，积极工作，乐于助人。②反常的老实。平时为人处世凶狠刁蛮，蛮不讲理，案发后却变得老实、温顺和谦让。③反常的俭朴。平时花钱大手大脚，并无节俭意识，案发后却变得俭朴异常，正当的消费也小心谨慎。④记忆反常的清晰准确。按照一般心理规律，一个人对自己所接触过、感知过的事物，特别是无意识记住的事物，并不是都能牢固、清晰、准确的记忆，常有不连贯，不准确的现象，可是犯罪人在受到审查时，却能把案发前后的情况说得异常详细。

总之，犯罪行为人在整个犯罪过程中的不同阶段，其心理和行为中都会有一些反常的表现，如果我们提高警惕，注意观察，就可以很好地预防和制止犯罪行为的发生，也可以帮助我们迅速地侦破犯罪案件。

二、犯罪过程中动机的发展变化

（一）影响犯罪动机变化的条件

犯罪动机确立后，在犯罪预备阶段以及在实施犯罪过程中，往往出现各种意想不到的复杂情况，引起犯罪动机的发展变化。影响犯罪动机变化的条件，包括主体因素与客观因素的变化及其相互作用[2]，以及犯罪动机冲突的影响[3]。

1. 影响犯罪动机变化的主体因素。

（1）生理状况的变化。犯罪人在作案时，疾病突发，精力不济，就可能放弃犯罪动机，停止作案。

〔1〕 张保平编著：《犯罪心理学》，警官教育出版社1995年版，第301页。
〔2〕 邱国梁主编：《犯罪与司法心理学》，中国检察出版社1998年版，第125～127页。
〔3〕 罗大华主编：《犯罪心理学》，中国政法大学出版社1999年版，第127～129页。

（2）个性的影响。在作案过程中，犯罪人的认识、情绪情感和意志等可能会影响动机的转化。如在入室盗窃中，犯罪者进入被害人住处后，在翻找财物过程中，被害人醒来发现犯罪者。犯罪者如果意志坚强则会制服被害人拿走财物，而犯罪者如果意志较为软弱则可能会迅速逃走，放弃犯罪。

（3）犯罪经验的影响。犯罪经验使犯罪人面临作案现场的情境变化，会作出不同的反应。累犯、惯犯富有犯罪经验，大胆残忍，通常不会轻易停止犯罪，犯罪动机不会发生良性转化；初犯缺少犯罪经验，遇到被害人异常恐惧或痛苦时，会产生恻隐之心，可能会使犯罪动机发生良性转化。

（4）共同主体的变化。犯罪人与同伙一起预谋犯罪，但到达作案现场时，发现同伙未到，一人作案会冒更大的风险，犯罪人可能感到胆怯而暂时放弃犯罪动机，也可能更加激发冒险的冲动，在原有犯罪动机的驱使下完成犯罪行为。

犯罪人有无犯罪经验，有什么样的犯罪经验，对犯罪动机变化的影响是明显的

2. 影响犯罪动机变化的客观因素。

（1）犯罪工具、手段的变化。预谋犯罪中，在犯罪预备阶段犯罪人发现犯罪工具出问题，难以按照原计划实施犯罪，可能会弱化犯罪动机从而放弃此次犯罪行为，也可能使犯罪人产生新的犯罪动机。如在等待抢劫过程中发现用来威胁被害人的刀没有带，行为人看到被害人已经出现，而且机会较好，则抢劫的犯罪动机可能会消退，产生抢夺的犯罪动机，从而实施抢夺行为。

（2）环境的变化。犯罪人作案总是选择有利于犯罪的具体环境。但环境是会变化的，当实施犯罪时，变化了的环境使犯罪人感到难以下手，会暂时放弃犯罪动机或发生犯罪动机的转移。如犯罪人在报复动机的驱使下，本想等被害人过桥时将其推入河中，但是犯罪人到达桥边时发现木桥已被大水冲垮，此时，犯罪人或弱化犯罪动机，或者寻求其他行为报复。

（3）目标的变化。犯罪人总是选择了犯罪目标后，再去实施犯罪。在作案现场，犯罪人发现目标变化了（如财物已被转移），犯罪动机可能会发生变化，或放弃犯罪动机，或产生新的犯罪动机。如犯罪者观察到被害人喜欢将财物放于某处，等犯罪人进行窃取时，发现财物已被转移，犯罪动机可能消灭可能转化为入室抢劫的动机。

（4）被害人态度的变化。被害人的反抗，可能会使犯罪人产生反对动机，引起动机冲突；相反，被害人懦弱胆怯，忍气吞声，一般会对犯罪人起到助长犯罪动机的作用。

被害人的反抗并非一定能使犯罪人产生反对动机，有时

（5）突发的障碍因素。突发的障碍因素，指不能预见的客观情况的变化。如犯罪人在贩卖毒品的交易过程中正好警察巡逻经过，犯罪人可能会遏制犯罪动机，立即逃走。警察的突然出现就是犯罪障碍因素。

3. 动机冲突。所谓动机冲突是指在动机形成过程中或动机形成后，主体所面临的矛盾斗争和选择。个体之所以存在着动机冲突，是因为在现实生活中总是同时存在着许多动机。这些动机既有相互联系和推动的一面，也有彼此发生矛盾、相互制约的一面，从而构成个体多层次、复杂而多样的动机体系。一种主导动机的出现，往往是经过不同性质的动机斗争、冲突，才得以确立。而在主导动机实施过程中，又往往因新的情况出现，而产生新的动机冲突和斗争。

犯罪行为既是能为犯罪人取得某种非法利益的行为，又是应受刑罚惩罚的行为。所以，个体是否要实施犯罪行为，往往要经过权衡利弊的动机斗争和克服反对动机（道德、法制感等）的动机冲突。同时，在实施犯罪过程中，由于遇到新的情况，又难免引起新的动机冲突。犯罪人动机冲突的主要形式包括：

（1）双趋冲突。所谓双趋冲突，是指个体在有目的的活动中同时存在着两个并存的目标，而且两个目标对其具有同样的吸引力或引起同样强度的动机。犯罪人的双趋冲突主要表现为犯罪目的有两个且两个目标对犯罪人具有同样的吸引力，但因个人实际条件所限，无法一次犯罪中就获取两个目标，这时就会在心理上产生难以作出取舍的冲突情境。犯罪人在实施犯罪活动中，常常出现这种动机冲突。犯罪人在抢劫过程中发现女被害人年轻貌美，于是顿起奸淫动机，但是由于时间有限或者犯罪者难以控制，只能选择一种动机实施，最后犯罪人抢劫者抢劫财物后逃走。就犯罪人而言，其双趋冲突主要有三种情况：①良知冲突，即在犯罪人头脑中残存的道德与法制观念对犯罪动机的遏制。两者斗争的结果，可能是犯罪动机占了上风，但不等于良知完全泯灭。在实施犯罪过程中，也可能因出现某种情境，唤起残存的良知，引起新的动机冲突，而无法继续实施犯罪。如某人蓄意杀害他的仇人，当深夜潜入室内举刀砍向被害人时，发现被害妇女正搂着孩子熟睡，便猛然产生怜悯与同情之心，念及幼子不能无母而中止犯罪。②角色冲突。在经济犯罪案件中，许多作案人都身居要职，拥有一定权力。一方面是号称公正廉洁的国家公务员或企业领导人，另一方面又进行犯罪勾当。合法权位与非法利益，都对他具有强大的吸引力，因而处于两难选择之中。③利益冲突。某犯罪人在入室抢劫过程中，

会更加激怒犯罪人，导致被害后果扩大化

犯罪动机的变化除主体内外因素的作用外，主要是由动机冲突引起的

发现家庭主妇颇有姿色，产生性冲动，然而，因时间和条件所限，不可能同时达到目的。通过动机冲突，最后决定抢走财物，将主妇杀害灭口。

（2）双避冲突。双避冲突是指同时有两个目标对于个人具有威胁性，虽然都想回避，但由于利益驱动等原因，只能接受其一以避免另一结果。就犯罪人来说，双避冲突主要有两种情况：①实施犯罪时的双避冲突。如普通诈骗犯罪中，在犯罪实施过程中被害人发现上当受骗，要求犯罪人交出财物，这时犯罪人是交出财物放弃犯罪，还是侵占财物，由诈骗变为抢劫。这两种结果都是犯罪人想要避免的，但是犯罪人必须选择其中一种实行。②作案后的双避冲突。犯罪人作案后内心一直处于双避冲突中，一方面不愿意投案自首，以免遭到刑罚处罚，另一方面认为如果不自首被逮捕了就丧失了自首可以从轻或者减轻处罚的机会，这两者都是犯罪人不愿意的，但是只能接受一种而避免另一结果。

（3）趋避冲突。这是又一种动机冲突的情境。在这种情境下，个体对同一目标同时具有趋近与躲避两种动机，形成所谓既好之又恶之，既趋之又避之的矛盾心理。由于犯罪行为对行为人来说，既有获利又有受到刑罚惩罚的两重性，任何犯罪动机的产生，都不可能是单纯的双趋冲突或双避冲突，实际上是两者兼有之的趋避冲突。因此，趋避冲突在犯罪前、犯罪实施过程中和犯罪后都存在。由于趋避冲突有着"进退两难"的困扰，所以最难以决断。但是，这种权衡利弊并非完全依客观情势决定，而是往往受一种主观的感受所驱使。如果犯罪人内心欲望强烈到超过对刑罚的恐惧，犯罪人很可能会选择犯罪；反之犯罪人认为犯罪成本过高，即使犯罪满足了自己需求但是有"得不偿失"之感，则很可能放弃犯罪行为。

无论是双趋冲突、双避冲突还是趋避冲突，都是犯罪人动机冲突的重要表现形式，推动着犯罪动机的发展变化。至于犯罪人究竟做出何种抉择，还要受到存在于主体自身的内在因素与存在于主体周围的外部因素的影响。

（二）犯罪动机变化的方向

1. 犯罪动机强化。按原先形成的主导犯罪动机，经过犯罪预备和实施，动机的强化有以下三种情况：①同一犯罪动机的强化；②一种犯罪动机转变为另一种犯罪动机；③单一犯罪动机发展为多种犯罪动机。其主要形式包括：

（1）动机的派生。是指在实施某一犯罪行为的过程中，遇到了新的刺激和情境，萌生出与原犯罪动机有关联的新的犯罪动机。例如，某犯罪人原本打算报复妻子的相好，准备将其打伤。进入被害人家中后，犯罪人发现妻子正与相好亲热，于是在痛打妻子相好之后，又向其敲诈了一大笔钱。犯罪人原有的伤害动机没有变化，只是又派生出敲诈动机。

（2）动机的转移。是指由一种犯罪动机转化为另一种新的犯罪动机。动机的转移与动机的派生稍有不同，动机的派生，前后两种犯罪动机是出于同一犯罪目的，两种动机之间有着内在的联系。而动机的转移，前后两种犯罪动机不属同一犯罪目的，两种动机之间并无必然的内在联系。又可分为两种情况：①动机的替代，即用一种新的犯罪动机替代原有的犯罪动机。例如，某人对本单位的某上司严重不满，在矛盾激化的情况下，产生了报复该上司的动机，打算伤害其人身；后因主客观情况的变化，放弃了伤害上司的动机，企图通过制造爆炸、车祸等事端，发泄内心愤懑，扩大消极影响，在这种情况下，报复社会的动机替代了报复个人的动机。②动机的扩大，即由单一犯罪动机转化为多种犯罪动机。如盗窃犯罪人入室行窃过程中，发现室内只有一名年轻女子熟睡。在窃取财物后，又萌生满足性欲的动机。当遭到被害人反抗时，又产生自我保护的动机，杀死被害人然后焚尸灭迹，达到掩盖罪行的目的。动机的扩大，表现为由第一动机迅速转移到第二动机、第三动机、第四动机，往往是犯罪严重程度的急剧发展。在多数情况下，动机的扩大是一个缓慢发展的过程。

（3）动机的重合。犯罪动机的重合是犯罪动机发展变化过程中一种比较特殊的现象。即前后两种（或两种以上）犯罪，其犯罪性质、犯罪目的、犯罪方式均截然不同，但犯罪动机却重合不变。如为了非法获取财物的目的，某人从盗窃财物发展到抢劫，但是仍然认为钱来得慢，于是开始贩毒，牟取暴利。这几种犯罪行为虽然不同，但是都是出于非法获取金钱的目的，也都是在获利动机驱使下实施的，是犯罪动机的重合。

2. 犯罪动机的弱化。犯罪动机的弱化有两种情况：一种是指犯罪人已形成的较强的犯罪驱动力，通过犯罪行为的实施得以实现，失去原有的驱动力量；另一种指犯罪人虽已形成犯罪动机，但遇到不利于实施犯罪行为的主客观情况或形成动机冲突，原有的犯罪动机发生良性转化。

（1）动机的实现。其又称犯罪动机既遂，即在犯罪过程中，按原有犯罪动机，实现了预定的犯罪计划，达到了犯罪目的，以完成犯罪活动而告终。这时，犯罪动机因犯罪目的的实现、欲望的满足而暂告消失或弱化。比如，走私犯罪中，物品已经出境，完成了走私行为，犯罪动机消失；伪造货币犯罪中，货币已经伪造完成，等待流入市场，伪造的动机减弱；倒卖文物罪中，倒卖的交易已经完成，此次犯罪动机就消失了。

（2）动机受阻。动机受阻有两种情形：①犯罪动机形成以后，犯罪人在准备实施犯罪的过程中，因自身的身体状况不适、犯罪经验不足或犯罪工具不能等多种主客观因素的影响，原有的犯罪不能实施或难以实施，不得不压抑犯罪冲动，使犯罪动机弱化或消失，如在采用船只运输人员实施组织他人偷越国（边）境犯罪中，偷渡者刚刚上船而船只尚未开动，被收到线索的警察发现，制止了偷越国（边）境的行为。②犯罪动机形成后，犯罪人原有的道德、良知和法律意识并未完全丧失，在遇到一些特殊情境（如被害人的恐惧与痛苦，对犯罪行为法律后果的认识等），形成了反对动机，从而出现犯罪动机与守法动机的冲突，如守法动机的驱动力量超过犯罪动机的驱动力量，犯罪动机就会受到抑制而弱化或消失。例如，在贪污犯罪中，行为人准备采用修改账目的方法进行贪污，突然想起自己任职的初衷，于是放弃犯罪。

三、犯罪心理结构的发展变化

犯罪心理结构形成后，由于主体内外诸因素和情境的影响，不断发生变化。犯罪心理结构的变化，包括犯罪心理结构的增强与减弱、量变与质变。其发展方向有良性转化与恶性发展两个方面。在犯罪心理结构发展变化过程中，来自外界的积极因素增强，内在的反社会因素相对弱化，犯罪心理结构就会受到抑制或消失，从而终止犯罪活动，这就是良性转化。反之，在这一过程中，来自外界的消极因素增强，内在的反社会因素强化，犯罪心理结构得以巩固和恶性膨胀，而导致犯罪行为的发生，这就是恶性发展。[1]

（一）犯罪心理结构的强化

1. 犯罪心理结构强化的条件。

（1）外界不良诱因。外界不良诱因具有广泛的内容，包括被害人一方的刺激，同伴的拉拢、胁迫、教唆等，各种有利于犯罪的条件、机遇以及外界容易诱发犯罪的各种社会消极因素等，都为犯罪心理结

---

〔1〕　罗大华主编：《犯罪心理学》，中国政法大学出版社1999年版，第127～129页。

构的强化提供了条件。由于不良诱因的反复刺激，使主体原有的不良心理因素进一步恶变，如反社会意识的强化，错误的认识和不良情绪状态（仇恨、报复、嫉妒心理、消极激情）的产生，侥幸冒险心理增强，不良欲求恶性膨胀，自我意识水平降低等，同时，主体因此而产生心理紧张和焦虑，使其主观心理状态与外界客观环境产生了严重的不平衡状态。此时，主体又不能以合法的途径和手段满足其强烈欲求，解除心理紧张与焦虑，于是产生了犯罪动机。遇有机会便会外化为犯罪行为。

（2）社会的肯定性反应。社会对个体的某种行为给予赞许、肯定或奖赏，就是社会的肯定性反应。其结果是使个体的工具性反应倾向得到加强，也就是使个体学会、保持某种行为或形成某种习惯。对于具有犯罪心理结构的个体来说，来自外部的肯定性反应，使其违法犯罪的行为方式或行为倾向得以保持下去。如具有报复社会心理的个体如果结成团伙，整天在一起怨天尤人，抱怨社会的不公，那个体本就存在的犯罪心理容易获得肯定性反应，只要有人提议犯罪来泄愤，马上会有人附和。

（3）违法犯罪活动产生愉快的内心体验。大多数故意犯罪行为能满足内心某种畸形需求或者获取利益。在犯罪完成后，如果没有及时的刑罚惩罚，那犯罪人犯罪成功体验的愉悦感就会超过对刑罚的恐惧感。犯罪成功体验的愉悦感是犯罪人通过实施犯罪行为所产生的一种特殊的情绪体验和留下的心理痕迹。愉悦感超过恐惧感会对主体的认识、情感、意志、人格等方面均产生很大的消极影响，使犯罪心理结构得到强化。当某些犯罪行为不会让犯罪人体验到犯罪成功的愉悦感反而更加担忧和恐惧时，那就会对犯罪心理结构产生负强化。

犯罪成功体验产生负强化的情形较少见，在多数情况下对犯罪心理结构产生正强化影响

2. 犯罪心理结构强化的特征。犯罪心理结构形成之后，通过实施犯罪，一般情况下，它将不断得到巩固和加强，如果得不到切实有效的控制和帮助，这种过程就会继续发展，日益强化。在这种强化过程中，显示出以下几种特征：

（1）自觉性和主动性增强。犯罪人可能由情境诱发、他人教唆或同伙胁迫犯罪，转而成为自觉寻求机会、制造机会犯罪，主动策划犯罪，乃至有目的、有组织地去实施犯罪。

（2）非法欲望更为强烈。初犯时，某些不良的个人欲望往往是由客观刺激或他人教唆引起，带有一定的情境性。可是，经过多次犯罪活动以及犯罪间隔的缩短，犯罪人不断获得快慰和成功的体验后，其欲望得到了强化。有些招摇撞骗犯罪人，一开始只是骗小的财物，对

象也只是限于老年人，在冒充国家机关工作人员行骗过程中还会脸红心跳，情绪波动较大，难以控制自己的言行，容易被识破。但是随着犯罪次数的增多，不义之财的增长，贪婪之心也急剧膨胀，萌发"要骗就骗大单的"的心态，于是开始冒充人民警察招摇撞骗，对象也从老年人扩大到青少年、中年人等。

（3）具有一定的犯罪经验。经过屡次犯罪活动，积累了作案经验，提高了作案技巧和逃避侦查的能力。犯罪人在选择动机、确定目的、采取手段、分析条件、设想可能产生的情境变化与对策，以及作案后逃逸、销赃、毁灭罪证等方面，变得更为老练、狡诈，更会伪装、欺骗。

（4）犯罪活动向多方向性发展。即从单一犯罪发展为多方面犯罪，这是犯罪心理结构恶性发展的一个重要标志。如不良少年初犯从小偷小摸开始，发现犯罪容易得逞而不易被发现后，胆子大起来，开始实施入室盗窃、抢劫甚至绑架等恶性犯罪行为。

（5）反社会心理形成和巩固。不少犯罪人初次犯罪时，只是为了满足个人某种需求而产生了犯罪动机，经过多次违法犯罪，受到社会舆论的谴责和司法机关的惩处，他们逐渐意识到自己已经处于同社会对立的地位，因而反社会心理逐渐形成并日趋巩固，破坏性也就更大。

（6）犯罪观念进一步确立。随着犯罪次数的增多，犯罪人的动机斗争大为减少和削弱，犯罪意识、犯罪观念开始形成和确立，犯罪态度渐趋巩固。犯罪观念的核心是"犯罪有理论"，即在其观念中把犯罪视为一种"合理"的行为。

（7）形成犯罪人格。通过多次犯罪，使他们的犯罪心理结构渐趋强化，其个性与犯罪活动之间的联系日益巩固，形成了犯罪人格，犯罪的行为习惯达到动力定型的程度，难以分化和消退。

把自己的犯罪归咎于他人，说成是由某种刺激、诱惑引起

3. 犯罪心理结构强化的阶段。根据我国司法实践中的大量案例，对犯罪心理结构恶性发展所显示出来的不同特征进行研究，可以将其划分为三个阶段：

（1）定型化阶段。犯罪人通过反复进行犯罪活动而使犯罪心理结构得到强化，犯罪行为已不再是偶尔进行的情境性活动，而是相对稳定、巩固的自觉行为，成为其生活中不可缺少的一个部分。犯罪意识定型化、犯罪方向定型化、犯罪行为定型化是其显著特征。这是犯罪心理结构强化的第一阶段。

（2）个性化阶段。经过定型化阶段，不仅犯罪心理结构中各要素继续得到强化，而且各种消极心理因素支配犯罪行为的心理组合更为

协调和巩固，心理冲突越来越少乃至消失，犯罪心理结构功能上的统一性和整体性得到充分发挥，由人格的一个部分逐渐成为其个性心理结构的主导方面，形成鲜明的犯罪人格。或者说，这就是主体的个性心理结构逐渐被犯罪心理结构吞噬、取代和同化的过程。牢固的反社会意识、畸变的需要结构、典型的犯罪性格，以及犯罪行为的习惯性、连续性、类似性、狡诈性、残忍性，是犯罪心理结构个性化阶段的显著特征。这是犯罪心理结构强化的第二阶段。

（3）职业化阶段。在此阶段，犯罪行为已经不是其生活的一部分，而成为生活的基本内容和生活的意义。行为人以犯罪收入作为生活的主要来源；按照犯罪利益的需要，选择犯罪内容和犯罪方式，犯罪行为向多方向发展；组成犯罪集团，有严密的组织分工，形成黑社会组织或具有黑社会性质的犯罪集团；集团成员一般有公开职业作掩护。这是犯罪心理结构强化的第三阶段。

（二）犯罪心理结构的弱化

犯罪心理结构的弱化是指犯罪心理结构形成后，受到主体内外各种积极因素的刺激和影响，逐渐弱化。犯罪心理结构的弱化，是犯罪心理结构良性转化的前提和基础，其结果可能是犯罪心理结构的暂时抑制，也可能是犯罪心理结构的瓦解和消除。

1. 犯罪心理结构弱化的条件。

（1）社会的正面帮助。已经形成的犯罪心理结构是绝对不会自动消除的，但是如果犯罪人所处的环境具有对抗犯罪心理结构的力量，如教育者的关注和教导、社工的关心和辅导以及家人的陪伴和温暖等都能够唤起犯罪人的良知，从而逐渐弱化甚至消除犯罪心理结构。

（2）犯罪人自身具有的积极因素。在犯罪者的内心深处也残存着一些积极的心理因素。根据内外因相互作用的原理，外界的积极因素要通过内因起作用，如果犯罪者内心的积极心理因素能选择性地获取外界的积极因素，当积极因素不断增强后可以对抗消极心理，消极的心理受到抑制，于是产生了心理冲突，成为良性转化的推动力，促使其心理向良性转化。

（3）有效的矫正措施。教育工作者应该采取各种方法挖掘犯罪者的积极心理，肯定他们的点滴进步，在知、情、意以及行为等各方面下功夫，纠正他们偏常的认知模式，培养积极的情感，训练他们调节与控制自己行为的技能，矫治其不良的行为习惯，促使其积极心理的发扬光大，使积极心理逐渐居主导地位，循序渐进，使其犯罪心理结构逐渐弱化以至消失。目前，在我国监狱系统内，矫治人员开始采用团体咨询、个别咨询、情绪管理、沙盘疗法、绘画疗法、音乐疗法等心理咨询的方法和技术帮助服刑人员矫治错误的情绪反应和行为模式。

2. 犯罪心理结构弱化的类型。

（1）渐进型。在教育者的帮教下，经过自己的努力，犯罪行为人认识到自己的错误，有一定的悔改决心，犯罪心理结构逐渐向良性转化。

（2）反复型。犯罪人的犯罪心理结构并非一次改变的，存在一个反复的过程，其改变也呈现螺旋状。他们时而向好的方向发展，时而向坏的方向发展，不稳定，出现反复，许多有一定犯罪经历的人属于此类。

（3）醒悟型。由于强有力的教育或某一事件的启发，导致犯罪人猛然醒悟，以极强的意志力克制自己的不良行为，从而终止犯罪，成为新人。这在恶习不深的初犯和偶犯中常见到。如家庭遭遇巨变，使未成年初犯幡然醒悟，重新做人。

（4）停止型。经过教育和自己有意识地学习，自觉地接受改造，犯罪心理结构被打破、消除，实现了良性转化。犯罪行为不再出现，达到了重新社会化和回归社会的目的。有的罪犯出狱后决心自食其力，并勤劳致富，热心助人，就属此类。

此外，还有一些犯罪人表面上老老实实、循规蹈矩，但一有机会就会再犯。他们的表现只是一种暂时的假象，其犯罪心理结构并未发生良性转化，只是隐藏得更深而已。

□小　结

本章分析了犯罪心理结构的形成原因，构建了个体犯罪原因系统，对犯罪行为的发生机制和犯罪心理的发展变化作了全面的介绍。

一、犯罪心理结构成因

1. 影响犯罪心理形成因素。

2. 影响犯罪行为发生因素，如下表所示：

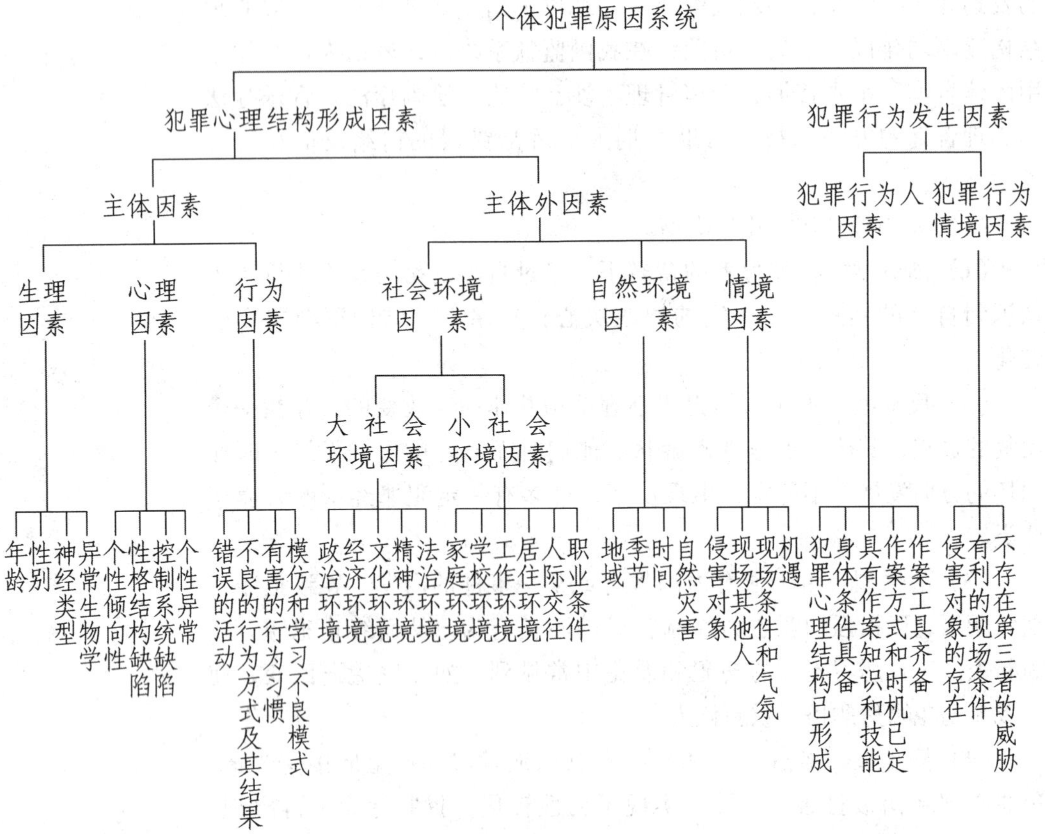

个体犯罪原因系统
犯罪心理结构形成因素
犯罪行为发生因素
主体因素
主体外因素
犯罪行为人因素
犯罪行为情境因素
生理因素
心理因素
行为因素
社会环境因素
自然环境因素
情境因素
大社会环境因素
小社会环境因素
年龄
性别
神经类型
异常生物学
个性倾向性
性格结构缺陷
控制系统缺陷
个性异常
错误的活动
不良的行为方式及其结果
有害的行为习惯
模仿和学习不良模式
政治环境
经济环境
文化环境
精神环境
法治环境
家庭环境
学校环境
工作环境
居住环境
人际交往
职业条件
地域
季节
时间
自然灾害
侵害对象
现场其他人
现场条件和气氛
机遇
犯罪心理结构已形成
身体条件具备
具有作案知识和技能
作案方式和时机已定
作案工具齐备
侵害对象的存在
有利的现场条件存在
不存在第三者的威胁

3. 犯罪综合动因论。

（1）涵义。犯罪综合动因论，即犯罪之所以发生，是多种主体内外因素综合的互为动力作用的结果。

（2）要点。

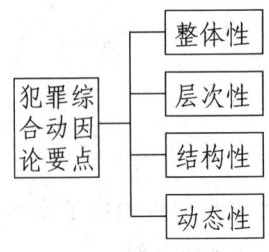

犯罪综合动因论要点
整体性
层次性
结构性
动态性

二、犯罪行为的发生机制

（一）犯罪行为发生机制的概念

犯罪行为发生机制是犯罪心理，特别是犯罪动机引起犯罪行为的工作方式与心理过程的关系。

（二）内外化机制

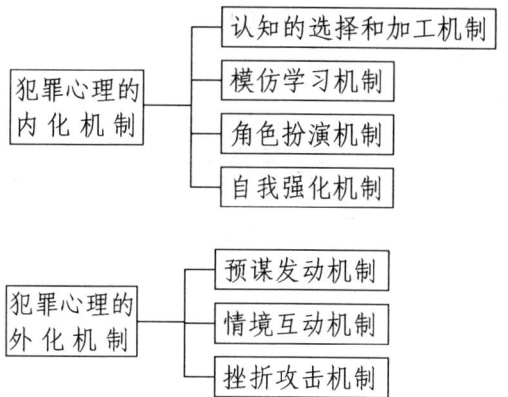

（三）犯罪动机、犯罪目的与犯罪行为

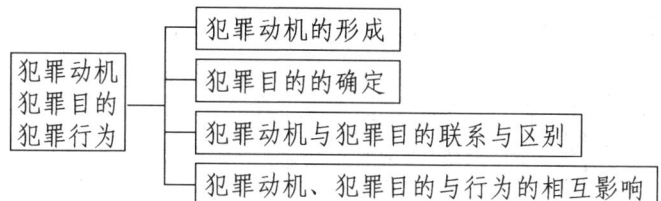

（四）犯罪行为发生机制模式

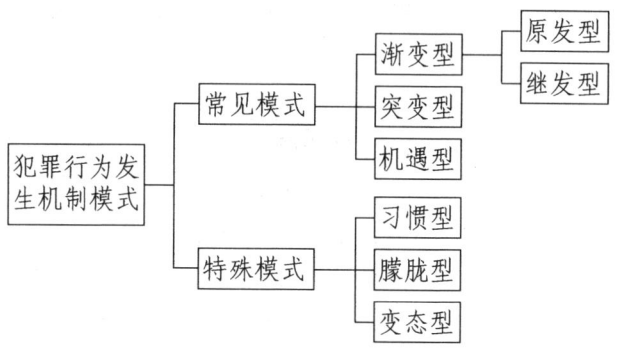

三、犯罪心理的发展变化

（一）犯罪人在不同犯罪阶段中的心理状态

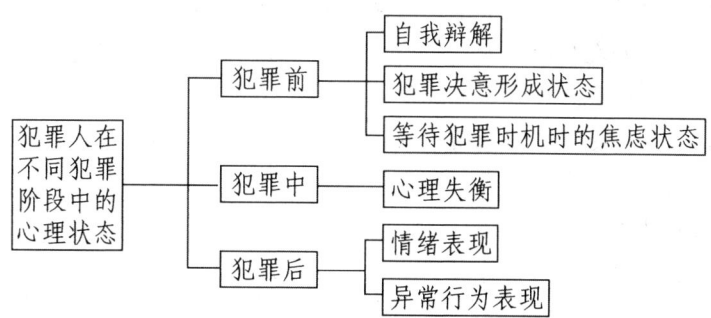

（二）犯罪过程中动机的发展变化

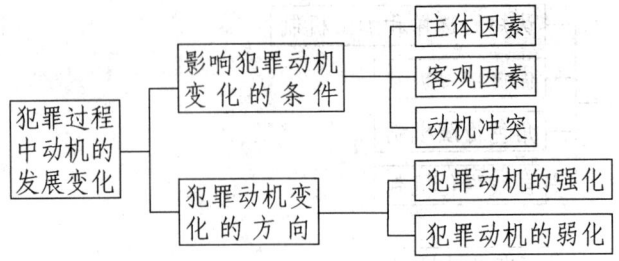

（三）犯罪心理结构的发展变化

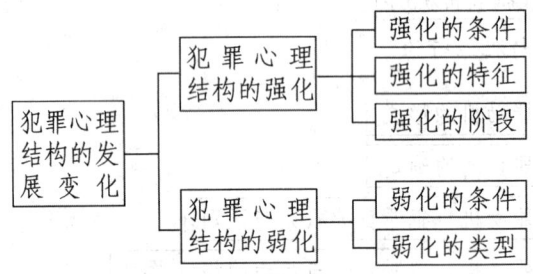

□练习与思考

一、名词解释

1. 主体因素

2. 主体外因素

3. 犯罪综合动因论

4. 内外化机制

5. 犯罪心理的内化

6. 犯罪心理的外化

7. 犯罪动机

8. 犯罪目的

9. 犯罪行为发生机制模式

10. 动机冲突

11. 犯罪心理结构强化

12. 犯罪心理结构弱化

二、简答题

1. 简述影响犯罪心理结构形成的主体因素和主体外因素。

2. 简述影响犯罪行为发生的因素。

3. 简述犯罪动机形成要经过的发展阶段。

4. 简述确定犯罪目的受哪些因素的影响。

5. 简述犯罪动机强化的表现形式。

6. 简述影响犯罪动机变化的条件。

7. 简述犯罪心理结构弱化的条件。

三、思考题

1. 什么是犯罪综合动因论？其要点是什么？你的评价怎样？

2. 为什么要研究犯罪心理结构的发展变化？对公安司法工作实践有何意义？

3. 试析犯罪动机、目的与犯罪行为的辩证关系。

4. 什么是犯罪心理结构的强化？犯罪心理结构强化有哪些特征？

第四章

犯罪类型理论

■**学习目的和要求**

通过本章学习，要求学生

● 重点掌握：多元统一犯罪类型理论。

● 掌握：犯罪类型概念、研究犯罪类型的必要性和划分犯罪类型的基本观点。

● 一般了解：各种主要的犯罪类型理论。

第一节 犯罪类型概述

一、犯罪类型的概念

犯罪是一种极其复杂的社会现象。其复杂性主要表现在：①犯罪主体即犯罪人的复杂性，犯罪人的年龄、性别、个性、经历、职业、文化程度等并不相同；②犯罪原因、动机、目的、性质和犯罪行为方式千差万别；③犯罪人侵害的客体即社会关系错综复杂；④不同的时代、不同的国家或地区的法律对各种犯罪的界定以及各种相关学科对犯罪的理解

四点理由引出了划分犯罪类型的必然性

都有所不同，使犯罪问题更为复杂。为了从犯罪的个别性中找出共同性，从犯罪共同性中理解个别性，有必要对纷繁复杂的犯罪现象进行科学的归纳和分类。这种按一定原则或标准，将犯罪现象的某些共同性质、特点所作的不同分类，就是犯罪类型。犯罪是由犯罪人实施的犯罪行为，因此，犯罪类型应包括犯罪人类型和犯罪行为类型。不同类型的犯罪人可能实施同一类型的犯罪行为；同一类型的犯罪人也可能实施不同类型的犯罪行为。例如，实施暴力犯罪行为的犯罪人可能是未成年犯、成年犯、男犯、女犯、初犯、累犯；未成年犯罪人可能实施杀人、伤害、强奸、抢劫、盗窃等犯罪行为。不同学科对犯罪类型的划分并不相同，即使同一学科，不同观点的学者对犯罪类型的划分也并不一样；划分犯罪类型的目的，也影响犯罪分类，如有的出于刑事司法及统计的目的，有的出于鉴定和鉴别的诊断目的，有的出于矫治、处遇的目的。所有这些差别，归根到底，都是由于划分类型的原则和标准不同所致，从而也就形成了形形色色的犯罪行为类型理论和犯罪人类型理论。其中，有的侧重于对犯罪行为进行分类，有的侧重于对犯罪人进行分类；有的采用某一种标准进行分类，有的则采用多种标准进行分类。然而，任何犯罪类型理论，都离不开对犯罪原因、犯罪性质和犯罪行为特征的研究。犯罪心理学应把犯罪行为的类型化和犯罪人的类型化看做是不可分割的统一体，并采取多元统一标准划分犯罪类型。只有这样，才可能全面地把错综复杂的犯罪现象类型化，并揭示不同类型犯罪的性质、原因、心理特点和行为特征，以利于采取相应的犯罪对策。犯罪科学的研究表明，犯罪类型具有明显的社会性和历史性，某个社会犯罪类型的特征和变化，是受这个社会的经济、政治和文化等因素所决定的。因此，犯罪类型并不是孤立静止的，而是处在不断变化之中。例如，劫机这种暴力犯罪，总是在用飞机作为运输工具后才能出现；智能犯罪中的计算机犯罪，总是出现在将计算机应用于经济、军事、科研等领域之后；当前经济犯罪广泛发生在发达或发展中国家和地区，这与该国家和地区商品经济的大发展及工业化、现代化、都市化的加速进程不无关系。由于各个国家和地区在经济、政治和文化等方面存在着差别，犯罪类型会有所不同。即使在一个国家内，由于各地区之间的发展不平衡，犯罪类型也有差异。

二、研究犯罪类型的必要性

刑事立法者、刑事政策制定者历来重视犯罪分类，包括犯罪心理学在内的犯罪科学研究者，也历来重视研究犯罪类型，把它作为本学科的一个重要研究课题。这是因为，犯罪分类及其研究不仅有助于了解犯罪性质、原因、特点，预测犯罪，修改刑事法律，调整刑事政策，也有利于揭露和惩治犯罪，提高矫治罪犯的效能。具体说来，犯罪心理学研究犯罪类型的必要性有以下几点：

1. 它是提高包括犯罪心理学在内的犯罪科学理论水平的需要。如前所述，犯罪是极其复杂的社会现象。如何按一定的原则或标准，将千差万别的犯罪人及其所实施的纷繁复杂的犯罪行为中的共同性质和特点进行归纳和分类，是包括犯罪心理学在内的所有犯罪学科的共同任务。只有将犯罪类型化后，才可能对不同类型犯罪的特殊性作深入具体的分析，在此基础上，才有可能进一步认识犯罪的一般规律，概括出该学科具有普遍意义的一般理论，也只有在犯罪类型理论的指导下，才可能对所属亚类型的犯罪特殊性作深刻的分析。犯罪心理学对各种犯罪类型的犯罪原因、心理特点和行为特征进行深入分析后，一方面有助于犯罪心理形成和犯罪行为发生原因理论的建立、丰富和发展，有助于概括出犯罪人一般的心理特点和行为特征；另一方面，又有助于对各类型所属的亚类型犯罪原因、心理特点和行为特征的深刻分析。由此可见，研究犯罪类型，体现了共性与个性、普遍性与特殊性统一的哲学原则，是包括犯罪心理学在内的整个犯罪科学发展的需要。

为什么历来的刑事立法者，刑事政策制定者和有关学者都重视研究犯罪类型呢？值得深思

要提高包括犯罪心理学在内的整个犯罪科学的水平，就不能不重视研究犯罪类型

2. 可为刑事立法提供依据。揭露犯罪、惩治犯罪和防治犯罪是任何刑事立法的出发点。任何刑事立法都要依一定原则和标准对犯罪进行分类，并随着刑事犯罪的变化而进行修改和补充。所有这些，都必须建立在对刑事犯罪的科学研究的基础上，其中包括对犯罪类型研究的成果。比如，经过科学的调查研究，社会上出现了新的比较突出的犯罪类型，为了更好地与该类犯罪做斗争，就有必要修改补充刑法中的某些条文。可见，要制定出科学的、符合客观实际的刑事法律体系，是离不开对犯罪类型的研究的。

对犯罪类型的研究是制定刑事法律和政策的需要

3. 有助于刑事司法实践。司法机关在犯罪的立案、侦查、审讯、起诉、审判、矫治等一系列的工作中，都离不开对犯罪类型的分析研究，自觉或不自觉地运用犯罪心理学对不同类型犯罪原因、犯罪心理特点和犯罪行为特征研究的成果。因此，犯罪心理学对犯罪类型划分得愈科学，对不同类型犯罪心理研究得愈深入，对立案、侦查、审讯、起诉、审判、矫治等司法实践就愈有作用。

4. 有利于犯罪的心理预测和预防。根据对影响不同类型犯罪心理形成和犯罪行为发生原因、规律、特点的研究成果，可以大体预测未来犯罪类型心理演变的趋势和特点，为采取相应的预防措施提供心理学

开展犯罪心理的预测和预防，离不开研究犯罪类型

依据。

三、犯罪类型化的困难

犯罪的性质和特点多种多样，仅以犯罪的某一方面性质和特点为标准进行分类的单一性犯罪类型论，显然难以达到犯罪分类的目的。按多元标准虽然可以将多种多样的犯罪性质和特点划分为若干类型，但难免有彼此重叠交叉之处。这是迄今为止，任何犯罪类型理论尚未解决的一大难题，犯罪心理学的犯罪类型划分也不例外，犯罪心理学的类型划分主要有以下困难：

对犯罪类型的划分是一大难题，至今还没有一种很理想的犯罪类型理论

1. 法律标准的局限性。刑事法律是按犯罪行为事实来确定某人是不是犯罪人，往往不考虑犯罪心理。因此，刑事法律一般按罪名、罪种、犯罪行为方式手段进行类型化。显然这是很不够的，必然在一定程度上忽视犯罪人的人格特征和犯罪行为的心理机制。比如，许多人尽管不同程度地存在着犯罪心理、意识，但不被当作犯罪者，这是因为其行为尚未构成犯罪，或虽然触犯了刑法但未被发现；反之，有的人出于义愤而采取了触犯刑法的行为，亦难免被视为犯罪者。又如，低智能者的盗窃行为和高智能者利用高科技实施的盗窃行为，在法律上都可列为盗窃罪，但这两种犯罪者的人格特征和心理机制是并不相同的。因此，单纯按法律标准划分犯罪类型，是难以对复杂的人格特征和心理机制加以类型化的。

2. 心理学本身的困难。根据心理学的人格特征划分犯罪人类型也存在一个难题，即犯罪人除了实施犯罪当时以外，其余时间都是作为普通的社会成员而生活。犯罪前的他与犯罪当时的他存在着一个连续的同一人格，而非完全不同的人格。因此，只体现犯罪人实施犯罪行为的独立的人格特征是很难确定的，以此来划分犯罪类型是不可能的。所以，只能按照一般的人格特征把犯罪者类型化，称之为"犯罪者人格特征的类型化"。

3. 类型间的重叠交叉。犯罪人实施某一种犯罪行为可以由一种犯罪动机所致，也可以是多种犯罪动机驱动的结果；同样，一种犯罪动机可以引发一种犯罪行为，也可以是多种犯罪行为的原因。因此，根据犯罪行为的动机和原因来对犯罪行为进行类型化划分难以清晰界定，其中会出现很多重叠和空白之处。除了犯罪动机和原因之外，还有犯罪主体的因素影响，使犯罪类型化更为困难。可见，每种犯罪类型都会与按其他标准划分的犯罪类型重叠交叉，这无疑是犯罪心理学划分类型的又一大难题。

类型间的重叠交叉是划分犯罪类型的最大难题

四、划分犯罪类型的基本观点

为了更好地发挥划分犯罪类型的作用，必须明确以下几个观点：

1. 明确划分犯罪类型的目的。对犯罪行为进行类型化学习是为了更容易掌握犯罪的特点和方式，有效减少犯罪的发生，而不是为了划分而划分。明确划分犯罪类型目的，可以使所划分的犯罪类型尽可能与刑事法律和司法实践紧密相联。因为从前文所述可以看出，划分犯罪类型不仅可以为刑事立法提供依据，还是有助于刑事司法实践和犯罪心理矫治的有利方式。因此，明确划分犯罪类型的目的，可以更好地发挥犯罪类型化的作用。

明确划分犯罪类型的基本观点，才能更好地发挥划分犯罪类型的作用

2. 注意犯罪行为分类和犯罪人分类的区别和联系。犯罪行为分类是按一定的标准对相同性质和特点的犯罪行为所作的分类；犯罪人分类是按一定的标准对相同属性的特点的犯罪行为主体所作的分类。两者的侧重点不同。但这两种分类又有一定联系。犯罪行为是由犯罪人实施的，反映了犯罪人的心理（甚至生理）特点，犯罪行为是犯罪人犯罪心理的外化。而犯罪人之所以被称为犯罪人，是因为实施了犯罪行为。犯罪人所实施的犯罪行为经反馈，又反作用于犯罪心理，使犯罪心理发生变化。因此，无论是犯罪行为分类，还是犯罪人分类，都应当注意其犯罪心理特点的分析。

3. 采用多元统一标准划分犯罪类型。犯罪行为受到多种因素的影响，呈现出复杂繁多的特点，如果仅凭单一标准进行犯罪类型的划分未免失之偏颇，会导致大量的空白地带。犯罪心理学应采用多元统一标准划分犯罪类型（具体见第三节）。

如何以多元统一标准划分犯罪类型，第三节将详细论述

第二节 各种各样的犯罪类型理论

一、犯罪行为分类

（一）社会危害性标准

以对社会危害性大小作为划分犯罪行为类型的标准。意大利犯罪学家、西方刑事古典学派创始人贝卡利亚（Cesare Bonesana Beccaria，1738 年~1794 年）在《论犯罪与刑罚》（An Essay on Crimes and Punishment，1764 年）一书中指出，衡量罪行轻重的真正标准是犯罪行为

"使社会遭受到的危害"，而不是犯罪人的意图、被害人的身份、罪孽的轻重。根据社会危害性的程度，他将犯罪行为划分为以下类型：

对犯罪行为的分类有许多理论，本书只举四种有代表性的理论：

1. "直接破坏社会或者使它的代表者死亡"的行为。

2. "侵犯公民的个人安全、生命、财产和荣誉"的行为。

3. "同法律为了社会的福利而规定的每个公民应当作为或不应当作为的事情相抵触"的行为。

贝卡利亚认为，第一种类型的犯罪行为对社会的危害性最大，是最严重的犯罪，应予严惩；第二种类型的犯罪行为对社会的危害性次之，惩罚要比第一种类型轻；第三种类型的犯罪行为对社会的危害性小，是轻罪，惩罚更要轻些。

贝卡利亚把社会危害性大小和惩罚的轻重联系起来。其目的是为刑罚提供依据。可以说贝卡利亚开创了犯罪行为分类之先河，其意义不可忽视

（二）反社会性标准

反社会性即反道德性。依有无反社会性，可分为：

1. 自然犯罪。意大利犯罪学家加罗法洛（Garofalo，1852 年 ~ 1943 年）首次提出自然犯罪（natural crime）的概念。他认为"自然犯罪就是指违反一般人所共有的怜悯（pity）与诚实（probity）两种道德情绪之行为"。例如，杀人、伤害、盗窃、抢劫、强奸等行为，这是在任何社会、任何政治制度下都自然地被作为犯罪看待的行为，这种犯罪行为不必由法律加以规定。只有实施自然犯罪的人，才是真正的犯罪人。

2. 法定犯罪。与自然犯罪相对的是法定犯罪（legal crime）。法定犯罪是指行为本身并不一定具有反社会性（反道德性），只是因法律上规定该行为应受一定的处罚，才成为犯罪的行为。这种行为往往无确定的标准，常根据国家行政管理上的需要而被规定为犯罪，可依国家政治形势或政策的变动而变更。例如，政治性犯罪、违反税法的犯罪等。

（三）犯罪行为性质标准

日本犯罪精神医学家、犯罪学家吉益夫（1899 年 ~ 1974 年）依生物学和发展心理学观点，将犯罪行为划分为下列五种：

1. 财产犯罪，指一切以获利为目的的犯罪行为，如盗窃、诈骗、伪造、赌博及抢劫、恐吓等暴力性财产犯罪等。这是基于人的获得本能、营养欲及伪装本能、显扬本能的犯罪行为。儿童、未成年人表现为偷窃、说谎等行为。

2. 暴力犯罪，指使用暴力实施的犯罪行为，如伤害、杀人、胁迫、妨害公务等。这是基于人类争斗本能及攻击欲的犯罪行为。儿童、未成年人表现为打架斗殴等行为。

3. 风俗犯罪，指与性有关的犯罪，如强奸、猥亵等。这是基于人类性欲和生殖本能的犯罪行为。儿童、未成年人表现为性游戏等行为。

4. 破坏犯罪，指隐秘性的破坏行为，如放火、爆炸建筑物、颠覆列车等。这是基于人类破坏本能的犯罪行为。儿童时期，表现为玩火、恶作剧等行为。

5. 逃走犯，即从监禁场所的脱逃行为。这是基于人类避害求生本能的犯罪行为。儿童、未成人年表现为出走、流浪等行为。

（四）犯罪行为模式标准

美国犯罪学者麦金尼（John C. Mckinney）在所著《结构类型与社会理论》（*Constructed Typology and Social Theory*，1966 年）一书中，以犯罪行为模式为主要依据，将犯罪行为分为八类：

1. 暴力性人身犯罪（violent personal crime），包括杀人、伤害和强奸。

2. 偶然性财产犯罪（occasional property crime），包括盗窃汽车、商店行窃、伪造支票和恶意破坏财物。

3. 职务性犯罪（occupational crime），包括贪污、欺诈销售、假广告、价格垄断、隐瞒收入、黑市交易、违反时效规定、违反反托拉斯法。

4. 政治性犯罪（political crime），包括叛国罪、煽动暴乱、间谍、破坏、违反兵役法、战争中资助敌方以及其他被规定为犯罪的敌对行为。

5. 破坏公共秩序犯罪（public order crime），包括酗酒、流浪、破坏社会秩序的行为、卖淫、同性恋、交通肇事和毒品成瘾。

6. 传统犯罪（conventional crime），包括抢劫、盗窃、抢夺和结伙盗窃。

7. 组织性犯罪（organized crime，又译为"有组织犯罪"），包括讹诈、有组织的卖淫、有组织的赌博和麻醉品垄断。

8. 职业性犯罪（professional crime），包括信用诈骗、盗窃商店、扒窃、伪造货币。

二、犯罪人分类

（一）人类学、生理学标准

意大利精神病学家、犯罪学家龙勃罗梭（Lombroso，1876 年）采用实证的方法，收集了大量的意大利罪犯和军人的数据，他认为某些生理特征，如下颚发达、前额较低、头盖骨容积较小、平坦的鼻子、厚嘴唇、高颧骨等是返祖的特征。在龙勃罗梭的早期理论中，他将大多数的犯罪人视为返祖者，后来经过与犯罪人不断的接触与研究，他提出犯罪的不同类型划分。他将犯罪人分为六类：①职业型犯罪人：他们蓄意违法，将犯罪作为一种谋生的职业；②司法型犯罪人：他们因疏忽大意或者欠缺考虑、冲动而犯罪；③激情型犯罪人：他们由于"爱、荣誉感、志向、爱国主义等情感过于强烈"而导致违法；④倾向型犯罪人：他们固有的特征和天生犯罪人相似，但环境是他们是否犯罪的决定性因素；⑤精神病态型犯罪人：他们与精神病态者相似；⑥歇斯底里型犯罪人：他们与焦虑、神经质个体相似。

随着对犯罪类型的多次修改，最终龙勃罗梭将犯罪人分为下列四类：

1. 天生犯罪人（born criminal）。在龙勃罗梭看来这类犯罪人占总数的33%。他们由于遗传退化和隔代遗传而产生的犯罪人类型，这种人有独特的生理特征和构造，是原始人类在文明社会中的重现，他们的犯罪是其身体结构的必然产物，社会不可能矫正他们的犯罪行为。除了异常生理特征以外，龙勃罗梭还提出他们的其他几个特点：①在感觉和功能上，对疼痛和触觉不敏感，视力更敏锐，听觉、嗅觉和味觉的敏感度较常人差，更敏捷，双手均灵活，左侧肢体更有力；②缺乏道德感，包括悔改和同情缺失，或仅出于伪善的动机表示懊悔，表现出玩世不恭、背叛、空虚、冲动、报复、残忍、懒惰和纵欲，并热衷赌博；③表现出犯罪人特有的暗语和行话，倾向于用图画表达思想，广泛使用文身。[1]

2. 激情犯罪人（criminal by passion）。这是由于过度的激情而进行犯罪的人。在早期，龙勃罗梭认为，除了天生犯罪人，就是激情犯罪人，这种人具有残忍、鲁莽和突然实施犯罪行为的特点；多为女性，通常是年轻人。后来，龙勃罗梭认识到，这种人还有自杀倾向，或许

犯罪人分类的学说也很多，本书仅列几种。特别较多地介绍了心理学的类型论，请多加注意

---

〔1〕　杨波、张卓主编：《犯罪心理学》，开明出版社 2012 年版，第 31 页。

还有容易后悔的倾向。所有激情犯罪人都有暴力行为倾向，他们的暴力行为往往是由于狂怒或政治热情所引起的。

3. 精神病犯罪人（insane criminal）。这类犯罪人具有天生犯罪人所具有的许多生理的退化特征，如大耳朵、薄嘴唇等。经常从事冲动性和残忍的犯罪行为。包括偷窃狂、嗜酒狂、杀人狂（homicidal monomaniacs）、药物成瘾者、智力低下者、道德退化者、女性色情狂、恋童癖者以及歇斯底里犯罪人和犯罪癖（criminal mattoid）。

4. 机会犯罪人（occasional criminal）。指由于犯因性情境的刺激而犯罪的人。这类犯罪人又可分为四小类：①虚假犯罪人（pseudocriminal）：即无意中实施犯罪的普通犯罪人；②倾向犯罪人（criminaloid）：人格存在弱点的轻微违法者；③习惯犯罪人（habitual criminal）：出生时没有异常体征和犯罪易感性，但童年反复暴露于有害的环境之下；④癫痫犯罪人（the epiletoid）：任何时候都可能表现出潜在癫痫的犯罪人。

龙勃罗梭认为，在囚犯中有约 1/3 的人是天生犯罪人，有 1/3 是具有边缘性生物学素质的人，还有 1/3 是机会犯罪人或偶发犯罪人。

意大利犯罪学家菲利（1884 年）划分犯罪人类型的方法，师承龙勃罗梭，又稍作修正，增加了精神病犯罪人的一个亚型——边缘精神病人或准精神病人。

克雷奇默（Kretchmer）以 4414 名犯罪个案为基础，以体型为分类标准，提出四种犯罪人划分：

1. 矮胖型（pyknic）：这类犯罪人常进行诈骗犯罪，有时也参与暴力犯罪。

2. 运动型（athletic）：这类犯罪人常与暴力犯罪相关。

3. 瘦弱型（leptosome or asthenic）：这类犯罪人常进行盗窃、诈骗犯罪。

4. 发育异常或混合型（dysplastic or mixed）：这类犯罪人常有违道德准则，实施暴力犯罪。

在克雷奇默的基础上，谢尔顿提出外胚层型、中胚层型和内胚层型犯罪类型的划分。外胚层型的特征是瘦长，中胚层型的特征是肌肉发达、呈三角形，内胚层型的特征是肥胖、圆滚。

（二）社会学标准

德国刑法学家、犯罪社会学创始人之一李斯特（Liszt，1905 年），早期根据犯罪人的犯罪性的强弱，将犯罪人分为两类：①瞬间犯罪人

龙勃罗梭的犯罪人分类开创了犯罪人分类之先河，除"天生犯罪人"外，其他类型至今仍有借鉴之处

（criminal of moment），又称急性犯罪人，这种犯罪人的犯罪性是偶然个别地产生的，不会持久地延续；其犯罪行为仅仅是生活中的一个插曲。②状态犯罪人（德文 zustandsverbrecher），又称慢性犯罪人，这种犯罪人的犯罪性是持久牢固的，已经变成一种个人倾向或嗜好；其犯罪行为是他的犯罪倾向或嗜好的表现。李斯特进一步把状态犯罪人分为两种：一是可以改善的犯罪人（corrigible criminal），即能够加以矫正改造的犯罪人；二是不能改善的犯罪人（incorrigible criminal），即不能矫正改造的犯罪人。

李斯特等人创立的国际刑法学会基本上采纳了上述这种犯罪人分类。后来，他强调社会环境的优劣作用于人的行为的不同后果。他将犯罪人划分为下列类型：①怠惰与愚昧性犯罪人；②正常抗争能力不足的犯罪人；③社会不良状态的犯罪人；④恶癖性犯罪人；⑤社会条件缺乏的贫困性犯罪人；⑥社会环境风俗造成的犯罪人。

（三）伦理学标准

佩克（Peck）和哈维格斯特（Havinghurst）在 60 年代根据犯罪人的道德发展水平将犯罪人分为五种类型：①不道德型（the amoral type）。这种人不考虑对别人的影响，凭一时的恶念和冲动行事；不能将道德原则内化，也不想控制冲动；处于婴幼儿的道德阶段，具有精神病态的特征。②权宜型（the expedient type）。这种人虽然为别人着想，但仍是为了自己的目的；只要情况有利，就很正直，避免伤害别人，若遇机会，就会进行哄骗、殴打，缺乏自我控制力；处于幼儿时期的道德阶段，大人严加监视时，则能守规矩。③遵从型（the conforming type）。这种人良心感不强，但如果辜负了人们的期望，也会产生耻辱感；行为稳定，但往往随大流走；处于儿童时期的道德阶段。④不合理的良心型（the irrational conscientious type）。这种人有强烈发展的良心，自己稍有越轨行为就有罪恶感；不过，自己的标准即使有的地方产生了变化，也仍然不会改变，具有牢固的道德感；亦属于儿童时期道德发展的阶段。⑤合理的利他主义型（the rational altruism type）。这种人具有判断并引导自己行为的牢固的道德准则，能客观地评价当时情况下行为的后果，能在衡量自己的行为对自己、对别人是否有利的基础上来评价自己的行为；有强烈的良心，为了实现最终目的，具有仔细斟酌、修正、应用良心的弹性能力；属于青年期和成人期的道德阶段。

（四）精神病学标准

加拿大司法精神病学者科米尔（Cormier，1961 年）主持制定的犯罪人分类中，将犯罪人分为三类：①原发性未成年犯罪人（primary delinquent），指未成熟的、不能忍受焦虑或抑郁的犯罪人。②继发性未成年犯罪人（secondary delinquent），指在未成年期进行未成年犯罪，但之后不再惹是生非的人。③晚发性犯罪人（latecomer to crime），指在30 岁以后开始犯罪生涯的人。未成年人犯罪中的晚发性犯罪人还可以分为三种类型：一是根据其有缺陷的性格的发展可以理解其犯罪的人；二是其违法犯罪行为是由于精神病状态或精神疾病而产生的人；三是用不正当方式去满足正常生活需要的人。成人犯罪中的晚发性犯罪人可以分为四类：一是用反社会行为处理个人问题的神经症冲突者；二是容易周期性发生反应性抑郁症的间发性累犯（episodic recidivist）；三是具有躁狂抑郁人格的间发性晚发犯罪人（episodic late offender）；四是由于精神病发作或周期性的精神分裂症状态而实施犯罪的人。

（五）精神分析学标准

美籍匈牙利精神分析学家亚历山大（Franz Alexander，1891 年 ~1964 年）与其同事施托布（Hugo Staub）以及瑞士精神分析学家艾希霍恩（August Aichhorn，1878 年 ~1949 年）等人从精神分析学角度将犯罪人分为两大类：第一类是急性犯罪人。这是在特殊情况下走向犯罪的一次性犯罪人以及不具备特别精神动机的特殊的"正常犯罪人"。第二类是慢性犯罪人。它又可分为四小类：①神经症犯罪人，这是由无意识的罪恶感引起犯罪的犯罪人；②被犯罪模式同化的犯罪人，这是由于习惯和学习的结果，并且具有某种犯罪倾向的自我和超我的犯罪人；③器质性犯罪人，这是由于精神病等身体疾病进行犯罪的人；④无超我的犯罪人，这种人由于缺乏抑制冲动的超我，欲望任其冲动，因而引起犯罪行为，他们内心没有冲突和罪恶感。

（六）心理学标准

1. 阿沙芬堡的分类。德国犯罪学家阿沙芬堡（Gustar Aschaffenburg，1866 年 ~1944 年）根据犯罪行为模式和犯罪动机对犯罪人进行分类。

根据犯罪行为的模式，将犯罪人分为七类：①偶发犯罪人，即无犯罪故意，仅仅因为过失而犯罪的人。例如，医师及司机过失致死人命、

对犯罪人的心理学分类脱离精神病学

失火犯等。②激情犯罪人，即由于瞬间的情绪爆发而陷入犯罪的人。例如，在妻子与人通奸的现象中杀人或伤人的犯罪人。③机会犯罪人，即受一时的诱惑而犯罪的人。这种犯罪人的感情兴奋程度比激情犯罪人低。例如，正急需用钱时，看到保险箱开着而无人在旁遂乘机窃取金钱的人；无钱买食物但又饥饿难忍时，顺手从商店窃取食物的人等。④预谋犯罪人，又称为熟虑犯罪人，即事前经过深思熟虑地计划而后进行犯罪的人。如有计划地进行盗窃、抢劫、诈骗的犯罪人，预谋杀人犯等，这种犯罪人的危险性较大。⑤累犯，即反复进行犯罪行为的人。这种累犯与法律上的累犯不同，即不管他是否受过刑罚处罚，也不管他是否受过有罪判决或者是否同一种罪行。⑥常习犯罪人，又称为习惯犯罪人，即犯罪已成为习惯的人。这种犯罪人主要是因其消极性格（如无能、懒惰成性）反复进行违法犯罪活动，从而养成犯罪习惯的人。⑦职业犯罪人，即以犯罪作为职业的人。职业犯罪人专指那些具有积极的犯罪意图并主动选择犯罪作为生活手段的人，例如，扒手、银行盗窃犯、以堕胎为业的助产士等，这类犯罪人多属于很难矫正的犯罪人。

根据犯罪动机，将犯罪人分为四类：①有抵抗力的犯罪人（包括有自信感的犯罪人）；②激情和情欲强的犯罪人；③容易脱离常轨、意志不稳定的犯罪人；④主动性的犯罪人。阿沙芬堡的分类方法，虽然在若干类型的划分上缺乏明确的界限，如累犯与常习犯罪人，但多数学者认为是一种较好的犯罪人分类。这种分类是比较典型的犯罪学、犯罪心理学的分类。

2. 克鲁莱的分类。德国精神病学家、犯罪心理学家格鲁莱（Hans Walther Gruhle，1880年～1958年）将犯罪人分为五类：①倾向引起的犯罪人，即由其人格中所具有的倾向引起犯罪行为的人。又可分为两类：主动性人格者，即主动选择以犯罪作为职业的职业犯罪人；被动性人格者，即由于环境的影响（如经济上陷入困境等）而毫不犹豫地进行犯罪的人。②意志薄弱引起的犯罪人，即由于意志控制能力薄弱而进行犯罪的人，多数累犯属此类。这类犯罪人不像倾向引起的犯罪人那样肯定会犯罪，并且每次犯罪后都常常感到后悔，埋怨自己。多数不稳定的盗窃犯、容易受他人诱惑的娼妓、智力迟滞的犯罪人均属此类。③激情引起的犯罪人，即由于一时的激情或积郁的情绪而进行犯罪的人。这种人由于受强烈的情绪和情感的驱使而进行犯罪，例如，在难以抑制的性冲动之下进行性犯罪、因绝望而杀害家属、因嫉妒而杀害情人等。④名誉和信念引起的犯罪人，即由于追求名誉和信念进

分类而独立发展，心理学分类主要关注的是力量的模型和缺陷的模型

阿沙芬堡的分类是比较典型的犯罪学、犯罪心理学分类，值得借鉴

行犯罪的人，如，政治性犯罪人即属此类。⑤贫困引起的犯罪人，即由于陷入经济贫困而进行犯罪的人，由这类外部原因引起犯罪的人，大多是机会性犯罪人。

3. 吉益脩夫的分类。吉益脩夫对曾在监狱服过刑的 383 名累犯的犯罪经历进行了概括性分析，提出了系统性的类型论。为了类型化，他采用了下列三种标志：

（1）标志Ⅰ：初次犯罪年龄（不包括责任年龄以前的违法行为）。①25 岁以前——早发型；②26 岁以后——迟发型。

（2）标志Ⅱ：再犯及其间隔时间。①持续型——经过 2 年半以内的短期间隔的再犯；②弛缓型——经过 2 年半至 5 年的较长间隔的再犯；③间歇型——经过 5 年以上的长期间隔的再犯；④停止型——释放后 10 年以上不再犯。

（3）标志Ⅲ：犯罪的方向有以下四种类型：①单一方向——反复进行同一犯罪；②同种方向——在同一种犯罪中反复进行两个以上的犯罪；③异种方向——跨两个种类的反复犯罪；④多种方向——跨两个以上种类的反复犯罪。

通过以上三个标志的组合，各种各样的犯罪经历类型都可以包括进来，但是，实际的累犯可以归纳为如下六种类型：①早发、持续型、单一方向；②早发、持续型、同种方向；③早发、持续型、多种方向；④迟发、持续型、单一方向；⑤迟发、持续型、异种方向；⑥迟发、停止型、单一方向。

4. 蔡墩铭的分类。蔡墩铭在其所著的《犯罪心理学》（1979 年）中认为，对于犯罪人予以分类，在刑事司法上可供量刑、鉴定、治疗或处遇参考；在分类时必须考虑法律的规定，否则此种分类必无实益可言；犯罪人所实施的行为与普通人实施的行为相同，也不免受其个人智能、身体或性格差异的影响。据此，他以智能、身体或性格上的差异为着眼点，将刑法上的犯罪人分为六种：①未成年犯：此种犯罪人具有智能与身体方面的个人差异，即其智能或身体发育异于一般犯罪人。②老年犯：此种犯罪人具有智能与性格方面的个人差异，即其智能或性格特征异于一般犯罪人。③精神病犯：此种犯罪人具有身体与性格方面的个人差异，即身体或性格构造异于一般犯罪人。④喑哑犯：此种犯罪人具有智能与身体方面的个人差异，即其智能发育或身体器官异于一般犯罪人。⑤累犯：此种犯罪人具有性格方面的个人差异，即其性格特征异于一般犯罪人。⑥常业犯：此种犯罪人所具有的个人差异与累犯相似。

吉益脩夫对犯罪经历的分类是系统化的，颇有见地，受到犯罪学家和犯罪心理学家的好评在该著作中，蔡墩铭还论述了年龄差异、心理生理差异、反社会型差异、性别差异、意识形态差异与犯罪人类型的关系，对未成年犯、老年犯、精神病犯、暗哑犯、累犯和常业犯等不同类型的犯罪人作了深入的分析，并作了进一步分类。例如，将未成年犯分为未成年初犯与未成年累犯，男性未成年初犯与女性未成年初犯；将老年犯分为早发犯、迟发犯与初犯；将累犯分为男性累犯与女性累犯，未成年累犯与老年累犯，精神健全的累犯与精神不健全的累犯，常习累犯与非常习累犯，持续型累犯与间歇型累犯，弛张型累犯与停止型累犯；将常业犯分为职业性常业犯，营业性常业犯，无业性常业犯。

蔡墩铭将个体差异与刑法规定结合起来对犯罪人进行分类，无疑具有"实益"性

5. 方波、于义池的分类。在方波、于义池等编著的《犯罪心理学》（1985 年）中，认为犯罪心理学研究的三个基本变量与刑法学研究的四个犯罪构成要件是划分犯罪类型的理论依据。犯罪心理学研究的三个基本变量，即"刺激变量"（或情境变量）、"中介变量"、"行为变量"及其相互关系，同刑法学犯罪论中研究的犯罪构成（犯罪客体、犯罪客观方面、犯罪主体、犯罪主观方面）及其相互关系，有着一定的内在联系。比如犯罪构成中"直接客体"的前提条件——犯罪对象，就是犯罪行为所侵害的外在对象，犯罪对象同"情境变量"中的刺激客体，都是处在与"主体"相对的"客体"地位上；"犯罪主体"和"犯罪的主观方面"同"中介变量"（人及其心理状态）都是处在与"客体"相对的"主体"地位上；"犯罪客观方面"是指行为人的犯罪行为及其结果而言的，它同"行为变量"处在相同地位上。由此可见，犯罪构成的各要件同犯罪心理学的三个基本变量之间，的确有其内在的相关联系。它们之间的相关联系模式如下：

方波、于义池将犯罪心理学研究的三个基本变量与刑法学研究的犯罪构成联系起来进行犯罪人分类，是具有创造性的

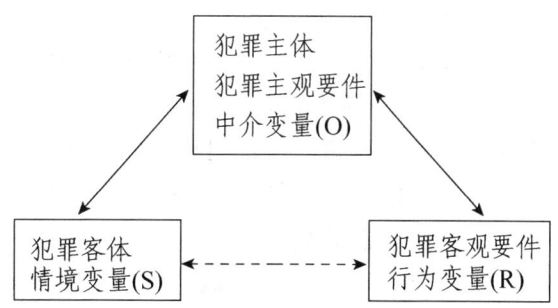

S-O-R 与犯罪构成要件相关联系模式图

在模式图中所揭示出来的各个构成因素及其"质的规定性"，即它们各自的特殊（差异性）本质则是"犯罪类型"（类型化）划分的理论依据。

由于"犯罪客体"同"刺激客体"是处在与"主体"相对的"客体"的地位上，根据 S-R 法则，即刺激客体与犯罪行为的关系，可分为机会犯罪、偶发犯罪和诱发犯罪等。

按犯罪主体的年龄，可分为未成年犯、成年犯、老年犯；按犯罪主体的性别，可分为男犯和女犯；按犯罪主观方面的心理状态，可分为故意犯罪和过失犯罪；在故意犯罪中，又分为直接故意犯罪和间接故意犯罪；在过失犯罪中，又分为疏忽大意的过失犯罪和过于自信的过失犯罪。

按犯罪行为方式，可分为作为犯罪和不作为犯罪。按行为的危害结果和程度，可分为预备犯、未遂犯、既遂犯和中止犯以及轻型罪、重型罪、死刑（包括"死缓"）罪。按作案的次数又可分为初犯（或偶犯）、累犯、惯犯。按多人（2人以上）一起作案可分为事前无通谋的共同犯罪，事前有通谋的共同犯罪和集团犯罪。在共同犯罪中，按犯罪人在实施犯罪中的作用和地位，又可分为主犯、从犯、胁从犯和教唆犯等。

按人格是否正常，可分为犯罪的常态人格类型和犯罪的变态人格类型。在犯罪的变态人格类型中，又可分为：偏执型变态人格、情绪不稳定型变态人格、意志薄弱型变态人格、冲动型变态人格、轻浮轻佻型变态人格、反社会型变态人格或悖德型人格、怪癖型变态人格、性变态型变态人格等。在以上各种类型中，每种类型又包括若干种，如在性变态型变态人格中就包括：同性恋、异装癖、恋物癖、施虐（色情）狂、受虐（色情）狂、露阴癖、窥淫癖、奸尸、奸兽、乱伦、恋童（色情）癖、摩擦淫、口淫等。

在以上各种犯罪类型中，又都相互交叉，相互包含。如强奸罪中，可有未成年犯、成年犯、老年犯和初犯、累犯、惯犯、轮奸犯。在未成年犯中，可有强奸犯、诈骗犯、盗窃犯、杀人犯等。

6. 周密的分类。我国犯罪学家周密在所著《论证犯罪学》（1991年）一书中认为，对犯罪人的分类，应以其始发犯意的动机与原因为根据。这不仅抓住了犯罪的特点，有利于制服犯罪，攻心为上，同时也有利于改造罪犯，对症下药，一把钥匙开一把锁。据此并结合我国当前犯罪实际的情况，把犯罪人分为三大类十六种。这里所讲的犯罪人仅指给社会造成严重危害的违法人，不一定都是要受到刑罚惩罚的罪犯。

（1）故意犯，即故意实施犯罪的人。按其主观犯罪意识，又可细分为：①预谋犯，即有预谋、有计划地实施犯罪的人。如故意杀人、抢

周密以犯罪人始发犯意的犯罪动机和

劫、强奸等。②偶发犯，即没有预谋，在偶然的一种机遇中萌发和实施犯罪的人。③暴力犯，即动辄杀伤人命，侵犯人权，抢劫财物的罪犯。④智能犯，即欺诈、拐骗、走私、贩毒、利用新技术实施犯罪的人。⑤报复犯，即挟嫌报复、诬告陷害的犯罪人。⑥泄愤犯，即发泄不满，实施破坏的犯罪人。⑦淫乱犯，即强奸、流氓、破坏军婚、重婚、卖淫的犯罪人。⑧儿戏犯，即以伤害人命、毁坏公私财物为儿戏的犯罪人。如行车抛物，投绳套人，造成严重危害的犯罪人。⑨权力犯，即滥用权力，刑讯逼供，压制民主，纵容罪犯，枉法裁判的犯罪人。⑩激情犯，即"哥们儿义气"，逞强显能，双方相争，互不相让的犯罪人。⑪义愤犯，即被压受辱，遭人欺凌，不堪忍受起而反抗，造成严重伤害的犯罪人。⑫防卫犯，即因防卫、紧急避险而过当的犯罪人。

（2）过失犯。即因过失而造成犯罪的人。过失犯又可分为两种：①疏忽大意犯，即因疏忽大意而造成犯罪的人；②过于自信犯，即因轻信能够避免而造成犯罪的人。

（3）无故意、过失被告人。即客观上虽然给社会造成严重后果，但主观上却无故意或过失的危害社会行为人。可分为两种：①病态犯，即精神病患者被告人；②儿童犯，即没达到刑事责任年龄的被告人。

原因对刑法学研究的故意犯罪和过失犯罪以及无故意、过失被告人进行系统分类，具有实用性

（七）多元标准

即以多种标准对犯罪人进行分类。

1. 格拉泽的分类。美国犯罪学家格拉泽（Daniel Glaser，1972 年）将犯罪人分为十种：①青少年重复者（adolescent recapitulators），他们成年后周期性地重复在青少年时期就已开始的同样类型的犯罪。在监狱中关押的许多年龄在 20～30 岁的男犯就属于这种类型，他们为了青少年时期变成一个完全的成人的梦想而奋斗，先以曲折的途径追求这种理想，继之以不正当的方式追求，然后又在压力情境下实施犯罪。②副文化攻击者（subcultural assaultors），他们生活在不同于整个社会的、特别重视暴力的特殊作用的生活环境中。在这种环境中，特别强调暴力，有时认为暴力是对言语侮辱的必然反应，常发生杀人和伤害行为。③成瘾性掠夺者（addiction supporting predators），他们为了满足吸毒和饮酒的需要而进行财产犯罪。④职业性掠夺者（vacational predators），他们通过从他人那里获得金钱和财物来维持自己和家人的生活。诈骗、职业性银行抢劫和撬门扭锁、盗窃、夜盗、持械抢劫等，都是由这种犯罪人实施的。⑤有组织的非法销售者（organized illegal sellors），他们在有组织犯罪中的参与程度不同，一般说来，是在某一组织内从事非法商品的

格拉泽的以多种标准对犯罪人的分类，对犯罪人分类的研究有很大的借鉴意义

销售或从事非法服务活动。系统的市场研究可有助于更好地理解与这种犯罪类型有关的需要、要求和有关因素。⑥合理的掠夺者（advocational predators），他们是用业余时间从事获取财物和金钱以补充主要收入来源的人。许多商店偷窃、抢劫（mugger）、夜盗、雇员偷窃行为就属于这种类型，大多数白领犯罪也属于这种类型。⑦危机动摇名誉者（crisisvacillation creditors），为了解决不同寻常的危机而进行犯罪的守法者，他们平时是守法的，但在遇到特别危机时，就可能动摇生活信条，不顾名誉进行犯罪，如贪污、一次性抢劫及其他与解决某种危机有关的违法犯罪行为。⑧准精神攻击者（quasiinsane as saultors），他们所进行的杀人和性攻击行为与副文化暴力犯罪不同，也无法用常识去理解。许多广为传播的杀人犯罪就属于这种类型。⑨瘾癖行为者（addicted performers），他们主要由于酒后驾车、公开酗酒、妨害治安行为和流浪而被逮捕。⑩私自非法使用者（private illegal consumers），包括大多数粗制印度大麻（marijuana）、迷幻剂、安非他命和其他相对说来不成瘾的药物使用者，他们并不通过犯罪来维持自己的吸毒活动。

2. 赵国玲的分类。我国犯罪学家康树华主编的《犯罪学通论》（1992年）、赵国玲执笔的"犯罪人"一章中认为"犯罪学对犯罪人的分类应以刑法的分类为依据，但又不必囿于刑法的分类"。据此，将犯罪人作如下主要分类：①依年龄标准，分为青少年犯罪人、壮年犯罪人与老年犯罪人；②依性别标准，分为男性犯罪人与女性犯罪人；③依实施犯罪手段标准，分为暴力犯罪人与智能犯罪人；④依实施犯罪的需要倾向或动机标准，分为淫欲型犯罪人、贪利型犯罪人、游戏型犯罪人等；⑤依反社会性强度标准，分为初犯、偶犯、再犯、累犯与惯犯；⑥依精神状态标准，分为常态犯罪人与精神异常犯罪人；⑦依组织形式标准，分为个体犯罪人、团伙犯罪人、集团犯罪人与法人犯罪人；⑧依情绪状态标准，分为激情犯罪人与预谋犯罪人。

> 这种"不必囿于刑法分类"的多元标准分类更切合实际，可弥补上述各单一标准

第三节　多元统一类型理论

多元统一犯罪类型理论是多元犯罪类型理论与犯罪心理学理论相结合进行犯罪类型划分的理论，即以多种标准对犯罪人和犯罪行为进行统一分类，并统一对所划分的犯罪类型进行具体犯罪原因、犯罪心理特征和行为特征的分析。这种对犯罪的类型化虽然难免有交叉之处，但却从不同的角度较为全面地将复杂多样的犯罪作了分类，并进行犯罪心理学

> 多元统一犯罪类型理论既吸取了多元犯罪类型理论的长处，又突出了犯罪心理学的特点

分析，这就为刑事立法、制定刑事政策和采取相应的犯罪对策提供了心理科学依据。

以下是依多元统一标准的犯罪分类：

一、性别标准

依犯罪人性别差异，分为男性犯罪和女性犯罪。男女两性在生理、心理、社会责任、生活习惯和行为方式上存在一定差异。因此，男性犯罪人和女性犯罪人，在具体的犯罪原因、犯罪心理和犯罪行为等方面就必然有所差别。

二、年龄标准

依犯罪人年龄差别，可分为未成年人犯罪和成年人犯罪，成年人犯罪又可分为青年人犯罪、中年人犯罪和老年人犯罪。各个国家或地区的刑法对刑事责任年龄的规定并不完全相同，对未成年人与成年人的年龄划分也不完全一样，但相差无几。由年龄差异带来的生理、心理特征的不同造成未成年人与成年人犯罪原因和犯罪行为的显著不同，在罪犯矫治上也呈现不同的特点。成年人犯罪中的青年人、中年人和老年人犯罪亦有区别，犯罪动机、原因和行为方式的差异都可以引起预防和矫治犯罪的区别化对待。

第七章将论述女性犯罪心理

第六章将论述未成年人犯罪心理

三、犯罪动机标准

犯罪动机是犯罪心理结构的一个重要方面，是驱使犯罪人实施犯罪行为的直接的心理动力。它与犯罪心理结构的其他因素——认识、情感、意志、性格、习惯等有密切联系，相互影响，相互作用。认识、情感、意志、性格、习惯等因素一般是通过犯罪动机的影响才对犯罪行为发生作用的。因此，依犯罪动机标准划分犯罪类型是犯罪心理学类型理论的一个重要特点。

依犯罪动机标准划分犯罪类型是犯罪心理学类型理论的一大特色。第五章将详细论述

依犯罪动机标准，作以下分类：

1. 依犯罪动机的不同内容，可分为物欲型犯罪、性欲型犯罪、情感型犯罪、信仰型犯罪等。犯罪动机根源于犯罪人的需要。这一分类研究可以提示犯罪人实施犯罪行为的原始动力和直接动力。

2. 依犯罪动机的复杂程序，可分为单一型动机犯罪和集合型（复合型、综合型）动机犯罪。如单一的物欲型犯罪是单一型动机，而物欲型和情感型动机的结合是入室盗窃强奸犯罪的犯罪动机。这一

分类研究，可以揭示动机的不同组合形式对犯罪心理和犯罪行为的影响。

3. 依犯罪动机的意识性，可分为有意识动机犯罪和无意识动机犯罪。这种分类研究，可以对罪与非罪的犯罪违法行为进行研究，有助于深入分析各种疑难案件和犯罪原因。

4. 依犯罪动机产生的过程特征，可分为渐变型犯罪和突发型犯罪。这种分类研究，对于探讨犯罪动机的不同形成过程特征与犯罪心理、犯罪行为的关系，具有独特价值。

四、犯罪经历标准

依犯罪经历的差异，分为初犯与累犯、偶犯与惯犯。初犯相对累犯而言，第一次犯罪必须是判处有期徒刑以上的才构成初犯。初犯为第一次作案的犯罪人，作案时犯罪动机斗争相当激烈，伴随有紧张、焦虑和恐惧情绪，急于想完成犯罪行为离开现场。一般说来，初犯并没有反社会人格，犯罪心理结构还没有定型，较易矫治。一般累犯是指被判处有期徒刑以上刑罚的犯罪分子，刑罚执行完毕或者赦免以后，在五年以内再犯应当判处有期徒刑以上刑罚之罪的犯罪分子。累犯有犯罪经验、反侦查经验、刑事诉讼经验、监狱生活经验和重返社会的经验，比起初犯来，累犯进行犯罪时情绪波动较小，犯罪心理结构较为稳固，实施行为的成功率更大，因而犯罪恶性较深，社会危害性也更大，矫治更为困难，累犯的犯罪动机和实施犯罪的心理状态和犯罪手段均有自己的特征。第八章将详细论述不同经历犯罪人的心理

偶犯相对惯犯而言。偶犯心理与初犯心理有许多相似之处；惯犯心理与累犯心理也有某些类似。由于惯犯犯罪行为的反复性、习惯性，因而惯犯的犯罪意识、意志活动、动机乃至性格等都有特殊性。在惯窃和惯骗身上表现出惯犯典型的心理特征和行为特征。

五、犯罪主体数量标准

依犯罪主体数量的多少，可分为个体犯罪和群体犯罪。一个犯罪主体实施的犯罪称个体犯罪。两个以上的犯罪主体，在犯罪目的一致或暂时一致的基础上，联合实施的犯罪行为，称群体犯罪。虽然根据刑法法条，两人以上共同故意犯罪的视为共同犯罪，但是刑法是规范性学科，强调的是定罪量刑的准确性，而犯罪心理学更重视犯罪时的心理互动，因而将其分为个体犯罪与群体犯罪。第十章将详细论述群体犯罪心理

群体犯罪依不同标准又可作以下分类：

1. 依群体组织结构形式标准，可分为有一定契合的结构形态——共同犯罪、有严密组织的副结构形态——有组织犯罪、组织松散的副结构形态——团伙犯罪及自发产生的非正式结构形态——集群犯罪。

2. 依心理接触水平标准，可分为事先有通谋的群体犯罪、事先无通谋的群体犯罪和无通谋的群体犯罪三种。

3. 依犯罪行为种类标准，可分为单一类型的群体犯罪和多种类型的群体犯罪。

4. 依犯罪恶性标准，可分为危害国家安全的群体犯罪、重大恶性案件的群体犯罪和一般性刑事案件的群体犯罪。

无论是个体犯罪，还是群体犯罪，抑或是不同类型的群体犯罪，其具体犯罪原因、心理特征和行为特征都不一样。

六、心理状态标准

依犯罪人在实施犯罪时的心理状态，可分为故意犯罪和过失犯罪。

明知自己的行为会发生危害社会的结果，并且希望或者放任这种结果发生，因而构成犯罪的，是故意犯罪。按对发生危害社会结果所持的"希望"和"放任"的心理状态持"希望"心理状态的是直接故意犯罪，持"放任"心态的是间接故意犯罪。

应当预见自己的行为可能发生危害社会的结果，因为疏忽大意而没有预见，或者已经预见而轻信能够避免，以致发生这种结果的，是过失犯罪。按对发生危害社会结果所持的"疏忽大意"和"过于自信"的心理状态，过失犯罪又分为疏忽大意过失犯罪和过于自信过失犯罪。故意犯罪和过失犯罪都有各自的心理特征和行为特征。

第十一章将详细论述过失犯罪心理

七、犯罪行为实施形态标准

依故意犯罪行为实施的形态差异，可分为预谋犯罪、机会犯罪和冲动犯罪。预谋犯罪是具有犯罪之前的谋划和准备的犯罪。犯罪人犯罪目的明确，犯罪动机最为自觉，犯罪决意最为坚决，表现在行为上是一般需经较长时间的缜密考虑和准备，犯罪行为的实施和实施后的逃跑和隐匿都有周密的计划。机会犯罪是犯罪人在有利于犯罪的偶然情境的诱惑和作用下，临时起意实施的犯罪行为，如看到路边自行车没锁临时起意秘密窃取的犯罪行为。冲动犯罪是犯罪人事先毫无准备，是在强烈的外界刺激和自我内部的激烈情绪相互作用下所实施的犯罪行为，这种犯罪缺乏思考，一时丧失理智，往往后果十分严重。如

2013 年 7 月发生在北京大兴区的摔儿童案，被告人韩磊本来没有杀人的预谋和准备，在与婴儿母亲发生争执后情绪激动，难以控制自己的激情状况，抓起婴儿就摔，导致婴儿死亡。

八、犯罪行为方式标准

依犯罪行为方式的不同，可分为暴力犯罪和智能犯罪。暴力犯罪是使用暴力、暴力胁迫或其他具有暴力性质的手段侵害他人身体或精神健康及财产的犯罪行为。通常包括杀人、伤害、强奸、抢劫等犯罪，有时也包括暗杀、绑架、劫机、劫车、劫船、爆炸等恐怖主义行为。暴力犯罪的社会危害性特别严重，是各国司法实践中打击的重点。智能犯罪是在一定权力地位、特殊职业掩护下，以专门知识和技术为手段而实施的犯罪行为。主要有利用计算机犯罪、利用药物犯罪、利用传播信息犯罪、伪造货币和有价证券犯罪、侵犯知识产权犯罪、贪污受贿犯罪、挪用公款犯罪以及诈骗犯罪等。以攫取经济利益为主要目的，利用现代科学技术，隐秘性和不直接使用暴力等是智能犯罪的基本特征。

第九章将详细论述智能犯罪心理

九、精神正常与否标准

依犯罪人精神正常还是异常，分为常态心理犯罪与变态心理犯罪。变态心理犯罪是一种重要的犯罪类型。这一类犯罪，在原因、动机、行为、手段、目标等方面都有不同于常态心理犯罪的特征。

第十二章将论述变态心理犯罪

□ 小　结

本章阐述了犯罪类型的概念、研究犯罪类型的必要性、犯罪类型化的困难和划分犯罪类型的基本观点，介绍了一些有代表性的犯罪类型理论，重点阐述了多元统一犯罪类型理论。其主要内容是：

一、犯罪类型概述

（一）犯罪类型的概念

犯罪类型，是指按一定原则或标准，将犯罪现象的某些共同性质、特点所作的不同分类。

（二）研究犯罪类型的必要性

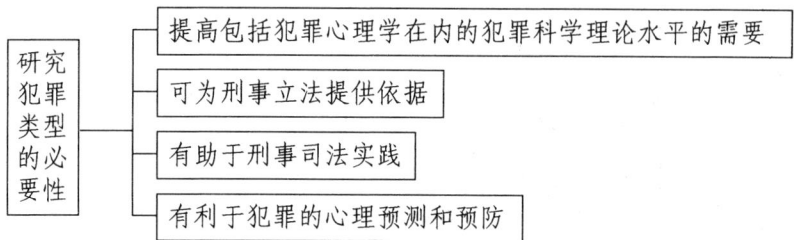

（三）犯罪类型化的困难

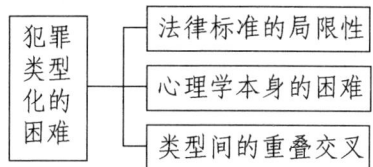

（四）划分犯罪类型的基本观点

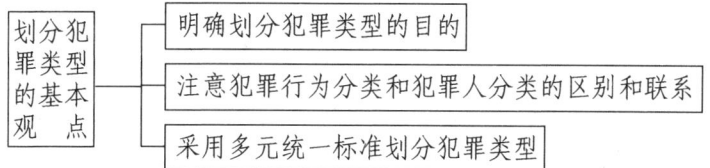

二、各种各样的犯罪类型理论

（一）犯罪行为的分类

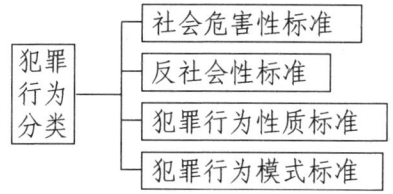

（二）犯罪人分类

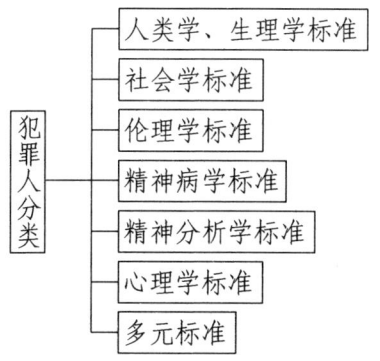

三、多元统一类型理论

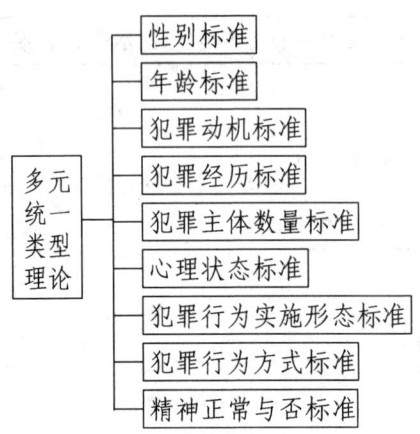

多元统一类型理论
- 性别标准
- 年龄标准
- 犯罪动机标准
- 犯罪经历标准
- 犯罪主体数量标准
- 心理状态标准
- 犯罪行为实施形态标准
- 犯罪行为方式标准
- 精神正常与否标准

□练习与思考

一、名词解释

1. 犯罪类型

2. 多元统一犯罪类型论

二、简答题

1. 为什么要研究犯罪类型，请简述之。

2. 简述划分犯罪类型的困难。

3. 简述划分犯罪类型的基本观点。

三、思考题

1. 试比较各种犯罪类型理论，你有何评价？

2. 什么是多元统一犯罪类型理论？你的看法如何？

第五章

不同动机的犯罪

■**学习目的和要求**

通过本章学习，要求学生

● 重点掌握：理解物欲型动机、性欲型动机、情感型动机、信仰型动机及集合型动机犯罪的概念及心理特征、行为特征。

● 掌握：物欲型动机、信仰型动机具体犯罪类型犯罪人的心理特征。

● 一般了解：各类动机犯罪心理形成原因。

第一节　物欲型动机犯罪

一、概述

物欲型动机犯罪，又称利欲型动机犯罪或贪利型动机犯罪，是犯罪的一种主要类型，也是犯罪心理学研究的重要类型之一。

物欲型动机犯罪是指为了满足衣、食、住、行等方面的物质需要，或者为了聚敛财富而引起的犯罪行为。物欲型动机犯罪是传统的犯罪类

我国历年的刑事案件的统计中，物欲型动机犯罪在各种犯罪类型中所占比

率始终是最高的

型，无论在发达的资本主义国家，还是在经济落后的发展中国家，始终是刑事案件中主要犯罪类型之一。一般来说，犯罪学家们倾向于将财产犯罪人与经济上的贫穷联系在一起。个体或某些群体在经济上的贫困会影响其受教育权、政治权利和发言权，同时也意味着对疾病、经济混乱、人身暴力威胁以及自然灾害的低下的承受能力。因此，经济上的问题与政治上的地位是密切结合在一起的，那些社会政治经济地位处于较低水平的个体，易产生由于政治经济地位的低下而导致的紧张感以及相对被剥夺感，而犯罪学家们也对于这种现象进行了深入的探讨，形成了解释犯罪现象的紧张理论和相对剥夺理论。

随着社会物质资料的生产水平的提高和劳动产品分配方式的改变，以及社会文化、科技的发展，犯罪的起因、手段、侵害的对象、犯罪者的心理状态都在不断地变化着。例如，当前为了满足温饱而进行盗窃、抢劫的比例较以前减少，以获取钱财、追求享乐为目的的抢劫、盗窃、诈骗、赌博、走私、行贿、受贿、贪污等犯罪行为较为普遍。

在司法实践中，物欲型动机犯罪主要指我国刑法规定的侵犯财产罪中的抢劫罪、盗窃罪、诈骗罪、抢夺罪、走私罪、敲诈勒索罪，妨害社会管理秩序罪中的走私、贩卖、运输、制造毒品罪等，以及贪污贿赂罪中的贪污罪、挪用公款罪、受贿罪、行贿罪等。其中，尤以抢劫罪、盗窃罪、诈骗罪、毒品犯罪、贪污罪和受贿罪等的心理结构特征较为典型，是犯罪心理学研究的主要内容。

二、物欲型动机犯罪人的心理特征

（一）明显的利己主义倾向

这类犯罪人的个性中存在着严重的利己主义的倾向，把自己的利益特别是物质利益看得高于一切，对社会公共利益、他人利益漠不关心，认为人性是自私的，信奉"人不为己，天诛地灭"的信条。因此，为了获取个人利益，他们可以置法律、纪律于不顾，想尽办法钻法规政策的空子，不择手段地去侵占公私财物，甚至用暴力或欺骗手段掠夺、诈取他人财物。

（二）畸形的享乐观

近些年来，我国大部分地区居民已解决了温饱问题，其中一部分人还达到了小康或富裕水平。实际情况表明，我国目前大量的财产犯罪并不是因为生活困难，而是为了享乐，认为有了金钱就有了一切，为了金钱也就不顾一切。天津市对 1300 名罪犯进行了一次抽样问卷调查，其中盗窃、抢劫、诈骗、贪污四种罪名的罪犯共 657 名，其犯罪动机统计如图表：[1]

犯罪动机统计表

直接犯罪动机	人数	百分比（%）
（1）吃喝玩乐需要用钱	148	23
（2）穿好、戴好需要用钱	74	11
（3）买彩电、录音机与高档消费品需要用钱	15	2
（4）为筹办婚事	35	5
（5）本人失业、不愿吃家里	32	5
（6）家庭生活有困难	139	21
（7）跟着别人做的	150	23
（8）其他	64	10
合　计	657	100

从表中可以看出，物欲型动机犯罪者承认其犯罪出于享乐动机的（前四项）有 272 人，占 41%，即使表示所谓"家庭生活有困难"，实际情况也不尽然。多数是认为零用钱不够就是"生活有困难"，只有极少数罪犯确实是因生活困难而导致犯罪。

（三）膨胀的物质占有欲

物欲型犯罪的需要特征，表现为具有膨胀的物质占有欲。犯罪人对物质利益的无止境追求，使得他们贪得无厌，大量聚敛财富。近些年来，我国经济领域犯罪现象比较严重。少数身居政府部门要职的官员和某些企业领导，利用某些管理和监督环节存在漏洞以及经济法规尚不健全的空隙，进行"权钱交易"，行贿受贿，贪污索贿，走私贩私，从而坠入罪恶深渊。

---

[1] 罗大华主编：《犯罪心理学》，中国政法大学出版社，1997 年版第 189 页。

（四）强烈的虚荣心

物欲型动机犯罪还受个体强烈的虚荣心影响。有的犯罪人追求物质利益，不单是为了自己享用，更重要的是为了满足自己的虚荣心，希望获得他人的注意与羡慕。

这是自尊心的过度、变态性发展的表现

（五）意志薄弱

个体意志薄弱，就容易受外部消极因素的影响。少数国家干部曾经有过艰苦创业的优秀表现，但在市场经济的负面影响下，不能控制对金钱的贪欲，从小贪到大贪，最终沦为巨贪。很多青少年犯罪人，也往往是受犯罪团伙的引诱、教唆，因意志薄弱而走上犯罪道路。一些刑满释放人员，改造期间曾经下决心洗手不干，但在财物的诱惑下又重新犯罪。

（六）不良行为习惯

习惯是影响个体行为的一个因素。物欲型犯罪者中，不少人在未成年时就沾染上不良习惯，如贪小便宜，小偷小摸等，以后进一步发展，形成物欲型犯罪心理。一些以窃、骗为犯罪生涯的惯犯，他们的犯罪行为虽然与严重的犯罪意识有关，同时也受到已经形成的犯罪习惯的影响。

三、物欲型动机犯罪的行为特征

（一）犯罪行为手段的多样性

物欲型动机犯罪的手段具有多样性。依是否需要较高的智力水平，可以分为智能型手段的犯罪和非智能手段的犯罪：智能型的作案方式如贪污、诈骗、计算机犯罪等，非智能型的作案方式如持械抢劫、暴力抢夺等；依是否凭借职务之便，可以分为凭借职权的犯罪与非凭借职权的犯罪：前者如索贿、受贿、监守自盗等，后者如掏包、入室盗窃、诈骗等。作案方式的多样性，是由行为人不同的主观条件和获取财物的不同渠道、机遇所造成的。

（二）作案手段的技能性

物欲型动机犯罪的作案手段日趋智能化、技巧化，表现为在犯罪中使用现代化的交通、通讯工具以及计算机等高科技产品，精心设计作案方式，增加了侦查工作的难度。如诈骗犯使用伪造的身份证和各种信用卡，以安排工作或售卖产品为名，诱使被害人将钱存入自己的信用卡中，然后通过自动取款机将钱取走，即使被害人发现受骗上当，由于犯罪人的身份是伪造的，也无法查找犯罪人；传统的以暴力实施抢劫的犯罪人，也采取了麻醉抢劫、冒充军警抢劫等智能方式。

（三）作案习惯的顽固性

尽管物欲型动机犯罪有多种罪名，作案手段各异，但一旦坠入犯罪深渊，就很难自拔。这是因为，犯罪的成功对其犯罪心理起了强化作用，金钱欲望越来越强烈，通过犯罪行为的不断重复，逐渐形成顽固的犯罪习惯。

四、几种主要的物欲型动机犯罪人的心理特征

（一）盗窃犯罪人的心理特征

盗窃罪是指以非法占有为目的，秘密窃取公私财物，数额较大的行为。盗窃罪是整个刑事犯罪中和青少年犯罪中最常见、比例最大的一种犯罪。盗窃犯罪人一般具有如下心理特征： 这是一种方式隐蔽的物欲型动机犯罪

1. 认识特征。盗窃犯罪人实施的将他人财物据为己有的行为，其典型特征一是侵占，二是秘密。"侵占"意味着行为人明知自己不是财物的所有人，但仍然心安理得地通过非法的方式据为己有，反映了其在认知方面的是非观念弱化，道德感欠缺。"秘密"意味着行为人对行为的不合法性是明知的。盗窃犯罪与故意杀人、伤害等犯罪属于典型的自然犯罪，即使法律不加以规范，也是人类道德与伦理制度要加以约束的。因此，对于盗窃等犯罪行为人，在原因上难以用"法律意识薄弱"来解释。

盗窃犯罪人明知行为的违法性而实施盗窃，除了动机方面的因素，在认知方面还具有如下几方面的特点：①对自身经济贫困采取外归因策略，认为贫困是社会制度不公正或机会不均等导致的；②对自己的作案能力有较高的判断，认为作案手段秘密，不易被发现；③对犯罪得失的计算，认为盗窃获得的利益大于可能遭受的刑罚惩罚带来的痛苦。盗窃犯罪人有轻视刑罚惩罚的倾向，在盗窃犯罪中，重复犯罪是比较突出的现象。

2. 恐惧与兴奋并存的情绪特征。盗窃犯罪人从总体上来说是理性的犯罪人，他们会精心选择作案的时间、地点以及作案对象，但在实

施犯罪的过程中,仍然难以摆脱大脑边缘系统的自然反应,即俗话所说的"做贼心虚"。他们在作案的过程中,尽管有时为了掩饰自己的行为装作坦然自如,但紧张、恐惧的情绪或多或少会表现出来。一般来说,初次犯罪时紧张、恐惧情绪更加明显。在盗窃得手之后,往往有较为强烈的满足与喜悦的情绪体验,如果多次盗窃都没有被发现,这种情绪就会强化其犯罪心理,进而形成惯犯。盗窃累犯、惯犯的情绪变化不明显,在作案过程中比较冷静。

3. 相对简单的动机构成。盗窃犯罪的动机相对简单,主要是物欲动机,它是主体具备贪占欲望与主观懒惰因素的有机结合。青少年盗窃犯中,好奇心、追求刺激和"哥们儿义气"等,均可成为盗窃行为的动机。

4. 熟练的盗窃技能。盗窃犯罪是通过秘密手段窃取他人财物,大多要具备适应作案的某种能力和技术,如撬门、开锁、割包、掏兜等。而且,这些能力与技术也在其持续的盗窃行为之中得到巩固与熟练化。这种熟练化的技能会强化其盗窃犯罪行为的动力定型与顽固特性,也是严重阻碍盗窃罪犯主动接受教育与矫正的重要因素。

5. 不良的性格与习惯。盗窃犯在性格上的重要特点是具有懒惰性,好逸恶劳,习惯不劳而获的生存方式。许多盗窃犯,究其以往经历,大多自幼即有不良习惯,如贪小便宜、小偷小摸等。这种懒惰性与小偷小摸的习惯相结合,使多数盗窃犯罪人除了盗窃技能外,缺少其他生活技能,以至于形成了难以改变的犯罪恶习。

6. 薄弱的意志力。盗窃犯罪人抑制犯罪冲动的意志力薄弱。一旦有犯罪诱因存在,盗窃犯罪人很难抑制自己的犯罪冲动。李化平等人(2006)利用 CPI 人格测验量表对 200 名男性盗窃人员的人格结构进行了分析,结果发现,在上述男性盗窃人员人格特征中,最为显著的是低遵从性,其表现形式为男性盗窃人员不愿意克制自己的行为,来服从社会规则和社会道德规范。[1]王锐等人(2010)的研究也发现了盗窃犯罪人的自我控制能力的缺陷。[2]

7. 侥幸心理严重。侥幸心理是盗窃犯罪人以身试法的重要精神支柱。一名盗窃犯自白如下:"如果考虑到动手行窃就会被抓住,对方就是有再多的钱,我也不能去偷。"屡次犯罪的得逞,更强化了他们的侥幸心理。

----

[1] 李化侠、李小平:"男性盗窃人员人格结构分析",载《中国健康心理学杂志》2006 年第 2 期。

[2] 王锐、丁平、刘伟兵:"关于盗窃惯犯人格特征评估与犯罪对策的研究",载《辽宁警专学报》2010 年第 3 期。

（二）抢劫犯罪人的心理特征

抢劫罪是指以暴力、胁迫或者其他方法，强行非法占有公私财物的行为，这是侵犯财产罪中社会危害性最大的犯罪，也是具有暴力性、威胁性的物欲型动机犯罪。它不仅侵犯公私财物，而且危害人身安全，是严重刑事犯罪之一，历来是刑法严厉打击的重点。抢劫罪在我国的刑事案件中较为突出，特别是近年来重大抢劫案件（如持枪抢劫银行、运钞车等）增多。抢劫罪的行为人绝大多数是男性。抢劫案件与季节有一定的相关，春秋两季偏少，冬夏两季皆可出现抢劫案件的高峰期。从时间上看，夜间抢劫的多，白天抢劫的少。从地域看，城市的抢劫案比农村多，荒僻的街道、城乡结合部、公共场所、银行、商店等是抢劫案的易发点。抢劫作案有预谋和突发两种，突发的抢劫有偶发性、情境性，一般以年轻人作案为多。从作案人数看，有单独抢劫、结伙抢劫和集团抢劫；从作案形式看，有入室抢劫和拦路抢劫两种。一般来说，抢劫犯罪人具有如下心理特征：

1. 认知特征。与其他财产犯罪人相比，抢劫犯罪人在认知方面的典型特征是崇尚暴力。抢劫犯罪人的行为与盗窃犯罪人相比更为公开化，与诈骗犯罪人相比更为简单化。抢劫犯罪人的这种行为特征，与其聪慧性低、敢为性高等个性因素相关，但并不意味着抢劫犯罪人是非理性的。很多抢劫犯罪人在实施犯罪行为时，也同样要精心选择作案的时间与地点，设计合理的方式实施抢劫犯罪以获得最大化的犯罪收益，同时减少犯罪的风险。根据犯罪学理论中的理性选择理论，在涉及犯罪的社会场景中存在着会计较得失、利弊的理性人，犯罪行为是行为人在综合考虑主观因素和客观环境因素后发生的，是犯罪人的理性选择的结果。犯罪人如何进行行为选择，不仅取决于行为人的个性，而且取决于周围的环境；行为人选择犯罪行为，总是要结合环境的可能性考虑行为的风险和收益（Voigt，1994）。[1]

2. 情绪特征。抢劫犯罪人大多性情暴躁，情绪不稳定，行为莽撞，其行为的冲动性与攻击性较强。在作案时，如遇对方反抗，其情绪的反应更为强烈，或恐惧退却，或变得更加凶暴残忍。赵曾渝（2004）的研究也证明，抢劫犯罪人稳定性低而紧张性高。[2] 抢劫犯罪人对被

〔1〕 Lynda Voigt，*Criminology and Justice*，McGram-Hill，inc.，1994，pp. 242~244. 转引自：李希慧、廖梅："当代西方理性选择犯罪学思想介评"，载《公安学刊（浙江公安高等专科学校学报）》2004 年第 4 期。

〔2〕 赵曾渝："谈抢劫犯的犯罪心理结构"，载《辽宁警专学报》2004 年第 6 期。

害人施加暴力的动机是自我保护或利于顺利实现侵财目的，因此，在伤害被害人时，其主要目的是控制被害人的身体或结束其生命，而非发泄某种愤怒或变态的情绪，因而在作案过程中较少有多余的情绪发泄行为。对于某些初次犯罪的人来说，可能因初次犯罪的恐惧心理而对被害人疯狂袭击，或因不放心被害人是否死亡而再次伤害被害人，尸体上会有多处创伤或试死伤。

犯罪人犯罪前因有周密计划或有犯罪同伙，而在现场的情绪往往比较冷静，这种冷静情绪可能会使其在现场有较长时间的逗留，或小心谨慎地处理或伪装现场，或再次返回现场搜索财物、毁灭证据。

3. 复杂的动机特征。大多数抢劫犯罪人是出于物欲动机，但也有少数抢劫犯罪人出于非财物动机，他们并不在意所得财物的多少，而在意从抢劫活动中感受到强烈刺激。这类情况在未成年的抢劫犯中较多，如出于好奇心参与抢劫，出于恶作剧心理抢劫老人、妇女、小孩的财物等。预谋型抢劫犯的动机斗争较为激烈：一方面向往成功后的欢乐，另一方面惧怕受到刑罚惩罚。至于突发型抢劫，其犯罪动机是在具体情境刺激下迅速形成的，动机斗争不如预谋型抢劫那样复杂。

> 抢劫犯罪在冬季高发的时间主要是在春节前，与城市外来人员返家有关；夏季高发抢劫与人们夜晚在户外活动的时间增多有关

（三）诈骗犯罪人的心理特征

诈骗罪是指以虚构事实或隐瞒真相的欺诈方法，骗取数额较大的公私财物的行为。在我国，诈骗案件有增多的趋势，数额大的重大诈骗案件数量明显上升。其特点是以欺诈方法使被害人产生错误的知觉，把财物主动交给行为人，这是诈骗罪不同于抢劫、盗窃等罪的主要特征。根据张应立（2010）在浙江进行的研究，诈骗犯罪人以 26 岁以上的初高中文化的男性农民及无业闲散人员为主，女性诈骗犯罪高于女性其他犯罪。1989 年女性占浙江抓获诈骗犯罪嫌疑人数的 6.06%，2005 年上升到 12.6%，上升了 6.94 个百分点，绝对数由 1989 年的 99 人，上升到 2005 年的 426 人，上升了 3.3 倍。同期浙江省抓获的盗窃犯罪嫌疑人中女性分别为 656 人、3194 人，占当年抓获盗窃犯罪嫌疑人的比例为 1.95%、5.66%，分别上升了 3.71 个百分点和 3.87 倍，可见诈骗犯罪中女性犯罪嫌疑人所占比例远大于盗窃犯罪。女性在盗窃、侵财两类侵财性犯罪中的人数均呈上升态势，但从占抓获的两类犯罪作案成员比例上看，女性占诈骗犯罪作案成员比例明显高于盗窃犯从 1989 年至 2005 年抓获嫌疑人数据看，诈骗犯罪中青少年未超过半数，到 2005 年已下降到 30.71%。而盗窃犯罪中尽管青少年作案比例也在下降，但 1989

> 诈骗罪是传统意义上的智能犯罪

年为 76.07%，2005 年仍为 59.11%，超过半数。[1]

诈骗犯罪人具有如下心理特征：

1. 认识特征。①自我评价高。诈骗犯往往认为行骗不如杀人、放火一类犯罪人凶狠，但却是无本万利。他们自以为诈骗手法高明，很难被识破。这种自我估价过高的特征，使一些犯罪人连续行骗，直至露出马脚，落入法网。②思维敏捷，反应快，精于算计。③熟谙人际交往技巧和人性的弱点。诈骗犯罪人了解人际交往中的社会心理，善于人际交往。此外，他们也了解不同类型的人具有的心理弱点，如有些人对某些社会角色具有崇敬的心理，有些人有贪便宜的心理，善于利用人们的弱点进行诈骗。④道德的自我谴责感弱。他们往往认为自己的行为是凭自己的聪明才智获取一些利益，不是违法犯罪行为；或者，有些犯罪人实施诈骗犯罪的对象是企事业单位，他们便因此认为犯罪行为没有针对个人，因而没有愧疚感。

2. 虚伪性与狡猾性的个性倾向。诈骗犯罪人为达到诈骗的目的，需要伪装自己的真实面目和意图。他们惯于利用各种狡诈手段，取得被害人的信任。他们在行骗时，能应对自如地回答被害人的提问，能够过分夸张炫耀而神色不变；能够成功地揣度被害人的心理状态和急切需要，及时地调整自己的言行，随机应变，以达到犯罪目的。诈骗犯的适应能力、应变能力、模仿能力较强，这就使得他们能有效地适应环境变化，有可能以假乱真，针对不同的对象实施诈骗。

3. 高冒险性的个性特征。诈骗犯罪人明知自己"身份"和行为的虚假性，却敢于在光天化日之下故作姿态、夸夸其谈，显示出其高出常人的冒险性个性特征。他们沉迷于无本万利的犯罪活动，自恃手段高明，不断地以新的圈套、花招，使被害人上当受骗。

> 诈骗犯罪人善于察言观色，揣摩人们的心理，不管怎样，他们主要是利用一些人想发意外之财，或对某些现象愚昧无知，或易受暗示等心理而实施诈骗行为

4. 稳定的情绪特征。与其他的犯罪相比，诈骗犯罪人在犯罪实施之前、犯罪过程中与事后，都没有明显的情绪色彩，很难从外部言行中发现其犯罪或可能犯罪的痕迹。随着社会的发展，越来越多的有正当职业和稳定收入的个体基于贪婪的物质占有欲和自视过高的欺诈能力，从事各种类型的经济诈骗活动。这些个体由于自身原本的社会政治经济地位，比较看重他人的认同和社会评价，也追求主观幸福感，因此，在犯罪的过程中常常会患得患失，在情绪情感特征方面要更为复杂一些。

5. 形成一定的诈骗习惯。多数诈骗犯罪人是惯犯、累犯，受其犯

---

[1]　张应立："诈骗犯罪研究——以浙江省为例"，载《吉林公安高等专科学校学报》2010 年第 4 期。

罪心理结构动力定型作用力的影响，诈骗行为中伪装角色、诈骗对象等方面存在着习惯性的特点，如有的诈骗犯总是冒充国家干部或军人，有的诈骗犯罪人善于利用人们的同情心，有的诈骗犯一贯以妇女为诈骗对象。

（四）贪污、受贿犯罪人的心理特征

贪污罪是指国家工作人员利用职务上的便利，侵吞、窃取、骗取或者以其他非法手段占有公共财物的行为。犯罪主体一般年龄较大，有一定的文化教育素养，犯罪手段带有欺诈性和隐蔽性。受贿罪是指国家工作人员利用职务上的便利，索取他人财物，或者非法收受他人财物，为他人谋取利益的行为。受贿罪是国家机关中存在的一种腐败现象，表现出以权钱交易的方式满足膨胀的物欲和贪婪地占有财富的特点。贪污受贿犯罪是国家工作人员职务犯罪中的主要犯罪类型，并且近年来发案呈上升趋势。2008 年至 2010 年，全国法院共审结国家工作人员职务犯罪案件 79 560 件，生效判决人数 80 883 人；2010 年与 2008 年相比，职务犯罪案件数量上升 7.2%。2010 年全国法院共审结国家工作人员职务犯罪案件 27 751 件，生效判决人数 28 708 人，其中判处 5 年有期徒刑以上刑罚 5 906 人。2010 年全国法院审结的贪污受贿案件占同期审结职务犯罪案件总数的 84%。[1]

这两种犯罪人有如下共同的心理特征：

1. 错误的社会心理。贪污与受贿犯罪是人性贪婪的欲求和以权谋私意志相结合的产物。他们都认同"有权不用，过期作废"、"现在这个环境是发财的好机会"，"不捞白不捞，过了这个村就没有这个店"等错误的社会心理。他们灵魂深处蕴藏着的是以权谋私与金钱至上的错误信条。

2. 复杂的动机冲突。贪污、受贿犯罪人多数有一定的文化素养，对与自己职务有关的法律和规章制度也相当熟悉。但是，他们的物欲动机在以权谋私的心理驱动下变得十分强烈，以至于把反对动机（自尊、恐惧、名誉等）压抑下去。在动机斗争的过程中，他们寻找种种"合理化"的理由来进行自我安慰，减少或解脱心理压力。

3. 消极的职业人格特征。所谓职业人格，是指个人的职业环境对其人格造成的影响。职业人格具有社会文化性。贪污、受贿的犯罪人

---

〔1〕 马龙："2 巨贪同日获死刑 最高法：腐败智能化期权化现象突出"，参见 http://news.xinhuanet.com/legal/2011 - 07/20/c __13995987 __3. htm. 访问日期 2011 年 7 月 20 日。

通常具有消极的职业人格特征，主要表现为金钱至上的价值观，对国家和人民利益的错误态度，惯于利用职务上的便利，富于心计，善用手段，灵活多变，狡猾奸诈等。

4. 职务优越感。贪污、受贿的犯罪人本是国家工作人员，他们的职务表明了所担任工作的重要性。由于职务的关系，这些人具有许多业务的经验和技能，形成了广泛的交往关系。这种职务优越感是促使其走上贪污、受贿犯罪道路的重要心理因素。

5. 犯罪过程中的情绪特征。实施贪污受贿行为的犯罪人，基于行为发生的非外显性特点及行为人的生活阅历、经验、智慧以及地位等的影响，在实施犯罪的过程中，不会明显地外显其紧张、惊慌、兴奋、欣喜等情绪情感特征。然而，不管怎样，犯罪人仍然能够认识到行为的不法性质，并且期待犯罪行为获得的巨大利益，因而在实施犯罪行为时，其情绪体验更具有深刻性、隐蔽性的特征。与其他犯罪类型相比，犯罪人在犯罪实施之后也较少或较不显著流露其反常的行为反应。丁锦宏等（2010）通过对选出的 30 个案例的分析，发现贪污受贿官员在首次犯罪前主要存在着紧张不安、自我辩护与侥幸三种心理状态，在犯罪过程中，不仅存在着之前的侥幸心理，而且有 30% 的官员的心理状态一直处于恐慌、焦虑中，但却依旧麻木的实施犯罪。[1]

（五）毒品犯罪人的心理特征

毒品是当今国际社会一大公害，它往往毁灭人的一生。毒品犯罪危害着人民健康和社会精神文明建设，诱发大量其他犯罪，危害社会治安。

我国《刑法》第 357 条所称的毒品，是指鸦片、海洛因、甲基苯丙胺（冰毒）、吗啡、大麻、可卡因以及国家规定管制的其他能够使人形成瘾癖的麻醉药品和精神药品。毒品犯罪是指以毒品为对象的犯罪活动。包括非法种植毒品原植物，制造、贩卖、运输、走私、窝藏毒品，非法持有毒品，非法提供毒品以及引诱、容留、教唆、强迫他人吸食注射毒品等犯罪活动。

目前，我国毒品犯罪活动具有如下特点：①涉案毒品的数量增多、危害增大，即毒品犯罪大要案增多。从受案情况看，涉案毒品数量越来越大，毒品数量通常有上千克，过"吨"的案件也屡有发生；毒品

---

〔1〕 丁锦宏、奚萍、陈怡："30 名贪污受贿人员心理蜕变过程的质性研究"，载《廉政文化研究》2010 年第 2 期。

犯罪有团伙化、家族化、集团化趋势；毒品犯罪再犯的比例也在增大。②毒品种类增多，新类型毒品不断出现。除海洛因外，制造、贩卖"冰毒"、"摇头丸"的案件呈上升趋势，同时，新类型毒品如氯胺酮（K粉）、美沙酮、安眠酮、三唑仑、盐酸丁丙诺啡（又名舒美啡）、普鲁卡、苯巴比妥、麻古（含甲基苯丙胺成分）、卡苦（主要含鸦片成分）等犯罪案件也不断出现。③毒品犯罪形式多样化，呈现内外勾结态势。我国西南地区毗邻世界主要毒品产地"金三角"，国内外贩毒集团利用这种地理位置及交通网络上的便利条件，将大量毒品从"金三角"地区取道我国境内转运进入国际市场；同时也把我国作为毒品倾销地，大肆进行毒品贩卖活动。周边毒源地渗透加剧，生产、制造毒品类案件也不断增加。国内外犯罪分子相互勾结，进行双向走私毒品犯罪活动，形成制造、贩卖、运输、走私毒品"一条龙"。④特殊群体从事毒品犯罪现象越来越突出。近年来，在我国西南地区出现了利用孕妇、哺乳期妇女等特殊群体贩卖、运输毒品的现象，参与人员逐年递增，并呈组织化、集团化和规模化的趋势。她们多数人受过一些反讯问训练，一旦被抓，则假报姓名、住址或以语言不通拒绝回答问题，且以恶劣手段阻碍检查。[1]⑤境内毒品消费市场逐渐形成。据统计，1999年我国登记在册的吸毒人员达68万人，其中35岁以下者占80%。2003年，全国累计登记在册吸毒人员达105万人。青少年、社会闲散人员和流动人口已成为中国吸毒的高危人群。全国登记在册的吸毒人员中，35岁以下的占72.2%。如果全国人口按13亿计算，则2003年中国累计登记在册的吸毒人员占全国人口的0.81%；如果按吸毒人员显隐比例1:4至1:7推算，估计中国目前的吸毒者数量可能在420万至735万之间，占全国人口的3.2%至5.7%。[2]如果按统计吸毒人数的国际惯例，即一人显性吸毒者身后还有4个隐性吸毒者，那么我国吸毒者的数字会更庞大。

从刑法规定来看，毒品犯罪人主要是指从事与毒品有关的"制造、贩卖、运输、提供"等非法活动的行为人，并不包括吸毒者。但吸毒成瘾行为的危害十分严重，它不仅损害吸毒者个人的身心健康，而且往往直接导致吸食者从事与毒品有关的犯罪活动，并且也为毒品犯罪提供了生存的土壤。因此，我们在研究毒品犯罪心理的同时，不能忽

〔1〕 艾福梅、田雨："最高法院：毒品犯罪案件呈现四大特点"，参见 http：//news.xinhuanet.com/legal/2007－06/25/content__6289354.htm.访问日期2007年6月25日。

〔2〕 西部毒品犯罪研究报告分析："消除中国毒患的关键"，参见 http：//www.people.com.cn/GB/shehui/1060/2786514.html.访问日期2004年9月15日。

略吸毒者的心理。

1. 吸毒者的心理特征。

（1）动机简单。吸毒者吸食毒品的动机比较简单，常见动机有以下几种：①好奇，寻求刺激型；②享乐，追求时髦型；③空虚，发泄苦恼型；④顺从，受骗上当型。

（2）感性认识有余，理性认识不足。吸毒者的认识特征除了受所处环境影响外，往往又受自身素质、年龄和文化层次的影响。吸毒者年龄集中在 18～35 岁，且绝大多数为初中以下文化程度。这一年龄阶段的人形象思维较强，辩证抽象思维正在完善。对现实中新奇的事物十分敏感，尤其是能引起感官刺激和生理体验的具体事物更容易接受，毒品正适应了他们的这种需要和追求。低文化层次的人具有一定的直觉判断能力，但理性思维能力差，对毒品产生的直接效果、奇特感受等表面的、感性的东西体会深、接受快；而对必须经过理性分析才能认识和理解的毒品的危害实质，不能正确领会。因此，导致他们在戒毒之后，因认识上的不足及其他原因，很快就会走上复吸道路。

（3）低级情感居主导地位。吸毒者在情感方面的特征主要表现在成熟感与自尊感缺乏，低级情感占据优势地位。大量案例说明，使用毒品在很大程度上源于个体的自尊与成熟感的缺乏，现实生活中矛盾较多。常常伴有焦虑感或疏离感，情绪不稳定，喜怒无常，心境常常处于忧虑烦躁状态。随着毒瘾的加深，其道德观念也愈来愈薄弱。

（4）自我控制能力差。吸毒者在意志方面的特征，主要表现为意志扭曲呈两极性的特点，其意志力在正确方向上薄弱，自控能力差。在戒毒上，戒与不戒反反复复。动机斗争的结果，往往是消极心理战胜积极心理，经不住外界诱惑。在错误方向上，表现出明显的目的性和顽固性。

（5）依赖性强。吸毒者大多为性格懦弱者，在生活中遇到困难时，没有勇气直接面对。吸毒产生的幻觉可以使其暂时忘却生活中的烦恼，由此而产生对毒品极强的依赖心理。

2. 毒品犯罪人的心理特征。

（1）追逐金钱的动机。对金钱的贪婪与追逐，是毒品犯罪动机形成的根本原因。在商品经济社会中，拜金主义的价值观刺激着人们对金钱的欲望，利益分配的分化和收入差距的扩大，使得一些人的心理失去平衡。分配不当，获取利益的灰色行为泛滥，更强化了少数人损人利己、不劳而获的心理。毒品犯罪人错位的价值观和对金钱的贪婪追求，一旦与犯罪机遇相结合，就会形成毒品犯罪动机。

（2）淡薄的法律意识。部分毒品犯罪人的法制观念淡薄，把毒品犯罪活动看作是"做生意"。有的犯罪人认为毒品买卖是双方自愿交易，法律不应干涉。

（3）侥幸心理强烈。很多毒品犯罪人明知毒品犯罪的严重后果，但在贩卖毒品可以获取巨额金钱的利益驱动以及强烈的侥幸心理支配下，不惜铤而走险。

（4）情绪不稳定。毒品犯罪人从犯意的形成，到犯罪的实施，以及受到查缉、盘问，紧张、恐惧情绪伴随始终。每当顺利完成一次犯罪活动时，毒品犯罪人又会立即表现出兴奋与狂喜。

（5）意志具有两极性。许多毒品犯罪人以贩卖、走私毒品为常业，犯罪需要已成定型，犯罪活动趋向"自动化"，意志表现出明显的两极性特点：即抑制犯罪动机的意志力缺乏，实施犯罪的意志力极为顽固。其表现是善于捕捉作案时机，并对作案计划有严密的考虑；在犯罪意向形成过程中，犯罪的冲动极为强烈、疯狂。在作案过程中，目的极为明确，即使遇到障碍也铤而走险。

（6）明显的内倾性性格。毒品犯罪人，尤其是贩毒分子，性格的内倾性较为明显，表现为冷漠、孤僻、冷酷、多疑、虚伪、掩饰等。这与他们在犯罪时绞尽脑汁蒙混过关、躲避查禁，不断变换毒品交易的时间、地点和交货方式的犯罪经历有密切关系。气质类型属于粘液质和抑郁质的比例高于暴力犯和盗窃犯。毒品犯罪人具有典型的犯罪性格表现，对社会敌视、怨恨，把罪过归因于社会。

第二节　性欲型动机犯罪

一、性欲型动机犯罪概述

性欲型动机犯罪，又称性动机犯罪或淫乱型动机犯罪，是指以淫乐性动机作为主要犯罪动机，以满足性欲为目的或以性行为为手段达到其他目的的犯罪行为；是一种违背社会道德规范和法律规范、侵害他人性权利、妨害家庭和社会秩序的犯罪。性欲型动机犯罪具有严重的社会危害性，它不仅侵犯了他人的性权利，而且对被害人直接造成身心创伤，削弱人们的安全感，严重地侵蚀人们特别是青少年的身心健康，污染社会环境，破坏社会的人际关系、道德观念、文化传统。

　　国外关于性欲型动机犯罪的概念有广义和狭义之分。广义的性犯罪是指一切受法律、道德、风尚习惯等社会规范所禁止、谴责和惩罚的性行为；狭义的性犯罪是指刑法所禁止并予以惩罚的性行为。犯罪心理学研究的性犯罪应以狭义的概念为标准。根据我国刑法规定，属于性欲型动机犯罪的主要包括：①强奸妇女罪：是指违背妇女意志，使用暴力、胁迫或者其他手段，强行与妇女发生性交的犯罪行为，包括同不满 14 周岁的幼女发生性交的行为，是强奸罪的一种特殊形式。②聚众淫乱罪：是指聚集多人进行淫乱活动的行为。③其他侵犯公民人身权利的犯罪：如强制侮辱、猥亵妇女罪等。

二、性欲型动机犯罪心理形成的主客观因素

　　性欲型动机犯罪行为的实施，主要是行为人生理方面的欲望与自身控制、调节这种欲望的能力方面失去了平衡。因此，在研究性犯罪心理时，应着重研究造成这种不平衡的各种因素。人性是自然性与社会性的统一，性欲是人带有自然性的一种欲望，但人是生物人的同时更是一个社会人，应该遵守一定的社会规范。因此，人在追求性欲的满足时，必须考虑满足性欲的方式是否为主流社会所认可。如果放纵性欲，不仅伤害别人，损害社会道德并触犯法律规范，而且也把自己降低到动物的水平。性欲型动机犯罪的产生，一方面受主体生理、心理因素的影响，另一方面也受社会环境中的性观念的影响。

（一）诱发性犯罪的信息泛滥

　　长期以来，我国的性知识教育非常缺乏。一些受传统的性观念束缚的人，甚至会出现谈性色变的现象。性科学知识成为一块禁区，很少有人敢于涉及，根本谈不上作为科学知识的一部分进行传播。在缺乏性科学知识教育的情况下，含有低级庸俗内容的性信息泛滥，很容易诱发一些人产生不良的性需要。司法实践中获得的大量案例表明，那些性欲型动机的犯罪人，往往是在对性知识处于全然无知状态时，接触到色情淫秽文化，并立即吸收内化为不良的性需要。这些年来，我国在没有广泛开展性科学知识教育的情况下，又出现了直接或间接地描写性行为的小说，直观形象地表露性行为的录像、电视、电影，富有性刺激的挂历、广告等。这些宣传媒介对性行为的不当传播，使大量的青少年形成错误的性意识。

（二）性道德规范教育的薄弱

两性关系是一种社会关系，这种关系更多地受人们的社会法律规范、道德规范和社会心理规律的制约。因此，开展性道德与法律知识的教育，对于调节、控制、协调人们的性行为能力，有着十分重要的作用。随着社会文化的发展，我国传统的性伦理、性道德观念，已经很不适应社会生活的实际需要，逐渐失去了对人们性行为的调节作用，新的能够普遍为人们接受的现代社会性行为的道德观念还没有完全形成，从而造成性道德规范教育的薄弱。因而，当青少年的性生理要求与社会行为规范、道德规范发生矛盾的时候，少部分人就容易为外界不良刺激引起的性欲望所驱动，发生违法的性行为。

（三）恋爱、婚姻、性生活方面的障碍

当恋爱、婚姻不能通过正当途径达到目的时，就潜伏着引发性犯罪的因素。在我国，婚姻是人的性需要得到满足的唯一合法的社会形式。但结婚后，往往由于夫妇双方或一方的生理缺陷、心理障碍等，未必有和谐的性生活，这些都可能影响性心理的健康发展，导致其中一部分人对异性，对与异性的关系，对婚姻抱有各种违背常规或令人费解的想法。他们歧视异性，或把异性之间的正常交往、正常的性生活视为丑恶卑贱的事，或将异性视为发泄性欲的工具，等等。后者常以强奸、乱伦、鸡奸、猥亵异性等异常的性行为，作为发泄性欲的方式，并在各种报复性的异常行为中获得性生理的满足，以满足自身异常性心理的需要。

三、性欲型动机犯罪人的心理特征

（一）歪曲的性意识、性观念

成年性犯罪者，往往存在着错误的性意识。他们受西方"性解放"和"杯水主义"等思潮的影响，把性淫乐加以概念化、理论化，仿佛放荡最符合时代潮流，而恪守性道德是"保守"，以此作"合理化"的自我辩解。在此基础上，形成了以下具体的性观念：①过分夸大性的意义，把性视为人生中最重要的事。②无视性爱的社会意义和美学价值，把性爱降低到生理欲求的水平，等同于性欲的满足。③热衷于用暴力、胁迫或其他手段来满足或发泄自己的性需要，将自己的欲求与社会对立起来。

（二）腐朽的人生观与世界观

一是表现出极端利己主义的倾向，时时处处以自我为中心，个人欲望十分强烈，把满足性欲看得至高无上，以此来确定目的和选择行为。二是追求低级的生活情趣。许多性犯罪者，主要受黄色书刊和影像制品的毒害，他们精神空虚，百无聊赖，追求感官刺激，沉醉于淫秽腐朽的文化之中，模仿淫乱的生活方式。有的群奸群宿；有的以摧残、凌辱妇女为乐事，以满足其性暴虐或性报复心理；还有的伴随着金钱欲和赌博、吸毒等动机，实施性犯罪活动。

（三）犯罪动机特征

性欲型犯罪主体性别不同，体现在犯罪动机方面也不同。性犯罪动机主要是：①满足性欲。这是主要动机，即在性欲的支配下奸淫或侮辱妇女。②侵犯的欲望。不是出于性需要，而是以摧残妇女为乐，为了满足自己的暴虐心理。③报复。为了发泄仇恨、报复他人而强奸妇女。④出于好奇、追求刺激的需要。这在青少年犯中较为突出。

国外学者的研究表明，有些性犯罪人实施性犯罪是为满足自己控制他人的欲望

（四）情绪情感特征

情绪不稳定，易受外界刺激影响。在实施犯罪行为前，情绪兴奋激动，理智丧失，千方百计地寻找或设法接近被害对象，精心选择时间、地点。这种情绪在实施犯罪过程中，得到进一步发展，兴奋中心集中在性欲或性刺激的满足上，而很少考虑行为的后果，在被害人的反抗面前以慌乱野蛮的动作摧残被害人。实施犯罪行为后，犯罪人的情绪相当复杂，既有性欲或性刺激满足后的快感，又有实施犯罪后的恐惧与紧张。性犯罪人缺乏高级的社会情感。为了发泄性欲，不顾他人的感情和痛苦，为了寻欢作乐，不惜给他人带来严重后果。

（五）消极的意志品质

表现为无法抑制自己的性欲，经不住外界性刺激的诱引，同时为了达到满足淫欲的目的，行为具有挑衅性、侵犯性。

（六）利用被害人的心理

在性犯罪行为中，犯罪人主观上利用被害人心理的情形比较突出，

主要表现如下:[1]

1. 利用女性的恐惧和软弱。强奸犯在对女性实施奸淫、污辱时,使用暴力和胁迫手段来恐吓被害人,迫使她们忍辱屈服。有些被害妇女甚至事后还忍气吞声,不敢揭发。

2. 利用女性追求享乐的心理。一些性犯罪人以吃喝玩乐来引诱女性,满足她们的虚荣心和物质需要,在女性丧失警惕的状态下,实施性犯罪行为。

3. 利用女性有求于人的心理。有的女性为了私利想攀龙附凤,找个靠山,或有找工作、分房的需要,犯罪人乘机投其所好,以满足要求为诱饵,进而实施性犯罪行为。

4. 利用女性的隐私和劣迹。有的女性有通奸行为或有不正当男女关系,被犯罪人得知后,就以此相要挟,对被害人实施强奸或侮辱。

5. 利用女性患精神病。不少性犯罪人在明知对方是精神病人,处于心理异常状态的情形下,乘机作案,对患者实施奸淫。

四、性欲型动机犯罪的行为特征

(一) 作案方式的差异性

性犯罪者以什么样的方式实施犯罪,因其年龄、性别、体力、犯罪习惯、社会地位等条件的不同,有明显差异。主要有以下几种方式:

1. 强奸。其特征是以暴力或胁迫手段,违背妇女意志,强行与妇女发生性关系。以暴力威逼的作案人多数是男性青壮年,他们依仗体力强悍或持有凶器,迫使妇女就范。老年性犯罪者多以诱骗方式奸淫幼女或呆傻妇女。有一定权势、地位者采取威胁、利诱手段,使妇女屈从。还有些犯罪人利用职业之便进行强奸。

2. 奸淫幼女和猥亵儿童。前者是指奸淫不满 14 周岁的幼女的行为;后者是指对不满 14 周岁的儿童实施猥亵的行为。这两种行为构成犯罪,都不要求行为人必须采用暴力、胁迫或其他强制手段。 如医生利用治病机会,神汉利用封建迷信活动

3. 强制猥亵、侮辱妇女。其特征是以暴力、胁迫或其他方法,强制猥亵或侮辱妇女,以寻求性的满足和下流无耻的精神刺激。刑法上所称的猥亵妇女,一般是指对妇女实施奸淫行为以外的,能够满足性

---

〔1〕 罗大华主编:《犯罪心理学》,中国政法大学出版社 2007 年版,第 170～171 页。

欲和性刺激的有伤风化的淫秽下流的行为，如强行搂抱、接吻、捏摸乳房等；所谓侮辱妇女，一般是指对妇女实施猥亵行为以外的，损害妇女人格、尊严的淫秽下流、伤风败俗的行为，如在公共场所用淫秽下流语言调戏妇女，扒光妇女衣服示众等。

4. 变态的性发泄。如鸡奸、窥阴、窥淫、露阴、乱伦、持利器切割（或用化学药物泼洒）妇女衣裤、乳房、阴部，甚至用残忍手段对妇女进行性虐待，以满足其变态的性要求。

（二）作案手段的复杂性

性犯罪的主要手段是暴力。包括运用体力与使用武器、凶器施暴。其次是精神上的胁迫与强制。例如，以行凶报复、揭发隐私、加害亲友等相威胁；利用封建迷信，进行恐吓欺骗；利用教养关系、从属关系以及对方孤立无援的环境条件，进行胁迫。再次是诱骗，如利用谈恋爱、征婚、找职业，冒充某种身份，以及灌输淫乱思想、腐朽生活方式等，诱骗和奸淫女性。还有的利用妇女患病急于求治的心情，假冒医生或利用治病机会，谎称治疗需要，对妇女施以猥亵和进行淫乱活动。少数性犯罪者，还使用春药或药物麻醉，使妇女产生性兴奋或处于神情恍惚甚至昏迷不醒状态，违背其意志奸淫。近年来，拐卖妇女者在拐卖过程中施暴强奸，谎称招工带到外地后胁迫妇女卖淫或诱使妇女吸毒后卖淫一类案件，也时有发生。女性性犯罪者多系从被害者发展、蜕变为害人者，在犯罪团伙中扮演以色相勾引他人，传播性犯罪思想，拉拢腐蚀其他妇女下水的角色。

（三）犯罪行为的残忍性

由于性犯罪行为违背妇女意志，必然遭到被害者不同程度的反抗，加之性犯罪的冲动性与反常性，往往使得被害妇女在性犯罪过程中遭到种种虐待与残害，有的甚至被杀害。与暴力并行并与暴力性后果相联系，是性犯罪行为的一个重要特征。尤其是在一些团伙性的轮奸案件、滋扰侮辱猥亵妇女案件中，被害妇女遭到的摧残更是令人发指。性犯罪又往往是抢劫、诈骗、吸毒、贩毒等案件的前奏或伴随物，其社会危害性就更为严重。

第三节 情绪型动机犯罪

一、情绪型动机犯罪概述

(一) 情绪型动机犯罪的概念

情绪型动机是指心理的或心理社会的动机，是以非生理变化为特征而以社会交往需要为基础的动机。在情绪型动机犯罪中，多半呈现出强烈的情绪因素。许多情绪型动机造成的犯罪，一开始并不具有反社会性质，如自尊、友情、交往、游戏、成就等动机，但如引导不当，其行为在社会关系中造成损害，触犯刑律，也可构成犯罪。许多犯罪行为都是在不良的情绪、情感的直接作用下发生的。犯罪人实施某种犯罪行为，总带有一定的情绪和情感色彩，要受到情绪、情感的影响。同时，一些情绪、情感可以直接影响犯罪行为，以犯罪动机的形式出现，或者是一些犯罪动机包含着某些情感和情绪因素，如嫉妒、憎恨、戏谑、好奇心、自尊心、自卑感、友情、愤怒、恐惧等情感和情绪因素，都可以成为犯罪动机，或是影响犯罪动机的产生、变化。

情绪型动机犯罪，又称情感型或感情型动机犯罪，是一种带有感情色彩的犯罪行为。这类犯罪在司法实践中经常遇到，其成员以青少年犯居多

(二) 情绪型动机犯罪的严重性

在不良的情感和情绪的作用下，犯罪动机可以有不同的目标指向，从而使犯罪行为侵害不同的客体，构成多种犯罪行为。

情绪型犯罪的滋生，多出现在那些素来表现不好、已有不良情绪情感的人身上，同时也可以发生在一些平时表现好、没有劣迹的人身上。一部分人只是在外界强烈刺激的作用下，不良情绪情感突然爆发出来，产生愤怒、憎恨、恐惧等，导致发生犯罪行为。

在我国，情绪型犯罪大多数因人际纠纷和冲突而引起。这种人际纠纷和冲突，主要发生在恋爱、婚姻和家庭关系受挫，以及同学、同事、上下级、朋友、邻里和日常生活的其他人际纠葛中。据某市公安局对审理的婚姻、恋爱杀人案件的调查表明，婚姻、恋爱杀人案占杀人案总数的比例为 45.7%。同时还发现，这类杀人案的绝大部分是由男女之间的感情冲突引起的。情绪型犯罪在我国呈现增长的趋势。这一类型的犯罪还突出表现在年轻人的犯罪行为方面，他们常常为了日常生活中琐碎小事的纠纷和冲突，怒气横生，大打出手，构成犯罪。

某市中级人民法院曾对 117 名青少年犯（主要是故意杀人罪、故意伤害罪）进行了分析，发现其中因赌气而导致犯罪的有 28 名，因霸气而导致犯罪的有 28 名，因出气而导致犯罪的有 30 名，因义气而导致犯罪的有 26 名，其他情形的有 5 名。[1]因此，情绪型动机犯罪的严重性已引起了我国司法部门和有关专家的重视。对情绪型动机犯罪的研究，具有重要意义，是犯罪心理学的一个重要研究内容。

二、情绪型动机犯罪人的心理特征

（一）异常的自尊心水平

情绪型犯罪人心理常常存在偏激的情况，或是有不切实际的过高的自尊心水平，或自尊心过低，自卑感过强。自尊心过高的人，常常自视甚高，然而在实际生活中并不能事事如意，主观愿望、能力与客观实际相脱节，愈是达不到目的，自尊、成就的需要感愈是增强，形成恶性循环，最后走上以非法手段满足畸形自尊心与成就感的犯罪道路。而自尊心水平过低的人，则可能以一种过于主观的态度看待问题，如在人际交往中，对他人的言语、态度过于敏感，怀疑对方不尊重自己而造成口角纠纷以至于怀恨在心，伺机报复伤害。[2]

（二）消极的情绪情感品质

就情绪、情感本身的特点而言，情绪型犯罪的产生，与行为人情绪、情感所具有的品质有直接的关联。一般来说，这类犯罪人的情绪、情感具有以下的消极特点：

1. 不稳定性。行为人的情绪、情感经常处于不稳定状态，很容易被外界事物、事件的变化左右，对自己的感情难以调节与控制，从而时常被情绪、情感所困扰或感情用事；这种不稳定性还表现在情绪和情感在短时间内变化快，易兴奋、易被激怒，情绪爆发性强。这种情感的不稳定性，决定了行为人在遇到外界强烈刺激和挫折时，就可能产生越轨行为。

2. 高强度性。情绪型犯罪人在情绪、情感品质方面的另一个根本特点，是其消极的情绪和情感具有较高的强度，行为人常常经历着消极的情绪体验。这种特点在激情型与非激情型的犯罪人身上表现为不

---

〔1〕　罗大华主编：《犯罪心理学》，中国政法大学出版社 1999 年版，第 184 页。

〔2〕　罗大华、刘邦惠主编：《犯罪心理学新编》，群众出版社 2000 年版，第 126 页。

同的方式：激情型的犯罪人在经历消极而强烈的情绪、情感时，难以忍受，会迅速地做出侵犯性、攻击性反应，而非激情型的犯罪人对待消极而强烈的情绪、情感则能够忍受一段时间，当其积累到难以忍受的程度时才会爆发出来。

案例： 2009 年 11 月 27 日 16 时许，北京市大兴区发生一起震惊全国的灭门惨案，一家六口家中被害，最小的年龄不到 2 岁。根据犯罪嫌疑人李某的交代，其杀亲的原因源于长期的家庭积怨。李磊在家中始终不被父母认同，妻子对其强势，即使李磊在生意上较为成功，在朋友中也被认为讲义气，但由于来自家庭的压抑情绪，使其难以体验人生的成功和幸福，情绪较为消沉。根据李磊的供述，父母对他管教不严，妹妹也经常在父母面前说他坏话，婚后他与妻子也经常为琐事争吵，为此他感觉压力很大并产生了杀死家人的想法。2009 年 11 月 23 日晚，他将朋友卢某送到洗浴中心休息并约定次日一起去深圳，期间，妻子给他打电话催促他回到他父母家。回家后与妻子发生了争吵，李磊就拿刀将妻子杀死，紧接着又杀了父母、妹妹和自己的孩子。李磊在作案过程中，意识清晰，但受消极情绪的影响，在和妻子吵架后放纵了瞬间爆发的仇恨情绪，并在其支配下实施了极为丧失人性的残杀。

3. 缺乏原则的情感倾向性。情绪型动机犯罪人，在利己主义心理支配下，个人的情感总是倾向那些与自己利益有关的生活琐事，使情感的范围非常狭隘，极易与他人发生利害冲突；或者因亲情、友情而丧失原则，包庇犯罪亲友，或帮助他们窝赃、销赃。

4. 情感的肤浅性。情绪型犯罪人容易受某种社会文化影响，或受主体年龄特征支配而产生的肤浅的情感表现，如产生酒肉朋友的"哥们儿义气"，恋爱、婚姻中的迷恋、狂热之情等肤浅的情感。这种表面、肤浅的情绪情感往往促成无节制的、破坏规范的行为。

（三）挫折耐受力差

情绪型犯罪人在受到失败、挫折之后，自我对失败与挫折的心理承受能力较差，不能找到合法的摆脱挫折的途径，而是以直截了当的攻击方式解决问题，从而导致违法犯罪行为的发生。具体而言，激情型的情绪型犯罪，表现为遇到强烈刺激后就爆发剧烈的情绪、情感、迅速采取越轨行为。非激情型的情绪型犯罪，表现为因某种消极的情绪、情感累积到一定强度，而产生不良动机，导致犯罪。

三、情绪型动机犯罪的行为特征

（一）盲目性

情绪型动机犯罪人中，有相当一部分是因认知范围狭窄、缺少法律知识而犯罪，因此在行为特征上表现出盲目性的特点。如包庇、窝赃犯罪者，认为自己并没有侵犯他人利益，不过是知情不举、隐匿不报，或帮助别人寄放一些东西，不应受到刑罚处罚。

（二）冲动性

许多情绪型动机犯罪人是在激情状态下实施犯罪行为。这是因为，他们在人际冲突引起情绪上的极大变化时，难以控制愤怒情绪，导致突发的暴力犯罪行为。由于没有预先选择好犯罪目的与侵害目标，只是在偶然的强烈冲突过程中发生侵害行为，所以往往伴随着行为的残暴性，除指向直接的攻击目标外，有时还会连累其他无关的人和事物。

（三）戏谑性

青少年情绪型犯罪有时是在好奇动机支配下发生的，这使犯罪行为带有游戏性质。如某中学生用气枪从楼上往下射击行人，以观看行为人的惊慌失措为乐。这种行为特征，往往和青少年的无知、社会责任感淡薄、对他人缺少爱心与同情心有关。

（四）情绪性

情绪型动机犯罪人在实施犯罪的整个过程中，情绪和情感色彩比较突出。消极的情绪和情感作为犯罪行为的动力性因素，不仅伴随着生理状况的变化，影响着内在意识、意志的活动，而且表现在外部的表情、言语、动作和行为方面。

（五）残暴性

情绪型动机犯罪的后果是比较严重的。情绪型动机犯罪人实施的多是杀人、投毒、纵火、爆炸等暴力性犯罪行为，作案手段凶狠、残暴，对社会具有很大的危险性和破坏性，反映出其仇视社会、无视道德和法律规范、个人至上、唯我独尊、冷酷无情、凶狠残忍、阴险狡诈等个性特点。

四、几种主要的情绪型动机犯罪心理特征

情绪、情感的表现形式多种多样。不同的情绪情感形式所导致的犯罪，其心理特征有一定的差异。

(一) 反社会情感的犯罪

与社会性需要相联系的高级情感有理智感、道德感和美感等，它们对人的行为起重要的调节作用。理智感能使人从社会理性的准则出发，来调节自己的情感、情绪活动，表现为对自己的内心体验持反对、赞成、中立等不同态度。道德感能使人从社会道德的准则出发，来调节不道德的情感与冲动，如羞耻心、自尊心这类道德感能起抑制不道德的欲求的作用。美感能使人树立正确的审美观，从而能抵制低级、庸俗的文化的引诱和毒害。与上述社会性情感相对立的是反社会情感，这是违背社会需要和利益的情感。反社会情感的犯罪是严重的，如怀着对国家和人民的仇恨，进行危害国家安全犯罪活动，构成投敌叛变罪、间谍罪和窃取情报罪等；在极端利己主义道德感的驱使下，侵犯他人的人身权利，构成故意伤害罪、杀人罪和诬陷罪、诽谤罪等；由于受腐朽、没落的审美观的影响，热衷于低级、丑恶的生活方式，实施污辱妇女、强奸妇女的行为，构成聚众淫乱罪、强奸罪等。

(二) 挫折情绪状态的犯罪

犯罪人多数是那些有不良情绪倾向、易被激怒和控制力差的人，他们在挫折状态下，往往有烦恼、不满、怨恨、愤怒等较强烈的情绪体验。挫折 (frustration) 是妨碍个人进行有目的行为的客观情境和随之而产生的情绪状态。对挫折的研究发现，挫折往往会产生一种攻击驱力 (aggressive drive)，攻击驱力接着引起攻击行为。实际上，驱力就是一种具有生物本能性的行为动机。有关挫折与攻击关系的研究表明，挫折与攻击行为之间有密切的联系，挫折往往引起攻击行为，而攻击行为的产生是经攻击动机为中介的，即个人在遇到挫折时，首先产生攻击性犯罪动机，然后再产生攻击性犯罪行为。在同样的挫折情境面前，具有不同认知特征的个体和挫折应对能力的个体，会采取不同的行为反应，有人会采取攻击行为（包括直接攻击和替代性攻击，替代性攻击往往会导致系列杀人犯罪的发生），也有人会通过自我调整的心理策略而解决心理危机事件。

（三）激情犯罪

消极的激情，有时是由某种重大事件或严重挫折引起，在某些个性倾向不良的人身上，有时还可能由生活琐事引起。他们心胸狭隘，认知水平低下，遇到极小的挫折，也可能勃然大怒，或痛不欲生，悲观绝望。此时，强烈的情绪体验支配着人的行为，理智和意志失去了监督作用，导致毫无理智、不顾后果的突发性犯罪的发生。从激情爆发到违法犯罪行为的实施，往往发生在极短的时间内，表现出盲目性、冲动性、无预谋性和疯狂性等行为特点。当行为人意识恢复后，会认识到行为的严重性，但为时已晚。

所谓转向攻击，即攻击与引起挫折无关的人

（四）应激状态的犯罪

应激状态是出乎意料的紧张情况下引起的情绪状态。一般是发生在危险情境出现的条件下，为应付突然变化的情况而采取的行为方式。应激状态下的犯罪行为，有多种表现形式。如为应付危险情境下的过失造成的严重社会危害后果；防卫过当造成的过失犯罪；也可以是犯罪人在实施犯罪行为的过程中遇到被害人的顽强反抗或面临被揭露的危险时，突然发生的攻击性暴力行为。其行为多发生在出乎意料的紧迫情况下，常因暂时的意识狭窄和感知上的错误，使犯罪行为带有仓促应付、举止失措、目的不明确等特点。

（五）消极心境的犯罪

消极心境的犯罪是指行为人长期处于一种比较微弱、持久的抑郁、忧愁与不满的心理状态下，以致在某种外界刺激的引发下，长期积累的消极情绪的能量转化成为直接的犯罪动机而出现的犯罪行为。消极心境一般可使人情绪低落，对生活与事业表现出消极对抗，如消极怠工、旷课旷工、人际关系淡漠等。另一方面，行为人在消极的心境下，情绪长期处于受压抑状态，当这种压抑积累到犯罪人心理无法承受的地步，就会以爆发式的反抗行为（如毁坏财物，与他人发生言语冲突，伤害他人等）发泄出来，导致一些恶性犯罪行为的发生。

第四节　信仰型动机犯罪

一、信仰型动机犯罪概述

所谓信仰，是对某种主义、思想、宗教或迷信的极度信服和尊重，并以此作为信念来支配行动。如政治信仰、宗教信仰、思想信仰和迷信等。人除了物质需要外，还有一定的精神需要，信仰是一种重要的精神需要。个体的信仰是其精神支柱，会产生巨大的力量。落后的、反社会的信仰起着消极的、阻碍社会发展和危害社会的作用。反社会信仰可以导致反社会的行为，甚至严重地危害社会。

所谓信仰型动机犯罪，是指由反社会的信仰引起的犯罪。由于信仰型犯罪的特殊性，它在犯罪心理学的分类研究中，有不可忽视的意义。

信仰型动机犯罪，在我国主要表现为政治信仰型犯罪和封建迷信信仰型犯罪。

因政治信仰引起的犯罪，在我国具体表现为危害国家安全罪。其中，出于反动的政治信仰动机的只是一小部分，多数人是出于追求物质利益和追求寄生、腐朽的生活方式的动机。封建迷信信仰型犯罪是另一种常见的信仰型犯罪。在我国，封建迷信作为一种落后现象，在农村或边远地区文化层次低、愚昧无知的人群中仍有一定的市场。在封建迷信思想影响下，犯罪人由于愚昧落后意识的支配，自觉或不自觉地实施伤害、杀人、放火、投毒等危害严重的犯罪行为。

需要注意的是，信仰犯罪并不是因为信仰而入罪，信仰本身并不是犯罪。马克思曾经指出："我只是由于表现自己，只是由于踏入现实的领域，我才进入受立法者支配的范围。对于法律来讲，除了我的行为以外，我是根本不存在的，我根本不是法律的对象。我的行为是我同法律打交道的唯一领域，而且因此我才受现行法的支配。"[1]信仰自由是公民的一项基本权利。但是，如果因为信仰某种"教义"或"理论"而导致了社会危害性，一旦这种危害性达到触犯刑法的严重程度，便构成了犯罪。

如自身受到侵害和袭击时的本能的自卫行为，就是一种应激反应。这是因为犯罪人对突然出现的危险没有心理准备而产生的强烈恐惧感，导致其知觉和思维活动障碍

---

〔1〕《马克思恩格斯全集》第 1 卷，人民出版社 1956 年版，第 16 ~ 17 页。

二、信仰型动机犯罪人的心理特征

（一）政治信仰型动机犯罪人的心理特征

1. 严重的反社会认识。危害国家安全犯罪人具有严重的反社会认识，具体表现如下：①认识的片面性。把社会主义初级阶段存在的某些社会弊病和腐败现象无限夸大，陷入信仰危机，形成社会主义不如资本主义的观念。②思想的反动性。表现为攻击、反对社会主义制度，企图动摇四项基本原则。③自我中心。反社会的自我意识十分强烈，把自我突出到凌驾于社会之上的地位。有的因自我受挫，从而形成反抗意识，有的具有狂妄的自我意识。

2. 强烈的反社会情感。情感方面表现为强烈的反社会情感，并且情感具有较大的隐蔽性。

3. 意志特征的两极性。危害国家安全犯的意志活动具有明显的两极性：积极的、社会性意志薄弱，反社会和危害国家安全行为的意志顽固、坚决。其中一些人，在反动的政治信仰之外，同时又经不起物质利益的诱惑，表现出意志薄弱的一面，另一方面在实施危害国家安全活动的过程中，又表现出反动立场的顽固性和实施犯罪行为的坚决性。

4. 动机的反社会性。就政治信仰型动机而言，或者是出于反动的政治需要，或者是出于反社会的自我实现的需要，或者是出于报复社会的需要，或者几方面兼而有之，这是一种有严重危害的犯罪动机。

（二）封建迷信信仰型动机犯罪心理结构特征

1. 错误的认知。犯罪人认知的迷信色彩十分浓厚。他们崇尚鬼神，深信超自然力量，对传播封建迷信的"人间神"顶礼膜拜。存在着混乱的逻辑思维，带有明显的唯心主义的特征。具有这种特点的犯罪人，多为文化层次较低者、分辨与判断力较差者，他们在很大程度上无意识、潜意识地屈服于封建迷信意识的力量，使封建迷信成为危及他人、社会与其本人的工具，如迷信风水，认为对方房屋破坏了自己的风水，由此引起报复之心纵火焚烧他人房屋；又如相信算命，轻信"命相相克"之说，害怕自己被"克死"而下毒手把自己的亲人害死。

2. 情绪情感的狂热性。封建迷信犯罪在迷信极致时，往往具有虔诚、畏惧的狂热的特征，即最大限度的紧张和强烈深刻的内心体验的状态。这些体验使个体脱离周围现实，并使其内心的强烈体验转向幻想的客体；从行为上则表现为接近、依恋、痴迷，甚至与神融为一体。他们在情感上对神明绝对信服、崇敬，不允许他人不信任或亵渎自己信服的"神"。

3. 坚定的犯罪意志。犯罪人的意志十分坚定，主要表现在需要克服自己内心的障碍，明知道违背常理和生活知识，却非要坚持做下去，以"心诚则灵"作为精神支柱，希冀取得有利于己的结果。

4. 动机的荒谬性。迷信信仰型犯罪人的动机往往充满荒谬的色彩，其追求的是一种脱离现实的神秘感的满足。这种犯罪人往往具有某种人格或精神障碍，可能伴有妄想症状。主动型迷信犯罪人不一定相信封建迷信，而只是以其为幌子，追求其他的目的。

三、信仰型动机犯罪的行为特征

（一）政治信仰型犯罪的行为特征

1. 行为实施方式的智能性。政治信仰型犯罪，采用智力的方式进行危害国家安全的活动是一种重要的犯罪方式。其智能性质主要表现在鼓吹反动的思想、理论，采取秘密的手段窃取情报资料和应用现代科学技术等方面。

2. 行为方式的暴力性。政治信仰型的犯罪，往往采用暴力方式实施犯罪行为，但与一般刑事犯罪的使用暴力有所不同：①犯罪目的不同。如武装叛乱、暴乱过程中，往往同时会发生杀人、伤人、放火、破坏交通工具或交通设施等犯罪行为，但这些犯罪是以推翻人民民主专政的政权为目的，与一般的杀人、伤人、放火等侵犯公民人身权利或危害公共安全的犯罪目的是不同的。②暴力程度不同。危害国家安全罪的暴力比一般刑事犯罪的暴力要强烈得多，如为敌人指示轰击目标、组织、策划、实施武装叛乱或进行其他危害国家安全的行为，其使用暴力的严重程度是一般刑事犯罪所不能比拟的。③暴力危害性不同。危害国家安全罪的暴力活动比起一般刑事犯罪来，其后果要严重得多，有特别的危害性，因为其侵犯的客体是人民民主专政的国家政权和社会主义制度，是从根本上反对社会主义以及危害国家安全。

3. 犯罪行为的集团性。危害国家安全的犯罪，一般是以集团的形式实施的，其组织一般较为严密，有组织名称，有职务分工，有内部纪律，有纲领，参加的成员都有共同的反动政治信仰，有时也有一些受蒙蔽、不明真相的群众被裹胁其中。危害国家安全的犯罪集团的犯罪活动主要有：组织、策划、实施武装叛乱或武装暴乱，与境外机构、组织、个人勾结，为境外的机构、组织、人员窃取、刺探、收买、非法提供国家秘密或情报等。在司法实践中，危害国家安全集团与一般刑事犯罪集团不同，是共同犯罪中危害最大的一种犯罪集团。

4. 犯罪行为的狡猾性。危害国家安全犯罪行为的实施善于伪装和隐蔽，采用多种狡猾手段。如境外间谍机关利用我国改革开放之机，派人以合法身份混入境内；以金钱、女色、名誉、地位等来动摇一些出国人员的政治信仰，从而收买、利用他们；打着进行经济、文化交流的幌子，刺探机密、搜集情报；国内某些人利用社会主义社会的某些阴暗面和问题，完全否定和恶毒攻击社会主义制度；有的人利用暗语密码秘密与境外间谍机构勾结；有的人秘密结社立党，成立反国家、反社会组织，妄图长期潜伏，阴谋颠覆国家政权；有的人利用宗教信仰掩盖其反动政治信仰，蒙骗群众参加危害国家安全的犯罪活动，等等。

5. 犯罪行为的预谋性。危害国家安全的犯罪都有预谋性，事先有较详细的计划，对怎样作案、怎样逃匿等进行了充分考虑和准备。特别是政治信仰型的危害国家安全的犯罪人，他们有一定的文化水平，明确意识到自己行为的严重性，从产生犯罪动机到确定犯罪目的，不是盲目行动，也不是感情冲动，而是在反动政治信仰支配下，经过深思熟虑的。他们实施危害国家安全的行为，犯罪预备十分谨慎，常常从精神上、物质上作好准备，并且在实施犯罪活动的同时，做出逃亡国外或境外的安排。因此，危害国家安全犯罪极少有机会犯和激情犯。

6. 犯罪行为的疯狂性。危害国家安全犯罪人十分狂妄，他们的反动政治信仰往往与其政治野心结合在一起，过高地估计自己的力量。这种疯狂性还表现为其行为的残忍、不计后果。

7. 犯罪行为的模仿性。危害国家安全犯罪人为了使其行为得以顺利实施，往往要对国内外相关方面的"事例"和经验进行学习，在行为目标的选择、作案方式和手段的确定等方面进行模仿。这种情况在年轻的危害国家安全的犯罪人中尤为明显。

（二）封建迷信信仰型犯罪的行为特征

1. 犯罪行为的迷信色彩。封建迷信信仰型犯罪，其行为带有浓厚的迷信色彩。犯罪行为与迷信行为结合在一起，而且多数犯罪行为是在迷信行为的幌子下实施的。这种情况主要有两种：①犯罪行为是受封建迷信的思想观念影响而发生的；②犯罪行为是在巫婆、神汉等的主谋、指使下实施的，是共同犯罪行为。

2. 犯罪行为的公开性。此种犯罪行为的现实性表明它是一种客观的犯罪行为，而隐藏在行为背后的精神上的虚幻性又欺骗着犯罪人自身，使其相信是超自然力量的行为。封建迷信信仰型犯罪，行为侵害的目标常常是自己的亲人或其自身，行为的实施在许多场合下又是公开的，明明是在实施犯罪的行为，而犯罪人却执拗地认为是在进行拯救他人及自身的活动。

3. 犯罪行为的狂暴性。由于迷信的作用，个体在实施犯罪行为时显得十分狂热，似乎有一种不可阻挡之势，残忍施暴，造成的危害结果往往相当严重，如把自己的亲人活活用棍棒打死、用针扎死，甚至不顾家人的反抗，将其活埋致死。

第五节　集合型动机犯罪

一、集合型动机犯罪概述

集合型动机犯罪是物欲型动机犯罪、性欲型动机犯罪、情绪型动机犯罪和信仰型动机犯罪等的复合或综合，它的产生及其心理、行为特征是十分复杂的。

> 又称复合型动机犯罪或综合型动机犯罪

（一）集合型动机犯罪的概念

集合型动机犯罪是由物欲、性欲、情绪和信仰等动机中的两种或两种以上的动机的集合所导致的犯罪，往往以其中一种动机为主，其他动机为辅。这是一种动机重叠的现象，常常是某一个动机出现在先，别的动机追随于后，经过一定的组合后作为集合性动机推动犯罪行为的发生。这种动机的集合，既可以导致一种犯罪行为，也可以导致多种犯罪行为。集合型动机犯罪通常要比单一型动机犯罪具有更严重的社会危害性。

（二）常见类型

在司法实践中经常可以看到，一种犯罪行为既可以由一种动机引起，也可以由两种或两种以上的动机引起。如出于对财物的需要和报复动机而实施盗窃行为，出于性冲动和好奇心动机而实施强奸，出于仇恨社会主义制度和追求腐朽生活方式的动机而实施危害国家安全的犯罪行为等等。这是集合型动机犯罪的简单形式。两种以上的动机引起两种以上的犯罪行为，是集合型动机犯罪的复杂形式。从我国的司法实践中遇到的实际情况看，复杂形式的集合型动机犯罪主要有以下几种类型：

1. 危害国家安全犯罪兼一般刑事犯罪。某些犯罪人除犯有危害国家安全罪外，还兼有其他刑事犯罪。危害国家安全犯中的不少人就是由其他刑事犯罪人演变而成的。普通刑事犯罪人受到法律惩罚后，不满和反抗心理严重滋长，进而仇恨社会主义制度，把矛头指向人民民主专政的国家政权和社会主义制度，疯狂地进行危害国家安全的行为及盗窃、抢劫、杀人、强奸等其他刑事犯罪活动。同时，相当多的危害国家安全犯罪人，他们的反动政治信仰是与追求腐朽的生活方式结合在一起的，这些人既进行危害国家安全的犯罪活动，同时又实施其他刑事犯罪行为。

2. 强奸兼杀人犯罪。即性欲型动机犯罪与情感型动机犯罪的结合。往往是犯罪人在对妇女实施强奸时，遭到对方的拒绝和反抗，变得恼羞成怒，进而对妇女施行暴力，将被害人杀死；或者是犯罪人在实施强奸行为之后，因害怕被害人报案，而将被害人杀人灭口。这种案件比一般的强奸案件严重得多。

多发生在一些青少年犯罪人身上

3. 盗窃、抢劫兼杀人犯罪。即物欲型动机犯罪与情感型动机犯罪的结合。如盗窃犯入室行窃，意外地遇事主回来，或被其他人发觉，害怕被人抓住，于是行凶杀人；抢劫犯在拦路抢劫或入室抢劫过程中，遭到被害人的强烈反抗而杀人，或是入室抢劫的犯罪人，抢劫后杀人灭口，企图销毁罪证。

在城市中，这类盗窃杀人、抢劫杀人等重大案件有增加的趋势

4. 盗窃、抢劫兼强奸犯罪。即物欲型动机犯罪与性欲型动机犯罪的结合。通常情况是盗窃犯在入室行窃时见到熟睡妇女而产生性动机，随即实施强奸；或是抢劫犯在实施抢劫时，见到被害人年轻貌美，产生性动机而强奸妇女。犯罪人如果在实施强奸时遇到被害人反抗，就可能进一步对被害人行凶，甚至杀害对方，这就构成了三种犯罪行为。

多种指向性，即指犯罪行为不限于特定类型

5. 盗窃、聚众斗殴团伙犯罪。多由一些青少年惯犯、累犯组成，其犯罪行为呈多种指向，具有多方面的社会危害性。

二、集合型动机犯罪人的心理特征

复杂形式的集合型动机犯罪和简单形式的集合型动机犯罪相比，其心理结构特征也要复杂得多，主要表现在下列几个方面：

（一）动机斗争的复杂性

兼有两种以上不同犯罪类型的犯罪人，在动机斗争方面表现得更加复杂。一种情况是，在实施某种犯罪行为的过程中，一种动机派生出另一种动机，产生了犯罪动机的转移，导致另一种犯罪行为。后产生的犯罪动机通常是在遇到犯罪情境的变化时发生的，不是预先就存在的。另一种情况是，在实施某种犯罪行为后，经过一段时间的间歇，再产生另一种犯罪行为。这样，第一次犯罪行为的经历要影响到第二次犯罪行为的动机斗争。如果第一次犯罪行为实施得较顺利，满足了其反社会需要，实际上是对犯罪动机起了强化作用，使第二次犯罪行为的动机迅速形成，减少了反对动机的力量。这时犯罪动机的产生，往往要借助于第一次犯罪经验的作用。

（二）犯罪体验的综合性

犯罪体验是犯罪人通过实施犯罪行为所形成的一种内心体验和心理痕迹。不同的犯罪体验对主体的认识、情绪情感、意志、性格等方面会产生不同的影响。不同的犯罪行为会使犯罪人产生有差别的犯罪经验；犯罪行为的类型不同，犯罪经历的有无，影响着犯罪体验的内容差别和程度深浅。具有不同犯罪体验的犯罪人，在心理和行为上表现出明显的差异性。复杂形式的集合型动机犯罪，因其兼有两种以上不同类型的犯罪行为，所以犯罪体验从广度和深度方面都较之单一型动机犯罪和简单形式的集合型动机犯罪更复杂、更深刻，而且具有更严重的主观恶性。

（三）反社会个性进一步发展

1. 反社会意识日益强烈。集合型动机犯罪人自我中心的观念支配一切，无视社会道德和法律规范，为了追求自我的满足，恣意侵犯他人、集体和国家利益；同时，他们具有稳定的犯罪观，认为"犯罪有理"，"不偷不抢活不下去"等，正是在这些具体的、形象的犯罪观支配下，促使他们继续作案。

2. 反社会需要多方向性发展。这类犯罪人的需要不仅具有明显的反社会性质，而且内容上是多种多样的。不同内容的反社会需要混合在一起，使反社会需要从结构上变得更加稳固。

3. 消极的情绪情感和意志品质的增长。这类犯罪人具有自卑、冷酷、残忍、自私等多种消极情绪情感，缺少爱国主义、民族自尊心、友谊和同情等常人具有的道德情感。意志方面表现为难以根据社会要求来控制和调节自己的心理和行为。意志薄弱的特征是他们继续犯罪的一个重要心理因素。

4. 社会不适应性增强。反社会性的一个重要标志是不能适应社会生活环境,以至于必然走上犯罪道路。兼有两种以上不同类型犯罪行为的人,对社会生活环境越来越不能适应,往往存在着仇视社会的阴暗心理,标志着他们反社会个性的加深和难以矫治。

5. 不良习惯的加深和巩固。犯罪行为的发生与主体沾染的不良习惯有关,如不少盗窃犯在早年生活中有贪小便宜、小偷小摸的恶习,其盗窃行为正是在这种不良习惯的基础上发展起来的。兼有两种以上不同类型犯罪行为的人,一方面原有的不良习惯会继续发展,变得更加牢固;另一方面还会沾上新的不良习惯,形成多种多样的恶习,如见物即偷、说谎成癖等。这类不良习惯已成为反社会个性的一个有机组成部分。

三、集合型动机犯罪的行为特征

集合型动机犯罪,从犯罪目标、犯罪时间、前后两罪的关系、犯罪的组织形式、社会危害性等方面考察,其行为具有下列特征:

(一)犯罪行为侵害对象特征

实施两种不同类型的犯罪行为,既可以侵害同一个对象,也可以侵害两个或两个以上不同的对象。例如,某犯罪人在对被害妇女实施强奸后,抢走被害人的手表和金戒指。这里,犯罪人实施强奸和抢劫两种犯罪行为,侵害的对象是同一被害妇女。又如,某犯罪人夜里潜入某商店行窃后,归来途中遇到某个单身女性,遂实施了强奸犯罪行为。该犯实施的强奸和盗窃两种犯罪行为,侵害的是两个不同对象。

> 强调侵害对象可以是两个或两个以上不同的对象

(二)实施犯罪行为的时间特点

实施两种以上不同类型的犯罪行为,从作案时间看,主要有下列几种情形:①犯罪人在实施某种犯罪行为达到了预期目的以后,又去实施另一种犯罪行为;②犯罪人在某种犯罪的预备阶段,就发生了另一种犯罪行为;③犯罪人在着手实行某一种犯罪行为过程中,同时实行另一种犯罪行为,如在调戏、侮辱妇女时,遭到过路人的干涉,于是恼羞成怒,将路人殴打致伤。

（三）两种以上不同类型犯罪之间的关系

实施两种不同类型的犯罪行为，前后两种犯罪行为可能是无联系的，也可能是有一定联系的。犯罪人在实施某种犯罪既遂后，产生另一种犯罪动机，实施了其他犯罪行为，如盗窃大宗款物之后，为了逃往国外而与境外机构挂钩联系。盗窃与危害国家安全行为之间没有必然联系，这就是无联系的前后两种犯罪。至于有联系的前后两种犯罪的实施，在司法实践中也经常发生。一种是犯罪人实施某种犯罪行为后，为了掩盖犯罪痕迹，而实施另一种犯罪，如犯罪人抢劫后杀人、强奸后杀人等。另一种是犯罪人在实施某种犯罪行为时，遇到了新的刺激，因而进行另一种犯罪行为，如犯罪人黑夜入室行窃时，突遇婴儿啼哭，唯恐被人察觉，于是上前将婴儿掐死；又如犯罪人在抢劫财物时，见被害人年轻貌美，就进行奸污。这种联系表明，后罪的产生是与前罪相关的。

（四）犯罪的组织形式

实施两种不同类型的犯罪行为，有单独作案的形式，也有共同犯罪的形式。共同犯罪的形式，要比单独作案的形式复杂，其危害也大得多，至于犯罪团伙和犯罪集团，实施两种不同类型的犯罪行为，在司法实践中就更为普遍了。

（五）犯罪行为的社会危害性

实施两种不同类型的犯罪行为，通常要比某种单一类型犯罪行为的危害性严重，尤其是两种不同类型犯罪行为的实施是属于犯罪动机的恶性转化，其造成的危害结果更加严重。因此，对实施多种犯罪的犯罪人，实行数罪并罚的刑罚制裁也较重。

□小　结

本章着重分析了物欲型动机、性欲型动机、情感型动机、信仰型动机、集合型动机犯罪的概念、心理特征和行为特征。

一、物欲型动机犯罪

（一）物欲型动机犯罪人的心理特征

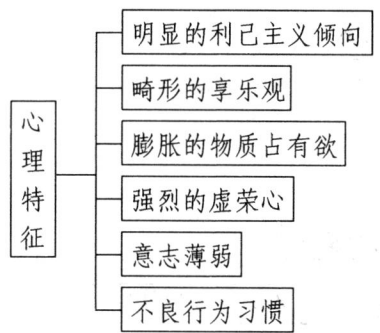

心理特征
- 明显的利己主义倾向
- 畸形的享乐观
- 膨胀的物质占有欲
- 强烈的虚荣心
- 意志薄弱
- 不良行为习惯

（二）物欲型动机犯罪的行为特征

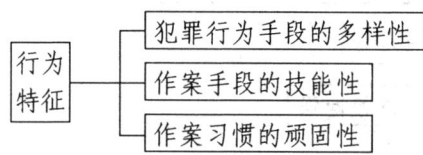

行为特征
- 犯罪行为手段的多样性
- 作案手段的技能性
- 作案习惯的顽固性

（三）几种主要的物欲型动机犯罪人的心理特征

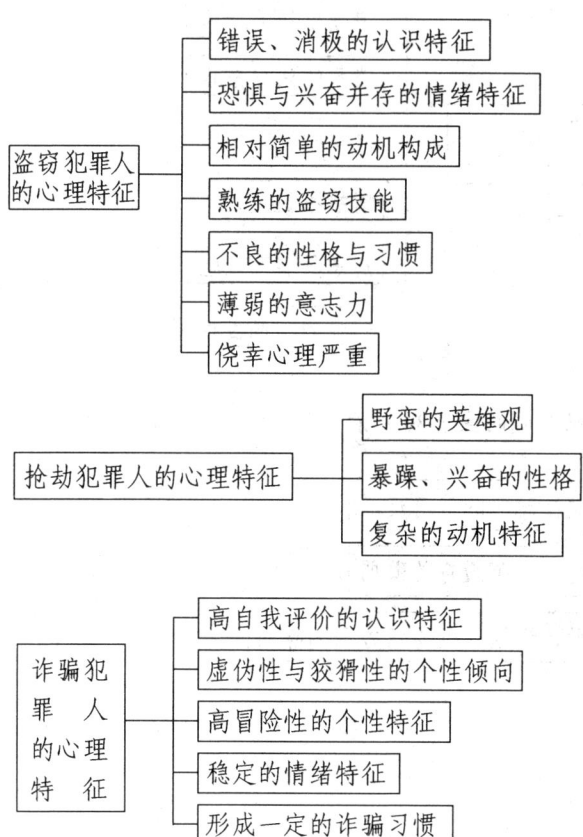

盗窃犯罪人的心理特征
- 错误、消极的认识特征
- 恐惧与兴奋并存的情绪特征
- 相对简单的动机构成
- 熟练的盗窃技能
- 不良的性格与习惯
- 薄弱的意志力
- 侥幸心理严重

抢劫犯罪人的心理特征
- 野蛮的英雄观
- 暴躁、兴奋的性格
- 复杂的动机特征

诈骗犯罪人的心理特征
- 高自我评价的认识特征
- 虚伪性与狡猾性的个性倾向
- 高冒险性的个性特征
- 稳定的情绪特征
- 形成一定的诈骗习惯

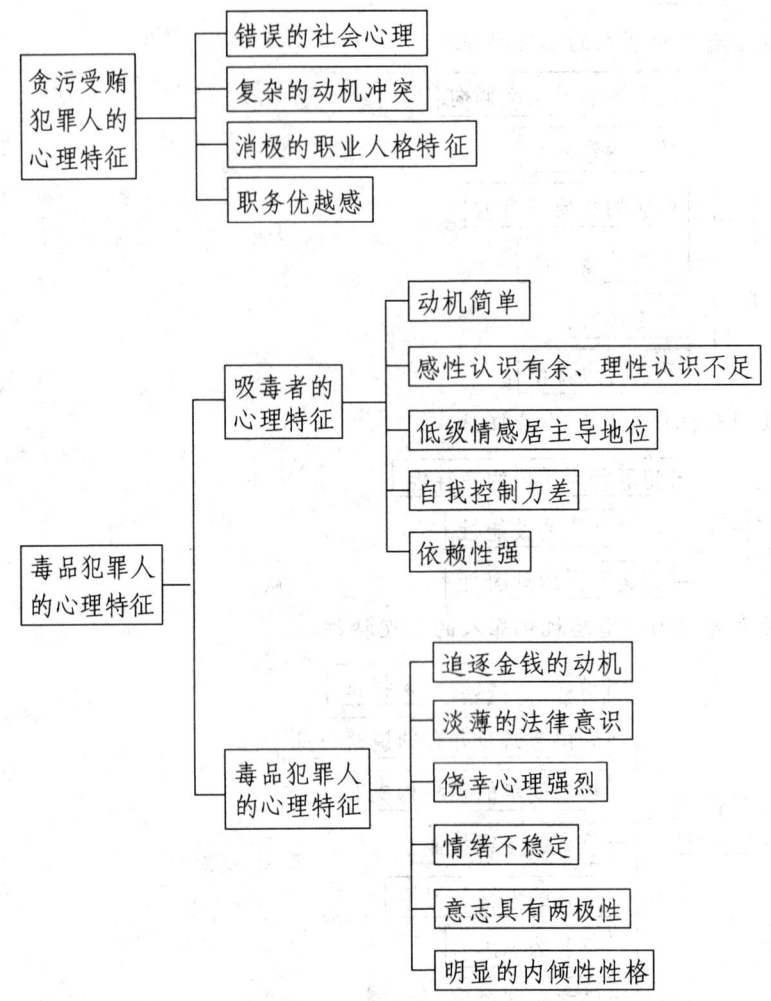

二、性欲型动机犯罪

（一）性欲型动机犯罪心理形成的主客观因素

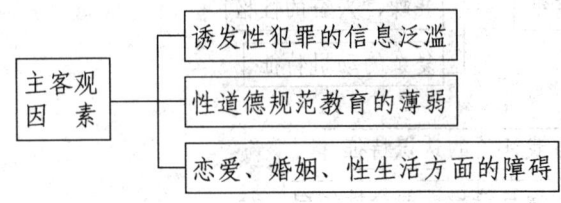

（二）性欲型动机犯罪人的心理特征与行为特征

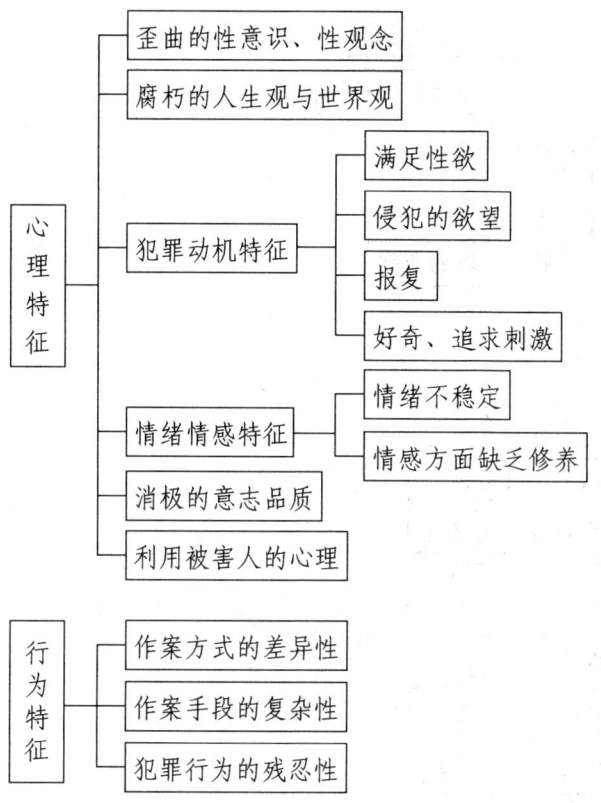

三、情绪型动机犯罪

（一）情绪型动机的概念

情绪型动机是指心理的或心理社会的动机，是以非生理变化为特征而以社会交往需要为基础的动机。

（二）情绪型动机犯罪人的心理特征和行为特征

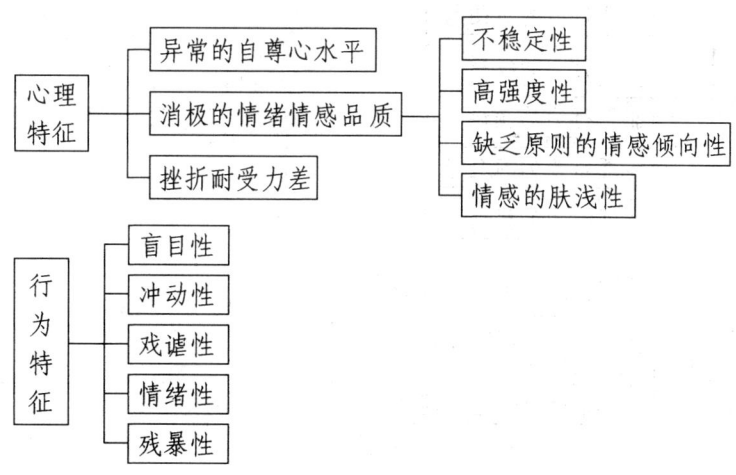

（三）几种主要的情绪动机犯罪心理特征

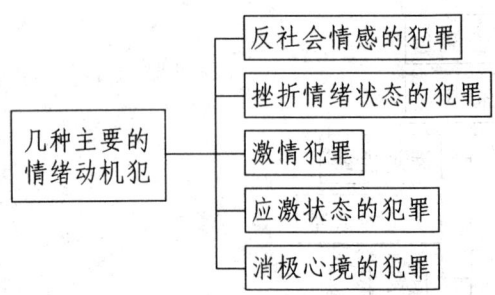

四、信仰型动机犯罪

（一）信仰型动机犯罪人的心理特征

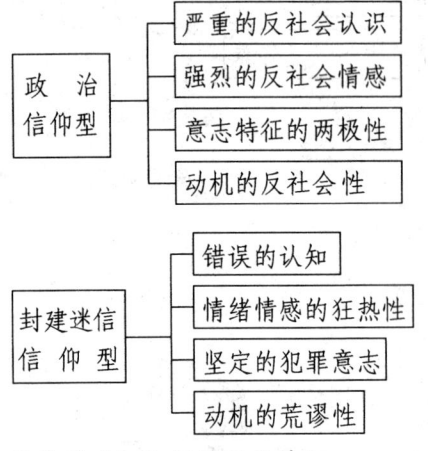

（二）信仰型动机犯罪的行为特征

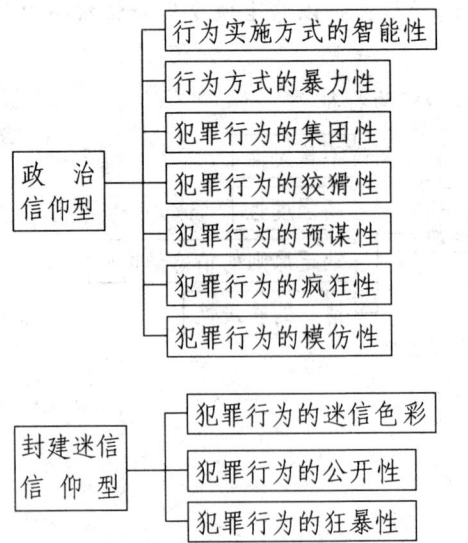

五、集合型动机犯罪

（一）常见类型

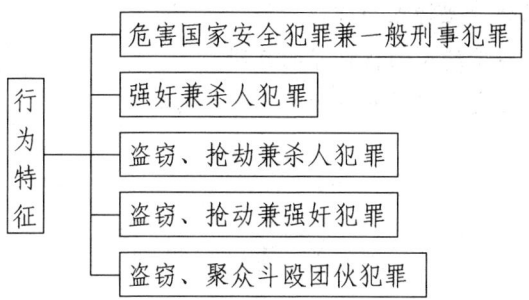

行为特征
- 危害国家安全犯罪兼一般刑事犯罪
- 强奸兼杀人犯罪
- 盗窃、抢劫兼杀人犯罪
- 盗窃、抢动兼强奸犯罪
- 盗窃、聚众斗殴团伙犯罪

（二）集合型动机犯罪人的心理特征和行为特征

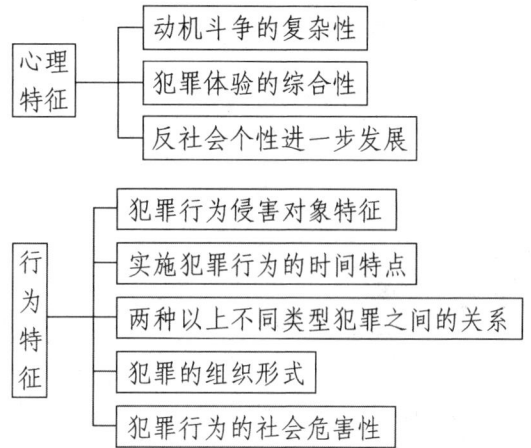

心理特征
- 动机斗争的复杂性
- 犯罪体验的综合性
- 反社会个性进一步发展

行为特征
- 犯罪行为侵害对象特征
- 实施犯罪行为的时间特点
- 两种以上不同类型犯罪之间的关系
- 犯罪的组织形式
- 犯罪行为的社会危害性

□练习与思考

一、名词解释

1. 物欲型动机犯罪

2. 性欲型动机犯罪

3. 情绪型动机犯罪

4. 信仰型动机犯罪

5. 集合型动机犯罪

二、简答题

1. 简述抢劫犯罪人的心理特征。

2. 简述贪污受贿犯罪人的心理特征。

3. 简述毒品犯罪人的心理特征。

4. 简述性欲型动机犯罪心理特殊性的表现。

三、论述题

1. 试比较几种物欲型动机犯罪的心理特点和行为特征。

2. 试比较激情状态的犯罪与一般情绪型动机犯罪的异同。

3. 试比较信仰型动机犯罪与其他类型犯罪的心理特点和行为特征。

第六章

未成年人犯罪心理

■学习目的和要求

通过本章学习，要求学生
● 重点掌握：未成年人犯罪心理的成因。
● 掌握：未成年人犯罪的心理特点和行为特征。
● 一般了解：当前我国未成年人犯罪的概况；当前国外青少年犯罪研究概况。

第一节　我国未成年人犯罪的概况

未成年人犯罪，通常也被称为青少年犯罪（juvenile delinquency），是一个相对模糊的概念，泛指法学、社会学、心理学以及临床上标定的一系列违反法律法规的行为。

法学上，未成年犯罪人指未满 18 周岁的犯罪人。我国《刑法》第 17 条明确规定，已满 16 周岁的人犯罪，应当负刑事责任。已满 14 岁不满 16 周岁的人，犯故意杀人、故意伤害致人重伤或者死亡、强奸、抢劫、贩卖毒品、放火、爆炸、投毒罪的，应当负刑事责任。已满 14 周岁不满 18 周岁的人犯罪，应当从轻或者减轻处罚。因不满 16 周岁不予刑事处罚的，责令他的家长或者监护人加以管教；在必要的时候，也可以由政府收容教养。而国外某些法学上的界定与我国又有区别，以美国为例，某些州法律上界定的青少年犯罪也包括身份犯（status offense），即并不违反刑法但对于青少年来说是禁止的行为，如逃学旷课、离家出走、违反宵禁令等。

社会学上的青少年犯罪是指青少年所做出的一系列不当行为，如攻击、盗窃、破坏财务、毒品滥用、逃学等。这些行为可能被警察发现也可能不会，社会学所界定的青少年犯罪一般被送到社区服务或少年法庭接受惩罚。

国外心理学上把青少年犯罪界定为一种品行障碍和反社会行为。品行障碍（conduct disorder，CD）是诊断术语，指那些习惯化的品行不端的行为，如盗窃、纵火、离家出走、逃学、虐待动物、经常性说谎等。临床上的反社会行为（antisocial behavior）是指那些更为严重的习惯性不良行为，尤其指那些给社会和他人造成直接伤害的行为。需注意的是，反社会行为并不等同于反社会人格障碍。

一、我国未成年人犯罪显上升的趋势

自 20 世纪 80 年代以来，我国的未成年人犯罪越来越严重，早已成为群众极为关心、迫切希望解决的社会问题。统计表明，我国未成年人犯罪呈现上升趋势。①犯罪总数不断增加，未成年犯罪占刑事犯罪的比率维持在较高水平。2001～2011 年全国法院判处的未成年犯占全部犯罪和青少年罪犯的比例，见下表 1。[1]②未成年人犯罪占刑事犯罪的比率从 2005 年达到高峰后虽有所回落，但变化不大，一直维持在较高水平。1999～2008 年全国法院判处未成年人犯罪占刑事犯罪的比率如下：1999 年占 6.64%，2000 年占 6.52%，2001 年占 6.68%，2002 年占 7.13%，2003 年占 7.93%，2004 年占 9.17%，2005 年占 9.81%，2006 年占 9.41%，2007 年占 9.39%，2008 年占 8.82%。

表 1　2001～2011 年全国法院判处的未成年犯占全部犯罪和青少年罪犯的比例

年份	未成年犯人数（人）	比上年升降比例（%）	占全部犯罪的比例（%）	占青少年犯罪的比例（%）
2001	498 83	19.6	6.68	19.68
2002	500 30	0.29	7.13	22.75

---

〔1〕　靳高风、解希红："当前我国未成年人犯罪发展趋势"，载《山东警察学院学报》2013 年 9 月第 5 期。

续表

年份	未成年犯人数（人）	比上年升降比例（％）	占全部犯罪的比例（％）	占青少年犯罪的比例（％）
2003	58 870	17.67	7.93	25.41
2004	700 86	19.05	9.17	28.16
2005	826 92	17.99	9.81	28.98
2006	836 97	1.22	9.41	27.57
2007	875 06	4.55	9.39	27.66
2008	888 91	1.58	8.82	27.60
2009	776 04	-12.69	7.78	25.69
2010	681 93	-12.13	6.77	23.68
2011	672 80	-1.33	6.40	23.82

二、我国未成年人犯罪特点

近年来，我国未成年人犯罪主要有以下特点：

（一）未成年人犯罪类型主要集中在抢劫、抢夺、盗窃、故意伤害、故意杀人、强奸、寻衅滋事和聚众斗殴等罪名

最近几年来，未成年人犯罪行为的暴力化越来越严重。小偷小摸、一般的打架斗殴明显减少，代之以故意伤害、抢劫、强奸、甚至故意杀人。而且手段凶狠，动辄持刀行凶、不计后果。这些犯罪的暴力程度加深，主观恶性加强，社会危害性并不少于成人犯罪。据中国预防青少年犯罪研究会发布的《2010年我国未成年犯抽样调查报告》对未成年犯罪名统计显示，抢劫近60％，盗窃近20％，抢夺、抢劫、盗窃等侵犯财产罪占未成年人犯罪总数的60％～80％。根据中国青少年犯罪研究会2009年的调查发现，未成年人实施抢劫、强奸、绑架、故意伤害、故意杀人和聚众斗殴等严重暴力犯罪数量上升，未成年犯罪人被判处10年以上有期徒刑、无期徒刑甚至死刑的数量增多。

（二）模仿成人作案，性质趋于严重

模仿成人作案表现为智能性、暴力性和预谋性犯罪在增加，从而使犯罪性质更为严重。过去，未成年人作案手段是采取原始的、简单

我国未成年人犯罪的13个特点说明未成年人犯罪的严重性、复杂性

的手段，如扒窃、顺手牵羊、挖洞、钻门窗、翻墙入院、撬门扭锁；如今，未成年人作案也开始采取快速、科学、技术的手段，如开车行窃、麻醉、移尸、破坏现场，使用玩具枪、猎枪，蒙面、戴手套、绑架、写恐吓信等。这些都具有成人作案的特点。成人的特点主要表现为预谋型的犯罪增多，作案前的规划能力和作案后的反侦查能力突出。例如，某市先后发生 32 起不满 14 岁的小学生绑架敲诈杀人的恶性案件。一个 13 岁的 6 年级学生绑架杀害了幼女崔某，并给被害人家长写恐吓信敲诈巨款，之后被送进工读学校。在工读学校放假期间，又劫持一名 10 岁学生，在自己家中将被害人摧残。某中学一名 13 岁学生假冒居民女儿的同学，骗开家门，入室后用刀逼迫，企图实施强奸，被害人在反抗中被该未成年人刺中 4 刀。这与青少年的成熟期提前、犯罪年龄前倾相一致。随着人们的物质和精神生活的丰富，青少年智力水平有较大提高，再加上网络通讯的便捷，当前未成年犯罪日益成人化和智能化。近年来开始出现利用计算机网络诈骗，危害计算机网络安全的青少年犯罪。[1]

（三）流窜犯罪比较严重

2005 年 3 月至 5 月，南京市鼓楼区检察院对该区看守所所有在押的未成年人进行了一次历时 2 个月的大调查，调查数据显示，在押未成年人中，16 ~ 17 岁的未成年人最多。虽然案发前其居住地在南京，但这些未成年在押人员有一半以上是流动未成年人，父母均不在南京或父母均为流动人口，在南京工作 5 年以上者。

（四）团伙犯罪突出

团伙犯罪是未成年人犯罪的一大特点。这些未成年人往往纠合成群，少则两三人，多则七八人，出于"哥们儿义气"，共同作案，盗窃抢劫，打架斗殴，随意滋事。他们之所以选择团伙作案，主要是由其年龄特点决定，一方面他们需要在同辈群里寻找认同，另一方面由于生理、社会成熟度不高，不易单独完成犯罪活动。据中国预防青少年犯罪研究会发布的《2010 年我国未成年犯抽样调查报告》显示，共同犯罪现象突出，84.2% 未成年犯属于"共同犯罪"。其中，人数为 2 ~ 6 人的团伙占 75% 以上，7 ~ 12 人的团伙占 15% 以上。

---

[1] 张利兆主编：《未成年人犯罪刑事政策研究》，中国检察出版社 2006 年版。

（五）犯罪前主要为农民、辍学无业者和学生

某市未成年人犯管教所，近 10 年收押的未成年人犯中三者合计占收押总数的 95.84%，辍学无业者占总数的 21.94%，学生占总数的 13.42%。有的统计表明，近 4 年间，中、小学生犯罪平均增长率为 18.2%。临邑县检察院对 2000 年至 2003 年所办理的未成年人犯罪案件进行了统计调研，发现 2003 年办理的未成年人犯罪案件占历年总数的 60%。其中，农民身份的未成年人犯罪案件占全部青少年人犯罪案件总数的 97%。2005 年，上海中心城区未成年犯罪嫌疑人身份特征分析表明，无业占 58.87%，学生占 21.67%，农民占 17.49%。[1]

（六）低学历者多

据中国预防青少年犯罪研究会发布的《2010 年我国未成年犯抽样调查报告》显示，在该次调查的 1226 名未成年犯中，初中以下学历占 75.5%，其中"初中没毕业"占 52.3%，"小学没毕业"占 14.3%，"初中毕业者"占 13.8%，"高中或中专没有毕业"占 8.49%，"高中或中专毕业"占 1.79%，"文盲"占 0.98%。[2]据海南省公安厅统计，2009 年 1 月至 2010 年上半年，全省共抓获各种刑事犯罪嫌疑人中，未满 18 岁和 18～25 周岁分别占总数的 8.5% 和 36.9%，两项合计占总人数的 45.4%；初中、小学学历和文盲的占 93.8%。2009 年以来所破获的"民转刑"命案涉及犯罪嫌疑人中，18 岁以下未成年人占 15.1%，25 岁以下占 45.9%；初中以下文化程度占 93.9%，其中小学、文盲就占 44.8%。可见，未成年人犯的文化程度大多为初中以下学历。

（七）有劣迹史的多

有一份调查显示，在被调查的 1745 人中，6～9 岁的 470 人，占 26.9%；13～15 岁的 544 人，占 31.2%；16 岁以上的 450 人，占 25.8%，15 岁以下干坏事的占 74.2%。所干坏事中，以小偷小摸的比例最高，占 40.7%；打架骂人的占 20.8%；常逃学的占 15.3%。

（八）犯罪年龄有降低的趋势

据最高人民法院统计，1999 年至 2005 年全国各级法院少年法庭共

〔1〕　江志华："上海中心地区未成年犯罪问题研究"，载罗大华、狄小华、马皑主编：《刑事司法心理研究》，群众出版社 2006 年版，第 142～143 页。
〔2〕　操学诚、路琦等："2010 年我国未成年犯抽样调查分析报告"，载《青少年犯罪问题》2011 年第 6 期。

判处青少年犯罪总数 393115 名，年均递增 12.87%，初始年龄比 20 世纪 70 年代提前两到三岁。

（九）无明确动机的犯罪占一定比例

某少管所抽阅 60 余份案卷，其中有 26% 的未成年人犯属于这种类型。他们在犯罪前并无明确动机，缺乏预谋，往往因一点小事不顺眼，就动怒动武；或因好奇、好玩、模仿而"一时性起"，寻求刺激实施违法犯罪行为；或因"一念之差"糊里糊涂坠入犯罪深渊。震惊烟台的 2012 年"12·31"纵火案就是 3 名未成年人为了取乐引起的，导致 3 人死亡 1 人受伤。事后，3 名未成年人坦言，为了取乐，填补内心的空虚，开始他们以上网玩游戏打发时光，后来发展到以火取乐。他们点过多次火，但侥幸都没有酿成火灾。当看到有人来救火时，他们别提有多舒服，空虚的内心得到了极大的满足。这种犯罪心理的游戏性成为青少年犯罪的趋势。

（十）激情犯罪较为普遍

据中国预防青少年犯罪研究会发布的《2010 年我国未成年犯抽样调查报告》显示，在"导致犯罪直接原因"的调查中，近 60% 的未成年人选择"一时冲动"，45% 左右选择"朋友义气"。在对"犯罪时主要想法"的调查中，"一时冲动"和"不知道是犯罪"分别占到 65.38% 和 46.68%，"知道是犯罪，但难以控制当时情绪"和"虽然是犯罪，但觉得不太可能被发现"也分别占到 27% 和 16.94%。[1]

（十一）突发性犯罪的案件居多

与成年犯相比，犯罪未成年人很容易为外界情景诱因引发犯罪动机，偶发性强、动机简单模糊、较少预谋。常常因为一句不入耳的话、一件不顺心的事、一个看不惯的举动、一种极为单纯的欲望而导致不寻常的犯罪。

（十二）未成年人违法犯罪逐渐向智能化方向发展

这是当前未成年人违法犯罪的一个突出特点。表现在两个方面：一方面是违法犯罪手段智能化。即采取先进科学技术手段实施违法犯罪；另一方面是违法犯罪方式智能化。其突出表现是在抢劫、强奸中

---

[1] 操学诚、路琦等："2010 年我国未成年犯抽样调查分析报告"，载《青少年犯罪问题》2011 年第 6 期。

拦路袭击的减少了，采用诱骗、设置圈套等方法作案的增多了。

随着网络的普及，未成年人中沉溺于网络人数的比例大幅度上升。网络游戏中的暴力、情色内容对青少年有严重的误导作用。据中国预防青少年犯罪研究会发布的《2010 年我国未成年犯抽样调查报告》显示，80% 以上未成年人犯罪与网络相关，未成年人犯罪比较集中的抢劫罪、故意伤害罪、盗窃罪、强奸罪和故意杀人罪中，犯罪人对网络游戏中的"格斗游戏"的偏爱相对突出，对网络游戏的钟爱更强化了他们的好斗性和暴力行为倾向。

（十三）作案区域明显，大多集中在城郊结合部

经过调查发现，经济发展迅猛，外来人口集聚的城郊结合部或新兴城镇的青少年人犯罪，要远远多于原来经济、文化管理相对较好的老城区。这表明城市化过程的加快使城郊结合部的数量和范围大大增加，经济的发展使新兴城镇得到了较大发展，而所带来的文化冲撞必然导致意识形态的混乱，如果管理力量分散，管理机制薄弱，就容易导致管理秩序混乱，成为违法犯罪的滋生地。此外，城郊结合部人员流动大，社会成员复杂，犯罪率高于城市中心和远郊地区。未成年人生活在这种环境中容易接触到大量具有不良生活习惯的成人，在社会化过程中造成负面影响。他们也会在犯罪率高发地区模仿犯罪行为，形成违法犯罪行为习惯，造成犯罪率的上升。

第二节　未成年期社会化过程的矛盾与犯罪

在第三章阐明了犯罪综合动因论，认为个体犯罪是主体内外因素综合的互为动力的作用结果。这就是说，影响个体犯罪的主体内外因素是相互联系、相互制约、相互矛盾的对立统一整体，正是主体内外因素的这种关系导致犯罪人产生犯罪心理，发生犯罪行为。根据这一原理，未成年人犯罪的发生可视为未成年期这一社会化过程中[1]的特殊年龄阶段各内外因素间错综复杂的矛盾未能正确解决所致。这也正是未成年期是犯罪危险期原因之所在。未成年期社会化过程中的矛盾有以下三个方面：

---

[1]　人的社会化过程是指人从出生时的单纯的"生物人"发育成长为"社会人"的过程，就是说，生活在一定社会背景下的人，由于社会中各种因素的交互作用，通过各种途径，学习知识、技能和社会规范，逐渐地成为合格的社会成员的过程。

一、生理发育与心理发展的矛盾

当未成年人进入青春期，生理发育开始加速，身体出现显著变化，尤其是性的发育成熟，带来了未成年人心理生理的巨变。在青春期，未成年人生理发育和心理发展逐渐出现矛盾。

未成年人生理加速发育表现在以下四个方面：

1. 外形剧变。未成年人的肌肉骨骼迅速生长，身高体重随之猛增，加之性器官发育成熟，第二性征出现，使未成年人外形发生了巨大变化，男女有了显著的性别表征。

2. 机能的增强。青春期机能的发育，以肺活量与握力为代表，随着年龄的增长而增大。中枢神经系统迅速发展，14 岁时已近成年脑重（1450 克）；由于甲状腺机能旺盛而刺激高级神经系统，致使神经系统的兴奋与抑制过程不平衡，因而对运动系统的协调作用有所降低，使未成年人在动作和活动上反而出现一定的不灵活或不协调的暂时"笨拙"现象。未成年人的机体能量代谢旺盛，精力充沛，活泼好动，特别喜欢竞赛性的活动，以显示自己的能力。

3. 性器官与性机能的发育成熟。这是青春期身体发育的最重要的生理特征。生殖系统的发育成熟主要有两大特征：①第一性征的成熟（男性为睾丸、输精管、阴茎等，女性为卵巢、输卵管、子宫、阴道等）所显现的生理特征；②第二性征的出现，男性开始长胡须、喉结增大、声音变低等，女性乳房隆起、骨盆增宽等。这是青春期生理发育的最显著特征。

青春期的出现，除遗传因素以外，也受环境因素影响。现代社会新生一代的性成熟期普遍比半个世纪前提前了两年多。以男子睾丸发育至初次射精现象和女孩子卵巢发育至初潮现象为性成熟的标志，自 20 世纪 60 年代至 70 年代，男性性成熟年龄相当大部分从十四五岁提前到十二三岁，女性性成熟年龄则从十三四岁左右提前到十二岁左右。由于性器官的发育成熟和第二性征的显露，未成年人性感产生了，意识到两性的差别，产生了对异性的特殊好感和好奇心。

4. 内分泌的增多。内分泌对生长有着特殊的功能，上述生理机能大部分受内分泌腺所控制。内分泌腺分泌出来的活性物质，直接进入血液或淋巴液，叫激素（或荷尔蒙）（hormone）。激素经血液输送到一定器官或组织细胞而起到调节作用。几乎所有的内分泌腺都受神经系统的影响，激素又影响着神经系统的功能。在青春期，促使身体机能发育和性发育的主要激素有：①最重要的是下丘脑及脑垂体前叶分泌

的五种激素迅速增长，即促卵泡成熟激素（FSH）、促黄体酮生成激素
（LH）、促肾上腺皮激素（ACTH）、促甲状腺素（TSH）和生长素
（GH）；②甲状腺分泌的甲状腺素；③卵巢或睾丸，以及肾上腺皮质分
泌相应的性腺激素，其中卵巢分泌雌激素、孕激素和少量雄激素，睾
丸分泌雄激素及少量雌激素，肾上腺皮质除分泌肾上腺皮质激素外，
还产生雄激素。以上各种激素的系统作用，引起青春期身体的发育和
性发育。

上述生理的发育直接影响着心理的发展，特别是中枢神经系统的
发展，为心理的发展提供了物质基础；性的发育成熟为青春期的心理
发展显示出鲜明的特色。然而，未成年人生理发育与心理发展之间存
在着一定的矛盾，这些矛盾在外界良好的社会影响和教育下能得到正
确的解决，从而使未成年人健康地向成年过渡；反之，在不良因素的
影响下，这些矛盾就可能使未成年人向错误方向发展，甚至走向违法
犯罪。

未成年人生理发育与心理发展之间存在着下列主要矛盾：

1. 精力过剩与缺乏支配力的矛盾。未成年人迅速的生理发育，大
大增强了他们的体力活动量，而心理水平的提高却相对缓慢一些。这
就使得未成年人缺乏调节和支配自己活动的能力。常常表现为过剩的
精力有时难免用之不当，甚至在其他不良因素影响下，特别是在精神
空虚，又受暴力影视、书刊影响时，易用于进行暴力性的违法犯罪活
动，如打架斗殴、抢劫、强奸等。

2. 好动好奇与分辨是非能力差的矛盾。未成年人的肌肉、骨骼生
长发育很快，特别是脑神经系统发育成熟，因此，他们除了精力充沛、
能量消耗很大、新陈代谢很快之外，也使心理上探求能力和好奇心加速
发展。未成年人好问、好动、好猎奇，成人愈不让他"动"，往往愈能
引起他们的深究欲望。于是凭着生理上已具备的精力与体力，常常一干
到底。但由于心理发展，特别是认识能力的发展还不成熟，思维易片
面、偏激，分辨不清是非，往往难以找到正确的活动途径，容易上当受
骗，走向邪路。

3. 容易兴奋与控制能力差的矛盾。青春期的内分泌腺在生长发育，
尤其是脑垂体前叶腺体所分泌的激素，使大脑常常处于兴奋状态，情绪
具有极大的冲动性，但又容易疲劳，使心境不易持久。常常表现为突然
产生激情，但又转瞬即逝。因此，有些未成年人常因外界的刺激而不能
控制自己的这种消极情绪，导致不良行为甚至犯罪行为的发生。这就是
为什么未成年人比成人容易突发激情性犯罪的一个原因。

精力过剩、好动心奇、容易兴奋、性机能发育成熟是少年期生理发育的表现，可是心理发育却相对滞后，这个矛盾在不良社会因素的影响下就容易走上违法犯罪道路

4. 性机能发育成熟与性道德观念、性法制观念缺乏的矛盾。青春期性机能的发育成熟、性冲动的产生所带来的心理变化是十分巨大而复杂的，未成年人开始意识到自己向成熟过渡。性意识萌发了，在异性面前怕羞而又开始对异性感兴趣，被异性所吸引，有些未成年人从而产生了初恋，同时也产生了对性机能的好奇心和神秘感，但是他们又缺乏组建家庭的经济能力，以及承担家庭的法律责任能力，这样他们对性生活的生物性需求与社会现实性便产生了冲突。由于性道德观念和法制观念的形成落后于性机能的发育成熟，这时如果没有正确的性道德、性法制教育和性知识教育，未成年人就会缺乏抑制性冲动的能力，容易接受外界不良的诱因刺激，特别是淫秽物品的腐蚀和不良侣伴之间的相互传习，有些道德观念、法制观念薄弱的未成年人，就可能为所欲为地去追求异性刺激，从而走上性违法犯罪的道路。同时，现代青少年的生理普遍早熟，而社会的教育年限不断提高，结婚年龄不断推迟，更加激化了这一矛盾。

二、心理结构内部各因素间的矛盾

人的心理现象多种多样，各种各样的心理现象并不是孤立、静止的，它们之间相互作用、相互制约，形成一种多层次多水平的、有机统一的心理结构。并且，随着外界条件和主体实践活动的变化，各种心理现象之间还表现为各不相同的结构方式。因此，人的内部心理结构具有动力的性质。未成年人由于心理诸因素发展尚未成熟，各心理因素之间尚不协调，使心理结构内部各因素之间的矛盾更为突出，主要表现为：

（一）认识与情感的矛盾

认识和情感相辅相成、互相依存，而又互相矛盾、相互制约。人在对客观事物的认识活动中产生了情绪、情感，而情绪、情感又反过来影响人的认识活动。未成年人的情绪、情感比较强烈，发生迅速，容易冲动，而认识能力的发展有限，这就使他们在待人处事时往往感情用事，成为感情的奴隶，其结果有三：①由于不良情绪、情感的影响，妨碍他们接受正确的教育，形成正确的观念，对认识的正确发展起阻碍或干扰作用；或者正确认识因情绪的干扰而发生反复，或向错误认识转化。②由于未成年人好感情用事，对同龄人的支持、友谊和帮助特别看重，认识能力不足，难以分辨是非，往往不分好坏将封建帮会式的"江湖义气"当成友谊，有时明知朋友做得不对，但出于"义气"，还要同流

未成年人在认识、情感、意志行为、自我意识等方面的发展是不平衡的，因此，产生了矛盾。这些矛盾在不良的社会因素影响下容易形成犯罪心理

合污，甚至结成帮伙，共同进行违法犯罪活动。③情绪极容易冲动，认识能力尚未发育成熟，难以抑制突如其来的高涨情绪，容易产生激情违法犯罪行为。

（二）认识与行为的矛盾

未成年人常有认识与行为不一，言行脱节的情况。这是因为：①把认识付诸行动的过程，是不断克服来自客观的阻力和困难的过程，这就需要主体的意志努力。未成年人的意志力一般比较薄弱，因此，一遇阻力困难，就容易放弃正确的行动。②人的行为受一定的动机驱使，动机又是由需要引起的。只有把符合社会要求的正确认识变为个人的内部需要时，才可能成为行为动机，从而引起正确的行动。如果未成年人的正确认识没有成为他个人的内部需要，则必然出现认识和行为不一的矛盾。这种现象，在一些违法犯罪未成年人身上是屡见不鲜的。因此，不能一概地认为某些未成年人违法犯罪都是由于认识水平低所致。笔者做过这样的研究，被试者为一般青少年 385 名、违法犯罪青少年 214 名，要他们对于 15 个罪种的严重性做出比较判断。结果表明，违法犯罪青少年和一般青少年对各罪种严重性判断的排列顺序相当一致，都把杀人、投毒、放火、强奸、抢劫等罪行看得比较严重。这说明违法犯罪青少年和一般青少年对一些问题的认识并无多大差别，但在行为上却大相径庭，这反映了违法犯罪青少年的认识与行为之间有较为突出的矛盾。

"江湖义气"是犯罪未成年人的精神支柱之一，也是驱使他们走向犯罪的重要心理因素之一

（三）情感与意志行为的矛盾

情感与意志互为动力而起作用。情感能成为意志行为的动力，意志又能控制人的情感。在未成年期，这种动力作用还未成熟。未成年人在情感上表现为活泼、热情、强烈而不稳定，容易急躁、激动、好感情用事，不善于用意志去控制自己的情感。他们由于独立性意向的发展，与成人之间的感情疏远了，摆脱对成人依赖的意志行为日益趋多。与此同时，却希望在同年龄人中寻找支持、帮助和友谊，但他们还不懂得什么是真正的友谊，容易受到别人的引诱和暗示，结成群伙，误入歧途，发生问题行为，甚至违法犯罪行为。由于未成年期情感容易波动，也导致意志力容易发生摇摆。未成年人的自尊感很强，对于别人对自己的评价极为敏感，一言一行都可能触动他。他们好与人比高低，有强烈的争强好胜之心，以显示自己的意志力。他们容易为一时的胜利而骄傲自大，产生很强的虚荣心；也容易为一时的失败而灰心丧气，产生很强的自卑感。他们崇拜意志坚强的人，追求意志行为。但由于认识能力差，情绪

未成年人由于不善于控制情绪，就容易发生激情性犯罪

容易冲动，往往把执拗当顽强，把冒险当勇敢，把轻率当果断，把蛮干或鲁莽当英雄，甚至盲目模仿反面人物的破坏行为。他们注意锻炼意志，但由于情感上的不稳定性而往往忽冷忽热，有始无终，缺乏坚持性和自制力。未成年人情感与意志行为的这些矛盾，如果缺乏正确引导，就可能用调皮捣蛋、恶作剧、破坏纪律、冒险行为，甚至用违法犯罪行为来显示自己的勇敢和"英雄行为"。

（四）独立性意向与认识能力的矛盾

独立性意向是未成年期特别强烈发展的一种力图摆脱对成人的依附，拒绝成人的干涉，迫切要求独立自主的心理状态。独立性意向的产生和上述生理发育与心理发展的矛盾有密切关系。此外，也与未成年期各种需要不断增长而经济未能独立及在同龄伙伴中寻找友谊有关。未成年期独立性意向一经形成，就往往表现为在家长、老师面前采取"闭锁"态度，对事常常自作主张，想做就做，不受约束，不听劝告，一意孤行；然而与同龄伙伴却亲密无间，倾吐心声。在独立性意向驱使下，未成年人越来越广泛地接触社会、广交同龄伙伴，从而与社会、同龄伙伴之间产生互动，即一方面接受来自社会生活中的影响，特别是同龄伙伴的影响；另一方面又影响着社会和同龄伙伴。

> 独立性意向的增强是未成年期最重要的心理特点

在此过程中，未成年人既可能受到良好的影响，更可能接受消极的影响。这是因为：①未成年人具有很大程度的模仿性和依赖性。他们社会阅历少，富于幻想，反复性大，辨别是非能力差，缺乏真正的独立思考和独立处理问题的能力，容易受到外界的感染，喜欢模仿所崇拜的人物，因而上当受骗。②未成年人的思维具有很大程度的片面性和表面性。他们思维的独立性得到初步的发展，对各种事物也能初步地提出自己的看法，好与别人争辩，常常提出疑问和不同意见，但这种能力有一定局限性，他们的思维方法更多的是带有片面性和表面性，对许多问题往往分不清是与非、现象与本质。例如，对什么是友谊观、幸福观、自由观和英雄观还是个谜；对于光荣和耻辱、美和丑、高尚品质和低级下流、个人和集体、诚实和撒谎等界限往往分不清。未成年期这种独立性意向的发展与认识能力低之间的矛盾，如果解决不当，就可能导致独立性意向朝反社会方向发展，从而走上违法犯罪道路。

（五）自我意识的矛盾

自我意识就是主体对自己和自己与周围关系的认识。这是人的意识发展的高级阶段。自我意识是个性的核心内容，它对人的心理和行为起控制和调节作用。自我意识在个体发展过程中出现较晚，在青春期表现为明显的增强。

由于未成年人生理的迅速发展，成人感的出现和增强，很希望社会和成人把他们当做社会的正式成员看待。他们的"眼光"从朝向外界以及外界事物与自己的关系转为朝向对自己心理活动的自我观察分析。这样，自己既是观察者，同时又是被自己观察的被观察者。自我意识被分成两个处于不同地位的部分：前者为理想的自我，即对自己未来将成为什么样的人的认识；后者为现实的自我，即对自己当前所达到的实际发展水平的认识。理想的自我处在观察者的地位，对现实的自我不断进行观察，看现实的自我是否符合理想的自我的要求。因为理想的自我毕竟是对未来的设想，所以一般说来，现实的自我总是落后于理想的自我。这样一来，理想的自我与现实的自我的不一致便产生了自我意识矛盾，给青少年带来了很大的苦恼与不安。为了摆脱这种苦恼与不安，他们力图使分化了的自我意识再统一起来。这样的统一可能是积极的，也可能是消极的。积极的自我意识统一就是正确的理想自我与不断完善的现实自我的统一，这种统一是符合社会要求、有利于社会进步的。消极的自我意识的统一有两种情况：

1. 虚假的自我意识统一。即采取推给客观原因和原谅自己的办法来解除自我意识矛盾，使自我意识处于软弱无力状态。

2. 有严重危害性的自我意识统一。这主要是在外界不良的教育影响下，已形成错误的甚至是反社会的理想的自我，他们通过改变现实自我以符合错误的自我，求得自我意识的统一。所以，他们进行了违法犯罪活动还往往心安理得，不以为耻，反以为荣。根据这一点，在教育改造违法犯罪未成年人时，必须打破这种自我意识的统一，促使其形成正确的理想自我与错误的现实自我的矛盾，以正确的理想自我改变错误的现实自我，从而达到在正确理想自我基础上的自我意识的新的统一。

为什么有些未成年人进行了违法犯罪活动不以为耻、反以为荣？原因在此

三、未成年人主体与客观现实的矛盾

未成年人主体与客观现实的矛盾主要体现在以下四个方面：

（一）辨别能力和抵制能力差与不良社会影响的矛盾

未成年人的可塑性大，思维的批判性不强，辨别是非和抵制不良影响的能力差，容易受到外界的不良影响，形成未成年人社会化的缺陷，包括不完全的社会化、不适当的社会化以及矛盾情绪的社会化。

　　造成未成年人社会化的缺陷的原因主要有以下几个方面：①家庭原因。单亲家庭，存在暴力、虐待的家庭以及父母双方或者一方长期不在家的家庭会使未成年人在社会化过程中产生缺陷。传统的单亲家庭和存在暴力、虐待行为的家庭会造成个体在社会化过程中的回避、暴力缺陷，引发孩子的不安全感，并借助于家庭外的朋友获得依靠，形成难以管束的性格。而随着市场经济的发展，外出务工人员增多，"留守儿童"成为新名词。留守儿童的主要问题是家庭管理松散，容易受到外界不良影响。如果所交朋友中有坏的思想、坏的行为，就可能阻止未成年人对社会道德和法律规范的内化过程，形成不完全的社会化。②社会风气原因。主要表现在两个方面：一是高消费的社会现象刺激了未成年人的金钱欲望；二是黄色、暴力影像、书刊的腐蚀、教唆。社会不正之风的盛行，腐朽生活方式的腐蚀，视听作品中不健康内容的影响，加上家庭和学校对身心健康教育的忽视，很容易阻碍未成年人正常社会化过程。未成年人对上述不良的外界影响接受得越多，不完全的社会化程度就越高，走上违法犯罪道路的可能性也就越大。有的未成年人生长在不道德的家庭或违法犯罪率高的地区，或经常与不良伙伴接触。这些人由于未建立正确的分辨是非的内在标准，很可能受不良伙伴的违反社会的是非善恶标准影响而建立错误的内在标准，形成了不适当的社会化，很容易走上违法犯罪道路。③学校教育的缺失。商业化办学和片面追求升学率是学校教育缺少心理健康教育的主要原因。近年来，有些学校乱集资、乱摊派、乱收费现象较多，加重了家长的负担。办学商业化的过程导致学校对教学质量的重视不够，造成社会闲散人员经常来学校滋事生非。另一方面，片面追求升学率使教师对成绩落后学生过于忽视，甚至放任自流。过分重视升学率导致学校对培养学生良好的道德素质和坚定的意志重视不够，使未成年人在受到不良伙伴的威胁利诱或唆使以及外界不良影响时不能正确对待，在社会化过程中产生缺陷。

　　有的未成年人生长在不道德的家庭或违法犯罪率高的地区，或经常与不良伙伴接触。这些人由于未建立正确的分辨是非的内在标准，很可能受不良伙伴的违反社会的是非善恶标准影响而建立错误的内在标准，形成了不适当的社会化，很容易走上违法犯罪道路。

　　有些未成年人自幼受到良好的教育，经过幼儿、儿童时期的社会化，建立了一定的分辨是非善恶的内在标准。但由于他们受到不良伙伴的威胁利诱或唆使，因而引起内心的冲突。是听家长、老师的正确教育，以社会的道德、法律来约束自己，还是服从伙伴？这两种价值观念的选择就产生了两种相反的情感，这就是矛盾情绪的社会化。未

辨别是非和抵制不良影响的能力差，是一些未成年人走向犯罪的重要因素之一

成年人一旦产生了这种矛盾情绪的社会化，就会为解决内心的冲突而焦虑不安。解决的办法只能是二者择一。这时，如果追随或屈从伙伴的情感压抑了正确的情感，就很可能走上违法犯罪道路。应当指出，未成年人阶段，如果适逢社会出现重大变革或剧烈动荡，由于两种相反的意识形态和价值观念的互相斗争，会使缺乏社会经验、辨别是非能力差的未成年人产生内心的紧张、冲突和挫折感，容易导致社会化的缺陷，甚至走向违法犯罪。

（二）个人需求与客观可能性的矛盾

未成年时期与儿童时期相比，社会活动的范围更为广泛，内容更加丰富多彩，担任的社会角色和承担的社会义务也越来越多，人与人之间的交往更加广泛且复杂。这些变化必然引起未成年人个人需要结构的变化。突出地表现为对物质的需要更多、更迫切，产生了追求异性的欲求，社会性的需要有了显著的增加。然而，人们的需求不能超越客观现实的可能性，也不能违背社会道德和法律规范的要求。尽管未成年人有些需求是合理的，但由于客观条件不允许，或者由于家长、师长不去努力满足他们合理而又可能实现的需求；有些需求是不合理，甚至是不道德的、非法的，这种需求当然要受到来自各方面的限制和阻止而不能得到满足。研究表明，个人的需求（合理的或不合理的）如果得不到满足，就会产生挫折感。这时，个体就可能为满足自己的需要而不择手段，甚至向不能满足其需要的人或社会实施攻击行为，进行报复，导致违法犯罪。

未成年人个人需求与客观可能性的矛盾若处理不好，就可能不择手段去满足需要，从而走向犯罪

（三）独立性意向增强与社会约束的矛盾

未成年人独立性意向的增强，希望摆脱成人对他的管束，获得更多的独立与自由，希望在家庭生活中或在社会上取得与成人平等的权利与地位。但在成人的眼里，未成年人毕竟还是孩子，"嘴上无毛，办事不牢"，处处对他们不放心，时时管教着他们。对此，未成年人感到不公正，受委屈，甚至心怀敌意，往往与父母、师长发生争执，或为逃避现实而离家出走。他们为了追求无拘无束、为所欲为的生活，往往置道德、纪律、法律等社会规范于不顾，以致触犯刑法。

（四）追求理想与客观条件的矛盾

青春期的未成年人充满各种各样的理想，希望社会能给他们提供实现理想的条件。他们愿望诸多，理想远大，随着抽象思维的发展，

未成年人的想象力愈加丰富，当客观条件不能满足其实现理想的愿望，他们往往依靠想象来勾画蓝图，用幻想来满足需要，以获得身心平衡，然而这种不切实际的梦境一旦被打破或在实现理想的过程中遇到困难和挫折时，不满情绪即随之产生。在此情况下，如缺乏正确教育和引导，有些未成年人就可能形成对现实不满、与社会对立的反社会心理。

为防止上述未成年人由于社会化过程中个体发展和客观现实的矛盾而可能产生的违法犯罪行为，应当从幼儿开始，培养他们辨别是非的能力，进行道德教育和纪律教育。到了青春期，更要有针对性地深入进行上述教育，特别是法制教育，要特别重视培养他们抵制不良影响的能力。要教育他们正确处理个人需要和社会要求的关系，节制不切实际的需求，防止产生非法的欲望。对他们合理的要求，应尽可能给予满足，一时有困难不能满足的，应当讲清道理，以免他们产生挫折感和不满情绪。对未成年人独立性意向增强这一特点，成人要注意：一要尊重，不压制；二要引导，不放纵。

要特别强调从幼儿开始培养辨别是非的能力

第三节　犯罪未成年人的心理特点与行为特征

一、犯罪未成年人的心理特点

犯罪未成年人的心理特点是指与犯罪成年人的心理特点相比，犯罪未成年人突出的普遍存在的心理特点。但是由于政治、经济与文化背景的差异，各国犯罪未成年人的心理特点并不完全相同，即使同一国家，在不同地区、不同时代的犯罪未成年人，其心理特点也有差别。在研究未成年人犯罪的论著中，由于作者见解不同，所论述的犯罪未成年人特点也不完全相同。以下各特点主要是根据我国犯罪未成年人的研究资料所作的归纳。

（一）认识特点

1. 错误的人生观。人生观是指人对人生的根本看法和态度。犯罪未成年人的认识水平极低，对许多人生问题愚昧无知、观念模糊，甚至到了颠倒是非的地步。笔者曾对 280 名犯罪未成年人提出七个有关人生问题作问卷调查：①勇敢、英雄和亡命徒；②友谊和江湖义气；③自由和纪律；④诚实和撒谎；⑤公和私、个人和集体；⑥理想和前途；⑦美和丑。他们回答这些问题时认为，英雄就是"胆子大"、"敢拼命"的约占92%；认为友谊就是讲"哥们儿义气"、"为朋友两肋插刀"、"有福同享，有难同当"、"全扛不抬人"（被抓获后罪责全揽起来，不供同伙）、根本否认有真正友谊的占92%；认为自由就是"想干什么就干什么，谁也管不着"、"能尽情玩乐"的占92%；认为"不撒谎办不成大事"、"老实人吃亏"的占98%；认为"人天生就是自私的"、"人不为己，天诛地灭"的占90%；认为"我不知道什么是理想和前途，只知道图钱"的占65%；认为美就是"长得漂亮"、"穿得时髦"、"招人看"的占80%。

犯罪未成年人错误的人生观的核心是两大精神支柱——封建帮会式的江湖义气和追求感官刺激的享乐主义；三种错误观念——亡命称霸的英雄观，随心所欲的自由观和低级下流的乐趣观。在这种人生观的支配下，怎能不进行违法犯罪呢？

2. 法治观念的欠缺。法治观念是指人们重视和遵守法律的思想意识。表现在三个方面：①缺乏法律知识，更无法治观念，属"法盲"，因"法盲"导致犯罪的未成年人比成年犯罪人要多；②未形成法治观念，即有的未成年人虽然学过法律，懂得一些刑事法律知识，但未形成法治观念；③守法尚未成为内心需要，因此还不能用法治观念来指导和调节自己的行为。

3. 不成熟的认知结构。认知结构是指个人在感知及理解客观现实的基础上所形成的一种心理结构。犯罪未成年人认知结构的不成熟，表现在：①在时间因素上，不能很好地把事物或现象与它的过去、未来联系起来，只是孤立地对待认知对象，易为眼前状况所影响；同时，对认知对象在空间领域不能与其他事物或现象作很好比较，易产生认识的片面性、局限性。②缺乏批判力、内省力、自觉性、预见性和适应性，因而对处理复杂的事物有困难。③认知不能控制情感、情绪的影响，往往会感情用事，一旦有了犯罪欲求的倾向，就变得难以抑制。

培养正确的认识能力，特别是分辨是非的能力，是预防未成年人犯罪与改造犯罪未成年人的根本所在

犯罪未成年人的认识特征从反面警示我们：①家长和教师要加强对未成年人的道德和法纪教育，注意培养他们分辨是非的能力，这是预防未成年人违法犯罪的一项根本措施，也是保证未成年人健康成长的一项重要工作。②对犯罪未成年人的矫治，要从启蒙开始，逐步提高。为了消除他们的各种错误认识，可以在集体中反复制造否定的舆论，并用他们违法犯罪的行为后果，使他们体验到这些错误认识的危害性。③注意培养未成年人的认知能力，发展其抽象逻辑思维能力。

（二）情感特点

1. 情绪体验的原始性、低级性。犯罪未成年人大多追求生理需要和感官刺激，这是一种原始的、低级的需要。其喜、怒、哀、乐等情绪变化，往往与这种需要的满足与否有关，满足了则喜则乐，未满足则怒则哀。

2. 情绪的易激动性和外露性。一件微不足道的事也容易促使犯罪未成年人产生激情。当激情爆发时，往往不顾后果。打架斗殴时，由于他们爱虚荣、好逞能、想当"英雄"，就更容易激动，动刀动枪，疯狂至极，不把对方打服绝不罢休。当他们激情过后冷静下来时，一般也会后悔；如果造成了严重后果，也会感到恐惧。他们的情绪容易外露，高兴时手舞足蹈，得意忘形；不高兴时则恼羞成怒。

3. 情感的浅薄性。犯罪未成年人与人建立感情的条件是"谁对我好，我就对谁好"。"好"的标准是是否有利可图、得到好处。"哥们儿的酒杯一端，脑袋掉了也心甘"，三句好话、一支烟就可以把心交给别人，加入帮伙，而不考虑对对方是否了解。可见，他们之间的关系不过是酒肉朋友。犯罪未成年人男女之间谈不上真正的爱情，只不过是淫乱玩弄满足性的需要而已。因此，当相互玩弄腻了，又另找新欢。

4. 情感的极不稳定性。表现为情绪变化多端，喜怒无常，愤怒时十分凶残粗暴，高兴时也容易动感情。如果教育者对他们缺乏感情，采取讽刺挖苦、粗暴的态度，他们就会产生强烈的对立情绪，甚至与教育者顶嘴、打骂；如果教育者富有感情，往往会产生效果，甚至会使他们激动得流泪，表示决心悔改。但是这种情感易出现反复，事过境迁，他们往往继续进行违法犯罪活动，给人以"口是心非、言行不一"的感觉。

5. 自尊感与自卑感的并存性。犯罪未成年人自尊感很强，渴望别人对他的尊重，对别人对他的评价非常敏感，对有损于他自尊心的任何言词和表情动作，都可能激起满腔愤恨。由于犯罪未成年人绝大多数都是由品学兼劣的"双差生"演变而来，常受到别人的议论和歧视，使他们的自尊心受到严重挫伤，而产生自卑感。因此，自尊感与自卑感的并存是犯罪未成年人情感方面的一大特点。

6. 情感的冷酷性。犯罪未成年人往往缺乏对别人起码的尊重和同情心，甚至把自己一时的快乐建立在别人痛苦的基础上。有的用气枪打人取乐，有的拿别人的肉体试刀开心，有的看见被偷的人哭哭啼啼的狼狈相觉得好玩。凡此种种，不一而足，都说明犯罪未成年人情感之冷酷性。

根据上述犯罪未成年人的情感特点，家长和教师应从小就教育孩子要尊重别人，关心别人，培养他们的同情心。在矫治犯罪未成年人的时候，可以用"置换处境"的方法，即要他们设身处地（站在被害人的位置上），将心比心。要加强对未成年人的友谊观教育，启发他们划清友谊和江湖义气的界限。对犯罪未成年人，可用他们的亲身经历教育他们认清江湖义气的虚伪性和危害性，用真正的友谊去取代江湖义气。对转化过程中出现反复的犯罪未成年人，教育者切不可失去信心，只要找准出现反复的原因，采取针对性的措施和方法，持之以恒地做转化工作，定能逐渐收到效果。

从小就要培养孩子的爱心和同情心。"江湖义气"对未成年人的影响很深，不可等闲视之

（三）意志特点

1. 明显的两重性。犯罪未成年人在实现社会化目标方面表现出意志的薄弱性，在实施反社会的活动方面却表现出意志的顽强性。犯罪未成年人大多来自于学习差、品德表现差的"双差生"和贪图享受、好逸恶劳的顽劣未成年人，说明与其意志薄弱不无关系。犯罪未成年人在矫治过程中，无论在学文化、学技术方面，或在生活、劳动方面，往往怕苦、怕累、怕困难，缺乏改正错误的勇气，这正是意志薄弱的表现。犯罪未成年人的意志薄弱性，很容易在外界不良诱因的影响下，使意志活动偏离社会要求。与意志的薄弱性相反，犯罪未成年人为了满足自己的欲求，在实施反社会行为的意志活动过程中，却能千方百计排除主客观困难和障碍，显示出"不达目的绝不罢休"的顽强意志力。如为了私欲的满足，冒死去犯罪，或胆敢以身试法；在审讯过程中，有的犯罪未成年人坚守攻守同盟拒绝供述，坚不吐实；在矫治过程中，有的犯罪未成年人敢与管教人员对抗，或不顾人身安危实施脱逃。

2. 冒险性。犯罪未成年人在亡命称霸的英雄观支配下，在犯罪时表现出狂妄自负、盲目冒险的不良意志行为。例如，一犯罪未成年人说："我知道骗钱是犯罪的，但要享福，就不能怕担风险。只有胆大的人才吃得开。撑死胆大的，饿死胆小的。为了弄更多的钱，即使冒点风险也值得。我尝到了惊险后的愉快。"有偷窃罪行的未成年人大多认为，干这一行是靠"三分技术七分胆"；还认为要有"要想当小偷，就得不怕揍"、"偷成了嘴上流油（大吃大喝），被抓住了嘴上流血（被人打）"的思想准备。有的犯罪未成年人说："我宁可为抢钱冒险而死，绝不为碌碌无为而生。"犯罪未成年人在谈到自己违法犯罪前后的心理状态时，几乎都提到冒险心理。他们说，犯罪前都感到不同程度的恐惧，但为了吃喝玩乐，便横下心，甘冒风险，认为只要考虑周密，并没有什么了不起；违法犯罪时，只想尽快得手，豁出去了，爱怎么着就怎么着；发现后，能摆脱就摆脱，摆脱不了就听天由命；审讯时，或先编瞎话，实在不行再说点真话，还显得态度好，或是以不说话来"回答"一切，以不承认来对付一切。刚进未成年人犯管教所时，他们打算"牢内损失牢外补，出去后接着干"。犯罪未成年人的冒险心理，虽然有的也能得逞于一时，但只会使他们在犯罪的泥坑里越陷越深，终究逃不出法网。

3. 易受暗示性。由于犯罪未成年人分辨是非的能力差，很容易接受别人的暗示而盲从。在球迷闹事事件、街头暴力事件等集群性违法犯罪活动中，很容易随波逐流，稀里糊涂地跟着干坏事；在未成年人犯罪帮伙中，很容易在帮伙头目和其他成员的语言、表情、动作的暗示下，进行从众性的犯罪活动；有的犯罪未成年人容易受人挑唆、怂恿，去实施犯罪行为。凡此种种都说明犯罪未成年人缺乏意志的自觉性而具有较强的易受暗示性。

犯罪未成年人的意志特点启示我们：家长、教师要正确对待有缺点错误的未成年人，要给他们以更多的关怀、鼓励和帮助。歧视他们，用粗暴的态度对待他们，就容易使他们失去实现社会化目标的信心，并产生对抗心理。在矫治犯罪未成年人时，要尊重他们的人格，善于发现他们微小的积极因素，培养他们学习和改恶从善方面的自信心及克服前进中各种困难、障碍的意志力，把他们争强好胜、敢于冒险之心引导到社会化方向上来。可以用其本人或别人违法犯罪的最终结局来教育他们，使他们认识到狂妄自负、盲目冒险心理所带来的恶果及其危害性。

家长、教师如何正确对待有缺点错误的未成年人，是关系到未成年人向好的方面转化，还是把他们推向犯罪深渊的大问题

（四）动机特点

1. 动机内容的多样性。主要有物欲动机、性欲动机以及报复、嫉妒、虚荣心、好奇心、友情、戏谑等情绪情感性动机。一种动机可以驱使未成年犯罪人进行各种犯罪行为，如贪图享受就可以驱使一个未成年人犯偷盗、抢劫、流氓（包括奸淫、猥亵等活动），甚至斗殴或凶杀等严重罪行。而一种罪行也可以由不同的几种动机所引起，如偷窃、抢劫或流氓犯罪，就可由贪图享受、害怕困难（包括怕穷苦、怕威胁、怕挫折等）、好奇或模仿效尤所引起和促成。从各种动机影响所及的罪行幅度来看，虽各有差异，但就其促成的罪行性质而论，则都是十分严重的。应当强调，上述各种犯罪动机之间是相互联系、相互影响的，

驱使犯罪未成年人实施犯罪行为的动机往往不是单一的，而是两种以上的集合性动机。

2. 贪婪性动机最为突出。犯罪未成年人贪婪性动机主要表现在贪利、贪色方面。贪婪性犯罪动机占未成年人犯罪动机的70%以上。因此，犯罪未成年人多实施盗窃、抢劫等贪利性犯罪活动和强奸、流氓猥亵等性犯罪活动。

3. 犯罪动机产生的情景性。与成年犯相比，犯罪未成年人很容易由外界情景诱因引发犯罪动机，给人以偶发性强、动机简单模糊、较少预谋的感觉。常常因为一句不入耳的话、一件不顺心的事、一个看不惯的举动、一种极为单纯的欲望而导致不寻常的犯罪。

4. 强烈的情绪性。主要表现为：①强烈的情绪（如愤怒、狂喜、怨恨、嫉妒等）本身可以成为未成年人犯罪的动机，起着直接驱使实施犯罪行为的作用；②犯罪未成年人犯罪动机的产生和实施过程，充满着情绪色彩；③犯罪未成年人动机常在情绪影响下发生变化或转移。

5. 无意识动机比较显著。与成年犯罪人相比，犯罪未成年人在消极定势影响下的犯罪、意向直接引起的犯罪、习惯性犯罪、冲动性犯罪等都较突出，说明犯罪未成年人的无意识犯罪动机比较显著。

6. 不稳定性。表现为：①在实施犯罪过程中，很容易在主体内外因素影响下，产生新的犯罪动机，甚至恶性转化。例如，有的犯罪未成年人在盗窃、抢劫、强奸过程中，遇到被害人的呼喊或搏斗时，便产生了唯恐被抓获或被伤害的恐惧感，由于防卫机制的作用，便迅速产生第二犯罪动机，把被害人杀害。为了不被查获，又很快产生第三犯罪动机而焚尸灭迹。有的犯罪未成年人在偷盗、抢劫后强奸，然后杀人，也属于这一类动机的变化。②如果某一种犯罪动机不能以预定的对象实现时，容易转移到其他对象去实现。例如，未成年人犯罪团伙为打击报复曾经阻止其犯罪的某甲，找到某甲家里，但是正好甲不在家，甲的妻子和孩子在家。未成年人团伙为了发泄愤怒，对甲的妻子和孩子进行殴打，致其重伤。③犯罪未成年人的犯罪动机并不稳定，只要有机会，常常是能偷则偷，可抢则抢，见到异性就想猥亵强奸。

这些分析说明，未成年人犯罪动机是一个复杂的动机体系，在办案或矫治实践中要倍加注意

（五）个性特点

1. 智力特点。智力是人认识客观事物和解决实际问题的能力，是个性特征之一。智能不足的青少年，判断力和理解力差，自控力弱，情绪不稳定，若在强烈的本能驱动下，要求立刻满足自己的需求，就容易受到他人教唆或外界引诱而进行冲动性犯罪，容易被逮捕。而未

进入司法系统的"成功型"青少年犯的智力可能处于中上等水平，这些犯罪者可能具有较高的反侦查能力，其犯罪具有预谋性和计划性。另外，运用现代科技手段进行网络犯罪活动的青少年，其智力水平相对较高。可见，青少年犯并非都存在智力低下的问题。[1]

2. 神经（气质）类型特点。周川等人于1983年对某市未成年人犯管教所中的151名未成年人犯进行了神经类型的调查，其结果是：强型占35.6%，弱型占15.89%，均高于代表全体人口的常模。[2]而中间型只有48.34%，显著低于常模。这种强弱两极分化，就是犯罪未成年人的神经类型即气质特点。该调查还表明，暴力犯罪的强型为多，非暴力犯罪者的弱型为多。偷窃犯罪的灵活型（多血质）、安静型（黏液质）为多。这两种类型的共同点是反应快且准确。区别在于前者活泼，适应能力强；后者好静、细心。从反应快与准确来看，这些无疑是偷窃犯必须具备的。

3. 性格特点。许多研究者对犯罪未成年人的性格特点进行了调查并用心理测试量表进行测量。李巨才等人对100名犯罪未成年人的调查结果如下：在情绪特征（不安宁、不稳定、易冲动）方面，有极端表现的占23%，明显表现的占47%，无表现的占30%；在意志特征方面（胆大、不畏难、任性、难自制）方面，有极端表现的占18%，明显表现的占60%，无表现的占22%；对现实的态度，对己（自尊、自高、私欲炽盛）方面，有极端表现的占18%，明显表现的占58%，无表现的占24%；对他人（多疑善嫉、常怀敌意）方面，有极端表现的占9%，明显表现的占61%，无表现的30%；对社会（心怀不满、常寻发泄）方面，有极端表现的占9%，明显表现的占42%，无表现的占49%。他们的性格类型：明显外向的占85%，明显内向的0，不明显的15%。[3]

S. 格卢克（1950）等分析了500个青少年犯和500个青少年非犯罪者的性格发现，青少年犯比非犯罪者表现出更多的外向性，以及对权威的怀疑或敌视、反抗、怨恨、害怕和失败等特点。克劳利和雷蒙德2006年发现，品行障碍青少年具有高的感觉寻求倾向、喜欢冒险、对威胁和情感刺激的反应性低以及对惩罚刺激的敏感性低。

犯罪未成年人的个性特点，为办案和矫治实践提供了一个重要依据

---

[1] 杨波、张卓主编：《犯罪心理学》，开明出版社2012年版，第112页。

[2] 常模情况如下：根据江苏师范学院王文英等人对26205人的实验研究，得出的分布结果为：强型一般占总人口的24.33%，中间型占62.47%，弱型占13.20%。这种分布代表全体人口的基本情况。可见人的神经类型中强型者不多，弱型者更少，大多数属于中间型。

[3] 李巨才等："青少年犯罪行为形成的心理学分析"，载《心理科学通讯》1981年第4期。

邱国梁（1991）认为：我国犯罪未成年人的性格特征明显地反映出不成熟和严重的缺陷，主要表现为：①缺乏对崇高理想、目标的追求，显得精神空虚；②社会性低，社会责任感和规范约束力差；③分辨力差，难以认清善恶是非；④无社会感情，缺乏羞耻心、同情心、怜悯心等，对人冷淡，有敌意；⑤暴躁，少耐性，好攻击；⑥兴奋、活跃和外向；⑦少独立性和自控力，易受外界情境和他人的影响。[1]

二、犯罪未成年人的行为特征

犯罪未成年人在上述的心理支配下所实施的犯罪行为，具有明显的特征，主要有：

（一）模仿性

模仿性是未成年人期的一大特征。未成年人喜欢模仿自己所崇拜人物的语言表情和行为动作。犯罪未成年人很善于模仿所感兴趣的犯罪形态和行为方式、手段。莫内斯（Mones）认为大多数青少年谋杀犯是从家庭暴力中学到有关谋杀知识的。莫内斯通过总结200多个弑父案例发现，青少年暴力行为并非自发的，而是通过观察父母、姑姨和叔舅等人的暴力行为而学来的。[2]因此，当宣传报道、电影、电视、录像及其他文艺作品中出现了新的犯罪形态和行为方式、手段，或在犯罪青少年中流行新异犯罪活动时，通过模仿，便在他们之中很快蔓延开来。

犯罪未成年人的行为特征是其心理特点的外部表现。每一点行为特征都可以从上述的心理特点中找到心理原因

（二）冲动性

由于犯罪未成年人的动机带有很大的情景性，情绪和情感极不稳定，容易为外界诱因的驱使而爆发激情，又难以控制，这就决定了他们在进行某一项犯罪活动时行为的冲动性特征，具体表现为盲目性、偶发性和快速性。这种冲动性的特征与大脑发育的特点是密切联系的。认知神经科学研究发现，青少年时期人类大脑发育在结构上已接近成人，但在功能上尤其是大脑前额的功能尚未完全成熟，易出现情绪管理问题和冲动行为。所以，很多未成年犯平时并不是不良少年，但在特殊情况下容易因一时冲动而犯罪。冲动性犯罪行为结束后，犯罪未成年人一般都会悔恨和埋怨自己。

---

〔1〕 邱国梁："未成年人犯罪心理"，载罗大华主编：《犯罪心理学》，群众出版社1991年版，第240～246页。
〔2〕 Paul A. Mones, *When A Child Kills: Abused Children Who Kill Their Parents*, Michigan: Pocket Books, 1992.

（三）凶残性

凶残性也是犯罪未成年人的一大特征。由于犯罪未成年人容易产生激情而又难以自我控制，加上缺乏道德观念和法制观念，因此，在进行犯罪活动时往往手段凶残，不计后果。例如，有的在抢劫后又轮奸妇女，然后再肆意蹂躏、残酷折磨致死，最后更毁尸灭迹；有的由于报复性动机的驱使，当产生愤怒的激情时，便疯狂地用刀枪、炸药等凶器杀死仇人及其家属，甚至无辜群众。

（四）结伙性

一般未成年人都有在同龄人中寻找知音、寻找支持和帮助的意向。犯罪未成年人由于受江湖义气的支配，有寻找靠山的强烈愿望，由于有共同的物质和精神上的需求以及相投的低级情趣，就形成了结伙性特征，他们很容易纠合结成团伙，共同进行犯罪活动。据调查，1793名未成年犯中，曾经组建或想加入黑社会性质组织的犯人，占36.03%；已经加入黑社会性质组织的有147人，占8.38%（操学诚、刘桂明和路琦，2010）。[1]

（五）互感性

成人教唆犯教唆未成年人犯罪的问题虽不可忽视，而犯罪未成年人间互相教唆、传习，更是亟须注意的一个问题。他们在一起自觉不自觉地互相传播犯罪思想，互相鼓舞，坚定犯罪信心和决心，交流犯罪生活的体验和作案经验，传习作案技术方法，由于未成年人善于模仿，很快就学到手。这种互感性比成人教唆犯所起的坏作用有过之而无不及，使一些犯罪未成年人增添了犯罪经验，提高了犯罪技术，成了犯罪"多面手"。在互相传习教唆中，一般说来是年龄大的教唆年龄小的，有经验的教唆没有经验的。这种互感性的特征，导致不断滋生一批批的犯罪未成年人。

（六）戏谑性

未成年人天真活泼好动，好奇心、求知欲强，如果正确引导，是学习向上的有利条件。但这些特征在犯罪未成年人身上却表现为恶作剧型——即戏谑性的犯罪行为，有人称之为"游乐型犯罪"，也就是把

[1] 杨波、张卓主编：《犯罪心理学》，开明出版社2012年版，第114页。

犯罪当儿戏，把自己一时的快乐建立在别人痛苦和遭罪的基础上，或以毁坏公物为乐趣。《南方日报》报道，被告人林某健向同伴提议在高速公路边朝过往车辆投掷石头砸车玩，导致一人死亡。被告人林某健犯罪的主观动机虽是寻找刺激砸车玩，并不是有针对性地有意要伤害本案被害人，但造成一人死亡的严重后果。最终，林某健被判处有期徒刑 12 年。[1] 再如，用石头扔正在行驶的汽车、火车，故意放火招引消防车等，都反映了犯罪未成年人戏谑性的行为特征。

（七）易变性

犯罪未成年人的上述各种心理特点和行为特征的相互作用，特别是情感不稳定、容易爆发冲动性行为、犯罪动机内容的多样性和情景性等特点，决定了他们行为的易变性特征，表现为犯罪行为的多方向性，实施多种犯罪行为，或在进行某一项犯罪活动时，容易因主客观情况的变化而迅速发生不同性质的犯罪行为。

犯罪未成年人行为易变性特征，也反映了他们的可塑性很强，为矫治他们提供了依据

易变性的另一表现是反复性，即一方面犯罪未成年人当某一犯罪行为实现了预期的目标，就产生了满足某种欲求的成功体验，使犯罪动机得到了强化，从而反复不断地实施犯罪行为；另一方面，犯罪未成年人在服刑矫治过程中，一遇到困难和挫折，往往会出现反复，即重犯错误；此外，犯罪未成年人在刑满释放后，由于意志薄弱，经不起外界不良诱因的诱引（如坏伙伴的利诱），或由于贪欲未除，恶习未改，而走上了再犯罪的道路，出现大反复。

第四节　国外未成年人犯罪的研究

未成年人犯罪的研究，不仅是我国犯罪心理学中最先介入的研究课题之一，也是国外犯罪心理学研究者长期以来一直关注和研究的问题。相比于国内的未成年人犯罪研究，西方犯罪心理学更注重将其与法庭审判结合，关注其动态变化路径以及如何预防、矫治和治疗这些有问题的青少年，帮助他们重返社会，回归正常的生活。本章拟从青少年犯罪的路径、青少年犯罪的预防与矫治粗略介绍国外未成年人犯罪的研究。

---

[1]　林文通、李有军："邢丹遇害案一审宣判"，载《南方日报》2012 年 7 月 13 日。

一、青少年犯罪的路径

莫菲特将青少年犯罪划分为两种主要路径：终身持续路径（life-course-persistent pathway）和青春期路径（adolescence-limited pathway）。

终身持续型犯罪人他们在发展的各个阶段都错过了学习和实践社会行为以及人际交往的机会。这可能是由于不良的家庭环境、学校环境或者充满暴力的亚文化造成，也可能是由于他们在成长过程中一直受到同辈群体的排斥。他们在儿童早期就会表现出一系列行为，如撒谎、虐待动物、逃学、偷盗等。莫菲特认为，他们可能在4岁时就会咬人和打人，10岁时到商店偷窃和逃学，16岁时贩卖毒品和偷窃汽车，22岁时抢劫和强奸，30岁时欺诈和虐待儿童。大多数的终身持续型犯罪人为男性，他们多数存在神经心理的发育缺陷，其认知、记忆、自我控制能力都存在不同程度的问题。而这些身持续型犯罪人很有可能患有注意力缺陷障碍。

注意力缺陷多动障碍（attention deficit hyperactivity disorder, ADHD）是儿童期最常见的一种精神障碍。DSM-IV把ADHD细分为注意不集中型（predominantly inattentive）、过动冲动型（predominantly hyperactive impulsive）以及混合型（combined hyperactive-impulsive and inattentive）三种亚型。ADHD儿童在情绪和行为的控制上都存在缺陷，他们很难建立亲密关系，容易遭受同辈群体的排斥，常会出现青少年犯罪。在总结ADHD与犯罪关系研究的基础上，雷茨（Retz）等提出了从ADHD发展为犯罪和其他反社会行为的可能路径，约有50%的ADHD患者在7岁左右时会患有品行障碍（conduct disorder, CD）。品行障碍是一组持久的品行不端行为，包括盗窃、纵火、离家出走、逃学、经常性说谎、虐待动物和人等。此群体在18岁左右会有约20%患有低精神病态型的反社会人格障碍（anti social personality disorder, ASP）。有少部分ADHD患者在青春期患有CD，在18岁左右可能会患有低精神病态型的ASP。但相对于早期患有ADHD患者，青春期患有ADHD患者演变成ASP的比例要低。之后，约有5%～10%的患有ADHD和ASP患者会表现出更多的反应性攻击行为。单纯患有ADHD的患者会表现出多方面的社会功能缺陷和违法行为。[1]

青春期路径是大多数未成年人犯罪高发的路径，其中女性青少年

〔1〕 Wolfgang Retz, Michael Rösler, "The Relation of ADHD and Violent Aggression: What Can We Learn From Epidemiological and Genetic Studies?", *International Journal of Law and Psychiatry*, 2009, 32 (4): pp. 235～243.

犯罪人更常采用。青春期犯罪由三方面因素造成：动机，模仿与增强。动机方面，青少年由于生理趋于成熟但心理还比较幼稚的矛盾，便急于长大成人，产生了许多进行成人活动的动机，但社会并不允许青少年享有成人特权，因而很难达到目的。青少年可能通过违法和犯罪的途径获得成人特权，他们会通过社会学习来模仿实施电影电视等媒体中传播的犯罪行为，而犯罪带来的成熟感又会对其犯罪行为产生增强效果。[1]

Daniel Nagin 和 Kenneth Land（1993）提出应该男孩的四种发展路径：从不违法者、青春期犯罪人、高水平持续犯罪人和低水平持续犯罪人。[2]

Shaw，Gilliom，Ingoldsby 和 Nagin（2003）在追踪研究了 284 名低收入家庭的男孩后，发现 2~8 岁儿童产生品行问题的四种路径：持续问题型、高水平克制型、中水平克制型和低持续型。[3]

二、青少年犯罪的预防与矫治

（一）青少年犯罪预防

青少年犯罪预防，是指在青少年发生犯罪行为之前，家庭、学校、国家以及社会各方面事先采取各种教育性、保护性和防范性措施，以防止犯罪行为的发生。青少年犯罪预防有广义和狭义之分。狭义的是指，防治和消除犯罪危险青少年可能产生和已经开始形成犯罪的原因，使其犯罪条件消除，从误入歧途回归到健康的发展轨道上来；广义的是指，既包括防止未犯罪青少年误入歧途，又包括有轻微违法青少年和劣迹青少年，防止他们走上严重的犯罪道路，也包括已经犯罪的青少年，防止他们再犯罪。[4]

在美国，为青少年提供的干预、预防和治疗项目数以千计，然而大多数却收效甚微。目前，公共卫生预防模式的构架将预防策略划分为三种类型：初级预防、二级预防和三级预防。初级预防（primary prevention）是指在某种行为出现之前或者某种行为模式发生之前进行预防，通常儿童阶段早期，七八岁之前为佳。初级预防将预防的对象放在校园中，对于大量的适龄期儿童进行预防。二级预防（secondary

〔1〕　杨波、张卓主编：《犯罪心理学》，开明出版社 2012 年版，第 115 页。
〔2〕　［美］Curt R. Barto，Anne M. Bartol：《犯罪心理学》，杨波、李林等译，中国轻工业出版社 2009 年版，第 51 页。
〔3〕　［美］Curt R. Barto，Anne M. Bartol：《犯罪心理学》，杨波、李林等译，中国轻工业出版社 2009 年版，第 51 页。
〔4〕　姚建龙主编：《中国青少年犯罪研究综述》，中国检察出版社 2009 年版。

prevention）计划是针对那些早年表现出攻击、反社会或违法行为征兆但是还没有被正式划分为少年犯的儿童。二级预防的方针在于早发现，早干预。二级预防方案在实行中涉及许多部门，如私人团体、社区、未成年法庭等。三级预防（tertiary prevention）策略是指对青少年开展咨询和治疗，其对象为已定型的青少年罪犯和犯罪行为。研究发现社区治疗模式是治疗青少年犯罪最有效的。

从预防的途径来分，青少年犯罪预防分为家庭预防、学校预防、社区预防和心理预防。

1. 家庭预防。事实证明，青少年犯罪预防要尽早开始。成功的干预计划都特别重视家庭因素的影响。具体的预防措施包括保持母亲孕期的身体健康和营养均衡、避免环境中有害物质的影响，这样可以预防 ADHD 和其他障碍的发生。[1]在青春期之前要保持好家长与子女良好的依恋关系。家长需要学习儿童在心理发展与教育的心理学知识，对儿童发展早期每个阶段的任务和困难有所了解，一旦儿童在某个阶段出现问题，发展受阻，可以凭借相关的心理学知识或者寻求专业机构对其进行帮助。例如，儿童若出现注意缺陷、多动等症状，或孤独症等症状则需要寻求正规的治疗机构给予专业的药物和心理治疗。在儿童的整个成长过程中，家长应予以孩子足够的关注和支持，参与到其游戏、生活的各个部分中。这样一方面有利于亲子关系的建立，让孩子学会信任与交流，当遇到难以处理的问题时会主动寻求父母的帮助；另一方面，在互动过程中，父母的榜样作用，尤其是父亲权威角色的树立，有利于孩子形成规范意识，提高自我控制能力。此外，父母引导和教育孩子如何选择益友、如何与同伴相处、避免不良同伴的影响，对于孩子尤其是青少年时期孩子的发展至关重要。

同样需要特别强调的是，家庭暴力、父母药物滥用等对孩子一生的成长是具有毁灭性影响的。如何减少和避免家庭暴力、父母物质成瘾问题对于整个社会都是巨大的挑战。与此同时，需要教会受害少年诉诸法律及时防止家庭暴力的不利影响，以及社区工作者需给予青少年积极有效的心理辅导。

2. 学校预防。学校对于未成年人来说是去除家庭以外，所处时间最长的环境，它是预防青少年犯罪的另一道有效屏障。上文中提到的国外研究者提出的基于治疗的预防策略，其中初级预防是指在某种行为或模式发生之前进行预防，并主要在学校开展。在初级预防中，一

---

[1] Curt R. Bartol：*Criminal Behavior*：*A Psychosocial Approach*，New York：Prentice Hall，1999.

个儿童或者是青少年与一位成年辅导者结成对子，可称之为师徒策略（mentoring），此策略收到了很好的效果。另外，学校可设置专门的冲突解决课程来预防校内外的暴力或攻击行为的发生。研究证实，参加过冲突解决课程的儿童，其攻击行为和暴力倾向减少[1]。

　　良好的师生关系的互动可以有效预防青少年犯罪。教师作为榜样力量，如果其关爱学生，关注学生在成长过程中遇到的问题并帮助其解决，有利于建立互信的良好依恋模式，帮助学生对学校、班级、群体产生归属感，从而减少逃学、辍学等情况的发生。另外，教师在教学过程中还应努力培养学生的抗挫折意识和法律意识。培养抗挫折意识，提高心理弹性，使得学生具有一定抗压力、抗打击能力，对于减少青少年的越轨行为甚至犯罪行为很有必要。众多的新闻报道越来越多提及，学生因为迟到、作弊等问题遭受教师批评，觉得颜面无存，产生过激行为，如逃学、退学甚至自杀。法律的普及和道德的教育也有待提高，据青少年犯罪研究会调查，大多数未成年犯的法律意识淡薄，缺乏基本的法律常识，处于法盲和半法盲的状态。因此，需要在学校及时有效地开展法律知识的普及活动。

　　3. 社区预防。青少年犯罪社区预防的重点是改善社区的生活环境。上文提及的二级预防主要针对那些有违法行为迹象的儿童。富有成效的二级预防计划包括一项"团伙监控"（gang monitoring）项目，该项目由社区工作者、缓刑官和执法官员共同实施。社区领导和居民会在学业上、经济上和社会交往上帮助行为不良的青少年。社区是青少年日常生活的小社会，它不像家庭和学校那样秩序井然，又没有社会那样复杂多样，是青少年步入社会的缓冲过渡地带，国外研究者发现如何在这个小社会、小团体中加强对未成年人的监控和帮助，在各种预防途径中是收效最显著的。国内研究者也重视社会预防的作用，莫洪宪和邓小刚（2005）认为，要加强对重点地区和人群的预防。例如，对网吧、娱乐场所等地方进行管理，加强对进城务工人员的管理等。

　　4. 心理预防。心理预防是研究者们多次提出的预防设想。目前，国外最主要的是建立青少年的恐惧感预防。例如，在一个项目中，青少年被带到拉威监狱观察罪犯的痛苦生活，从而可能产生长远的威慑效果以造成对犯罪后果的恐惧。但美国青少年犯罪委员会认为，此项目可能会对青少年心理产生潜在的不利影响。另外一种建立恐惧感的项目是"惊悚监禁"，其主要针对无暴力型的未成年罪犯和稍微年长的

[1]　Curt R. Bartol, *Criminal Behavior: A Psychosocial Approach*, New York: Prentice Hall, 1999.

青少年，以野营的方式开展，青少年需要经过艰苦的训练、严酷的身体挑战而无奖励或特权，但其效果有待于进一步的研究评估[1]。国内研究者也开始关注恐惧感在抑制青少年犯罪中的作用，李重芬（2003）认为适度恐惧感的建立可减少青少年犯罪动机转化为犯罪行为的可能性。心理预防尤其是恐惧感的预防目前还有较大争议，这种恐惧感的建立，是不是只是把犯罪人的犯罪欲望暂时压制或者延迟，长远来看是不是会产生更为不利的影响，反复暴露会不会发生脱敏性的变化，产生更严重的犯罪行为，所以心理预防尚处于研究阶段。

（二）青少年犯罪矫治

青少年犯罪的矫治方法除了可以借鉴成年犯罪人的矫治方法外，还有许多新的矫治方法和技术。这里简单介绍国外经常采用的认知行为技术和攻击替代性训练。

1. 认知行为技术。认知行为技术（cognitive behavioral techniques，CBT）假设，认知因素在个体愤怒情绪和攻击行为的产生中起重要作用。个体的认知缺陷和扭曲可能会导致攻击行为的发生。[2]不难理解，人的行为的产生基于认知，有何种认知，就会可能产生相应的情绪及行为。一个在认知上有缺陷的个体，无法正确识别对象的真实意图，曲解对象的意思，将善意理解为敌意，必然会产生敌意攻击。罗斯（Ross）等提出，犯罪行为与受损害的或者延迟的认知发展有关，青少年犯罪人和持续性犯罪人更有可能存在认知缺陷。暴力青少年存在问题解决能力的缺陷，部分原因可能来自低的抽象推理能力以及对中性情境的敌意评估。[3]罗斯等提出了满足青少年罪犯发展需要的认知技术，包括人际问题解决技术、认知技能、社会观察技术、批判性推理技术、价值观、元认知和自我控制等。其中最重要的训练内容是人际问题解决技术，即培养青少年运用亲社会的行为方式解决人际冲突。[4]目前已有大量实证研究证实，认知行为技术对于矫治青少年犯罪效果显著。

2. 攻击替代性训练。青少年犯罪中以攻击行为作为其明显的特征

---

〔1〕 Peter C. Kratcoski, Lucille Dunn Kratcoski, *Jvevnile Delinquency*, New York: Prentice Hall, 1990.

〔2〕 P. C. Kendall, K. R. Ronan, J. EPPS, "Aggression in Children/Adolescents: Cognitive-behavioral Treatment Perspectives", *The Development and Treatment of Childhood Aggression*, 1991, pp. 341~360.

〔3〕 D. L. Davis, L. H. Boster, "Cognitive-behavioral-expressive Interventions with Aggressive and Resistant Youths", *Child Welfare*, 1992, 71 (6): pp. 557~573.

〔4〕 R. R. Ross, E. A. Fabiano, "Time to Think: A Cognitive Model of Delinquency Prevention and Offender Rehabilitation", *Johnoson City: Institute of Social Sciences and Arts*, 1985.

与标志，如何控制和减少青少年的攻击行为对于有效预防和矫治青少年犯罪具有重要价值。戈尔茨坦（Goldstein）等提出了针对犯罪青少年的攻击替代训练（aggression replacement training，ART），它是一个多模型的心理教育干预方法，旨在改变严重暴力青少年的行为模式。ART共有50课时，包括多项技能（skillstreaming）训练、愤怒控制（anger control）训练和道德推理（moral reasoning）训练三个模块。A. P. 戈尔茨坦认为，青少年通过这些课程可学会社会交往的技能、控制情绪的技能和建立正常人际关系的技能。[1]经过大量研究证实，替代性攻击训练对于减少青少年犯罪是有效的，它能有效地教会青少年学会控制愤怒，减少冲动行为，改善问题少年的人际关系，提高其亲社会能力。

□小　结

本章概述了我国未成年人犯罪的情况，论述了未成年期社会化过程中的各种矛盾与犯罪的关系、犯罪未成年人的心理特点与行为特征。其主要内容是：

一、我国未成年人犯罪的概况

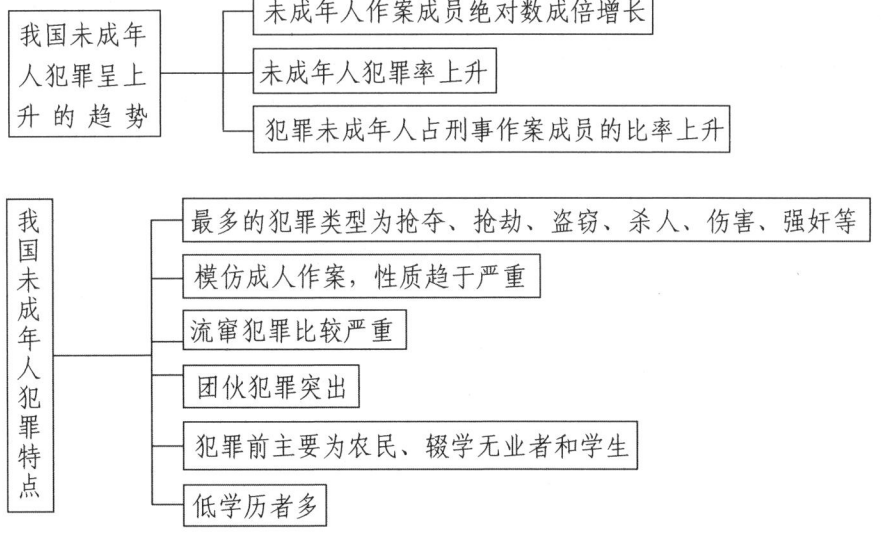

---

〔1〕 A. P. Goldstein, B. Click, "Aggression Replacement Training：Curriculum and Evaluation", *Simulation & Gaming*, 1994, 25（1）：pp. 9 ~ 26.

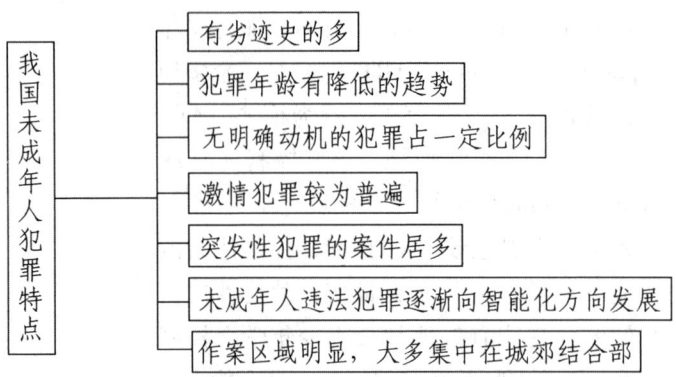

二、未成年期社会化过程的矛盾与犯罪

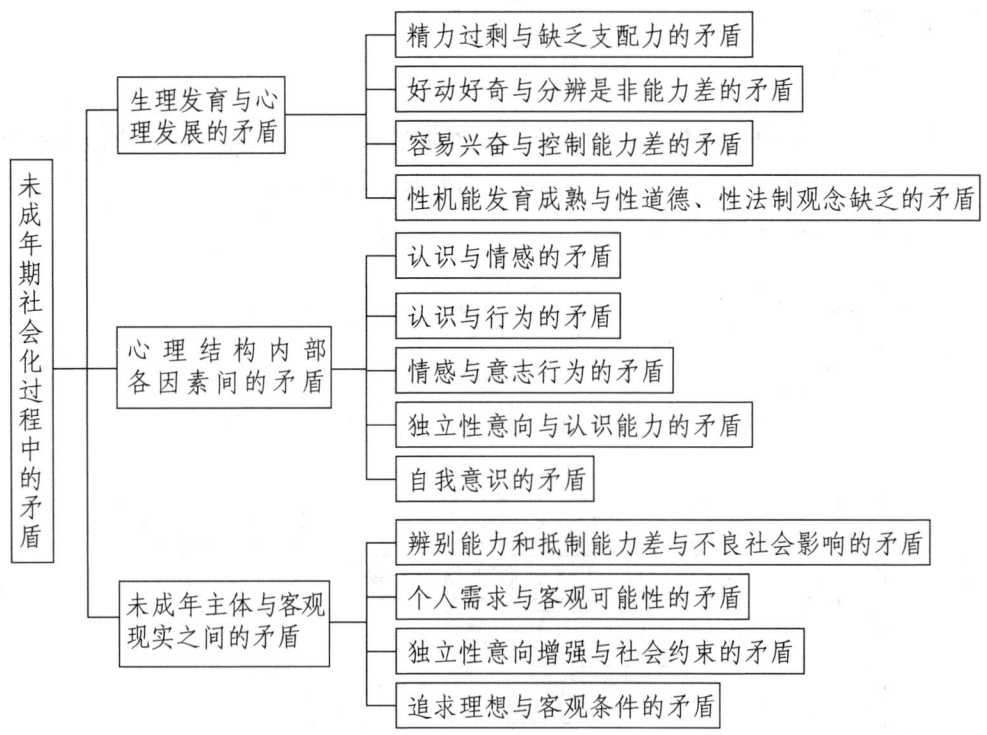

三、犯罪未成年人的心理特点与行为特征

（一）犯罪未成年人的心理特点

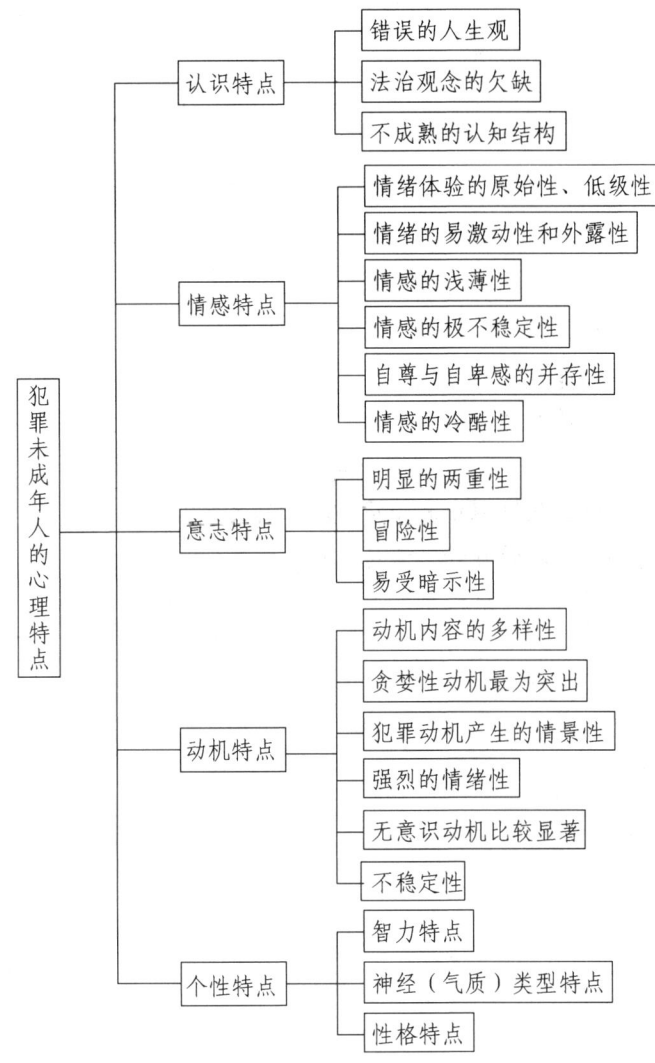

（二）犯罪未成年人的行为特征

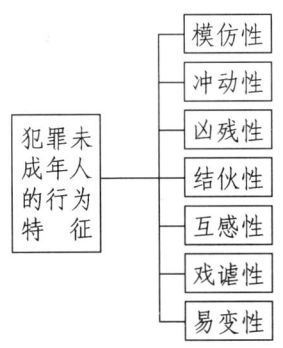

□练习与思考

一、名词解释

1. 社会化过程

2. 独立性意向

3. 自我意识

二、简答题

1. 简述我国未成年人犯罪的特点。

2. 简述未成年人生理加速发育的表现。

3. 简述青少年犯罪的可能路径。

三、思考题

1. 如何理解未成年人社会化过程中的矛盾与犯罪的关系？

2. 犯罪未成年人有哪些心理特点和行为特征？

3. 对于青少年犯罪人有哪些有效的矫治方法和技术？

第七章

女性犯罪心理

■学习目的和要求

通过本章学习，要求学生
● 重点掌握：女性犯罪心理特征与行为特征。
● 掌握：女性犯罪心理结构形成的原因。
● 一般了解：女性性犯罪心理特征、女性经济犯罪心理特征。

第一节　女性犯罪概述

一、女性犯罪的基本情况

（一）关于女性犯罪率

女性犯罪已经成为我国犯罪现象中的重要部分，是犯罪现象中的一种独特类型。但是，自从有犯罪现象以来，就表面现象而言，女性犯罪的比率一直是很低的。纵观我国的女性犯罪发展史，20 世纪六七十年代，女性犯罪只占犯罪总数的2%左右，但近年来，女性犯罪的犯罪率与犯罪总量均呈上升的趋势。据王金玲对1953至1996年我国女性犯罪的调查显示：①我国妇女的犯罪率极低，无论在总人口中还是女性人口中，犯罪女性所占比例均低于十万分之三，女性在总犯罪人中的比例始终低于5%；②与总体犯罪率的较大上升幅度相伴随，女性犯罪人的绝对数也有大幅度的增加，且其增长率在较多的年份中高于总体的增长水平：20世纪50年代至90年代，女性犯罪率总体处于增长之中；③女性犯罪的主要类型是盗窃、伤害、毒品犯罪。[1]据近年统计，我国的女性侵犯财产的犯罪占女性犯罪的45%～50%左右，侵犯人身权利的暴力型犯罪约占女性犯罪的20%，性犯罪和其他犯罪事实约占有25%～30%。

女性犯罪率的增长往往与女性在多大程度上参与社会生活有密切的联系。如"打工妹"大量流入城市增加了女性实施犯罪的机会。从犯罪类型来看，女性犯罪涉及的种类也变得更为多样化，如杀人、投毒、放火、盗窃、诈骗、贪污、组织卖淫等犯罪，其中尤其以财产犯罪与性犯罪、暴力犯罪最为突出。

财产犯罪
暴力犯罪
性犯罪

女性犯罪的另一大特点是涉案领域增多，近年来女性犯罪的类型新增了十多种，包括间谍、故意杀人及伤害、抢劫、强奸（帮助犯）、贪污、受贿、诈骗、组织或容留卖淫、运毒、窝藏或者收购赃物、交通肇事等等。而且，其犯罪性质恶劣、手段残忍的暴力犯罪增多。2010至2012年北京市第一中级人民法院审理的严重暴力犯罪案件中，女性参与实施的有23起，其中13起为故意杀人案件，犯罪对象为丈夫、男友与邻居。

发展中国家女性犯罪在总体犯罪中的比例：5%
发达地区女性犯罪在总体犯罪中的比例：10%～15%

关于侠义精神假说。1950年美国犯罪研究者奥托·波拉克（O. Pollack）在其《女性犯罪》书中使用和发展了"天生犯罪人"理论创始人龙勃罗梭（C. Lombroso）的冰山理论，以解释女性犯罪率低的现象。该理论认为在社会上几乎发现不了女性犯罪，因为大多数女性犯罪是隐藏着的。女性在生物学上天生就具有掩饰性，并且在社会化过程中形成和稳定了这种行为方式，例如，隐瞒月经期或在性交中假装性欲亢进、假装可怜利用同情心等。同时，由于女性更倾向于充当教唆犯，而较少充当实行犯，她们总是利用性来操纵男性以达到自己的非法目的；此外，客观上以男性为主导地位的刑事司法机构自觉或不自觉地不愿对她们采取强硬的处罚行为。由于这些原因，使得女性犯罪受到很大的掩饰，被司

侠义精神假学，又称为骑士精神假说

---

[1] 王金玲：《社会转型中的妇女犯罪》，浙江教育出版社2003年版，第160～161页。

法机关处理的犯罪行为很少，如同冰山上漂出的一角。波拉克的这种理论被称之为"骑士精神假说"，也即男性敬重女性、济弱扶贫的骑士精神，使得女性的犯罪行为受到掩盖。[1]

（二）女性犯罪人分类

在犯罪心理学领域中，对女性犯罪人进行的分类影响较大的是由美国纽约州立大学司法学院教授玛格丽特·沃伦提出的。[2] 根据社区治疗计划中的资料和女性犯罪人（特别是犯罪少女）的社会成熟水平，将女性犯罪人分成三类：

女性犯罪人的社会成就水平标准

1. 冲突型女性犯罪人。这类犯罪人又称为神经过敏的女性犯罪人，她们达到了一定的社会成熟标准，能够按照一定的价值体系行动，用这种价值体系评价自己和别人，理解社会生活中的因果关系，认识其他方面的需要与动机，能够接受说明自己行为原因的概念等。这类女性犯罪人有许多内在的消极心理，包括焦虑、有罪感、"堕落的 Me（自我）"的自我意向、"消极的生活稿本"、被歪曲的知觉、机能失调的行为等。她们的违法犯罪行为，不仅代表着对文化压力的反应，也可能是由于某种家庭问题或长期持续的内在冲突而产生的。冲突型女性犯罪人又可以分为两小类：①焦虑型。这类女性犯罪表现出许多情感失调的症状，例如，慢性的或强烈的抑郁症或焦虑，身心疾病。这些少女的紧张和痛苦，通常是由失败无能、潜在的有罪感产生的冲突所导致的，这种女性犯罪人占参加社区治疗计划的44%。②行为紊乱型。这类女性犯罪人占参加社区治疗计划女性的29%。她们对意识到的焦虑几乎没有忍耐力，并且经常有无能、抛弃或自我谴责的感觉。她们可能通过言语攻击别人，通过狂暴的举动、各种"游戏"等来表达这种感觉。冲突型的女性犯罪人公开敌视她们的母亲，有时候把自己的违法行为解释为是试图给她们的母亲造成难堪和麻烦；她们往往来自神经过敏的家庭，在这样的家庭中，至少父母一方犯有严重的罪行，具有"堕落的"自我意向；她们常常有家庭负担或者试图解除负担。她们的违法犯罪活动通常违背了自己的信念，是由内心的冲突导致的。

2. 权力型女性犯罪人。这类女性犯罪人又称为病态人格者或社会病态者，她们占女性犯罪人总数的14%。这类女性犯罪人很难正确判

女性社会病态者

---

〔1〕　吴宗宪主编：《法律心理学大词典》，警官教育出版社1984年版，第572页。
〔2〕　吴宗宪主编：《法律心理学大词典》，警官教育出版社1984年版，第548页。

断人们之间的差别以及自己和别人之间的差别，很难正确估计别人的品性，不按内在的价值体系行动，而是追求行为规则和准则的外在形式，从追求权力中了解生活和自己的角色。她们经常以攻击性的方式试图反抗权力，试图损害和阻挠权威人物的意图；不愿意遵守任何别人确定的规范，并且经常独自地扮演一种权力角色。她们不可能与别人建立亲密的或深信不疑的关系；通常总想创造出一种感情淡漠、沉着冷静和不受伤害的形象；经常公开发怒和进行威胁活动以成为注意的中心，在言语或体力方面经常表现出爆发性，在思维方面经常表现出多疑或自以为是。这种女性为自己能够成功地摆布或利用别人的能力而感到自豪；所表现出的战无不胜的和粗鲁的外表，实际上是一种对她们的刻薄的父母长期存在的强烈恐怖和自然从属性进行掩盖的手段；她们中的大多数人有一个冷漠、蛮横、排斥他人的父亲和一个软弱、无助、浅薄的母亲；她们轻视母亲而憎恨和害怕父亲。她们的违法犯罪行为可以看作是对家庭的反抗和对感情的补偿。

此类女性犯罪人的对抗心理表现

3. 消极遵从型女性犯罪人。这类女性犯罪人占所有女性犯罪人的7%。这类女性犯罪人已经达到了与权力型女性犯罪人同样的社会成熟水平，但是，她们对权力的态度是不同的。这类女性犯罪人渴望得到社会承认，几乎自动地屈从于她们当时认为有权力的人；过高地估计别人的权力和能力，把自己看成是无助的、孩子般天真的人；认为自己缺乏社会知识，常常认为自己的积极性行为会被别人拒绝；她们尽管想获得别人的认可，但是在同辈群体中仅仅属于次要的成员。她们的犯罪行为在很多情况下是为了赢得同辈朋友的承认、赞许而实施的。她们的家庭往往是不稳定和不协调的，她们感受不到父母的爱和力量，因而对父母的依恋是不确定的。她们缺乏足够的控制能力，没有可以防止越轨行为的内在信念体系。

女性犯罪人的自我意识表现

二、影响女性犯罪的因素

影响女性产生违法犯罪行为的因素包括生理因素、心理因素与社会文化因素三个方面。生理方面的成长和发育是个体心理形成和发展所必需的前提，但仅仅有了生理上的成熟，并不能决定个体心理的发展水平和倾向。生理上男女性别的分化早在卵子受精时就决定了，但作为女性，其独特的心理的形成和变化，却不仅是由于具备了女性的生物学及解剖生理特点，而是在她出生之后社会化的过程中形成的，是女性个体生活和成长的整个外部环境（尤其是人际关系与社会角色期待）的反映。

女性性别角色的生理属性与社会属性特征

女性性别角色的社会化，对其以后的心理特征及其行为都有重要影响。在解剖生理学上，男女在身体素质、性器官等方面确实存在差异，而在神经活动、智力方面的水平差异并不显著。但在实际生活中，男女两性在性格、能力、情感、意志等方面确实存在着很大差异。这种差异的形成，主要是人们按照不同的社会角色去培养、训练原本对人世毫无分辨力的男孩和女孩的结果。女性独具的性别特征与犯罪之间的关系主要体现在以下几方面：

（一）女性生理因素与犯罪

1. 女子青春期生理发育的不可塑性与心理发展的可塑性之间的矛盾。青春期是指女子在青春期（约十一二岁开始）必然要经历生理上的一系列剧烈变化，包括生理机能与第一性征与第二性征，如乳房增大、骨盆变大、皮下脂肪增厚、月经开始出现等，生理发展日益成熟。女性未成年人性成熟一般比男性未成年人早一至一年半。整个青春期的变化时间，约经历 2～3 年。

女性青春期生理变化与心理发展不平衡性特征

女性的性爱心理在生理发育驱动下，在社会环境的影响下开始萌发，并且其演变的速度并不亚于这个时期的生理发育的变化。所不同的是，这个时期的性爱心理变化是不稳固和不稳定的，具有极大的可塑性。其原因在于身处青春期的女性是刚刚从儿童向成年过渡，生活阅历的狭窄，社会环境的影响，逻辑思维能力的限制，使她们的思维处于一种半成熟、半幼稚状态。因此，尽管这时她们的思维能力在增强，但是判断力薄弱，不善于识别，容易出现片面和武断倾向，这就促成了女性青少年在青春期的性爱心理发育上的既非常剧烈，又极不稳定、可塑性大的特点。

青春期的女性对于这一时期所产生的生理发育上的不可塑性和心理发展上的可塑性矛盾，本身虽然具有一定的调节能力，但是，当这种矛盾随着生理上的急剧变化而日益严重时，单凭自身尚不成熟的心理因素很难驾驭生理发育的自然需求，这就有可能使性生理性、动物性需求突破性心理社会性控制，把这种动物性心理冲动理解为正常的性爱心理，最终导致女性在两性问题上容易发生越轨行为，并由此可以引发出各类的犯罪行为。

2. 女性生理周期和犯罪现象的关系。现代生物学派研究表明，女性生理周期（月经期、更年期等）与女性的违法犯罪行为之间存在着一定的关系。

女性天然地承担孕育后代的重任，具有特殊的生理结构，其伴随着特殊的生理周期：月经期、怀孕期、哺乳期和更年期。在这些特殊的生理周期，女性体内的激素水平会发生显著的变化，相应地会出现不同于平常时期的心理症状，表现为焦虑、敏感、冲动等，尤其是在月经期与更年期。早在古希腊时期，著名医学家希波克拉底就在其著作中对有关月经周期发生的身体症状和心理改变作了描述，其后的研究中比较著名的是 1931 年 R. T. 弗兰克提出的"经前紧张症"，即行经前 3～4 天内发生的情绪变化，包括忧郁、焦虑不安、烦躁易怒以及自信心下降。因此，女性容易在这期间产生冲动或与他人发生冲突，从而具有较大的进行违法犯罪的危险性。具有这种特殊素质的女性，在这一期间往往降低了对刺激或冲动的抵抗力，容易在冲动的作用下产生违法犯罪行为。早期的犯罪学家龙勃罗梭的研究表明，在以妨害公务罪被逮捕的 80 名女性中，有 71 名在犯罪时正处于月经期。现代医学研究发现，女性在月经期因为内分泌平衡受到干扰，往往产生不愉快、冲动、不协调，感情容易受刺激、易嫉妒、易疲劳、神经质性不安等情绪不良现象。当代生物社会学者达尔顿（Dalton, 1978）则指出，女性内分泌腺控制的月经前及月经期间影响其攻击不端行为的发生。因为这期间女性对外界刺激敏感，易激惹，冲动性强，心情易变，难以抑制怨恨、嫉妒、绝望之类的情绪。现实的犯罪相关因素研究表明，女性入商店行窃、放火、杀人以及妨碍公务等行为，与其月经期有重要的相关性。我国某省女子监狱 2006 年的统计显示，有 41.23% 的女犯在实施犯罪时正处于月经期、孕期、哺乳期或更年期。日本学者广濑胜世认为，杀人和放火犯罪，与月经等特定的生理周期有密切的关系。杀人犯罪的 39.4%，放火犯罪的 39.4%，盗窃犯罪的 12.6%，都发生在月经前到月经之间。而绝经期，是另一种女性特有的生理现象，指女性从 45 岁到 55 岁，以月经停止为主要标志的时期。这一时期女性，随着卵巢功能逐渐衰退，内分泌发生暂时的紊乱，会引起一系列的症状出现。又由于大脑皮层功能失调，兴奋和抑制过程的不平衡，也会出现一系列不同于其他时期的心理症状，而显得焦虑、烦躁，心境变化快，情绪波动大，攻击性会大大增强。上述这些消极的生理与行为特点在某种情境的作用下，较容易诱发女性实施各种违法犯罪行为。

（右侧批注）女性生理因素的影响力并非决定因素

3. 生理发育过剩因素。女性的性早熟及由于性早熟催化的或素质性的生理发育，也是引起女性进行违法犯罪的重要生理因素。受到物质因素（如营养及激素性食品）与环境、教育因素的共同影响，与一百年前相比，当今人类个体的青春期提前了 1～2 年的时间。这对女性的

（右侧批注）女性生理发育过剩现象仅为极少数，但在女性犯罪人中却是较为明显

生理成熟与心理成熟矛盾的冲突性影响尤为明显。美国犯罪学家希利（W. Healy）曾经对许多的未成年犯罪人进行过调查研究，发现在犯罪少女中，性早熟或生理发育过剩的情况很多，因而认为女性生理发育过剩与性早熟是女性产生违法犯罪行为的重要因素之一。[1]

（二）女性犯罪的心理因素

对于女性是否进行违法犯罪行为，以及其犯罪行为特征产生影响的心理因素主要有下列方面：

1. 女性个性动力特征因素。

（1）需要与动机。需要是犯罪动机产生的基础，是犯罪行为发生的源泉。犯罪女性的需要首先集中于物质性需要方面，即贪图物质需要享受，较高级的精神需要较少。因而女性犯罪中盗窃、毒品等贪财性动机的犯罪占很大的比例。某省女子监狱中涉毒女犯占关押女犯总数的75%。其次是不正确的恋爱观、婚恋观的情感需要在其犯罪动机的诱发中具有重要价值。其不正确的恋爱观、婚恋观导致其行为的偏执，为了维护自己情感的需要而走上犯罪道路。例如，有的女性，认为爱情高于一切，不惜为了爱情而挪用公款，为了争夺所谓的爱情而不惜伤害别人。同时，倾向于将爱情等同于生理性需要，而将性满足、性刺激为自己生活的主要目标。另一方面，当恋爱、婚恋行为是遇到挫折时，就不择手段，获得个人自私的爱。相应地，与女性犯罪相关的动机体现为：由虚荣心、享乐主义引起的物欲型动机；由情感需要、自尊心和嫉妒心引起的报复性动机；由畸形性需要引起的性欲型动机。

（2）道德观念与法制观。犯罪是道德观念差的表现，相对而言，女性的道德观念比男性强，因而女性犯罪率较低。同时，在我国，女性的法制观念淡薄是很多女性犯罪的重要因素之一。此外，许多犯罪是由于缺乏忍耐而在冲动性情绪的作用下发生的。一般认为，女性的忍耐性较高，她们在挫折面前可以忍气吞声，容易保持自己的身心平衡状态，因而较少发生违法犯罪行为。但女性的忍耐性高的特征也可能导致有的女性由持续的受害者激化为施害者，如持续的家庭暴力演化而来的女性报复行为。

2. 女性个性静态特征因素。

（1）攻击性较弱。研究表明，女性的攻击性低于男性，这种差异从二三岁时就开始出现，持续童年初期，并延续整个人生，因此，女

---

[1]　吴宗宪主编：《法律心理学大词典》，警官教育出版社1984年版，第547页。

性实施的犯罪行为比男性少，在暴力性犯罪中更是如此。

（2）被动性特征。犯罪是个人主动性的表现，而女性性格上一般来说比较被动，她们在青少年时期依靠双亲生活，结婚之后依靠丈夫生活，老年时依靠子女生活。因此，她们的犯罪率比较低，许多犯罪是迫不得已才实施的。但是，相应地，她们的意志力也较薄弱，容易受到环境与他人的暗示，这可能导致她们盲从的、幼稚的、冲动的、偏激的犯罪行为。

（3）女性的自尊心。犯罪与低自尊心有密切的关系。一些研究者认为，女性的自尊心较高，因此女性的犯罪率较低。但女性较高的自尊心，在片面性的认知基础上也可能转化为偏执的观念与消极的情绪情感体现，如挫折感与失败感。

（4）女性情感丰富而细腻。这种丰富的情感可使女性更具有爱心，体现于母爱、情爱和性爱中，也可能更容易出现嫉妒感、挫折感和抑郁状态。在消极情绪情感的驱使下，如果不能正确地自我调整，就可能走上犯罪道路。

（5）应付挫折的方式。女性在社会生活中遭遇挫折的可能性较少，应付挫折的方式也不像男性那样采取表面化的方式或违反社会规范的手段，而是大多采取消极、退缩的方式，如自我攻击、退化、冷漠、否认等。同时，社会似乎给了女性更多的表达情绪的自由和方式，使得女性有可能以社会允许的多种方式表达、宣泄消极情绪，而不至于累积或转化为攻击性行为。

应付挫折方式：间接方式；转移方式

（6）性别角色特征。社会对女性的期待大多数是雅淑、温柔、文静、富有同情心、心地善良等，这些角色模式有力地制约着女性违法犯罪行为的发生。

（7）恐惧与焦虑心理。犯罪是一种极为恐怖的行为表现，在进行犯罪活动时，通常也要经历高度的紧张与焦虑。研究表明，女性往往比较胆怯、多虑，容易产生恐惧与焦虑心理，因此，她们较少发生犯罪行为。

（三）女性犯罪的社会心理因素

1. 不断增长的物质需要与未独立的经济地位之间的矛盾。随着未成年人生理和心理的发展，对物质的占有欲望也越来越强烈，要求的标准越来越高，以往的需要实现后，新的需要重新出现的时间间隔越来越短。工薪阶层家庭中，父母即使竭其所有，往往也难满足孩子的欲求。十三四岁的女孩开始喜好打扮，对服装、发式、装饰品具有主动要求、

女性审美的表面化、形式化特征

图新爱俏的倾向，一旦对物质的追求超出了家庭经济能力许可的范围，就可能会企图突破经济的限制，在家庭以外寻求和开辟自己的经济来源，这就容易导致发生各种贪财性动机的犯罪。

2. 女性的依附心理强与自我保护能力差之间的矛盾。在我国，几千年传统的男主外、女主内以及男尊女卑等封建思想与观念，至今仍然影响着相当多受教育程度较低的女性，在她们的思想意识中形成了顽固的依附于男性的心理。在工作或日常生活社会交往中，这些女性倾向于将男性领导、同事或丈夫的言行权威化，易受男性的暗示，而缺乏主见和掌握自己命运的能力。另外，女性与男性之间由于性别差异而形成了体力、性格等方面的差异，女性一般较男性体力差，性格温和、软弱，认识水平较低，直觉思维能力强，由此造成女性不仅体弱，而且具有分辨是非能力低，易于屈从于权威等特点，从而使女性的自我保护能力低于男性。女性这种强烈的依附心理与自我保护缺乏并存的特点，导致一些女性比较容易由于轻信他人并丧失自我保护意识而盲目地走上违法犯罪道路。

女性典型的依赖性心理表现

3. 女性参与社会生活的时间与程度因素。研究表明，女性参与社会生活的时间比男性晚，女性把较多的时间与精力花在家务事与孩子抚养教育上，社会参与程度相对较低，因此，她们违法犯罪的机会较少，犯罪率也相应较低。美国犯罪现象研究者艾德勒（F. Adler）在其《犯罪姐妹》与《当代女性犯罪事实书》中认为，20世纪70年代以来，女性犯罪现象增多的原因，是由于随着女性社会经济地位的上升、社会角色的改变而造成的社会参与时间和程度都得到改变的结果，这种女性犯罪人可以称之为"新女性犯罪人"。这种观点也反映了西方女权运动对于女性犯罪率之影响因素的看法发生了较大变化。

犯罪现象与社会参与程度之间的关系

第二节　女性犯罪心理特征

一、个性特征

（一）个性倾向性特征

1. 需要特征。高层次的需要是建立在正确的人生观、世界观的基础上的。犯罪女性由于受不良社会环境的影响，认识狭窄，人生观、世界观较为低级、庸俗，因而需要得不到高级需要的调节和控制，其低级的需要就会进一步恶性膨胀发展。一般来说，经济犯罪活动中的女性，由于缺乏有价值的生活目标，没有理想、空虚，因而她们贪图钱财、追求享受的需要占统治地位。在性欲型犯罪活动中，女性的需要类型有两种：①对金钱财物占有的需要恶性膨胀，导致她们把自己的身体看成是赚钱的工具，廉价地出卖肉体；②性欲的畸形发展，导致其盲目追求性刺激，污染社会风气。

2. 动机特征。女性犯罪动机的产生不仅受到需要的支配，而且在很大程度上与外在诱因有直接关系。例如，物质需要膨胀的女性渴望能获得金钱，满足物质上的享受，当这种需要发展到一定强度时，一遇机会出现（如暂时控制在自己手中的公共钱财，被害人显露于外的钱财等）就会产生贪污、盗窃的动机。又如处于受害地位的女性，出于对加害人的刻骨仇恨，希望能摆脱其控制或虐待，当看见先前的加害人处于醉睡状态，暂时失去反抗能力时，便迅速产生杀人动机，并在这种动机的驱使下实施残暴的杀人、伤害行为。此称为女性情境性犯罪动机，或者诱因性犯罪动机。

女性犯罪动机对情境的依赖性较高

（二）个性心理特征

1. 性格特征。一般来说，普通女性具有以下几方面的性格特征：①温柔、文静；②感情色彩较浓，富于内心体验，往往不善于用意志控制感情，情绪的稳定性差，行为举止容易受心境的影响和支配；③细心，办事认真，但思路较狭窄，常对事物的局部或琐细小事感兴趣，这使她们看问题有时失之全面；④胆小、信心不足、有依从性。女性的这些性格特征，使她们在遇到挫折或不快时，容易走上极端，对生活失去希望，从而破罐破摔或任性、感情用事，去实施某些在正常状态下不可能实施的犯罪行为。对性欲型犯罪者以及财产型犯罪者来说，其典型的性格特征是爱虚荣、好表现。

一般女性性格与犯罪女性性格的相关性与差异

2. 能力特征。传统心理学研究表明，男女两性在智力发展整体水平上并没有明显的优劣之分，在能力上各有长短，只是女性在体力上一般不如男性。现实生活中，女性所取得的成就低于男性是由传统的思想对女性自我发展的限制及女性角色社会化不当等诸多因素造成的。现实中男女能力上的差别使得女性在就业谋生时，比男性显得艰难。由此而使得少数女性避难从易，实施诈骗、组织卖淫、拐卖人口、盗窃等犯罪行为。由于体力上的差异，使女性的犯罪活动带有明显的性别特点。尤其是暴力犯罪中，她们较多使用投毒、诱使他人报复等手段，或将仇恨转移到相关或本不相关的幼童、家庭成员身上。

二、认识特征

在认识活动方面，犯罪女性一般表现为认识范围较为狭窄，社会化认识系统薄弱。由于家庭和社会对女性所提出的要求低于男性，使得女性对自己的社会要求也相对较低。除少数女性敢于同男性竞争，大多数女性的兴趣点在于家庭生活或身边发生的琐细小事，而对国家大事、科技发展兴趣不高。这种狭小的认识范围使她们的社会认识系统较为薄弱，首先表现为她们评价事物不倾向于完全以社会道德和法律准则为标准，而是以自己的低级需要、情绪情感体验和直接经验为标准，这就容易被小恩小惠所诱惑。其次表现为女性透过现象看清本质的能力较差，很容易被表面现象迷惑。最后表现为看问题往往带有很大的片面性、局限性，不能或者不习惯从事物的相互联系中，多角度地客观认识事物的本质。

三、情感特征

（一）情感丰富、细腻

女性的情感十分丰富和强烈，遇事很容易动感情，这和她们高级神经的兴奋程度较强、抑制较弱有一定关系。这一特点使得犯罪女性容易在激情状态下实施伤害、杀人等突发性犯罪行为。相应地，女性发生情绪型犯罪的情况也较多。同时，女性的情感也比较深沉和细腻，在良好的教育环境下能形成相应的高级情感，如理智感、道德感、美感。相反，在不良的环境因素的影响下，往往不能形成相应的高级情感。在她们的情感生活中占支配地位的不是社会性需要能否得到满足而产生的体验，而是生理性需要、较低层次的社会需要能否得到满足而产生的体验。当她们的低级情感不能得到高级情感的调节与控制时，就容易在本能欲望与情绪的驱使下进行违法犯罪活动。

一般女性与犯罪女性在情绪、情感特征上的比较

（二）情绪波动大

女性由于情感的复杂多变，情绪变化迅速，波动幅度较大，细微的情境变化常常引起巨大的情绪起伏，忽而愁上心来、潸然泪下，忽而转涕为喜、眉开眼笑，忽而亲如手足、视为知己，忽而恨之入骨、视为仇敌。犯罪女性情绪波动大，除了和她们的认识水平、意志品质相关，还和女性生理上的变化有一定关系。当女性处于青春期、月经期或者更年期时，其情绪易于烦躁、抑郁、激动而较难以自控。

四、意志特征

（一）意志受情绪影响大，带有明显的情绪色彩

当情绪高涨、心境较好时，其意志也相对坚定，不达目的誓不罢休；相反，当情绪低落、情境恶劣时，意志便缺乏坚定性，稍遇挫折即灰心丧气，放弃预定计划。

（二）行为易受环境或他人的暗示

犯罪女性的意志是建立在低级的动机水平上，意志的动力特点表现为冲动性、偏激性等。因此，犯罪意志也有两方面的表现：一方面表现为对自发形成的内部欲望的过度依赖，欲望愈强烈，意志力也愈强；另一方面表现为对自发的、偶然的外部情境的依赖，即外部环境有利于自己实施犯罪行为，则犯罪意志愈坚定。

意志的情绪性与受暗示性

五、女性犯罪的行为特征

与女性犯罪者的个性特征、认识、情感和意志特征相联系，女性犯罪者的行为特征主要是：

（一）从属性

由于女性的社会经验不够丰富，体力上也不如男性，以及女性的依附心理，使得她们在团伙犯罪或共同犯罪中，一般只充当次要角色。

（二）欺骗性

女性天生柔弱，是受社会保护的对象，因此，一般对女性的防范与戒备心理程度低于男性，这就使得犯罪女性的一些犯罪行为具有极大的欺骗性，也较易取得成功。

（三）冲动性

由于犯罪女性具有情绪情感波动性大、认识范围狭窄等特征，当一些犯罪情境出现（如双方发生口角、熟睡中的婴儿或仇人、由自己保管的财物或他人显露在外的钱财等），犯罪女性往往缺乏自制力，在强烈欲望的驱使下实施犯罪行为，事后则极为后悔。

（四）性色彩浓厚

女性犯罪在多数情况下都与性有密切的关系，如以出卖肉体为手段

获取他人钱财或其他利益；或因放纵自己的性欲而陷入情感纠纷中或家庭矛盾中，导致一些暴力性案件的发生。例如，一位曾经单纯美丽的女性，有一个并不和睦的家庭。丈夫嗜赌，对她很粗暴，赌输后回家要不到赌资，就对她拳脚相加。该女在经受了长期虐待后，性格发生了变化，开始变得冷酷、自私。她利用自己的姿色，去获取自己需要的物质利益，既满足了自己的情欲，又获得了物质上的丰裕。久而久之，她变成了一个浪荡的女人，只要是她想得到的东西，她就用自己的身体色相与别人交换。最后，她的行为引起了丈夫的不满，丈夫与她发生了激烈的争执并对她使用了暴力。为了报复丈夫，她在丈夫喝水的杯子里放入了剧毒，结束了丈夫的生命，也把自己送进了监狱。

> 性色彩浓厚是其较为突出的、典型的行为特征

（五）自私性

女性犯罪具有明显的自私性的特点，主要表现为：①女性很少因为义气、信仰等进行犯罪，她们大多数都是为了自己的得失，为了自己的家庭生活及丈夫、子女等犯罪的，很少为了主持公道、追求正义、信仰等进行犯罪活动，她们很少进行义气性、政治性犯罪活动，因此女性在犯罪方面表现出明显的"无利可图的事不干"的特征。②因为贪图小便宜进行违法犯罪行为的情况较多，例如，冒充顾客在商店偷窃小商品，为了一些很小的所得就卖淫或介绍他人卖淫、贩卖儿童等。

（六）非体力性

相对男性而言，女性由于在体力上处于劣势，因而较少实施需要较高体力条件的犯罪活动。即使在实施这类犯罪的时候，也不得不采取间接的方式、方法，如用毒药杀人、杀害睡眠中人、纵火杀人等。因此，女性犯罪行为具有明显的非体力特征。

第三节　女性经济犯罪心理

经济犯罪是女性犯罪类型中突出的一种类型；女性经济犯罪多是诈骗、偷盗、贪污等犯罪，其中以偷盗与诈骗犯罪居多。女性经济犯罪不是一个孤立的现象，它与社会的政治、经济、文化、教育、道德、法律诸因素密切相关，尤其是当前我国正处于全方位的社会变革时期，必然使女性经济犯罪产生一些新的特点。女性经济犯罪人除了一般女性犯罪的心理特征之外，也具有一些与之密切联系的心理特点，主要

表现为以下几个方面：

一、女性在经济犯罪活动中的心理特征

（一）情感依附

"女性是感情性的动物"。在经济犯罪活动中，女性的这一基本特征也明显地表现出来。在经济犯罪活动中，女性的这种情感依附特征，一方面表现为容易受人教唆、引诱、胁从而参与各种经济犯罪活动；另一方面表现为容易偏重感情而难以预料其行为，有时甚至为了表明自己对所爱的人的痴心和钟情，而不顾及他们的关系和行为是否符合伦理观念和法律规范。

（二）自我显示

自我显示这种心理特点，主要表现为虚荣心很强，常常使自己的表现超出实际水平。在经济犯罪活动中，尤其是在诈骗犯、贪污犯中，这种心理特征尤其明显。这种女犯产生经济犯罪的内在动力，是要出人头地，赢得人们的尊敬和爱慕，这些女犯不仅在经济上贪得无厌，而且用钱来抬高自己的身价，用钱来证明自己存在的价值，用钱来满足虚荣心理的需要。

（三）拜金主义意识

凡是严重经济犯罪的女性，她们对金钱的崇拜和追求，远远超过了金钱本身的价值。这些女性犯罪人在意识或潜意识中甘愿拜倒于金钱，而成为一个不择手段、名副其实的拜金主义实践者。

（四）贪图安逸

在经济犯罪活动中，女性犯罪人的基本特征之一，就是贪图安逸。经济犯罪的女性犯罪人，只有极少数是由于"饥寒起盗心"。她们犯罪的原因，基本上不是为了温饱，而是为了及时享乐，她们的一个共同特点，就是好逸恶劳、贪图钱财、追求享受，属于典型的利欲型犯罪。这类经济犯罪的女性犯罪人，灵魂深处具有极为自私、唯利是图、贪得无厌的意识，这是她们进行经济型犯罪的主要精神支柱，也是当前经济犯罪扩张较为严重的根源。

女性情感支配力对犯罪动机的影响力

（五）蒙昧无知的需要

在经济犯罪活动中，有的女犯的犯罪动机有时又十分模糊，自己也说不清楚理由，犯罪动机未被意识到的特征十分明显，显得幼稚无知，对犯罪行为及其后果缺乏足够的自知力。这些糊里糊涂犯罪的女性犯罪人，多数是由蒙昧无知的需要、冲动性需要所引起的。

（六）少数女性犯罪人的心理异常状态

极少数女性犯罪人存在短暂性、周期性的心理异常，她们由于变态心理或精神失常而犯罪。据日本犯罪心理学家统计，有 12.6% 的女盗窃犯，其犯罪行为发生于月经前或月经期间。尽管这些现象没有找到决定性的根据，但从女性的生理现象上看，月经期间确实显得情绪敏感，刺激的激惹性高，容易疲劳，或者容易莫名其妙地发怒，心境易变，表露出不合情理的感情和冲动行为。

生理性影响因素的体现

二、女性经济犯罪的行为特征

女性犯罪行为的方式、手段尽管是各不相同的，但其基本特点就是欺骗性大、依附性强、隐蔽性重、暴力性小。具体表现为如下特点：

（一）色情诱惑

色情诱惑，就是以女性的性别特征作掩护，或利用异性的爱慕、恻隐之心，以勾引、诱惑、欺骗手段，掩盖其实施犯罪活动。例如，女性的盗窃的手段与方式特征就跟男性的不同，男性盗窃多用撬门入室、翻窗入室等手段，他们盗窃的工具是扳钳、刀子等；而女性盗窃主要是采用扒窃、偷窃等方法，她们盗窃的"工具"是色相和谎言。这些女性犯罪人都是使被害人在丧失警惕的情况下进行盗窃活动的，因此也容易使犯罪得逞。这样，也使她们觉得钱财来得容易，盗窃行为相应地产生愉快、舒适的情绪体验，强化了她们的犯罪动机。在抢劫活动中，女犯罪人也占有一定的比例。由于女性体力、胆量、经验不足，女性抢劫犯罪的手段，几乎都是用色情勾引。她们事先同男犯共谋策划，还有的女犯用卖淫的方法勾引。因被色情勾引而上当受骗的男方，由于自己也有过错，一般都不愿去报案，只要没有受到很大的伤害，一般被抢之后都自认倒霉，也使类似犯罪容易得逞。

（二）谎言欺骗

在犯罪活动中，女性犯罪人基本手段之一，就是采用谎言欺骗。尤其是诈骗犯罪的基本特征，在以谎言欺骗为主要手段的经济犯罪中，女诈骗犯的表现是极为突出的。这些女诈骗犯的冒险心理很突出，她们明知自己的身份、话语都是虚假的，但能在其他人面前吹得天花乱坠，使人信以为真。这些女性犯罪人的交往能力和应变能力特别强，她们比较善于察言观色，揣测他人的心理活动，又能言善辩。所以，这也促使犯罪屡屡得逞。

（三）男女合谋

在犯罪活动中，女性单独犯罪或女性犯罪集团的都相对较少，一般都是男女合谋进行犯罪活动。这与女性自身胆量、体力、腕力不够，依附性强等特点有很大关系；同时也与她们活动能力小，范围狭窄，经验不足有关；加之女性之间联系不牢固，因为她们互相猜疑、嫉妒、不信任的心理突出。所以，女性犯罪较多的都是男女合谋，或参与团伙犯罪。在经济犯罪团伙中，主犯和骨干多数是男性，女性多数是从犯和胁从犯。女犯在抢劫、诈骗、走私等犯罪团活动中，一般起诱饵作用，乔装打扮，编造谎言，以色相迷人，骗人上当，以起到男性犯罪人起不到的作用。此外，女性犯罪人在团伙内部支配、怂恿和协助男性犯罪人的犯罪活动，男女纠合在一起犯罪，他们互相支持，增强了潜在安全感，相互之间的人际吸引力也使他（她）们犯罪时更加有恃无恐，可能造成更为严重的社会危害性。

> 特别注意女性财产型犯罪中男女合谋犯罪现象的原因

第四节 女性性犯罪心理

在当前的女性刑事犯罪活动中，性犯罪所占的比例较大，并且有逐年上升的趋势，而在女性犯罪活动中，性犯罪对社会更具有突出的危害性。据有关资料表明，上海犯罪女性中，涉及两性关系的占90%以上；重庆犯罪女性中，乱搞两性关系的占70%以上，还有其他一些地区的调查也证明，性犯罪在女性的犯罪活动中，是最突出的犯罪之一，是女性犯罪的基本的、典型的类型。女性性犯罪活动的基本类型，主要表现为：性淫乱、组织卖淫、乱伦性犯罪、犯罪团伙。女性的性犯罪心理具体表现如下：

一、女性性犯罪动机

（一）物欲型动机

女性犯罪的贪财动机是其最为基本的犯罪动机，而其对财物的占有欲与她们其他的动机（包括个人情感动机、亲情动机、享乐动机等）之间有着非常密切的联系。

（二）纵欲型动机

纵欲型动机指性意识偏离，性欲亢进的性犯罪动机。这种犯罪动机表现为犯罪女性的性意念强烈而顽固，常常不能自制而犯罪。这种女犯罪人缺乏最基本的道德教养和丰富的较高层次精神需求，"泄欲"是其犯罪动机的主要方面，她们更有可能成为女性性犯罪的惯犯。

性动机是突出的犯罪动机

（三）玩乐型动机

玩乐型动机是一种为腐朽的享乐观所支配的犯罪动机。这类犯罪动机的特征表现为：女犯在过去曾产生过与性有关的问题，生活状况也不太安定，或无固定的恋爱对象，或夫妻关系不好等。更多的则表现为这种女性的性格上有强烈的自我显示倾向，确信自己有性方面的经验，确信身体自然条件对自己有利，因此，为了追求低级庸俗的感官刺激，以玩弄异性为最大的乐趣，在性犯罪中，有相当浓厚的玩弄、玩乐的因素。

（四）性爱至上的犯罪动机

这种女性认为恋爱就是发生性关系，有的女性为了对其恋人"表达忠心"，就轻易以身相许。一些男流氓利用某些女性这种所谓的"性爱至上"的心理意识，肆意奸污、污辱、玩弄女性。一些女性在失去贞节以后又被抛弃，就很可能因性爱至上的心理受到严重挫折而对特定男性或一般男性产生报复（玩弄）动机而实施淫乱性犯罪、传播疾病犯罪等。

（五）逞能型犯罪动机

逞能型动机是指一些女性犯罪人受变态性虚荣心理支配，以占有异性的多少来显示自己的价值，并以此为炫耀，因此，她们可能持续性产生较大范围的性犯罪行为。

（六）好奇心犯罪动机

好奇心是出自于对异性的好奇而产生动机，这主要表现在少女性罪错的初期，由于性生理的冲动和性心理的成熟，强化了其性心理、性意识而越陷越深。这种动机与青少年犯罪动机具有很大的同质性。

> 好奇心性犯罪动机主要产生于青春期阶段

二、错误的人生观、价值观和恋爱观

在人生价值观方面女性犯罪人一般倾向于认为："女人的价值，在于追求她的男人多，追求的人越多，价值越高。""女人的价值在于能为多个男性所占有，服务男性更多的女人，更有吸引人的魅力。"在恋爱观方面，女流氓没有贞操观念和社会责任感，往往把交朋友、谈恋爱和发生性关系混为一谈，他们甚至认为男女双方一旦同意交朋友，即意味着可以谈恋爱和发生性关系，把人类的性心理、性行为降低到完全的、纯粹的性生理冲动水平。

三、异常的性爱心理

异常性爱心理是以满足性生理冲动而无感情基础为特征，渴望与异性交往，随意委身或依附于异性的一种心理活动。这种心理的产生一般是女性在青春期前后，接触一些不良诱因，受到父母的纵容、邪恶的诱惑、大量性刺激的信息，正常性爱心理的发展脱离常规，向纯粹动物性、生理性方向发展，产生一种淫乱意念和性冲动以及对性行为的渴望和好奇，或在坏人引诱下失去贞操。而一旦失去贞操，她们有的就像溃堤一样，一泻千里，难以抑制性冲动，而堕落为女流氓。女青年这种异常性爱心理，就是女流氓活动的心理基础，而流氓活动则是她们异常性心理的外部行为表现。女性的这种活动在异常性爱心理的支配下常常可以达到异常强烈而持久的程度。

四、强烈的依附心理

女性依附心理促使她们与流氓活动联系起来，依附心理就产生一种桥梁作用和中介作用，她们通过依附心理活动与男流氓混在一起，吃喝玩乐获得物质来源和精神支柱。她们玩物丧志、纵情恣欲。男流氓也利用了这种依附心理，使她们既成为玩弄的对象，也成为进行其他刑事犯罪活动的诱饵。

五、否认有罪的心理

搞流氓犯罪的女性，在犯罪前多有被侮辱受害的经历，受害后不知或不敢告发以致自暴自弃成为害人者。这使她表面化地感到害人的人未受到法律制裁而自己却被判刑入狱，于是容易产生否认罪责心理。那些团伙中的男女流氓互相鬼混、互相玩弄，他（她）们认为："谈不上谁欺骗谁，都是两厢情愿的个人私事，对社会没有危害，更谈不上什么犯罪。"她们认为只有杀人、放火、抢劫才叫犯罪，声称："我们一不抢二不偷，也不杀人放火那能叫犯罪？杀人有血债，抢人有钱债，流氓快活不欠什么债。"可见，女性性犯罪人不仅存在着严重否认有罪心理的倾向，其意识的深处也具有反自我、反社会的人性观念。同时，受到当前社会心态中普遍存在的敌对与否定、排斥态度的影响，缺乏良好的改造的社区与情境环境，因而，女性性犯罪人一般较难以改造。

为什么女性性犯罪人难以内心改造？

六、卖淫女性的心理

卖淫，是指为了金钱或其他利益而与他人发生性交易的行为。卖淫者包括女性与男性，以女性最为常见。卖淫是一种具有违法、犯罪性的"古老职业"，其常见形式有合法妓院、非法妓院、应召女郎卖淫、街头女郎卖淫、色情按摩卖淫、吸毒癖式卖淫，以及权色交易卖淫、性贿赂卖淫等。

女性卖淫的原因包括：①生理因素：当代社会性成熟明显提前，而其中多数少女缺乏青春期性生理知识。性的生理成熟与性的心理成熟不同步，性生理成熟并不必然伴随着性心理的成熟。在青春期危机问题出现时，她们较容易被诱使走上卖淫的道路，以此作为解决其生理、心理问题的选择。在以卖淫女性为对象的调查中发现，约74%的人通过压抑或主动转移注意力来缓解性欲，约8%的人以手淫等类似方式来解除性压力，约14%的人以与非亲密关系对象性交的方式满足性欲，这部分人确实是把卖淫当作满足性欲的一种选择。②青少年过早的性行为体验：早期的性生活体验，无论是自愿的，还是被迫的，或是好奇心驱使、坏人诱使，都致使青少年女性过早地揭开了害羞与自尊的面纱。在一项以626名卖淫女性的调查中发现，75%的人有早恋行为，65%的人有失恋现象。不少的有过早期性体验而具有挫折感、失败感的少女，正是在缺乏正确的价值观与人生理想的支持下容易产生自暴自弃的心态，进而自觉或不自觉地步入卖淫的轨迹。③卖淫的社会原因：包括女性的社会适应、文化条件、社会地位、社会存在的卖淫机会与利益诱使、家庭与社区诱发因素，以及社会管理、监控不利等缺陷。西方一项关于妓女的调查（格林瓦特，1969）表明，大多数的卖淫少女都来自破裂家庭，包括单亲家庭、离异家庭、父母双亡家庭、遭遗弃家庭、成员关系紧张家庭。在这类家庭中，青少年女性便容易产生从社会上寻找感情寄托与物质上的帮助，她们就可能以自己的身体去实现这些心理与物质的需要，而这种行为的开端就会使得她们在卖淫的行为难以逆转。特别值得注意的是，个别的社会经济地位极低家庭完全出于经济利益与社会地位的考虑，对于子女卖淫行为采取默认，甚至放任的态度，这会大大地助长、强化涉世不深少女的错误行为。

随着对青少年女性卖淫违法犯罪的深入研究，西方有些学者提出以社会控制论的观点分析青少年女性卖淫的潜在原因。其基本观点是，青少年误入歧途，是与社会衰败和消沉紧密联系的；青少年女性的卖淫行为与下列具体的因素有关：人们对性关系的敏感观念大大地削弱；对于性行为是否符合社会道德规范较少关心；社会舆论与社会规范对女性的性出轨行为没有及时有效地警示或抑制。社会控制论认为，对青少年女性卖淫的控制主要包括社会规范的控制、容许控制与学校的控制。青少年女性卖淫与社会规范缺乏有密切的关系；实际上，当前同辈群体的作用已经超过了社会规范的作用。另外，青少年女性在追求所谓自由与个性的生活方式，过度排斥其传统文化与公序良俗，并对建立正常的家庭丧失信心，也导致家庭依恋与社会控制的缺失。而一旦她们进入了一个控制相对严密的组织，这种特定而严格的社会控制使得她们反而失去了自由选择生活方式的机会，只能在卖淫生活的泥潭中挣扎。

卖淫女性的心理特征集中体现为：

1. 卖淫女性的性观念：追求绝对的性自由，认为性爱是自己主导的生活准则，而与伦理道德无关，内心极力希望"过绝对自由的生活"。

2. 卖淫动机：卖淫行为既非性欲表达本身，更与情感无关，其唯一或主导动机是金钱与物质利益。

3. 卖淫女性的消极心理集中体现在享乐主义意识上。一项关于卖淫女性的调查表明，55%的女性认为活着就要吃好穿好，"人生在世，吃喝二字"，约有60%的女性感到家庭与社会规范的压抑，50%的女性有强烈的嫉妒感受与虚荣心。

4. 卖淫女性的人格特征。卖淫女性与同年龄对照组相比，其性格特征在乐群性、聪慧性、稳定增长性、实验性、怀疑性、忧虑性、紧张性、敏感性、幻想性和世故性等十个方面具有明显的差异特点：卖淫女性较一般女性明显地表现为乐群外向、常识与社会技能缺乏、情绪容易激动、疑心重、自以为是，我行我素、焦虑、抑郁、烦闷、缺乏主见、不善于处理挫折、不切实际的幻想、社会责任感低、较为自私、缺乏远景的目标与理想等。

相对较低的女性犯罪率有其复杂的因素，冰山理论与侠义精神假说只是对其解释的一种看法，虽然这种假说也有其一定的合理成分。从整体而言，女性犯罪心理是基于女性的生物因素、心理因素与社会因素产生的，其中其生物因素（依附性、被动性、青春期及生理周期等因素）是产生犯罪心理的自然基础，而心理因素与社会环境因素是其产生犯罪心理的决定因素。女性犯罪心理体现于女性犯罪人的犯罪动机特征、认识特征、情绪情感特征、意志特征等方面，与之相应的，女性犯罪的行为特征表现为性色彩浓厚、情绪性、间接性、从属性等特征。女性经济犯罪与性犯罪是女性犯罪中比较突出的方面，其犯罪心理结构特征与犯罪人的心理特征，除了具有女性犯罪的一般特征之外，也存在着一些与其犯罪活动、情境性相联系的、较为独特的表现。

□ 小　结

本章主要阐述女性犯罪心理结构形成的原因、女性犯罪心理结构、行为特征，以及女性性犯罪、经济犯罪心理特征。主要内容：

一、女性犯罪概述

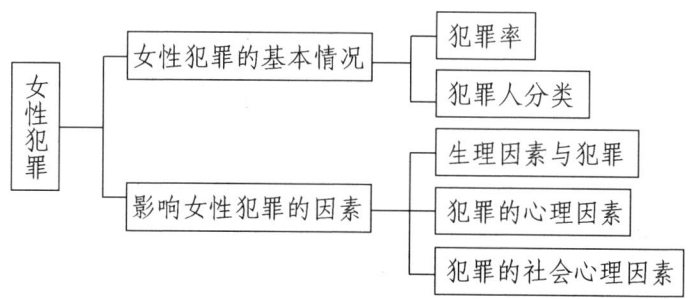

二、女性犯罪心理特征

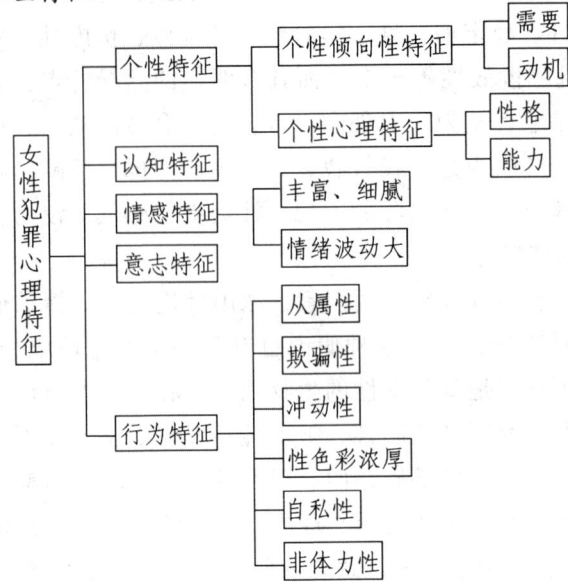

三、女性经济犯罪心理

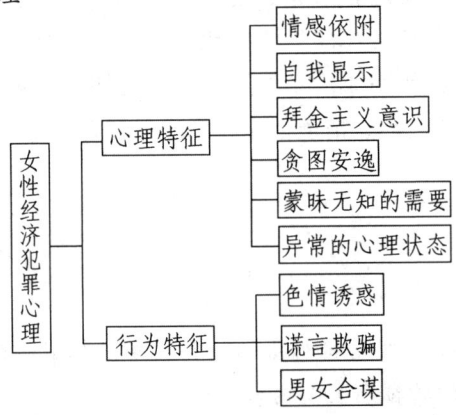

四、女性性犯罪心理

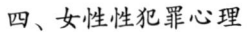

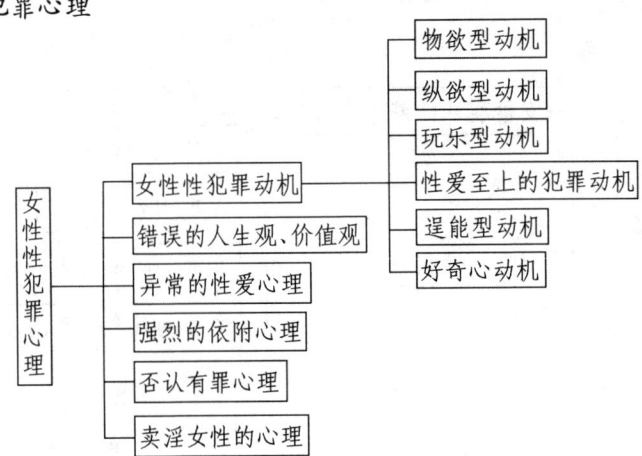

□练习与思考

一、名词解释

1. 侠义精神假说

2. 冰山理论

二、简答题

1. 简述女性犯罪心理结构的个性特征。

2. 简述女性犯罪心理结构的认识、情感与意志特征。

3. 简述女性犯罪的行为特征。

4. 简述女性性犯罪心理与行为特征。

5. 简述女性经济犯罪心理。

三、思考题

1. 试分析女性犯罪心理结构特征。

2. 试析女性生理性因素与犯罪现象之间的关系。

第八章

不同犯罪经历的犯罪心理

■ **学习目的和要求**

通过本章学习，要求学生

● 重点掌握：初犯、偶犯、累犯、惯犯及职业犯的心理特征和行为特征。

● 掌握：初犯和偶犯、累犯和惯犯的区别。

● 一般了解：初犯、偶犯、累犯、惯犯及职业犯的概念。

根据犯罪人犯罪经历的不同，可以将犯罪人分为三大类：①初犯和偶犯；②惯犯和累犯；③职业犯。从初犯、偶犯到累犯、惯犯以至职业犯，是个体犯罪心理结构恶性发展的过程。不同的犯罪人犯罪，心理特征和行为特征有很大的差异。认识这些差异，对于提高侦查、讯问以及矫治的效率，治理社会犯罪，实现社会安定，都具有重要意义。

第一节　初犯和偶犯的心理

一、初犯、偶犯的概念

（一）初犯的概念

初犯是相对累犯而言的犯罪人类型，是指具有犯罪心理发生、发展的复杂过程和激烈的犯罪动机斗争过程的第一次违法犯罪者。犯罪心理学所讲的初犯和刑法学中的初犯有所不同。在刑法学中，初犯是第一次犯罪并符合犯罪构成要件的人。犯罪心理学研究的初犯，可能是第一次受到刑罚处罚的人，也可能是虽有违法犯罪行为，但尚未受刑罚处罚的人，如未达到刑事责任年龄的人。

（二）偶犯的概念

偶犯是相对于惯犯而言的犯罪人类型，是指那些存在不良心理因素，在某种情境出现时发生犯罪行为的个体。如"见财起意"、"顿起杀人之心"等故意犯罪人。偶犯违法犯罪与其一贯的行为表现不相符合，带有很大程度的偶然性、情境性。这种犯罪似乎与某种特定条件相联系，这种条件消除了，其犯罪的可能性也就不存在了，因而他们的第一次违法犯罪也被设想为最后一次，故称为"偶犯"。偶犯多为机会犯罪人或激情犯罪人。在一份研究中，美国学者对16～70岁之间实施剽窃行为的25名女性和11名男性进行研究发现，他们在作案前几乎都没有前科，在社区有较好的声誉和收入不错的工作，主要基于某种人格问题或情绪问题，也有一部分是为了补偿自己不久前遭遇到的某种物质损失而实施了偶然性的机会犯罪。[1]

在一起敲诈勒索案件中，犯罪人是一个老实巴交的中年男性，他在海边承包了一大片鱼塘。由于管理不善，经常有人偷鱼。某一天，他得知有人捞了几条鱼回家，立即找到此人将鱼索回，后又让其外甥逼此人拿出几万元"私了"，否则就"如何如何"。该案件中，犯罪人对自己实施了敲诈行为后悔莫及，因为"没想到这种行为是犯罪"。这

---

〔1〕　W. Cupchik, J. D. Atcheson, "Shoplifting: An Occasional Crime of the Moral Majority", *Bulletin of the American Academy of Psychiatry & the Law*, Vol. 11 （4）, 1983, pp. 343～354.

是偶犯的一种情形，犯罪人的犯罪行为是与特定事件相联系的，而且一般也不会再发生犯罪行为。

二、初犯和偶犯的区别

初犯和偶犯，从其实施犯罪行为来说，都是第一次，都没有犯罪经历或受刑罚处罚的经历，因此在犯罪时的心理状态以及行为特征等方面，有很大的相似性，但也有差异存在，主要表现在以下几方面：

（一）年龄差异

即初犯年龄分布和偶犯年龄分布有所不同。大量调查表明，偶犯在各年龄段的分布较为均衡，初次违法犯罪的时间相对集中在一个时期，即青少年时期（已满 14 岁未满 25 岁）。[1] 青少年时期，是心理活动最活跃、心理发展最不平衡的时期，表现为各种物质的、精神的、生理的欲求十分强烈，自我意识强且易受挫，喜欢结伙交友，但意志活动、人生观、世界观、道德观的正向发展相对滞后，这使青少年的理智往往不能很好地调节、控制其旺盛的精力、亢奋的生理欲望和情绪冲动，行为受环境、情绪的影响较大。因此，这一时期心理发展有缺陷的青少年一旦遇到适宜的条件和诱发因素，极易走上犯罪道路，使得青春期成为初犯的高峰期。

偶犯由于犯罪的情境性较大，所以与年龄特征联系不密切，任何一个年龄段的人，如果自身存在一些不良心理因素，在一定的情境出现时，就会有偶发犯罪的可能。

（二）心理结构差异

初犯是相对于累犯而言的，这表明，初犯的初次违法犯罪行为，不一定是唯一的一次，而是存在着第二次、第三次犯罪的可能。这是因为，部分初犯大多已形成犯罪心理结构，其犯罪行为的发生，是在已形成的犯罪心理的支配下进行的。偶犯的犯罪行为则不同，它虽然也同样受犯罪心理的支配，但其犯罪心理的产生，是受一定情境的刺激，具有瞬时性，如果不存在犯罪情境，其犯罪心理也不会形成。因此，在犯罪过程中后，如果所追求的犯罪结果已经实现，初犯的犯罪心理可能会得到强化，而偶犯的犯罪心理结构则相反。这种差异的存在，也导致了初犯的改造难度大于偶犯。

---

[1] 李玫瑾："构建未成年人法律体系与犯罪预防"，载《法学杂志》2005 年第 3 期。

三、初犯的心理特征和行为特征

(一) 初犯的心理特征

1. 动机特征。对初犯来说，犯罪前大多经历过激烈的动机冲突。一方面，他们有某些强烈的需要，如对金钱的贪欲，对性体验的渴求，满足某种虚荣心等。这些需要往往不能通过合法的途径获得满足，而只有靠非法手段去获取，因此，这些过度的需要使个体产生了采取非法手段的动机。另一方面，有效的法制宣传和尚未泯灭的良知，往往也使个体意识到自己的行为后果和可能承担的法律责任，因而又产生了抑制自己过度需要的动机。犯罪人的动机冲突就表现为犯罪冲动和抑制因素之间的相互较量。

2. 认知特征。初犯的认知特征一方面表现为认知水平较低，对法律及事物的认识肤浅，认知范围狭窄。这种认知特征导致初犯对犯罪行为的后果及严重性缺乏足够的认识，对一些不良诱惑缺乏正确的认识和对待。初犯的认识特征还表现在认知内容的错误，如崇尚非主流文化，认为叛逆代表着个性等。[1]

尤以青少年初犯表现突出

3. 能力特征。初犯由于没有犯罪经历，因而犯罪技能不熟练。其犯罪技能的获得，可能来自于对他人犯罪的模仿（如电影、电视、小说等宣传媒体中描述的犯罪情节），也可能来自于他人的教唆，还有可能来自于自己的精心"创造"。无论来自哪一种途径，由于是第一次操作，所以犯罪技能往往显得生疏，在勘查犯罪现场时，容易发现犯罪人疏漏之处，有利于案件的侦破。也有少数初犯在首次犯罪时即表现出高超的犯罪技能。

4. 初犯在不同阶段的心理状态。初犯在犯罪前、犯罪过程中以及犯罪结束后，心理状态各有特点：

(1) 犯罪前，侥幸心理突出。犯罪人经过激烈的动机斗争，最后选择了犯罪，其重要原因是产生了侥幸心理。虽然犯罪人对犯罪后的惩罚感到恐惧，但却希望自己能侥幸躲过法律的追究。其侥幸心理的产生，根源于犯罪人对犯罪所得利益的强烈渴求和对公安机关侦查能力的轻视。

所谓侥幸心理，就是一种投机心理，认为悄悄作案不一定被他人发现

(2) 犯罪过程中，恐惧心理占优势。犯罪行为发生的过程，往往是危险万状，充满着紧张气氛，需要犯罪人注意力高度集中、胆大心

表现为行为紧张，手、足等不灵活，

---

[1] 高士艺主编：《犯罪心理学通论》，警官教育出版社1999年版，第129页。

细、意志坚定。但作为初犯，由于缺少作案经验，面临着各种技术困难和作案一旦失败即要受到惩处的危险，所以在作案过程中，恐惧心理较明显。恐惧是一种担心遇到危险和企图摆脱危险处境的情绪。行为人在受到威胁时就会产生恐惧情绪。当恐惧时，随意运动的全部器官呈现紧张状态，内脏、血液、面部表情均有特别的反应。这种心理状态的存在，可能使犯罪人在强烈的恐惧心理的驱使下，抑制犯罪动机，中止犯罪；也可能使犯罪人由于过度紧张而暂时性地丧失自我控制能力，使犯罪的社会危害性更为严重。

（3）犯罪后的心理状态，主要有：

第一，惊恐不安。这是初犯作案后较为普遍的心理状态。他们终日惶恐不安，总觉得自己的破绽已被人发现，处处有人注意或监视自己，或者在脑海里不断浮现出现场激烈搏斗的情景以及被害人的惨状。当其看到与被害人长相相似的人，也会心惊胆战，这种惊恐心理，必然引起一系列的身心反应，如坐卧不宁、食不甘味、神思恍惚、行为反常等。

例如，有的听到旁人谈及与犯罪有关的人和事，就以为是对他的暗示；看见有不认识的人找领导谈话，就以为是对他进行调查。为了摆脱紧张情绪，常常作出一些夸张的举动，来表示自己心中坦然，例如，参与对案情的议论，痛骂犯罪人。

第二，悔罪心理。悔罪心理是行为人在反省了自己的错误行为后，道德感复苏的一种表现。悔罪心理是人的不良心理、行为得以改善的基础。初犯大多尚有一定的社会道德和法律意识，没有形成犯罪定型，犯罪恶习不深。当他们出于情绪激奋或外部诱因的强大诱惑而犯罪后，看到自己犯罪行为所造成的危害后果，会产生悔罪感，如自责、内疚。在这种悔罪心理支配下，有的会对自己的犯罪行为后果加以补救，减轻犯罪给被害人造成的痛苦；有的则投案自首，争取改过自新。但初犯的这种悔罪感往往是不稳定和不彻底的，有时是一时的情感表现，很可能一闪即逝，很快为其作案带来的刺激和成功体验所淹没，导致其犯罪心理恶性发展。

第三，犯罪心理结构的发展变化。初犯作案后，其犯罪心理结构一般沿着两个方向发展，即良性转化和恶性发展。前者是指初犯在犯罪后认识到行为的严重社会危害性，积极悔过自新，主动投案自首，或在被缉捕后有较好的认罪态度；后者是指初犯如果没有及时被公安机关抓获，瞬时的悔罪心理就会被犯罪带来的实际利益和犯罪成功后的满足感所淹没，犯罪心理结构得到进一步强化，向再犯、惯犯甚至职业犯的方向发展。

且有多余动作，声音变粗，语言不流畅，心跳加快，唾液分泌减少，出冷汗，脸色发白

一时悔恨并不等于真正的悔改。应及时捕捉这种心理活动的轨迹，并施以正确的诱导措施，使其悔恨心理外化为实际的悔过行为

（二）初犯的行为特征

1. 有明确的犯罪准备过程。初犯的犯罪行为大多具有预谋性的特点。表现在初犯犯罪心理的形成有较为明显的阶段性，如从不良个性与需求，发展为产生犯罪意向，明确犯罪动机，进行犯罪的准备等。初犯在实施犯罪行为前，一般要考虑作案的手段、方式，选择作案对象、时间、地点以及作案工具，进行必要的犯罪准备。

2. 作案手段呈两极化特点。多数初犯作案手段简单幼稚，也有少部分初犯作案手段体现出复杂成熟的特点。一些初犯的犯罪行为是在外界影响或他人暗示下发生的，所以作案手段一般来说都比较简单，作案工具也比较原始。此外，初犯虽然大多实施预谋性犯罪行为，但由于没有犯罪经验，对作案过程中的各个环节很难设想周全，对不同犯罪方案中的哪一种更具有安全性和实际效果也不能作出最好的假设，因而其犯罪行为往往表现出幼稚性的特点，容易被公安机关破获。例如，入室作案的初犯在室内易留下指纹、人体分泌物、随身小物品；在一起故意杀人案件中，犯罪人为防止被害人打电话报案，掐断话筒线，但该电话具有免提功能，因此电话机仍然可以使用。也有部分犯罪人基于自身的高智商以及理智冷静的性格特点，犯罪计划周密，其初次犯罪行为也会显现出成熟老练的特点。

3. 共同犯罪较多。初犯犯罪心理形成有一个演变过程，在这一过程中，往往会留意寻找支持者，以增强作案的勇气。此外，初犯中青少年较多，青少年的合群性特点也使他们愿意在伙伴中寻找犯罪的"知音"。在共同犯罪中，由于从众心理和罪责扩散心理的影响，一些初犯的犯罪行为有时候超出最初的犯罪意图，犯罪后果更为严重。

四、偶犯的心理特征和行为特征

（一）偶犯的心理特征

1. 不良的需要。偶犯的需要结构中，存在着一些不良需要，例如，有的渴求意外的物质收获，有的希望飞黄腾达。这些不良需要的强度在平时和正常人相差不大。一旦有了某种特殊诱因，这些不良需要立即迅速膨胀，形成强大的动力，促使偶犯在极短的时间内形成犯罪动机。

2. 动机产生的瞬时性。一般来说，偶犯的犯罪动机产生时间短，甚至具有瞬时性，是在一种典型的"挫折—反应"状态或犯罪机会的诱惑下出现的。偶犯犯罪动机的这种特点，使得他们很少出现动机斗争。在偶犯的动机结构中，犯罪动机强度大，占主导地位，抑制犯罪的动机比较微弱。这种犯罪动机，一般是在某种诱因出现并与不良需要相结合后立即产生，一旦诱因消失，犯罪动机也就随之消除；此外，随着犯罪行为的实施完毕，犯罪动机也常常发生良性转化。

3. 性格缺陷。偶犯在性格方面存在一些弱点，主要表现为好冲动、软弱、偏执，比较注重个人利益等。其他偏执性的性格特征，使其遇到问题时，不会想到其他变通办法，而是选择最为直接的解决途径，这种途径往往就是违背社会规范的。由于偶犯具有易冲动的性格特征，在遇到挫折时，极可能立即发生爆发性行为，不计行为后果，缺乏自我控制能力。他们在冲动性行为发生之后，往往后悔，但在遇到其他刺激情境之时，仍然不能控制自己的行为，以至于最终发展为犯罪。有学者研究了冲动型激情犯罪与蓄积型激情犯罪者性格特征及对暴力的态度。研究结果表明，冲动型激情罪犯比较容易冲动，情绪易激动，"有时不得不用不客气的态度去对付粗鲁的人"，敌对性强，外显行为中有暴力倾向，但潜意识中却认为暴力行为并不可取，因此出现了外显和内隐的分离。面对非正当诱因，被激怒或面临挫折时，意识模糊，对自己的行为动机没有一个全面认真的考虑，甚至毫无考虑，愤怒激动的情绪占主导，即暴力相向，促成犯罪。蓄积型激情犯罪人平常行为良好，接受社会规范约束，周围人对其评价很好。由于性格内向、孤僻，过于自尊或自卑，对别人的挑衅具有高度挫折忍受力，在潜意识中对暴力渐渐出现认知偏差，易走极端，认为解决问题的唯一方法就是暴力相向。[1]

4. 犯罪时紧张兴奋的心理状态。偶犯虽然在犯罪前动机冲突不明显，但在实施犯罪的过程中，开始逐渐意识到行为的违法性质和严重后果，加上犯罪时的特殊情境，使得一些偶犯表现出如下心理状态：

（1）紧张。暴力型偶犯由于实施猛烈的攻击性行为，身心均处于紧张状态，对于眼前行为以外的事物视而不见，充耳不闻；侵财型偶犯则将目光集中于被侵犯的金钱和财物上，集中全部精力于从事盗窃、抢劫或抢夺他人财物。

（2）恐惧。有些偶犯在进入实施犯罪状态后，对自己行为的后果也感到害怕，因而担心自己的犯罪行为被人发觉，但是这种恐惧状态

---

[1] 关慕桢等："激情犯和累惯犯暴力态度的比较"，载《心理学报》2010 年第 5 期。

往往只是使偶犯的犯罪行为显得更为慌乱，并不能使他们中止犯罪，这是由于偶犯的犯罪行为大多是在极短的时间内发生和结束的，当想中止犯罪时，犯罪结果已经发生。

（3）兴奋。实施犯罪时的紧张状态往往与兴奋状态相伴而生。偶犯犯罪时，情绪冲动性强，显得激动、兴奋。这种兴奋对于暴力型偶犯来说，可以使他们调动全身的潜能，实施惨烈的犯罪行为。

偶犯在实施犯罪行为后，一般会产生后悔、自责的心理，有时也会产生侥幸心理，希望能避免受到司法机关的惩罚。

（二）偶犯的行为特征

1. 冲动性。偶犯在实施犯罪时的冲动性表现较为突出，作案前少有预谋，缺乏必要的心理准备，对作案环境也没有选择，基本上是在一种激情状态下实施本人没有预料到的犯罪行为。冲动性的特点使犯罪人很难预料到行为后果，一些危害结果的出现，有时甚至超出了犯罪人的想象。例如，在一起案件中，一名年轻的女子被人杀死在其租住的出租屋内，根据法医的尸检报告，被害人死亡时间在夜间 12 点左右。警察在现场访谈中，从一名公寓的保洁人员那里得知，在案发当晚 7 点半左右，她看见了楼里的一名保安敲门进入被害人的房内，并且她和保安还打了个招呼；通过调取公寓的监控录像发现，在凌晨 1 点左右，一名男子出现在被害人所在楼层的走廊，光着上身，下身穿一件长及膝盖的短裤，案发时间为 10 月 10 日，此人的着装与季节不符合，经辨认，可以确定此人就是那名保安。事后的调查证明，这名保安就是强奸并杀害被害人的犯罪嫌疑人王某。在此案中，王某具体的作案时间虽然是午夜 12 点，但其进入犯罪现场的时间是 7 点半，这一时间正是公寓里人来人往的时间，并且其进入犯罪现场时还暴露在目击证人的视线中。王某在进入犯罪现场之前或当时，并没有产生犯罪动机，其犯罪动机的产生是由于现场情境的刺激产生。王某本人交代，他与被害人打过两次交道，当天晚上不值班，感觉有些无聊，去找被害人时，只是想找一个聊聊天打发时间的人，然而在封闭的空间中与年轻女子单独相处，使他产生了抑制不住的性冲动。[1]

2. 盲目性。偶犯实施犯罪具有较大的盲目性。偶犯犯罪动机简单，容易受周围的人和环境的影响，没有明确的犯罪目的，犯罪行为往往是临时起意所致。

---

[1]　赵桂芬："侦查活动中作案时间分析的心理学原理与应用"，载《中国人民公安大学学报》2011 年第 4 期。

3. 偶发性。偶犯的犯罪行为一般是偶然发生的，犯罪人事先并不期待犯罪结果的出现。犯罪行为的发生和偶然情境存在着直接联系。如果不存在引起犯罪冲动的特殊环境，犯罪行为可能就不会出现。

4. 单独性。偶犯很少出现结伙犯罪的现象，一般情况下，都是独立实施某种犯罪行为。

5. 简单性。偶犯由于没有犯罪预谋，因而实施的犯罪一般比较简单、直接。例如，偶犯中较多出现暴怒杀人或抢夺、抢劫、强奸等犯罪行为，基本不使用特制的工具，所用的工具常常是信手拈来之物。

第二节　累犯和惯犯的心理

一、累犯和惯犯的概念

（一）累犯的概念

根据我国刑法规定，累犯是指因故意犯罪被判处有期徒刑以上刑罚的犯罪人，在刑罚执行完毕或者赦免以后，5年内再犯应当判处有期徒刑以上刑罚的故意犯罪。我国刑法还规定，在刑罚执行完毕或赦免以后的危害国家安全的罪犯，任何时候再犯危害国家安全罪的，都以累犯论处。为了保障未成年人的合法权益，2011年2月25日第十一届全国人民代表大会常务委员会第十九次会议通过的《刑法修正案（八）》第6条规定，将《刑法》第65条第1款修改为："被判处有期徒刑以上刑罚的犯罪分子，刑罚执行完毕或者赦免以后，在5年以内再犯应当判处有期徒刑以上刑罚之罪的，是累犯，应当从重处罚，但是过失犯罪和不满18周岁的人犯罪的除外。"

由上可见，普通刑事犯罪构成累犯，必须具有以下条件：①前后两次犯罪行为都是故意犯罪，具有初犯经历；②前后两罪，均应被判处有期徒刑以上的刑罚；③两次犯罪的时间间隔，后罪是在前罪的刑罚执行完毕或赦免以后5年内实施的。

从累犯中，还可以分出常习累犯。他们既具有累犯犯罪住监服刑的经历及犯罪个性，又具有以犯罪为常业的惯犯习性。累犯、惯犯的特点，常习累犯兼而有之。

累犯不仅不同于初犯，也不同于再犯，其区别主要在于累犯具有初犯所没有的，比再犯更为全面的犯罪经验。

累犯在客观上表现为再次犯罪（一般累犯两次必须都是故意犯罪，特殊累犯则没有要求），具有再犯罪的事实。累犯虽然是再次犯罪，在一般情况下，它和再犯还是有所不同的。再犯，又称为重新犯罪，有广义与狭义之分，广义上的再犯包括累犯；狭义上的再犯是指累犯以外的其他重新犯罪的人。

（二）惯犯的概念

惯犯是指反复实施同类犯罪，已形成犯罪恶习的犯罪人。我国1979年《刑法》第152条规定了惯窃罪、惯骗罪，第168条规定了赌博惯犯。1997年修订后的刑法典仅保留了赌博惯犯的规定。《刑法》第303条规定："以营利为目的，聚众赌博，开设赌场或者以赌博为业的，处3年以下有期徒刑、拘役或者管制，并处罚金。"其中以"赌博为业"，即是针对赌博惯犯而言，是指嗜赌成性，一贯赌博，以赌博所得为主要生活来源或挥霍来源；另外，"虽有正当职业，如果不务正业，把主要精力放在赌博上，长期在工余时间从事赌博活动，输赢数额巨大的，也算以赌博为业"。[1]修订后的刑法典之所以删去了惯窃罪、惯骗罪等，是考虑到惯窃罪、惯骗罪在本质上与盗窃罪、诈骗罪完全相同，而且司法实践中具体认定惯窃罪、惯骗罪也存在一定的困难，因而将这两种罪分别由盗窃罪、诈骗罪所吸收。需要注意的是，惯犯是一种从重处罚情节，不是一种独立的罪名；此外，犯罪心理学研究的惯犯，不受刑法规定的限制，仍然包括盗窃、诈骗、毒品犯罪等惯犯。

惯犯和累犯是两种不同的概念。累犯受到过法律的惩罚，具有监禁体验；而惯犯则不论其是否被判处过刑罚，不一定具有监禁体验。累犯不限于实施一定种类的犯罪，而惯犯系在原则上实施一定种类的犯罪；惯犯其犯罪生活占据全部生活的大部分或依靠犯罪所得作为生活来源，累犯则不然。

二、累犯与惯犯重新犯罪的原因

刑罚的目的之一，就是通过对犯罪人进行教育以及施加一定的痛苦而防止其再次犯罪。然而，重新犯罪仍然是一个严重的现象。并且，未成年犯罪人的重新犯罪率要高于成年犯罪人的重新犯罪率。

上海未成年犯管教所做的一项调查发现：未成年人出现不良行为（14周岁以下）和出现违法犯罪行为（14~18周岁），其重新犯罪率明

---

[1] 高铭暄、马克昌主编：《刑法学》（下编），中国法制出版社1999年版，第974页。

显高于成年刑释人员。而且"第一次违法犯罪时的年龄越小,犯罪恶习就越顽固,越难以矫治,重新犯罪的可能性越大"。其中"第一次作案在 7~10 岁的少年重犯率为 38.5%;11~14 岁少年重犯率为 28.4%;15~18 岁少年重犯率为 11.3%"。此项调查还考查了影响重新犯罪的因素。调查结果表明,在 15 种影响少年刑释人员重新犯罪的因素中,以与重新违法犯罪的相关程度从大到小依次排序为:帮教是否落实;家庭组合情况;是否适应狱内生活;是否有前科劣迹;第一次犯罪时年龄;个性是否轻信;是否承认曾多次作案;有无职业或学业;狱内是否烦恼忧郁;文化程度;14 岁以前是否有不良行为;狱内表现;犯罪种类;情绪是否紧张焦虑;对所受刑罚的看法。[1]

国外有学者认为,标签理论主要是解释重新犯罪的一种犯罪原因理论。[2]其代表人物之一的埃德温·利默特(Edwin Lemert)提出的两个重要的概念是原发性越轨和继发性越轨(Lemert,1967)。[3]原发性越轨行为是指最初的越轨行为本身,继发性越轨行为是对社会控制机构的烙印化的一种适应。最初的越轨行为大多是偶然发生,因为这种越轨行为仅仅在被人们这样标定的时候,才成为一个问题。继发性越轨所关注的是"个体体验到的作为被捕和被标签为越轨者的结果的心理上的改变"。一旦个体被附上这种污点或不光彩的印记,就会发现要摆脱这种标签是很困难的,并且会逐渐认同这种新的越轨者的角色。这一理论主要关注的是继发性越轨行为(secondary deviance)。[4]国内学者关慕桢等人(2010)所作的研究验证了这一理论。研究者通过心理测试,发现部分累惯犯行为具有暴力倾向性,但是内隐态度却认为暴力"不好"。通过访谈发现,这一冲突可能来源于他们对周围人对自己的负面评价的反应,认为自己就是别人眼中的那种人。尽管这个认同有偏差,但是这个认同会指导行为,这类人知道"要做什么",确信自己就像别人说的残暴,冲动,如果自制力差,再加上接触偏差群体,就会衍发偏差或犯罪行为。研究者认为,犯罪者的残暴主要体现在行为层面,并不意味着他们的内在本质也是这样的,而内隐暴力态度的结果恰恰证明了这一点。另一部分累惯犯则表现出对暴力的认同态

---

〔1〕 参见邬庆祥、胡静雅、林小培:"未成年刑释人员重新违法犯罪影响因素的研究",载《青少年犯罪问题》2003 年第 5 期。

〔2〕 D. A. Smith, R. Brame, "On the Initiation and Continuation of Delinquency", *Criminology*, Volume:32, Issue:4, 1994, p. 607.

〔3〕 E. M. Lemert, *Human Deviance, Social Problems, and Social Control*, New York:Prentice Hall, 1967.

〔4〕 H. Becker, *Outsiders:Studies in the Sociology of Deviance*, New York:The Free Press, 1963.

度。[1]

三、惯犯的心理特征和行为特征

（一）惯犯的心理特征

1. 畸变的需要结构。惯犯是由初犯发展而来的。在初次犯罪时，其需要结构中的某种需要得到部分满足，这种成功的体验强化了原有的非分需要，使其成为再次实施同类犯罪的原动力。经过多次反复尝试、成功，惯犯的某种非分需要不断被强化，以至于不仅这种需要成为其生活中不可分割的一部分，而且满足这种需要的方式——犯罪行为，也成为惯犯的一种特殊需要。

惯犯的犯罪类型以财产性犯罪居多，犯罪多以侵犯财产为目的。这是由于惯犯业已成为以犯罪为业的一种畸形人，要维持生活所需，又没有正当职业，只有通过犯罪的方式去攫取他人的钱财。因此，在惯犯的需要结构中，贪婪的物质占有欲占据中心地位，满足这种物欲的盗窃、诈骗、抢劫等犯罪行为与其相交织。

2. 作案动机特征。惯犯由于多次反复实施同类犯罪行为，初次犯罪时的动机斗争已渐趋弱化。随着惯犯犯罪次数的增多，犯罪行为的定型化，在其实施犯罪行为时，已经察觉不到动机斗争的痕迹，表现为莽撞、毫不犹豫。但是犯罪毕竟是一种反社会行为，一旦被公安机关侦破，必将在一定时期内失去生活的自由和选择犯罪行为的自由，因此，惯犯在作案时并不能完全做到毫无顾忌，只是动机斗争不明显。当准备实施一种难度较大的犯罪行为时，惯犯仍然有些紧张、慌乱，趋利避害的本能使其同样要权衡利弊，只是这种动机斗争已不是犯罪与不犯罪的斗争，而是是否选择这种或那种犯罪行为方式的斗争。

3. 情绪情感特点。惯犯由于作案前后犯罪动机斗争不明显，因而情绪活动较为稳定。在作案前，没有初犯时的紧张感，表现得平静、泰然，并伴随着欲望即将得到满足的兴奋；在作案时，由于作案技能熟练、作案前计划周密，因而表现得沉着、老练，当出现意外情况时，能控制自己的紧张情绪，在短时间内想出应变策略；在作案结束后，没有初犯时的心神不宁感，表现得若无其事。

---

[1] 关慕桢等："激情犯和累惯犯暴力态度的比较"，载《心理学报》2010 年第 5 期。

惯犯缺乏高级的社会性情感，情感单调、低级。对他人及社会极为冷漠，缺乏同情心，只关心一己之得失，毫无道德伦理观念。

4. 典型的犯罪性格。惯犯性格的内倾性较为明显。有学者认为，只有性格比较内倾的初犯才容易沦为惯犯。其理由是：孤僻、忧郁、与社会联系面的狭窄等这些性格特点，最有助于长期作案而不被外界注意。惯犯的这种内倾型性格一方面是遗传因素和环境因素相互作用的结果，另一方面与其气质相联系。犯罪正是充分适宜和体现内倾型性格的"职业"，并且这种"职业"又使个体的性格不断趋于内倾并逐渐使之完善，形成一种犯罪内倾型的性格。这种内倾性的犯罪性格主要表现在以下几个方面：①劳动观念淡薄，缺乏工作热情，贪图享受；②自负、固执，自暴自弃；③孤僻、依赖性小，对他人的关心持怀疑态度；④与犯罪同伙交往时，老谋深算，不轻易交底，相互隐瞒、猜疑，但表面上称兄道弟毫无芥蒂；⑤对社会敌视、怨恨，有被压抑感和反抗的要求，把罪过归因于社会。[1]近期，有学者运用卡特尔16项人格因素量表对某市看守所120名盗窃惯犯进行心理测量，其结果不支持惯犯具有内倾型性格。其研究结论是：盗窃惯犯较普通人更加热情外向，喜欢与人交往；他们学识浅薄、思想迟钝，抽象思维能力弱；缺乏奉公守法的精神、苟且敷衍；做事胆大自信、少有顾虑；更加成熟和精明能干、更富于幻想和放任自己，但在尝试新事物上他们更加保守、在行为的自我控制上更加具有依赖性；他们的处境使他们的情绪始终处于紧张困扰的激动挣扎中。[2]笔者认为，惯犯能够长期犯罪而较少被发现，性格内倾更加有利于其隐藏犯罪意图及周密计划犯罪。上述研究需要进行更好地解释，例如，研究结论显示的"情绪紧张困扰"与"胆大自信、少有顾虑"等性格特征之间存在着明显的矛盾。

5. 意志特征。惯犯由于以犯罪为常业，犯罪需要已成定型，犯罪行动趋向"自动化"，在意志活动方面具有两极性特点，即抑制犯罪动机的意志力薄弱，而实施犯罪的意志力极为坚定。其表现是善于捕捉作案时机并对作案计划有周密的考虑；在犯罪意向形成过程中，犯罪的冲动极为强烈，如果不实施犯罪行为，就会感到十分焦躁，坐卧不宁，相反，由良心、道德、羞耻感、同情心、荣誉感等组成的抑制犯罪的心理防线却极为薄弱，根本不足以阻止犯罪动机的形成；在作案过程中，犯罪目的明确。即使遇到障碍，也会想方设法予以排除，极

〔1〕 罗大华、何为民等编：《犯罪心理学教学参考资料》（上册），群众出版社1987年版，第342～344页。
〔2〕 王锐、丁平、刘伟兵："关于盗窃惯犯人格特征评估与犯罪对策的研究"，载《辽宁警专学报》2010年第3期。

少出现犯罪中止。所以对于惯犯而言，犯罪心理结构恶性发展程度越来越深，良性转化的可能性越来越小。

6. 能力特征。惯犯一般智力水平较低，缺乏健全的家庭教育、学校教育和社会教育，对客观事物的善恶是非分辨能力差，不具备必要的生产、生活技能。但惯犯由于长期从事同一种类的犯罪活动，因而形成了一定的犯罪技能，并且日趋专业化，达到熟练的程度，成为其完成犯罪活动的必要条件。

7. 犯罪心理形成的自觉性和主动性较强，并形成了顽固的犯罪定型。所有的故意犯罪都是自觉主动的行为，但就犯罪心理的形成而言，不同经历的犯罪人其犯罪心理形成的自觉性和主动性是不同的。初犯犯罪心理形成大多具有一定的被动性，被教唆、引诱、暗示、胁迫、诱惑的成分较多；累犯犯罪心理的形成则具有较强的自觉性和主动性。因为他们既了解犯罪的社会危害性，也承担过因犯罪所引起的法律责任，但却主动地再次犯罪。而且累犯在作案之前，往往动机更加明确，准备周密，作案过程更加有条不紊。与累犯相比，惯犯犯罪心理形成的自觉性和主动性更强，甚至带有"自动化"的性质，只要一遇到适宜的作案时机，就能激活其犯罪的冲动。

惯犯通过多次犯罪，犯罪心理结构日趋强化，其个性与犯罪活动之间的联系日益巩固，犯罪的行为习惯逐渐形成，矫正难度较大。

（二）惯犯的行为特征

1. 犯罪行为的习惯性。这是由于惯犯心理形成的自觉性和主动性特点决定的。表现为只要出现合适的诱因，就会立即实施犯罪行为，如惯窃犯只要发现他人显露在外的财物，就会立即采取行窃行为，而不经过动机斗争。犯罪行为的习惯性，反过来又进一步强化着犯罪心理结构，不断地把他们的犯罪行为推向更严重、更危险的阶段。

2. 行为计划的周密性。经济犯罪的惯犯在作案前，都有一个比较详细的作案计划。表现为精心选择犯罪对象和目标，仔细考虑通过什么样的方式实现犯罪目的更为合适。诈骗惯犯还注意研究市场信息和人们的喜好。一旦条件具备，立即着手实施犯罪。

3. 犯罪行为的类似性。惯犯的犯罪经验中包含着模式化和习惯化的特点。无论是盗窃惯犯、诈骗惯犯，还是贪污惯犯、强奸惯犯以及其他类型的惯犯，每一种惯犯在犯罪行为方式、方法，以及犯罪的手段上，都有着类似性的特点。例如，某犯罪人在萌生骗取他人钱财的动机之后，精心设计了自己的身份，把自己打扮成中央派到基层搞调查的专

这种特点往往能给案件的侦破工作提供有利的线索。侦查人员可以利用惯犯的作案规律开展

员，在第一次获得他人信任并骗取到钱财后，屡次以同样的方式在不同 破案工作
的地方招摇撞骗。

4. 犯罪行为的狡诈性。惯犯犯罪行为的类似性并不能掩盖其犯罪
行为的狡诈性。惯犯由于多次反复实施同类犯罪，掌握了丰富的作案
经验和反侦查手段。他们作案计划周密，作案的对象、时间、地点都
经过精心安排，对作案过程中的意外情况也作了周密考虑。由于惯犯
具备这种狡诈性特点，虽然其犯罪行为有一定的规律性，侦破工作仍
有很大的难度。尽管侦查人员的破案工作和惯犯的反侦查活动进行着
激烈的较量，但多次成功的体验往往使惯犯在作案中仍有得意忘形之
处，导致百密一疏。因此，双方斗智斗勇的结果，一般仍以侦查人员
的成功破案而告终。

5. 犯罪行为的连续性。由于惯犯的犯罪行为已成为一种习惯性
的经常行为，因此，惯犯往往在短时间内连续作案。一般来说，他们
只要发现犯罪机会，就会立即自动产生犯罪动机，进而着手实施犯
罪。有时，集团性犯罪惯犯由于犯罪现场气氛的渲染，某些单独性犯
罪惯犯在某种兴奋情绪的影响下，可以在一次作案活动中作案多起，
如抢劫惯犯同时抢劫数人，并对女性被害人实施强奸犯罪甚至杀人
灭口。

6. 犯罪行为的坚决性。惯犯的犯罪行为，在实施过程中具有坚决
性。一旦着手实施犯罪行为，不达目的，不肯罢休。为了实现犯罪目
的，既可以变换犯罪手段，也可以忍受挫折，并且想方设法排除障碍。
虽然他们自知一旦被抓获，必将受到刑罚严惩，但仍毫不犹豫地实施
犯罪行为，希望能侥幸逃过侦查视线。

四、累犯的心理特征和行为特征

(一) 累犯的心理特征

1. 需要特征。表现为低级需要占主导地位，如贪婪的物欲、畸变
的性欲、不良的交往需要等。

(1) 贪婪的物欲。累犯曾有过的监禁之苦以及管教人员对他们实
施的各种矫治措施，并没有使他们消除对物质财富的无休止的占有欲
望，反而产生了"牢内损失牢外补"的畸形心理。出狱之后，一旦正当
合法的收入不能满足其贪婪的物欲时，便将法律的威慑抛于脑后，为满
足生活上的奢侈而无视个人财产与他人财产、国家财产、集体财产的界
线，肆无忌惮地将自己不应得的财产通过各种非法手段据为己有。

（2）畸变的性欲。一些累犯在出狱之后，一方面受到家庭、社会的冷落；另一方面仍然具有不良的心理结构，表现出颓废的精神状态，没有正当的生活情趣。他们混迹于低级消费场所，或与不良个体继续保持交往，极力寻求感官刺激，追逐妇女，玩弄女性。有的在遇到反抗时，则可能使用暴力进行强奸。一旦有过再次犯罪，便"破罐子破摔"，频繁实施各类犯罪行为。

（3）不良的交往需要。累犯由于有被处罚的经历，罪犯的标签使一般人对他们畏而远之。这种特殊的人际环境以及累犯原有的不良交往需要，使累犯更热衷于在有劣迹的人中寻求"知音"。那些都曾有过被监禁经历的人之间更具有凝聚力，共同的经历和低级的享乐观，造成了他们之间的"不求同死，但求同生"的庸俗的友谊观。在团伙犯罪中，其成员之一若被捕受审时，一般也是"全扛不抬人"宁可自己受重罚，也要维护"哥们"的利益和自己在同伙中的信誉。

2. 强烈的反社会意识。累犯具有较强的反社会意识和因此而产生的对抗心理。因为累犯受到过司法机关的打击，对政府及公安、司法机关的执法行为十分反感，认为司法机关不应对其采取处罚措施，或认为刑罚过重，罪刑不相当，由此而产生了敌视、对抗的心理。这种敌视、对抗心理在累犯作案前后常有较强的表现，如他们对犯罪较少有恐惧和悔罪感，对再次被捕常常满不在乎，在羁押审讯期间，想方设法对付审讯人员，精心编造虚假口供，对自己的罪行轻描淡写，把犯罪原因归于他人、社会甚至受害人，毫无自责意识。在改造期间，消极对抗，有的甚至向初犯传授犯罪和反侦查、反审讯的经验，向其他罪犯学习多种犯罪经验。在被释放后，不能正确对待自己在生活、就业等方面的暂时困难，将这些困难归咎于社会对自己的不公正。于是这些累犯在出狱后继续疯狂地实施犯罪，一方面满足自己畸变的需要，另一方面以此疯狂地报复社会。

3. 动机特征。累犯与惯犯一样，作案时一般没有明显的动机斗争，但由于累犯所具有的监禁经验，使其动机有别于惯犯：

（1）有的累犯在刑满释放后第一次犯罪时，往往产生较为激烈的动机斗争。这是因为，部分累犯经过监管机关的改造，犯罪心理结构呈不稳定状态，存在着两种发展的可能性：一种是出狱后重新做人，不再犯罪；另一种是向恶性方向发展。当适合于犯罪的机遇出现时，这些累犯一般都会产生动机斗争，对于是选择犯罪行为，还是放弃犯罪念头，免遭再次监禁之苦，显得动摇不定，难以抉择。在这种情况下，累犯有时根据趋利避害的原则，选择不犯罪；有时难以权衡利弊时，则"破罐子破摔",重蹈犯罪覆辙;有时则在严重的侥幸心理的驱使下,放弃不犯罪的念头而选择重新犯罪。一旦有了第一次再犯罪经历后,这些累犯的动机斗争就逐渐弱化,随着犯罪次数的增多,犯罪动机的产生渐呈自动化趋势。

(2)有些累犯具有较惯犯更为强烈的"犯罪合理化"观念。这些累犯将自己的监禁经历视为是对犯罪的补偿,认为自己不再亏欠国家、社会或被害人;有些甚至认为自己失去的远远大于曾经得到的。因此,他们认为自己再犯罪是对曾受监禁之苦的补偿。有这种观念的累犯,将犯罪视为一种"合理化"行为,作案时心安理得,很少有明显的动机斗争。

4. 情绪情感特征。与动机特征相适应,累犯在出狱后初次再犯罪时情绪活动既不同于初犯,也不同于惯犯,具有自己的特点:

(1)与初犯相比,累犯由于具有直接犯罪经验以及狱内习得的各种间接犯罪经验,犯罪技能较高且全面,因此,对于作案得心应手,不像初犯那样兴奋、紧张,而显得更为平静、冷静。

(2)与惯犯相比,累犯由于曾受监禁之苦,更加畏惧刑罚。所以在初次再作案前显得有些紧张,烦躁不安,担心接踵而至的将是又一次长期监禁。作案时更加谨慎,遇到障碍,可能会放弃此次犯罪,以求全身而退。

一旦累犯有了再犯罪,当其再实施其他犯罪时,情绪活动特点和惯犯比较类似,只是表现得更为谨慎。

在情感特征方面,有些累犯在出狱后曾期望获得正常人的各种情感,恢复正常的生活状态。当其希望被现实的遭遇打破时,又反其道而行,否定自尊以及尊重他人、同情心、爱心等的存在,继续追求各种低级的道德情感。大多数累犯始终表现出不良的道德情感:一是自私的情感,表现为视他人痛苦为享乐,把自己的快乐建立在他人的痛苦之上,是一种反社会的消极情感;二是缺乏同情心和怜悯,作案时冷酷无情,对被害人的惨状无动于衷。[1]

总的说来,累犯消极性情绪占主导地位。这主要是犯罪经历和监禁体验所致

5. 意志特征。累犯在意志特征方面也表现出两极性特点。一方面,累犯具有较强的犯罪冲动,实施犯罪的意志力较强;另一方面,长期的监狱矫治工作,仍不足以使累犯建立起抑制犯罪的自控力,抑制能力较弱。这种两极性的意志品质,使得累犯在出狱后不久,即不能克制犯罪冲动,从而再次违法犯罪。与惯犯相比,累犯实施犯罪的意志

---

[1] 邱国梁主编:《犯罪与司法心理学》,中国检察出版社1998年版,第200页。

力要稍弱一些，表现在累犯遇到障碍（如被害人的反抗、工具的欠缺、严密的防范制度等）时，有可能会暂时放弃犯罪，待时机成熟时再实施犯罪行为。其原因在于有些累犯对刚结束不久的监狱生活心有余悸。随着成功的犯罪体验的增多，累犯抑制犯罪的意志力越来越弱，实施犯罪的意志力越来越强。

6. 能力特征。累犯的能力特征往往显现出多向性的特点。一些累犯不仅具有高超的犯罪技能，还具备一些专业技能，可以从事某项生产劳动。在犯罪技能方面，与惯犯不同之处的表现是累犯在熟练掌握某一种犯罪技能的同时，往往还兼有其他多种犯罪技巧。因为累犯不限于实施一种犯罪行为，而是有过实施多种犯罪的经验；另外，监狱生活也使累犯有交叉感染和深度感染的机会，从而可以习得多种犯罪技能。

7. 法制观念。累犯的法制观念是畸形的，表现在他们虽然了解一些法律知识，但却不具备法律意识，蔑视法律的权威性。累犯在初次犯罪时往往是纯粹的法盲，有的是因为不懂法而犯罪的。在服刑期间，监狱部门所进行的系统的法制教育，开始使累犯了解到一些法律知识，但他们不能将这些法律知识上升为一种法律意识，不能自觉地认识到犯罪行为的社会危害性和遵纪守法的重要性。相反，对法律的了解往往成为累犯钻法律空子的一个有利条件。知法而犯法比不懂法而犯法的主观恶性更大，前者依仗一些法律知识，有意规避法律，逃避司法机关的打击。

8. 性格特征。累犯典型的性格特征是顽固、偏执。这表现在他们虽然有了刑罚处罚的经历，但却不吸取教训，仍然顽固选择犯罪。他们固执地遵循犯罪信条，不顾一切地攫取他人的财产或以暴力方式发泄自己对社会的不满，不愿从事正当的职业。

（二）累犯的行为特征

1. 流窜作案。一些累犯为逃避打击常常流窜各地，行踪不定，甲地作案，乙地销赃，四处奔走，藏身于各大城市之中。在流窜的过程中，往往与其他犯罪人结成犯罪团伙，制造一些大案、要案。

2. 行为谨慎。累犯由于屡次犯罪，积累了较丰富的作案经验和体会，具备熟练的作案技能。但他们也畏惧刑罚的打击，不愿轻易地被抓获。因此，作案手段狡猾多变，行为谨慎。作案后往往认真回顾作案的每一个细节，对于其中可能暴露自己的细节，在下一次作案时就会加倍注意。

3. 犯罪手段残忍。累犯由于受过司法机关的打击，对社会、国家极端仇视，因而实施犯罪时往往具有疯狂报复的特点，部分累犯手段极端残忍，人性逐渐丧失，嗜杀成性。他们不仅频繁作案，而且敢于作大案和恶性案件。

4. 善结团伙，犯罪向多方向性发展。累犯在监狱中，终日与其他服刑人员为伍，加上一些监狱教育改造工作上的缺陷，使得他们不仅没有消除原有的犯罪心理结构，反而又学会其他作案手段和方式，并结识了其他臭味相投的犯罪人。出狱后，他们相互勾结，狼狈为奸，犯罪向多方向性发展。

上述分析表明，累犯、惯犯是我们同刑事犯罪做斗争的重点对象，如对他们不予严惩，不采取积极的措施进行有效的预防工作，要取得社会治安的根本好转是不可能的。鉴于累犯、惯犯的心理、行为特征，我们应当采取打防并举的原则，一方面对那些罪大恶极的犯罪人，要坚决贯彻严厉打击的方针，决不能姑息手软；另一方面，要重视对他们的教育矫正，提高矫正工作的质量，提高犯罪心理的良性转化率。

第三节　职业犯心理

一、职业犯的概念

（一）定义

职业犯罪人，是指表面上有正当职业，但却以犯罪为常业，并具有高超犯罪技巧和逃避法律追究能力的犯罪人。职业犯罪人与利用职务之便进行犯罪的人是不同的。因为职业犯是惯犯中游离出来的一种犯罪人类型，是以犯罪经历为划分标准的。利用职务之便实施犯罪的犯罪人是以其社会身份和实施犯罪的手段为划分标准的，因而与职业犯罪人应有所区别。

（二）西方学者对职业犯的理解

西方犯罪学家对职业犯罪人（professional criminal）有较深刻的研究，主要有两种观点：

1. 犯罪是职业犯罪人的专门职业。美国犯罪学家萨瑟兰在其《职业盗窃》（1937 年）一书中，首次区分了业余犯罪人与职业犯罪人。

他认为，职业犯罪人具有以下特点：①具有"一种综合性的能力和手艺，就像内科医生、律师和瓦工具有专门知识一样"；②具有较高的社会经济地位和社会声誉；③具有与普通人一样的情感，像普通人一样公开活动；④与其他职业罪犯有牵连；⑤从事有组织的活动。[1]克利纳德（M. Clinard）和昆尼（R. Quinney）指出，职业犯罪是一种社会学而不是法学的建构。职业犯罪与其他犯罪的区别不是对行为的法律定义，而是犯罪的行为方式。他们认为，职业犯罪具有以下几种特征：①犯罪是犯罪人的全部生活，并且是以经济收益为目的；②高度完善的犯罪生涯；③具有良好的犯罪技能；④在犯罪世界中具有较高的地位；⑤比其他犯罪人更能成功地逃避侦查和判处监禁。[2]

2. 职业犯罪人是一些经历过特殊"社会化"的犯罪人。美国学者雷克利斯（Walter C. Reckless）把职业犯罪人区分为"生涯犯罪人"和高度专业化的职业犯罪人两种类型。前者是自小便在父母或组织首领的监督之下接受违法亚文化群的训练（社会化）逐渐形成的，其主要特征如下：①以犯罪作为获取生活来源的途径；②具有高超的实施财产犯罪的技巧；③对犯罪具有亲和态度，对执法人员以及整个社会则具有悖逆心理；④犯罪生涯自童年开始；⑤对监狱生活有所期待，认为进监狱是其犯罪职业的正常风险，并希望在监狱中习得新的犯罪技术；⑥通常不存在人格障碍。后者是比生涯犯罪人更加专业化的犯罪人，在犯罪种类、犯罪技术以及行为方式上均与前者有所区别，其主要特征如下：①以犯罪作为获取生活来源的途径；②是犯罪专家，善于制定犯罪计划、选择被害人和在成功地逃避侦查的情况下完成犯罪；③在老牌职业犯罪人的训练下，具有精湛的犯罪技巧；④来自技术阶层和专业部门的多于来自一般生涯犯罪人和未成年违法群体；⑤是心理正常者；⑥较之普通的生涯犯罪人更能周密地制定犯罪计划。[3]

（三）职业犯与惯犯的异同

职业犯与惯犯有共同之处，也有所不同。其相同之处是：

1. 以犯罪收入为生活的主要来源。

2. 都是反复多次实施犯罪行为，犯罪行为具有连续性。

---

〔1〕　Edwin Hardin Sutherland, *The Professional Thief*, Chicago：University of Chicago Press，1937，Reissued 1956. Chicago：Phoenix.

〔2〕　Marshall Barron Clinard，Richard Quinney，*Crininal Behavior Systems：A Typology*，New York：Holt，Rinehart and Winston，1973.

〔3〕　Walter Cade Reckless，*Criminal Behavior*，New York：McGraw Hill Book Company，Inc.，1940，p. 140.

3. 与累犯的住监经历不同，职业犯与惯犯都不一定具有受刑事处罚的经历。

4. 都已形成动力定型，犯罪心理结构良性转化的可能性小。

职业犯与惯犯的不同之处表现为：

1. 职业犯一般都从属于某一犯罪集团；而惯犯则以单独犯罪形式居多。

2. 职业犯一般以财产犯罪为主，同时兼有其他形式的犯罪，犯罪技能多样化；而惯犯往往只精于一种犯罪方式。

二、职业犯的心理特征

职业犯除了具有惯犯的一些心理特征，还具有如下几点心理特征：

（一）动机特征

根据萨瑟兰的理论，犯罪行为一方面可能是由于贫困、缺乏父母的管教、不良同伴等因素的影响，另一方面也是个体对社会与心理环境的消极反应。一些个体是为了生活和生存而犯罪，学会非法行为模式和不符合道德规范的行为。个体往往要经由接受某个集团的犯罪观念、学习犯罪技术并实践犯罪行为的过程，在这样模仿犯罪并把犯罪看成为一种职业的过程中，一些人变成了职业罪犯。[1]职业犯罪人习得犯罪的这种特点，往往是由于他们自小就生活在与社会主文化相对立的不良文化群中，或长期受某一犯罪集团的犯罪信条的影响，犯罪意识已在其心理结构中根深蒂固。在他们看来，犯罪是一种合理的社会现象，是社会赋予自己的生存方式，因而其犯罪动机的产生是自觉的，少见犯罪动机冲突。

当职业犯的犯罪行为是所属犯罪集团组织的犯罪活动的一部分时，其犯罪动机的产生往往是无意识的，具有很强的依附性质。

（二）性格特征

职业犯大多具有双重性格特征，这与他们一方面从事正常的职业，过正常的社会生活，另一方面又从事违法犯罪活动有关。从表面上看，职业犯谦和、稳重、热情、乐于助人，对家人、对朋友充满爱心，对工作认真负责；但当其从事犯罪活动时，就暴露出其性格的真实面目：对人冷酷、无情，对钱财贪得无厌，对组织的头目唯命是从、卑躬屈

---

〔1〕 ［印度］卡马拉卡拉·拉奥："职业犯罪的自然属性"，田力文译，载《环球法律评论》1986 年第 6 期。

膝，并显得相当机智、敏捷，职业犯典型的性格特征是狡诈、虚伪、冷漠、贪婪，缺乏责任感。

三、职业犯的行为特征

（一）高超的犯罪技术

按照雷克利斯的观点，职业罪犯在犯罪群体中是上层阶级，其职业犯罪生涯是一种非常精炼而又具备很高的技巧的生涯。职业罪犯明白他们自身的技术才能比业余者的低劣技术高超得多。只有职业罪犯才能识别职业罪犯。技巧和艺术被雷克利斯强调是职业罪犯的一种特征。因为大多数这类罪犯只有通过细察他们的技艺，才能被侦破。[1]职业犯罪人不仅在作案前有周密的犯罪计划，严格的犯罪分工，而且很少因为疏忽而在犯罪现场留下个人痕迹。他们在作案前会考虑赃款赃物及犯罪工具的处理。因此，职业犯罪人很少会受到刑事处罚。有学者认为，犯罪者得意于自己的犯罪实施过程，正如欣赏自己精心努力完成的杰作一样。犯罪活动的成功往往又强烈地激励着自己的欲望，积极性的体验持续地扩散开来。这样的犯罪者往往不可避免地成了习惯犯罪人或职业犯罪人，他们内心很少有犯罪的罪恶感，反而弥漫着自我陶醉的积极的犯罪体验。[2]

（二）犯罪行为的残酷性

职业犯由于以犯罪为职业，暴力或暴力威胁往往是其犯罪的重要手段，因而对各种残酷的情景已习以为常。职业犯的残酷与他们长期接受犯罪亚文化观念、犯罪合理化以及将被害人恶魔化有关联，"他们有为他们的行为辩护的人生观，或者用他们犯罪的专长来提高自己的形象。职业罪犯为他们的犯罪行为辩解说他们的犯罪被害人富裕、贪婪和没有心肝"。[3]在实施犯罪行为的过程中，为达到犯罪目的，不惜以他人的生命或健康作代价。

（三）犯罪行为的多方向性

职业犯罪人犯罪的主要目的是贪利，主要实施财产犯罪，如诈骗、盗窃等，但暴力或暴力威胁也同时使用。对于职业犯罪人来说，其犯

---

〔1〕　转引自［印度］卡马拉卡拉·拉奥："职业犯罪的自然属性"，田力文译，载《环球法律评论》1986 年第 6 期。
〔2〕　刘建清：《犯罪动机与人格》，中国政法大学出版社 2009 年版，第 166 页。
〔3〕　［印度］卡马拉卡拉·拉奥："职业犯罪的自然属性"，田力文译，载《环球法律评论》1986 年第 6 期。

罪技能是多方面的，即掌握普通的犯罪方法，又精通计算机、现代化
交通工具、武器的使用。

除了上述特征外，职业犯还具有惯犯的一般行为特征，如犯罪行
为的习惯性、连续性、疯狂性等。

□小 结

本章讨论初犯与偶犯、惯犯与累犯的区别，对不同犯罪经历的犯罪人的心理特征进
行了分析。

一、初犯和偶犯的心理

（一）初犯和偶犯的区别

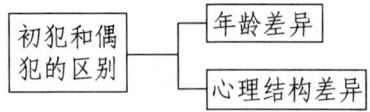

（二）初犯的心理特征和行为特征

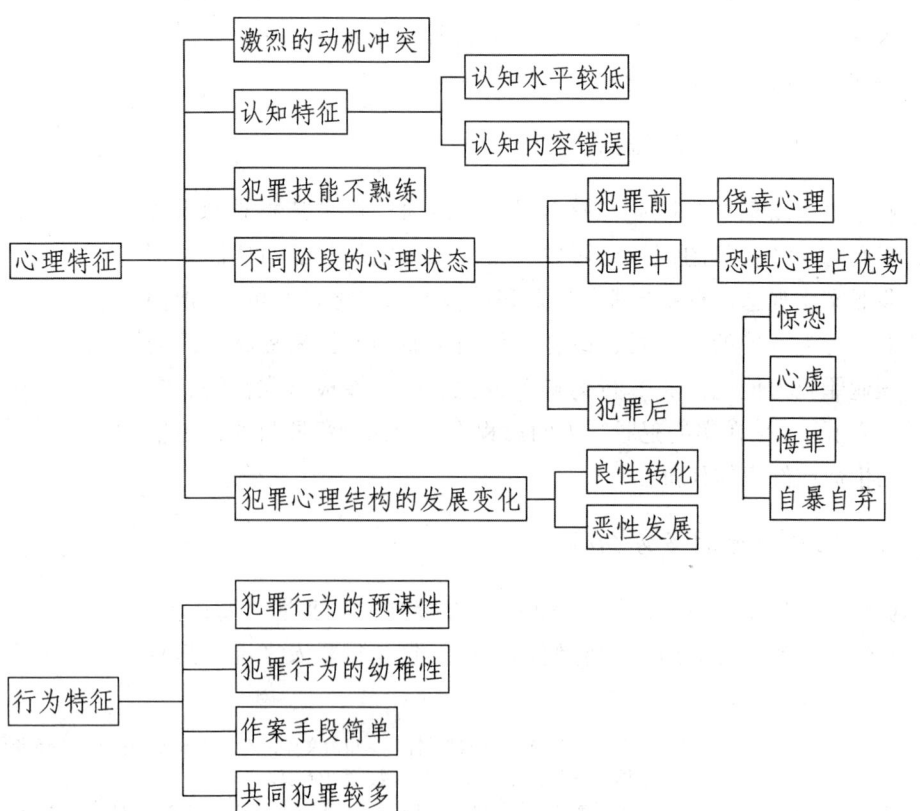

（三）偶犯的心理特征和行为特征

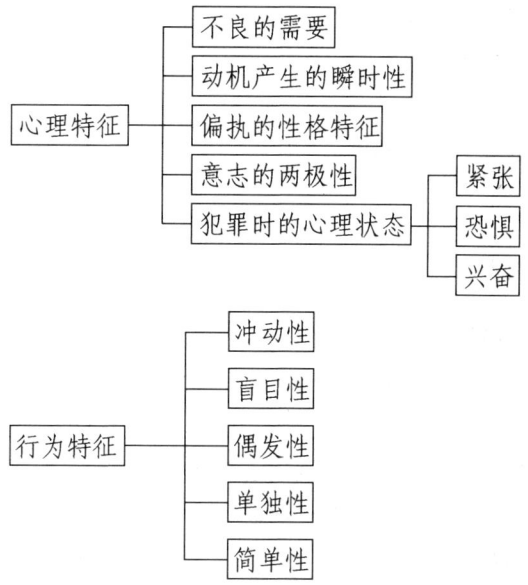

二、惯犯和累犯的心理

（一）累犯的经验

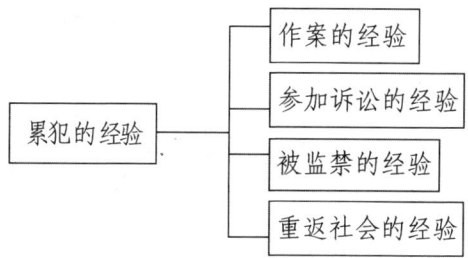

（二）惯犯的心理特征和行为特征

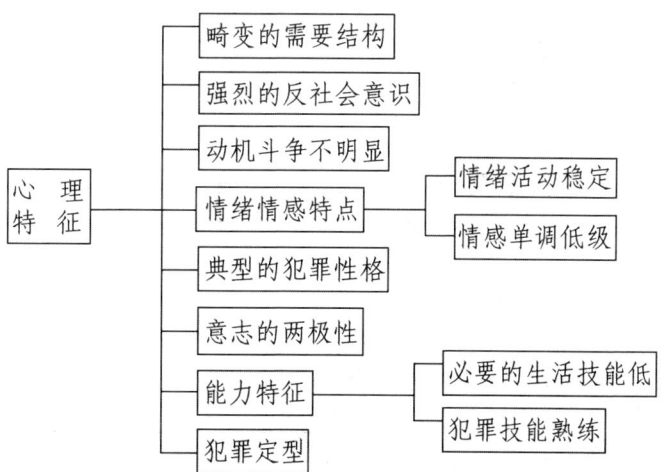

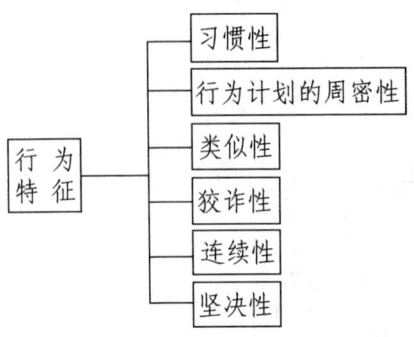

（三）累犯的心理特征和行为特征

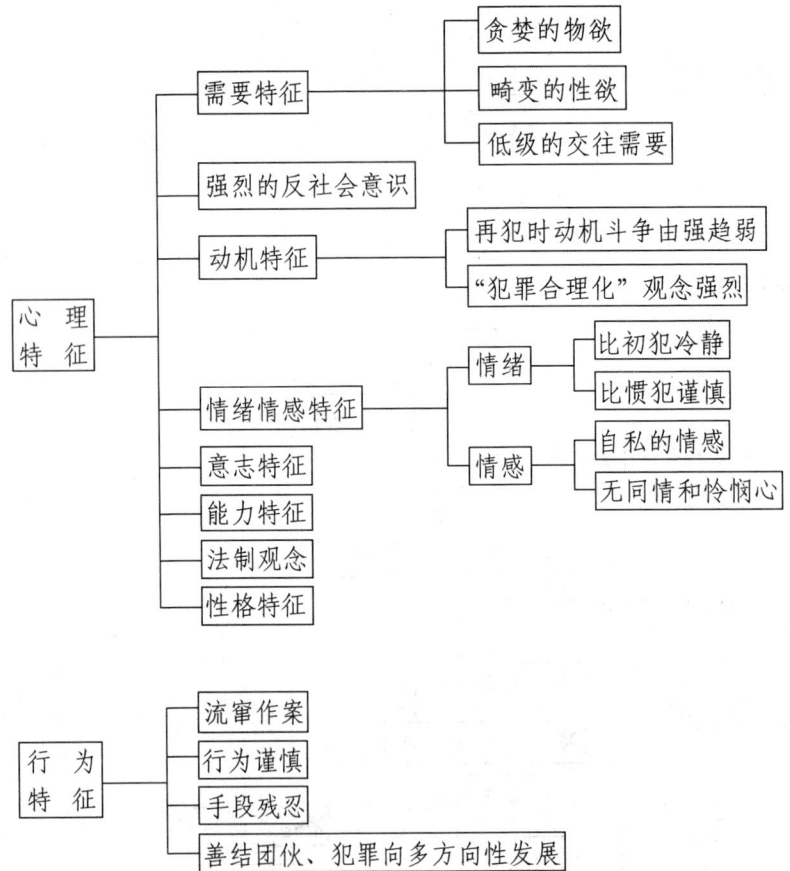

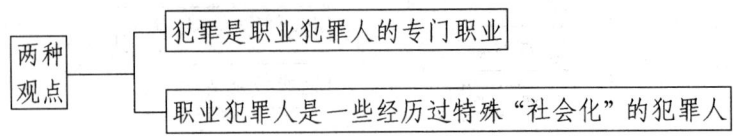

三、职业犯心理

（一）西方学者对职业犯的理解

（二）职业犯的心理特征和行为特征

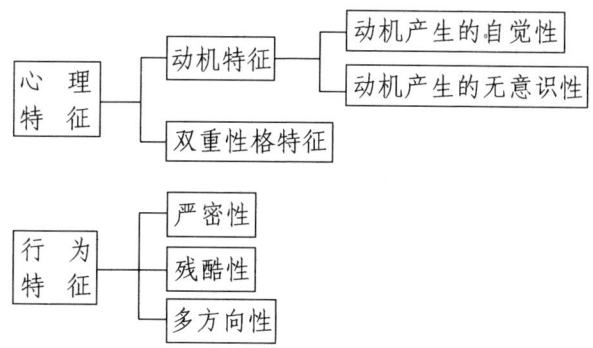

□练习与思考

一、名词解释

1. 初犯心理

2. 偶犯心理

3. 惯犯心理

4. 累犯心理

5. 职业犯心理

二、简答题

1. 简述初犯的心理特征与行为特征。

2. 简述偶犯的心理特征与行为特征。

3. 简述惯犯的心理特征与行为特征。

4. 简述累犯的心理特征与行为特征。

三、论述题

1. 试析初犯与偶犯的异同。

2. 试析惯犯与累犯的异同。

3. 根据你的理解，谈谈职业犯罪人的心理特征与行为特征。

第九章

智能犯罪心理

■学习目的和要求

通过本章学习，要求学生
● 重点掌握：智能犯罪人的心理特征、行为特征。
● 掌握：智能犯罪心理形成原因。
● 一般了解：现代智能犯罪与传统智能犯罪的联系。

第一节　智能犯罪概述

一、智能犯罪的定义

对于智能犯罪的定义，理论界尚未形成一致的认识。统一对智能犯罪定义的认识，并不是一件易事。首先，智能犯罪与暴力犯罪之间的界线并不是绝对的，在实践中，存在大量的高智能犯罪人，但其实施犯罪的手法却是直接使用暴力或者以暴力相威胁。其次，在高科技迅速发展的时代，研究智能犯罪，是否需要将诈骗、窃取商业秘密等传统上纯粹运用智慧的犯罪行为与依赖计算机等高科技工具实施的犯罪行为加以区分，因为犯罪行为是以言语为手段还是以计算机为手段，表现在犯罪人的心理与行为方面，必然存在很大差异。

智能犯罪与暴力犯罪的划分依据，在于二者之间存在着行为方式上的区别。前者的犯罪行为不包含暴力或暴力威胁的成分，主要作案手法表现为隐瞒真相、虚构事实、秘密窃取、以假乱真等；后者则包含暴力或暴力威胁的成分，主要作案手法表现为使用凶器或其他手段直接攻击被害人。根据智能犯罪是与暴力犯罪相对而存在的这一前提，智能犯罪指一切依靠智力而实施的犯罪行为，如诈骗、伪造货币、计算机犯罪等。

在智能犯罪中，因犯罪借助的手段不同，又可分为传统智能犯罪与现代智能犯罪。传统智能犯罪是指诈骗、招摇撞骗等不依赖高科技而实施的犯罪行为；现代智能犯罪，又称高科技犯罪，这种犯罪人一方面要依赖计算机等高科技工具或先进技术，另一方面要运用脑力操纵计算机程序或其他程序，才可以完成犯罪行为，可以说，现代智能犯罪是智能犯罪在当代发展的极致，更加突出了犯罪的智能化特征。因此，本章研究的是现代意义上的智能犯罪心理。对现代智能犯罪心理的研究，有助于更深入地认识这类犯罪的本质特征。

> 本章所指现代智能犯罪，即高科技犯罪

根据上述对研究范围的界定，所谓智能犯罪，是指在现代高科技条件下，行为人借助高科技工具和先进技术实施的危害社会的犯罪行为。

二、智能犯罪的类型

社会学家认为，科技同其他任何社会现象一样，既有正功能，又有负功能。科技发展对社会的经济、文化、教育等社会系统有极其重要的促进作用。但另一方面，科技的进步同时也带来了犯罪形势的变化，在21世纪，人类所面临的犯罪在复杂性和专业化方面将远远超过过去任何时代。当前，在高科技领域，有以下几类突出的智能犯罪形式：

（一）通讯和金融领域中的犯罪

近年来，对讲机、手机等通讯工具被广泛运用于商业服务、交通运输、公安保卫等各行各业和日常生活等各个方面，成为人们在社会经济交往活动以及日常生活中的重要通讯手段。从1997年到2005年7

月份，中国网民数量增长了 160 多倍。[1]信息产业部 2006 年公布的数据统计显示，中国固定电话用户数 3.66 亿，移动电话用户数 4.32 亿，总用户数 7.98 亿，继续保持全球最大电信市场的地位。[2]

近年来，在电信产业迅猛发展的同时，利用现代通讯技术和结算方式的便利进行的各种诈骗犯罪活动也日益猖獗起来。北京市检察机关对三年来办理信用卡犯罪案件的一项调研显示，信用卡诈骗犯罪的数量呈现激增趋势，在检察机关所办理的经济类犯罪中，信用卡犯罪案件占 80% 左右，其中绝大部分都是信用卡诈骗案件。主要作案方式包括以下几种：通过读卡器等设备窃取信用卡信息资料和密码，制作伪卡提取大额现金或进行大额刷卡消费；利用伪造身份证明骗领银行卡，然后倒卖给他人；利用工作便利获取他人身份信息，骗领信用卡后进行透支消费；利用海外信用卡审核相对困难的漏洞，伪造海外信用卡谋利。[3]

利用手机短信和电话进行诈骗活动是较为常见的通讯领域的犯罪，每一个人都是潜在的被害对象。犯罪行为人或以中奖消息诱使他人汇款，或利用巧合骗取机主汇款到指定账户，或声称有免费赠送活动邀请机主参加，甚至还有人套取银行密码卷走巨款，等等。此类诈骗方式形形色色，部分老年人容易上当受骗。此外，此类犯罪还可能表现为通过手机大量发送各种违法广告信息，如销售制作假文凭、假证件、假发票、假征婚以及各种走私物品等，这些售假贩私的广告信息，往往同时伴随着其他犯罪活动。

（二）计算机犯罪

关于什么是计算机犯罪，有众多说法。美国司法部将计算机犯罪定义为"在导致成功起诉的非法行为中计算机技术和知识起了基本作用的非法行为"。法国安德鲁博士认为，计算机犯罪是：①与计算机相关的犯罪；②与计算机有关的财产犯罪；③针对计算机本身的犯罪行为。台湾学者认为电脑犯罪是行为人滥用电脑或破坏电脑之犯罪行为，且须与电脑之特质有关。反之，行为人虽以电脑为犯罪工具或犯罪客

---

[1] 钟慧："中国网民过亿，人数居世界第二"，参见 http://www.sina.com.cn，东方网－文汇报，访问日期 2005 年 7 月 22 日。

[2] 刘育英："中国电话用户近八亿，每百人 33 部移动电话"，参见 http://www.cnwest.com，中新社，访问日期 2006 年 8 月 21 日。

[3] 彭波："信用卡诈骗犯罪去年激增 9 倍"，参见 http://finance.people.com.cn/n/2013/0328/c1004－20945462.html，人民网－人民日报，访问日期 2013 年 3 月 28 日。

体，但其行为与电脑特质无关者，即非电脑犯罪。[1]我国学者关于计算机犯罪的定义，主要分歧表现在理解的广狭之上。狭义说所理解的计算机犯罪为现行《刑法》第 285 条和 286 条所规定的犯罪，其他犯罪即使与计算机有关，也不能成为计算机犯罪。此说因不足以涵盖计算机犯罪的所有情况，不利于系统研究计算机犯罪，因而通说是广义说。广义说是指利用计算机为技术工具的犯罪和以计算机为犯罪对象的犯罪的统称。其中以计算机为犯罪对象的犯罪应当作狭义的理解，即其犯罪行为中必须包含"电脑特质"。"电脑特质"可以理解为行为人在实施以计算机为对象的犯罪行为时，运用了计算机技术或知识，如以计算机盗窃为例，以出售硬件为目的盗窃计算机硬盘，不是计算机犯罪，以获取数据、信息为目的盗窃计算机硬盘，是计算机犯罪。根据广义的计算机犯罪定义，计算机犯罪可分为以下两种类型：[2]

1. 以计算机为工具的犯罪。主要表现为：①利用计算机信息系统盗窃、侵占、诈骗他人财物的犯罪；②利用计算机信息系统贪污、挪用公款或公司资金的犯罪；③利用计算机伪造货币、有价证券、金融票据或信用证卡的犯罪；④利用计算机信息系统偷税、逃税的犯罪；⑤利用计算机信息系统伪造公文、证件的犯罪；⑥利用计算机信息系统传播淫秽物品的犯罪；⑦利用计算机信息系统侵犯商业秘密、电子通信自由、公民隐私权毁损他人名誉的犯罪；⑧利用计算机信息系统进行电子恐怖、骚扰、扰乱社会公共秩序的犯罪；⑨利用计算机信息系统窃取国家机密、危害国家安全的犯罪。

2. 以计算机为对象的犯罪。主要表现为：①窃取他人计算机软硬件技术的犯罪；②侵犯计算机软件版权的犯罪；③非法入侵计算机系统的犯罪；④破坏计算机信息系统功能的犯罪；⑤删除、篡改计算机信息系统数据和应用程序的犯罪。

也有学者将计算机犯罪分为网络犯罪和计算机单机犯罪，认为目前的计算机犯罪主要是指网络犯罪，其理由是绝大多数计算机犯罪如果离开网络环境一般是难以完成的。在计算机技术发展的早期，计算机犯罪多表现为单机犯罪，但是在网络产生之后，网络犯罪是计算机犯罪的最主要形式。[3]

[1] 马章凯："计算机犯罪与立法完善（上）"，载《中国司法》2001 年第 1 期，第 35 页。
[2] 吴鹏森编著：《犯罪社会学》，中国审计出版社、中国社会出版社 2001 年版，第 282 页。
[3] 董玉庭："再论计算机犯罪概念"，载《当代法学》2005 年第 6 期。

（三）医学与生物学领域中的犯罪

随着科技的发展，利用生物和医学技术进行的犯罪行为也成为智能犯罪的一种新的表现形式。如非法堕胎、非法人工繁殖、非法的克隆人实验、人体器官盗窃、违反道德的医学实验、制造生化武器等。

三、智能犯罪的成因

智能犯罪心理的形成，与其他任何一种犯罪形式一样，都是主体内外因素共同作用的结果。

（一）主体因素

智能犯罪的动机，主要是财产性动机和寻求某种刺激的动机。这种较常见的犯罪动机，使此类犯罪人与其他类型的犯罪人在犯罪心理的形成方面有一些共同之处，如犯罪动机的形成，是为了满足自己的贪利性需要或游戏性需要；犯罪人没有形成能够抑制犯罪动机产生的道德感与法制感，等等。另一方面，智能犯罪与其他犯罪相区别的特殊性，表现在犯罪主体实施犯罪的手段是智能化的，其犯罪主体具有高智商、低年龄以及以男性为主的特点。具有这种特点的犯罪人，其犯罪心理形成的特殊主体因素主要表现在以下几个方面：

1. 自我期待过高。智能犯罪人一般智商较高，对自己有很高的期待。他们期待能靠自己的智慧发家致富，或获得较高的社会地位。然而，社会现实并没有给每个人提供平等的竞争机会。社会分配不公现象仍相当普遍，使得很多具备高智商和专门领域技术的高级人才，容易产生心理失衡。在经济利益的驱动下，这些心理失衡的个体会主动或被人利用实施与技术有关联的高智能犯罪。

2. 能力与道德发展的不一致。我国正处于社会文化、信仰、观念复杂多变的时期。在追求利益为首要原则的社会规律中，整个社会宣扬的是物质上的成功，道德教育疲软无力。高智商的个体，在接受学校教育的过程中，受这种社会心理的影响，看重自己的能力发展而忽略道德发展。这些个体通过各种形式的学习，掌握了较高的技能，这些技能使他们能够游刃有余地应对各种技术难题。然而，科技是把双刃剑，既可造福于人类，也可给人类带来巨大的灾难。掌握科学技术的人，如果同时具有很高的道德水准，那么，就可能更好地服务于社会；相反，如果他们的道德水准低，在受到经济利益或其他不良情绪的影响之下，就可能运用自己的技能而实施具有社会危害性的行为。

3. 低投入与高收益的诱惑。以科技手段实施的犯罪行为所产生的巨大利益，对于有犯罪倾向的个体来说，具有极大的诱惑力。相比较而言，智能犯罪的投入主要是个体已经具备的知识和能力，这种无形财产易被行为人视为无成本。此外，智能犯罪的隐藏性、非暴力性等特点，较易使个体产生侥幸心理而忽视犯罪带来的风险。在高收益和低投入、低风险的诱惑下，个体受趋利避害本能的驱使，极易作出犯罪的选择。个体抵制诱惑的能力与个体的法律意识、道德意识及自我认同有关。

（二）主体外因素

1. 科技的进步与高科技教育的发展。近几十年来，计算机、生物、化学等技术在全世界范围内得到迅猛发展，这种科技的进步，给智能犯罪提供了工具手段和现实基础。科学技术提供了大量的高质量的就业机会，也刺激了高科技教育的迅速发展，这种发展一方面给社会提供了大量的高科技人才，同时也提供了有能力实施智能犯罪的潜在犯罪人。

2. 市场经济运行机制不健全。我国自经济体制改革以来，由于政治、社会、历史、文化等原因，在经济、文化等多个领域内存在许多严重的制度管理上的混乱。这些严重不健全的运行机制，为相关领域违法犯罪行为的滋生提供了环境条件。

3. 社会容忍程度较高。智能犯罪的后果往往十分严重，然而，社会对此种类型犯罪的社会容忍性较高。究其原因，主要有以下三个方面：①智能犯罪的受害者多为政府机关、金融机构和大公司等，此类机构作为强势群体，在遭受损失后不易引起公众的同情；②犯罪人不是以暴力的方式伤害他人的生命或健康，而是以自己的聪明才智获得某种经济利益或造成其他破坏；③大多数传媒在报道智能犯罪的过程中，往往有意无意地将犯罪人描述为"天才"、"英雄"[1]。德国学者施奈德认为："公众舆论并不把计算机犯罪视为真实的、日常的、一般的犯罪"。[2]这种社会容忍性迎合了个体自身对自己设定的不高的道德要求，从而使他们不易产生强烈的动机冲突和焦虑感。

〔1〕　陈剑锐："计算机犯罪的社会心理分析及教育防范"，载《五邑大学学报（社会科学版）》2003年第5期。
〔2〕　刘广三：《计算机犯罪论》，中国人民大学出版社1999年版，第138～139页。

第二节　智能犯罪人的心理结构特征

一、认识特征

（一）智力水平高

智能犯罪中包含着高科技因素，犯罪人要实施这种类型的犯罪，首先要具备的条件就是高智商。只有高智商的人，才能驾驭科技含量高的通讯技术、计算机技术或生物技术等，并能够运用这些技术帮助其实现犯罪目的。智能犯罪行为人与一般犯罪行为人相比，大多具有较高的智力和学历，同时还具备计算机、金融证券及其衍生品种等方面的专门知识，他们一般深谙计算机运行程序、证券市场运行机制或证件的伪造和使用等，如利用自己的计算机技术复制伪造 ATM 卡进行信用卡诈骗。与智力水平高相关的认识特征是思维敏捷、灵活，并且具有创造性。智能犯罪人在实施犯罪的过程中，需要解决一个又一个问题，如截获无线电波源、破解密码等，为达到目的，他们需要提出无数的假设，有些假设如果一一验证，可能需要较长的时间。事实上，智能犯罪人之所以能成功地、在较短的时间内实施犯罪行为，是因为其思维具有敏捷、灵活的特点，并且经常能创造性地解决问题。

（二）思维偏执

智能犯罪人一旦形成某一想法或信念，就会固守下去，他们不会去判断其想法或信念的道德评价意义或合法性，也不会接受他人的劝告或谴责。事实上，他们的想法往往极端偏执。有学者的研究发现，"一大批更有'思维头脑'的黑客，他们认为信息作为一种资源，不应该被任何组织机构占为己有，而应该完全公开。他们把这些信息公开发行，并认为对信息事实真相的了解，是每个公民与生俱来的权利"。他们不去考虑这些数据和信息对于其实际拥有者的意义，事实上，"一个企业组织也许会花掉大量的资金来收集处理这些数据。这些数据是他们所拥有的财产，就像他们拥有那些存储数据信息的仪器一样。许多黑客造成了他们物质上和金钱上的损失"[1]。

---

〔1〕　［英］尼尔·巴雷特：《数字化犯罪》，郝海洋译，辽宁教育出版社 1998 年版，第 35 页。

（三）法律意识薄弱

智能犯罪人表现出很突出的法律意识薄弱的特点。很多智能犯罪人专心研究数字化技术或某一专门领域的知识，但在社会知识与人际交往方面有欠缺，法律知识贫乏。一些游戏型的犯罪人对行为的违法性没有认识，他们认为自己并无犯罪动机，最多只不过是恶作剧而已。有些智能犯罪人虽然知道自己的行为是受谴责的，但认为自己并没有恶意，只是运用自己的智力去挣钱，与其他合法的挣钱方式没有什么区别。也有些智能犯罪人明知自己的行为是违法的，但有较强的侥幸心理，觉得只要自己犯罪技巧高明，就不会留下任何蛛丝马迹，不会受到刑事处罚。

二、情绪情感特征

智能犯罪人的情绪具有复杂性。①智能犯罪人普遍具有冷静的情绪特征。一是因为智能犯罪人所具有的高智能特征，使其极为自信，理智感强，因此，在处理日常问题或实施犯罪行为时，能表现出冷静的特点；二是因为智能犯罪人经常面对的是需要细心与冷静处理的繁杂数据，情绪不稳定是不利于问题的解决的，因此，犯罪人在实施犯罪行为时会尽量保持情绪的冷静状态。②智能犯罪人在具有冷静情绪的同时，有时也会表现出高激惹的情绪特征。这同样是因为其极为自信，自恃清高，容不得他人的轻视或挑战。例如，在网络上遇到挑战其技术的人或有不顺心的事，他们就会被激起一比高低的犯罪欲望。

智能犯罪人的道德感有缺陷。智能犯罪人认为自己的行为与杀人、抢劫、强奸等犯罪行为相比，道德的可谴责性要弱一些。事实上，在道德的可谴责性上，他们的行为与传统犯罪是一样的，因为其危害后果往往极为严重，如网上色情严重危害青少年的身心健康，交通安全系统的破坏会导致飞机、火车等失事。智能犯罪人具有这种偏颇的认识，一方面是由于他们缺乏对犯罪后果的直接感知，很少进行关于道德的反思，从而认识不到行为的反道德性；另一方面是因为他们缺乏道德感，或具有错误的道德感，如为了治疗一部分病人的疾病而盗窃其他病人的器官；为了达到科研成功的目的，向实验对象隐瞒实验目的，进行非人道的医学实验；认为网络就是一个绝对自由、没有限制的空间，可以为所欲为，或认为破坏网络是出于公益目的，为了唤起公众对网络信息安全的重视或帮助软件公司找出技术上的缺陷，等等。

三、意志特征

智能犯罪人的意志具有两极性特征。一方面，他们难以抵御经济利益或恶作剧之快感的诱惑。有的智能犯罪人过度迷恋网络上的信息或对网络产生严重的依赖。他们即使能听得进他人的劝说，暂时离开网络，但这种决心往往很薄弱，一旦产生了上网的欲念，就难以遏止。放弃的努力与上网的冲动相比，显得微不足道。被称为世界"头号电脑黑客"的凯文·米特尼克（Kevin David Mitnick，1964 年在美国洛杉矶出生），15 岁时就闯入了"北美空中防护指挥系统"的计算机主机。不满 16 岁时就成为世界上第一个因网络犯罪而入狱的人。但是没多久，米特就被保释出来了。他当然不可能改掉以前的坏毛病，脆弱的网络系统对他具有巨大的挑战。他把攻击目标转向大公司。在很短的时间里，他接连进入了美国 5 家大公司的网络，不断破坏其网络系统，并造成这些公司的巨额损失。1988 年，他因非法入侵他人系统而再次入狱。后来，他多次被捕且被判刑，但他一接触电脑键盘，就会向最有难度的计算机网络发起进攻。他的目的并非从中获取钱财，而只是对不停地向技术挑战有无穷尽的兴趣。[1]

另一方面，智能犯罪人在对技术难题的解决或犯罪行为的实施上，表现出有恒性的意志特征，且这一特征十分突出。很多智能犯罪人，对技术的追求是十分执着的，无论是纯科学技术，还是犯罪技术。为了出名，或者是受巨大的经济利益的诱惑，他们的犯罪行为一般都是故意犯罪，在犯罪对象、时机、方法的选择上都是精心设计、深思熟虑的。一旦犯罪决心形成，他们就会坚决地将犯罪计划执行到底。在实施犯罪的过程中，犯罪人往往不是和被害人直接对抗，因而较少会因感知到被害人的痛苦而引起道德上的谴责。犯罪人遇到的困难主要是来自技术方面，这种困难反而会更加激发起他们"解决"技术难题的欲望。

四、动机特征

（一）动机的多样化

智能犯罪人的犯罪动机多种多样，既有追逐物质利益的动机，也有游戏的动机、报复的动机、信仰的动机等。

---

〔1〕 百度百科《凯文·米特尼克》，参见 http：//baike. baidu. com/view/165032. htm. 访问日期 2013 年 10 月 20 日。

1. 物欲型动机。智能犯罪中，物欲型动机是十分突出的。智能犯罪人大多受过良好的学校教育，但由于现代化的高科技和信息具有巨大的经济价值，对犯罪人形成强有力的诱惑，使得他们不顾法律与道德的约束，产生以侵财为目的的犯罪动机。

2. 游戏型动机。在智能犯罪中，很多计算机犯罪者，尤其是青少年，在实施犯罪行为时，没有现实的贪财性等犯罪动机，只是对计算机系统具有很强的好奇心，他们往往将实施破坏系统的安全性程序或侵入计算机系统等行为，当作是设计或操作高级电子游戏。英国学者认为，"黑客，尤其是青年黑客，把黑客活动看成与计算机游戏一样是一种单纯的行为。他们喜欢这样的智慧性的自我挑战，就像要在 Zork 游戏中，一定要解决问题，过到下一步一样。对黑客而言，所追求的是精神上的满足，这比技术上的充实还要重要。他们都持有一种坚定的信念，系统中一定会存在安全性漏洞，而我一定要把它找出来。"[1]

3. 报复型动机。少数智能犯罪人在报复动机的驱使下实施犯罪行为。其报复对象可能是具体的个人或单位，也可能是泛化的对象，如社会、国家。在报复动机的驱使下，犯罪人可以运用各种犯罪手段，造成严重的犯罪后果。例如，窃取被害人的电子数据或重要信息，将其公之于众或卖给他人，可能使被害人遭受巨大的经济损失或名誉损失；编制病毒程序侵入计算机系统，可能使众多计算机感染病毒；等等。

4. 信仰型动机。一些具有特殊政治信仰或邪教信仰的人，利用高科技工具实施犯罪行为。例如，利用网络发布反社会、反政党的信息或相互传送违反法律的消息；侵入国家重要部门的计算机系统，破坏系统的安全性或获取重要情报资料；干扰和破坏电视信号，等等。

（二）动机冲突不明显

智能犯罪人对被害后果一般不能直接感知。因为犯罪人在实施犯罪行为时，直接面对的是机器和数据、程序，并且很多情况下被害人是无名的、未知的，这样，被害人的损失或痛苦不能直接刺激犯罪人的感官，难以引起犯罪人对犯罪行为的反思与后悔，从而表现出罪责感轻微的特征。日本学者西田修说："要说犯罪感，恐怕拾起他人掉在路上的一万日元钞票塞进自己的腰包，要比通过电子计算机搞到一亿日元现金其犯罪感还要来得强烈些"。因为"他所做的是，对那威风凛凛的银行

犯罪人无需与被害人直接接触，因而感知不到被害人的痛苦，在犯罪发生过程中较少会有激烈的动机冲突

---

[1]　荣慧珍："电脑网络——未成年人实施犯罪的新媒介"，载《青少年犯罪问题》2002 年第 2 期。

中的电子计算机略施小计，然后大大方方地收起钱扬长而去。虽说钱拿走了，却看不到潸潸垂泪的被害人。因为它是钻进采取了周密的安全措施的电子计算机里把钱偷出来的，使电子计算机为自己工作，然后理所当然地得到了正当的报酬而已"。即使是在公众的眼里，恐怕也有"不少人觉得利用电子计算机实施犯罪是一种智慧的表现，它既不像躲在黑暗中突然猛击行人头部，乘其休克抢走钱财的强盗那样凶狠残暴，又不像欺骗贫穷的老人，将其仅有的一点点退休金洗劫一空的骗子那样伤天害理"[1]。

五、性格特征

智能犯罪人，尤其是游戏型犯罪人，大多具有内向、孤僻的性格特征。"他们喜欢与机器打交道而不喜欢与人打交道。能够控制一台计算机，并同大千世界里另一个与自己兴趣相同的人通讯，尤其吸引了许多天才的但不善社交的男性青年。"[2]这是因为，对机器有浓厚兴趣的人，往往将其全部的精力投入到对机器的构造、运行程序或数据处理等物化的事物的研究之中，对机器外的人性化的世界，就没有多余的精力去应付，久而久之，就会形成内向的性格特征，缺少与现实生活中的人交往的能力。但在网络虚拟环境中，他们又可以与他人进行频繁交流，其交流对象大多是具有同样兴趣的人，并且在网络世界里，他们才思敏捷，大有"任我遨游"之英雄气概。物欲型的智能犯罪人，其性格的内外向没有特别之处。

第三节 智能犯罪人的行为特征

无论是通讯领域的犯罪，还是计算机犯罪，由于其犯罪行为中都包含着高科技成分，使其犯罪行为有如下显著特点：

一、行为的隐蔽性

为了逃避法律的惩罚，绝大多数犯罪人是在隐蔽状态下实施犯罪行为的，这使隐蔽性成为刑事犯罪活动的一种共性。智能犯罪的隐蔽性更为突出，其表现有两点：

〔1〕 转引自张彦：《计算机犯罪及其社会控制》，南京大学出版社2000年版。
〔2〕 [英]尼尔·巴雷特：《数字化犯罪》，郝海洋译，辽宁教育出版社1998年版，第35页。

1. 犯罪侵害的直接目标多是无形的。除物理性破坏类的犯罪外，多数智能犯罪侵害的直接目标是无形的无线电波源、电子数据或信息。这类客体在被窃取的情形下，其本身形态或存在状态，有时不会发生任何变化。即使这类客体受到破坏性侵害，行为终了后对信息载体也可以不造成任何损坏，可以不留下任何痕迹或线索。因此，对于刑事侦查人员而言，这种犯罪行为具有极强的隐蔽性，难以发现线索、收集证据。

2. 犯罪行为的实施地与犯罪后果的出现地分离。多数智能犯罪案件的实施一般不受时间和地点的限制。如在互联网中，犯罪人可在任何时间内，选择任意地区作案。犯罪行为在此地实施而犯罪后果出现在彼地或全国或全世界范围内。在这种形式的犯罪中，犯罪人与被害人的接触是远距离的，甚至不需要与被害人有任何直接接触，因而对被害一方而言，犯罪人是隐形的，犯罪行为具有极强的隐蔽性。

二、行为的连续性

智能犯罪人一旦实施了犯罪行为，其行为就会表现出连续性的特点。主要原因有以下两点：

1. 行为本身具有连续性。某些类型的计算机犯罪，一旦犯罪人将某一指令或程序装入计算机系统，它就会持续不断地发挥作用，有时甚至出现连行为的始作俑者也无法控制和无法停止犯罪行为的局面。

2. 犯罪心理的顽固性。智能犯罪人的犯罪心理具有极强的顽固性，使其不断地产生犯罪动机，从而使行为表现出连续性的特点。智能犯罪人犯罪心理的顽固性受以下三种因素的影响：①某些智能犯罪所得到的利益与其付出的犯罪成本或犯罪风险相比，利大而弊小。受趋利避害本能的支配，犯罪人会连续不断地实施犯罪行为，以追逐高额犯罪利润。②智能犯罪是一种以智力活动为主要特征的犯罪行为，相对于以付出体力为主的某些传统犯罪而言，智能犯罪人在心理上具有很强的优越感，因而经常会产生以实施犯罪来显示自己的聪明才智的欲望。③智能犯罪是一种"文明"的犯罪，行为人大多缺乏罪恶感，在产生犯罪动机时，缺乏反对动机的制约。

三、后果的严重性

智能犯罪的社会危害性非常严重，仅财产损失往往是常规犯罪案件的几十倍到几百倍，而且所涉及的领域极其广泛。例如，电话信用卡被窃每年使美国电话公司及其用户损失约5亿美元。美国保密服务局估计，每年电信欺骗总金额高达 25 亿美元，产业界估计这个数额在 10 亿美元至 90 亿美元之间。[1]在计算机犯罪方面，据估计，美国因此所造成的损失在千亿美元以上，年损失在几十亿至上百亿美元，平均每起犯罪的数额为 45 万美元。德国、英国的年损失额也是几十亿美元。[2]

智能犯罪更为严重的后果是对政治与国家、社会安全方面造成的危害或潜在威胁。因为犯罪人可以通过解密手段，侵入关乎国家与社会安全的信息系统，窃取绝密信息加以扩散或破坏系统安全设置，其行为后果极其严重。例如，英国《独立报》在 1999 年披露，一个居住在伦敦、绰号叫做"数据流"的年仅 16 岁的男孩，自己设计了一套被称为"探测器"的电脑软件。然后借助国际互联网，把"探测器"的"触角"伸到了美国。他用这套软件监视着与国际联网的美国国防部，窃取了数百个和五角大楼有往来的电脑用户名称、账号。在 1994 年朝鲜核危机期间，他监听了美国情报局和决策人的有关通信。此外，他甚至用同样的手段获取了美国战略核武器的情报以及五角大楼里的人事档案。所有这些绝密情报都被他在互联网上广为扩散。

四、手段的多样性和技能性

智能犯罪的形式十分繁杂，其作案手段多种多样，如偷窃机密、调拨资金、金融投机、剽窃软件、盗码并机、窃取无线电波源、发布虚假信息、病毒破坏、计算机敲诈恐吓、网上传播色情等犯罪活动层出不穷。可以说，传统的财产犯罪，都可以加入现代高科技元素，从而使犯罪行式与手段更加多样化。

通讯、计算机、基因技术是现代科学技术发展的产物，因而与之相伴而生的智能犯罪就带有很强的技能性色彩。①犯罪人具有一定水平甚至相当高水平的相关知识。②犯罪人多采用高技术犯罪手段，有时多种手段并用。例如，就伪造货币犯罪而言，智能犯罪人可以利用计算机、扫描电子显微镜等高科技设备，研制成电路板，并运用先进的印刷技术进行伪币制造。③犯罪人具有很高的智能水平，作案前通常经过周密的预谋和精心的策划，以便顺利地实施犯罪，有的犯罪人为逃避打击，作案前还精心设计反追踪程序或反侦查措施。[3]

某些智能犯罪不仅要求的技术性较高，而且涉及很多相关的科技领域和其他领域，所以单独作案的较少。犯罪行为人一般为单位内部人员或内外相勾结，特别复杂的高智能犯罪，如伪造货币犯罪，往往会形成犯罪集团

[1] 吴鹏森编著：《犯罪社会学》，中国审计出版社、中国社会出版社 2001 年版，第 276 页。
[2] 参见马章凯："计算机犯罪与立法完善（上）"，载《中国司法》2001 年第 1 期。
[3] 荆忠："高科技犯罪法律适用中的几个问题"，载《犯罪研究》2005 年第 4 期。

五、手段的欺骗性

智能犯罪人作案手段有时具有欺骗性特征。欺骗性是传统智能犯罪的典型特征，在现代智能犯罪中也同样表现出来：有的智能犯罪人利用伪造的单据虚构不存在的交易，向金融机构和大公司诈骗巨额资金；有时在网上散发"小投入、高回报"的陷阱广告，欺骗不明真相的人们投资；有的利用法律的漏洞，为自己的非法行为披上合法的外衣，非法从事人体实验；电脑病毒设计者往往利用人们的好奇心，设计出迷惑性强的病毒，如曾流行过的"我爱你（爱虫）"病毒、"库尔尼科娃（网球女明星）"病毒和"裸妻"病毒等，都会诱发用户的好奇心，用户只要在猎奇心的驱使下，点击他们设计的程序链接，系统就会受到病毒的感染。

六、行为主体的年轻化

智能犯罪的主体有年轻化的趋势，尤其是计算机犯罪表现更为突出。智能犯罪人实施犯罪行为虽然与一定的社会经验有关，但主要是与犯罪人本身专业技术水平相关。从司法实践看，当前高智能犯罪行为人之中在校大学生占有相当的比例。例如，2001 年 1 月~7 月，某地检察院共受理公安机关移送的刑事案件 405 件，其中网络案件 11 件涉及 32 人。在这 32 人中，18 岁以下 24 人，占 75%，19~22 岁的有 5人，占 15.6%。[1]"实际上，大部分的黑客都是青少年，或至少是年轻的大学生。"[2] 这是由于青少年缺乏必要的判断能力，是非观念模糊，自我约束、自我判断的能力偏弱，反叛性、好奇心强，极易沉溺于"网络亚文化"。在青少年的认识中，黑客具有高超的编程能力和游戏性格，是英雄式的人物。因此，黑客易成为某些具有良好智力条件的青少年模仿的对象。

□小　结

本章介绍了智能犯罪的现状和犯罪人的心理特点和行为特征，主要内容包括：

---

[1]　荣慧珍："电脑网络——未成年人实施犯罪的新媒介"，载《青少年犯罪问题》2002 年第 2 期。
[2]　[英] 尼尔·巴雷特：《数字化犯罪》，郝海洋译，辽宁教育出版社 1998 年版，第 35 页。

一、智能犯罪概述

（一）智能犯罪的定义

即在现代高科技条件下，行为人借助高科技工具和先进技术，实施的危害社会的犯罪行为。

（二）智能犯罪的类型

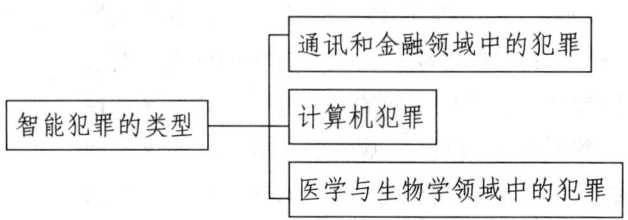

（三）智能犯罪的成因

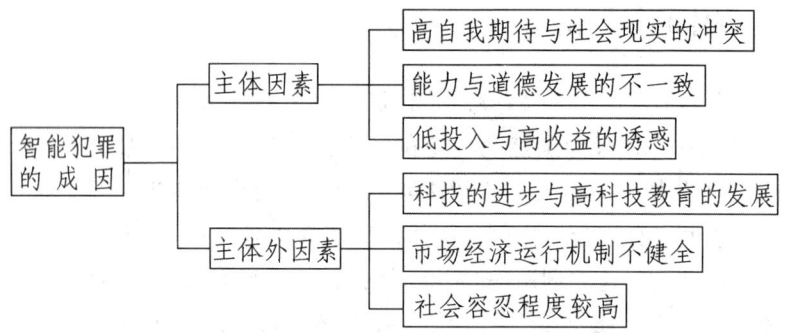

二、智能犯罪人的心理结构特征

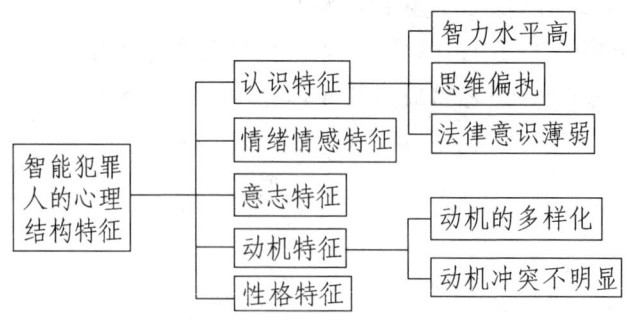

三、智能犯罪人的行为特征

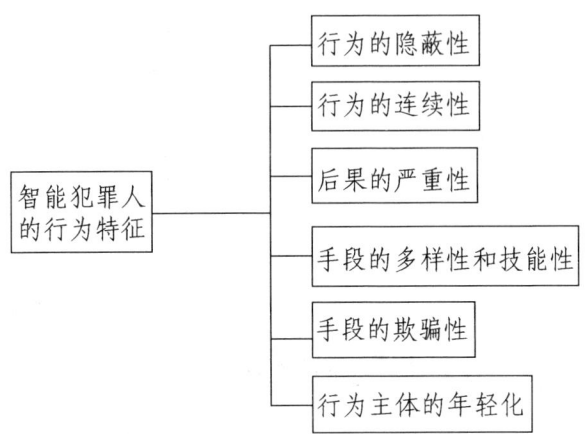

□练习与思考

一、名词解释

智能犯罪

二、简答题

1. 简述智能犯罪人的认识特征。

2. 简述智能犯罪人的动机特征。

3. 简述智能犯罪人的行为特征。

三、论述题

1. 试析智能犯罪心理的成因。

2. 谈谈你对智能犯罪人的罪责感的认识。

第十章

群体犯罪心理

第一节　群体犯罪心理概述

一、群体犯罪的概念

群体，又称为社会群体，指人们在相互交往基础上形成的具有一定凝聚力的共同体。群体的成员之间彼此进行社会交往互动与心理交流，产生相互的心理关系，进而具有共同或相似的价值观念与目标，也具有一定的组织形式、行为规范。

只有符合群体基本特征的人群才可以被称为群体。社会心理学认为群体具有以下特征：

1. 群体目标。群体有自身的目标，是群体成员的共同愿望。它是群体成员形成互动的基础。由于群体利益与个体利益有关联，群体目标的实现可以满足群体不同成员的不同需要，但群体成员可能存在着差异性的行为动机。

2. 群体意识。是群体成员对群体的共同感与归属感，即群体成员心理上具有依存关系。

3. 群体规范。为保证共同利益，实现群体目标，协调成员之间关系而形成的行为准则。

4. 群体分工。为实现群体目标而导致的角色分工、角色扮演及其内部结构。它可以通过选举、公推、任命、默许、继承等程序形成。

5. 群体凝聚力。个体对群体的依附性越强，群体的凝聚力就越强。群体的凝聚力如何，体现于成员对群体的态度与情感方面。它是决定群体的行为效率的重要因素。

群体有各种各样的，每一种群体的性质、结构、作用和活动各不相同。根据群体构成的原则和方式的不同，可以把群体分成若干种类。比较常见的种类有正式群体（如政府、机关、班级）与非正式群体（如网络中的网友、大学生社团）、大群体（如民族、阶层）与小群体（如密友、家庭，一般人数为 30 人以内）、首属群体（初级群体）与次属群体（次级群体）、现实群体与参照群体、假设群体、成型群体与自然群体、合法群体与非法群体（如流氓团伙、黑社会组织）等。

所谓群体犯罪，是指两个以上的犯罪主体，通过相互交往，在犯罪目的一致或暂时达成一致的基础上联合实施的犯罪行为。群体犯罪不是刑法意义上的犯罪罪名或者罪种，是犯罪心理学研究中对以多人参与形式完成的犯罪给予的抽象概括。

可以从以下几个方面来理解群体犯罪这一概念的含义：

1. 群体犯罪的主体是一个整体。从两个以上的行为人联合实施犯罪时起，犯罪主体就不仅仅是以个人身份出现的犯罪主体，而是以联合体功能出现的社会心理学意义上的犯罪群体，其犯罪活动具有整体的特性与整体效应。社会心理学及完形心理学的研究表明，整体效应往往大于群体犯罪中各个犯罪个体所实施的犯罪行为危害之总和。

2. 先有群体，后有犯罪。在司法实践中，事前通谋的共同犯罪、团伙犯罪、犯罪集团实施的犯罪、黑社会性组织实施的犯罪一般都是群体先于犯罪，犯罪代表了或者部分反映了该群体的意志。

3. 群体犯罪的参与者之间存在着交往关系与交互作用。正是因为犯罪个体之间的不同水平面的交往互动，犯罪群体内部产生社会交互

从群体概念导入，其基本特征包括群体目标、群体意识、群体规范、群体分工、群体凝聚力

特别理解群体犯罪概念的要点之间的关系

作用与信息、情绪情感的交流，才可能产生其共同的群体犯罪心理与群体犯罪目标。

4. 构成群体犯罪的基础是其犯罪目的的一致性与共同性。参加群体犯罪的成员具有共同或相似的价值观，受到过相同、相似的副文化或反社会文化的影响，他们渐渐地容易达成或临时达成主观上共同的犯罪意向，成为具有同一或相似犯罪目的的行为人。

5. 实施犯罪行为。是否构成群体犯罪，是以有无共同的行为导致犯罪结果来加以判断与认定的。

二、群体犯罪心理的概念

群体犯罪心理是犯罪心理学独特的概念，此概念来自社会心理学理论与刑事司法实践两个方面，是犯罪类型理论的一个重要组成部分。群体犯罪心理是指在犯罪群体或落后群体、副文化群体中，个体与群体的意向、动机与目的互相影响而形成的适合犯罪的共同心理倾向。也就是说，认定群体犯罪心理不以犯罪行为是否发生为标准，群体犯罪心理可以是已经、正在或者将要对群体犯罪行为发生影响的社会心理力量。换言之，它是群体中个人之间的意向、动机、目的相互影响而形成的适合于犯罪的群体气氛或者共同的心理倾向。

> 群体犯罪心理的具体含义，是理解本章其他内容的基础

可以从以下几个方面来理解群体犯罪心理这一概念的含义：

1. 群体犯罪心理是一种共同的倾向，即行为人在某种刺激作用下产生的情感、动机、意志方面的相似或相同的反应。

2. 群体犯罪心理的核心是其同一的犯罪目的；尽管群体犯罪的犯罪人的动机存在着相同或不同，但在客观上，却表现为行为指向的合一。

3. 群体犯罪心理是个体犯罪心理的集中表现。群体犯罪的参加者为了增加个人安全感或实现、维护某种利益、满足一定的需要而屈从于压力，接受外界的诱因，从而产生与群体犯罪心理相一致的犯罪决意。有的群体犯罪，尤其是以聚众为特征的群体犯罪，在行为实施前后，都不存在典型群体的形态，只是在行为过程中，出现了临时的、松散的人群，其群体犯罪心理的形成情境与现场氛围的影响，人群中的个人往往具有不同的动机与目的，表现为心理上的多样性，但共同的或一致性的行为导致了犯罪的结果。因此，其群体犯罪心理既可能表现为强烈的群体意识，也可能表现为某种共同的心理倾向。

三、群体犯罪心理的形成过程

由于违法犯罪行为本身需要高度的隐蔽性与对抗性，犯罪人应该选择单独进行犯罪活动，但为什么还是会出现群体犯罪？其原因可能是多方面的，包括生物学、社会学与心理学等方面。群体犯罪的凝聚力源于群体目标对成员的吸引力、不良群体或犯罪群体的活动方式对参加者的吸引力、群体的外在形象对成员的吸引力等几个方面。而群体犯罪心理形成、群体犯罪发生的心理学方面原因有群体归属感的实现、从众心理、服从心理、去个性化、模仿与感染（情绪感染、行为感染）、集体无意识的作用。

从行为人主体而言，群体犯罪心理是在其自身需要的基础上，通过群体成员之间交往与互动、模仿与暗示、感染与压力、代偿与调和等途径而逐步形成的集合效应，具体包括感染效应（情绪与行为感染）、相乘效应（社会助长效果）、扩散效应（责任扩散效果）、服从效应（群体规范压力与群体中首要分子的压力）。群体犯罪心理一般通过以下心理机制而形成：

1. 交往与互动：群体犯罪成员之间的联系一般基于地缘、亲朋、同辈、兴趣、利益等几种关系，由此引起了他们之间的社会交往与心理上的互动。

2. 模仿与暗示：模仿可能产生于群体犯罪成员之间，也可能以具有违法犯罪经验的核心成员为榜样，对其言行进行模仿，或者将其他违法犯罪群体作为参照予以模仿。暗示则多发生于犯罪群体中的核心人物，他们常常以隐含的言语、体态动作等影响、控制群体成员的心理和行为，实际指挥着犯罪活动。可见，模仿与暗示是群体犯罪成员之间互相交往而形成相同或相似的价值观念、犯罪目的的主要形式。

3. 代偿与互补：群体犯罪成员之间的动机与目的等方面并不完全相同，但通过群体的替代性行为，可以补偿其自身曾遭遇的挫折或某种性格、能力的缺陷，得到心理需要上的某种满足。

从外在环境因素而言，群体犯罪心理的形成与下列因素相联系：①社会结构的不稳定容易诱发造成相适应的不良群体与违法犯罪群体；②社会压力的负效应：违法犯罪行为的发生必然受到社会法律与道德的压力，但是此压力也有可能导致犯罪群体的心理凝聚力的强化，即社会的冷漠与疏远强化了违法犯罪者对犯罪群体的归属感与认同感，加深了其对社会的共同的敌对性；③消极的榜样作用：现实的社会环境中存在着一些不健康的、消极的甚至反动的文化或宣传，这不仅为

交往互动、模仿暗示、代偿互补三者既相互独立，又相互关联，共同对群体犯罪心理的产生发挥作用

犯罪群体提供了学习、模仿的榜样，也为犯罪群体的组织结构、成员结构以及犯罪方式给予了内容上的启发，从而可能加速了群体及其犯罪的恶性发展；④社会管理与社会控制过程中的缺陷与漏洞，给犯罪群体带来了更多的机遇；某些特定的情境与气氛，还容易诱发造成集体行为与集群犯罪的发生。

大多数群体犯罪心理的产生，要经历以下几个环节：

1. 犯意表达阶段，即群体中某一成员或几方成员表示出有从事某犯罪行为的意向。这是一种内心想法的外现，具有试探他人是否产生共鸣的作用，仍然属于行为人主体的思想性行为。这也是群体犯罪心理产生的初始条件。

2. 犯意交流阶段，当犯意表达的信息得到与其本人愿望大体相近的反馈信息时，就出现了犯意交流互动的过程，它是群体犯罪心理产生的前奏。

3. 犯意沟通阶段，不同犯罪主体之间对于共同实施具体的犯罪行为做出的一般性选择与决定。

4. 犯罪决策阶段，犯罪决策的出现是群体犯罪心理形成的标志。犯罪决策的产生是协调不同的动机、意愿及内部矛盾的结果，是群体犯罪心理的高级阶段。

在不同类型的群体犯罪中，犯罪决策具有不同的意义。以群众为组织形态的各种集群犯罪，基本上没有共同的犯罪意向的互动，没有行为的组织者，更多的是受到事件、现场情绪等因素影响而产生的从众或者效仿。而在以组织形态相对紧密的犯罪群体中，犯罪决策集中反映了犯罪群体的犯罪意志。群体犯罪决策往往具有以下特征：①意识层面上知道要做什么，了解群体行为的目标；对实现目标的可能性及其行为风险、法律后果的主观判断。②知道为什么做。③知道如何做，如行为角色分工，手段、方法与技术的有意识选择。④了解应对行为风险和法律后果的策略与方法。

形成过程中密切联系的四个阶段。它体现于各种类型的群体犯罪心理形成过程之中

四、群体犯罪心理的一般特点

以组织形态为标准，可以将群体犯罪分为三种主要的典型类型：团伙犯罪（组织结构松散的结构形态）、集群犯罪（自发的非正式结构形态）和有组织犯罪（有严密组织的结构形态）。

虽然群体犯罪的类型较为复杂，各具有一些独特的心理与行为表现，但从总体而言，群体犯罪也具有其共同的一般心理特点，主要体现为：

（一）犯罪人犯罪心理的相同、相似性

不同个性倾向性、不同气质、性格、能力的个体结成为一个犯罪群体，尽管存在着个体差异，但也存在着许多相同或相似之处。具体来说，它包括：①欲望与行为目的的基本相同。犯罪人均有较为强烈的非法需要及相应的犯罪目的。②对待社会现象、事件态度的基本认同感。犯罪人对于社会现象、事件的看法与评价基本一致，容易相互认同，进而相互支持与纵容。③犯罪人情感之间的相容性。犯罪人之间情感上相互满意、亲近，存在着自觉、不自觉地归属于犯罪群体的肯定性情感。

可参照普通心理学中个性部分的相关知识

（二）犯罪人犯罪心理的相异、互补性

此特点具体表现为：①犯罪者个性的差异、互补性。客观上犯罪者在气质、性格与能力等方面存在着一定的不同，有时还可能出现冲突、矛盾；同时，这些方面的差异又能在具体的犯罪活动中，通过相互交往与影响，起到互相支持与互补的作用，如在犯罪手段上发挥各个犯罪者的经验、技能的专长，达到配合、促进的效果。②犯罪动机的差异性与互补性。群体犯罪参加者，一般是各怀鬼胎的，他们的犯罪动机是不完全统一的；但是群体犯罪的目的能不同程度地满足各犯罪个体的犯罪动机与心理欲求，他们能统一在相同的犯罪目的之下，而达成协调与互补效果。③犯罪者的心理创伤的差异与代偿性。作为导致犯罪者产生犯罪欲求原因之一的心理创伤各不相同，各有其自身的心理经历背景；但处于犯罪群体的个体可以通过群体的吸引力、凝聚力与"自我价值的体现"，在一定程度上掩盖其心理的创伤与心理的不满状态，达到一定程度的心理代偿。

群体犯罪心理的五个特点：相似性（融合性）、互补性、互动性、压力性（强制性）与情境性

（三）群体犯罪心理的压力效果

群体犯罪的犯罪心理结构中存在着明显的压力特性，而这一压力主要表现为两种形式：①来自群体本身的压力；②来自群体中权威人物（首要分子）的压力。在具有犯罪倾向或犯罪行为的群体中，群体的压力可能是多个犯罪者向个别犯罪者有意施加的，也可能是个别犯罪者无形感到的群体规范及其社会心理气氛的制约。在一些组织较为严密的犯罪群体中，如有组织犯罪群体，由于每一个成员对犯罪行为的态度直接关系到其他犯罪成员的切身利益，因此，群体压力的存在是特别明显而强烈的。同时，这种群体压力的存在实际上也起到增强群体凝聚力、加

注意群体压力服从的两种形式，两者存在着差异

强内部关系的作用。当个别成员的态度和行为与群体的基本规范相冲突时，往往会受到其他犯罪成员为保护其自身利益而施加的压力，如恫吓、威胁或直接、间接的人身摧残、财产破坏等。这一压力的后果或者是导致某一犯罪群体参加人与其群体决裂，或迫使其接受这种压力，主观与客观上（至少是客观上）表现出屈从或服从犯罪群体的态度与行为。而所谓犯罪群体中权威的压力，是指群体中的核心人物（如主犯、群体策划者、组织者等）对于群体的一般成员施加的、具有一定强制与约束作用的心理影响。他们往往利用拉拢、威胁等手段实现这种压力。而无论何种形式的压力，它只能对犯罪者的行为发挥指导作用。也就是说，犯罪群体的心理压力只是一种相对的强迫力量，而不是绝对的制约力量；犯罪主体对于群体犯罪的态度或是主动的、被动的或是处于中间状态，但最终都可能实施其犯罪行为，成为客观实际的或潜在的群体犯罪成员。

（四）群体犯罪心理的互动效应

犯罪群体也与其他的社会群体一样，会产生群体心理的互动效应：

1. 整体效应：群体犯罪心理符合"整体大于各个犯罪成员心理能量的总和"的整体效应原则。由于犯罪成员之间的互相刺激与"群威群胆"，群体犯罪往往会造成极大的社会危害后果。这种整体效应具体体现为感染效应、相乘效应。

整体效应，也称为"格式塔原则"、"集合效应"

2. 群体心理的社会助长与现任扩散效应：由于犯罪群体具有消极性的支持力量与社会助长效果，使得绝大多数的犯罪群体成员会产生"作案责任分散"的心理，以致能做出他们一人不会或难以做出的犯罪行为（匿名者效应的间接后果之一），这也会促使群体犯罪活动的恶性程度与危害性的不断加深和扩大。

"匿名者效应"来自社会心理学

3. 情绪与行为感染效应：在犯罪群体的副文化背景中，在成员之间互相模仿与暗示的基础上，犯罪者情绪与行为的感染使得群体的心理经常表现为一种适合群体犯罪的心理气氛与倾向，这在具体的犯罪活动实施中体现得更为明显。

4. 权威与服从效应：群体中的犯罪头目具有决策、指挥、协调犯罪活动的地位，从而产生有较强组织动力的犯罪力量。

（五）群体犯罪心理的情境性

在外界因素的刺激下，部分群体犯罪心理具有情境性的特点。这方面表现较为突出的是团伙的犯罪心理与集群行为中的犯罪倾向，如青少

情境本身有时可以成为行为发生的一

年团伙在生存性危机或好奇心的驱使下发生的盗窃行为、性吸引力作用下的性犯罪，以及参与赌博、吸毒、冒险活动、观看淫秽物品、突发性的淫乱活动等等，给参与者带来满足好奇、获取感官刺激等心理需要的乐趣，而这些越轨心理与行为倾向的出现往往具有适合的时机与机遇，其群体心理相应地也具有情境性、诱发性的特点。当然，这种有情境性的群体犯罪心理也客观地反映出了犯罪者潜在的或累积的强烈发泄或报复的个人欲望与动机。

种诱因性动机，即行为的触发动力

第二节　团伙犯罪心理

一、团伙犯罪的概念

团伙是一种由朋辈关系构成的结构松散的组织形式，一般出现于年龄相近、兴趣相似的青少年当中。团伙本身并非贬义词，只有使用团伙犯罪时，才使团伙具有特殊的符号意义。

犯罪团伙，是指经常从事越轨或违法犯罪行为，结构松散，活动范围相对固定的小团体。一般来说，它不是因犯罪而形成的团体，是典型的先有群体后有犯罪的类型；其成员参与犯罪活动，是希望被团伙接纳或通过团伙行为实现个体目标的一种手段。

所谓团伙犯罪，又称为帮伙犯罪，是组织结构较为松散的群体犯罪形态。团伙犯罪是指一种以青少年犯罪人为主体，以纠合性的松散结构为特征的群体犯罪。它是近30年来我国刑事犯罪中产生的一种新的犯罪形式，是青少年犯罪的一种主要形式。一般而言，团伙犯罪的犯罪目的比较模糊，也经常变换；其组织也不太稳定，有时纠合在一起，有时散伙，在犯罪活动中，其角色与分工也具有较大的随意性；犯罪团伙的犯罪意向往往是由犯罪机遇所激发，既可能是事前有通谋的，也可能是事前没有通谋的。参加团伙犯罪的人数较多（一般3人以上），他们往往具有以年龄、地域、经历相近或相似而聚合、吸引在一起的特征。

青少年常常是团伙犯罪的主要构成成员，为什么？

团伙犯罪是以团伙的组织形式实现的群体犯罪；团伙犯罪体现了团伙所具有的组织形态、活动方式、作案手段方面的特点。

团伙犯罪不同于一般共同犯罪：一般共同犯罪是群体犯罪的基本形式（两人以上共同故意实施的犯罪），它往往是为实现某一特定的犯罪目的而纠合成的犯罪联合体，一旦犯罪结束，其组织形式不再存在，甚至犯罪成员之间为了自身安全而刻意不再有任何联系；团伙犯罪虽然组织形态松散，但有一定的延续性，由于犯罪是其经常性的行为之一，并非组成团伙的目的本身，所以犯罪结束后，团伙成员之间的互动关系仍然存在。一般共同犯罪的人际关系以物质利益为纽带，缺乏情感上的依赖；团伙犯罪则以群体为基础，成员之间存在着情感上的依附。

团伙犯罪也不同于犯罪集团所实施的犯罪：组织形态上，犯罪集团组织严密，成员之间具有以等级制为表征的分工，犯罪是为民实现犯罪目标；团伙犯罪是由松散性联合体实施的犯罪，一般没有稳定的犯罪目标，也不具有明确的、固定的犯罪分工与角色扮演。在犯罪心理的形成方面，犯罪集团的犯罪心理有决策过程，属于典型的预谋型犯罪，其决策以命令、压力等方式得以实施，团伙犯罪心理的形成则经常受到情境刺激的影响，以从众和责任扩散为其心理基础。

二、团伙犯罪形成的因素

（一）犯罪团伙形成心理因素

形成团伙犯罪心理的主要心理原因在于成员之间的相似性和接近性。所谓团伙成员的相似性包括成员之间年龄、学历、兴趣、爱好、态度、信仰、经历、地位以及身体特征等方面的类似性或共同性。所谓接近性是指团伙成员在空间上的接近性，如同社区、同街道、同乡、地缘关系等。成员之间的相似性与接近性，使得他们之间容易熟悉和相悦，进而导致其心理需要与共同目的实现的趋同。团伙犯罪群体的成员一般属于较低社会经济地位的人群，如逃离学校的青少年、外地进城务工人员、伤残人员、曾受行政处罚人员等，他们起初往往不敢单独违法犯罪，需要与他人结合一起。一些劣迹青少年共同具有的不合理的个人需要是导致团伙形成的主要心理因素；同时，在实施违法犯罪活动中普遍存在的责任扩散与匿名者效应、相互支持与情绪及行为感染机制发挥着重要的作用。

1. 青少年归属的需要。个体在不同的时期都需要归属与安全感。随着个体进入青春期，青少年在与同辈群体互动及社会活动中，家庭所能提供的归属感远远不能满足他们日益增长的发展需要，发展与同辈人际关系是个体实现社会化的基本途径。得到同辈的认同与接纳对于青少年实现自我同一性具有重要的意义。团伙的出现正反映了在与正式组织（如学校班集体、青年团、文艺团体等）相伴随过程中青少年心理的一种客观需要。尤其是为家庭、学校不接纳或排斥的所谓不良少年，非正式团体的吸引力更为明显。

2. 情感上互动的需要。团伙能为参与者提供其他群体中无法替代的需要满足，其中最为关键的是情感需要的满足。在团伙，由于年龄、经历、兴趣爱好及社会需求相近，团伙成员之间往往具有共同语言与价值偏好，容易产生心理上的共鸣，使得团伙成为具有凝聚力的小群体。

3. 应对压力的需要。青少年的学业压力、家长及社会压力使得他们自发地希望从同辈群体成员身上得到认同与宣泄。我国现阶段，许多犯罪团伙的成员由于学习成绩不好或者有共同的辍学经历，面对社会中的各种压力，参加团伙自然而然就成了他们寻求认同与建立自信（恢复自尊心）的途径。

4. 兴趣需要。团伙的形成一般与兴趣爱好有密切的关系。在当今信息激增与价值多元化的网络时代，青少年的兴趣多样发展，就更容易自然以聚合的形式形成各种小团体。这些团伙可能以符合社会期待的兴趣为纽带，也可能在兴趣偏离或不良诱导下走向越轨、违法犯罪的道路。

青少年归属（结伴）需要、情感互动需要、应对压力需要与共同兴趣吸引

（二）团伙犯罪的原因

1. 犯罪团伙的力量。团伙犯罪的决定性因素是犯罪团伙的形成。①团伙犯罪本身具有体现群体（团伙）力量的动力。如团伙的"疆界意识"导致团伙之间的竞争与冲突，表面上是利益冲突，而其潜在力量是各种小群体为体现自身群体力量而出现的。司法实践中常的团伙械斗、寻衅滋事等到犯罪多为此原因引起。②团伙犯罪也具有寻求群体认同的动力原因。对于团伙成员而言，加入团伙的意义大于犯罪的意义，能被团伙接纳是其主要目的。许多青少年胆敢违法犯罪是为了表示自己的与众不同，并以此作为加入团伙的资格。在犯罪团伙中，成员的越轨、违法犯罪经常具有反叛、创新的符号意义，这也导致团伙犯罪的经常性。③利益互动。追求利益的互动也是团伙犯罪的重要原因，这种利益互动体现为相互间的互助互利（如物质、经济、人际、武力方面的互助）与借助团伙力量而获得自身利益（如团伙抢劫等）。

2. 消极的社会因素。团伙犯罪大多发生在社会结构不稳定、政治动乱或经济生活混乱、对违法犯罪行为打击不力等社会环境中，这些因素是滋生违法犯罪团伙的重要社会因素。其中还包含我国长期以来的消极文化因素，即具有浓厚封建色彩的帮派文化与具有典型享乐主

义色彩的消极文化的结合物，是产生团伙犯罪的重要文化根源。消极社会与文化因素的作用可以通过直接行动体现与间接的观察学习（团伙内部的成员之间与团伙之间的观察学习）途径而获得。

三、团伙犯罪人的心理特征

（一）相似的犯罪动机与明显的归属意识

团伙犯罪人加入犯罪团伙的动机大体上相同或相似，即主要是为了满足不合理的物质或精神的欲望，这一行为的动机与目的都具有反社会性，具有违法与犯罪的心理倾向性。相应地，团伙犯罪人对其所参与的团伙都存在着不同程度的认同与归属意识。在青少年犯罪团伙中，这种团伙归属意识往往特别强烈，以致大大增强了其犯罪后果的严重性，以及犯罪人个体原有某些个性特征在团伙中的淹没。

归属需要在团伙犯罪过程中的具体体现

（二）心理相容性

团伙犯罪者之间，在犯罪意向、动机、目的以及与此相关兴趣、能力、情绪情感、心理状态等方面，彼此相悦，或者基本能够心理接纳，通过相互影响、渗透、传染、统一，从而具有了适合于犯罪人需要、适合于团伙犯罪的心理相容性。其中经常性地伴随着导致进一步犯罪升级的标签效果，即经常从事越轨、违法犯罪行为的团伙具有负面的符号意义。

（三）具有控制与被控制作用的封建等级观念

封建帮派意识往往是犯罪团伙形成与产生的社会心理基础：在所谓的封建式"哥们儿义气"与野蛮的"英雄观"的作用下，犯罪团伙中很快就会确立核心人物，即犯罪团伙头目。之后，犯罪头目便具有了"领袖欲"与控制权威性，好发号施令，控制其余的犯罪成员；其余的犯罪人则以绝对服从、听命为对犯罪团伙忠诚及对犯罪群体的自我归属心理的满足。此所谓犯罪团伙的权威与压力效应。

哥们儿义气的友谊观念与亡命徒式的英雄观念

（四）具有催化作用的依附心理与安全感

在犯罪团伙中，有时会出现胆大妄为的恶劣行为，主要是因为行为人内心存在着超乎平常的依附心理与安全需要，而这种心理状态在犯罪团伙往往具有对行为的催化、激化作用。在团伙犯罪中，行为人因为有了明确的团伙意识，也意识到犯罪团伙的支撑，就会感到力量强大，可

此与责任分散的心理相关联，是有意识的，还是无意识的？

以"壮胆"，所以干出一个人单独时难以干出的事情。同时，因其自认为众人一齐动手，"责任"可以分担和"扩散"，即使受到惩罚也会减轻，在良心上也会产生较少遭受"自我责备"的心理态度。

四、团伙犯罪的行为特征

与团伙犯罪人的心理特点相适应，团伙犯罪人的犯罪行为表现为犯罪行为的纠合性与易变性、盲目性与冒险性、模仿性、暗示性与传染性、野蛮性和残忍性等特征，以及日常不良行为的习惯性。

（一）盲目性与冒险性

多数犯罪团伙，其犯罪类型并不固定，往往是随情境变化，受到内外部刺激，或受到头目的暗示、挑动，就可能出现无明确目的的违法犯罪活动，表现出很大的偶发性和盲目性。同时，受到"责任扩散"心理和"哥们儿义气"、"为朋友两肋插刀"等错误认识观念的影响，团伙成员在团伙犯罪中倾向于敢于冒险，能够实施出大案或恶性案件。团伙犯罪的主犯往往外向、胆大、凶残，具有"草莽英雄"的人物特征；而其从犯由于多与主犯有共同利益或者情感联结，因此，心甘情愿地协助主犯为非作歹而成为团伙犯罪的骨干分子；另有一小部分从犯，心存矛盾心理，或为满足自我的归属需要，或为个人的利益，或屈从于群体压力，而不得不被动地参与犯罪活动。

（二）纠合性和易变性

由于年龄相近，情趣爱好相似，不良需求一致而产生相互吸引，形成不良团伙，是青少年犯罪团伙在初始阶段纠合性特征的典型表现。但是，这种团伙并无严密的组织结构与控制力，比较松散。当然，这种犯罪又具有不善于隐蔽、易于暴露的特点，这也会给司法机关犯罪案件的侦破带来有利条件。这种易变性的特征也会体现犯罪启动的情境性与犯罪行为的随机性。

（三）野蛮性和残忍性

青少年的生理、心理能量过剩及反叛心理在团伙犯罪中的表现更为突出。

由于团伙犯罪时相互刺激、比强逞能心理以及错误的英雄观的推动，不少团伙成员在纠合性的犯罪中，往往会表现出胆大妄为、心狠手辣、对被害人似乎毫无同情感的特点。

（四）腐蚀性和传染性

团伙犯罪，其成员间通过恶性交往与相互影响，就会使新的犯罪行为和犯罪手段像瘟疫一样，迅速在团伙成员中蔓延开来，极具腐蚀性。在这种团伙犯罪群体中，如有女性犯罪者的存在，由于较有可能出现的性意识与性行为的参与，使得此种违法犯罪行为的腐蚀性与传染性更加突出。

团伙犯罪行为中的观念与行为方式学习、强化效果更为明显

五、女性团伙犯罪人的心理特征

在团伙犯罪中，女性团伙犯罪具有较为特殊的地位。由于女性犯罪人心理结构、心理特征与女性犯罪人互动关系的特殊性，从而导致女性团伙犯罪人的心理具有一些特点。

女性团伙犯罪人中，主体的性欲、物欲等各种动机能得到较大程度上的及时满足，这就会大大强化她们已有的越轨心理及犯罪性心理结构，加上受到青少年偏执性、逆反性心理的作用，她们形成了一整套的性观念与颓废的生活方式，其违法犯罪行为比一般的团伙犯罪人更具有传染性与腐蚀性。一般女性青少年性犯罪极度容易形成动力定型，成为很难改造的恶癖。她们的犯罪心理结构较为稳定，而且，较多地采用非暴力性方式进行（此为与男性青少年性犯罪的典型区别），掩蔽性较大，主观恶性较深，反社会性较为强烈。犯罪人对性及爱情、友谊、家庭的认识、情感体验及行为方式都发生了很大的变化，并对其他的犯罪人（尤其是男性犯罪人）具有较强的聚合力，腐蚀性大，互相强化，因而她们难以改造，也难以重新适应社会生活。具体地说，女性团伙犯罪人的心理特点表现如下：

女性青少年与团伙犯罪：性色彩的参与加强了犯罪行为的腐蚀性

（一）偏离正常的安全意识

女青少年群体依附性心理的存在，不仅是她们团伙犯罪形成的重要基础，同时也是一种偏离社会、寻求所谓"靠山"、"保护"的安全感的需要。一般来说，女性青年由于生理、心理发展客观规律，加上社会因素和人们传统观念习惯势力的影响，她们在社会生活中，在处理许多事情上，都不得不依靠他人的帮助和支持才能解决，这就铸成了她们较少独立见解，较多依赖别人的心理特点，总觉得自己孤独力薄，有一种恐惧感和寂寞感。而群体行动，都可以相互依靠、相互支持、相互壮胆，就会产生一种安全感。因此，她们对他人或群体就必然会形成一种向心力，以求得某种保护，所以也正是由于这一特点，加上她们涉世未

此为不正常的安全感代偿性、补偿性的具体体现

深，就很容易被一些别有用心的坏人钻了空子，抓住她们这一心理特点，趁机拉她们下水，使其上当受骗，甚至误入流氓团伙，失身于人。一般从传统的道德观念看，对于女性来说，没有什么比贞操更重要的事情了，一旦她（们）失身，社会及许多人并不是以正确的态度与满腔的热情去帮助、教育她们，同情和安慰她们。相反，她们往往会成为人们鄙视的目标，受到社会各种议论的指责，这样就往往使她们的自尊心受到严重打击和创伤，自卑感更加强烈。她们的人生价值、道德观、荣辱观就会发生急剧逆转，心理防线迅速全面崩溃，认为自己一切都完了，便自暴自弃，破罐子破摔，甘心堕落下去。一般这些女青年堕入犯罪团伙之后，就必然依附于男性犯罪成员，甚至成为他们的玩物和发泄欲望的工具。这样犯罪团伙也就成了她们的精神归宿之所。在这种情况下，如果没有强大的外力支持与关心、帮助，她们是较难以自拔的。

（二）畸形的生理性、物质性需要

从犯罪心理学的角度来说，人的犯罪心理的开始也是受某种消极而强烈的需要所驱使的。一般来说，处于青春发育期的女青年，由于自身某些生理特点的限制，她们往往把个人的需要集中在比较低层次的生理性、物质性需要上，而这些需要又往往受到社会道德和法律的限制，容易使她们形成个人需要的满足与社会现实可能性的矛盾，如果她们处理不当，或者分不清什么是正当的需要什么是不正当的需要，就有可能使她们的生理性、物质性需要在需要结构体系中占据主要地位，形成某种内驱力，去追求不正当的、非法的需要满足。从司法实践调查的许多女性团伙犯罪案例来看，她们开始大多是由于养成了好吃懒做、追求吃喝享受的恶习，又缺乏必要的知识和良好的教育，致使她们的这些生理性、物质性需要得以畸形发展，当家庭又不能满足她们的时候，就会自觉不自觉地投入到落后群体或借助他人的力量来求得这种需要的满足。例如，在湖北省某市一个女性犯罪团伙中，主要成员黄某、吴某某都是刚满15岁的少女，小时候都是娇生惯养，上学后就有偷摸行为，再加上学习不好，受到老师和同学的歧视，于是她们便一起辍学在家。开始她们常常聚在一起闲聊，和周围的一些有劣迹的青年交上了朋友，吃喝打扮、花钱等，觉得这样很新鲜、很开心。但是，此种需要是不能满足的，钱又不够花，于是就偷家里的东西，后来她们结识了一个男青年吴某某，这个人长期待业在家，又曾因多次扒窃被拘留审查，生活腐化堕落、恶习不改，吴某某便带她们跳舞、下馆子。她们认为他大方、讲义

通过分析这一常见的典型案例，了解女性犯罪发生的典型模式

气，也想自己弄钱报答吴某某。吴某某就教唆她们偷盗，并亲自教她们偷盗的方法与技术。于是她们就渐渐地走上了扒窃犯罪的道路，偷了钱就大肆吃喝玩乐地挥霍。并且在吴某某引诱下，她们又勾结多名男流氓乱搞两性关系。吴的母亲黄某某也一向行为不端，趁丈夫在外地工作的机会乱搞男女关系。吴某某耳濡目染，也变得更加放荡，在黄某某的唆使下又拉来另外三个女同学"学跳舞"，同时黄某某还给她们讲《少女之心》、《超级女生日记》等手抄本与网络中的淫秽、下流故事；很快另外有几个女孩子也被拉下水。她（他）们不仅实施低级下流的流氓犯罪，而且还纠集成了一个扒窃犯罪团伙，在短短的半年内作案几十起，扒窃了大量财物，完全成为一个极端腐朽、淫荡、腐烂的女性犯罪团伙。在司法实践中，这往往是多数女性青少年走向违法犯罪道路的典型模式与形成过程。

（三）近乎泯灭的性道德

女性团伙犯罪人，特别是以性犯罪为主的流氓团伙犯罪人，绝大多数都以低级、腐朽的性道德观作为共同的行为准则。她们向往和追求西方资产阶级的所谓"性解放"、"性自由"、"性放荡"，视男女之间自由的性行为为"人生最大的幸福"，以紊乱的性行为为主要活动内容，以互相满足性欲为纽带纠合成流氓犯罪团伙。因而女性性意识的歪曲和性道德的泯灭，就成了她们堕入团伙犯罪的重要因素。生理心理学研究指出，人的青春期，是个体向成熟发展的重要时期，这时期的少女第二性征出现，性器官发育成熟，性激素分泌旺盛，开始有了性生理冲动和体验，其性意识逐渐觉醒，产生了性关系的需要。由于生理发展与社会因素的结合，其心理也发生了剧烈的变化。性爱的心理从无到有，从小到大，从弱到强地迅速发展，使她们对男性很自然地有了一种强烈的好奇、爱慕和吸引的情感。伴随着性成熟以及对两性关系和它的后果的逐渐理解，加之传统的贞操观念和社会舆论，其性道德观念也开始萌发。但这时她们心理发展远远赶不上其生理的发展，认识能力和性道德意识还处于半成熟或幼稚状态，兴奋和抑制极不平衡。她们的情感极易冲动，缺乏自制力，意志薄弱，易为外界不良刺激所支配。一些精神空虚、性爱观点不健康的女青年，一旦受到淫秽书画或网络中色情信息的影响，受到女流氓或男流氓的教唆引诱或迫使，其早期形成的一点性道德观念就很容易被冲破，而轻易失身于人。当她们第一道防线被冲破之后，往往会产生一种自暴自弃的心理，认为既然贞操已经失去那么也就再也没有什么可顾虑的了。这样她们随着性行为的次数增多，性的快感

当前网络时代中不健康的性意识、性行为模式的广泛、快速传播大大地加剧了青少年性意义、性行为的消沉性、破坏性

和物质享受的体验加深，其异常的性爱观念在所谓的实践的尝试中得以膨胀，性道德观也会彻底泯灭，使得她们把物质与性欲的满足同流氓团伙犯罪牢固地联系起来，并与男流氓形成固定的性乱关系，有的甚至发展到男女流氓杂居一室，集体交替发生性关系，完全丧失了基本的人性特征。

（四）不良的个性心理特征

女性团伙犯罪人的个性心理存在着较大的缺陷，主要表现在：

1. 兴趣上的低级性。她们的兴趣主要表现在：吃的高级、穿戴时髦、玩得痛快、看黄色书刊等。

2. 性格上的轻浮性与精神空虚。女性团伙犯罪人性格上主要缺陷表现在举止轻浮、虚荣心过强。她们往往在同伙或异性面前行为不检点，十分轻浮、放荡，语言污秽。她们有的为了显示自己，出风头，常常把自己打扮得怪模怪样，引人注目。她们还喜欢听奉承的话，虚荣心过强，自尊心太弱。因此，许多男流氓就掌握了她们的这些弱点，轻易就把她们引上了流氓团伙犯罪的道路。

3. 情绪与情感的外露性。当人们从事某种活动时往往伴随出现喜悦憎恨等情绪，表现出愿意去干或不愿意去干的态度。一般来说，女性情感比较丰富，常常表现得也很强烈，有的还具有明显的外露性。尽管女性团伙犯罪人有一定的情绪控制力，但是由于她们的心境变化快，理智感缺乏，道德感低下，美感颠倒，往往在情绪勃发中难以控制自己。高兴起来便喜形于色，手舞足蹈；稍不如意，便恼羞成怒。她们不善于冷静地考虑行为后果，喜欢刺激性强的活动，特别对两性关系很容易冲动，不能克制。因此，对她们稍有物质或者精神引诱唆使就会轻易失身于人，甚至甘愿委身于流氓同伙，任其控制、恣意摆布，并从众参与犯罪行为。

4. 意志上的脆弱性。这不仅在从事正常的活动和斗争中表现出来，同时也在异常的行为活动中表现出来。一般来说，团伙犯罪女性的意志具有典型两极性的特点。她们往往在犯罪的意志方面表现得比较顽固，在正确的意志方面表现得十分脆弱，经不起各种诱因的考验。女青年在成长过程中，由于"成人感"与自我独立性的发展，社会交往的增加，她们总想摆脱作为权威象征的家庭者或学校的限制，而另一方面她们对新的伙伴或男性却表现出很大的依赖性。她们总希望有一个可信赖的小群体或某个人作为自己的"靠山"。因此，女性这种企图摆脱成人的教育管理要求，而又依从他人的心理状态，正是形成她们团伙犯罪心理的

错误的性意识与女性犯罪之间的关系非常密切

联系个性结构的知识，理解女性团伙犯罪人的个性缺陷表现

女性团伙犯罪人之自暴自弃的心理驱使力

重要心理因素。这些人不仅意志薄弱，而且行动盲目，情绪情感较不稳定，朝三暮四。对自己不正当的需要不加节制，失身后没有羞耻感，甚至甘心堕落，一味追求性刺激，完全把自己的需求降低到了单纯动物性的生理水平。同时，又由于她们意志薄弱，心理叛逆性强而自制力较差，加上女性团伙犯罪人犯罪心理是强烈的惰性、依附特点，所以，女性团伙犯罪人一般悔改也较为困难，与同类团伙犯罪的男性比较，其心理与行为矫正的难度更大。

第三节　集群犯罪心理

一、集群犯罪的概念

所谓集群犯罪，又称为群集犯罪、聚众犯罪或集群行为犯罪，是指在一定情境下，人们在激烈的人际互动中自发产生的，无指导、无明确目的的，不受正常社会规范约束的，由众多人狂热行为导致的犯罪行为。集群犯罪是群体犯罪的一种特殊形式，可以形象地比作为"乌合之众的犯罪"。在集群犯罪中，犯罪人为乌合之众，绝大多数犯罪人之间并无事先特定的组织联系，一旦犯罪事件结束，便作鸟兽散；在犯罪行为中，多数成员之间也没有预谋，而是由大众关注的偶然事件诱发，其行为具有明显的情境性与情绪色彩。集群犯罪的人员构成包括：首犯和主犯、实施犯、助势者和围观者。其中多数成员并非真正意义上的犯罪者（从主观恶性与犯罪动机的角度来看），但可能成为法定意义的犯罪行为人。

聚众犯罪作为我国《刑法》（1997）规定的一种犯罪形式，是指"法律规定以聚众作为构成犯罪必要条件的犯罪"，它在以下两种情况下属于共同犯罪：一是法律规定对聚众活动中的首要分子和其他积极参与参加或多次参加者均以犯罪论处，此种情况以扰乱公共秩序犯罪中较多；二是法律规定只对聚众活动中的首要分子按犯罪论处，如聚众扰乱公共场所秩序罪、交通秩序罪，在这种情况中，如首要分子只有一人，那么此种聚众犯罪就是一种单独犯罪，如果首要分子为两人以上，则为共同犯罪。 这是一种特殊的群体犯罪形态

古代就有聚众滋事、聚众骚乱的记载，但它们多指贫民或者灾民为了经济、物质生活的需要在官府门前自发性地示威，表达民众意见的事件，它与现代社会中集群犯罪有很大的差异。随着社会生产力的发展、 集群事件中各构成人员的作用不尽相同

经济基础的变化，以及人口流动与城市聚集、网络通信技术的广泛普及应用，我国现阶段的社会民众心态也发生了很大的变化，人们在思想活动独立性、选择性、多元性、差异性明显增强，人民群众的参与意识、维权意识普遍提高，对于民主、法制与社会管理的要求十分迫切。同时，一些社会成员心理失衡、诚信缺失、道德失范，成为引发社会不和谐的因素；一些领域的腐败现象仍然比较严重，引起广大民众的不满。由此可能导致大量的集群事件，尤其是具有社会危害性的集群犯罪处于多发的态势。在我国，集群犯罪主要体现为足球暴力事件、街头暴力事件、哄抢与经济上的闹事事件和政治动乱或者骚乱事件等四种典型类型。

二、集群犯罪发生的心理与社会原因

（一）发泄的欲望与表现欲

从深层的心理动因上分析，参与集群犯罪的大多数人的犯罪目的，并不在于颠覆政府、捞取钱财或者实施侵害，而在于发泄心中的不满，通过犯罪行为的实施，求得暂时性的心理平衡。有些积极参与者，在集群互动中，力求表现自我的存在或获取他人的赞赏，以寻求心理上的自我显现和自我满足。当然，这种心理往往是在无意识水平及心理防御机制层面上进行，行为人本身并不一定能清醒地意识到。

主体心理因素的重要地位

（二）对消极因素的模仿

随着电视、录像、国际互联网及电子新媒体等传播媒体在社会生活中的普及与深入，使以往相对封闭的公众接触到一些西方的足球场暴力事件、街头骚乱、种族歧视等集群行为与骚动的直观形象，因此，在不满与躁动的心态作用下它们较有可能成为模仿的原型。

（三）社会矛盾的积聚与躁动不安的社会心态

我国台湾地区学者蔡墩铭先生认为，引发集群犯罪的直接原因是群众的心理原因，即在社会公众中产生的普遍之不平、普遍之失望、普遍之憎恶与普遍之恐惧。目前，我国存在的社会分配不公、群众期望值过高，宣传媒体的片面性等问题，都有可能导致民众不满或者愤怒情绪。这种消极心理积累，一旦有了适当的时机和环境，就有可能有意识或无意识地加以发泄。尤其是，此种大众心态为某些别有用心的人所利用时，集群行为就极有可能发展成为具有较强破坏性的集群事件或集群犯罪。

社会矛盾在行为主体心理上的突发性反映

（四）法制观念淡薄

民众守法态度、法律情感和守法行为习惯是一个逐步成长、发展的过程；当前社会上部分人存在着"法不责众"的错误认识与强烈浮躁心理、强烈自我表达、宣泄的愿望，因此在特定情境的刺激下容易形成对集群行为的失控而酿成集群行为犯罪。

但是，在法律意识较好的国度中也会时常发生集群行为与集群犯罪

（五）人口密集等客观因素

世界各国都不同程度地存在着城市化的倾向，如果人口过度密集，信息传播迅速，一遇特定事件的诱因，顷刻即可集合成千上万之众。这也是现代社会容易诱发集群犯罪行为的客观因素之一。

三、集群犯罪心理、行为形成和发生的过程

在形成与发生机制上，集群犯罪心理、行为与一般的集群行为大致相同，它们都是非正式群体中人群模仿、感染、责任扩散、去个性化等人际互动作用的结果。集群犯罪的发生一般需要经历以下四个阶段：

（一）事件刺激与互相暗示阶段

当一定数量的人们（至少30~50人）为了某一事件而聚集在一起时，如果该事件出现了重大的意外或与人们心理原有的预想相差悬殊，而使人们心理一时难以承受，即人们经历着强烈的刺激。此时，人们的心理对于该事件变得非常敏感，潜意识中希望、乐意接受某种相关的暗示；如果存在着谣言或流言，而缺乏正确的信息或恰当的引导，人群就很容易在理性与非理性上倾向于与多数人现有的观念趋同。

注意这四个发展阶段的过渡性与连续性

（二）情绪感染与行为感染阶段

情绪感染的过程是群体中个体之间心理互动的具体表现，包括情绪的唤醒（挫折、不满等消极情绪的唤醒）、情绪的磨压（特定情境中的情绪摩擦）、情绪的传染（情绪在鼓动、流言、挫折作用下无组织的扩散）与情绪的指向（暂时的群众目标成为寻求宣泄的目标）等几个环节。处于较高水平暗示的人群开始接受情绪与行为的感染：情绪感染是一种群众性的情绪模仿现象，即情绪、情感或以循环的方式，或以系列链锁的方式，较迅速地从一个参与者蔓延到另一个参与者。与情绪感染紧密相联的是行为感染，如乱呼口号、乱扔东西等偏激性行

为的出现。情绪感染与行为感染之间互相激化，其结果是使原本无动于衷的旁观者从好奇开始介入到群体之中来，最后深深地卷入到亢进的情绪与行为活动中。

（三）情绪爆发阶段

随着情绪的不断强化与模仿，人群群情激奋，逐渐使无组织的人群开始形成一个共同意向、共同态度的相对松散群体，引发疯狂状的冲动性行为，充分发泄参与者的潜在的各种极端化情绪。

（四）产生越轨阶段

人群中许多人开始出现去个性化现象与责任扩散心理，人群发生匿名者效应，许多人的自我控制能力迅速下降。此时，如果有人首先表现出冲破道德、法律及法规的约束，做出某些破坏性的行为，例如骂人、怒吼，毁坏物品或者打砸抢烧，其他人立刻就会跟着干（紧急规范理论所指的效果），而且会愈演愈烈，不断升级。其中，有些人潜意识中会试图在大家面前"勇敢地表现自己"，希望得到别人的赞许。当然，从行为动机角度而言，其中多数人是在潜意识或者前意识中进行的，真正进行有意识的，或者有预谋的违法犯罪行为的人仅仅占极少的一部分。

> 去个性化理论与紧急规范理论对越轨行为的解析
> 去个性化：成员的个性在群体行为中被掩盖或抑制
> 紧急规范：在模糊的情境中，成员意识到规范的出现，其行为就会趋于一致

四、集群犯罪人的心理特征

首先来分析一例20世纪30年代发生于美国的"李村私刑"案件：[1]

1930年春天，一个星期六上午，美国德克萨斯州李村附近一个白人农场的黑人雇员，来到农场主家中要求领取所欠的周薪。女主人说主人不在家，也没有留下薪水，所以无法给付。对此，黑人非常不满，愤恨离开。不久，他手持一把手枪闯进了农场主的家中，再次要求付给薪水。女主人严厉地要求他离开，但此黑人反而劫持她进入内屋并将其强奸，然后逃离。随后，女主人及时报告警方，黑人迅速被捕，黑人也坦白了自己的罪行。警方为安全起见，将其监禁于李村附近的监狱中。事件发生之后，整个李村骚动起来，纷纷议论这件事情的真伪。整个黑人区均认为这一事件是诬赖陷害，认为其目的在于想吞没该黑人雇员的薪水，而白人中的一些激进分子则纷纷指责黑人的侵害暴行。

> 这是一个集群犯罪的典型案例

---

〔1〕　林秉贤：《社会心理学》，群众出版社1985年版，第433页。

当地法庭当时不顾李村地区的紧张气氛，坚持要在当地进行审判。审判开始之前，许多人从四面八方赶到李村城里。法庭内外，聚集的人越来越多，越来越拥挤；随着时间的过去，人群也变得越来越好战，出现了集体激动的场面，而且这种骚动情绪逐渐传染蔓延。在此时刻，出现了许多谣言，许多群众都相信这些谣言是对的，并更加跃跃欲试。下午一时许，当被奸污的妇女上庭作证时，人群立刻骚动起来。警察紧张慌忙之中将被告黑人监禁于一间被认为水火不入的牢房里，并用催泪弹迫使群众解散，但这一切都无济于事。随后，以白人为主的骚乱群众火烧法庭，傍晚时将牢房凿开一个小洞用炸药爆破，之后，将炸死的黑人尸体吊在法庭院子里的一棵松树上示众，接着又将尸体挂在汽车后面拖街示众，有近五千名群众跟随汽车后面怒吼呼叫。最后，他们把尸体拖到李村黑人区，当众焚烧。事态越演越烈，许多黑人也加入进行各种宣泄或对抗性活动。后来在政府军队的镇压下，整个事件才平息下来。

这是一件典型的集群犯罪事件，从中，我们可以发现集群犯罪行为及犯罪人的一些主要的心理特点：

（一）无责任性或者责任扩散心理

由于集群行为中，犯罪人具有明显的匿名性特征，犯罪人之间互相不认识（如从四面八方聚集的人群），因而解除了犯罪人对行为的责任心，随意放纵自己的行为，即使有非常偏激的言词或做出残忍的行为，主观上也认为不会有人知道，或者认为由集群行为导致的犯罪不会被惩罚，即使惩罚，也不会对所有的个体都加以惩罚，因而，犯罪人都很可能采取极端不负责任的犯罪行为。例如，1979年9月9日发生在上海控江路的聚众扰乱公共秩序和侮辱妇女的事件，在长达数十分钟的骚乱中，围观的群众有一两千人，无一人出来劝阻、制止，而犯罪人却一直嚣张行事。

（这是我国现阶段性较早出现的集群犯罪行为记录

思考：旁观者对于集群事件的影响力）

（二）个人缺乏判断力

处于集群行为中的犯罪人，当想要满足内心被长时间抑制的欲望时，往往在强烈的气氛作用下，以爆发性的行为发泄自己的欲望，他们较容易相信谣言（紧急规范理论所指的驱使力量），丧失判断能力与推理能力，失去自制力，从而会产生不加思考的反射性、本能性的行为。如1985年5月19日发生在体育馆的足球场暴力事件，当时中国国家足球队对香港队进行世界杯外围赛，因球迷无法接受中国队失败的事实，

（行为人对挫折的心理承受能力、个体经验与集群行为的发生之间的关系）

自发地出现了骚乱。许多观众自发地向足球场内扔杂物，用各种各样的方式发泄内心的不满、愤怒情绪；少数人殴打球员、教练员，毁坏建筑物与商店、汽车；还有极少数人抢劫商店，侮辱妇女，以致触犯刑律，构成犯罪。

（三）受暗示性增强

犯罪人随着判断能力的削弱，使行为人具有高度的受暗示性，这更加加剧了人群集群互动的效果，使个人产生强烈的被暗示的情感与思想需要极力转化为行为的倾向。

（四）个性的丧失

在集群犯罪中，犯罪人个人的人格被破坏，几乎不能采取个人化的自觉行动。以共同兴趣、目的、利益为中心构成的集群人群中，随着情绪感染与行为互动的加强，个人就会完全丧失独立的人格，而以集群行为为中心，融合到狂热的越轨行为、犯罪活动之中。

五、集群犯罪人的行为特征

（一）行为的自发性

集群犯罪不是预先有计划的，而是在偶然情境或事件的刺激下，由情绪激动的人群自发地汇集到一起产生的越轨行为。它既无组织，又无预先领导人员，活动行为无规范、无计划，一般很难准确预料它的发展趋势。

（二）行为的狂热性

集群行为犯罪的参与者几乎都处于情绪激动亢奋的狂热状态，在激情支配下，缺乏理智的考虑，仅仅为了发泄某种感情和情绪而相互刺激，狂呼乱叫，盲目行动，不计后果。

（三）行为的非常规性

每当狂热的人们集聚在一起时，其情绪和行为就会相互感染，迅速升级，于是产生去个性化与失范现象。由于原有个性的丧失和对群体行为的认同，其行为往往不受社会规范的约束，甚至肆意践踏和破坏法律秩序和公认的社会准则。

（四）行为的短暂性

集群犯罪行为是由一时情绪冲动产生的无组织的非常规行为，一旦发泄了情绪，减轻了心理紧张和心理压力，头脑渐趋冷静，事件也就平息下来，集群犯罪行为随之结束，其成员之间不再发生任何组织联系。一般持续时间为几十分钟或几小时，长者会持续数日。如果说被人利用而持续下去成为有组织、有目的的事件，那就不再是单纯的集群犯罪，而是转化为有组织犯罪或者政治事件了。

需要注意从心理特征来理解其六个方面的行为特征

（五）广泛的、普遍的或富有刺激性的诱发性

集群犯罪不会自动产生，而是在对许多人都有刺激作用的诱发因素的推动下进行的，这类因素有如个人利益、公平心理、民族或种族矛盾、社会动荡等因素参与。

（六）行为后果的严重性

由于集群犯罪是在剧烈的情绪感染下发生的，加之具有匿名性、去个性化的特点，因此，当骚动的人群被某一破坏性情绪与行为所引导时，就会将所有的情绪都向这种方向发泄，往往会引起诸如非法集会、抗议，以及打、砸、抢，甚至武装冲突等极为严重的后果，较可能对他人或社会造成广泛而严重的物质、精神方面的破坏。

这种情绪诱发性具有一定的动机效果，而且也非常强烈

第四节　有组织犯罪心理

一、有组织犯罪的概念

所谓有组织犯罪，又称为集团犯罪，是指以从事有计划的犯罪活动为宗旨，具有严密的犯罪组织，与正常的社会生活及法律相对抗的犯罪。有组织犯罪是群体犯罪的高级形式；在西方社会，这些犯罪的组织内部一般都有严格的等级，由不同的"家族"或"犯罪辛迪加"组成，在许多大城市中进行犯罪活动。有组织犯罪主要进行诸如赌博、盗窃珠宝、走私贩毒、组织卖淫、组织制造、销售非法制品等较大的犯罪活动。据美国 20 世纪 70 年代的一项调查表明，所有的有组织犯罪所控制的总金额达 500 亿美元；而联合国有关机构的预测表明，有组织犯罪是群体犯罪的极端代表，具有最为强烈的反社会性。

自 20 世纪 90 年代以来，在全世界范围内，仅有组织犯罪集团所控制的毒品交易总额一项每年就达到 4000 多亿美元。而且，有组织犯罪人对政客、官员、检察官与警察大量进行贿赂而在某种程度上控制政治或法律实施。在某种程度上，有组织犯罪的最高形式就是通常所言的"黑社会"，它们已经成为日益国际化的一种犯罪现象。目前，在我国尚不存在典型意义上的黑社会犯罪集团，但已经具有黑社会性质的有组织犯罪，即以犯罪为目的纠合而成的犯罪集团。如张君系列抢劫杀人案（1993～2000 年）、刘涌沈阳特大黑势力团伙案（2000 年）就是具有黑社会性质的有组织犯罪。

> 西方国家与我国有组织犯罪的演变与发展情况：黑社会是其最高形式

二、有组织犯罪的特征

1. 有组织犯罪的主体是"组织"，组织结构较严密，人员较多，一般是以"企业组织"出现。

2. 犯罪的主要动机是追求暴利。

3. 犯罪的方式是有周密计划的，一般都具有不同程度的暴力表现。

4. 犯罪组织具有相当的稳定性，多数具有一定的亚文化制度（以暴力、控制为主要特征）。

5. 犯罪行为具有稳定的持续性，经常性地表现为人身伤害、破坏社会经济与生活秩序。

6. 犯罪活动的渗透性，其犯罪行为不断地向合法的经济领域、政治领域渗透。如通过贿赂、威胁利诱等手段，引诱、逼迫国家工作人员参加犯罪组织的活动，或为其提供非法保护。

三、有组织犯罪的类型

（一）理论上划分

1. 从主体成分上，可以将其分为自然人构成的有组织犯罪与法人构成的有组织犯罪。

> 由于标准的不一致，理论上的分类有时会存在着相互交叉的情况

2. 从活动性质上，可以将其分为单一型有组织犯罪与混合型有组织犯罪。

3. 从犯罪活动范围上，可以将其分为区域性有组织犯罪、跨地区性有组织犯罪与跨国性有组织犯罪。

4. 从结构形式的结合程度上，可以将其分为松散型有组织犯罪、紧密型有组织犯罪与网络型有组织犯罪。

5. 从追求目标和行为表现上，可以将其分为营利型有组织犯罪、破坏型有组织犯罪、腐蚀型有组织犯罪、恐怖型有组织犯罪与滋扰型有组织犯罪。

6. 从侵犯的某些社会关系与法益而言，可以将其分为危害国家安全的有组织犯罪、侵犯公民权利的有组织犯罪、破坏经济秩序的有组织犯罪、侵犯财产权的有组织犯罪、妨害社会管理秩序的有组织犯罪、危害国防利益的有组织犯罪与妨害国家机关正常活动的有组织犯罪。

（二）司法实践中有组织犯罪的典型表现

1. 供应非法物品与非法服务，如放高利贷、开设赌场、妓院、毒品走私等。

> 暴力特征都是较为突出的

2. 运用合法身份进行非法活动，如垄断操纵市场，对政界、商界进行贿赂等。

3. 从事绑架、聚众斗殴等暴力活动。

现代社会中，尤其是近二十年来，有组织犯罪出现的新趋势突出地表现为启用高学历人才、利用高科技手段、利用松懈的边界和政局、经济不稳定，以及网络系统等要素来实施犯罪，体现出犯罪活动的高效性、隐蔽性、间接暴力性与高度的社会破坏性。

> 暴力与智能、科技的相结合的现象

（三）我国现状的划分（包括有组织犯罪或近似于有组织犯罪）

1. 走私与贩毒的犯罪组织。
2. 独霸一方的流氓、恶势力犯罪组织。
3. 开设赌场、强迫卖淫的犯罪组织。
4. 贩卖人口的犯罪组织。
5. 制造、贩卖淫秽书刊、视听制品的犯罪组织。
6. 盗窃、销赃的犯罪组织，等等。

四、有组织犯罪的原因

有组织犯罪自古有之，并非新事件。在不同的时期，有组织犯罪的产生原因各不相同。就我国现阶段来看，有组织犯罪的出现是社会政治、经济、文化与国际时局变化、个人心态等各方面因素共同作用的产物。有组织犯罪的形成有下列原因：

1. 政治法律方面的原因。如执法不严、打击不力、司法腐败或"警匪一家"、"官匪一家"、"官商勾结"、国际反犯罪合作不利、政治经济制度的缺陷等。

2. 经济方面的原因。如私有经济成分的存在、不公平竞争、某些行业易于积聚财富等；现阶段的经济多元化导致了手段多元化，以组织形态合作犯罪并从中得到利益，实际上是犯罪组织选择的一种实现利益的方法。

3. 社会文化方面的原因。如社会失控、贫富悬殊、法律体系的相对落后、封建帮派亚文化的存在等。

4. 心理方面的原因。社会活动的分工越来越精细，往往单凭个人的力量无法顺利完成，犯罪活动也是如此。如境外洗钱、国际集团诈骗、境外赌场的国内招商等都需要多环节的配合才得以实现，这可能导致为实现合作而形成的犯罪组织。同时，在犯罪的形成过程中，也多数伴随着利益保护的需要，一些非法行业和个别边缘行业，本身从事不正当经营，不能获得法律的保护，建立自我保护系统成为这些集团的选择。另外，极少数人具有的反社会心理、畸形的物质需要也是助长犯罪集团形成的重要内因。

> 有组织犯罪是社会中消极客观因素与某类人群反社会心理特征相结合的产物

有组织犯罪群体形成的心理原因与形成机制，具体而言包括：

1. 权威与服从：在犯罪组织中，普通成员必须服从组织头目、骨干的决定与指示，其影响力主要包括暴力与威胁，以及以犯罪经验、犯罪技能为基础的非权力影响力。

2. 模仿与学习：犯罪组织成员之间的犯罪经验的交流、犯罪技巧的传授，以及消极行为、兴趣方面的传习，使其在犯罪组织中反社会性越来越强烈。

3. 暗示与教唆：作为一种非权力影响力的存在，是犯罪组织头目与骨干影响、控制组织成员的重要手段。

4. 冒险与转移：群体对活动进程提出的建议与群体成员单个提出的建议相比，冒险性更强。这种责任扩散与群体极化的心理过程（机制）会大大增加犯罪组织成员反社会行为的冒险性与疯狂性。

五、有组织犯罪人的心理特征

（一）恶性膨胀的金钱欲，追求物质利益最大化

绝大多数的有组织犯罪都以获取大量的金钱与物质为目的，追求犯罪利益的最大化是其根本目标。因而，满足犯罪人恶性膨胀的金钱与物质欲望，便是有组织犯罪参与者的重要心理特点之一。

> 注意一般群体犯罪心理与有组织犯罪心理的相同、差异性比较：维度与强度

（二）服从压力产生强烈的帮派意识与等级观念

封建帮派意识与消极亚文化氛围是有组织犯罪产生的社会心理基础，如封建式的哥们儿义气、野蛮的"英雄观"，其犯罪人必然具有充满暴力、欺诈色彩的封建帮派意识。例如，我国台湾地区出现的"洪帮"、"青帮"、"西北帮"等，都可以明显地看出其封建帮派在现代犯罪体系中演化的特征，同时，犯罪人个体在犯罪集团中严格服从独裁统治，遵守不可逾越的等级规范与禁忌。相应地，犯罪人对其犯罪集团产生不同程度的接受与认同，都存在着自愿的或被控制的强烈归属心理。

（三）心理的受暗示性与情绪的感染性

受暗示性、感染性与行为的互感性是一般群体的心理特征，但在有组织犯罪中，却相当明显而强烈，正是犯罪人这一心理及行动的交互作用现象，大大地加强了犯罪集团的内聚力和组织的严密性，以及犯罪行为后果的极端严重性。

（四）罪恶感的减弱、消退

有组织犯罪活动的具体实施与犯罪目标实现有否定自己的罪责，以及犯罪人内心有回避客体受害的事实的倾向，具有强烈的对法律的主动逃避、深层恐惧、对抗与犯罪成功快感的体验。

（五）心理应变能力提高

由于犯罪人所实施犯罪行为的高度组织性，以及犯罪心理结构的动力定型作用、犯罪行为的习惯性，有组织犯罪人的内抑制呈现出两极发展势态：一是在对犯罪意识、犯罪动机的自我抑制能力减弱的同时，对犯罪冲动的抑制力有所增强；二是抵制诱惑的能力降低，但是其自我心理缓冲的能力与自我调节及应变能力却有所增强。

（六）具有凶狠残暴的人格特征

与其贪婪与控制的心理需要相联系，多数的犯罪组织成员都具有明显的凶残的人格特征，其头目与骨干则更为突出。大量的案例表明，在有组织犯罪群体内部大多奉行家长式的独裁体制，有严厉的奖罚制度；首领决策代表了群体的意志，对组织内部的处罚与外部犯罪行为的要求都极为严厉，显示出"冷血"的控制方式。

六、有组织犯罪的行为特征

有组织犯罪从方式上主要有四种形式：一是本身就从事犯罪行业，以犯罪为目的形成的组织；二是从事边缘化行业，为保护自我利益，防止"黑吃黑"，以武力的方式维护非法利益；三是从事正当行业，但长期使用商业贿赂等方式维护其群体利益；四是以绑架、盗窃、勒索、威胁等暴力手段，专门从事犯罪行为。

与有组织犯罪人的心理结构、心理特点相适应，其行为具有以下基本特征：

（一）犯罪计划的周密性

因为有组织犯罪集团是以犯罪为职业的，其犯罪行为的预谋性较高。所以，它在周密计划之前不会轻易地实施犯罪行为。相应地，有组织犯罪成功的可能性较高，案件的侦破难度较大。

（二）犯罪类型的限定性

有组织犯罪所实施的犯罪，大多局限于一定范围的财产犯罪类型上，其中较为常见的有制毒、贩毒、组织色情活动、走私、拐卖人口、制作贩卖反动或不健康作品等。

（三）犯罪活动的控制性

有组织犯罪完全按照事前的行为计划实施犯罪活动，虽然犯罪活动中有不同的分工，各行其是，但从整体而言，其整个犯罪过程都在集团头目的实际控制之中。

（四）犯罪行为的暴力性

绝大多数的有组织犯罪本身，从犯罪内容到犯罪手段都具有明显的暴力性质；即使是一些非暴力性的有组织犯罪，由于其犯罪行为与法律的极端对抗特点，它们无不以暴力作为实施犯罪行为之后盾。与此相联系，其社会危害性极端严重。有组织犯罪的社会危害性在整个犯罪体系中属于登峰造极的状态。

此为犯罪组织形式与犯罪活动经历及对抗司法等影响因素的结果

暴力性体现出有组织犯罪过程中极化的控制力量

□小 结

本章系统介绍了群体犯罪心理及其团伙犯罪、集群犯罪、有组织犯罪的心理特点。其主要内容：

一、群体犯罪心理概述

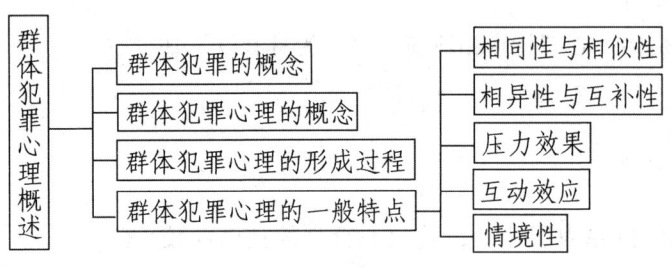

二、团伙犯罪心理

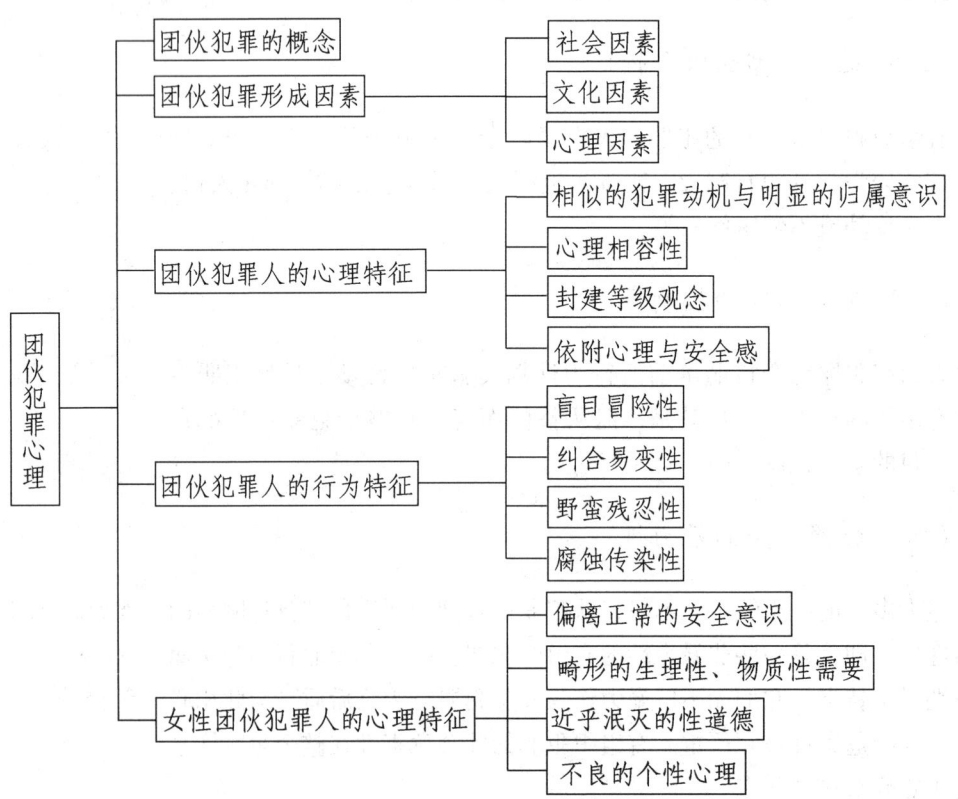

三、集群犯罪心理

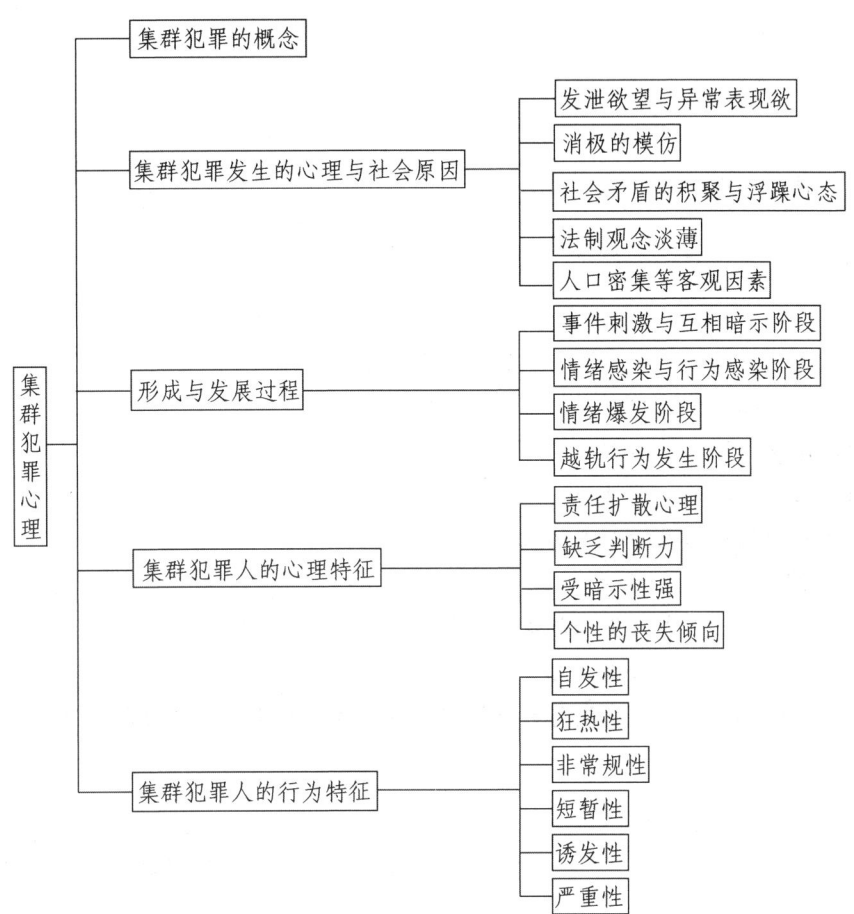

四、有组织犯罪心理

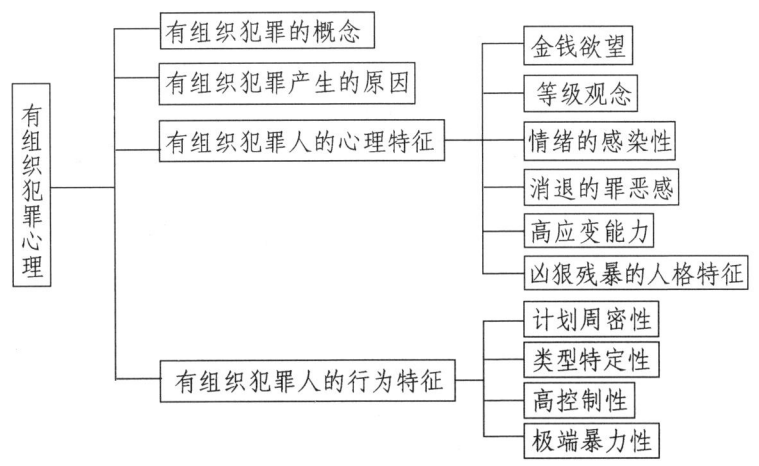

□练习与思考

一、名词解释

1. 群体犯罪心理

2. 集群犯罪

3. 有组织犯罪

二、简答题

1. 简述是群体犯罪和群体犯罪心理的定义。

2. 简述群体犯罪心理的心理特征与行为特征。

3. 简述团伙犯罪人的心理特点。

4. 简述集群犯罪的心理特征。

5. 简述有组织犯罪人的心理特点。

三、思考题

1. 分析集群犯罪形成的原因与发生机制。

2. 论述有组织犯罪的成因及其反社会性。

3. 论述团伙犯罪、集群犯罪与有组织犯罪在行为特征上的相似性与差异性。

第十一章

过失犯罪心理

■**学习目的和要求**

通过本章学习，要求学生
● 重点掌握：过失犯罪心理结构的模式图及其说明。
● 掌握：影响过失犯罪的因素；过失犯罪心理与故意犯罪
　心理的异同。
● 一般了解：犯罪过失的两种法定类型；过失犯罪动机
　的特殊性。

第一节　过失犯罪心理概述

　　根据犯罪主观方面的不同，形形色色的犯罪行为可以分为故意犯罪和过失犯罪。故意犯罪在犯罪比例中占大部分，并且，总体来说，故意犯罪的社会危害性要大于过失犯罪，因此各国刑法历来是以处罚故意犯罪为原则，以处罚过失犯罪为例外。但是，这并不是说过失犯罪没有惩罚的必要，尤其是现代科学技术日新月异、飞速发展的今天，社会生产、生活日趋复杂化，都市人口密度不断加大，人们在生产、生活以及

刑法上的犯罪基本
分类

社会事业的经营管理中，发生危险事故的可能性以及这些危险事故可能给社会造成的损害也不断在增大，因此，刑法领域中历来作为例外处罚的过失犯逐渐成为常见犯、大量犯和严重犯，比较典型的如交通肇事、重大责任事故等。

仅以交通事故为例，中国每年交通事故 50 万起，因交通事故死亡人数均超过 10 万人，稳居世界第一。根据公安部交管局对外公布的统计数据显示，2001 年，全国公安交通管理部门共受理道路交通事故案件 75.5 万起，事故共造成 10.6 万人死亡，平均每天因交通事故死亡的人数已达 300 人。2002 年，全国共发生道路交通事故 77.3 万起，造成 10.9 万人死亡、56.2 万人受伤，直接经济损失 33.2 亿元。2003 年，全国公安部门共受理一般以上道路交通事故 66.7507 万起，这些事故造成 0.4372 万人死亡，直接经济损失 33.7 亿元。2004 年，全国道路交通事故死亡 9.4 万人。2005 年，全国共发生道路交通事故 45.0254 万起，造成 9.8738 万人死亡、46.9911 万人受伤，直接财产损失 18.8 亿元。2006 年，上半年，全国发生道路交通事故 19.0027 万起，造成 4.1933 万人死亡、22.1838 万人受伤，直接财产损失 7.1 亿元。2007 年，上半年，全国共发生道路交通事故 15.9 万起，造成 3.7 万人死亡、18.9 万人受伤，直接财产损失 5.4 亿元。2008 年，全国共发生道路交通事故 25 万多起，造成 7.3484 万人死亡，直接财产损失为 10 亿元。2009 年，上半年，全国共发生道路交通事故 10.7193 万起，造成 2.9866 万人死亡、12.8336 万人受伤，直接财产损失 4.1 亿元。通过近十年的数据，我们可以清楚地看到，道路交通事故对我国人民的生命安全带来重大威胁，带来重大财产损失，已经成为国家、社会和民众关心和重视的问题。同时，近年来，全国重特大安全事故频频发生，一次造成几十乃至上百人死亡已是司空见惯，这样的悲剧不仅给死伤者的亲属造成了无法弥补的痛苦，也给国家和社会造成了无法挽回的损失。在这种形势下，过失犯罪与故意犯罪之间原来存在的那种对比关系在刑法理论上发生了相应的变化，越来越多的刑法学者开始注意对过失犯罪的研究。同过失危害行为做斗争，将其规定为犯罪行为并以刑罚惩罚相威胁是必要的，但是，为了实现准确地定罪量刑，分析过失危害行为存在的原因，以实现有效预防，我们必须从犯罪心理学的角度来加强对过失犯罪的研究。过失犯罪与故意犯罪有哪些区别？过失犯罪的心理结构如何？影响过失犯罪心理的因素有哪些？这就是我们本章要研究的内容。

過失犯罪危害愈发严重，不可忽视

一、犯罪过失与过失犯罪

犯罪过失与过失犯罪是既有联系又有区别的两个概念。我国《刑法》第 15 条第 1 款对过失犯罪作了规定："应当预见自己的行为可能发生危害社会的结果，因为疏忽大意而没有预见，或者已经预见而轻信能够避免，以致发生这种结果的，是过失犯罪。过失犯罪，法律有规定的才负刑事责任。"该条既规定了过失犯罪的概念，同时又指出了我国刑法中的过失犯罪包括疏忽大意过失犯罪和过于自信过失犯罪两种类型。从这一规定可以看出，在主观上，过失犯罪心理中的认识因素是行为人没有预见到自己的行为可能发生危害社会的结果，或者已经预见到自己的行为可能发生危害社会的结果，过失犯罪心理中的意志因素是行为人对危害结果的发生持否定态度，亦即不希望这种结果发生。因此，作为犯罪主观方面的犯罪过失是指行为人应当预见到自己的行为可能发生危害社会的结果，因为疏忽大意没有预见，或者已经预见而轻信能够避免的一种心理态度。作为犯罪主观方面的犯罪过失是心理学的事实概念与刑法学的规范概念的统一。从心理学角度阐述的犯罪过失即为犯罪心理，包括认识因素与意志因素两方面；从刑法规范的角度看，犯罪过失的核心要素是注意义务。一般认为，所谓违反注意义务，是指如果行为人集中意识，就能预见结果的发生，并据此可以避免（回避）结果的发生，但由于行为人没有集中意识，没有履行结果预见义务，因而没有避免结果的发生。即过失的注意义务由结果预见义务与结果避免义务构成，二者与预见可能性、结果回避可能性是表里关系。犯罪过失是一种精神倦怠，是一种不负责任的心理态度，与过失犯罪不同，犯罪过失是以犯罪的主观方面为标准划分的犯罪类型之一，它的定义是法定的，而犯罪过失是犯罪行为的罪过形式之一，作为过失犯罪构成的必备主观要件，与犯罪故意统称为罪过，它是行为人的主观心理，犯罪过失的定义是理论总结。

犯罪过失不同于过失犯罪

过失犯罪是结果犯，只有实际出现法律规定的危害后果才构成犯罪

二、犯罪过失的类型

（一）法定类型

1. 疏忽大意的过失。其又称无认识过失，是指行为人应当预见到自己的行为可能发生危害社会的结果，因为疏忽大意而没有预见，以致发生了危害结果的心理态度。其特征有三：

（1）没有预见。没有预见针对的是危害结果而言，即行为人在实施行为时没有预见到自己的行为可能发生危害社会的结果。司法实践中没有预见到危害结果的发生常见的有两种情况：一种是行为人有意识地违反自己的职责，并且认识到自己所实施的行为本身以及这种行为可能产生的其他后果，而没有认识到可能产生危害社会的后果。例如，某药方临时负责人朱某对一瓶丢失了标签的药品仅凭印象便判断其为芒硝，将它发到中药房使用，致使 12 人服用，5 人中毒，3 人死亡。经检验，此瓶药品是砒霜。另一种情况是，行为人不仅对行为可能发生的危害结果没有预见，而且对行为本身也没有认识，即行为人无意识地违反了自己的职责。例如，幼儿园老师王某，上班期间在没有委托他人代为看管小孩的情况下，擅自上厕所，在她离开后，一小女孩爬上窗户，不慎掉下楼去，摔成重伤致残。

没有预见是发生危害后果的直接原因

（2）应当预见。所谓"应当预见"有两层含义：①预见义务；②预见可能。预见义务是注意义务的一种，是指行为人有义务预见自己的行为将会产生的危害社会结果。这种预见义务来源于法律的规定或者职务、业务的要求，或者是公共生活准则的要求。例如，驾驶员应当预见自己违章驾驶的行为可能会给行人或其他的车辆造成损害；住在高层的居民应当预见自己从高处向下扔东西可能会砸到低处的人。前者是法律上要求的义务，后者是公共生活准则要求的义务。预见可能性是根据当时的情况，行为人能够现实地预见到危害结果可能发生。预见义务与预见可能是有机地结合在一起的。法律只是要求那些有能力履行义务的人履行义务，即应当履行义务是以能够履行义务为前提的。所以，预见义务以预见可能为前提。义务规范为一般人所设，无需具体规定；而能否预见则是因人而异，需要具体确定；如果行为人能够预见，则是应当预见。因此，关键是判断行为人能否预见危害结果，法律不强人所难。这里需要特别注意的是，应当预见的结果并不是泛指一切可能出现的危害结果，而是具体的过失犯罪中属于构成要件的犯罪结果。应当预见的结果就是构成刑法分则中每一个具体过失犯罪所要求的具体特定的危害结果。以过失致人死亡罪为例，如果是疏忽大意的过失，则应当预见的结果是致人死亡的结果，而不是致人伤害的结果。那么如何来判断一个人对危害结果的发生是否具有预见可能性呢？这个问题在国外刑法理论上有主观说、客观说和折中说。主观说主张以行为人本人的注意能力为标准进行判断；客观说主张以一般人或平均人的注意能力为标准进行判断；折中说主张以行为人的注意能力高于一般人时，应以一般人的注意能力为标准，行为

预见义务和预见可能性缺一不可

人的注意能力低于一般人时应以行为人的注意能力为标准。我国的刑法学者采取的是主客观统一原则,客观标准是一个人在生活中应当预见的义务,一般理智正常的人可以预见,犯罪人也应当预见,而主观标准是根据行为人的主观条件,如智力、技能的熟练程度、文化程度等分析他是否具备应当预见自己行为危害结果的能力和条件,即可能性。将主客观统一,应当把行为人的知识、能力水平与行为本身的危险程度以及行为时的客观环境结合起来判断能否预见。有些人,在一般条件下能够预见某种行为可能发生危害结果,但在某种特殊条件下,由于客观条件的限制,却不能预见。

(3)应当预见而没有预见的原因是行为人疏忽大意。行为人在应当预见的情况下,之所以没有预见,是由于行为人的疏忽大意,这是这类过失犯罪心理特征的重要内容。如果不是因为疏忽大意,而是由于年幼无知、精神疾病等原因没有预见到,行为人主观上便不具有疏忽大意过失的罪过。

疏忽大意过失和无罪过事件中的意外事件比较相似,从认识因素上看,它们都没有认识到自己的行为可能发生危害社会的后果,但是行为人没有认识的原因是不同的。在意外事件中行为人对危害结果没有认识是因为根据行为人的实际认识能力和当时的实际情况,行为人不可能预见或不应当预见,也就是说没有预见可能性。例如,某人夜晚在高速公路上行驶,轧过一堆稻草,轧死了在稻草中熟睡的乞丐。虽然该人在主观上有认识能力,但是客观上不可能预见,所以为意外事件。因此,意外事件中的行为人对危害结果的发生不负刑事责任。而疏忽大意过失犯罪中,行为人对危害结果的发生没有认识是由于自身的疏忽大意,行为人主观上存在罪过,这种是否应当预见是根据社会普通人的一般标准而定,如果社会一般人都能够预见得到的,就是应当预见;但是社会普通人都预见不到的,则不是应当预见的,自然也不能强求行为人能够预见得到。如开车行驶在盘山公路上,行为人应当注意观看路边转弯处的反光镜,如果不注意观看则应该预见到可能对面驶来车辆自己看不见,就会发生碰撞的结果。这就是普通司机都应当预见的结果,因而行为人也应当注意观看反光镜。因此,在应当预见但由于疏忽大意没有预见的过失中,行为人对危害结果的发生应当承担刑事责任。

2. 过于自信的过失。其又称有认识过失、轻率过失或懈怠过失,是指行为人虽已认识到自己的行为可能发生危害社会的结果,但是轻信可以避免,以致发生了这种结果的心理态度。其特征如下:

（1）在认识因素上，行为人已经预见到自己的行为可能发生危害社会的结果，这是过于自信过失成立的前提。可能发生危害社会的结果是指刑法分则规定的结果。

（2）在意志因素上，行为人轻信所预见到的危害结果能够避免。过于自信过失的行为人既不希望也不放任危害结果的发生而是对这种结果的发生持否定态度，即自认为凭借自己的能力、客观条件等，这种结果不会真的发生。但是这种自信缺乏充分的理由和根据，所谓"轻信"，就是说行为人过高地估计了可以避免其结果发生的有利因素，而过低地估计了自己行为导致结果发生的可能程度。这种过于自信能够避免危害结果发生的心态是存在过错的，即一般人如果严格遵循一定行为必要的准则，以谨慎态度对待，那么就不会发生这种结果。

行为人不希望危害结果的发生

在司法实践中，过于自信的过失与间接故意比较容易混淆。两者都对可能发生的危害结果有一定的认识，并且行为人之所以实施行为，目的都不在于追求危害结果的发生。但两者之间存在着重要的区别：

（1）在认识因素方面，二者认识的程度不同。在间接故意的场合，行为人明知自己的行为会发生危害社会的结果，而在过于自信过失的场合，行为人对其行为可能发生的危害结果虽然有一定的认识，但是这种认识一般比较模糊，特别是对这种危害结果的现实性，行为人往往认识不足。

（2）在意志因素方面，轻信能够避免，表明过于自信过失的行为人反对、否定危害结果的发生，即不希望危害结果发生。而间接故意中放任危害结果的发生表明间接故意的行为人实施行为的本身虽然不是追求作为犯罪构成要件的危害结果，但是由于他为了实现另一目的，因而对这种结果的发生采取听之任之、自觉容忍的态度，危害结果的发生并不完全违背行为人的本意。

（3）过于自信过失的行为人总是凭借一定的主客观条件，认为不会发生危害结果，而且在当时的情况下确实存在某种程度的能够避免危害结果发生的条件，如熟练的技术、丰富的经验、自然力的作用等。而间接故意的行为人则是采取放任的态度，他不凭借任何主客观条件，无论危害结果发生与否，都无所谓。也就是说，在间接故意的场合，行为人不存在可以避免危害结果发生的条件或者行为人没有顾及这些条件的存在与否。

疏忽大意的过失与过于自信的过失主要区别表现在：①在主观认识上，是否已经预见。疏忽大意的过失是应当预见危害结果的发生，但没有预见；过于自信的过失是已经预见到危害结果的可能发生。

②在客观行为上是否采取了避免措施。疏忽大意的过失是由于没有预见危害结果的发生，所以不可能采取避免措施；过于自信的过失由于已经预见，所以采取了避免的措施。二者最容易混淆之处在于容易将应当预见，等同为已经预见。应当预见只表明行为人具有预见的义务和能力，不代表事实上已经预见，即使行为人的预见能力再高也无法推出行为人已经预见。所以，应当预见是法律上的应然状态，而已经预见则是实然状态。

（二）其他类型

除了法定的两种犯罪过失类型外，理论上还有以下几种主要的分类：

1. 业务过失与普通过失。这是根据违反规范的不同所作的分类，业务过失是指从事某项业务的人因疏于业务上的必要注意，导致发生了自己不希望的危害结果的犯罪过失。例如，医护人员由于疏忽大意，将甲的药品误当做乙的，给乙进行输液，结果致乙抢救无效死亡，医护人员构成过失致人死亡罪。普通过失是指违反公共生活规则，导致发生了自己不希望的危害结果的犯罪过失。例如，甲乙为两名建筑工地的工人，某日甲乙发生口角，甲猛推乙一把，乙后脑勺着地，颅脑损伤，抢救无效死亡。甲构成过失致人死亡罪。科技革命对过失犯罪的影响最主要是体现在业务过失犯罪方面。业务过失所造成的危害结果或者行为人的过失程度往往要大于同种行为的普通过失犯罪，因此，大多数业务过失犯罪的法定刑相对于同种行为的普通过失犯罪的法定刑要重。常见的业务过失犯罪主要有：危及交通安全的犯罪、责任事故犯罪、过失渎职犯罪、医疗过失犯罪、过失破坏环境的犯罪等。[1]司法统计表明，业务上的过失在整个过失犯罪中占了大部分。

普通过失犯罪可能发生在生活的任何一个角落

2. 重过失与轻过失。这是以过失的严重程度和危害结果的大小为标准进行划分的。凡是过失程度高、危害结果严重的过失称为重过失；凡是过失程度低、危害结果轻微的过失称为轻过失。过失轻重主要是依据主观态度进行划分的，如果过失程度较低，即使造成的结果较为严重，也不一定就是重过失。

3. 有认识的过失与无认识的过失。这是以行为人对构成犯罪的危害结果有无认识为标准进行的分类，是对过失犯罪所作的最基本的分类。有认识的过失是指行为对可能发生的危害社会的结果有预见的心理状态。无认识的过失是指行为人对可能发生的危害社会的结果应当

---

[1]　刘立伟、聂立泽主编：《业务过失犯罪比较研究》，法律出版社2004年版，第6页。

预见而没有预见的心理状态。

由于研究过失犯罪心理主要针对的是疏忽大意过失和过于自信过失两种法定类型，在此，我们着重介绍这两种类型的过失以及其与其他罪过形式的区别。

三、过失犯罪的刑事责任基础

（一）主观基础

我国刑法规定的责任原则是主客观相统一原则，行为人负刑事责任的主观基础是对危害结果的发生存在过错（当然也有无过错责任原则，也成为绝对责任原则，但仅限于少数）。在过失犯罪中，行为人负刑事责任的主观基础就是对危害结果的发生存在过失。犯罪过失包括认识因素和意志因素。虽然在过失犯罪的情况下，从意志方面看，行为人并不希望自己的行为发生危害社会的结果，没有像故意犯罪一样希望或者放任危害结果发生的犯罪动机和犯罪目的，有时甚至是出于"善良"的动机，如为了超额完成生产任务，违反有关安全生产规则，造成人员重大伤亡、财产损失。但是从认识因素来看，行为人对客观事实及自身情况存在认识错误。在过失犯罪中，行为人客观上具备了认识自己行为与危害结果之间必然连续的可能性，如果行为人事前采取谨慎的态度，就完全有可能预见到自己的行为会发生危害社会的结果或者不轻信能够避免这种结果的发生。认识因素是意志因素的前提，有了正确的认识，行为人就不会实施这种行为或者中止实施这种行为，采取积极有效的措施，防止危害结果的发生。但是，由于行为人对社会利益、人民的生命财产安全漠不关心、严重不负责任，从而有章不循，导致行为的盲目性，使得本来完全可以避免的损失没有能避免。所以有必要对其给予刑罚处罚，促使他以后运用自己实际具有的认识能力，去获得对社会发展规律的认识，并在行为时能够以一个谨慎负责人的态度去正确地行事。这就是具有过失的行为人在行为时造成危害结果发生时负刑事责任的主观基础。

从表面上看，在过失犯罪中负刑事责任的主观基础主要不在于意志因素，而在于认识因素，因为其意志因素似乎是不自由的，但是，这种不自由是以能够自由为前提的。因为在过失犯罪中，行为人客观上已经具备了认识、判断行为的性质、意义以及行为与结果间的必然联系的充分条件。如果他愿意发挥自己实际具有的主观能动性，他就能够获得意志自由，从而选择自己的行为，避免危害结果的发生。但是他却在另一种意志支配下，采取严重不负责任的态度，从而导致严重危害后果的发生。因此，过失犯罪的行为人在实施犯罪行为时所表现出来的不自由，只是一种表象，在这种表象的背后，统一包含着行为人的自由选择。正因为有这种自由选择，社会才有理由对行为人采取强制措施，促使其运用实际具有的认识能力，去认识、了解、掌握社会发展的客观规律，从而选择正确、合乎社会需要的行为。犯罪心理学的任务就是要从心理学的角度揭示过失犯罪人的犯罪心理结构、心理机制及影响过失犯罪心理形成的因素，为处罚和矫正过失犯罪行为人提供充分的依据。

（二）客观基础

除了主观基础之外，过失危害行为负刑事责任还必须具备客观基础，根据现有法律的规定，这种客观基础是法律规定的危害结果的发生。没有实际发生危害结果，即使主观上存在过失，行为人也不负刑事责任。但是，值得注意的是，随着科技进步所带来的危险源的增加及损害程度的加大，为了使行为人能负有更多的注意义务，国内外的学者提出法律应当规定危险状态构成的过失犯罪，即只要行为人在过失心理支配下实施的行为足以造成危害结果发生的危险，就具备了刑事责任的客观基础，应该受到刑罚处罚。有的国家法律已经对过失危险犯作了明确规定。我国刑法也有所体现，例如，我国《刑法修正案（八）》第22条规定："在道路上驾驶机动车追逐竞驶，情节恶劣的，或者在道路上醉酒驾驶机动车的，处拘役，并处罚金。"可见，在危险驾驶罪中，行为人醉酒驾驶机动车不要求发生实际的危害结果，只要处于醉酒驾驶这样一种危险的状况即构成犯罪，应当受到刑罚处罚。因此，危险驾驶罪只要求行为人主观上有过失，并且有危险驾驶的行为，该行为对法益造成了现实的危险，就成立危险犯了，并不要求实际危害结果的出现。过失危险犯在法条中的出现给犯罪心理学提出了新的课题。

> 根据现行刑法规定，过失犯罪是结果犯，只有实际出现法律规定的危害后果才构成犯罪

四、研究过失犯罪心理的意义

由于过失犯罪与故意犯罪的主观恶性存在较大差别，犯罪人仅仅是因为过于自信或者疏忽大意，有时甚至是出于善良行为动机，因而有时人们对处罚过失犯罪行为很不理解，对犯罪人的处境深表同情，可以谅解，甚至只是觉得其"时运不济"。所以，要正确认识和理解过失犯罪，有效预防过失犯罪，仅有法学研究是不够的，还必须加强对过失犯罪心理特点的研究。

（一）理论意义

1. 为犯罪过失和过失犯罪行为立法提供充分的心理学依据。我国刑法规定的刑事责任基础是主客观相统一的，作为主观方面罪过之一的犯罪过失是法律规范对行为人主观方面的否定评价，犯罪心理学揭示的犯罪人的心理结构和犯罪行为机制可以为立法上的否定评价提供充分的依据。

2. 有助于推动过失犯罪研究的深入。目前，无论是理论界还是实践部门，均未给予过失犯罪应有的重视，行刑机构和普通群众一般也认为过失犯罪人是"好人"，不存在犯罪心理结构。但实际上近年来过失犯罪率不断攀升，严重程度也日益加剧，并且有些行为人是多次实施过失危害行为。有的虽未造成严重后果，但是严重的危险状态是存在的。因此，刑法应该如何在保障生产和保护安全之间做出抉择？应该让行为人负多大的注意义务？如何对过失犯罪人适用刑罚，以达到一般预防和特殊预防的目的？这些都是犯罪心理学的研究任务。

应加强过失犯罪心理的研究

（二）实践意义

1. 有助于普及有关过失犯罪的心理学知识，预防过失犯罪。过失犯罪的行为人主观上虽然没有犯罪动机，但它与故意犯罪行为一样，也是在行为人的主观心理支配下实施的，行为人对危害结果的发生有罪过。因此，行为人应负刑事责任。过失同故意一样，都是犯罪的主观方面，具有过失的人同样具有主观恶性，和具有故意的人一样，都应当受到刑法的谴责和处罚。但是，过失犯罪与故意犯罪又有明显的区别，主观恶性和发案时的心理截然不同，如何有效预防和减少过失犯罪，如何避免这些能够避免却发生了的犯罪事件需要深入、系统地了解过失犯罪人的心理状态，尤其是认知、情绪、意志方面。

2. 有助于正确定罪量刑。犯罪过失是过失犯罪构成主观方面的必备要件，犯罪过失的有无直接决定着行为是否构成过失犯罪。通过过失犯罪心理机制的学习，可以帮助实践工作者正确的认定犯罪过失，进而实现准确定罪。另外，犯罪过失还有程度之分，犯罪过失的程度高低决定了行为人主观恶性的大小，而主观恶性与行为所造成的客观危害后果又共同组成了行为的社会危害性。社会危害性是量刑的基本评价因素，因此说，正确的认定犯罪过失也有助于量刑。

3. 有助于对过失犯罪人的矫治。过失犯罪人对于危害结果的发生具有罪过，具备可惩罚性。但是，在其服刑期间，监管人员认为其主观恶性小，只是疏忽大意或者过于自信，不会对其犯罪心理进行特别矫治，犯罪人在监狱中也很难深刻反省自己的过失，认识到其"意料之外，情理之中"发生的必然性，在服刑结束后，很可能再次出现过失犯罪。所以，正确认识和研究过失犯罪人心理，制定出针对这类相对特殊的犯罪人的矫治方法，对于其重返社会、避免再次犯罪十分重要。

第二节 影响过失犯罪心理形成的因素

根据对犯罪综合动因论的学习可知：个体犯罪原因是一个整体系统（母系统），这个整体系统是由若干相互联系和相互作用着的主体内外因素（子系统）所构成的，形成多层次多维度的原因网络结构。个人之所以犯罪，是多种主体内外因素综合的互为动力作用的结果，影响过失犯罪的原因也不例外。虽然在犯罪整体中，过失犯罪较故意犯罪数量少，但是影响过失犯罪的因素却并非比故意犯罪的原因简单。就像有的学者所说，过失犯罪是不愿犯罪却犯了罪，这其中就自然比情愿（故意）犯罪更为复杂一些。根据犯罪综合动因论的观点，影响过失犯罪的因素综合起来可以分为主体外因素和主体因素两大类。[1]这两类因素对疏忽大意过失犯罪和过于自信过失犯罪的影响是不一样的，因为疏忽大意属于无认识过失，既然没有认识，就不可能有意志的问题，所以，内外因素对它的影响主要体现在认识因素上。而过于自信的过失属于有认识的过失，并且这种认识是不正确的，所以，内外因素对它的影响既体现在认识因素上，又体现在意志因素上。

一、影响过失犯罪的主体外因素

（一）情境因素

情境是由自然环境、社会环境和人际关系等因素构成的对个人心理产生影响的综合性氛围。由意外情境构成的情境压力，是影响个体行为，导致工作失败，乃至造成过失危害行为的客观因素之一。意外情境是指自然现象和社会现象中各种正常联系或关系的中断或突变。由于这种中断或突变，是在主体无心理准备的情况下发生的，并且超出其经验

正常的自然因素也会影响人的判断能力，如黑夜，雨雪天气

---

[1] 罗大华主编：《犯罪心理学》，中国政法大学出版社 2007 年版，第 258 页。

与处置能力，这就会对行为人的心理和行为产生不良影响。因此，一旦发生意外情境，行为人就有可能出现惊慌失措、应激不良，造成危害后果的发生。影响过失犯罪发生的意外情境主要有：

1. 自然方面的意外情境。

（1）自然灾害。自然界的特点是它不以人们的意志为转移，人们只能通过认识并把握自然规律来改造和适应自然界，如果人们没有正确认识和把握自然规律就会反受其害。自然灾害就是自然界自身规律的一种反应，如雷击、地震、火灾、水灾、雪崩、山体滑坡、海啸等。自然灾害对疏忽大意过失犯罪的影响主要表现在负有特殊职责的行为人，如护林员、地震、海啸等自然灾害监测员等，根据自身的经验和仪器设备，能够预测到可能发生危害社会的后果，由于疏忽大意、玩忽职守没有预见到危害后果的发生。众所周知，在 2004 年的印尼海啸发生之前海水就发生了变化，预示着海啸的来临，但是有关部门和人员却没有注意到，以致造成了惨剧的发生。或者当自然灾害来临时，负有特定责任和救助义务的人，如消防人员，惊慌失措，只顾自己逃命，不顾自己应负的责任，造成重大损失的，应负玩忽职守罪的刑事责任，他们不能适应于紧急避险。自然灾害对过于自信过失的影响表现为，在自然灾害过程中，行为人已经预见到了自己的行为可能发生危害社会的后果，但轻信能够避免。如驾车行使在环山路段的某客车司机，明知大雨瓢泼的情况下开快车容易出事故，但是他担心雨下久了会造成山体滑坡挡住去路，于是自恃车技高超超速行驶，但是终因车速太快、雨天路滑连人带车翻进了路边的深渊。

（2）危险工作情境。如易燃、易爆物品的生产及管理，有毒、核辐射的工作环境，高空作业、带电作业以及其他危险工作环境，黄昏、黑夜、交通高峰期等不利的时间因素等，往往使职工产生恐惧、不安心理和焦虑，这往往会影响到他们的注意力和判断力，造成疏忽大意过失犯罪的发生。另外，身处这种危险的工作情境中，意味着危害后果发生的可能性较大，如果行为人稍微怠慢，轻信可以避免危害结果的发生，就可能造成难以弥补的危害后果。

（3）意外事故。因为不服从管理，违反操作章程而造成重大人员伤亡或财产损失的，虽然其危害结果并非行为人主观追求的，行为人仍需承担相应的刑事责任。例如，在物资储备和运输过程中，不遵守物品管理的规定，造成爆炸，或违反操作章程，引发机械事故的，根据其行为与危害结果的因果关系以及危害结果的严重程度，承担相应的刑事责任。

2. 社会方面的意外情境。

（1）挫折。现代社会的竞争很激烈，恋爱受挫、竞争失败、事业受阻、晋升无望、职业无保障等情况时常发生，这些都容易造成行为人心理上的焦虑、沮丧、注意力不集中，进而产生过失犯罪行为。如长途客车司机工作时间长，身心疲累，一旦和乘客发生摩擦，则会暴怒，心生"我就不好好开车"的负面情绪，容易造成过失的事故。

社会情境对人们心理的影响增大

（2）变故。家庭的解体，亲人的伤亡、失踪，自身突患重大疾病等，这些重大的变故都是正常人难以承受的打击。在这种情况下难免会情绪波动，丧失正常的判断能力，尤其容易发生过失犯罪，尤其是疏忽大意过失犯罪。

（3）纠纷。当发生财产、名誉、知识产权等纠纷的情况下，行为人心绪不宁，烦躁不安，易于产生过失犯罪行为。甚至在邻里间纠纷也会使人情绪暴躁，心生怨恨，在动手打斗中难免错手造成严重危害结果。

（二）舆论因素

舆论是指多数群众对大家所关心而又有争议的问题所持的共同意见或态度。某种舆论一经形成，便会在客观上成为一种社会压力或社会支持，对有关的人或事发生影响。如果这种舆论不正确，造成错误的行为导向，便有可能使个体产生犯罪行为。

1. 群众舆论。群众舆论是指在个体生活的家庭、工作单位或亲密者之间对某种事物的共同看法。这种看法常对个体心理活动产生重要影响，有时甚至促使个体否定原有认识而从众。如某工人开始时并不想违章操作，但在班组里一些工人责备他"胆小怕事"的情况下，虽预见到了违章作业可能发生事故，仍冒险行事，他这种过于自信过失犯罪心理就是受群众舆论的影响产生的。又如，某农民看到其他人长途贩运鞭炮获利，十分羡慕，虽然他知道火车、轮船上禁止携带易燃、易爆品，心里有些害怕，但又怕家里人说他"无能"，于是便违反规定，抱着侥幸心理携带鞭炮上车，结果造成爆炸事故。这也是舆论压力造成的铤而走险行为，主观上出于过于自信过失。

2. 社会舆论。社会舆论可以分为两个层次：①具体环境层次；②社会风俗层次。具体环境层次是指在某一特定场合多数人的舆论压力。如在公共场合打架者，如果围攻群众起哄，就容易使当事人头脑发热，下手过重，造成过失伤害后果。社会风俗层次是指虽然不存在现实的舆论压力，但大多数社会成员多年来一直沿袭的，对个体的行为产生很大影响和控制力的某些观念和行为方式。有时沿袭社会风俗，如过节

媒体有时也会成为舆论影响因素，如模仿影视作品开快车、玩暴力游戏

放鞭炮引发火灾、爆炸等，结婚闹洞房过分的恶作剧使得新娘羞愤自尽等，这些都可能形成过失犯罪。

（三）工具因素

任何生产都需使用工具。工具的好与坏、先进与落后，对工作效率产生重大影响。工具因素也是造成过失的一个重要因素。一般在以下三种情况易于发生事故：

1. 使用熟练工具。熟练工具是主体经常使用的、已经熟悉其性能和特点，运用自如的工具。正因如此，行为人容易自认为掌握工具的能力强，过于自信，如自认为人车搭配好而开快车造成事故；或者疏于检查和防范，造成过失犯罪，如在使用机器前不进行检查结果因机器故障造成重大事故。

2. 使用陈旧工具。陈旧工具是指使用时间较长、性能有所减退的工具或超过使用年限的工具。几乎每一种工具都有一定的使用年限，比如我国法律规定机动车超过了一定的使用年限就应该报废。如果使用者明知车辆已经到了该报废的年限和程度，就意味着他已经预见到了自己的行为可能造成危害社会的后果，如果他出于贪利动机仍违规使用且造成严重后果的，就构成了过失犯罪。又如，某些陈旧的机械设备、蒸汽高炉等，到了淘汰年限而继续使用的，其性能减弱，故障增多，极易发生事故。

3. 使用高科技工具。现代科技的迅猛发展及其在生产、生活中的广泛使用，是当代过失犯罪率增多的重要客观原因。因为，一方面，现代科技使危险源增多，如电气化、自动化、核能化等工具和现代自动化管理系统的应用，使得操作上要求十分严格，因此对行为人的注意力和反应能力要求也更高，稍有不慎就可能造成重大损失。另一方面，现代科技也加重了从业人员的心理负荷，同时对其业务素质、心理素质和操纵工具的准确、熟练程度和反应的敏捷性、及时性均有较高要求，由于素质不高和心理负担过重，也增加了过失犯罪尤其是疏忽大意过失犯罪发生的可能性。

导致业务过失犯罪不可忽略的因素

二、影响过失犯罪的主体因素

（一）影响疏忽大意过失犯罪的主体因素

1. 生理因素。

（1）疲劳状态。所谓疲劳是指持久的或过度的活动使得身体感觉不适和工作效率减退的抑制状态。疲劳有生理疲劳和心理疲劳（与厌倦相似），也有急性疲劳和慢性疲劳。人处于疲劳状态时，往往对外界刺激无法做出合理的反应，难于履行自身的注意义务，没有预见到危害社会的结果发生的可能性，因而造成重大事故。据统计，在日本，因驾驶疲劳而引发的交通事故占全部交通事故的 1%～1.5%，美国约占 4%，北京 1991 年的统计为 1.3%。[1]法国因疲劳瞌睡驾驶而发生车祸的占人身伤害事故的 14.9%。在我国，2008 年因疲劳驾驶导致的道路交通事故共 2568 起，其中死亡 1353 人，受伤 3129 人，造成的直接财产损失约 5738 万元。实际上，驾驶人因疲劳驾驶导致的交通事故比例要比统计数据高许多。[2]在公路运输中，因连续开车过于疲劳而造成的行车事故大约占交通事故总数的 33%～56%。[3]现代的生活频率加快，疲劳导致的过失犯罪增加。

有一些黑心老板为了追求利益，让工人连续作业，使其长期处于疲劳状态，在发生危险状况时无法做出及时反应

（2）麻醉与醉酒。麻醉品及酒类能够导致身心麻痹症，使心理活动与身体动作发生困难，影响其注意能力和反应能力。据研究，人在吸用麻醉品和醉酒后，生理与心理会发生下列变化：①色觉和视觉能力下降，使人在辨认色彩方面容易发生错误；②触觉能力下降，使人不能靠触觉获取有用信息；③思考判断能力下降，血液中酒精浓度达到 0.94% 时，判断能力降低 25%；④记忆力受阻，无法进行有效的识记，即使是平时记得很牢的东西，也回忆不起来；⑤注意力下降，不能有效的集中和保持稳定的注意，而且注意固执偏向一方，不能合理的分配和转移；⑥情绪不稳定，容易陷入激情状态；⑦性格发生暂时改变，如有的人在饮酒后一改平时谨慎、严肃的态度，变得说话随便，行动轻率。所有这一切变化，都容易使行为人做出错误的判断和行为，引起疏忽大意过失犯罪。

饮酒和吸食麻醉品后从事操作性的工作非常危险，害人害己。"司机一滴酒，亲人两行泪"的描述非常贴切

（3）生物节律。人体的生物节律表现在两个方面：①人体生理活动有周而复始的一定变化周期。如 23 天周期的体力循环，28 天周期的情绪循环和 33 天周期的智力循环。在生物节律处于循环周期的不同时期，其生理、心理表现各不相同。②人体还存在着昼夜的生物钟（生理时钟）。一昼夜中节律呈现规律性波动，各阶段神经功能的情况有很大不同。据研究，一般而言，人的活动效率最高的时间是上午 9～10

了解自己的生理节律，应避免在生理低潮期从事危险工作

〔1〕 周向东、王斌："交通违章与交通事故的心理分析"，载刘邦惠主编：《法制心理学理论与实践》，中国政法大学出版社 2002 年版，第 183 页。
〔2〕 李都厚等："疲劳驾驶与交通事故关系"，载《交通运输工程学报》2010 年第 2 期。
〔3〕 刘邦惠主编：《犯罪心理学》，科学出版社 2009 年版，第 254 页。

点。距离高峰时间越远，身心就越处于相对抑制的状态。然而，每个人在一天中效率最高的时间段也有差别，有早上效率最高的"百灵鸟"型的，也有夜晚工作效率最高的"猫头鹰"型的。因此，当人体生物节律处于低潮期时，人的体力、情绪、智力都有所下降，有关专家研究发现，职业与致险源有关的人，在生物节律的低潮期，对工作心不在焉，萎靡不振，注意力不集中，情绪不稳定等，很容易发生事故。

（4）年龄与性别。年龄大小的不同，意味着心理成熟程度与知识经验多少的不同，因而影响人的心理和行为。一般来说，青年人技术不十分熟练，缺乏注意意外情况的能力，易受无关刺激吸引，注意力不稳定，更容易发生疏忽大意的过失犯罪。如某青年司机第一次开车进大城市，被城市景色所吸引，开车注意力不集中，导致与前车发生追尾事故。正是因为当今驾驶机动车辆在公路上追逐竞驶的行为较多，《刑法修正案（八）》才将"追逐竞驶"纳入犯罪领域。

男女之间的性别差异，也对疏忽大意过失犯罪有影响。一般来说，女性较为细心谨慎，注意力集中专一，不易造成事故。而男性较为粗心，易分散注意力，违反注意义务，没有预见危害结果的发生。然而，过失犯罪的发生最主要还是与行为人的责任心、性格因素密切相关，性别因素只是次要因素。

性别的差异不是绝对的，女性胆子小，在遇到险情时容易惊慌失措，也容易发生危险事故

（5）生理缺陷或疾病。身体器官的完整和健康状况是一个人正确认识事物和正确做出反应的生理基础。有生理缺陷或身患疾病的人的认识能力和反应能力都会下降。尤其是感知觉器官存在问题时，更容易影响人对外界事物的正确感知和注意，造成行为失误，或酿成重大事故。这也就是刑法中规定残疾人（盲人、聋哑人）负刑事责任较轻的原因。

2. 心理因素。犯罪过失心理的主要研究对象是心理因素，一切的主客观因素最终都是通过心理因素起作用的，即心理努力的聚焦和集中不到位，没能形成正确的认识与意志，从而违背了法律要求的注意义务。

（1）态度。态度是个体对于各种事物和现象所持有的一种协调一致的、有组织的、习惯化的行为准备状态和心理倾向。它和人的思想意识密切相关。一般来说，对人对事态度不端正是疏忽大意过失犯罪的重要心理因素之一，实践中一般表现为：不负责任，工作中缺乏责任感，思想自由散漫，技术操作漫不经心；生活中随随便便，做事粗枝大叶，不考虑后果；自私自利，经常为私事开小差，对危害结果的发生疏于认识。

（2）认知因素。认知因素是疏忽大意过失犯罪心理的决定性因素，正是因为认知失误，才导致行为人对危害结果没有认识，无法做出避免行为，以致危害结果最终发生。认知因素具体包括：

正确的认知对行为决策非常重要

第一，感知觉。人的所有心理活动都起源于感知觉。所谓感觉是指人脑对于客观事物个别属性的反映；知觉则是人脑对于客观事物整体性的反映。人都是通过对外界的感知觉获取信息并做出自己的行为反应。感知错误，如色盲、幻听等，会影响行为人的正确认知，尤其是其中的错觉。错觉是指引对客观事物的不正确认识，它可能是心理或者生理原因引起的。在生活实践中，杯弓蛇影、草木皆兵的错觉现象时有发生，因错觉而造成疏忽大意，过失伤人、杀人的案件（如对象错误）时有发生。

第二，想象。想象是利用脑中已有的表象进行加工组成新形象的心理过程。它常常是发明创造、探索新问题的心理基础，但是想象最容易使人陷入一种"走神"的心理状态中，有的心理学家将其称作"白日梦"，如果在进行某一重要行为过程中陷入想象，就会出现"有眼无视、有耳不闻"的状态，对危害结果的发生无认识。

第三，记忆。记忆缺陷与失误，会造成行为偏离正确的方向。如遗忘、回忆中的障碍、再认中的错误，以及记忆过程中的抑制等，会使主体对外界事物的认识发生差错，导致行为失误。如违反了有关工作操作规程，在工作完成后没有尽到谨慎注意义务，忘记关电源开关，造成电起火烧毁整个工厂的重大事故。在生活中忘记关掉煤气造成的他人煤气中毒死亡的后果，都是疏忽大意的表现。

第四，注意。注意是心理活动对一定对象的指向和集中，它是人适应环境、掌握知识、从事实践活动的必要条件。主要表现有：①注意的分散和偏移。指行为人的心理努力对当前行为的集中不够、完全或部分地指向与注意无关的事物，致使对危害结果的疏于认识。②注意广度上的欠缺。即在一定时间内所能注意到的对象较一般人少。在复杂的操作过程中如果注意广度欠缺，就容易造成顾此失彼，对危害结果的发生缺乏认识。③注意分配和转移的欠缺。注意分配是指人在同时进行两种以上活动时，把注意指向不同的对象。注意分配的欠缺多发生于复杂动作尚不熟练的活动中。注意的迁移是指当一个人的活动性质发生变化时，能够调整自己的注意指向。④注意的持续稳定性和紧张性欠缺。注意的稳定性是指注意能否较长时间地保持在某种事物上或某种活动上的品质。注意的紧张性指注意对一定对象的高度集中程度。有些事情或工作持续进行会使人感到乏味、枯燥，这时最容易使人发生注意力不集中的

注意欠缺是造成过失犯罪的主要原因

现象。⑤有意后注意的欠缺。有意后注意是有一定目的但无需意志努力的注意。缺少这种注意，会导致一些需长期注意集中和聚集的职业人员由于受不了过度的紧张和疲劳而产生注意分散，最终发生严重事故。

（3）情绪。情绪是伴随人的心理过程的一种来源于需要的满足与否所产生的态度体验。反过来说，情绪又对人的全部心理活动和行为产生重要影响。情绪有积极与消极之分，同时又有强度上的区分。消极的情绪如抑郁、悲伤、愤怒、恐惧等会抑制人的各种认识活动，表现出没精打采、感知迟钝、注意分散、记忆模糊、判断失误等疏忽大意的行为。强烈的情绪无论是积极的还是消极的都可能给人带来不利的影响。在强烈的情绪状态下，人的整个身心都卷入了占主导地位的情绪，使人的注意范围狭窄，对自己行为的后果没有正确的预见，更不会采取有效的措施去避免危害结果的发生。众多的决策心理学研究发现，情绪与决策的关系是密切而复杂的，不同的情绪在行为人没有意识到的情况下已经对决策产生重大影响。所以，情绪爆发时，行为人必须用理智加以调节和控制，冷静下来，进行有效的处理，才不至于发生事与愿违的灾难性后果。

> 许多过失犯罪人都是一时激动导致了危害后果，事后追悔莫及。情绪是重要的心理状态因素

（4）性格与气质。性格是人在长期的生活实践中形成的对事物的稳定的态度和习惯化的行为方式，它一旦形成便使人的外部表现具有鲜明特点，并贯穿在人的全部行为之中。大量的实例表明，消极的或不良的性格特征是形成疏忽大意过失犯罪的原因。如对待工作缺乏热情，做事粗心、喜欢开小差，反应过于迟钝等均可导致对危害结果的疏于认识。再如，有的人一贯做事谨慎、计划周密，不妄下结论，不贸然行事，在遇到突发事件时可以冷静分析，从容应对；而另一些人平时就不会全面分析、缺乏计划和安排，行事冲动武断，在遇到意外情况时，会惊慌失措，陷入无以应对的境地，容易出现过失犯罪。国内外学者还认为，外倾型性格比内倾型性格更容易产生过失犯罪行为。因为，外倾型性格的冲动性特征是容易引起过失的一个重要因素。当然，具有内倾性格的人也有成为过失犯罪人的，只是易发性小些而已。

气质是人生来就有的稳定的心理活动的动力特征。由于气质是先天遗传的，所以它不存在好坏优劣之分，每一种气质类型都有两面性，气质类型与过失犯罪之间也没有必然的联系。气质在疏忽大意过失中的主要表现有注意不稳定、心不在焉、无精打采、易于疲劳等。

（5）智能与经验。一定的智能与经验是从事相关工作的最基本素质。智能低或经验不足必然导致对危害结果的发生缺乏充分的认识，

无法履行注意义务，并且当危险发生时，也不能采取有效的方法避免，最终构成疏忽大意过失犯罪。如很多新手司机，在遇到紧急情况时大脑一片空白，手忙脚乱，经常乱踩乱踏，误将油门当刹车来踩。

（6）无意识因素。无意识是相对意识而言的，是个体不曾觉察到的心理活动和过程。许多研究表明，无意识因素是影响过失犯罪的原因。因为人在执行任务和进行实践活动中，必须意识清醒，集中注意，才能保证完成任务与活动的顺利进行。但意识状态很难始终如一，偶尔因疲劳而打瞌睡或受药物影响，有可能陷入意识混沌状态，此时极易发生注意力分散和操作失误，而行为人自己却没有意识到行为的失当和危害后果发生的危险。

3. 其他因素。

（1）技能与熟练。人要完成某项活动时，必须具备与此项活动相关的一定技能和熟练程度。技能是主体运用已有的知识、经验、通过练习而掌握的操作技术系统。熟练是通过练习而获得的、有意识、自动化的动作。如果行为人不掌握一定的技能，或者有一定的技术但不熟练，就不能轻松自如地进行操作，使大脑总是处于紧张状态，手脚处于忙乱状态之中，影响其注意的能力，对危害结果认识不到。

（2）习惯。习惯是因多次重复某种行为而形成的活动倾向，也可以说是一种特殊形态的熟练。从习惯所具有的社会意义看，可分为有益的、良好的习惯和有害的、不良的习惯。当主体习惯性的从事某种不良行为时，常常忽视这种行为所包含的社会危险性，预见不到可能发生的危害后果。如用危险方法开玩笑的习惯，就容易造成过失致人重伤或死亡。

（3）被害人因素。某些过失犯罪与被害人也密切相关。最典型的如交通肇事罪，汽车司机撞上行人，二者在不同程度上都有违反交通规则的行为，司机超速驾驶，行人闯了红灯，均应承担不同的责任。对于过失犯罪中有过错的被害人，法律上称为有责被害人。有责被害人包括四类：实施违法或犯罪行为的被害人；实施违背道德行为的被害人；违反纪律，追求不正当利益的被害人；有过失行为的被害人。

综上所述，影响疏忽大意过失犯罪的主体因素是多方面的，但是最终对犯罪行为起支配作用的是心理因素，心理因素作为中介变量，其他因素通过影响主观注意，使得主体因注意力欠缺而没能认识到危害结果发生的可能性，因为没有认识，所以就没有避免结果发生的行为，尽管从意志因素上说，行为人对结果的发生是持否定态度的。

（二）影响过于自信过失犯罪的主体因素

1. 生理因素。

（1）麻醉与醉酒状态。前面已经述及，人在吸收麻醉品和醉酒之后，生理和心理会发生一些变化，影响到其认识、判断能力。同时，这种生理和心理的变化还会影响到其对行为的选择及反应能力。其一，在麻醉品和酒精刺激下，驾驶人容易兴奋，往往过分自信，过高估计自己的能力，对速度没有明确概念，往往超速还不自知，容易出现超速行驶。如果在遇到同行车辆竞驶的情形，还极容易攀比速度。其二，吸收麻醉品和醉酒后驾车，由于酒精的刺激和麻醉作用，人的手、脚的触觉比平时降低，往往无法正常控制油门、刹车及方向盘；驾车人的视力暂时受损，视像模糊不稳定，辨色、辨物准确性降低，难以胜任驾车这样需要高度注意的任务。在这两种因素下，喝酒之后的个体可能会尝试冒险行为并往往造成严重后果。如某司机，平时怕出车祸从不敢开快车，一次酒后，在朋友的怂恿下，虽然有些害怕，但还是将车开上了高速公路兜风，并且连续超车，终因车速过快，躲闪不及，与其他车辆发生碰撞，造成严重后果。在本案中，该司机虽然认识到了发生车祸的可能性，但由于酒精的作用轻信可以避免，并且采取了冒险的行为，也恰恰由于酒精的作用使得其反应能力下降，最终导致危害后果的发生。

（2）生物节律。人在生物节律处于高潮期时，个体精力旺盛，反应灵敏，应激能力高，一般来说是有利于工作的。但是，有些人在处于生物节律高潮期时容易自我感觉良好，对自身的能力评价过高，在已预见到危害结果可能发生的情况下，仍采取冒险行为。

（3）年龄与性别。年龄对过于自信过失的影响比较明显，处于青少年时期的人比较爱张扬，自以为是，攀比逞强。另外，从性别上看，男性比女性更喜欢刺激和冒险，自信心强，因而也更容易发生过于自信过失犯罪。如2012年发生在深圳滨海大道的"5·26"重大交通事故造成了一辆出租车内3人当场死亡的严重后果。该案件的肇事者就是29岁的男子侯培庆，当晚他是醉酒驾驶。

2. 心理因素。

（1）认知的片面性。过于自信过失与疏忽大意过失的区别主要在于，前者认识到了危害结果发生的可能性，但是相对于故意犯罪而言，这种认识又是不充分的，与实际情况有一定的差距。反映在心理因素上就是认知的片面性，过高地估计了对自己有利的条件，如自己体力强、有经验、技术高超等，或者过高地估计客观环境中的有利条件，或者夸大了安全因素的地位和作用，或者缩小了危险因素的作用，或者兼而有之等，正是这些偏颇的认识，使行为人不能全面、客观地认识现状，对事物发展做出错误的估计，导致危害结果的发生。

（2）情绪。在强烈的刺激作用下产生的情绪，如恐惧、愤怒、狂喜、绝望、悲哀等，不但影响人的知觉、注意、记忆和思维判断的准确性及其效果，而且会影响人的意志行为，过度强烈的情绪会使人丧失理智，难以控制自己的行为，一旦行为就具有不顾危险、不计后果的特点，使行为人游走在过于自信过失与间接故意犯罪的边缘，许多激情犯罪都是这样发生的。

（3）性格和气质。影响过于自信过失的性格因素主要有傲慢、自以为是、妄自尊大、目空一切、任性、固执己见、一切以自我为中心等。具有这些性格的人往往过高地估计自己的能力，听不进别人的建议，对危害结果的发生可能性没有充分的认识。气质对过于自信过失犯罪的影响同样也是体现在对结果避免义务的反应上。

（4）智能与经验。智能和经验低的人往往对危险的存在疏于认识，有时虽然认识到了，但是评价过低。而智能和经验高的人虽然能够认识到危险的存在，却往往因为自身能力高而自以为是，过分自信，忽视危险性的存在。民间谚语说"淹死的都是会水的"就是这个道理。

（5）自我意识。自我意识是主体对自己以及自己和周围事物关系的一种认识，也是认识自己和对待自己的统一。自我意识常常和自我本来的面貌不相符，由于个体的自我意识完善程度不同，就难免会产生自我观察失当、自我评价过高、自我体验歪曲、自我监督放松等。在过于自信过失中，行为人自我意识不完善主要表现为过分地高估自己，自我显示欲特强，爱出风头，常常自吹自擂，在别人面前逞能，常常有意无意地不顾自己内在条件的欠缺表现自己，导致危害结果的发生。

（6）意志。意志是人们自觉地调整行为、克服困难，以实现预定的目的的心理过程。意志对人们的行为有控制、监督和调整的作用。虽然过失犯罪危害社会的结果并不是过失犯罪人意志所努力追求的目的，也就是说行为人对危害结果的发生持否定态度。但是过失犯罪的发生却与行为人的意志品质不良有着密切联系。在过于自信过失犯罪中，行为人之所以应负责任，就在于行为人未能发挥意志的调整作用去阻止其行为的实施。行为人对危险的发生已有预见但是却仍然选择从事危险行为。大多数行为人的意志品质都较低下，如意志薄弱、不切实际、自不量力，明知事不可为，但经不住侥幸成功和私利的诱惑，冒险行为，导致危险的发生，或完全不听善意的劝阻，轻信自己的行为正确无误，一意孤行，导致灾难后果的发生。然而，人的意志品质并不是孤立存在的，它常常受到生理状态、认识、态度、情绪等因素的影响，过失犯罪的发生常常不是由于意志品质这一单独因素引发的，而是多种因素综合作用的结果。

3. 其他因素。

（1）经验。人在进行有目的的活动时，会调动以往的经验，让他们在想象中重现，并借助这种经验的联想，迁移适用到新的情况。当新出现的情况与过去所经历的情况有某种程度的相似时，则以往经验能发挥作用。但是，一个人如果不顾现实情况与过去情况的差异，而且在运用经验时出现泛化现象，就不能随时注意对新环境的学习或做好注意的准备反应，就会在此基础上过于自信，而不去周密思考和检查行为过程中可能出现的意外，以致险情出现时常会感到手足无措而酿成严重后果。如某车床熟练操作员对某一型号的车床操作具有十分丰富的经验，但是工厂为提高工作效率采用了另一型号的车床，而该操作员认为新型号的车床和以前的型号没有太大区别，在操作过程中没有注意到变化，仍旧按照经验进行操作，结果造成人员受伤的结果。

（2）习惯。人的不良生活习惯和工作习惯的形成往往是因为在该种活动倾向形成的过程中并没有引起危害后果的发生，所以没有引起行为人的足够重视，自认为可以避免危害结果的发生。但是"常在河边走，没有不湿鞋"，既然是不良习惯，就有发生危害结果的可能性，如果行为人坚持自己的不良习惯，一定发生危害结果，就构成了过失犯罪。

第三节 过失犯罪心理结构和犯罪行为发生机制

一、过失犯罪心理结构

（一）概念

根据何为民老师的观点，所谓过失犯罪心理结构，是指行为人在非故意的心理状态下，促使其采取过失行为，并导致危害结果发生的多种消极心理因素有机而相对稳定的组合。对这一概念，需要阐明的要点有四：

1. 行为人是在非故意的心理状态下发生的犯罪行为，即由于疏忽大意或过于自信的心理状态，导致了犯罪行为的发生。

2. 行为人的过失心理状态与危害结果发生之间，存在着因果关系。

3. 过失犯罪心理不是单一的消极心理因素，而是包括意识、态度、意志、注意、思维、判断、感觉、记忆、情绪以及无意识因素在内的多种消极心理因素综合作用产生的结果。

4. 导致危害结果发生的多种消极因素是稳定的组合，形成一个整体。消极因素并不是无序、波动的存在，而是具有较强的稳定性，保证了整个心理结构的稳定性。多种消极因素不是简单相加，也不是无序地拼凑，而是有机地组合，形成一个有机整体，发挥着整体性作用。

（二）过失犯罪心理结构的一般模式

过失犯罪行为的发生，存在着心理原因，具体可分为三个层次：①心理品质层次。在过失犯罪中，无论是疏忽大意，还是过于自信，都是由于行为人各种错误心理或不良心理品质所间接造成的，如骄傲逞能、粗心大意、不负责任、玩忽职守、官僚主义、特权思想、自私自利等心理因素。这些心理因素本身虽然不是犯罪意识，但是只有在这些心理因素的基础上才能产生疏忽大意或过于自信的心理状态以致造成过失犯罪行为的发生。②动机与意志层次。人的行为都有动机，过失犯罪行为虽无故意犯罪动机，但其行为必定受某种动机驱使。这种动机的特征有二：一是主观与客观相脱离、相背离；二是个人获利的不良动机。在动机的基础上，究竟采取何种行为，还有一个意志决定过程。这种意志决定虽然不同于故意犯罪决意，但仍是过失行为的决意，由于这种决意，才产生了过失犯罪行为。动机与意志层次是过失犯罪心理原因的中间层次或过渡层次。③心理状态层次。在发生过失犯罪行为的过程中，弥漫着疏忽大意与过于自信的心理状态。这是造成过失犯罪行为的直接动因。无论是疏忽大意，还是过于自信，之所以引发危害性后果，都是因为注意的缺乏。因此，对于危害结果注意的缺乏，是过失犯罪心理的本质特征。据此，对过失犯罪心理结构，可绘制以下模式图：

> 过失犯罪心理结构与故意犯罪心理结构不同，注意掌握过失犯罪心理结构的层次

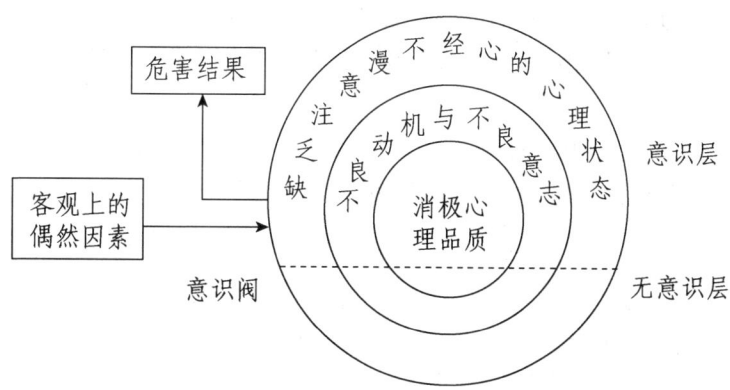

对该图需要说明的是：

1. 消极心理品质是过失犯罪的间接原因和深层次的心理因素，不良动机与意志是选择过失行为的决定性原因，缺乏注意、漫不经心的心理状态是引发过失行为的直接原因。

2. 发生过失犯罪行为，是偶然性与必然性的统一，必须有客观上的偶然因素与主观上的犯罪心理结构相互作用，危害结果才会发生。

3. 过失犯罪心理结构，存在着无意识因素。无意识因素主要存在于心理状态与动机层次。无意识因素在过失犯罪案件中的作用，较故意犯罪案件更为明显。[1]

（三）过失犯罪的犯罪动机

1. 过失犯罪有无犯罪动机。直接故意犯罪中存在犯罪动机是没有争议的，但是在过失犯罪中是否存在犯罪动机，学者们有不同的看法。有的学者认为犯罪动机是犯罪性动机，或者说是刺激犯罪人实施犯罪行为以达到犯罪目的的内心起因，只有在直接故意犯罪中才存在犯罪动机，"过失犯罪的行为人，尽管其行为也由动机、目的等心理因素支配，但他们行为的出发点（也就是动机）却不是想通过这种行为达到某种危害社会的目的，他们对自己行为所导致的事与愿违的结果是痛心疾首、悔恨莫及的。也就是说他们既无犯罪动机，也不存在犯罪目的"[2]。即过失犯罪中存在的只是行为动机，而非犯罪动机。另一种观点认为犯罪动机不是犯罪性的动机，只是回答行为人基于何种心理原因实施了犯罪行为，因此，除了疏忽大意的不作为犯（忘却犯）以外，其他犯罪都有犯罪的动机。因为不管是故意犯罪还是过失犯罪（忘却犯除外），行为人都不会无缘无故地实施行为，都会有实施行为的心理动因；这些动因也能说明行为人主观恶性的大小。[3] 目前，理论界的通说认为犯罪动机指的是犯罪性动机，也就是说犯罪动机只存在于直接故意犯罪行为中，过失犯罪行为中不存在犯罪动机，只存在行为动机，虽然习惯上也把这种动机称作犯罪动机，但是与直接故意犯罪中的犯罪动机是不同的。

2. 过失犯罪动机的类型。过失犯罪动机的性质是多样而复杂的。其中既可能有某种程度的积极动机（即所谓好心干错事），如为求高产

过失犯罪动机与故意犯罪动机不同

---

〔1〕 罗大华主编：《犯罪心理学》，中国政法大学出版社 2007 年版，第 255 页。

〔2〕 罗大华、刘邦惠主编：《犯罪心理学新编》，群众出版社 2000 年版，第 269 页。

〔3〕 曾宪信、江任天、朱继良：《犯罪构成论》，武汉大学出版社 1988 年版，第 105～107 页。

增效而冒险作业，为抢时间争速度高速行车，或为制止犯罪防卫过当等。也有中性动机，如为好奇、探究造成过失等。也有消极动机，如为谋取私利、争强好胜造成损失等。还有一些属于消极动机与积极动机兼而有之的类型。具体来说，过失犯罪的动机主要有以下几种：

（1）贪利型动机。这是当前许多重大过失犯罪的动机类型，在巨大的利益驱动下，行为人可能对结果的发生疏于认识或者置危害结果发生的可能性不顾，心存侥幸心理实施过失危险行为。比如为了降低成本，生产商对具有腐蚀性和有毒性的化学物质进行存放时没有严格遵守相关规定采取必要的防范措施，只是用普通货仓进行存放，结果导致化学物品流出，污染了河流，造成河流沿岸人员伤亡，构成了危险物品肇事罪。有些酒吧等娱乐场所消防设施不合法，经过消防监督机构通知改正后，为了减少整改带来的停止营业的损失，对整改通知视而不见，认为不会轻易发生火灾，结果造成晚间大火，构成消防责任事故罪。

（2）自我显示、逞能型动机。有的人表现欲极强，常喜欢炫耀自己，自吹自擂，在这种动机驱使下不顾主客观条件和有关规定从事冒险行为，造成危险后果。如有的人喜欢夸耀胆子大，什么都不怕，在别人的"激将"下，硬着头皮炫耀自己车技，结果在道路上"飙车"，触犯法律。

（3）晋升或图名型动机。有的行为人为了博得上级好感，达到个人晋升、获得荣誉的目的，忽视安全因素，强令工人实施违章冒险作业，造成人身伤亡事故；或者为了追求产值利润，弄虚作假，生产伪劣产品，造成严重后果；或者越权签订合同，受骗上当，使资金流失，造成重大经济损失，等等。究其动机，皆因晋升或图名，虽未获得实际的经济利益，但其不良动机已暴露无遗。（多存在于业务过失中）

（4）游戏型动机。这类动机的行为人的主观目的通常是为了取乐，只是忽略了手段的危险性可能带来的危害后果或者在高度的情绪状态感染下根本没有意识到行为的危险性。在路边向正在行驶的汽车扔石头取乐，结果砸中汽车内的人，造成他人死亡的后果；后者指在争执中，双方从动嘴发展到动手，结果一方将另一方打伤，造成他人重伤。（多存在于普通过失中）

（5）避险型动机。某些负有特定职责的人员，按照相关规定在危险可能发生时应当积极采取措施避免危险的发生，而不能袖手旁观。如在生产车间发现煤气泄漏问题时，车间负责人应当及时上报并采取相应预防措施，但是负责人认为生产马上要完成了，一点小泄漏不会影响到完工，于是没有及时上报，结果生产车间发生起火事故，造成严重损伤。

（6）其他。有些人在过失犯罪行为发生时并无十分明确的行为动机，尤其是在疏忽大意过失犯罪中。如有的是因自身生理、心理状况不佳造成的对危害结果疏于注意，如处于生物节律低潮期的行为人；有的是因为工作人员严重不负责任，缺乏责任心而没有意识到危害结果发生的可能性。

二、过失犯罪行为的发生机制

过失犯罪行为是在行为人的消极心理品质、不良动机与意志以及缺乏注意、漫不经心的心理状态等不良主观心理因素与其他客观因素的相互作用下形成的。具体来说，疏忽大意过失犯罪行为与过于自信过失犯罪行为的心理机制是不同的。

（一）疏忽大意过失犯罪行为的发生机制

1. 行为人有疏忽大意行为，对危害结果的发生疏于认识。根据我国刑法的规定，过失犯罪主体的一般刑事责任年龄是 16 周岁，也就是说，年满 16 周岁并且精神正常的人都应该承担一定义务，这种义务可能是基于社会常识、职业习惯、业务规章的要求，也可能是来自法律的明文规定。违反义务，就应当承担相应的责任，如果后果比较严重，那么就要承担刑事责任。疏忽大意行为人本身具有责任能力，具备履行义务的能力，但是却由于消极心理品质如懒惰、马虎、自私等与外界因素的相互作用下，处于漫不经心、疏忽大意的心理状态下，使心理活动没有集中和指向到自己的行为可能发生的结果上，也就是说没有履行法律要求的注意义务，行为人本身存在着疏忽大意的心理和行为。

2. 行为人对危害结果的出现缺乏认识。在疏忽大意的心理和行为下，导致行为人对危害结果的发生没有认识，这是行为人对危害结果的认识程度的体现。也就是说行为人对危害结果的发生缺乏预见，行为人并没有预见到危害结果会发生，危害结果的发生出乎行为人的意料。"这种缺乏认识具体表现为两种情形：①行为人对自己行动的内容较为模糊，从而对危害结果的发生与否没有考虑。这里，行为人处于潜意识状态，是一种'忘却'，对于自己在做什么不甚明确。②行为人对于自己行动的内容较为清楚，但是对于危害结果的发生却没有考虑，这里，行为人对于自己在做什么较为明确，但是并没有想到行为会发

行为的发生与行为人的心理品质有关

生危害后果。"[1]

3. 危害结果发生。行为人在具有注意义务且具备认识能力的情况下，由于自身的疏忽大意过失心理及行为，疏于对危害后果的认识，致使对危害后果缺乏认识。正确的认识是作出正确意志行为的前提，由于行为人对危害结果的发生没有明确的认识，所以无法采取意志行为去阻止危害后果的发生，危害后果一旦发生就构成了疏忽大意的过失犯罪。危害结果发生后，行为人的态度表明其不希望危害结果的发生。

4. 疏忽大意的过失与危害结果的发生之间具有因果关系。行为人因为疏忽大意的过失没有认识到行为的危害结果而实施某行为或者不实施某行为，是一定危害结果发生的原因。如果危害结果的发生与行为疏忽大意的过失没有因果关系，即使出现了危害结果，行为人也不应负刑事责任。如某司机夜间疲劳驾驶机动车正常行驶，突然对面一辆车甲疾驶而来，与紧挨前面的车辆已发生碰撞后继续往前滑动，速度很快，该司机躲闪不及撞上甲车后，甲车被撞翻起火。这时某司机疲劳驾车的过失就不是造成甲车起火的原因，因为在那种情形下，即使是给予高度注意的司机也难以避免相撞，因此该司机就不会是肇事者。另一方面，如果危害结果的发生正是由于行为人的疏忽大意过失所致，那就应当负刑事责任。

（二）过于自信过失犯罪行为的发生机制

1. 行为人对危害结果的发生可能性缺乏正确的认识。过于自信过失的行为人在行为时对危害结果发生的可能性是有一定认识的，在具备正确预见能力的情况下，由于自身心理品质缺陷，对这种可能性到现实性的转化缺乏足够的认识，过高地估计了阻止危害结果发生的条件，认为基于自身的能力、技术、经验和某些外部条件，这种可能性不会转化为现实性或概率较低，轻信可以避免。也就是说在认识方面，行为人也没有正确的履行注意义务中的结果预见义务，这为行为人的意志决策行为提供了错误的方向。

行为的发生与行为人的心理品质有关

2. 实施危险行为。行为人在已经预见到危害结果发生的可能性情况下，作为一个有刑事责任能力的人，应当谨慎行事，履行注意义务之结果避免义务，放弃危险行为，尽量避免危害结果的发生。但是行为人却基于对正反两方面因素的错误对比认识，轻信可以避免危害结果的发生，为了追求目的行为，实施了可能发生危害后果的危险行为。

[1] 张小虎："犯罪过失心理结构要素探究"，载《法学评论》2005 年第 2 期。

3. 发生危害后果。由于行为人低估了危害结果发生的可能性，一旦在事态的发展过程中，他所期望的有利因素都没有起作用，而相反不利因素都发生了，事实上就可能事与愿违，发生危害后果，构成过于自信过失犯罪行为。

4. 过于自信的过失与危害结果之间有因果关系。过于自信的行为人虽然对危害结果抱有不愿意的心态，但是在已经预见危害可能发生的情况下依然为之，该行为造成了危害结果，这就是刑罚处罚过失的依据。在过于自信的过失中，过失与危害结果是有因果关系的。如果没有因果关系，或者因果关系被第三介入因素阻隔，那么一般就不能处罚过于自信的过失了。

表面上看，在过失犯罪中危害后果的发生可能有一定的偶然性，是由于某些客观因素造成的，过失犯罪行为人自己觉得很倒霉，别人也很同情。但是，偶然性背后存在着必然性，那就是行为人主观上的过失犯罪心理结构及行为违反了法律规定的注意义务，在这里主要是对危害结果的认识义务和避免义务，因此要求行为人承担刑事责任。

三、过失犯罪心理与故意犯罪心理的区别

虽然过失与故意都是法定的罪过形式，由这两种罪过引起的危害后果都要承担法律责任，但是，无论从心理学角度考察，还是从法律规范角度考察，过失犯罪心理与故意犯罪心理都有较大的差异。

（一）从心理学角度看

1. 犯罪心理结构的内容和形式不同。过失犯罪行为人和故意犯罪行为人虽然都存在犯罪心理结构，但是如前所述，过失犯罪没有犯罪目的，动力因素不足，也不存在犯罪意向和犯罪决意。因此，过失犯罪的心理结构显然不如故意犯罪的心理结构那样完整和稳定，结构形式相对松散。并且相对于故意犯罪行为人而言，单纯的过失犯罪行为人一般都没有心理上与品德上的堕落，没有反社会的恶劣心理品质，他们的心理结构内容更多的是一些消极的心理品质和不良的心理状态，如缺乏责任心，爱逞能和粗心大意等。

（过失犯罪心理结构与故意犯罪心理结构不同）

2. 对危害结果的态度不同。在直接故意犯罪中有明确的犯罪目的，危害结果的出现是行为人积极追求的，所以行为人为了达到危害结果积极地促进内外一切因素的融合。在间接故意中行为人虽然不是积极追求危害结果的发生，但是危害结果的出现主体也能接受，是一种放任的态度。而过失犯罪行为人却是不希望危害结果发生，对危害结果

持否定态度，所以过失犯罪行为的发生一般是主体内外因素的"意外结合"，超出了行为人的心理承受范围，所以行为人通常觉得自己很倒霉。因为犯罪人对于危害结果的态度不同，也就使得犯罪人在注意的品质和程度上有很大的差别。过失犯罪人是"没有注意"、"不小心"或者虽对结果有所预见，但是由于过于自信，而未发生足够的"注意"，而故意犯罪的行为人是追求危害结果的发生，他们小心谨慎，力求避免一切意外因素，注意力专注于促使危害结果发生上，以期达到犯罪的目的。可见，过失犯罪的行为人在注意品质上存在明显缺陷，不同于故意犯罪的行为人。

3. 犯罪心理机制不同。直接故意犯罪的心理机制是在各种主客观因素的影响下，行为人首先产生犯意，形成犯罪动机，明确犯罪目的；其次是在犯罪动机的支配下，为了达到犯罪目的而不惜实施危害行为，直至危害结果的发生。间接故意犯罪的心理机制是：行为人在实施追求其他目的行为时，明知自己的行为可能会发生危害社会的结果，在心理上放任这种危害结果的发生，在行为上不是设法改变自己的行为性质或方向，而是继续实行之，最终导致危害结果的发生。可见，无论是直接故意还是间接故意，都没有违反注意义务，也不存在注意失误的问题。而过失犯罪没有犯意，也没有犯罪动机和犯罪目的。过失犯罪的行为不是在犯罪动机的支配下发生的，危害结果也不是在犯罪目的的指引下出现的。是疏忽大意或者过于自信导致危害结果的出现，危害结果出现后，犯罪人通常痛心疾首，积极反悔。可见，过失犯罪的心理机制是在各种主客观因素的影响下，行为人违反注意义务，导致注意失误，进而形成疏忽大意或过于自信的消极心理，由于心理失误必然导致行为失误，以至于最终发生危害社会的结果。

（二）从法律规范角度看

从刑法规范对行为人的评价角度看，两者的区别主要体现在主观恶性不同。故意犯罪行为人一般有稳定的犯罪心理结构和明确的犯罪目的，积极追求或放任危害后果的发生，所以，行为人的主观恶性较大，因此，在直接故意的场合，即使犯罪行为没有完成或者危害结果最终没有发生，那么也认为该行为有较大的社会危害性，仍然应当追究行为人的刑事责任。而过失犯罪行为人的犯罪心理结构仅是一些个性心理缺陷，并且行为人对危害结果的发生持否定态度。所以，相对而言，过失犯罪的行为人主观恶性较小，因此，如果没有发生实际的危害结果，那么就认为行为的社会危害性较小，没有将其犯罪化的必要性。正是由于故意犯罪人的犯罪意识清楚、明确，且犯罪态度恶劣，所以故意犯罪的行为人主观恶性和人身危险性都比过失犯罪的行为人更大。因此，我国刑法规定，在同一种犯罪中，故意犯罪的处罚比过失犯罪的处罚严重，并且过失危害行为只有实际发生了危害后果才追究行为人的刑事责任。但是，在现代社会中，过失犯罪所造成的危害后果有时比故意犯罪还要严重，如矿难、飞机失事等，从这个角度来说，规定某些造成重大过失危险状态的行为为犯罪也是有一定道理的，这样可以促使行为人谨慎履行自己的注意义务。

□ 小　结

本章阐述了过失犯罪心理，介绍了过失犯罪心理的概念、结构，过失犯罪行为发生机制和影响过失犯罪心理形成及行为发生的主体内外因素。主要内容有：

一、概述

（一）犯罪过失与过失犯罪

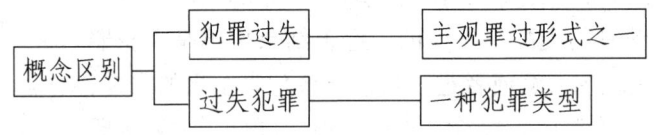

（二）犯罪过失的类型

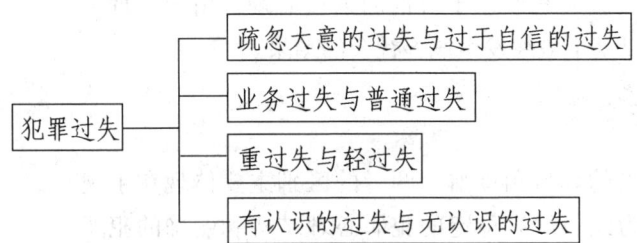

（三）过失犯罪的责任基础

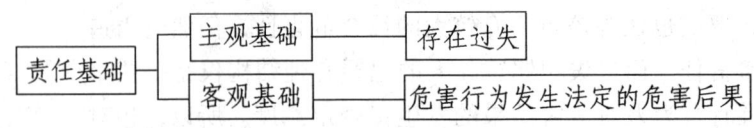

（四）研究过失犯罪心理的意义

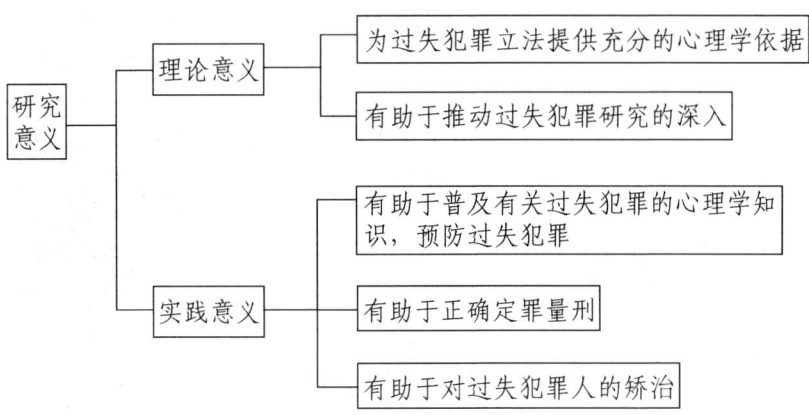

二、影响过失犯罪心理的因素

（一）主体外因素

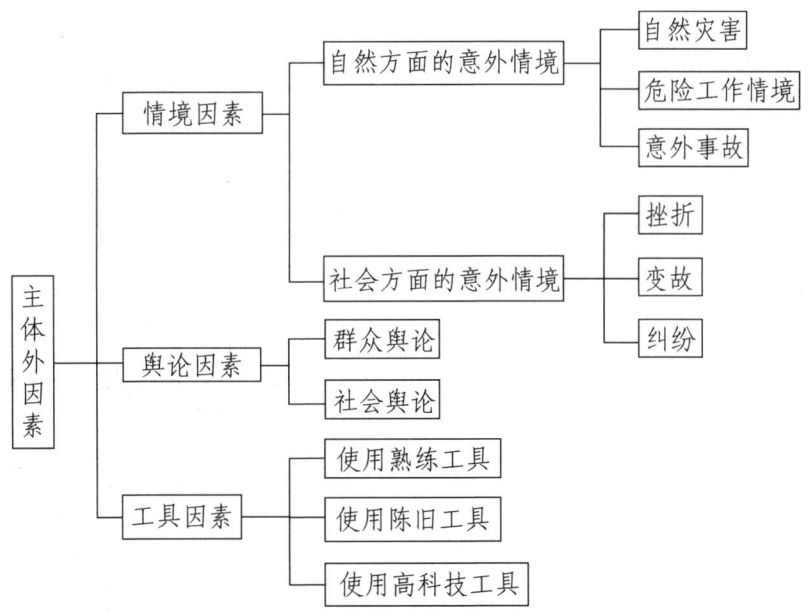

（二）主体因素

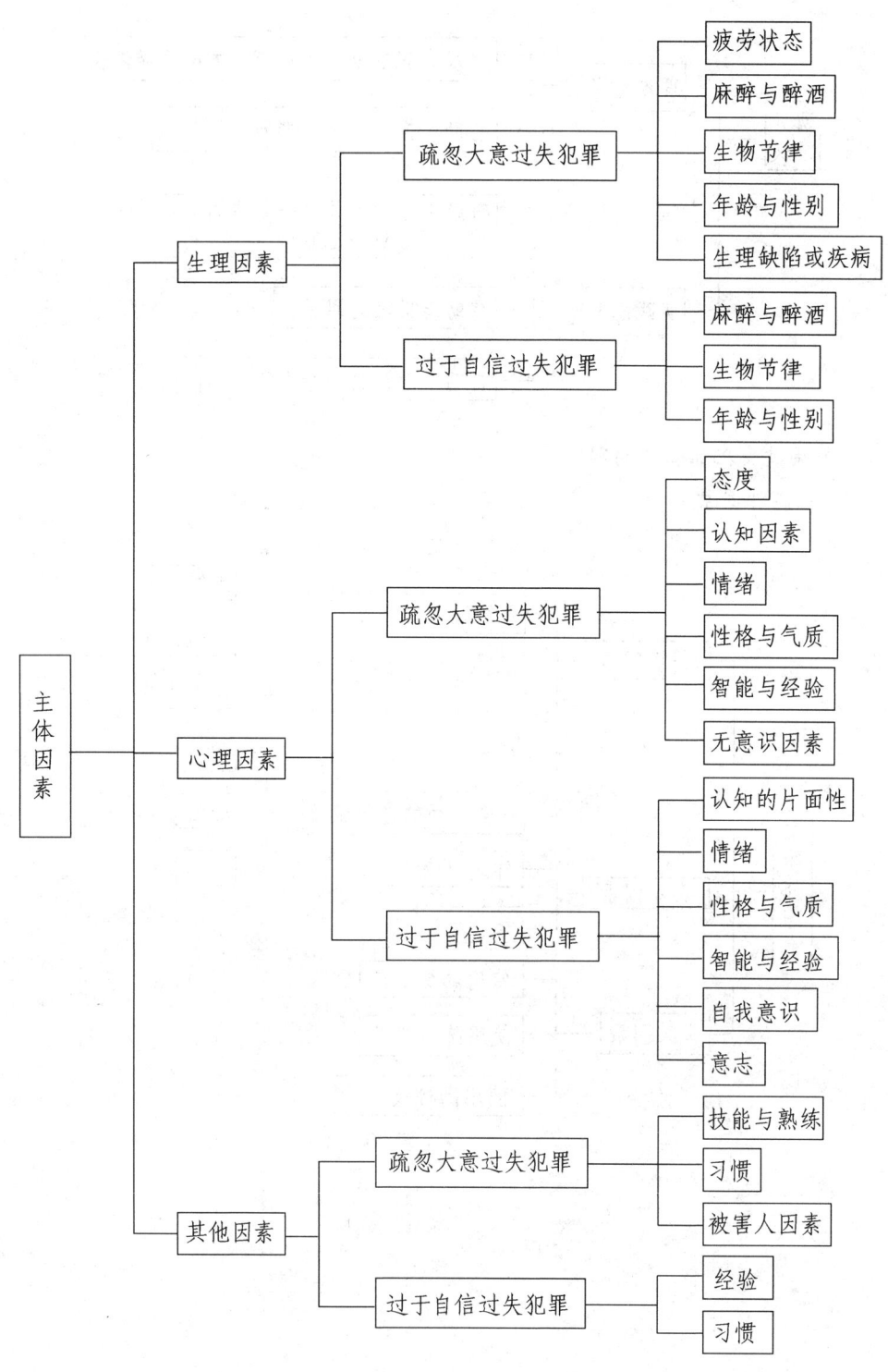

三、过失犯罪心理结构和过失犯罪行为发生机制

（一）过失犯罪心理结构

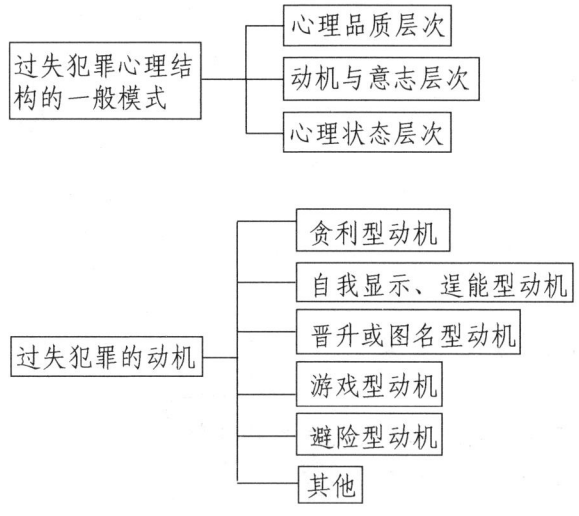

（二）过失犯罪行为发生的机制

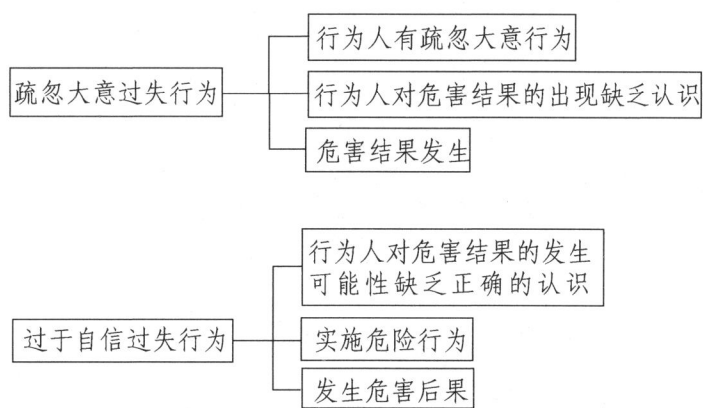

（三）过失犯罪心理与故意犯罪心理的区别

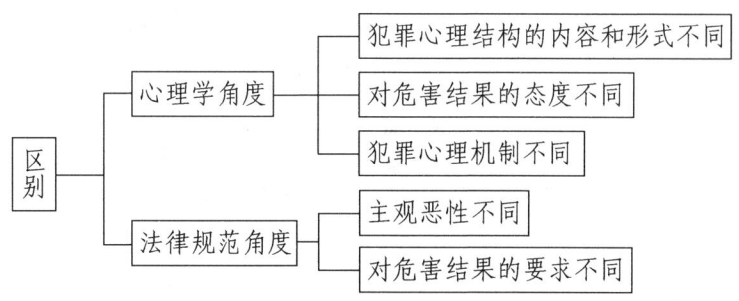

□练习与思考

一、名词解释

1. 疏忽大意的过失

2. 过于自信的过失

3. 过失犯罪心理结构

二、简答题

1. 简述研究过失犯罪心理的意义。

2. 简述过失犯罪心理结构的一般模式层次。

三、思考题

1. 思考影响过失犯罪心理形成和过失犯罪行为发生的因素。

2. 思考过失犯罪心理与故意犯罪心理有哪些不同。

3. 思考如何理解过失犯罪行为的机制。

第十二章

变态犯罪心理

■学习目的和要求

通过本章学习，要求学生
● 重点掌握：变态心理犯罪的基本特点。
● 掌握：人格障碍、性变态与犯罪之间的联系。
● 一般了解：精神病与违法犯罪行为之间的联系。

第一节 变态犯罪心理概述

一、变态心理概念

（一）变态心理与常态心理

"变态"即偏离正常的状态，变态心理是指偏离正常范围的心理和行为表现。换言之，变态心理是指人的认知、情绪情感、意志活动和个性心理特征，以及行为表现在一定程度上超出了正常范围，表现为某种程度地丧失了辨别能力或控制能力。

具有健全的体质、对客观外界的反映活动正常、精神健康、与周围的人关系协调、社会适应性良好，这些是一个人健康状态的标志。但在实际生活中，在有些情况下，常态心理与变态心理很难划出一条绝对的分界线，它们之间的一些区别往往只是在程度上有所不同。有时，变态心理与常态之间的分界线较为模糊，如白日梦、自恋心理、过分的猜疑、嫉妒等，严格地说也是不健康，不符理智的心理，但是，这些心理也会常见于正常人身上。当一个人遇到意外事件时，往往会产生紧张、恐怖等消极情绪，这种情绪超过了一定限度，就可能影响人的心理和行为，行为人不能用意志来控制自己的情绪和言行，从而出现一种短暂的心理异常。当然，这只是一种轻微的心理异常。如果这种状况持续产生，影响了行为人正常的工作和生活，就是心理问题或者严重的心理变态。另外，变态心理活动的表现受到客观环境、人的主观经验和心理状态以及人际关系和社会文化背景等因素的影响，不同地域、不同文化背景下呈现出不同的特点。所以，在常态心理和变态心理之间有时没有一条不可逾越的绝对界限，它们的区分仅仅是相对的。一个精神正常的人如果不善于处理内心冲突、挫折或者所遇到的强烈持久的创伤性事件，就可能会演变为变态心理。

健康人的五项标准（联合国世界卫生组织的定义）

在正常心理与变态心理之间存在着"中间状态"

（二）变态心理的判别标准

常态心理和变态心理的区分尽管是相对的，但为了实际工作的需要，我们必须有一些标准来判定一个人的心理是否正常。迄今为止，国内外一些学者主要采用下面所列的判定标准来区分心理正常与异常。

1. 经验标准。实践经验是人对过去反映活动的积累，具有主观性。作为判定常态与变态心理的经验主要来自两个方面：①"病人"的经验。病人主动去找心理医生述说自己的种种心理问题，如忧郁、不愉快、恐惧、强迫行为等，并为此感到很苦恼，请求医生帮助。我们可以根据病人的叙述判定他存在一定的心理障碍。②以研究者或心理医生的经验为标准。这是以一般人对常态心理的已有经验作为出发点和参照点来判断人是否具有变态心理。这种标准简便易行，但主观性较大，可靠性较差，尤其对于具有不同经验的人而言偏差较大。

2. 统计学标准。根据统计学标准判断人的心理是否变态是来源于对正常心理特征的心理测量。在大样本的心理测量中，一般心理特征的人数频率多为常态分布，但偏离正常的一端为变态，而另一端则为优秀，如智商高于平均水平的是优秀或天才人物。与统计学标准相联系的是心理测验的区别性标准，这两者是根据同一原理提出的。在临床上，常用心理测验来鉴别病人的心理状态，这种方法提供的数据较为客观，但其作用也不能夸大，更不能把心理测验与临床观察及其他检验对立起来。

3. 社会适应性标准。这一标准是根据个人的行为是否与环境协调一致，是否行之有效地适应社会生活来判定一个人是否正常。如根据某人对人对己的态度、在集体中的表现、与他人关系是否协调、对社会事件的看法是否行之有效地符合社会要求等方面的考察结果来判断此人是否心理变态。这一标准受时间、地域、习俗和文化等条件的影响有所变化。某种心理现象在某种社会文化中被认为是正常，而在另一种文化中却被认为不正常，在古代认为正常，到了近现代则可能认为不正常等。例如，同性恋在美国的某些州与欧洲的某些国家被认为正常，甚至已经通过法律保障成年人自愿的不损他人利益的同恋者（性取向偏好者）权益，而当今在大多数国家却被认为是一种非常规的心理表现。

在常态（正态）分布中，不能适应社会生活的心理品质部分，即为变态心理部分

4. 病因、症状标准。有些医生或学者以疾病的原因和症状是否存在作为判断心理正常与否的标准。其依据是有些异常心理现象或致病因素在常态人身上是肯定不存在的。如果在某人身上发现了这些致病因素或疾病症状则可判定为异常。如麻痹性痴呆患者体内是否存在梅毒螺旋体这种致病因素，如果存在则可判定患者患有此种病症。近代科学的发展和新技术方法的发现，对确定病因、症状很有帮助。这一标准比较客观，但也存在着局限性。因为有些既有病因史，也有病状存在的病人并不主动去医院就医，此时就不能以此标准来进行鉴别。

其实质是医学、精神疾病学的标准

以上标准各有其优劣，在临床诊断实践中可相互配合综合使用，用不同的标准考察同一病人，以便做出准确的诊断。尤其是对处于边缘状态的心理变态，以上任何一种标准都很难准确地鉴别，一定要采用多种标准反复比较，做出结论时应谨慎行事，以免对人造成伤害。

（三）变态心理的常见类别

根据人们日常生活中常见的心理障碍的表现和变态心理学的研究范围，可以把变态心理大致划分成六大类。

1. 严重的心理变态。这类人正常的心理活动受到完全的破坏，心理活动的各个方面不协调，丧失了正常人的理智和反应，不能理解和认识自身的现状及其与现实的关系，缺乏辨认能力，也不能控制自己的言行，甚至给社会造成危害。严重的精神病就属这种类型。

2. 轻度的心理变态。这类人心理活动的某些方面受到影响而表现出异常，他们对客观现实的反映有轻度的歪曲，人际关系不太协调。但这类人对自己心理和行为的不正常有认识，并能主动要求就医和改善。患有各种神经症的人即可归入该类。例如，各种恐惧症、抑郁症、焦虑症、强迫症患者等。

3. 人格障碍与性变态。人格障碍，如偏执型人格障碍、反社会型人格障碍、情感型人格障碍等；性变态，如恋童癖、恋物癖、施虐狂、暴露癖等。人格障碍与性变态之间存在着一些共同的特点，也具有不同的方面。它们同属于中等程度的心理变态，是狭义的心理变态所指的主要内容。

狭义的变态心理特指人格障碍与性变态

4. 身心障碍。这是一种内在的心理异常（如人的情绪变化和动机冲突等）经过一段时间后，逐渐对人身体的各器官、各系统正常的生理活动有所影响，最终导致各生理器官、组织出现病变。其实质是生理与心理系统相互影响的结果。例如，心因性的高血压、心脏病、胃溃疡、甲亢、神经性皮炎、哮喘、荨麻疹等，这类由心理因素（至少是部分因素）所导致的身体疾病就是身心疾病。

5. 大脑疾患及躯体缺陷时的心理变态。这是由大脑的器质性病变（如大脑损伤、脑瘤等）、先天脑发育不全（如智力低下）和盲、聋、哑、肢残等躯体缺陷所导致的心理变态。例如，20世纪60年代美国曾发生一起震惊世人的案件，一位青年无端地将自己的亲人粗暴地打死，另外打伤4人后疯狂地冲到大街上，用冲锋枪向陌生人扫射，造成死伤30多人的惨剧。此人被警方击毙后，经过尸检，发现该青年大脑额叶处长有一肿瘤，这被确认是促使他性情变化并导致惨剧发生的"罪魁祸首"。精神科临床发现，大脑病变、躯体有缺陷往往会导致人的性情变坏，出现程度不等的人格障碍。聋哑人的急躁、低能者的冲动、大脑器质性病变导致的性情骤变等。

6. 各种特殊条件下的心理变态。这是指某些精神药物（如致幻剂）、酒精、咖啡因等作用下产生的心理变态，以及在梦境、催眠状态下的短暂性心理变态等。

二、变态心理形成的原因

变态心理是怎样形成的？长期以来，世界各国的专家学者们进行了大量的研究，提出了各种各样的观点。到目前为止，很多学者的看法基本一致，认为变态心理是在生物学、心理学和社会文化诸多因素综合影响下形成的。

（一）变态心理的生物学基础

在一些研究和临床观察中，学者们发现，一些生物学的因素对变态心理的产生和发展起着重要的作用。这些生物学因素主要包括遗传、人的体质、大脑解剖结构、神经系统的生理生化活动等。例如，研究者通过对精神病患者家属的患病率、双生子同病率的调查，对寄生子的比较研究，发现精神疾病的遗传作用较明显。遗传因素在变态心理的形成中起着不可忽视的作用。又如，神经化学的研究发现，存在于中枢神经系统内的中枢神经介质如乙酰胆碱（Ach）、去甲肾上腺素（NE）、多巴胺（DA）、儿茶酚胺（CA）和五羟色胺（5-HT）等分泌旺盛或不足与变态心理的产生有关。如认为脑内儿茶酚胺（CA）分泌过多引起抑郁症，分泌不足则可能导致躁狂症；人脑中的五羟色胺（5-HT）含量过高或者过低都可以诱使人产生心理障碍。

（二）心理因素在变态心理产生中的作用

研究发现，人的一些心理因素，如言语、情绪、心理冲突、挫折和心理防御机制等对变态心理的产生有重要作用。情绪失调是产生变态心理的一个重要因素。人在处于应激或激情状态时，会导致一系列生理心理变化，如果不善于处理，则可能产生变态心理。例如，警察工作常常面临着行凶、伤人、扰乱社会治安、家庭及邻居纠纷等不良刺激，由此而导致心理上产生应激反应、激情爆发或情绪紧张等，从而有可能诱发短暂性的心理异常。人在处于应激状态时，会表现出紧张、恐惧、焦虑、担心、挂念、激动、忧郁，还会出现一些打架、骂人等攻击行为。人在狂怒、恐怖等强烈的激情状态下，会出现意识范围狭窄，判断力减弱、失去理智和自制力，甚至使心率改变，血压上升，瞳孔缩小，呼吸频率改变等，如果长期处于应激和激情状态，人的生理和心理上将会受到很大的损害，甚至会导致死亡。消极的情绪，如抑郁、冷漠、悲伤等常常使人情绪低落，严重时会导致自残、自杀行为。

挫折是个人在从事有目的的活动时遇到障碍或干扰，使人的目的不能实现时所产生的情绪反应。挫折一方面可以使人吸取教训、积累经验、增长才干，另一方面也可能使人产生心理压力、情绪困扰、行为偏移甚至心理问题。当个体处在挫折或内心冲突的紧张情境时，往往在其内部心理活动中具有自觉或不自觉地解脱烦恼，减轻内心不安，以恢复情绪平衡与稳定的一种适应性倾向，这种适应性倾向称为心理防御机

挫折是产生心理异常的直接原因，压抑作用是基本的心理防御机制，是大多数心理防御的前提

制。常见的心理防御机制有：①压抑作用：个体把自己不能接受的、使人感到困扰或痛苦的思想、欲望或经验，排除在意识之外（即进入潜意识之中），以便保持心境的安宁。②合理化作用：在某些情况下，以个人需要为理由，来对一些不能实现的愿望进行解释、辩解，这些理由都是本人杜撰、编造出来的，其目的是掩饰自己的窘境，以求得心理的平衡。如有人受到欺辱但又无力反抗时，就用"虎落平阳被犬欺，凤凰脱毛不如鸡"来安慰自己。所谓的"酸葡萄反应"、"阿Q精神"就是这种心理反应，这是日常生活中运用较多的一种心理防御机制。③否认作用：个体无意识地把已经发生的令人痛苦的挫折事实加以否认，以此来减轻内心的不安。人生尽管有许多挫折，痛苦灾难，最省事的办法就是不承认，就像根本没发生一样，如掩耳盗铃、鸵鸟政策、眼不见为净等均是这种心理反应。此外，还有反向作用、幽默作用、替代作用等，运用这些方法可以暂时缓解心理冲突，减轻挫折感受，但如果长时间使用而过分依赖习惯化，则会成为一种变态心理，因为这实质上是一种自我欺骗，现存的问题并没有真正解决，只能起一种使人逃避现实的作用，有时还会使事情变得更复杂，陷入更深的挫折冲突之中而难于自拔，导致精神疾病。心理防御机制基本上是在无意识中进行的。

（三）心理变态的社会文化根源

人是一切社会关系的总和。人在社会生活中，必然受各种社会因素的影响。如社会制度、经济状况、生产水平、阶级差别、民族传统、风俗习惯、伦理道德观念和教育方式等，这些因素对正常和异常心理都有巨大影响。尤其是当今世界，由于社会的变化、科学技术、物质文明的高速发展，给人的社会文化关系增添了许多新的因素，而人们来不及认识它，把握它，并做出相应的调整，因此容易导致心理失调。特别是那些发达国家中，科学技术越发展，社会物质文明越高，给人们心理生活带来的威胁和压力也越大，危害人的身心健康的因素也越多。据世界卫生组织估计，世界上有20%～30%的人有不同程度的心理问题，有几亿人在日常生活中不同程度地依靠镇静药。美国华盛顿大学教授霍尔姆等人曾对5000余人进行了生活事件对疾病影响的调研，通过对众多因素进行筛选，最后确定了43项对人们心理影响较大的社会生活事件，如配偶死亡、离婚、工作变动、失业、坐牢等。他们认为任何类型的社会生活变动，都能造成人们对疾病呈现易感状态，一些人经历了大量的生活变动后，具有较高的发病率。例如，该调查表

认为，生活事件得分为 300 分以上，则患上心理疾病的可能性为 80%
左右。

可见，社会生活事件的心理意义对于不同的个体存在较大的差异
性。此外，随着城市都市化的影响，产生人口拥挤、空间拥挤、交通
堵塞、噪音污染、光污染、信息超载、高层建筑等城市化问题，各种
精神障碍的发病率城市人口明显高于农村人口。总之，社会文化诸因
素对心理变态的影响是不容忽视的。

目前，研究者一致认为，生物学因素、心理因素、社会文化因素
都不能单独导致变态心理的产生，变态心理是上述三种因素相互联系、
相互作用的结果。

三、变态心理与犯罪行为

（一）变态心理者的犯罪现象概况

1. 变态心理的发生率。随着科学技术的进步和精神医学的发展，
变态心理的治疗水平和效果得到了不断提高，变态心理者的康复已不
再是一种幻想。但是，变态心理者数量仍不断地增加。国际卫生组
织在日内瓦宣布，2000 年全世界精神疾病患者的总数接近 2 亿。21 世纪
中叶，在众多社会中，每 10 人中就有 1 人是精神疾病患者。根据 2011
年全国精神疾病学术研究会报告，我国当前广义的精神疾病的患病率
在 17.5%[1]；英国著名医学杂志《柳叶刀》（2009 年 6 月）在其发表
的调查报告中称，中国狭义的精神疾病的患病人数约为 1.73 亿，其中
不到 10% 的人到专业医疗机构就医[2]，而其严重精神病发病率约为
1%～1.5%，每年大约有 60 万人死于该类疾病。

2. 变态心理者的犯罪率。变态心理者的犯罪率与犯罪人的变态心
理患病率是两个相互联系又本质区别的问题；犯罪人的变态心理患病
率高，不能说明变态心理者的犯罪率必然高；而犯罪人的变态心理患
病率低，也不能说明变态心理者的犯罪率必然低。同样，变态心理者
的犯罪率高，不能说明犯罪人的变态心理患病率必然高；而变态心理
者犯罪率低，也不能说明犯罪人的变态心理患病率必然低。实际上并
不是所有的变态心理者都有或可能犯罪，可能犯罪的变态心理者只是

〔1〕 "精神疾病发病率达 17.5%"，参见 http://news.163.com/11/0514/02/73VTO32S00014AED.html. 访问日期
2013 年 7 月 12 日。
〔2〕 "1.73 亿中国人患精神障碍，就医率不到 10%"，参见 http://health.e23.cn/Content/2009-10-10/2009A1000439.html.
访问日期 2009 年 10 月 20 日。

所有变态心理者的一部分，而实际犯罪的变态心理者只是所有变态心理者的较小部分。但是，在已经确定为犯罪人的服刑罪犯中，变态心理者所在比例较高，其比例可达30%以上。[1]而现实中发生的神秘而鲜血淋漓的案件，如2012年北美连续发生了多起令人毛骨悚然的变态杀人案件：美国迈阿密的裸体男吸食毒品（"浴盐"）后在街头暴啃流浪汉脸颊；巴尔的摩的大学生残杀室友，并食其心肺和大脑（有录像展示其残暴过程）；加拿大犯罪行为人马尼奥塔残肢邮件案等，都与犯罪行为人的变态心理有着非常密切的关系。

相对而言，在变态心理患者中，性变态、人格障碍与精神病的违法犯罪现象较为突出。其中，性变态者的犯罪率可能是最高的。这是因为，作为性变态基本特征的性变态行为基本上都被视为犯罪行为（指犯罪学意义，虽然学界对此存在着一些分歧意见），而性变态者又往往不能有效地控制自己的变态行为。人格障碍者特别是反社会型人格障碍者和冲动型人格障碍者的违法犯罪率也相对较高（其中，反社会型人格障碍的犯罪行为是所有变态心理导致犯罪行为中最为典型的、突出的表现），但是他们往往是在实施犯罪行为之后才被发现存在人格障碍，才被确诊为人格障碍者。

在变态心理患者中，身心疾病患者、神经症患者违法犯罪现象是非常少的（指由于精神疾病而导致违法犯罪行为的出现），他们的心理疾病更多伤害的是自己及其亲近的亲友。而人格障碍、性变态、精神病与违法犯罪行为之间的关系较为密切。在神经症的各类型中，绝大多数不会发生犯罪，即使是普通的越轨、违法现象也较少。如果他们的心理疾病存在着与犯罪现象相关的话，较有可能存在于神经症类型中的癔症与违法犯罪行为之间的联系。即使如此，癔症患者的暴力案件也很少发生，较常见的是无理取闹、毁物以及极少的诈骗的案件，而此种情况主要发生于患者癔症的情感爆发与意识障碍（如意识朦胧状态、神游症、梦行症）出现的时候。另外，在癔症的集体性大发作时，也较容易引起社会治安及社会心态的某些动荡。

（二）变态心理现象与犯罪行为

变态心理现象的产生是由行为人的生物因素、心理因素、成长经历与社会文化因素综合作用的结果。对于犯罪人个体而言，其犯罪行为的发生与其心理的变态之间存在着非常密切的关系。其中，精神分

[1] Hollin, R. Colin, "Psychology and Crime", *Criminal Psychology*, pp. 102～103.

裂症、精神发育迟滞、人格障碍、性变态、反应性精神病、偏执性精神病、躁郁症、癔症、癫痫、酒精中毒等变态心理患者较可能发生违法犯罪。

精神疾病患者所发生的感知觉障碍、注意和记忆障碍、思维障碍、情绪情感障碍、意志障碍、意识障碍以及智能障碍、欲望障碍、性格障碍等精神障碍可以严重影响变态心理者的行为。精神病理现象对变态心理者行为的影响，主要是通过破坏变态心理者辨认能力和控制自己行为的能力来实现的。变态心理者多数不能正确认识周围环境和自我，难以对外界的刺激做出符合实际情况的判断和适当的反应，缺乏正常的是非、善恶、美丑观念或者不辨是非、善恶、美丑，不清楚自己欲望的性质以及应当通过什么方式实现自己的欲望。在此基础上，他们实施的行为难免与环境不相适应，甚至与整个社会和他人利益严重冲突。还有一些变态心理者虽然对周围环境和自我有一定程度的认识，知道自己的欲望和行为是不合理、不正常的，甚至是违法犯罪的，但难以抗拒自己的欲望和控制自己的行为，"鬼使神差般地、似乎被迫地"成了"违法犯罪者"。这是对变态心理者犯罪病理原因的最一般的解释。

关于变态心理与犯罪行为发生之间的联系更直接体现于各种变态的表现与犯罪行为之间的关联上，具体表现为感知觉障碍（感觉过敏、迟钝、错觉、幻觉）、注意（注意增强、注意减弱、随境转移、注意涣散等）和记忆障碍（记忆增强、记忆减弱、遗忘、健忘症、记忆错构、记忆虚构等）、思维障碍（思维过程异常、联想过程异常和思维逻辑进程的异常）、情绪情感障碍（过激性的、低落性的和情绪情感的倒错）、意志障碍（意志增强、被动服从与色情行为）、意识障碍（意识朦胧、自知力下降、神游症等）以及智能障碍、欲望障碍、性格障碍等变态心理对犯罪行为发生的影响。

（三）变态心理患者犯罪的基本特点

变态心理者的犯罪与精神正常者的犯罪相比，在很多方面不同。变态心理多种多样，变态心理者的犯罪也是多种多样的。变态心理犯罪的一般特点表现在独特的犯罪动机、犯罪行为状态以及对犯罪行为的认知上。

1. 变态心理者的犯罪动机。变态心理者犯罪在动机方面有明显不同于精神正常者犯罪之处。对变态心理者的犯罪，可以根据有无动机和动机的性质分为四类：无动机或动机不明、病理性动机、现实动机、混合动机。

（1）无动机或动机不明的犯罪。在严重意识障碍（如谵妄、精神错乱）状态下实施的犯罪通常是无动机的，或者是无法查明其动机的。在严重意识障碍发作过程中犯罪，行为人意识不到自己在做什么，或者不能意识到自己真正在做什么。如果对他们的犯罪进行调查，也不能发现其明确的原因。

（2）出于病理动机的犯罪。这类犯罪主要见于存在幻觉、妄想、逻辑倒错性思维障碍的变态心理者。在这类犯罪中，变态心理者有比较明显的动机，但动机是病理性，实际是病理现象作用于变态心理者，使他们产生虚幻的需要，做出错误的推理、判断的结果。他们的犯罪动机，虽然没有现实基础，他人不能理解，但对他们自己来说却是明确的、具体的，也合乎于他们自己的逻辑。他们通常可以清楚地说明自己犯罪的理由和犯罪的目的。

（3）出于现实动机的犯罪。有些变态心理者虽然可能存在其他方面的障碍，但不存在严重的意识障碍和幻觉、妄想，不仅可以做出推理和判断，而且能以现实为根据做出推理和判断。这些变态心理者犯罪的动机，从产生的基础上看，与精神正常者犯罪的动机并无本质的差异，都基于存在着的需要。既可能基于社会心理需要，如维护尊严、人格地位，也可能基于生理需要，如食欲、性欲；既可能基于合理合法的需要，如防止侵害，也可能基于不合理、不合法的需要，如为所欲为；既可能基于正常的需要，如组建家庭、结婚生育，也可能基于变态的需要，如变态的性欲。变态心理者出于现实动机的犯罪和精神正常者的犯罪都可以出于现实性需要，但是，对于变态心理者和精神正常者，现实性需要成为犯罪动机的原因有很大不同。变态心理者因为现实性需要而犯罪通常是由于他们存在情感障碍、智能障碍、性格障碍、欲望障碍，辨认和控制自己行为的能力有所削弱。他们或者不能正确认识自己的需要的性质，或者不能采取正确的方式满足自己的需要，或者不能控制自己的不合理的甚至是变态的需要。也即，对于变态心理者，即使其违法犯罪是主要出于现实性动机，其动机也具备病理性的心理基础，变态心理是其发生所谓"现实性犯罪动机"的深刻的推动力。

（4）出于混合动机的犯罪。有些变态心理者的犯罪，是出于病理的和现实的两种动机，或者是出于混合着病理与现实两种成分的一种动机。出于混合动机的犯罪，有的是病理因素起主导的作用，有的是现实因素起主导的作用。

专题链接资料：变态性犯罪动机

整体而言，变态心理是在生物因素、心理因素与社会文化因素诸因素综合作用下形成的，同样，变态性犯罪动机也是相应行为人的生理、心理（认知与情感）、行为因素的产物。变态性犯罪动机具体表现为本能动机、病理动机、宣泄动机与防卫动机四个方面。

1. 本能动机。变态性犯罪动机最为突出的表现就是其本能动机。变态心理者由于在知、情、意的正常心理方面存在障碍，其理性与社会文化规范的制约力大大地下降（甚至消失），相比之下，其本能的力量就大大地加强，并逐渐成为支配心理活动与行为的决定性力量。他们的犯罪行为在多数情况下也是这种本能作用的表现。变态性犯罪的本能动机主要集中于具有原始性的性本能动机与攻击本能方面，或者两者的结合。在作为变态性犯罪主要代表的人格障碍犯罪、性犯罪与精神病犯罪中，性犯罪与暴力犯罪都是其典型的、核心的犯罪类型。

2. 病理动机。变态性犯罪是区别于常态的病理心理的外化结果，其犯罪动机都不同程度具有病理的性质。即病理的犯罪动机导致了病态的犯罪行为。变态性犯罪动机包括病理认知动机、病理情感动机、病理意志动机，即变态性犯罪动机表现于行为人认知情感与意志三项心理活动过程之中。

3. 宣泄动机。在人格障碍、性变态与精神病中都存在着消极情绪、情感的直接或间接的宣泄，或以极端的、不符合规范的性欲方式、性对象、性目的，或者暴躁的、攻击行为方式宣泄被压抑的、不接受的情绪与情感。而有些病理犯罪动机，如幻觉、妄想、抑郁、躁狂冲动等，其核心本身就是以投射、放任、退缩、移置等潜在机制对自我欲望、需要、期待之心理能量的宣泄。

4. 防卫动机。变态性犯罪动机之本能动机、病理动机与宣泄动机都在深层的潜意识中具有防卫动机的成分与特点。这种防卫动机的机能与常态人群行为动机的防卫机能本质上是一致的，只是行为性质与作用方式存在差异。从根本上来说，均是人类安全需要与自保护需要的体现，在变态犯罪人是以潜意识或曲折的途径来试图实现的。变态犯罪人的防卫动机主要服务于自我防卫，在少数情况下也可能指向家庭防卫和特定团体防卫。即使家庭防卫或团体防卫也是直接与犯罪人自身的防卫紧密相联的。

具体而言，变态犯罪人防卫动机的实现是通过投射、合理化、歪曲、幼稚化退行、反向作用、"受害者想法"等心理防御机制这一无意识、自动化的方式实现的，思维障碍中妄想（尤其是被害妄想、嫉妒妄想、钟情妄想、夸大妄想）是犯罪人动机防卫的典型表征。

因此，认知障碍、情感障碍与意志障碍的变态性犯罪动机集中体现为原始本能性的性欲动机、攻击动机方面，这些本能动机在较大程度上通过人格障碍、性变态与精神病行为的犯罪动机表达其病理动机的性质，而在潜意识层面上又均不同水平地存在着宣泄动机与防卫动机的特征。[1]

2. 变态心理者犯罪的行为特征。变态心理不仅可以影响乃至决定一个人行为的动机，而且可以影响乃至决定一个人行为的方式。变态心理者的犯罪，不仅在动机的内容和产生方面有其特点，而且在行为的方式方面也有其特点。

（1）冲动性强烈。很多变态心理者的犯罪行为具有强烈的冲动性。一些变态心理者在发病时意识薄弱或者丧失，行为不受控制，显得狂乱不羁；一些变态心理者虽然理智尚存，但自制力差，行为主要受情感的支配，而不经过理性的思考；一些变态心理者智能有比较严重的欠缺，往往在本能的驱使下贸然行动；一些变态心理者性格偏执，凡欲做的事情都坚决去做，不达到目的誓不罢休，而对条件和后果则不太关心。变态心理者犯罪的冲动性主要有如下具体表现：犯罪不分场合，犯罪不择手段，犯罪不计后果。

（2）单独性明显。变态心理者大多是个人单独进行犯罪的。其中一项调查研究，比较了变态心理者和精神正常者在合伙作案方面的差异，发现在92例凶杀行为的变态心理者中，只有2例癔症性精神病患者因病态暗示互相配合作案，其他都是单独作案；而在82例凶杀行为的精神正常者中，有18例合伙作案，两者差异非常显著。某些变态心理者如集团性癔症、感应性精神病的患者虽然有可能在一起"共同进行"犯罪，但这种情况并不是他们主观愿望的产物，而是他们同时发病的结果，此与精神正常者共同犯罪并非同质。

（3）公开性。变态心理者犯罪行为的冲动性特点，决定了变态心理者比精神正常者更多地在公开场合犯罪，并且在犯罪中更多地使用容易暴露而原始的手段。也有一些变态心理者，出于特殊的目的，故意在公开场合实施犯罪行为。

3. 变态心理者在犯罪后的一般表现。与常态心理犯罪者相比，变态心理者在实施犯罪行为之后，在自我保护方面的表现和对犯罪的认

---

[1] 引自刘建清：《犯罪动机与人格》，中国政法大学出版社2009年版，第215～233页。

识都有其特点。在自我保护方面,变态心理者犯罪后,大多数(反社会型人格障碍者犯罪除外)不会自觉地采取自我保护措施,或者不能采取比较有效的自我保护措施,因而变态心理者犯罪案件比较容易侦破。在犯罪后能够自觉采取有效的自我保护措施的变态心理者为数不多,主要见于人格障碍者、性变态者和部分妄想型变态心理者。许多变态心理者在犯罪之后之所以不进行自我保护,主要是因为他们没有或者缺乏自我保护的意识与能力,存在严重智能障碍的变态心理者,在严重意识障碍状态中犯罪而在犯罪后仍然处于意识障碍状态的变态心理者,都不能正确地认识自己行为的性质,甚至不知道自己做了些什么,自我保护策略也就无从谈起。有些变态心理者虽然有比较完整的意识和智能,可以进行自我保护,但由于种种病理性原因,在犯罪后往往并不进行自我保护,有的甚至主动投案自首。在幻觉、妄想支配下进行凶杀犯罪的变态心理者,有些不认为自己的行为是犯罪,因而对他们来说,没有为逃避惩罚而进行自我保护的必要;有些虽然知道自己的行为是犯罪,会受到惩罚,但认为被害人的罪过更大,为了严惩他们,自己受惩罚没什么,因而也不进行自我保护;有的变态心理者为了张扬被害人的"罪过",主动投案自首。有少数的变态心理者进行违法犯罪行为就是为了进监狱、受惩罚。此方面最极端的情况是"间接性自杀",实行严重的危害性行为(犯罪)是为了实现自杀。变态心理患者对所进行的犯罪行为的认识分为不知所为型、认罪伏法型、无动于衷型、固执己见型、屡教不改型、顽固不化型等多种表现类型,此与其病理心理的反映有着直接的关系。

第二节　人格障碍与犯罪

一、人格障碍概述

(一)人格与人格障碍

人格即个性,是指个体的整个精神面貌。人格是在先天遗传素质的基础上,在后天的社会化过程中,通过个人的生活实践逐渐形成的带有倾向性心理特征的总和。人格一旦形成,就比较稳定,使人的言行举止带有独特的色彩。例如,在日常生活中,我们常常用"热情开朗,乐于助人,踏实肯干",或者"孤僻,冷漠,自私,固执，傲慢"等词语来描述某人，这实际上就是对某人的人格特征的具体描述。

人格障碍（也称人格变态、人格异常、病态人格、变态人格等）是一种人格在发展和结构上明显偏离正常，以致不能有效适应正常的社会生活的心理行为表现。具有人格障碍的人既不会疯癫，也无智力缺陷，但他们都具有道德观念、理智、情感、性格等方面的缺陷，比如，情绪极不稳定、不近人情、性格怪僻、人际关系不协调、不能很好地适应环境等。在日常生活中，人们常常称此类人性情古怪，有怪癖等。

在现实生活中，尽善尽美的人格几乎没有。我们每个人都有可能存在这样或那样的不足。当一个人的人格缺陷达到了一定程度，由量变引起质变，即本人适应社会的能力出现突出障碍或达到给自己、他人造成一定痛苦的程度时，就形成了人格变态。

（二）人格障碍的形成因素

1. 生物学因素。遗传是人格形成的物质基础，如人格中的气质，一般认为是由遗传决定的。美国学者戈达德所报道的卡利卡克家族案例，斯莱特等人所做的双生子以及其他研究都证实了遗传在人格形成中起着重要作用。另外，一些病理因素，如脑外伤、脑炎与精神分裂症、儿童多动症等病的后遗症以及其他有关的生物器质性因素对人格障碍形成也有一定的影响。一些学者在进行脑电波的研究时，常见人格障碍患者都有异常的脑电波出现，说明除了遗传因素之外，后天具有的器质性因素也影响其异常人格的形成。

> 遗传因素是个体积极或消极性人格形成的重要物质基础

2. 环境因素。在人格的形成发展过程中，家庭因素起着十分重要的作用。婴幼儿期（0~5岁），是人格形成最为关键的时期，也是环境影响最起作用和人格可塑性最大的时期。在这一时期，婴幼儿的特殊心理要求，如饥渴需求、情感需求等如果得不到应有的满足或溺爱娇纵过甚，人格发育便会固结停滞，不能继续向前顺利发展，日后一旦遇到挫折，便会倒退至固结的阶段，表现出相应的行为方式和特点。在儿童逐渐社会化的过程中，父母管教不一，或过多支配、控制、干涉孩子的行动，或对孩子的各种要求表现为拒绝、冷漠等，以及学校教育训练的缺陷，同伴之间的不良模仿，各种公共传播媒介的误导等，都容易造成儿童社会化的缺陷，从而形成各种类型的人格障碍。

> 家庭教育、学校教育与同伴、周围环境是人格形成的决定力量

（三）人格障碍的特征

国内外精神病学和心理学界普遍认同人格障碍主要有以下几方面的特征：

1. 人格障碍是从儿童时期开始，在某种不良社会环境的影响下，逐渐形成的一种反常表现。一般在儿童时期有初步表现，到青年期就已经很明显了。

2. 人格结构某些方面过分或畸形发展，人格严重偏离正常。例如，顽固执拗，情感不稳定，容易激惹，对人冷酷无情，行为不计后果，自制力差，敏感多疑等。但人格障碍者一般没有意识障碍，智力活动也无明显的缺损，能够处理自己日常的生活和工作问题。

3. 人格障碍者对自己的人格缺陷一般无自知之明，不能从活动中吸取应有的经验教训，不能用正确的认识来指导自己的行动。

4. 人格障碍一经形成就有相对的稳定性，较顽固。有的终身不变，很难矫正；有的人在中年以后，饱经风霜，生理与心理活动精力下降，其障碍也有所缓解。

二、人格障碍与犯罪

（一）人格障碍者犯罪的基本特点

人格障碍者在变态心理的支配下，会反复出现偏离社会规范的行为。其中，有的已属危害社会的行为，从而有可能构成违法犯罪。根据西方一些学者的调查，在某些发达国家中，人格障碍者约占总人口的0.2%～2%之间，而它在犯罪者中所占的比例却在15%以上，特别是在累、惯犯以及原发性犯罪者中，人格障碍者竟可高达40%。

在变态心理患者中，人格障碍者违法犯罪率是较高的

不同类型的人格障碍并不一定都与违法犯罪行为相联系，但具有人格障碍的人与犯罪有较为密切的关系。古今中外的大量调查研究发现人格障碍者犯罪率是较高的。例如，西方某学者通过对2000多件案例进行分析，发现病态人格患者占31.1%，而对初犯和累犯的1000多件案例进行分析，其中病态人格患者占19%～48.7%。国内相关的调查也发现犯罪者中病态人格者较多。总之，人格障碍者尽管本身并不是精神病，智力发展也基本正常，但由于其人格某些特征的极端发展，对其行为有很大的消极影响，甚至出现违法犯罪行为。

一般而言，具有人格障碍的人智能良好，能料理自己的生活，正常地从事学习和工作，但他们不能像正常人一样，始终用理智驾驭自

己的行为，合乎情理地处理日常事务。甚至有时在很少诱因或偶然动机驱使下就可实施后果严重的犯罪行为。与正常人犯罪行为相比较，人格障碍者犯罪有以下特点：

1. 就作案动机而言，人格变态者多受偶然动机、情感冲动所驱使，作案前较少预谋或没有预谋，作案情节离奇怪诞，难以用常理解释。

2. 从作案目的看，人格变态者作案目的不明显。如"偷窃狂"只是为了从偷窃行为中获得乐趣，对是否获得财物利益无所谓。

3. 人格障碍者作案手段残忍，不计后果，但手段不隐蔽，易于暴露，自我保护性差，既害人又害己，对自身危害更大。抓获后不逃避罪行，供认不讳（当然，对于这一特点，"悖德狂"的犯罪是一明显的例外）。

4. 人格障碍者作案多为攻击型、爆发型犯罪。由于病理性的猜疑，极易进行报复性的伤害、凶杀、毁物、纵火等危害性较大的犯罪。

5. 犯罪活动一般单独进行。由于人格障碍者极其顽固，常进行持续型犯罪，行为习惯难于改正。

性本能、攻击本能与人格障碍者的违法犯罪的关系较为密切

6. 尽管人格障碍者犯罪与正常人的犯罪有很多的不同点，但是有一点是相同的，即无论是正常人还是人格障碍者都能够认识到自己犯罪的社会性质。因此，在法律上人格障碍者是有责任能力的，犯了罪更应绳之以法。

（二）人格障碍类型与犯罪

从广义而言，人格障碍可分为原发性人格障碍和继发性人格障碍。原发性人格障碍，即在某种不健全的先天素质特点的基础上，在不良社会文化环境因素的影响下造成的人格障碍。继发性人格障碍指在某种神经、精神疾病的情况下发生的人格障碍，如颅内肿瘤所致的人格异常，脑炎病人、老年痴呆病人的人格异常，精神分裂症病人的人格异常等。从狭义上划分，人格障碍则专指原发性人格障碍。

对原发性人格障碍的分类目前还没有统一的意见，根据国内外学者的有关研究，一般划分为以下一些类型：偏执型、循环型、分裂型、强迫型、癔病型、衰弱型、爆发型、无情型（也称反社会型）等。有些类型的人格障碍极少导致犯罪，如强迫型、癔病型、衰弱型、自恋型等。但有些人格障碍类型与犯罪关系较为密切。下面我们结合案例，对容易导致犯罪的人格障碍类型进行分析。

1. 反社会型人格障碍。反社会型人格障碍又称为无情型、悖德型、冷酷型人格障碍或精神病态。在人格障碍的各种类型中，反社会型人格障碍是研究得最多、最为心理学家和精神病学家所注意的，也是最容易发生违法犯罪的人格变态之一。"无疯狂症状的躁狂症"是最早期研究者对反社会型人格障碍的描述。反社会型人格障碍者的行为特征，除了人格障碍者共同具有的特征外，最为明显的是行为不符合社会规范；思想信念和行为常与社会发生冲突；情感麻木、对他人冷酷无情、刻薄残忍；极端自私，自我中心性强烈；对人不真诚不坦率、无社会责任感；挫折耐受力差，激惹性高，易冲动等。

西方反社会型人格障碍问题研究专家克莱克利在其著名的《正常的假面具》（1976年）一书中，以大量的精神疾病治疗临床经验基础上，系统地描述了反社会型人格障碍者的十六条明显特征：①外表迷人。具有中等或中等以上智力水平；初次相识时能给人很好的印象，能帮助人解除忧虑、解决困难。②没有通常被认为是精神病症状的非理性和其他表现；没有幻觉和其他思维障碍。③没有神经症性焦虑；使一般人心神不宁的情境，对他们不以为然。④他们是不可靠的人，对朋友无信义，对妻子（丈夫）不忠实。⑤对事情不论大小，都无责任感。⑥无后悔之心，也无羞耻之感。⑦有反社会行为但缺乏契合的动机；叙述事实真相时态度随便，即使谎言将被识破也是泰然自若。⑧判别能力差，常常不能吃一堑长一智。⑨病态的自我中心，自私，心理发育不成熟，没有爱和依恋能力。⑩麻木不仁，对重要事件的情感反应淡漠。⑪缺乏真正的洞察力，不能自知自己问题的性质。⑫对一般的人际关系无反应。⑬酗酒或不酗酒，做出幻想性的或使人讨厌的行为。⑭对他人给予的关心和善意无动于衷。无真正企图自杀的历史。⑮性生活轻浮、乱搞；方式与对象都与本人不相称；存在性适应障碍。⑯生活无计划，除了老是自己和自己过不去外，没有任何生活规律，没有稳定的生活目的。他们的犯罪行为也可能是在突然迸发的时间中构成，而并不总是在严密计划和准备下进行的。

旁注：反社会型人格障碍是人格障碍、变态心理犯罪突出的、典型的类型

旁注：典型地表现为无责任心、无情感而以反社会的行为方式

"悖德狂"案例

在甘肃省的白银市发生了一系列专门残害女性的极端案件：在1988~2002年的14年之间，白银市区发生了九起相似的疯狂案件，有9名女性惨遭强暴杀害，她们绝大多数是20多岁女性。歹徒手段非常残忍、令人发指，被害人除遭到强暴、杀害之外，身上多处留有刀伤，有的多达几十处刀伤，甚至，被害人的部分身体组织如双手、耳朵、乳房、性器官、头皮等，竟然被歹徒切割下取走。办案的侦察人员通过对犯罪行为人现场留下指纹的比对，通过犯罪行为人遗留体液的DNA检验，以及犯罪手段的综合分析，判断这一系列案件是同一人所为。

案件陈列

1. 1988 年 5 月 26 日下午 5 时许，居住在白银市白银区 23 岁的女职工白某被害于家中（简称 88.5.26 案件），警方勘验时发现，受害人"颈部被切开，上衣被推至双乳之上，下身赤裸，上身共有刀伤 26 处"。

6 年之后，类似的案件再次发生：

2. 1994 年 7 月 27 日下午 2 时 50 分许，白银供电局一名女性临时工被人杀害于其单身宿舍内（简称 94.7.27 案件），被害时 19 岁，现场勘验发现，受害人"颈部被切开，上身共有刀伤 36 处"。

又过了 4 年之后的 1998 年，疯狂的案件更加频繁地发生了：

3. 1998 年 1 月 16 日下午 4 时许，家住白银区胜利街的 29 岁女青年杨某被害于自己家中（简称 98.1.16 案件），调查证实杨某被害的时间为 1 月 13 日，现场勘验发现，受害人"颈部被切开，全身赤裸，上身共有刀伤 16 处，双耳及头顶部有 13cm×24cm 的皮肉缺失"。

4. 1998 年 1 月 19 日下午 5 时 45 分，家住白银区的女青年邓某被害于家中（简称 98.1.19 案件），被害时 27 岁，勘验时发现，受害人"上衣被推至双乳之上，裤子被扒至膝盖处，颈部被刺割，上身共有刀伤 8 处，左乳头及背部有 30cm×24cm 的皮肉缺失"。

5. 1998 年 7 月 30 日下午 6 时许，白银供电局职工曾某年仅 8 岁的女儿苗苗（化名）被害于该局计量所 4 楼 414 号家中（简称 98.7.30 案件），勘验时发现，受害人"下身赤裸，颈部系有皮带，阴部被撕裂并检出精子"。

6. 1998 年 11 月 30 日 11 时许，家住白银区女青年崔某在家中被害（简称 98.11.30 案件），勘验时发现，受害人"颈部被切开，上身有 22 处刀伤，下身赤裸，双乳、双手及阴部缺失"。

7. 2000 年 11 月 20 日 11 时许，28 岁的白银女工罗某在该厂平房家属区自己家中被人杀害（简称 00.11.20 案件），勘验时发现，受害人"颈部被切开，裤子被扒至膝盖处，双手缺失"。

8. 2001 年 5 月 22 日 9 时许，家住白银区的 28 岁女护士张某在家中被害（简称 01.5.22 案件），勘验时发现，受害人"颈部等处有锐器伤 16 处，并遭强奸"。

9. 2002年2月9日下午1时许，住在白银区客户朱某在自己的客房中被害（简称02.2.09案件），被害时25岁，勘验时发现，受害人"颈部被切开，上衣被推至双乳之上，下身赤裸，遭到强奸"。

较近的案件发生在2002年，一名25岁女性被害。虽然与最初发案的相隔时间有14年之久，但其作案方式仍然基本相同。

从此案例中可以清楚地看出，此犯罪人具有明显的悖德狂与性变态（性欲畸形与性目的变态）的变态心理特征，是一名典型的色情杀人狂。

目前，对于反社会型人格障碍与精神病态概念之间是否存在着本质差异存在着"同质论"与"差异论"的观点。其中，"同质论"认为，反社会型人格障碍与精神病态行为在心理本质上一致的，其在行为特征上也具有密切的联系，只是其人格障碍及行为特征所指向的侧重点有所不同而已；而"差异论"则认为反社会型人格障碍并不能等同于精神病态，其重点在于强调行为人具有反社会的人格特质体现于极端消极人际关系方面的特征，如虚伪、欺诈、极易剥削人，自私而无情，利用他人满足自己的欲望，并将其合理化等。简而言之，反社会型人格障碍更多地指向行为人的反社会行为及危害性，而精神病态则更为强调行为人心理世界的自私、邪恶、冷酷等极端阴暗层面。

Hare（1999）在研究的基础上提出了一种互动的模式，认为遗传因素提供大脑功能的生物学基础以及基本的人格结构，又影响个体对人生经历以及社会环境进行反应和互动的方式。具体而言，反社会人格具有的生物学天赋，一方面，为社会化以及良知的形成提供了一个不利的基础；另一方面，社会因素以及父母的管教方式等影响了障碍发展以及行为表现的方式。那些在稳定的家庭中成长的具有反社会人格特质的个体，有机会得到积极的社会与教育资源，可能会成为白领犯罪人，或成为阴暗的企业家、政治家或某方面的专门人才。而那些具有被剥夺和被干扰的背景的个体，则可能成为一个流浪者、贪财者或暴力犯罪人。Hare认为，社会因素以及父母的管教方式只影响反社会人格障碍者的行为表现，很少会深刻影响到他们体验同情或者发展内心良知的无能。[1]

关于反社会型人格障碍及精神病态的犯罪盛行率，美国精神病协学会（1994年）估计反社会型人格障碍的总体比例为男性约有3%，女性约有1%；在接受治疗的临床样本中，西方国家精神病态的估计盛

---

[1]　刘邦惠、黄希庭："国外反社会人格研究述评"，载《心理科学进展》2007年第2期。

行率为3%~30%。

当今临床上普遍使用的心理疾病诊断标准，如 DSM-4、ICD-10、CCMD-3 等都没有精神病态的专项诊断标准，只有与之相近的反社会型人格障碍诊断标准。关于精神病态的心理测量，目前作用最为广泛的测量工具是 R. 黑尔组织编制的包括22项的精神病态核查表（Psychopathy Checklist，PCL）及其20项修订版（PCL-R）。研究者通过半结构化的访谈或间接资料查阅，对个体的人际关系、情感、生活方式等内容进行评分（0-1-2分），以判断个体是否符合精神病态标准。量表得分在30分以上者可以被评定为原发性精神病态（在具体的研究与临床环境中，使用的划分点从25-30分不等），21-29分被除数划分为"中间型"，得分低于12分者可以排除精神病态。PCL-R 于2003年发布了第二版，具有较高的信效度，被广泛应用于研究、临床与司法实践中对于精神病态的评定，被称为精神病态评定的"金标准"。

PCL量表在很大程度上基于克莱克利对于精神病态的定义，但其编制目的主要用于鉴别在监的男性罪犯、司法过程中或精神病人中的精神病态者。

黑尔（Hare）与克莱克利（Cleckley）对精神病态行为描述的对照[1]

PCL 量表	克莱克利的原发性精神病态标准
外表迷人	外表迷人和高智力
夸大的自尊感	病理的自我中心
病理性说谎	不真诚和伪善
操纵他人/欺骗	操纵欲强
缺乏负罪感	缺乏负罪感
情感浅薄	情感反应贫乏
冷酷并缺乏同情心	人际关系淡漠
不为自己的行为负责	不可靠
性行为混乱	性生活冷淡
缺乏现实的长期目标	无法执行其生活计划
行为控制力差	冲动行为
对刺激的高度需求/易于乏味	动机不良的反社会行为
没有责任感	错误的判断
	没有妄想或神经症状
	极少自杀

---

[1] [美] Curt R. Bartol，Anne M. Bartol：《犯罪心理学》，杨波、李林等译，中国轻工业出版社2009年版，第102页。

　　此外，对于精神病态的心理测量工具还有精神病态核查表：筛查版（PCL：SV）、精神病态核查表：研究版（PCL：RV）、精神病态核查表：青少年版（PCL：YV）等评定量表，以及精神病态特质量表（Psychopathic Personality Inventory，PPI）、反社会行为筛选工具（Antisocial Process Screening Device，APSD）、精神病态筛选量表（Psychopathy Screen Scale，PS - 11）、李文森自我报告精神病态量表（LSRP）、米尔顿青少年临床测验（MACI-DEVICED）等自陈量表。

　　2. 偏执型人格障碍。偏执型人格障碍者的主要特征是：主观而固执；敏感而报复性强；自我评价过高、容易产生攻击行为；对周围的人缺乏基本的信赖，意志过分坚定、固执；坚信自己正确，对自己的缺点不允许别人批评，即使是合理的批评，也会引起他强烈的反击；心胸狭隘、好嫉妒、骄傲自大等。这种人格障碍也可成为妄想性精神病病前的人格基础。例如，下面案例中的 B 某就是由人格偏执导致杀人犯罪的。B 某自幼身有残疾，成年后经人介绍与一个农村姑娘结为夫妻，婚后生活还较美满，B 妻还在某厂谋取到业务员的工作。随着社会经济的发展，B 妻的工作日趋繁忙，在家的时间逐渐减少，而收入日益增多，这使 B 某自卑感日益严重，渐生疑心，又加之近年来听到一些风言风语，B 某的疑心更重，对其妻一举一动均要进行盘查，因此夫妻关系出现了裂痕。一次 B 某与妻争吵，当夜，争吵一天的 B 妻昏昏沉沉地睡去，B 某遂靠上前去想与妻子亲热一番，试探其反应，但其妻未予理睬。B 见妻子冷若冰霜，疑心大起，越想越生气，终于失去理智从床下找出一钝器，狠狠地朝妻子头上砸去。B 妻当即死亡，之后 B 某到派出所投案自首。在这个案例中，B 某缺乏对妻子的基本信任，敏感而多疑，心胸狭隘，这种偏执型人格障碍的心理状态毁灭了一个本应幸福的家庭。

　　3. 情感型人格障碍。情感型人格障碍又称情绪不稳定型和循环型人格障碍。其基本特征是：情绪极不稳定，忽高忽低，可持续地情绪低落。抑郁不振奋；或持续地高涨，精神振奋；或两者交零星出现，喜怒无常，变化多端。所以，又有人把这种人格障碍分为三种亚类型：抑郁型、躁狂型和躁郁型。这种人格障碍是情感性精神病产生的人格基础。在这种人的一生中，极端情绪状态始终占据优势，激惹性高，微不足道的小事能引起强烈的冲动，毁物伤人，甚至不顾一切后果而进行殊死的争吵、斗殴。因此，常常出现"事过后悔，以后再犯"的情形。

　　4. 爆发型人格障碍。爆发型人格障碍的主要特点是：常常因微小

此类犯罪人，通俗地被称为"色情杀人狂"

主观固执、敏感多疑而富有报复性的心理与行为方式

的刺激而爆发非常强烈的愤怒情绪和冲动行为，自己完全不能控制。在间歇期是正常的，对情绪发作时的所作所为后悔不已，但不能防止再发。这类人的发作类似"癫痫"，故也称作"类癫痫性人格"，但实际上与癫痫并无实质的关联。这类人常有以下表现：暴力攻击行为，动辄殴打妻子和儿女；病理性醉酒，因少量饮酒引起强暴行为，事后不能回忆；冲动性性行为；违反交通规则和发生严重车祸。这类人在情绪爆发时往往导致灾难性的后果，导致犯罪的结局。

5. 轻佻型人格障碍。这类人主要的特点是举止轻浮、行为失当；虚荣心强，好夸张，不顾廉耻，以编造谎言，诱人上当为乐趣。这类人格障碍者常进行诈骗、卖淫等违法犯罪活动。如某农村妇女，25岁，幼年聪明活泼，深受父母溺爱。婚后不满其丈夫老实无能，公开地招蜂惹蝶，常常在众目睽睽下同情夫接吻拥抱。其父加以鞭笞，也嬉笑不改，持无所谓态度，毫无羞耻感，后发展至卖淫，直到被公安机关处理。

6. 怪癖型人格障碍。这一类人主要的特点是存在一种顽固的、以内心体验为目的的、常人难以理解的怪癖。常见的怪癖型人格障碍有"纵火癖"、"偷窃癖"、"谎言癖"、"赌博癖"、"怪恋癖"等。①纵火癖，或称为纵火狂，其特点是不以进行报复与有意破坏为目的，也不是"过失失火"，而是以纵火为最大乐趣的心理变态。常常是先在家中进行小规模的放火、烧东西，继而到外面无目的地随意纵火。纵火狂具有典型的、极端的病态性纵火动机，即行为人在不可抗拒的冲动或盲目热情的驱使下，伴随着纵火的强烈欲望的纵火动机。此类纵火犯一般要经历纵火前的紧张状态，而一旦火灾发生时就感到特别的兴奋、冲动与满足。犯罪人对纵火的过程十分沉迷，即使在事后存在某些罪过与悔意，但对于纵火过程的快乐、兴奋体验会持续地驱使犯罪人再次地进行纵火。其犯罪动机与犯罪行为具有明显的周期性、强迫性、冲动性的特征。精神分析认为，纵火狂的纵火行为是以火焰燃烧代表其性本能的力量释放，其间行为人仿佛体验到一种强烈的"性快感"。犯罪人往往能从火焰的颜色、温度感受及受害人的紧张、危险状态中感受到性快感，这是一种原始性本能置换而产生的变态性乐趣。因此，也称之为"色情纵火狂"。这种纵火动机与常态纵火犯罪的暴力报复、愤怒、获得物质利益或掩饰动机存在着本质的差异。②偷窃癖，其特点是不以攫取经济利益或自己使用为目的，而是在一种无法控制的偷窃冲动的驱使下，专门以偷窃他人和集体财物为乐趣，从中获得某种特殊快感的变态心理。在行窃方式上有许多特点，有的在行窃之后将东西又送还原主，下次再偷；有的偷了张三的东西转送给李四；有的则将偷来的东西扔掉或登记并贮藏，供以后自己独自欣赏，等等。③谎言癖，其特点是不以诈骗为目的，仅以谎言来获取个人变态心理的满足。他们常以虚构个人的出身与经历为主要内容，但与有明确动机的诈骗犯有本质的不同，往往不至于构成犯罪情节。④赌博癖，是指赌博成瘾，嗜赌如命的一种变态心理。有此癖的人，对人冷酷无情，对工作敷衍塞责，对社会无责任心，对各种正常的文娱活动均不感兴趣，觉得只有赌博才是他们生活的中心和目的。他们无视舆论的谴责和法律的制裁，往往不惜倾家荡产、家破人亡，醉心于赌博。⑤怪恋癖，是一种在性爱问题上的人格障碍，多见于男性。其特点表现为专门选择某种特殊的恋爱对象（如有夫之妇、卖淫女等），以满足其特殊需要的变态心理。他们与这些女性交往后，却要求对方绝对忠贞于己。有的专门挑选行为轻佻、放荡的女性作为"恋爱"对象，以便从女方的放荡行为中激起自己强烈的嫉妒情绪，对方的行为越放荡，他们投入的热情也就越高，更能激起自己嫉妒心理和别人的嫉妒心理，以满足变态的心理需要。这种怪恋者通常会引起人际情感、家庭纠纷，也可能引起情杀和破坏他人婚姻关系的犯罪。

在人格障碍导致违法犯罪的司法实践中，并非都是某种单一的人格障碍导致违法犯罪，有的是属于混合型，可能由多种人格障碍共同导致犯罪行为。

第三节　性变态与犯罪

一、性变态概述

（一）性变态的概念

性变态，又称性倒错，是指在寻求性满足对象和性满足方式及性目的上与正常人不一样，并且违反了所处社会的道德标准和习俗而获得性满足的心理与行为。①性变态者寻求性满足的对象与常人不同。正常人寻求的性满足对象是成年异性，而此类人则寻求异性的衣裤及其他用品，还有的性变态者则以同性、未成年的儿童，甚至异性的尸体等为性满足的对象。②性变态者在性满足的方式上也与正常人有异。有的性变态者是通过穿戴女性的服装来获得性满足，还有的性变态者是通过在异

性变态的表现：性对象与性方式及性目的的变态。（参见性变态类别）

性面前裸露生殖器，或潜入厕所偷看异性生殖器，在公共场所有意用生殖器接触异性身体，或者通过对性对象的残酷折磨等方式来获得性满足。性变态者性结合所使用的身体部位在解剖学上出现变位，使身体的其他部位如口、肛门等也成为性追逐的目标。③性目的的变态。性心理与性行为背离性心理的本来取向，而转向为报复、嫉妒或者控制欲、权力欲、自我显示欲的实现。

（二）性变态与人格障碍

性变态在医学和临床精神疾病学中的位置类似人格障碍，属于中等程度的心理变态。也有的学者认为，性变态可能与人格障碍有着病原学上的关系，是人格障碍的一种表现，例如，一个好斗且残忍的人在其两性关系上可能是一个施虐淫者。但是，性变态者不一定都具有人格障碍者的特点，大多数性变态的人都能很好地适应社会生活，其中很多人智力水平相对较高，对艺术、音乐、戏剧、电影和文学等方面有着浓厚的兴趣，并取得较出色的成就。性变态的人身心素质往往有改变，但在一定环境条件的约束下，可以较大程度上控制自己，而单纯的人格障碍者则较不可能。因此，可以认为性变态的发生在很大程度上与一定的人格障碍有关，但不一定伴发有严重的人格障碍。

（三）性变态与性犯罪

性犯罪是从司法角度提出的，涉及范围既包括性变态违法犯罪，也包括纯属犯罪性质的行为，如强奸、轮奸妇女、污辱女性等。具有性变态的人，当其歪曲的性冲动付诸行动时，大多会导致违法。这种违法的性质与那些流氓、强奸作案存在着心理动机差别，是受变态心理的驱使所致。这类人平时工作表现一般较好，有的还有相当不错的表现，所以当其出现异常行为时往往使周围人感到意外。对他们应进行心理治疗，只有矫正其不良的性心理变态，才能最终制止他们顽固而冲动的性变态行为。

二、性变态的形成因素

现代心理学、性医学和精神医学研究认为，性心理变态的产生原因是多层次、多方面的，是多种因素交互作用的结果。主要表现于以下三个方面：

（一）生物因素

某些类型的性变态者中存在着不同程度的遗传因素的影响；同时体质、解剖结构、生理的疾病与损伤等因素，对性心理或性行为异常的产生和发展起着一定的作用；一些神经症、精神病也可能直接引发变态行为，如颞叶癫痫患者可表现为异性装扮癖、恋物癖、同性恋等行为。

（二）心理因素

精神分析理论认为，性变态的发生是一个人早期心理发展的障碍所导致的后果。如父母不和甚至经常打架，使孩子在情感上受到伤害，偏爱父母的一方而厌恶另一方；让孩子穿着异性服装，剪成异性发式，当做异性的孩子来抚养等，都对孩子的心理发育具有极大的伤害。近代心理学家认为，形成性心理与性行为异常的心理因素：①往往与性的紧张状态和消极情绪有关；②往往与性动机的冲突有关；③与挫折的情境与行为有关；④与心理防御机制弱化有关；⑤与人际关系适应不良有关。此外，个人的性格特点也有一定的影响，如绝大多数男性性心理变态者的人格特质是内向性的，更倾向于表现沉默寡言，不善于社交活动。

精神分析学派特别强调早期经历影响的重要性

（三）社会文化因素

社会学的观点认为，性变态是社会文化环境不良因素影响的结果，与社会环境、家庭环境、文化历史背景以及与异性交往受挫有关。尤其是幼年时期的性教育和与异性交往受挫的影响对性变态的形成起着重要作用。例如，对男孩子遗精现象，或者出现早期的性冲动，家长如果过分回避、责骂或采用错误的方法做性游戏，往往对儿童性心理的发育产生相当消极的影响。当未成年人或成人的性心理要求，由于现实的阻拦而不能得到宣泄满足时，就可能以特有的幼儿性欲形式直接表现出来，形成性变态行为，以达到性本能冲动的非正常满足。

总之，上述几种影响性变态的因素中，社会文化因素的影响是主导的方面，遗传、病理因素是心理变态的物质基础。但具体到某一种类型的性变态或某一个性变态者，情况则比较复杂，究竟哪种因素是主要的，需要具体情况具体分析。按照事物发展的规律，外因是变化的条件，内因是变化的根据，外因通过内因而起作用。性变态者大多有不良的人格因素的基础，而在受到不良社会环境的刺激后导致了性心理与行为的变态。

三、性变态与犯罪

（一）性变态者违法犯罪的特点

性变态者的违法犯罪与一般的性犯罪存在着明显的差异，其主要特点表现为：

1. 性变态者作案一般都是有预谋、有计划、有选择的。例如，露阴癖者不会在自己的女儿面前发生这种变态行为，总是选择那些年轻漂亮的陌生女性。多数恋尸癖者总是选择那些未婚的女性尸体进行奸尸，施虐色情杀人狂只对陌生人施暴。

2. 作案有一定的较为固定的行为模式并系列性作案，手段残忍。如被称为"鹤乡魔鬼"的陈某作案多起，每次作案时都是用事先准备的钢锯条戳击女性的生殖器，致使受害者鲜血淋淋、疼痛难忍，或昏厥，或致伤残、重伤死亡。

3. 有自我保护能力，犯罪人往往会采取某些掩饰罪行和逃避打击的反侦查手段。

4. 抓获后较容易对问题进行如实供述，对犯罪过程能较清楚地陈述与坦白，但其内心的疯狂性与抗拒往往导致其犯罪心理难以矫正，其违法犯罪行为具有较大可能的反复性。

（二）性变态类型与犯罪

性变态的类型可大致划分为三大类：第一类，性爱对象的变态，包括恋童癖、乱伦癖、恋尸癖、恋物癖、恋兽癖等。第二类，性行为方式的变态，主要有异装癖、露阴癖、窥阴癖、摩擦癖、淫语癖、手淫癖、口淫癖和鸡奸癖等。第三类，性目的变态，有性虐待狂，受虐淫癖、自虐淫癖、性窒息与性缢死等。此外，还有易性癖等少量其他性变态类型。

性变态并不一定导致犯罪，但有些性变态类型与违法犯罪关系极为密切。在性变态犯罪的案例分析中发现，恋童癖、露阴癖、窥阴癖和施虐淫等四种性变态经常与性犯罪有关，同性恋这种性变态有时也会导致犯罪行为。下面，是几种与犯罪有密切关系的性变态种类。

1. 恋童癖。其又称为"恋童色情狂"，指恋童癖者性满足的对象指向性发育未成熟的儿童。恋童癖者可分为异性恋童癖、同性恋童癖和乱伦恋童癖三种，多见于男性。这些人常以猥亵和奸淫儿童获得性欲的满足。常涉及奸淫幼女，鸡奸幼童、强迫儿童口淫等流氓犯罪行为。有研究者发现，恋童癖罪犯由于各种原因难于和成年妇女发生正常性关系，他们通常具有强迫性人格、依附性较重，缺乏自信，拘泥于小节、沉默寡言，不善于交际等特点。患者中多有阳痿、性功能障碍。如某小学教员在任教 5 年中对 9 至 14 岁幼女多人实施猥亵等下流行为，甚至还有给她们写情书等多种反常的表现。恋童症的行为人是各国重点打击对象，司法界倾向于司法重典打击，如性犯罪人严格登记报告制度，甚至于可采用"物理去势"（化学阉割）的司法惩罚措施。

西方国家一项对一般人群的回溯性调查显示，有 1/4 到 1/3 的女性和 1/10 的男性在儿童时期遭受到了性侵害，其中只有 35% 的受害儿童向家长或司法机关报告。Russell 于 1978 年的调查表明，有 28% 的受访者报告在 14 岁之前至少受到过一次的性侵害。

恋童癖的加害者主要是男性，但并不是全部。美国的全国儿童虐待与疏忽中心（NCAN）报告中表明存在着女性加害者（1981 年）。在女孩的性虐待中有 5% 的女性罪犯，而对男孩的性虐待中大约有 20% 的女性罪犯（Russell，Finkelhor，1984）。

在儿童性侵害模式的研究中，两种具有代表性的分类是美国马萨诸塞州治疗中心与格罗斯的恋童癖行为模式。

美国马萨诸塞州治疗中心发展形成的恋童癖行为模式分类将恋童癖区分为固着型、退化型、剥削型与虐待型四种。①固着型恋童癖，或称为幼稚型恋童癖，表现出把儿童看成是自己的性及社交方面的伴侣，对儿童有长期而唯一的偏好，很少结婚成家者。通常只在其与儿童非常熟悉时才会发生性接触，并且很少使用攻击方式。他们从来不能够与成年同伴建立一种成熟的关系，无论男女。这类罪犯很难治疗矫正，也最容易再犯。②退化型恋童癖，有正常的青春期与同伴关系，并且有异性恋的经历，但后期出现了男性气概不足和自我怀疑的情感。他们每次恋童癖行为通常是由于自己遭受男性或女性同伴对自己性能力的打击而促发的。被害者总是陌生的女孩，这类犯罪人多数在事后懊悔，其预后较好。③剥削型恋童癖，侵害儿童的主要目的是为了满足其性需要，他们利用儿童的弱点，通过各种方法或者诡计使儿童顺从，如果有必要，他们会使用暴力和身体攻击以达目的。人际技能方面存在明显的缺陷，这可能是他选择儿童作为侵害目标的主要原因。这类罪犯难以矫正，因而，其人际缺陷会扩展到其生活的各个方面。④虐待型恋童癖，是出于性与攻击两方面原因而侵害儿童。这类犯罪人往往有很长的反社会行为的历史，而且能适应环境。他们大部分偏好同性别儿童。因为其犯罪的主要目的是获得刺激而不关心对被害者的伤害，所以，他们会非常残忍而邪恶地伤害儿童。对儿童造成的伤害与痛苦越大，他们就越感到性兴奋。诱拐和谋杀儿童的罪犯大多数是这类型的恋童癖。临床上，这类恋童癖犯罪人最难以矫正。马萨诸塞州治疗中心的儿童性侵害分类是将退化型与固着型恋童癖分为三个不同因素——对儿童固着程度、社交能力水平、犯罪人和儿童的接触次数；将性侵害区分为身体伤害和虐待两个成分；增加自恋型的类型。

美国学者格罗斯提出了恋童癖行为模式，它根据犯罪人行为模式的持续时间和心理目标而对儿童加害人的假说性分类：性压力犯罪人与性暴力犯罪人。①性压力犯罪人，这类犯罪人的特征相对而言缺乏身体的暴力，犯罪人渴望将儿童当做一个爱的对象。可以进一步区分为怂恿型（说服型）和引诱型两个亚类型。②性暴力犯罪人，这类犯罪人使用强迫或身体暴力以达到性目的，包括利用型（为了性宣泄而使用儿童）与施虐型（犯罪人的快感来自对儿童的伤害和羞辱）两个亚类型。

对于恋童癖的解释，大多数集中于单一因素上，如男子气概不足与性无能，把它看成是成人对儿童的性与社交偏好的主要原因。尽管这种"性无能假设"有一定的解释力，但是不足以解释所有的和多样的恋童症行为。

西方学者 Finkelhor 和 Araji 1986 年在研究报告和临床文献中综述了对恋童癖现象四种解释的理论：情绪吻合理论、性唤醒理论、阻碍理论与去抑制理论。

2. 露阴癖。露阴癖是通过向陌生人（主要对象是异性）暴露自己的生殖器而达到性兴奋的强迫性癖好。此类行为人常驻在僻静处或公共场所守候，当陌生异性走近时突然显露其生殖露，或同时伴有手淫等其他行为。但通常没有进一步骚扰受害者或寻求与受害者的性接触。露阴癖者的性兴奋和性满足来自他所看到的被害者的惊恐、害怕、厌恶等情绪反应，受害者反应越强烈，他越兴奋。如果受害者很平静，没有表现出害怕和惊恐，他会感到失望，并强化地低估自己。可见，裸露生殖器和观察异性受害者的反应，是露阴癖者获得性兴奋而达到性满足的两个不可分割的方面。例如，某男是一个平常工作表现好的青年。自入夏以来，连续 10 余次夜间等候下班女青年路过时，立即暴露出生殖器，当女青年出现惊慌恐惧、害怕等情绪反应时，迅即逃离。被抓获后，自己供述"我也不知怎么搞的，这样做觉得有说不出的开心，我也晓得这是违法行为，可就是控制不住自己"。美国麻省东俞桥地区法院自1956年至1980年，先后检查和审理了214名露阴癖的案件，对其中37名露阴癖患者进行了系统随访和治疗。结果发现，这些人中绝大多数有性心理障碍，性格内向者居多，沉默寡言，见到女性表现羞涩，除露阴行为外，其他任何表现和行为都是不惹人注目的。由此可以看出，露阴癖者的性变态行为不仅与其性生理功能障碍有密切的关系，而且也与其人格特征有关。

3. 窥阴（淫）癖。窥阴癖属于性行为方式的一种变态行为，是指通过暗中窥视异性裸体、排便过程、性交行为等方式来满足性需求的癖好。在窥阴时常伴有手淫，但对受害者无进一步性接触和性暴力行为。此患者只见于男性。这种性变态者常隐藏于公共厕所后面直接地或用反光镜窥视女性阴部，有的则窥视女性洗澡，或通过窗户窥视年轻夫妇的性生活。这类人窥视的愿望十分强烈，并伴有强烈的紧张感，通过异常的窥视行为后紧张感消失并获得性满足。窥阴癖行为者一般都较内向，平时多与人保持良好的人际关系，社会适应能力良好。有的人还是一贯品行端正、工作和生活作风表现好的人。所以，一旦发生性异常行为，周围的人感到十分惊奇，认为不可思议。例如，一个男大学生，自幼性格孤僻，不喜欢交往，怕羞、胆小，品行端正、老实，学习成绩良好。自7岁时出于好奇到女厕所，受到老师批评，青春期随着性发育，对淫秽书籍和画报尤为喜欢，产生对女性性器官的特殊兴趣，后发展至对窥视女性外阴部有强烈的兴趣，并体验到奇特的心理快感，有一种难于抑制的性冲动，并多次付诸行动，直到最后被抓获。

4. 施虐淫癖。施虐淫癖，又称性虐待狂、施虐狂等，这类人常常通过对异性性对象的残酷地折磨、虐待等手段，使异性对象肉体和精神遭受严重痛苦，从给对方造成的极大痛楚中获得强烈的性快感达到满足，主要是男性。其施虐的方式有咬、打、撕、针刺、捆绑、烙烫、割伤肌肤、毁伤面容、切割头发、乳房、阴部等，有的甚至残杀、毁尸、食肉，其手段十分残忍、冷酷、灭绝人性。这种类型的性变态对社会的危害性最严重，影响最为恶劣，是在性变态犯罪中发生率最高的一种性变态之一。施虐淫癖变态心理发展到极端时可成为"色情杀人狂"，他们为了获得性快感最大的满足可以惨无人道地杀害女性。国外的这类案件较为多见。施虐狂常常伴随着对应的受虐狂角色，或者两种角色在一人身上同时存在，或互动变换角色。当施虐狂与受虐狂行为超过限度，就可能导致对方的健康或生命的极端危害。

上述各种性变态者的变态心理和行为是各种各样的原因所致，当这些变态者犯罪人进入监狱服刑后，只对这类人进行思想教育、劳动改造往往不能产生积极而持久的效果。因为他们易于导致违法犯罪行为的变态心理结构并没有消除，出狱后还会重新犯罪、入狱，所以，对这类人除了加强改造外，还应有计划地系统进行行为模式与特定心理矫治，彻底除掉其变态行为的症结，方能使其成为一个正常的社会公民。

第四节　精神病患者的危害社会行为

一、精神病概述

（一）精神病的概念

精神病是一种心理机能完全紊乱的精神疾病，是一种严重的心理变态。精神病人心理活动的各个方面严重失调，反映机能受到严重损害，丧失了正常的理智和行为反应。他们对客观现实的反映是歪曲、错误的，不能客观地区分自己的心理现象与外界现实，不能正常地参与社会生活，往往给社会带来严重的危害。精神病人常常存在一些病理心理，例如，意识朦胧状态、病理性幻觉、妄想与思维逻辑障碍、严重的精神运动性兴奋与强制性行为等。在上述病理心理的驱使下，精神病人往往丧失了辨认能力或者不能控制自己的行为，表现出各种离奇、荒谬或者对自己和他人危害严重的行为。

（二）精神病患者的变态心理特征

精神病患者的变态心理特征主要有以下两个方面：①丧失了辨认能力。辨认能力就是对事物的分析、理解、判断等认识能力。缺乏辨认能力，就会是非不分，真假难辨，不能区分善恶美丑，会对事物做出歪曲、错误的反映；同时，对自身的心理状态也不能进行自我分析与认识，没有自知之明。是否具有辨认能力是区分精神病人与正常人的主要标志。②没有自制力。所谓自制力，就是指对自己的情感与行为的调节与控制的能力。精神病人由于丧失了辨认能力，不能正确地反映客观现实，更不能认识到自己行为的严重后果，因此，常常出于本能欲望或生理需求的冲动（性本能与攻击本能最为突出），毫无节制、无所顾忌地爆发出来，给社会造成极大的危害，不仅损人而且害己。所以，精神病人的危害社会行为与其他精神疾病患者如人格障碍、性变态的人等犯罪时所具有的心理态度与特征有所不同，法律上的处置也有所区别（即法律设计上的心理根据）。

二、精神病的形成因素

精神病是最严重的一类精神疾病或障碍。精神病的病因主要有以下几个方面：

（一）生物学因素

包括遗传、病理、躯体等因素。采用家谱调查方法发现，精神分裂症、躁狂症等病患者的亲属中，同样疾病的患病率远高于一般居民。与患者的血缘关系愈近，患病率也愈高，单卵孪生者的同病率最高。国外学者还在生物化学方面对病因和发病机制上做了许多研究，随着分子生物学技术在医学领域的应用、精神药理学的开展、中枢神经介质研究的深入开展，对精神病的物质基础的发病机制等研究已取得了不少的成果。如证明偏执型精神病的发病可能与多巴胺功能亢进有关，躁狂状态和抑郁状态病人的脑内五羟色胺含量较低。躯体因素是各种器质性精神病的主要致病因素，尤其是症状性精神病，躯体疾病常为导致精神障碍的直接原因，有时随着原发躯体疾病的痊愈或好转，精神症状也随之消失。导致精神病的躯体因素较多见的有感染、中毒、躯体疾患和外伤等情况。

（二）心理学因素

与精神病形成有关的心理学因素主要包括病前个性特征、精神因素等。病前个性特征是指个体在遗传的基础上，在发育成长过程中，对内在及外界环境反应的思维、情绪及行为模式。个体对外界环境反应模式有内向型和外向型两类。一般认为，精神分裂症患者病前多倾向于内向性格，躁狂抑郁症状患者病前多倾向于外向性格。精神因素泛指亲人死亡、思想矛盾、家庭不和、失业、离婚、亲属和本人生病、自然灾祸、意外事故以及各种精神紧张。这些因素一般是与患者本人机体切身需要以及本人价值系统密切联系而构成致病效应。精神因素可分为急性和慢性两类，前者精神创伤的时间虽然不长，但很强烈，后者精神刺激强烈，且持续时间较长，使患者的精神上不断地受到折磨。也有些精神病人病前的精神刺激仅仅是一个诱发因素。

三、精神病与违法犯罪

（一）精神病人违法犯罪的特点

国内外大量的司法精神病鉴定中，发现某些类型的精神病患者对社会的危害是很大的。一些司法鉴定实践发现，精神病患者的危害行为中以凶杀案居多，也有其他各种扰乱社会治安、生活秩序的一般案件。根据对大量案例的分析，精神病患者的危害社会行为主要有下列一些特点：

1. 精神病患者违法犯罪的显著特点是受其变态心理和精神病态所制约，因而其行为是他们自己无法控制的。某些病人在其幻觉、妄想的病理心态支配下进行违法犯罪活动。例如，某精神分裂症病人妄想中确信即将发生大地震，无数人将毁于天灾，为了拯救人类，必须杀掉少数人才能防止地震，因此连续杀人多起。

2. 作案动机模糊不清或离奇古怪或处于无意识状态，使常人难以理解，作案事先无目的计划，也缺乏充分准备。在大量的精神病人凶杀案中，绝大部分案例是在无计划、无准备的情况下突然发生的。有少数精神病人也可以做到有预谋、有计划地作案，但仍与正常杀人犯有别，他们不计后果、不掩盖、不后悔，如被抓后，对案情供认不讳。例如，某女杀人犯，在其嫉妒妄想支配下杀死了自己的丈夫。她被抓后供认，因为认为丈夫已经不爱自己而爱自己的母亲，所以就把丈夫杀了，对自己作案手段及细节也供认不讳。

性本能与攻击本能在精神病越轨行为中的突出表现

3. 精神病人作案手段极其残忍，凶狠。在违法犯罪行为发生后，对行为的后果缺乏认识，大多没有逃脱法网的企图，也不认为有什么过错。例如，某青年农民，20 岁，从青春期开始有间歇性癫痫大发作。一日傍晚，忽见他醉态朦胧、脸红目赤，手持一柄砍柴的斧子从家中奔出，遇人便砍杀，连续砍伤七八人，砍死一个老太太，不一会就倒地酣睡。醒后责问他，他什么也不记得了。

4. 精神病患者作案往往是在某外界诱因作用下实施的，违法犯罪行为是典型的冲动性行为；而且，精神病患者只单独作案，也缺乏自我保护的意识与具体措施。

（二）精神病的类型及其社会危害性

精神病的主要症状是各种严重的精神异常。在精神异常状态下的患者并不都会产生违法犯罪行为，但某些精神病人一旦实施危害社会的行为，手段往往十分残忍，造成的危害社会的后果也比较严重。与实施社会危害性行为联系比较多的精神病主要有以下几类：

1. 精神分裂症。据我国某些地区司法精神病鉴定资料统计，精神分裂症在精神病案例中所占比率最高，约占50％左右。精神分裂症是一种最常见的精神病，是指心理活动的分裂和不协调。精神分裂症的症状多种多样，可以说精神病的各种症状，都可以出现在这种疾病的患者中。按其临床表现的特点可分为单纯、青春、妄想与紧张四大类型，此外还有混合型或未分化型，分别介绍如下：

（1）单纯型。发病多在青少年期，起病缓慢，不易引起人们注意，容易被疏忽或误认为"懒惰"、"不求上进"等思想品质问题。患者在早期可有失眠、头昏、乏力、注意力涣散、精神萎靡等症状，类似神经衰弱，随后，性格逐渐改变，表现为情感淡漠、思维贫乏、意志欠缺与孤独退缩，对任何事情均无兴趣，学习成绩下降，工作散漫，常出差错。病情严重时与外界环境完全隔离，精神衰退日益明显，但很少有幻觉、妄想、离奇行为的表现，故称单纯型。患者较少发生违法犯罪行为，但也有极少数涉及侮辱妇女、偷窃、无动机的杀人等行为。

（2）青春型。多见于青年患者，但并非只见于年轻者。发病可急可缓，发病后，患者逐渐表现为孤僻，情绪不稳定。随着病情的发展，情感障碍愈加明显，主要症状是思维散漫，情绪变幻无常，幼稚愚蠢，行为紊乱，兴奋躁动等。性色彩常较明显，男性患者可出现猥亵、强奸等违法行为，女性患者则易被人奸淫，因此被称为"花痴"，他们很少出现杀人等严重案件，在情绪激动时也可发生冲动伤人。

（3）妄想型。这是精神分裂症中较为多见的一种。以妄想为主要症状，常伴有幻觉，并有精神分裂症的其他基本症状，如思维障碍、情感障碍等。发病初期，患者敏感、多疑，怀疑有人在背后议论或不信任自己。这种多疑逐渐发展，而形成关系妄想，总觉得周围发生的一切现象都与自己有密切的关联，关系妄想所牵连的范围愈来愈广，而逐渐形成被害妄想。除被害妄想外，还可有夸大、嫉妒、钟情、疑病、非血统等妄想，这些妄想与被害妄想有不同程度的联系。患者由于幻想、妄想、思维逻辑障碍等的支配，可能在特异事件的诱发下发生各种严重的危害行为。

（4）紧张型。发病亦多在青年期，早期表现萎靡无力，食欲不振，怠惰少动，对任何事物都无兴趣，情绪低落。随着疾病的发展，则有紧张性兴奋与紧张性木僵两种状态。两者可交替出现。在木僵状态中，病人表现为不言不语、不食不动的状态；在兴奋状态中，患者兴奋、激动、行为暴烈，常可出现丰富幻觉。患者自木僵状态突然转变为兴奋状态时，易毁物、伤人而造成意外危害后果。

2. 偏执性精神病。其又称妄想性精神病，是一组以妄想为主要症状的内源性精神病。其妄想常具有系统化倾向，有的可伴有幻觉，一般不会导致人格衰退及智能缺损，在病初的多数时间中，尚能保持一定的工作与适应社会的能力。

本症患者常有很特殊的性格，即偏执性格，具体表现为固执、主观、敏感、多疑、自我评价过高，当与周围发生冲突时，经常归咎于他人，常有"怀才不遇"之感，因而怨天尤人，并频繁调动工作，与领导、同事关系常不融洽，当矛盾严重时，借助于幻想逃避现实。起病前多发现有精神刺激，如工作调动、人际矛盾、事业受挫折、生活困难等，对疾病发生起了诱发作用。偏执性精神病主要包括如下两种类型：

（1）偏执狂。其又称妄想狂，指一类逐渐发病的慢性系统性妄想状态。一般由内因引起，以妄想为疾病最突出的症状，但在思维、意志及行为方面可能表现正常。这是一种较少见的疾病，多发于中年男性，以脑力劳动者居多。患者的妄想集中反映某些体验而不涉及与这些体验无关的事。推理过程具有一定逻辑性，条理清楚，自成体系。病人的人格基本保持完整，情感与思维保持一致，没有幻觉或其他精神异常，容易被误认为是精神正常。

（2）类偏狂。其又称"偏执状态"。基本情况与偏执狂相同，但其妄想系统化程度较差，有时出现幻觉。发病率较偏执狂多，起病年龄多在 30 岁以后。其人格缺陷与偏执狂者相似，急性精神创伤常为诱发因素，常发于文化程度较低者或身体有残疾者当中。症状主要为妄想，以被害妄想为主，也可见夸大、嫉妒、钟情等妄想。内容常与其处境有关。由于妄想的驱使，可以无休止地纠缠他人，攻击妄想对象或"仇人"，反复诉讼不止。

偏执性精神病人因其意志行为受妄想影响和支配，歪曲现实，失去正常的辨认能力，往往导致伤害、杀人、诬告、反社会言行等各种危害行为。例如，在被害妄想下，病人常以受害者身份缠讼不休，病情严重时，就很可能对妄想对象采取报复、攻击行为；嫉妒妄想往往发生在与病人关系密切的人当中，如配偶患者在妄想形成过程中，常常采取各种方法试探或拷问配偶的"奸情"经过及"情人"的姓名，一旦认为"证据"确凿，往往会去法院起诉，要求惩处"奸夫淫妇"；或对配偶及认定的"第三者"、"非亲生"子女，采取凶杀行为。这类病患者的妄想对象较为固定，当发生报复行为时，案前准备非常充分，对作案时间、地点、作案工具、作案手段等都作了十分周密的考虑，被害者常常缺乏防范的心理防备，所以暴力攻击的后果常常较为严重。

3. 情感性精神病。其又称躁狂抑郁症，是以情感异常为主要特征的一种精神病，情感或者表现得十分高涨，或者显得异常低沉、抑郁。其临床特征为单向或双向发作性的躁狂状态或抑郁状态反复出现，两次发病之间有明显的间歇期。间歇期可完全恢复正常，愈后一般较好，且很少进入衰退痴呆状态。发病多在青壮年时期。

（1）躁狂状态。其主要表现是情感高涨、思维敏捷、言语动作增多，这三大基本症状又称为躁狂"三联症"或"三高"。当躁狂状态出现时，病人往往眉飞色舞，内心充满喜悦和自信，这种情绪往往也感染与之相处的人；同时，思维敏捷，联想迅速，口若悬河，注意力转移快，精力十分旺盛，显得十分忙碌。违法行为较为少见，因为患者发病时神志清楚，对客观事物保持辨认能力，主要病理心理机制是情感高涨导致自我控制减弱，从而出现行为轻率、生活奢侈，道德观念薄弱、性欲亢进。常见案件类型有伤人、诈骗、偷窃、妨碍公共安全、性犯罪等。

（2）抑郁状态。其主要症状是情感低落、思维迟钝、动作行为减少，称为抑郁"三联症"或"三低"。患者终日愁眉苦脸，心事重重，消极悲观，甚至出现自杀行为；常感脑子迟钝、记忆困难、言语很少，有时低声细语地自责自罪，终日静坐，或卧床不起，活动明显减少。作案较躁狂症多见，主要病理心理机制是自我感觉水平降低，情绪低沉，悲观失望而出现强烈自杀观念。有时在罪恶、贫穷等妄想支配下，导致扩大性自杀与杀人，被害人往往是患者最亲近的人（如子女、老人、朋友）。

极端的抑郁状态可能诱发自杀或扩大性自杀（怜悯动机自杀）

（3）躁抑症。躁抑症分为循环型躁郁症和混合型躁郁症。循环型躁郁症是指躁狂和抑郁两相交替发作，在间歇期精神状态可完全恢复正常。混合型躁郁症是指在发病过程中，同时出现"三高"与"三低"交错混合的情况，这种类型临床上很少见，较常见是焦虑或激动性抑郁。其危害行为与上述两种状态大致相同。

4. 反应性精神障碍。其又称为心因性精神障碍，是指由于超强或严重持久的精神刺激所引起的精神异常。引起本病的直接因素是各类精神创伤，如亲人的突然死亡或其他沉痛的意外事件；生活、工作、家庭中的纠纷、挫折、矛盾冲突等；自然灾害与战争的突然来临。反应性精神障碍一般愈后良好，很少复发。根据起病速度一般分为急性和慢性两大类：

（1）急性反应性精神病。其又分为以下三类：①反应性木僵。在遭受突如其来的强烈精神刺激后，表现为呆木不言、不动，对外界一切刺激失去反应能力，一般维持数分钟、几小时，偶尔可持续数日，以后恢复正常；或出现强烈的情绪变化，嚎啕大哭，惊呼嚎叫，这种状态较少引起危害行为。②反应性兴奋状态。其症状是在精神刺激之后出现言语动作增多，向外奔走，冲动伤人，此时言语逻辑混乱，类似精神分裂症或躁狂症，发作过后对于发作过程不能完全回忆。③反应性朦胧状态。以意识范围狭小为主要特征，表现为不能正确感知周围事物，对时间、地点或人物定向发生障碍，常伴有丰富的幻听、幻视，并可受到幻觉的影响产生片断的妄想，行为受到幻觉与妄想影响，可发生伤人毁物等冲动行为。

（2）慢性反应性精神病。由持久的精神刺激引起，发病持续时期较长。其又可分为两类：①反应性抑郁症。主要症状为情绪低沉、兴趣减退，但思维、言语及行为并无抑制现象，终日沉湎于不愉快的体验中。可表现为闷闷不乐，食寝不安；也可表现为重复叙述自己的不幸经历。②反应性妄想症。以妄想为主要症状，常伴幻觉，妄想对象主要涉及与精神刺激有关的人。与精神分裂症的妄想不同之处在于：对象较为固定，推理较容易被理解。

急性或慢性反应性精神病在服刑人中的表现就是拘禁性精神病或监狱精神病

个体在变态心理驱使下实施了违法犯罪行为，虽然各国在刑罚上其进行处罚存在着差异，如从轻处罚，或免除处罚，或判定有罪，但可免除处罚（需要强制治疗）等。但由于某种病理状态的存在，变态心理导致的违法犯罪行为后果通常非常严重，客观的与潜在的社会危害较大。因此，不能因为某些精神疾病患者的无刑事责任能力与行为能力而放任，而应对其进行更系统、更科学的预防与治疗。变态心理犯罪预防主要进行发病预防与犯罪预防两方面，变态心理治疗主要采取联合药物治疗、行为主义治疗、心理治疗、精神外科治疗与康复治疗等几种措施。

□小　结

本章阐述了以人格障碍、性变态与精神病为主要内容的变态心理与违法犯罪之间的关系，以及各类型变态犯罪的心理与行为特点。本章主要内容包括：

一、变态犯罪心理

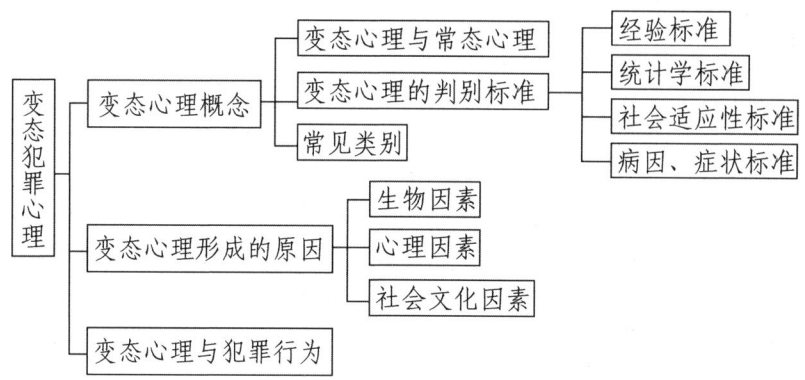

二、人格障碍与犯罪

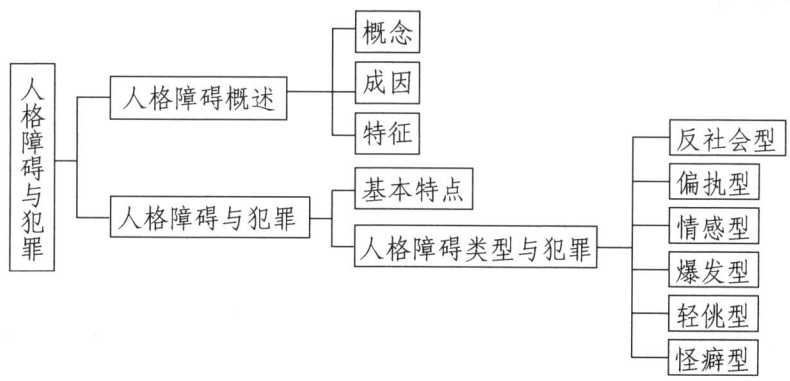

三、性变态与犯罪

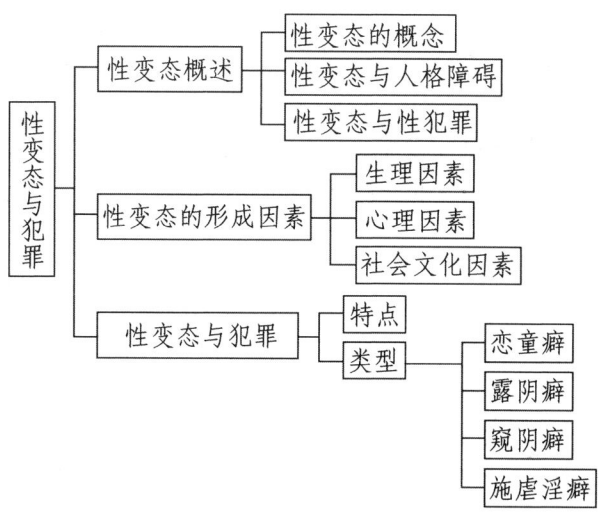

四、精神病患者的违法犯罪行为

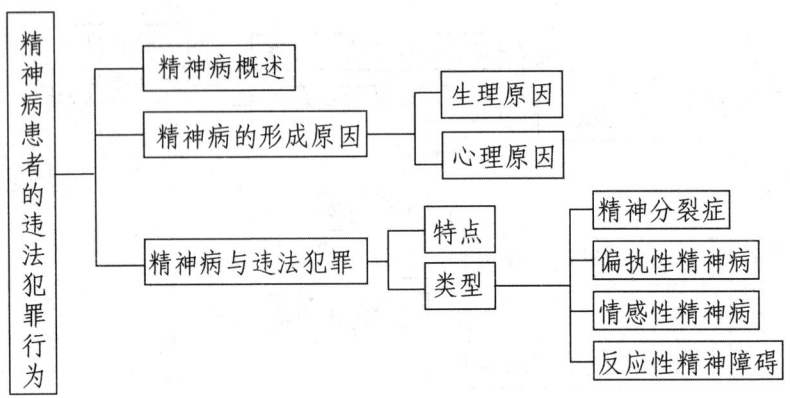

□练习与思考

一、名词解释

1. 变态心理

2. 人格障碍

3. 性变态

4. 精神病

5. 情感型精神病

二、简答题

1. 简述人格障碍型犯罪的基本特点。

2. 简述性变态犯罪的基本特点。

3. 简述精神病违法犯罪行为的基本特点。

三、思考题

1. 试分析变态心理犯罪产生的生理、心理与社会文化因素。

2. 试分析变态心理犯罪的基本特点及其预防措施。

第十三章

犯罪嫌疑人、被告人在刑事诉讼过程中的心理及对策

■ **学习目的和要求**

通过本章学习，要求学生
- 重点掌握：犯罪嫌疑人在侦查、审判过程中的心理。
- 掌握：刑罚心理，讯问犯罪嫌疑人的策略和方法。
- 一般掌握：审判过程中公安司法人员应具备的心理品质。

第一节　犯罪嫌疑人在侦查过程中的心理与对策

侦查，是指公安机关、检察机关和国家安全机关，为揭露犯罪和证实犯罪，依照法律进行的专门性的调查活动。这种活动围绕着犯罪事件和侦查对象而展开，以确定犯罪事件的性质、认定犯罪嫌疑人为目的。因为犯罪心理学是以犯罪人为研究对象，在刑事侦查过程中，我们的研究对象也是事实上的犯罪人，因此以下所称"犯

罪嫌疑人"，尤其是处于被缉捕前的犯罪嫌疑人，是指事实上的犯罪行为人。

一、犯罪嫌疑人在作案前后的反侦查心理

（一）反侦查心理形成原因

反侦查心理是犯罪人在作案前、作案过程中以及作案后形成的逃避侦查的意识和干扰侦查视线的动机。反侦查活动是犯罪人在作案前后，在反侦查心理支配下，有目的、有计划采取的各种逃避侦查的手段、方法。许多临时起意、仓促作案的犯罪人所采取的反侦查措施是在作案后进行的，特别是情境型犯罪人。但是大量预谋犯罪人，在犯罪的准备和实施过程中，就开始了一系列干扰侦查视线的活动。

犯罪人反侦查心理的形成，主要受以下两种因素的影响：①自我保护的本能。犯罪人基于各种原因产生犯罪动机之后，一般情况下会根据个人条件和外界因素作出是否实施犯罪行为的利弊选择。在这个过程中，犯罪人既要考虑犯罪可能得到的收益，也要考虑个人的风险。即使犯罪人权衡利弊之后，认为值得冒险去犯罪，也并不意味着犯罪人不在乎个人的安危。自我保护是人的本能需要，犯罪人作为典型的利己主义者，更在乎自己的安危。因此，犯罪人在决意实施犯罪行为之后，也会千方百计地进行作案的设计以保护自己。②逃避惩罚的直接经验和间接经验。影响犯罪人反侦查心理形成的直接经验，包括日常生活经验和犯罪经验。个体在成长的过程中，在日常生活中积累的逃避惩罚的各种技能，随着其年龄的增长，逐渐演化成习惯性的行为，在犯罪人的反侦查行为中起着无意识的支配作用。犯罪经验是通过犯罪人自身的犯罪实践，领悟到某些行为会帮助自己逃避侦查。大部分犯罪人是通过各种媒体或其他途径，认识到在作案时应当通过一些反侦查措施来保护自己。

（二）犯罪嫌疑人常用的反侦查手段

犯罪嫌疑人常用的反侦查手段主要有：

1. 精心设计作案时间。作案时间的确定，对于刑事案件的侦查工作具有重要的意义。作案时间点或时间区间，不仅是案件事实构成的一个要素，也是开展深入访问与调查的起始点。因此，犯罪嫌疑人往往在作案时间上做文章，以扰乱侦查思路。其方法通常有：①案前设计，制造自己没有作案时间的假象，其做法是精心计算时间，使自己

在作案前后出现在一些不知情的人的视线中。如一起女性预谋杀人案中，犯罪人利用在朋友家吃饭的机会，中途称去洗手间，实际上，是利用谎称去洗手间的 20 分钟左右的时间实施了一次预谋杀人行为。②案后串连，请同伙或其他人作伪证，以证实自己没有作案时间。如在一起出租车女司机被杀案中，侦查人员通过现场勘查、调查访问等多种侦查手段，排查出犯罪嫌疑人王某，由于王某长期在外地的姐姐家闲居，侦查人员立即向其姐了解案发时王某的行踪，得到了案发当日王某在她家中的证言，后来的调查结果及王某的供述证实王某的姐姐提供了伪证。③雇佣他人作案。犯罪嫌疑人在案发时间有意出现在他人的视线中，显而易见不具备作案时间，由此而摆脱与案件有关的嫌疑。

2. 破坏和伪造犯罪现场。犯罪现场是犯罪嫌疑人作案地点和遗留有同犯罪有关的痕迹、物证的一切场所，是侦查人员提取痕迹物证，获得犯罪线索的重要信息源。犯罪人（特别是有经验的案犯）总是竭尽全力对犯罪现场予以破坏、伪装。其常见方法有三种：①以清除、消灭痕迹为目的，对现场进行清理破坏，如清扫血迹、足迹。②以扰乱侦查视线为目的对现场进行伪装处理，如在一起男性故意杀人案件中，犯罪嫌疑人故意在杀人现场附近遗留下与被害人有某种利害关系的女性的手提包，企图使侦查人员相信犯罪嫌疑人为女性；或将他杀现场伪装成自杀现场或意外事件。③干脆移动尸体，使原始现场难以被确定。

3. 改变个体形象特征。在盗窃、抢劫、强奸、报复、预谋杀人、伤害等案件中，犯罪人为防止案发后被侦查人员查获，常在作案过程中有意改变自己的形象，一方面使被害人和目击者难以识别自己的本来面目，另一方面使自己在现场留下的痕迹能干扰侦查视线。常见的改变方法主要有：①改变体貌特征，较常见的是蒙面，男扮女装或女扮男装，小脚穿大鞋等。例如，某地曾抓获一名入室盗窃犯罪人，完全是一副女性的装扮：长发，抹胸短裙，长筒靴；该犯罪嫌疑人称，这种装扮让周围群众降低对其的警觉性，作案更易得手，也不易被发现。②改变言语特征，如改变说话习惯或语音特征。③改变行为习惯或动作，如伪装左撇子、跛脚。

4. 处理赃证。赃证，即赃物、犯罪工具或其他罪证，是证明犯罪的关键证据。赃证的处理，是犯罪嫌疑人对抗侦查的重要手段。处理的方法主要包括：①销售、毁灭、遗弃、掩埋、藏匿或改变其存在形态；②张冠李戴，嫁祸他人。

5. 伪装积极。有些犯罪嫌疑人自恃作案隐蔽，案发后即伪装成积极协助破案的好公民。通过为侦查人员提供某些线索，一方面可以对案情分析进行误导，另一方面可以随时了解破案进程，以便进一步采取反侦查措施。

6. 串供和谎供。案发后，犯罪嫌疑人意识到自己的危险，于是便与人串连，编造口供，动员自己的同伙或不明真相的群众向公安机关提供虚假证言，证明自己没有作案时间和作案动机。有的犯罪嫌疑人则在被讯问时编造口供，或避重就轻，或编造情节，企图蒙混过关。

侦查过程，实际上是侦查人员与犯罪嫌疑人的互动过程。在侦查活动中，侦查与反侦查双方相互斗争、相互制约。一方面犯罪嫌疑人总是想方设法掩盖罪证，设置障碍，干扰侦查视线；另一方面侦查人员则依据犯罪心理形成和犯罪行为发生的规律，识破犯罪嫌疑人反侦查伎俩，揭露出犯罪的事实真相，追究有罪的嫌疑人。

二、被缉捕的犯罪嫌疑人的行为反应

缉捕是刑事侦查部门为了加强同犯罪做斗争，推进案件的侦破，在勘查、调查、验证的基础上，按照刑事诉讼法的规定，对重大犯罪嫌疑人进行抓捕。这种强制措施，既能防止犯罪嫌疑人继续犯罪或出现其他意外事变，又是开展讯问工作的前提。被缉捕的犯罪嫌疑人，在求生欲望和现实压力的矛盾对立中，极力寻找各种解脱途径，由此而产生不同的心理及行为反应。

（一）自首

自首是指犯罪嫌疑人作案后，自己主动向公安、检察机关投案，交代自己的罪行，并检举揭发同伙或提供其他线索。

犯罪嫌疑人产生自首心理的原因主要有以下几点：

1. 犯罪心理结构没有定型，在犯罪行为实施后，原有的道德观、法制观、羞耻感等在其心理结构中开始占上风，产生了悔罪感，并且确信坦白自首可以获得从宽处理。

2. 外界存在着迫使其放弃对抗心理的因素。如公安机关强大的侦破攻势以及有效的法制宣传；了解内情的家人及亲朋好友以情相劝，尤其是一些爱憎分明、法制观念强的父母及其他长辈，一旦得知家中有人犯罪，往往毫不犹豫地劝其自首。这种主体内外因素互相结合，相互作用，就可能使犯罪嫌疑人产生自首心理。例如，在一起交通事故中，某人因骑车突然横穿公路，被迎面而来的一辆面包车撞向公路

很多犯罪案件仅有犯罪嫌疑人供述，而没有相关的物证和其他证据，导致"孤证不能定案"

的另一侧，不巧面包车后侧方的一辆货车正疾驰而过，从被撞倒在地的被害人身上碾过，被害人当场血肉横飞。被害人的死亡对于该货车司机来说，应属意外事故，他对事件的发生原本没有刑事责任。但他在撞人之后没有停车查看被害人的状况，也没有报案，有肇事后逃逸的故意及行为。第二天，正当公交警署和刑警队在排查肇事车辆时，犯罪嫌疑人在其父母的陪同下投案自首。该犯罪嫌疑人的投案自首，就是上述两种原因共同作用的结果，即一方面是因为他的犯罪心理是肇事后临时形成的，没有牢固的心理基础，悔罪感较易产生，另一方面就是其父母劝其自首的态度坚决。

（二）潜逃

潜逃是指犯罪嫌疑人犯罪后，以秘密逃跑、隐藏的方式，来避免公安机关的追查，逃避法律制裁的行为。犯罪嫌疑人产生潜逃心理的原因主要包括：①犯罪嫌疑人犯罪心理比较稳固，侥幸心理突出。他们认为，犯罪后只要逃出公安机关追查的视线，时间一长也就可以不再被追究。所以，有些预谋性犯罪嫌疑人，在犯罪预备的过程中就做了系统的潜逃心理准备和物质准备。②外界存在的因素对犯罪嫌疑人产生了不良影响，如亲朋好友对其潜逃的支持，犯罪团伙成员的共同决策等。

（三）对抗

对抗是指犯罪嫌疑人在案发后积极了解案件的侦查情况，准备各种应付办法，进行反侦查活动来对抗缉捕，或是在被缉捕的过程中，依恃自己手中的武器和占据的有利地形进行垂死挣扎的心理状态。犯罪嫌疑人产生对抗缉捕的心理原因主要有：①已经形成稳定的犯罪心理结构，具有强烈的反社会意识，蔑视国家政权的威严，积累了一定的犯罪经验并掌握一些反侦查的方法，侥幸心理突出。②在被追剿围困的情况下，其反社会情绪进一步激化，感到绝望，自知求生无望，又不思反悔，在"不是鱼死，就是网破"的心理支配下，决意孤注一掷，顽抗到底。③犯罪嫌疑人之间的利害关系牵制。他们认为，自首是自寻死路，还会暴露同伙；潜逃等于自我暴露，于是互相串通，对抗缉捕。④社会治安状况，打击不力或侦破能力不强，使犯罪嫌疑人产生侥幸心理。

三、被跟踪、守候的犯罪嫌疑人的心理状态

跟踪、守候是对重大案件的犯罪嫌疑人使用的秘密侦查手段。在

跟踪、守候中，侦查人员要根据犯罪嫌疑人的心理活动规律及其行为特点，随时调节自己的心理状态及行为，以适应跟踪、守候的任务需要。

被跟踪的犯罪嫌疑人多是一些重大刑事案件的要犯、惯犯、集团犯。他们恶习深、罪行重、犯罪经历长、作案经验多，不仅自知罪行严重，而且作案后逃避打击的经验也多。一般来说，他们在被跟踪时有以下几种心理状态：

（一）多疑

这是一些狡猾奸诈的刑事惯犯、要犯的较普遍的心理状态。由于案情重大，公安机关的侦破攻势也更加凌厉，因此，犯罪嫌疑人的心理压力很重，害怕暴露出蛛丝马迹，难以抑制自己的紧张情绪，总认为有人在监视自己，行动谨慎、多疑。这种心理状态反映在行动上，多是出门探头探脑，观望试探；行走时疑神疑鬼，时走时停，回头观望，环顾扫视；拐弯、进胡同、入室进屋前多是先停后看，确认无人跟踪时再快走进入。

（二）试探

即跟踪对象凭经验推断或者在活动中对被跟踪监视似有察觉，为了验证其判断是否可靠而临时萌发的一种反侦查试探心理。一般表现为在行进中停止、拐弯、折返、上车、下车等某些突然动作，观察是否有人跟踪监视，诱使跟踪的侦查人员表现失常而暴露出跟踪意图。

（三）急欲摆脱盯梢的心理

这是侦查对象已经发现有人监视或跟踪后，急欲摆脱监视人或跟踪人而产生的一种心理活动。具有这种心理活动的多是一些狡猾的犯罪嫌疑人。他们从一些反常的现象中，发现自己成为监控对象。犯罪嫌疑人发现自己被监控，一般会有紧张反应，动作表现慌乱，常常突然停止一切外出活动，中断与外界尤其是与犯罪同伙的联系，改变行动计划，以切断侦查视线，脱离监视控制；正被跟踪的犯罪嫌疑人，会采取时而混进拥挤的人群，时而钻进商店，或突然乘车，又忽而下车，甚至运用改换着装打扮的狡猾手法，积极寻求摆脱盯梢的对策。

（四）侥幸

这是一些庆幸作案得逞而又未被发现，暗自得意的犯罪嫌疑人的一种心理状态。具有这种心理状态的侦查对象，根本没有想到会有人跟踪监视，毫无心理准备。在侥幸心理的驱使下，行动上比较放肆，很少伪装，或继续寻找机会作案，或照常与同案人接触；生活上吃喝挥霍，放荡不羁，花钱大方，转赃、销赃活动比较大胆。这种侦查对象的犯罪活动易于暴露，跟踪过程中有利于监视控制。

四、被采取不同强制措施的犯罪嫌疑人的心理反应

采取强制措施的目的是防止犯罪嫌疑人逃跑、自杀、订立同盟、销赃毁证和继续犯罪。被采取强制措施的犯罪嫌疑人，在人身自由受到限制，四面楚歌的环境中心理压力很大，侦查人员可以从他们的行为表现方面透视其心理状态及其变化规律，据以筹划谋略，采取措施，促其消除逃避惩罚的侥幸心理。

（一）拘传的心理反应

侦查过程中的拘传对象是不需要逮捕的嫌疑人或罪行较轻的同案犯、窝藏犯、销赃犯或群众扭送的现行犯罪嫌疑人。拘传的执行，说明侦查部门已经掌握了案件的有关情况，要求被拘传者必须如实回答，对其一言一行都要负一定的法律责任。被拘传的犯罪嫌疑人，非常清楚自己的罪行及其法律后果，所以在被拘传时主要的心理活动，就是试图减轻自己的罪责，争取从宽处理。他们或是积极主动地交代自己的犯罪事实，揭发他人的犯罪问题，争取好的认罪态度；或是试图说明自己在整个犯罪过程中只是被胁从，或是只起辅助作用，表明自己的主观恶性不深；或是作悲泣状，后悔自己的所作所为。

（二）监视居住的心理反应

监视居住的突出特点是被强制者的生活环境没有改变，情境对其心理的刺激较轻，心理压力相对较小。其心理反应主要表现在两个方面：①急躁。当犯罪嫌疑人被监视居住，人身自由受到限制时，就急于和其他的犯罪同伙或关系人取得联系，但又难以行动，于是在行为上就表现出焦躁不安的特征。②沮丧，有些被监视居住者的身体状况较差，原本情绪就比较低落，再加上人身自由受到一定程度的限制，而且一旦自己从病痛的困境中解脱出来时，就要彻底地失去自由，因而产生一种既想恢复健康又害怕健康的沮丧心理。

（三）取保候审的心理反应

被取保候审者与被监视居住者的心理基本相同，其特殊性表现在被取保候审者可能会产生两种特殊的心理反应：一是以保证人形式取保的犯罪嫌疑人，会对保证人产生感激心理而不会潜逃，他们认为保人与案件无关，但却为自己而卷进案件中，因此不能给保人再添麻烦。二是以财产取保的犯罪嫌疑人，由于保证金一般数额较高，而且有些犯罪嫌疑人的保证金是亲朋好友共同筹集的，为了使自己不遭受财产损失或不辜负亲朋好友的期望，会遵守取保候审的有关规定，配合公安机关查清案情。

（四）拘留、逮捕的心理反应

拘留、逮捕强制措施对犯罪嫌疑人来说是一种强烈的、有时是出乎意料的刺激，这个刺激的出现必然引起犯罪嫌疑人的一系列心理反应，主要表现如下：

1. 孤独和无助感。犯罪嫌疑人被拘留、逮捕后，突然失去人身自由，隔断与外界的联系，顿时产生一种无依无靠、无所寄托、孤独无援的体验。特别是女性和未成年人，由于其生活环境和从属意识遭到破坏，孤独感油然而生。此外，处于信息相对封闭的羁押与讯问环境中，犯罪嫌疑人也十分渴望得到外界的信息帮助，希望能有机会与周围的某个人建立一种信任关系。然而事实上，犯罪嫌疑人的这种认知需求和归属需要在羁押环境中是很难得到满足的。这些需要的缺失，就易产生无助感。这种孤独与无助感带来一系列行为上的变化，例如，急于探听案情，渴望与同案人串供，与家里人联系，甚至求助同监室的在押人员出谋划策。孤独和无助感会引发或增大犯罪嫌疑人的畏罪、恐慌心理。

2. 紧张。这主要是由于担心罪行被揭露而受到惩罚引起的。紧张心理使犯罪嫌疑人情绪波动大，焦躁不安，坐卧不宁，既希望早受讯问，又害怕被讯问，还常常急不可耐地向同监室在押人员打探对付讯问、逃避罪责的方法。

3. 压抑。这是一些大案、要案的犯罪嫌疑人在自认为罪行还没有败露时对其执行拘留、逮捕时的心理反应。他们首先想到的是在哪一方面出现了漏洞，以至于被公安机关发现。他们表面镇定，而内心的压力极重。为摆脱压抑感，有的情愿交代罪行，争取早日解脱；有的不愿一人忍受罪责的折磨，常冒险将内心隐藏的秘密告诉同监室者。

4. 自我封闭与自卑心理。一些内向型性格的犯罪嫌疑人在犯罪行为被发现之后，认为自己没有脸面面对社会、家人，产生自我封闭的倾向。面对侦查人员的一身正气，更加羞愧于自身的不良行为，自惭形秽，产生强烈的自卑心理。如果处理不当或未能得到关注，而他们自身又无法改变现状时，易发展成强烈的悲观心理。

5. 抵触。犯罪嫌疑人自感罪行严重，国法不容，民愤难消，案情又已败露，名誉、地位、自由、前途都非常渺茫，因而产生极度的绝望感。在这种绝望感的支配下易产生两种心理状态：一种是顽固到底，不思生还；另一种是虽然绝望，但仍有一丝求生欲望。这种抵触情绪能使初犯接受累犯、惯犯所教唆的对抗讯问和继续犯罪的经验，能使犯罪嫌疑人之间相互串供，研究反讯问对策；严重的可发展到越狱、暴狱、杀害看守人员等。

6. 悔恨。这是罪行较轻的初犯易出现的心理反应。恨自己一失足成千古恨，成了无法饶恕的罪人；恨自己一时的冲动，既造成了他人的损失，又使自己失去了自由，得不偿失；也有的犯罪嫌疑人为自己犯罪手段不高明或对犯罪结果不满而懊恼。有悔恨心理的犯罪人常常表现为坐卧不安、痛哭流涕。真诚悔恨的犯罪嫌疑人常常急于找看守或侦查人员坦白交代罪行以弥补自己的罪过。仅因被捕而懊恼的犯罪嫌疑人既有可能采取对抗态度，也有可能把交代部分罪行当作换取早日出监以继续进行犯罪活动的一种手段。

五、犯罪嫌疑人在讯问中的心理及对策

讯问是侦查人员为揭露案件真相，证实犯罪和查明犯罪人，对犯罪嫌疑人依法进行的活动。在讯问中，犯罪嫌疑人深知讯问结果直接关系到自己的命运，因而会有一系列剧烈而复杂的心理活动。为了实现讯问的目的，讯问人员不仅要了解犯罪嫌疑人的心理特点和心理活动规律，还要针对其心理特点，采取适当的策略，给犯罪嫌疑人施加积极的心理影响。

（一）犯罪嫌疑人在讯问中常见的心理状态

1. 畏罪。畏罪是犯罪嫌疑人害怕罪行被揭露而受到处罚的一种心理状态，是由犯罪人犯罪后产生的罪责感和讯问开始后形成的强大的法律威慑力的共同作用下产生的。1997 年对京津两地看守所在押的1104 名犯罪嫌疑人供述心理所作的调查结果表明，在各种心理状态中，畏罪心理是最突出的。犯罪嫌疑人最突出的畏罪心理是"害怕蹲监

狱"，因为监狱生活很苦；其次是认为"被抓、被判刑是没有面子的事，同时也害怕家人为此受连累"、"想念家人，害怕判刑后见不着他们"以及担心判刑后与以前的生活（如朋友、事业）失去联系。[1]这些因素说明犯罪嫌疑人较普遍地存在着由于对即将失去自由的恐惧而害怕承担罪责的心理障碍。在畏罪心理支配下，一些犯罪嫌疑人仍存在能够逃避处罚的幻想，这种幻想构成了一种逃避现实的防御机能，为逃避罪责，不仅采取合理的防御计划，也采取不合理的防御行为，企图暂时忘却内心的痛苦与烦恼。有的避重就轻，供小不供大，企图蒙混过关；有的在交代一些小事之后，就声称已全部说清。对于有畏罪心理的犯罪嫌疑人，要让其正确认识自己的犯罪行为与应受处罚的关系，促其如实供述。

2. 侥幸。这是犯罪嫌疑人自认为可以逃避罪责的心理状态。犯罪嫌疑人的侥幸心理，不是从被拘捕或被讯问后才产生的，一般在着手实施犯罪前就已存在。侥幸形成的原因有以下几个方面：①过去经验的影响。那些过去曾有过违法犯罪行为或生活上犯过错误而未被发现的犯罪嫌疑人，容易产生侥幸心理，而且经验越多，其侥幸心理就会不断得到强化。有的犯罪嫌疑人虽无上述直接经验，但受一些间接经验的影响，如有直接经验的亲友、邻里、同监室人及其他社会关系的传播，也会产生侥幸心理。②犯罪嫌疑人对侦查人员掌握证据情况的判断。犯罪嫌疑人对侦查人员掌握的证据的判断主要来自以下两种途径：一是自认为作案手段高明，行动诡秘，没有留下痕迹，并且订立了攻守同盟，不会有人检举揭发，因此轻信不会有证据被侦查人员获得；二是从讯问人员的初审中分析，侦查人员并没有掌握有关自己犯罪事实的有力证据，因此只要自己不供述，公安机关就不能找到自己的有罪证据，不能给自己定罪。③盲目相信自己的反讯问能力。部分犯罪嫌疑人自恃反讯问经验丰富，藐视公安机关的侦查能力，认为自己有能力对付侦查人员的攻势。侥幸心理的一般表现是，初审时竭力试探讯问人员掌握证据的情况，为有计划的抗拒讯问作准备，或在接受讯问时，以守为攻，辩解否认；或者抓住讯问人员问话中的漏洞，主动反击；或者干脆一言不发，以免被抓住把柄。

调查表明，犯罪嫌疑人的侥幸心理比较脆弱，他们对自己在犯罪现场是否留有证据、证据的多少信心不足，对侦查人员的破案及讯问能力比较佩服。这种情况是有利于讯问活动的顺利进行的，即在讯问

---

[1] 毕惜茜、赵桂芬："在押犯罪嫌疑人心理状态调查之二——供述心理的分析"，载《预审探索》1998年第3期。

活动中，只要善于把握犯罪嫌疑人的心理薄弱点，适时抛出证据，使其形成错误认识，认为其主要犯罪证据已被侦查人员掌握，或可以被侦查人员掌握，就可以打消其并不牢固的侥幸心理。[1] 例如，某地发生了一起以安眠药致人昏迷抢劫被害人财物的案件，案发后，侦查人员根据举报及被害人提供的线索，迅速将犯罪嫌疑人杨某（女性）抓获。杨某利用性别的欺骗性，曾用同样的方法流窜各地作案多起，当侦查人员向其了解犯罪动机、经过时，她断然否认自己有犯罪意图，否认自己在给被害人喝的咖啡中加入了某种药物。她固执地认为，自己作案经验丰富，喝水的杯子也被自己处理过，不会留下证据。当侦查人员出示她配制的咖啡与安定片的混合物时，杨某立即脸色发白，并语无伦次地说：“你们要判就判吧。”“要判我几年？”

3. 悲观。这是犯罪嫌疑人自知罪行将被揭露，面对法律的惩罚而对自己的前途、追求丧失信心的一种心理状态。产生悲观心理的原因，主要有以下几种：一是害怕被判处重刑，或对日后漫长的监狱生涯心怀恐惧，产生自由无望、前途渺茫的绝望感；二是犯罪后自责、后悔，自认为已成为社会的罪人和家庭的累赘，没有继续生活的勇气。在悲观心理的支配下，犯罪嫌疑人在接受讯问时，表现出不合作的态度，有的沉默不语，有的暴躁、烦闷，有的自暴自弃，迎合讯问人员的讯问盲目回答。对于有悲观心理的犯罪嫌疑人，讯问人员要有极大的耐心和热情，唤起他们对人生的留恋和对新生活的向往，激发其争取光明前途的信心。

4. 戒备。这是犯罪嫌疑人为防备罪行被揭露和害怕不能得到公正处理的一种防御反应。防御是人的本能，处于可能会被追究刑事责任地位的犯罪嫌疑人，由于防备罪行被揭露和对侦查人员的不信任，防御本能更加突出。调查表明，对犯罪嫌疑人戒备心理的产生最有影响的因素是认为“警察不可信，他们说的有关政策（如坦白从宽）有水分”。这是因为，实践中，相当一部分刑事案件缺乏定案根据，对犯罪嫌疑人的怀疑凭借的是被害人的控告或证人证言、侦查推理等，于是“重口供，以口供要证据”成为这类案件的侦查模式，这必然导致“供者有罪，不供无罪”现象的出现，同时，审判实践中，坦白从宽的政策在有些地方没有得到落实。

戒备心理的存在，使犯罪嫌疑人时时处于紧张状态，唯恐说错一句话，露出破绽；同时对侦查人员的言行表现出异乎寻常的关心，多

---

[1] 毕惜茜、赵桂芬：“在押犯罪嫌疑人心理状态调查之二——供述心理的分析”，载《预审探索》1998年第3期。

方猜测其意图，对侦查人员的讯问，往往不愿立即回答，甚至以反诘的口吻向侦查人员试探摸底，然后再搪塞推诿或嫁祸于人；有的在供述之后，又怀疑侦查人员是否相信自己的供述，能否做出公正的认定。

侦查人员首先要了解犯罪嫌疑人产生戒备心理的原因，力求有针对性地做好工作。其次，要进行政策、法律教育，多用实例给予真诚、耐心地说服，使其真正认识并相信法律的严肃性和公正性，从而消除戒备心理。

5. 抵触。这是犯罪嫌疑人对公安机关对其采取强制措施和侦查人员的讯问表现出强烈不满和敌视的一种心理状态。抵触心理的出现大致有三种：①在侥幸心理的基础上产生的，认为讯问人员并不掌握证据，却采取了强制措施；②在悲观心理的支配下产生的，由于对前途失去信心，因而对侦查人员的讯问极为反感；③侦查人员讯问方法不当，损害了犯罪嫌疑人的人格和自尊。有抵触心理的嫌疑人在讯问中的表现可分为两类：①公开的抵触行为，表现为行为暴躁，缺乏理智，出言不逊，气焰嚣张；②隐蔽的抵触行为，表现为对讯问反应冷漠，漫不经心，答非所问，有时故意谎供。抵触心理使犯罪嫌疑人同侦查人员在讯问中冲突较多，往往使讯问陷入僵局。侦查人员面对讯问的僵局，首先要缓和矛盾，调整提问的方向，头脑要清醒，思维要敏捷，力求有效地控制讯问的气氛和进程；在必要的情况下，通过更换侦查人员来重新调整讯问中的人际交往氛围。

（二）犯罪嫌疑人在讯问中的心理变化过程

讯问实践证明，犯罪嫌疑人在接受讯问后，立即交代全部罪行和始终不交代罪行的，都属少数，大多数犯罪嫌疑人是经过侦查人员同其激烈交锋，反复较量之后才被迫交代罪行的。在整个讯问过程中，犯罪嫌疑人的心理变化，大致要经历试探摸底、对抗相持、动摇反复和供述罪行四个阶段。当然这四个阶段的划分并没有绝对界线，不同的犯罪嫌疑人，由于其个性、经历，犯罪主观恶性程度不同，在每一阶段所表现出的心理特点也有所差异。

1. 试探摸底。试探摸底出现于讯问初期。犯罪嫌疑人被拘捕后，丧失人身自由，与亲友的正常交往中断，对受审查的处境产生极不适应、心神不宁的状态，心里琢磨着自己的罪行是怎样暴露的、公安机关掌握多少罪证及侦查人员是否难对付等问题。因此，在初审时，大多数犯罪嫌疑人总要以试探的手法进行摸底，以便采取反讯问的对策和方

所谓试探摸底，是指犯罪嫌疑人以试探的手法了解侦查人员掌握证据的情况、侦查人员的个

法。犯罪嫌疑人试探的重点是侦查人员掌握证据的情况和侦查人员的个性特点、办案能力，试探摸底的方法主要有索取证据、以假乱真、编造伪供、抛小瞒大以及要求见律师、家人等，借以观察侦查人员的反应，从中了解自己所需的情况。初审时，对犯罪嫌疑人的陈述，侦查人员不要随意表态，也不要流露出倾向性的表情，以避免过早地暴露讯问意图和掌握证据的情况。此外，要全面分析犯罪嫌疑人试探摸底的言行，找出犯罪嫌疑人极力回避的问题和供述心理障碍，如能适时采取相应的讯问策略和方法，就会促使犯罪嫌疑人如实供述。

性特点和办案能力等

2. 对抗相持。经过讯问初期的试探摸底，犯罪嫌疑人开始适应讯问环境，对侦查人员的能力、经验也有了初步了解，自以为"心里有底"，因而对抗意识有所上升。犯罪嫌疑人与侦查人员之间的狡赖与批驳、逃避与揭露的斗争达到白热化程度，双方在意志、信心与智力方面进行较量，使讯问活动出现了尖锐复杂的对抗相持局面。在对抗相持阶段，犯罪嫌疑人可能会采取拒供、谎供、翻供等多种手段对付讯问：①拒供。拒供的犯罪嫌疑人在讯问中有不同的表现形式，有的公开对抗，如软磨硬泡、肆意顶撞、推诿诡辩；有的则沉默不语、一言不发，或表现出对讯问不以为然的神情。②谎供。当简单的否认不能掩盖犯罪事实时，犯罪嫌疑人常常用谎供的手段来欺骗侦查人员，以求蒙混过关；或者故意激怒侦查人员，使侦查人员表现出不理智的行为，从而达到干扰讯问的目的。③翻供。主要指犯罪嫌疑人在讯问中推翻以前所作的有罪或罪重的供述，而作无罪或罪轻的供述。犯罪嫌疑人在初审时，在侦查人员讯问攻势及自身罪责感等因素影响下做出了有罪或罪重的供述，经过试探摸底阶段，其被拘捕时的紧张情绪得到缓和，对即将到来的处罚的恐惧感开始增强，加上同监室人的教唆及其他因素，犯罪嫌疑人后悔向侦查人员作了有罪供述，于是推翻原供述而作新的供述。犯罪嫌疑人在这个阶段出现的愤怒、强烈抵触等激情状态，容易干扰侦查人员情绪。某些心理素质较差的侦查人员，易被犯罪嫌疑人的情绪反应激怒，从而做出不适当的行为反应。正确的做法是要保持头脑冷静，既不能感情用事，也不能丧失对已获取的犯罪信息的正确判断和继续追讯的信心。

3. 动摇反复。经过对抗相持的激烈斗争，在侦查人员巧妙出示证据、有力的讯问、善意的引导，以及政策攻心的影响下，犯罪嫌疑人的心理防线渐渐出现动摇，侥幸心理、抵触情绪有所消除。这时，犯罪嫌疑人犹豫、动摇、矛盾的心理逐渐上升，讯问活动转入到动摇反复阶段。这一阶段，犯罪嫌疑人徘徊在是如实供述还是继续对抗的十字路口上，动机斗争异常激烈，主要表现是：想顽抗，又怕受到从严惩处；想回避，又怕讯问无休止地进行下去；想供述罪行，又抱着挺一挺也许能混过去的侥幸心理。讯问的进展迫使犯罪嫌疑人进入权衡利弊的重要关头，此时侦查人员如果能够准确把握时机，加以恰当引导，犯罪嫌疑人就会放弃抵触对抗心理而坦白交代罪行。如果讯问方法不当，或者未能把握时机，就会延长僵局时间，使犯罪嫌疑人重新萌发畏罪、侥幸、抵触等心理，修补或重构防御体系，进行更加顽固的对抗。

4. 供述罪行。当犯罪嫌疑人的心理防线完全崩溃，对抗讯问的意志彻底动摇，认识到继续隐瞒罪行有害无利，坦白交代才是唯一出路时，讯问活动就进入到供述罪行阶段。在这个阶段，犯罪嫌疑人的供述动机占主导地位，为了争取好的认罪态度，对讯问活动表现出热情，愿意回答侦查人员的问题，如实供述罪行。因案情和犯罪嫌疑人个性不同，供述时也有一些差异。例如，有些累犯惯犯，由于侥幸、畏罪心理的支配，供述时仍存有幻想，能少供就少供；有证据便供，无证据便不供；问得紧就供，一般讯问就不供。有些大案、要案犯罪嫌疑人感到事实清楚，证据确凿，大局已定，判刑难免，为争取认罪态度好而彻底供述，但也想从侦查人员那里探听同案犯情况，政法机关对该案的态度，群众对此案的反应，有无翻供和争取从宽处理可能。有些罪行较轻的嫌疑人如实供述后感到松了一口气，渴望从轻处理或无罪释放。以上情况表明，犯罪嫌疑人在供述罪行阶段，仍有可能谎供。侦查人员应当把这一阶段看作是双方心理战的决胜阶段。首先，要做好思想教育工作，鼓励讯问对象已有的进步，强化和巩固这种心理转化；其次，要追查犯罪嫌疑人的全部犯罪事实，并在此基础上深挖余罪；最后，对交代不彻底的犯罪嫌疑人，要查清原因，在掌握足够证据的基础上推进讯问。

（三）讯问犯罪嫌疑人的策略

讯问的目的是查明案件事实真相，认定嫌疑人是否犯罪，并依法提出处理意见。侦查人员是讯问活动的直接主持者，犯罪嫌疑人有无犯罪事实要由侦查人员通过讯问和调查取证来揭露与证实，并依法作出处理。而有罪嫌疑人往往在畏罪、侥幸、抵触等心理支配下，拒不提供真实供词，从而使侦查人员和犯罪嫌疑人之间展开一场讯问与反讯问的较量。在这场较量中，要打败犯罪嫌疑人的拒供意识，除了犯罪事实的客观性、法律的严肃性等因素外，侦查人员的讯问策略和方法起着十分重要的作用。

所谓讯问策略，是指侦查人员根据讯问活动中犯罪人心理活动的发展变化而制定的讯问方针和斗争方式。讯问策略的构成要素，包括讯问方式和讯问用语、讯问态度、讯问场所的布置，实施讯问策略的时机以及讯问的速度和强度等。讯问策略实施是围绕着控制犯罪嫌疑人的认识活动、意向活动、情绪活动和动机斗争而进行的。

1. 控制犯罪嫌疑人认识活动的策略。

（1）允许编造谎言和制止撒谎。初审时，犯罪嫌疑人在侥幸心理的支配下，认为侦查人员没有掌握罪证或证据不足，于是为开脱罪责而编造关于案情的一些谎言。侦查人员虽明知其撒谎，也是认真听取并详加记录，以期从中发现犯罪嫌疑人极力回避的问题。当犯罪嫌疑人的谎话越编越离奇，其回避问题的方向已十分清楚时，采取立即制止其撒谎的果断态度，使犯罪嫌疑人感到侦查人员是洞察全局的，继续说谎有害无益。

（2）顺水推舟，将计就计。犯罪嫌疑人在畏罪心理支配下，对回答问题相当谨慎，步步为营。当犯罪嫌疑人确信侦查人员并不掌握自己犯罪的关键证据，或者所作的否定性陈述已得到侦查人员的认可时，其恐惧感演变为安全感，戒备心理逐渐消除，以至于忘乎所以地说出一些本来千方百计加以掩饰的话，这时，侦查人员不要插话打断其陈述，而要耐心地听其陈述，然后在不使讯问对象察觉提问意图的前提下，顺水推舟地把谈话引向某种实质性的问题上去。一般来说，人对外部信息的接受是有选择的，一般倾向于接受与自己有关的，或有利于自己的，或符合自己需要、期望、期待的信息。犯罪嫌疑人同样符合这一心理规律。据此，讯问时侦查人员可以通过逐步提供与案情有关的信息，使犯罪嫌疑人最终形成侦查人员已经掌握其犯罪证据的认识。

（3）引而不发。在讯问中，不直接出示证据，但通过问话，向犯罪嫌疑人传递出其犯罪证据已被侦查人员掌握的信息，同时，也要让犯罪嫌疑人认识到侦查人员之所以不予出示，是为了给其一个坦白供述的机会。所谓引而不发，实际上是在讯问中，以点到为止的问话，让犯罪嫌疑人理解侦查人员之不予点破的意思。引而不发的策略可促使犯罪嫌疑人思考侦查人员的言外之意，从而产生供述与否的动机斗争。如果侦查人员对犯罪嫌疑人情况判断准确，提问语气沉着坚定，就会使犯罪嫌疑人感到不彻底交代，就不会得到从宽处理，从而促使其坦白供述。

（4）连续使用证据。针对拒供意识较强的犯罪嫌疑人，侦查人员可以有选择地连续出示一组或几组强有力的证据，配合强有力的讯问攻势，给其造成巨大的心理压力，使其丧失拒供信心，形成有利于供述的心理动因。使用这一策略时要注意，证据并不是无保留地全部抛出，而应留有余地，同时还应结合说服教育、利用矛盾等其他方法，促使其彻底交代。

2. 控制犯罪嫌疑人意向活动的策略。在讯问活动中，犯罪嫌疑人总是把注意力集中于对抗讯问上。因此侦查人员要设法将犯罪嫌疑人的注意中心从主要防御部位引开，促其暴露防御的漏洞。

（1）自由交谈法。犯罪嫌疑人身处被拘押的环境，与外界联系隔绝，身心倍感孤独，希望能有人与他交谈。因此，侦查人员可以设置轻松的谈话氛围，从犯罪嫌疑人愿意或敢于交谈的问题入手，淡化其拘束、压抑心理，使犯罪嫌疑人放松戒备，加深双方心理接触。如果侦查人员注意言语的感染力和针对性，就会使犯罪嫌疑人交谈欲望更强烈，并在交谈中透露出我们希望获得的信息。

（2）声东击西法。即利用犯罪嫌疑人隐瞒关键问题，只交代较轻罪行，企图逃避罪责的心态，将计就计，声东而击西，从而转移犯罪嫌疑人在关键问题上的注意。所谓"声东"，即侦查人员不点破犯罪嫌疑人抛小瞒大的企图，而是顺其意，追问次要问题的细节，隐蔽主攻方向和意图，使犯罪嫌疑人思想麻痹。所谓"击西"，即侦查人员在犯罪嫌疑人注意转移到次要问题，对关键问题疏于防范时，立即扭转主攻方向，针对其防御漏洞，直取要害，使其猝不及防。

（3）四面出击法。这一策略是针对一概否认全部罪行、身心处于高度戒备状态的犯罪嫌疑人而使用的。其要求是将讯问的问题从一个到另一个迅速、频繁地转移，使犯罪嫌疑人穷于应付，疲于奔命，又摸不着讯问意图，抓不住讯问规律，从而心理高度紧张，注意不能集中，此时，侦查人员就可以集中力量，拿出过硬证据，选准突破口，攻破其心理防线。四面出击的关键是保持讯问的强度和速度，使犯罪嫌疑人无法集中精力进行防御。

3. 控制犯罪人情绪的策略。

（1）制造紧张与消除紧张。制造紧张和消除紧张适用于心理状态和犯罪经历不同的犯罪嫌疑人，但两种策略不是对立的，而是统一的，都是为了使犯罪嫌疑人形成有利于供述的情绪。针对一些惯犯、累犯和自以为作案手段高明，防御体系严密或后台较硬的犯罪嫌疑人，在接受讯问时表现出的漫不经心和肆意挑衅的态度，侦查人员采取措施

声东击西的目的是转移犯罪嫌疑人在关键问题上的注意

四面出击的目的是分散犯罪嫌疑人的注意力，使其无法形成防御中心

造成犯罪嫌疑人情绪上的紧张，使其正确认识自己所处的地位，端正态度。常用方法：①在犯罪嫌疑人得意忘形之时，突然出示有力的证据；②加快讯问速度，用连珠炮式的提问，使犯罪嫌疑人失去编造谎言和组织反攻的思考时间，同时向犯罪嫌疑人指出对抗讯问的后果；③对犯罪嫌疑人表现的肆意挑衅，不能置之不理，侦查人员可以表现出适当的严厉态度和用严肃威严的语气，指出犯罪嫌疑人存在的态度问题，促其情绪波动，重新审视自己的问题。日本犯罪心理学家曾指出，"不是说一切训斥都是不好的。在应当训斥的时候，就严厉地训斥一顿。假如，这样做以后不会带来感情不融洽和抵触情绪，并且还会使他感到在为自己着想，是在严肃认真地为自己考虑，那，就会使他信任你。因此，可以说，这样的训斥对消除抗拒是有效的"。[1]针对在讯问环境中情绪高度紧张以至手足无措、思维迟滞、语无伦次的初犯、偶犯、未成年犯罪嫌疑人，则应采取消除紧张的策略，如放慢讯问速度，缓和讯问语气，以和蔼、亲切的态度进行谈话，对其犯罪原因表示理解，或者"扯家常"使其紧张心理平静下来之后，再展开讯问主题。

（2）出其不意，攻其不备。有些犯罪嫌疑人具有反讯问的心理准备。他们往往根据侦查人员可能提出的问题，编造口供。对此，侦查人员可以通过突然提出前面讯问中未涉及的问题和犯罪嫌疑人意料之外的问题，或出示犯罪嫌疑人以为侦查人员未能掌握的证据，常常会使犯罪嫌疑人惊慌失措。此策略的运用，关键在于正确分析犯罪嫌疑人反讯问心理，避其有备，攻其不备，使其产生巨大的心理压力。

4. 控制犯罪嫌疑人动机斗争的策略。侦查人员对犯罪嫌疑人控制认识、意向、情绪所产生的合力，必然促使其供述障碍逐渐消除，形成供述动机。在动机斗争中，当如实供述动机彻底摆脱供述障碍的束缚时，才会形成如实供述决意。因此，控制犯罪嫌疑人的动机斗争是十分必要的。

（1）消除残存的心理障碍，强化供述意识。要求侦查人员了解犯罪嫌疑人残存的心理障碍是以侥幸为主，还是以畏罪疑虑为主。如属前者，要在关键问题上再使用一点可靠证据，使其彻底认识到再也无法隐瞒罪行；对尚存畏罪心理的犯罪嫌疑人，侦查人员要善于运用宽严案例，使其切实相信坦白从宽的政策；运用信件、电话等通信方式，向其传达家人的谅解，要不厌其烦地向其讲述法律、政策，分析供述

---

〔1〕　〔日〕森武夫："供述与审判的心理"，罗大华译，载《国外法学》1981年第5期。

与否的利弊，鼓励其讲真话。

（2）利用趋利避害需要，促其趋供述避抗拒。犯罪嫌疑人的供述动机斗争同样受趋利避害心理制约，因此，在控制其动机斗争时，要利用这一特点，使犯罪嫌疑人感到罪证确已被掌握，坦白能够从宽、从轻，抗拒会给自己带来更为不利的处罚后果。两者相比较，多数人将择其轻，如实供述罪行。

（3）分析并正确处理其要求，促其产生如实供述决意。犯罪嫌疑人处于动机斗争时，会提出各种要求。一般而言，要求回监室考虑的，属缓兵之计，原则上不能允许，要抓住战机，促其供述；要求与亲人见面的，有的确实出于思念之情，有的企图趁机与家人进行串供，凡此种种，均应告知法律的严肃性，不能以此作为供述的条件；要求喝水抽烟的，往往标志着供述动机正在逐渐形成，此时应根据具体情况满足或拒绝其要求，趁热打铁，促其供述。

第二节　被告人在审判过程中的心理与对策

一、被告人在审判中的心理

审判过程是人民法院依据法定程序对被告人进行审理和定罪量刑的过程。因此，在被告人的心目中，审判意味着决定自己命运和前途的关键时刻。由于犯罪嫌疑人在整个诉讼过程中始终受着趋利避害心理倾向的制约，当讯问阶段结束后，决定命运的判决即将来临时，有些被告人往往又开始后悔自己的如实供述，并积极制订新的防御计划，力图逃避罪责，减轻刑罚；也有些被告人期望尽快摆脱因不知自己的命运如何而产生的焦虑状态，渴望判决的早日到来，并对自己已如实供述感到如释重负，当审判来临时，反而显得轻松，并能积极配合法庭的审判活动。

（一）影响被告人心理活动的因素

被告人在审判过程中的心理状态如何，取决于多种因素的共同作用：

1. 被告人的主观恶性程度。被告人个性心理结构中的社会心理缺陷，尤其是被告人的主观恶性程度，对其在审判过程中的心理状态产生重要影响。例如，义愤杀人的被告人一般表现出义正辞严，敢做敢当；出于贪利纵欲动机的被告人则极力设法减轻罪责；实施预谋犯罪的被告人，仍自恃手段诡秘心存侥幸，在法庭上极力否认犯罪行为，甚至鸣冤叫屈，力图动摇审判人员的信心。

2. 被告人的犯罪经历。一般来说，初犯和偶犯在审判过程中，由于法庭审判环境的庄严肃穆，极易产生紧张心理，大多数被告人重复预审中的供述而不敢翻供；极少数翻供的，也是前言不搭后语，矛盾百出，容易攻破。而曾受过刑事处罚的惯犯、累犯，有一套对付审判机关的经验，他们能克服内心的恐惧，在法庭调查、辩论时，能以静制动，以守为攻，表现狡猾。

3. 诉讼参与人的影响。各诉讼参与人在审判过程中对被告人将产生重要的心理影响。公诉人对犯罪行为的指控和揭露，被害人、证人当庭作证，控辩双方的尖锐冲突，这一切与侦查阶段的情境迥异，使被告人产生很大的心理波动。

上述这些因素，决定着被告人在审判进行各阶段中的心理状态。

（二）被告人在审判不同阶段中的心理

1. 开庭时。

（1）羞耻。在讯问阶段，犯罪嫌疑人供述自己的罪行时，只有讯问人员、书记员在场，不会觉得难堪。但在公开审判时，不仅有诉讼当事人在场，而且还有一些旁听的公众，自己作为犯罪嫌疑人站在被告席上，本已十分尴尬，再加上必须将自己的犯罪动机、目的、犯罪经过如实供述，觉得人格受到极大伤害，因而羞耻之心有所流露，表现出低头俯首状，不敢正视众人。有些青少年被告人，虽然平时是非颠倒，蛮横霸道，飞扬跋扈，但在接受审判时，也感到以前错误的行为方式，只在同伙中才获得支持，而广大群众是深恶痛绝的，因此，也会产生羞耻感。

（2）紧张。因为审判关系到被告人的前途命运，因此，除极少数经历过多次审判场面的惯犯、累犯外，一般都是心潮起伏，紧张、恐惧而不能自抑，预感到即将"大祸临头"，但却又无计可施，只能被动防御。

（3）忏悔。经过侦查阶段的讯问和说服教育，除极少数恶性难改者，大多数都能不同程度地认识到自己的犯罪行为给社会带来的严重危害，因而良心受到谴责，后悔之意或明或隐地表现出来。在庭审时能如实陈述自己的全部罪行并揭露他人的罪行，帮助法庭弄清犯罪的全部事实真相。

（4）矛盾。被告人在开庭时，仍在趋利避害心理支配下，权衡如实陈述的利弊得失。有的被告人担心交代越多，罪责越重，如不老实交代，又担心被认为态度不好而受到重判；既想在回答审判员的讯问时"不问不说"或"问而少答"，唯恐言多必失，但又怕失去为自己辩解的最后机会。因此矛盾重重，不知道自己究竟采取何种方式，才能使利大于弊。

（5）共犯的心理效应。共同犯罪者在开庭时相互见面，可能产生两种不同的心理效应：①增强共同防御的信心。见面时相互示意坚守攻守同盟，或为首者利用淫威对其他从犯实施心理控制，使之失去在法庭上供述犯罪事实的勇气，甚至翻供。②造成矛盾激化。有的被告人将自己沦为犯罪人归因于主谋者的教唆、怂恿，有的被告人认为是同伙揭露了自己，因此在见面时，触景生情，增强了憎恨对方的心理，干脆"一不做，二不休"，彻底坦白自己的犯罪事实和揭露共犯。

2. 法庭辩论过程中。

（1）侥幸心理。有的被告人明知公诉人已掌握自己的全部犯罪事实和证据，但仍心存侥幸，希望自己能因认罪态度较好而受到宽恕，因而在回答问题时避重就轻，力图使审判员相信自己并不是罪大恶极者。

（2）抗拒。被告人在庭审中的抗拒心理表现有三种情况：①拒供。这类被告人对法律的理解仍然有错误，固执地认为只要自己不承认，法院就无法定罪，因而矢口否认，公开顶撞或沉默不语。此类情况多出现在一些法盲、智力水平较低或偏执型人格者中。②翻供。这类被告人对自己在讯问阶段没有顶住侦查人员的讯问攻势后悔，因而将法庭审判作为否认罪行的最后机会。其原因是既恐惧刑罚惩罚，又心存侥幸，希望能蒙蔽审判人员，达到蒙混过关之目的。③谎供。这类被告人不敢以直接方式顶撞或否认自己的罪行，但仍希望能出现转机，于是开始编造供词。谎供既可能表现为嫁祸于人，也可能因保护同伙而包揽罪责。

（3）狡辩。通过控辩双方的进攻与反驳，被告人感到罪证确凿、不容抵赖。但对犯罪目的、犯罪动机和犯罪原因等仍寻隙抵赖，以求得审判员的同情、谅解，争取从宽处理。

（4）对公诉词的心理反应。法庭辩论中，公诉人发表的公诉词是起诉书的补充，是以法庭调查中查明的犯罪事实和证据为依据，对案件所作的带有结论性的评论。被告人听了公诉词后，就会认识到公诉人不仅掌握自己的罪行，而且了解自己犯罪的思想根源，指明犯罪所造成的社会危害性，触犯的法律条款和应负的法律责任，因而对公诉人有一种敬畏感。同时，又担心因罪行严重而受到严惩。

（5）对律师辩护的心理反应。律师的辩护词，是以事实为依据、以法律为准绳，从保护被告人的合法权益方面提出辩护的论点，说明当事人的行为不构成犯罪或罪行较轻及其具有的从轻、减轻或免除刑事责任的理由。律师在作了无罪或罪行较轻的辩护后，被告人会流露出轻松感，从而增强反证的信心和勇气。律师辩护词中的主要论点、论据，往往使他们终生难忘，并成为服罪或不服罪的重要根据。而当被告人犯罪事实确凿，情节恶劣，危害后果严重并且不存在从轻、减轻或免除刑事责任的理由时，律师只能就犯罪事实作简单辩护，被告人对此往往大失所望，埋怨律师无能，或者认为律师出庭辩护不过是"走过场"，由此增强了抵触不满情绪。

（6）对证人陈述的心理反应。当证人所作的陈述对被告人有利时，被告人会表现出得意或欣喜若狂的神态。而当证人所作的陈述对其不利时，如果该证人与被告人有比较密切的关系，被告人既感到失望，又会产生"被出卖"的仇视感。如果被告人能正确认识自己的罪行，则对证人的陈述反应平静。

3. 判决后。当审判长宣布判决时，因为关系到其前途命运，被告人的注意力高度集中，情绪相当紧张。当判决宣布后，被告人的情绪反应各异，主要有以下几种：

（1）情绪稳定。罪行相当，预测的刑期与判决相似，刑期较短的被告人在宣判后，情绪比较稳定，基本上服从判决，并希望尽快去监所服刑。少数被告人，在碰碰运气的侥幸心理支配下，也可能提出上诉。如果所判刑期低于预测的刑期，则暗自庆幸。

（2）抵触。不认为自己应当判刑或认为判刑过重的被告人，在接受宣判后，往往产生很大的抵触情绪。有的被告人以愤怒的形式表现出来，如叫冤、哭骂、捶胸顿足，有的甚至诬蔑审判人员办案不公、侦查人员搞逼供、证人借机报复作伪证等。有的被告人则以自怨自艾的形式表现出来，如自认倒霉、长吁短叹，借宿命论聊以自慰。有抵触情绪的被告人，多数要求上诉，寄希望于上级法院撤销原判，从轻判处。也有的由于不懂法，害怕上诉后判得更重，尽管不满也不上诉。

（3）悔恨。宣判后的悔恨心理，是被告人共有的一种心理状态，但有积极和消极之分。前者悔恨自己不该犯罪，给社会带来危害，给家人造成痛苦；后者则悔恨自己作案手段不高明，或责怪自己心慈手软，干得不够狠，留下蛛丝马迹；或后悔不该听信侦查人员的教育，把罪行全部供出来。

二、审判人员在审判中应当注意的问题

审判人员是审判活动的主体，在控辩双方激烈辩论时，如何根据诉讼参与人的心理特点，成功地驾驭局势，引导控辩双方进行正常的诉讼活动，以及如何正确地认定证据，定罪量刑，对于审判活动取得良好心理效应，起着至关重要的作用。

（一）法庭辩论时需要注意问题

法庭辩论是法庭审理的中心环节，其目的是通过控诉一方与辩护一方展开辩论，帮助法庭客观全面地了解案件事实，对被告人做出正确的判决。审判长作为法庭辩论的组织者与指挥者，为保证正确、充分地开展辩论活动，应灵活运用心理学的有关知识，驾驭好法庭辩论活动。

1. 尊重诉讼参与人的人格。人皆有尊重的需要，既尊重别人，同时也有受他人尊重的需要。审判长虽是法庭辩论的指挥者，也应注意尊重诉讼参与人的人格，切实保障被告人、辩护人充分行使辩护权。

2. 明确论题。审判人员应有意识地引导控辩双方紧紧围绕案件的关键问题展开辩论，使自己通过辩论能够清楚地认识案情，准确地了解和掌握案由和案件发生的经过，以便做出公正的裁决。

3. 决策果断。审判长在控制辩论局面时，应当敢于果断决策。这就要求审判长必须具有丰富的审判知识和经验以及敏锐的思维能力，良好的注意品质，辨别是非的判断力。

4. 避免先入为主。审判长作为控辩活动的主持者，是法律和公正的象征。在听取和组织双方辩论的过程中，要从案件事实出发，坚决维护法律，主持正义和公道，不应以任何方式表露自己对案件已有定见，不能先入为主，不认真听取双方的辩论发言。应力求避免受到辩论发言的次序，辩论双方提供信息量的多少，发言人口才是否雄辩以及辩论时气氛的影响。有时，旁听的群众有可能违反法庭规则，情不自禁地鼓掌，为某一方的辩论发言叫好，审判长要避免受这些情绪的影响。

（二）审判人员认定犯罪事实时应注意的问题

通过法庭辩论、核对证据，认定被告人确有犯罪事实，是审判人员对被告人定罪量刑必经的审理过程。这一过程的关键是对证据的判断。证据的判断是审判人员根据自己的法律知识和客观事实，分析判断证据是否可靠及其有效性的思维过程。证据判断应从三个方面进行：

1. 对证言的可靠性进行分析。首先分析证人的作证能力；其次分析证言是证人直接感知到的，还是间接从别人那里听到的；再次分析证人在感知、记忆、陈述案情的过程中，是否存在不利于其正确感知、记忆和如实陈述的因素，有没有错证的可能；最后还要分析证人提供证言的动机，是否存在提供伪证的动机因素。审判人员要把这些分析综合起来确认证言的可靠性。

2. 对证据证明力进行分析。一般来说，直接证据的证明力大于间接证据；间接的物证、书证、视听资料的证明力大于间接的人证。

3. 对证据的有效性进行分析。即对能证明同一案件事实的各个证据进行综合分析，最后作出判断，看直接证据之间及其与间接证据之间能否相互印证；看间接证据之间能否形成完整的证据链。要求证据必须具有合法性，证据之间必须具有关联性、一致性、完整性。

（三）审判员在定罪时应注意的问题

定罪是审判过程中的一个重要环节。它是在认定事实的基础上，依据我国刑法规定，分析被告人的行为是否构成犯罪。按照我国刑法规定，不处罚没有实施危害社会行为的"思想犯"，也不允许惩罚不是出于罪过心理的危害社会行为，而是按照客观要件与主观要件相统一的原则来定罪。只有故意或过失地实施危害社会的行为才构成犯罪，因此，审判人员要给被告人正确定罪，就必须分析和判定实施危害社会行为的个体主观上是否有犯罪故意或过失。

第三节　刑罚心理

刑罚是统治阶级惩罚犯罪的一种强制手段，统治阶级正是通过刑罚来体现其法律的规范作用。刑罚的基本特征是给犯罪人造成一定的痛苦，以体现国家对犯罪行为的严厉谴责和否定。我国刑罚的根本目的是通过惩罚犯罪而预防犯罪。预防犯罪包括两个方面：①特殊预防，即对犯罪人适用刑罚，以预防其再次犯罪；②一般预防，即通过惩罚犯罪，儆戒和教育社会上有犯罪可能性的人，不要走上犯罪道路。与刑罚预防犯罪的两种功能相适应，对犯罪人适用刑罚所带来的心理效应也有两种，即个体心理效应和社会心理效应。

一、刑罚的个体心理效应

刑罚的个体心理效应，是指国家通过对犯罪人适用刑罚而对犯罪人心理产生的积极或消极的影响。刑罚的个体心理效应根据其社会意义分为正效应和负效应。

（一）刑罚对犯罪人心理的正效应

是指由于刑罚适用得当，使犯罪人畏惧刑罚，而选择改过自新之路。刑罚正效应表现如下：

1. 畏惧刑罚。对刑罚的畏惧是犯罪人普遍具有的心理，当国家刑罚权已经启动，犯罪人必然感到担心和惧怕。在宣布判决之前，犯罪人已预感到刑罚将给其带来痛苦和损失。他们将失去自由和荣誉，经济蒙受损失，家庭可能解体，罪行特别严重的还要被剥夺生命。

2. 痛苦效应。刑罚的目的就是要通过给犯罪人造成痛苦，使其畏惧刑罚而悔过自新。犯罪人在服刑期间，自由受到限制，与家人共同生活的权利被剥夺，每天还要被强制参加一定的生产劳动。他们非常渴望和向往自由的生活，但却不得不在监狱接受矫正。因此，犯罪人因接受刑罚的处罚而倍感痛苦，并急切地想摆脱心灵和身体俱不自由的状态。拥有自由时不觉得珍贵，一旦失去才倍感自由的可贵。

3. 感激效应。一些初犯自认为罪行严重，法院一定会重判，甚至活着的机会也非常渺茫。但判决结果使他们感觉到，法院确实严格遵守"以事实为根据，以法律为准绳"的量刑原则，因而感激政府给了他们改过自新、重新做人的机会；在服刑期间，管教人员从生活、学习各方面给予关心，尊重其人格，帮助犯罪人认识犯罪行为的危害性，并给犯罪人提供学习文化知识、生产技能甚至参加文凭考试的机会，这些行刑政策，更使犯罪人体会到刑罚的正确性，由此而增强了感激之心。

4. 预防效应。由于适用刑罚，使犯罪人体验到犯罪给自己造成的痛苦。趋利避害的本能使犯罪人选择守法而不再犯罪，这即是刑罚对犯罪人的预防效应。

（二）刑罚对犯罪人心理的负效应

是指由于刑罚适用不当而使犯罪人蔑视刑罚的威慑力，更加仇恨对其适用刑罚的司法机关乃至整个社会，犯罪心理结构恶性发展。刑罚对犯罪人的负效应表现在：

1. 不畏惧刑罚。一些惯犯、累犯有着多次的服刑经验，对监狱生活颇能适应，感觉不到有多大压力，因此对刑罚并不畏惧。他们在服刑期间缺少必要的心理压力，不易形成积极改变自我的动机，反而策划如何对抗管教，以及出狱后如何"东山再起"。

2. 抵触。刑罚的适用要体现出罪责刑相适应，被惩罚者才会认识到刑罚施加于己的公正性。在审判环节中，由于量刑上存在着一定的自由裁量等因素，同罪不同罚的现象或多或少地存在着。一些犯罪人认为自己获致的刑罚相对于他们的犯罪而言，显得过重，易产生刑罚不公正的认识，对刑罚有严重的抵触情绪。这种消极情绪在服刑期间能否消除，取决于监狱的教育矫正工作是否有效。

二、刑罚的社会心理效应

刑罚的社会心理效应，是指国家对犯罪人适用刑罚而使民众，尤其是潜在的犯罪人产生的心理反应。刑罚的社会心理效应根据其社会意义也可以分为正效应和负效应两种。

（一）刑罚对民众心理的正效应

对犯罪人适用刑罚可以儆戒一般民众尤其是潜在的犯罪人，使他们不敢以身试法，而自觉遵守各种社会规范。这种正效应具体表现在以下几方面：

1. 辨别效应。刑罚可以帮助个人辨别哪些是可以被社会接受的行为，哪些是遭到社会拒绝的行为，从而修正自己的行为轨迹。

2. 道德效应。刑罚是社会对犯罪行为的权威性谴责，许多受到刑罚惩罚的人也是被社会谴责为不道德的人。因此，对犯罪人适用刑罚可以加强道德禁忌，影响社会的道德水准。

3. 儆戒效应。刑罚给犯罪人造成一定的痛苦，可以警告那些潜在的犯罪人，实施犯罪要付出很大的代价，从而使潜在的犯罪人对刑罚产生畏惧感，因此而提醒自己千万不能效法已然犯罪者。

4. 安全效应。对犯罪人适用刑罚，会使被害人和其他公众感到宽慰，增强公平感与社会安全感；对于有正义感的人则是一种鼓励，他们将因司法机关对犯罪人的有力打击，而勇于同犯罪人做斗争，自觉地维护社会秩序、公民人身和公私财产不受侵犯。

（二）刑罚对民众心理的负效应

由于刑罚适用不当而使潜在的犯罪人不畏惧刑罚，一般民众也对刑罚失去信心。刑罚对民众心理的负效应表现如下：

1. 轻视刑罚的威慑力。如果罚不当罪，刑罚惩罚过轻，对于有不良心理结构的潜在犯罪人来说，将会感到犯罪得到的利益大于刑罚造成的痛苦，一方面敢于以身试法，另一方面也会从已然犯罪人失败的犯罪活动中吸取教训，避免因罪行败露而使自己受到损失。他们不会因为畏惧刑罚而恪守本分。

2. 失去对刑罚的信心。一般民众如果认为刑罚不能起到及时、严厉打击犯罪人的作用时，就会对刑罚失去信心，并增加不安全感。一些人因此而采取消极防卫措施。例如，女工怕被害而拒上夜班，双职工怕家中被盗而轮流看家；一些被害人因对犯罪人惩罚不力而心存愤懑，采取私力救济的方式以恶制恶，从而造成社会法制的紊乱。

三、不同刑罚的心理效应

（一）罪刑相当的心理效应

罪刑相当时，犯罪人经过教育，一般或迟或早总会觉得承受刑罚是对所犯罪行给社会造成危害的必要补偿。恰当的刑罚，能减轻犯罪者的罪责感，使其由于犯罪造成的情绪紧张得到缓和，恢复原有的心理平衡，因而在服刑接受改造时，能够以正常人的心理状态，冷静地思考问题。但是，犯罪人预测的刑期有时低于实际判决的刑期，因此，在判决宣告后通常会产生不满情绪，需要通过教育，帮助他们认识判决的正确。

罪刑相当，也使群众愿意接受现行刑罚体制，自觉约束自己不要以身试法，并敢于同犯罪做斗争。

（二）刑罚畸重畸轻的心理效应

畸重畸轻的刑罚，宣告后往往引起犯罪人的强烈情绪反应，例如，愤怒、震惊、悲哀或无意中获得满足，而且较长时间波动不安，难以平静，从而影响刑罚的效果。特别是重罪轻判，不足以严肃法纪，不能平民愤，客观上起到纵容犯罪的作用。

（三）从重从快判刑的心理效应

依照法律从重从快打击现行的严重犯罪人，对于在一个时期内整顿社会治安有着重大的意义。从重是在法律规定的量刑幅度内从重，从快是按法律的诉讼期限从快。对危害性特别严重的现行犯罪人从重处罚，可以起到较显著的震慑和儆戒的效果，其心理学依据是：

1. 惩罚的强度应当超过犯罪人在犯罪活动中得到的"快乐"和"奖励"。从心理学观点看，奖励是对行为的肯定评价，即正强化，起着加强行为动力的作用；惩罚是对行为的否定评价，即负强化，起着削弱行为动力的作用。如果犯罪人从犯罪活动中得到的"快乐"与刑罚所给予的"痛苦"相等，对一般犯罪人能起到教育作用，而对惯犯、累犯或者暴力犯则起不到教育作用。如果犯罪人从刑罚中受到的痛苦小于犯罪所得的"快乐"，则使犯罪人的侥幸心理得到鼓励，今后极易再犯。因此，对于有过刑罚体验的惯犯、累犯来说，对惩罚的耐受性强，必须从重惩处，才能奏效。

> 可以了解费尔巴哈的"心理强制论"

2. 惩罚应当尽早进行。刑罚威慑对犯罪人是否起作用还取决于其是否会立即被揭露和追究刑事责任。如果犯罪得逞，又不会被追捕归案，那么其再次犯罪的动机就会加强，畏惧惩罚的心理压力就会衰减。如果再次犯罪后仍然得以逍遥法外，犯罪意识就又一次得到强化，并且会逐渐形成犯罪习惯。有学者指出，司法机关对实施了某种犯罪的人及时惩罚，能使行为人在心理上迅速建立起罪与罚的联系，打消其逃避惩罚的侥幸心理，不致再犯；对已多次获得犯罪成功心理体验者，虽事后予以惩罚，但因其奖惩并存，且奖励在先，这样即使每次犯罪后都得到一些惩罚，但由于对惩罚已产生相应的耐受性，就使得罪犯有可能甘冒风险再次犯罪。[1]因此，从快惩处能有效地改变犯罪人犯罪心理恶性发展的趋势。

由此可见，严厉打击刑事犯罪活动，由此而产生的社会心理效应将是：充分显示国家机器的威慑力量，造成犯罪人对刑罚的畏惧，不敢轻易越雷池一步；通过严惩首恶，减少一般违法和有劣迹的青少年对他们的依附和效仿；严格执法，冲破"关系网"，破除犯罪人种种幻想和侥幸心理；扶正祛邪，鼓舞人民群众的斗志。需要注意的是，"从重"并非是无限制地加重犯罪人的刑罚，而是要在罪刑相当的原则之下，严格按照刑法的规定确定犯罪人应受的惩罚，这种惩罚要让犯罪

---

[1]　孙秋杰："论刑罚的及时性与社会心理效应"，载《西北师大学报（社科版）》1996年第5期。

人感到犯罪带来的快乐小于刑罚带来的痛苦。就"从快"而言，应当将其理解为惩罚及时。不管怎样，只有在查清案件全部事实的基础之上，并且严格遵守法律的规定，从重从快判刑才能起到惩罚与预防犯罪的积极作用。

□小　结

本章主要分析犯罪嫌疑人在侦查过程中的心理和被告人在审判过程中的心理，并结合心理特征的分析提出应对的方法或策略。

一、犯罪嫌疑人在侦查过程中的心理与对策

（一）犯罪嫌疑人在作案前后的反侦查心理

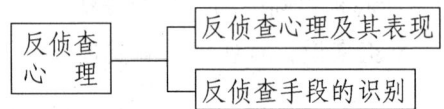

（二）被缉捕的犯罪嫌疑人的心理及对策

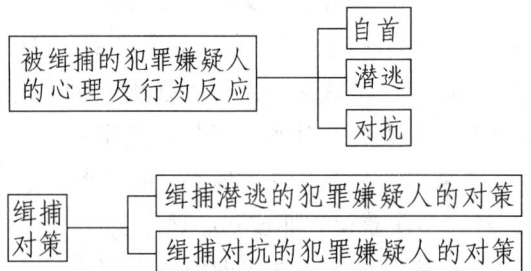

（三）被跟踪、守候的犯罪嫌疑人的心理对策

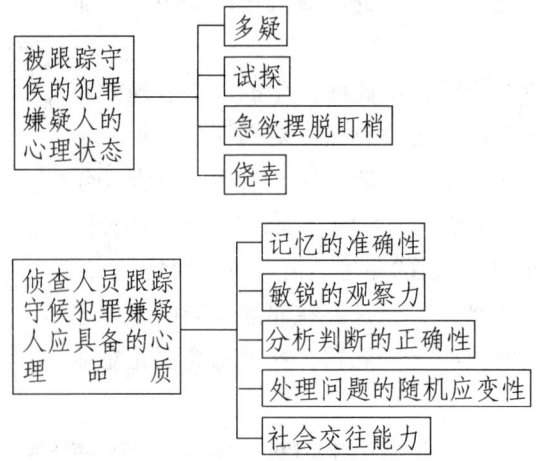

（四）被采取不同强制措施的犯罪嫌疑人的心理反应

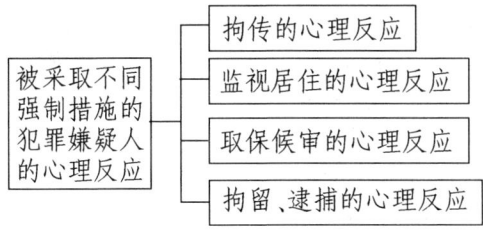

（五）犯罪嫌疑人在讯问中的心理及对策

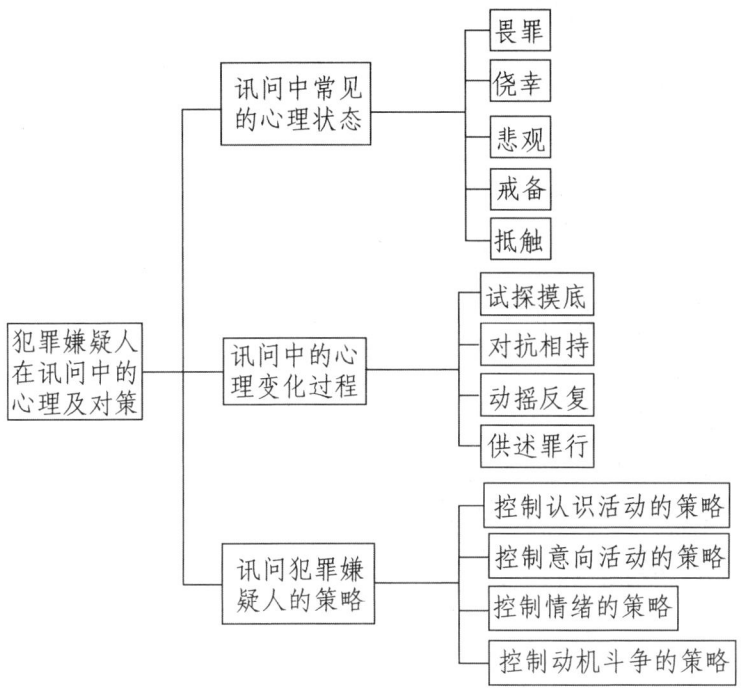

二、被告人在审判过程中的心理与对策

（一）被告人在审判中的心理

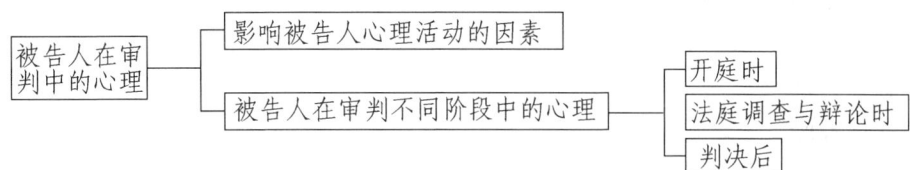

（二）审判人员在审判中应当注意的问题

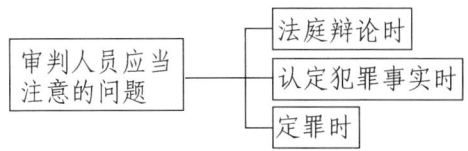

三、刑罚心理

（一）刑罚的个体心理效应

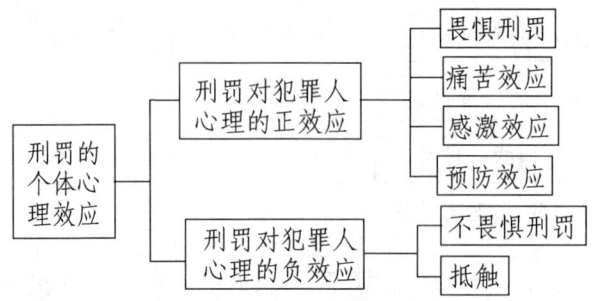

（二）刑罚的社会心理效应

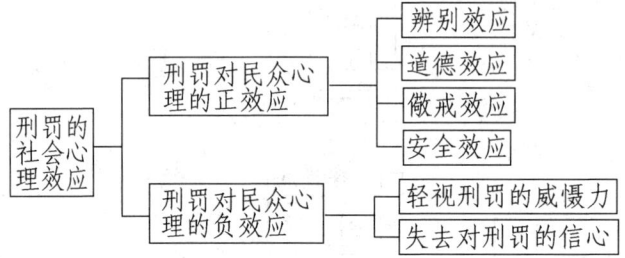

（三）不同刑罚的心理效应

□练习与思考

一、名词解释

1. 反侦查心理

2. 自首心理

3. 潜逃心理

4. 畏罪

5. 侥幸

二、简答题

1. 简述犯罪人反侦查心理的表现。

2. 简述缉捕犯罪嫌疑人的对策。

3. 简述被跟踪、守候的犯罪嫌疑人的心理状态。

三、论述题

1. 试述在讯问的不同阶段，犯罪嫌疑人心理的发展变化。

2. 试析讯问犯罪嫌疑人的策略的心理学依据。

3. 试析有罪被告人在审判不同阶段中的心理反应。

4. 根据我国刑罚的目的，谈谈你对刑罚心理效应的理解。

第十四章

犯罪心理预防

■学习目的和要求

通过本章学习，要求学生
● 重点掌握：一般犯罪心理预防的原则与方法。
● 掌握：特殊犯罪心理预防的原则与方法。
● 一般了解：犯罪心理预测的技术。

第一节　犯罪心理预测与预防概述

一、犯罪心理预测与预防

（一）犯罪心理预测

犯罪心理预测，是运用心理科学的理论和方法对个体犯罪或再犯罪的可能性所做的有根据的估计和推断。犯罪心理预测包括初犯预测和再犯预测两种。此两种预测既有区别，又相互联系。

初犯预测与再犯预测的区别表现在以下三个方面：①适用对象不同。初犯预测主要适用于没有违法犯罪经历的人，尤其是青少年；再犯预测适用于刑满释放人员和解除劳动教养人员。②预测方法不完全相同。初犯预测主要根据犯罪前征兆进行；再犯预测既可以根据犯罪征兆进行，还可以使用再犯预测表进行预测。③施测人员不同。初犯预测很难形成专门的预测队伍，预测主要由被预测对象的家长、所在学校教师、单位领导及同事、邻居等自发地进行；再犯预测则可以由司法部门组织专门的预测人员进行有计划的、系统的预测。

初犯预测与再犯罪预测的联系表现在：①预测的依据相同，两者都是依据犯罪心理形成规律进行科学的预测；②预测的目的相同，两者都是为预防犯罪提供依据，减少犯罪行为的发生。

犯罪心理预测作为一种科学预测，必须凭借真实并且相联系性较高的信息，运用符合思维规律的判断和推理，力求取得预测的成功，使犯罪心理预测能为犯罪心理预防提供可靠的依据。

（二）犯罪心理预防

犯罪心理预防，是指运用心理学的理论和方法，采取有效措施控制和消除诱发犯罪的心理因素和条件，防止个体形成犯罪心理结构以及发生犯罪行为。犯罪心理预防是犯罪社会预防的重要组成部分，也是犯罪社会预防的基础工程，两者既有联系又有区别。两者的联系是：①目的相同。两者都是为了预防和减少犯罪，使社会治安能够得到根本好转。②前提条件相同。两者都以犯罪预测为基础。没有准确的犯罪预测，就很难使犯罪预防工作具有针对性、主动性和有效性。③工作内容有所交叉。犯罪社会预防要以犯罪心理预防作为它的重要组成部分，犯罪心理预测的成效又必然反映到犯罪社会预防中来，使社会预防能取得更好的效果。

犯罪心理预防与犯罪社会预防的区别在于：①所属的学科不同。犯罪社会预防属于犯罪社会学领域，并和刑事政策学相联系；犯罪心理预防属于犯罪心理学领域。②工作对象和内容有所不同。犯罪社会预防是着眼于犯罪现象的总体发展变化，采取宏观的、战略的和整体的预防措施，如开展社会治安综合治理、加强其他社会防范措施等，以遏止犯罪率的上升，减少社会犯罪现象；犯罪心理预防则以个体为工作对象，采取微观的、局部的、针对性的心理预防和矫治措施，如开展帮教活动，实行教育感化等，以减少和预防个体犯罪行为的发生。③方法、手段有所不同。犯罪社会预防着重采取行政的、法律的、经济的、社会性措

初犯预测具有犯罪社会预测的性质，而再犯罪预测则更具有专业、专家型预测的特征

犯罪心理预测方法是确保犯罪心理预测成功的重要因素之一

科学的心理预测是正确、有效的心理预防的前提、基础

犯罪心理预防的思想、策略随着对犯罪现象的探索加深而不断扩展

施，对社会犯罪现象作宏观控制；犯罪心理预防则着重运用心理学方法，如感化、暗示、疏导、转移、行为矫正等，预防和矫正个体心理缺陷，有针对性地防止其走向犯罪。

犯罪学家从开始研究犯罪现象时，就已经意识到预防犯罪才是治理犯罪现象的根本所在，国外的研究虽然也涉及了心理预防的内容，但较多地注意刑罚的预防作用和社会预防措施。西方关于犯罪心理预防的理论主要有以贝卡利亚（C. Beccaria, 1738～1794）与费尔巴哈（Feuerbach, 1775～1833）为代表的古典学派（注重刑罚的预防作用与心理强制作用）、以龙勃罗梭"天生犯罪人"为代表观点之犯罪人类学派与菲利（Ferri）注重良好环境之刑罚替代思想为代表的实证主义预防理论、日本学者关于犯罪的心理预防理论、不同接触理论（萨斯兰之注重犯罪产生中环境因素的作用以及行为习得的模式）、情境犯罪预防理论（克拉克之犯罪情境因素观点）以及精神分析理论（涉及先天性本能力量、潜意识、罪恶感化解、提高自我控制能力、心理防御机制、变态心理能量在犯罪现象中的地位问题）等。

"法治"与"德治"分属不同的范畴：法律与道德

我国古代有见识的统治者与有识之士、思想家们，在探索治国安邦的策略时，提出了一些颇有价值的有关犯罪的心理预防思想，如家庭预防、社会交往预防、早期教育的心理预防功能、刑罚与教化的心理预防功能、注重个人道德修养等思想，这些思想观念即使在当今社会对于犯罪预防的"法治"与"德治"相结合的理念与实施措施都具有深刻的启发意义。

二、犯罪心理预测与心理预防的关系

（一）犯罪心理预测是犯罪心理预防的前提和条件

犯罪心理预防包括一般预防和特殊预防。一般预防是指防止个体形成犯罪心理结构和消除已经形成的犯罪心理结构；特殊预防是指防止已经形成犯罪心理结构的个体发生犯罪行为。无论是一般预防，还是特殊预防，都必须以预先测知某一个体有形成犯罪心理结构的可能性或已经形成犯罪心理结构为前提。只有预测到个体可能形成或已经形成某一种类型的犯罪心理结构（犯罪心理动力），才能有针对性地采取心理预防措施，达到预防犯罪的目的。

（二）犯罪心理预防是心理预测的目的和归宿

犯罪心理预测是通过运用心理科学和行为科学的技术和方法，获得有

关个体犯罪或再犯罪可能性的信息，为预防犯罪提供依据。因此，预测是
预防的手段，预防是预测的目的和归宿。如果把预测结果的发生作为预测
的唯一目的，预测本身就毫无现实意义。只有明确认识到预测结果是为预
防犯罪服务的，才能使预测行为有针对性，而不至流于表面形式。

预防犯罪行为的发生是最终目的

三、犯罪心理预测与犯罪心理预防的心理学依据

（一）犯罪心理预测的心理学依据

犯罪心理预测主要是依据犯罪心理形成和犯罪行为发生的原理和
机制，选择若干相关因素进行预测。具体地说，犯罪心理预测的依据
体现在以下几方面：

1. 犯罪心理结构是在不良的主体内外因素相互作用下形成的。如
果能发现某一个体具有哪些不良的主体因素和主体外因素，以及内外
因素之间是否建立了某种联系，就可以测知该主体是否具有犯罪的可
能性。主体因素和主体外因素中哪些因素与犯罪心理形成的相关度较
高，是犯罪心理学工作者一直研究并已形成一些结论的主要课题。例
如，主体内因素中，年龄与犯罪有一定相关性，犯罪高发期在 18 岁到
25 岁之间；性别与犯罪也有相关性，男性犯罪率远高出女性；某些特
定的神经、生理因素也与犯罪相关，如脑损伤、精神疾病等容易诱发
犯罪；不良个性特征与犯罪的相关性较高，如具有思维模式的偏执性、
情绪不稳定、自私自利、缺乏同情心、辨别是非能力差等特征的个体
犯罪倾向性较大。主体外因素中，政治环境、经济环境及家庭环境、
学校环境、邻里环境等环境因素中存在的不良因素，容易诱发主体形
成犯罪心理。需要注意的问题是，孤立的主体因素或主体外因素，并
不能说明主体犯罪的可能性，必须测验它们之间是否建立了某种联系，
即主体是否受到不良环境因素的影响，并反过来主动利用或创造不良
环境。

2. 人的行为是在某种心理支配下发生的。形成犯罪心理结构的个
体，或迟或早会将犯罪心理外化为某种行为（具体的犯罪行为模式），
外化的行为可能是直接的犯罪行为，也可能是一些违背正常行为规范
的不合理行为，但还没有达到犯罪的程度。从个体实施的后一种行为，
即可预测其是否已经形成犯罪心理结构。此外，一些个体犯罪心理结
构的形成有一个渐变过程，在这个渐变过程中，一些不良的心理因素
也会自觉或不自觉地通过其行为反映出来，这些行为正是预测其犯罪
可能性的征兆。

（二）犯罪心理预防的心理学依据

犯罪心理预防是建立在犯罪心理预测的基础之上的，犯罪心理预测的可能性也就是犯罪心理预防的依据。

1. 犯罪行为是犯罪人在形成犯罪心理结构之后，在犯罪情境出现时发生的。因此，如果能够有效地消除犯罪心理结构，或防止人们形成犯罪心理结构，就可以减少犯罪行为的发生。此外，如果能有效地排除、控制犯罪情境，使具有犯罪心理结构的人找不到合适的犯罪情境，犯罪行为也难以发生。

2. 犯罪心理结构是在主体内外因素共同作用下形成的，因此，对存在于主体内外的不良因素采取针对性措施，就能够有效地防止犯罪心理结构的形成或消除已经形成的犯罪心理结构。

目前，我国专业化的犯罪心理预测与犯罪心理预防研究工作还处于探索与总结阶段，同时，犯罪心理预防也还没有引起全社会各职能部门与公民的普遍重视。这种态势与司法机关传统上重打击、轻预防的倾向，以及缺乏一支高素质的犯罪心理预测、预防的人才队伍有关，其深层次上则与全社会民众的法制观念和全民的犯罪社会预防的意识有着密切的联系。我国当前司法的实践表明，犯罪心理预测与预防已经是打击与预防犯罪的迫切需要；而只有犯罪心理预测与预防工作得到全社会的认可，得到政府、司法机关及研究部门的实际重视，进行心理预测与预防的科学性才会转化为符合我国国情的现实性。

第二节　犯罪心理预测

一、犯罪心理预测的研究

在各国进行的犯罪心理预测研究与实践中，具有代表性的预测方法有美国的伯吉斯（E. W. Burgess）、格卢克夫妇（S. Glueck, E. Glueck）、奥林（L. E. Ohlin）以及德国的希德（Schiedt）等人采用的方法，如假释成败研究、未成年违法犯罪的早期预测研究、再犯罪预测研究等。这些方法都有具有预测性因素分析法的倾向，其他学者以这些方法为基本型而设计出更多的变形，如因素分析型预测、指数评估型预测等。

犯罪心理与犯罪行为之间的关系：内部根本动力与外部表征

犯罪心理结构是犯罪行为产生的根本内因

"内因是根据，外因是条件"之原理同样符合犯罪心理预防的活动

（一）格卢克夫妇关于早期违法行为预测研究

格卢克夫妇所进行的早期违法行为预测，是根据儿童6岁以前的生活体验预测其在11岁至17岁之间是否有违法行为的可能性。他们将此研究成果在1950年发表为《未成年违法行为的解释》。他们从麻省感化院中，选出11岁至17岁的500名犯罪未成年作为实验组，从波士顿公立学校选出500名在年龄、智能、生长环境、人种及宗教背景上与上述500名未成年相符的正常未成年作为对照组，从其生活历史中选出社会的、心理的、身体的、精神的各方面与犯罪心理形成可能相关的因素共403项，聘请各方面的专家，经过数年时间进行详细调查。对调查所得的资料，运用统计学上的检定技术，鉴定各因素在识别犯罪未成年与正常未成年之间是否具有显著意义。其研究结果表明，父亲管教的严格或非一贯性、母亲对未成年的监督不适当、父母对未成年的性意识不关心、家庭不团结、反抗性强、破坏性大、情绪易变、喜冒险等因素是犯罪未成年区别于非犯罪未成年的显著特征。他们还认为，违法倾向早在6岁时就可以精确地诊断出来。

格卢克夫妇的早期行为预测研究在受到社会学家肯定的同时，也受到不少批评。批评理由如下：①认为儿童是否会发展为犯罪未成年，在其五六岁时就能决定，有宿命论之嫌。②认为人在五六岁以后所受的各种刺激以及青春期的特殊心理状态对其是否会违法犯罪有较大的影响，而五六岁之前的经历未必能决定青春期的行为。③认为如果预测失实，儿童被指为潜在的犯罪未成年人，将影响未成年的名誉，有侵害人权之嫌。

（二）格卢克夫妇关于再犯预测研究

1930年格卢克夫妇发表了《500名犯罪人的经历》一书，用自己独创的方法对假释者的再犯情况作了预测研究。他们使用专门的调查人员，对1919年到1920年间由麻省矫治机构所假释的510名男性犯罪人作实地调查，收集了入监前、入监中、假释中及假释后四阶段的各种资料，选出犯罪可能因素共50个。然后运用统计技术，选出与犯罪具有重大关联的八个因素，做再犯预测。这八个因素是：劳动习惯、犯罪的严重性与次数、本次犯罪以前的指控、监禁前的受刑经验、判决前的经济责任、入监时的精神异常性、在监时违反监规纪律的频率与程度、假释期间的犯罪。各因素与犯罪可能性的相关度不一致。前六个属于收容前的因素，后两个属于收容后的因素。判决时的再犯预测可以只用前六个因素制成预测表。预测时，按犯人的情况对每项因素打分，然后算出总分，并在最高分与最低分之间划出若干等级，就各等级计算犯罪人与假释成败之间的百分比，预测再犯率的大小。根据这种预测法，假释成败的观察期间可长达假释期满后的 15 年之久。

（三）伯吉斯关于再犯预测研究

较早从事假释成败研究的是美国芝加哥大学的伯吉斯教授。他在 1928 年发表的《伊利诺斯州不定期刑及假释制度》中，开始研究假释的成败与否。他对伊利诺斯的彭的克（Pontial）、门那尔（Mennard）和朱利（Juliet）三个矫正机构所假释的 3000 名犯人进行了详细调查，调查其假释前的生活经历，以及有关的其他情况，从收集的资料中，选出 21 个预测因素，对刑满释放犯人的再犯可能性进行预测，创立了假释犯重新犯罪的预测方法。此 21 个因素是：犯罪性质、共犯人数、国籍、双亲状况、婚姻状况、犯罪类型、社会类型、犯罪行为地点、居住社区的大小、近邻的类型、逮捕时有无固定住所、法官和检察官关于能否对该犯人进行宽大处理的意见、以前的犯罪记录、以前的职业记录、释放时年龄、智能年龄、性格类型与精神医学诊断等。在进行预测时，将各因素用分数表示，按各假释者的情况，给各预测因素打上不同的分数，然后根据所得分数的多少，制成分数与假释成败的关联表，分数越高，假释成功的可能性越大；反之，成功率则越低。

（四）希德关于再犯预测研究

1935 年希德调查了 1931 年由巴弗里亚监狱释放的 500 名罪犯，从他们的生活史中选出与再犯关联性较大的 15 个因素，仿效伯吉斯的方法，做再犯预测研究。希德采用的 15 个预测因素是：遗传基因、先辈的犯罪、不良教育、不良学习成绩、18 岁以前初犯、4 次以上犯罪前科、饮酒嗜癖、性格异常、36 岁以前释放、释放后不良的社会关系等。

专题资料链接：代表性再犯罪预测研究之预测因子

	格卢克夫妇 GLUECK S. & E.	伯吉斯 BURGESS	希德 SCHIEDT	奥林 OHLIN	台大 法律所	张甘妹
1	劳动习惯	犯罪性质	遗传基因	罪名	犯罪类型	犯罪者类型
2	犯罪重度与次数	共犯人数	先前犯罪	刑期	刑期	刑期

续表

	格卢克夫妇 GLUECK S. & E.	伯吉斯 BURGESS	希德 SCHIEDT	奥林 OHLIN	台大 法律所	张甘妹
3	本犯以前检举	国籍	不良教育	初犯年龄	初犯年龄	受刑经历
4	收容前受刑经历	双亲状况	不良学业	婚姻状态	婚姻状态	初犯年龄
5	判决前经济责任	婚姻状况	辍学	犯罪时职业	犯罪时职业	配偶状况
6	精神异常性	犯罪类型	就业状态	家庭关心	劳动习惯	文身状况
7	监狱中违规频率	社会类型	18岁前犯罪	社交类型	不良交友	
8	假释期间的犯罪	犯罪行为地点	4次以上前科	出狱后工作的适当性		
9		居住社区大小	特别迅速的累犯性	居住社区		
10		近邻类型	涉及其他地区的犯罪	共犯人数		
11		逮捕时有无定所	性格异常	共犯人数		
12		宽大处理与供述	饮酒嗜好	精神病学预后诊断		
13		收容情况犯罪答辩	监狱中行为不良			
14		罪名与刑期	36岁前释放			
15		实际服刑时间	释放后的不良社会关系			
16		犯罪前科				
17		以前职业记录				
18		机构内惩罚记录				
19		释放时年龄				
20		智能年龄				
21		性格类型与精神医学诊断				

预测因子排序

预测因子	因子出现频次（次）	百分比（%）
1. 犯罪经历（次数、重新犯罪的时间跨度）	6	100%
2. 受刑经历（次数、刑种、刑期）	6	100%
3. 家庭结构与关系（父母与配偶等）	5	83%
4. 职业经历（种类与连续性等）	4	67%
5. 初犯年龄	3	50%

资料来源〔1〕

（五）服务调查量表

服务调查量表，简称为 LSI-R（Level of Service Inventory-Revised，Andrew & Bonta，1995），是一种建立在理论巨大变化上的罪犯人身危险性与再犯罪风险评估方法，是美国近期研究采用最为广泛的罪犯分类与评估方法。

服务调查量表的起源可以追溯到 20 世纪 70 年代末期，当时缓刑和假释官感觉到要有更明确的方法来确定罪犯的监督层次与服务类型（对罪犯的法律与职业方面的监督水平），LSI－R 就是为达成这一目的而设计的：四大类 54 个危险需求项目（它们从犯罪心理形成原因中得出），包含犯罪历史、教育/职业情况、家庭与婚姻状态、同伴、生活与行为方式（饮酒与毒品）、态度倾向、消遣与空闲时间、财务状态等方面。关于 LSI－R 预测有效性的研究一致证实它可以被除数预测不同罪犯群体（土著居民、精神病人及女性犯罪人）在不同环境（缓刑、监狱或中途之家）中的再犯罪预测。

专题资料链接：西方再犯危险性评估理论与工具的发展〔2〕

再犯危险性评估量表是再犯预测在研究与司法实践中的具体体现。

危险性评估的发展阶段的分界点源自于以上两个环节的具体研究和发展情况。自从危险性评估理论提出以来，大多国家或地区都根据其具体需要发展了不尽相同的危险性评估理论，但总体来说，危险性评估的理论主要有四代的发展过程：

第一代危险性评估被称为"临床评估（Clinical Assessment）"或者

---

〔1〕 孔一："再犯预测基本概念辨析与选样方法评价"，载《江苏警官学院学报》2005 年第 6 期。
〔2〕 翟中东：《国际视域下的重新犯罪防治政策》，北京大学出版社 2010 年版，第 132～133 页。

是"专家评断（Professional Judgment）"。这代评估并不借助于预测因子的预测功能，而仅是根据矫正人员的矫正经验和精神病学家及心理学家的主观的专家评断来确定罪犯再犯可能性。由于是非结构化的，临床评估在对罪犯再犯行为的实施与否的预测效度并不高，因而最初的临床评估已经几乎不为人所用。目前，已有研究者在第一代危险性评估的基础之上发展了"结构化的临床评估（Structured Clinical Judgment, SCJ）"，新发展的这一种危险性评估虽然也对一些具体的项目进行考察，但这种考察对于最终的预测却缺少有效的评估机制，因而在再犯预测效度上，相对第一代危险性评估，SCJ 在部分犯罪上，如性犯罪者（Sex offender），确实有所提高，但是相对第二代并没有明显的优势（Hanson & Morton-Bourgon, 2004）。其中使用最广泛的是"历史因素评估工具（Historical Clinical Risk, HCR - 20）"（Webster, Douglas, Eaves, & Hart, 1997）。

第二代危险性评估被称为"精确的评估（Actuarial Risk Assessment）"或者是"基于证据的评估（Evidence-Based Tools）"。这代评估避免了第一代评估的主观评断，而更多凭借精确的、基于证据的、已经被证明会增加再犯可能性的因子（如"犯罪史"、"物质滥用史"等），并且对这些因子进行了定量的分析。这一代危险性评估的代表性工具有，美国国家犯罪与越轨委员会（The National Council on Crime and Delinquency）与美国假释委员会（U. S. Parole Commission）制定的"重要分数表（Salient Factor Score, SFS）"（Hoffman & Beck, 1974）和加拿大惩教事务部（Correctional Service of Canada）制定的"重新犯罪统计信息量表（Statistical Information on Recidivism scale, SIR）"。基于第二代危险评估理论的工具相对较多，除了之前提到的"重要分数表（SFS）"和"重新犯罪统计信息量表（SIR）"，还有英国的"罪犯群体再犯罪测量表（Offender Group Reconviction Scale, OGRS）"（Copas & Marshall, 1998），"暴力危险评估表（Violence Risk Assessment Guide, VRAG）"（Harris, Rice, & Quinsey, 1993），以及"精神疾病量表（Psychopathy Checklist-Revised, PCL-R）"（Hare, 2003）。自第二代危险性评估发展以来，不断有研究证明其在对人类行为的预测效度上超过了第一代的临床评估（或专家评断）（gisdóttier, White, Spengler et al. , 2006；Andrews, Bonta & Wormith, 2006；Grove, Zald, Lebow, Snitz Nelson, 2000）；因其较高的预测效度，这代危险性评估理论及其工具至今仍被广泛地运用并被不断地修正与改进。

关于精神病态的心理测量及其危险性评估，目前作用最为广泛的测量工具是 R. 黑尔组织编制的包括 22 项的精神病态核查表（Psychopathy Checklist，PCL）及其 20 项修订版（PCL-R）、青少年版 PCL-YV。研究者通过半结构化的访谈或间接资料查阅，对个体的人际关系、情感、生活方式等内容进行评分（0－1－2 分），以判断个体是否符合精神病态标准。量有得分在 30 分以上者可以被评定为原发性精神病态（在具体的研究与临床环境中，使用的划分点从 25－30 分不等），21－29 分被划分为"中间型"，得分低于 12 分者可以排除精神病态。PCL－R 于 2003 年发布了第二版，具有较高的信效度，被广泛应用于研究、临床与司法实践中对于精神病态的评定，被称为精神病态评定的"金标准"。

PCL 量表在很大程度上基于克莱克利对于精神病态的定义，但其编制目的主要用于鉴别在监的男性罪犯、司法过程中或精神病人中的精神病态者及其犯罪危险性评估。

第三代危险性评估被称为"Risk-need Assessment"或者是"基于证据的动态的评估（Evidence-based and Dynamic）"，这一代危险性评估是在第二代危险性评估的"缺乏理论基础（atheoretical）、仅以历史作为评估基础"以及"无法考察悔改的罪犯、只考虑危险性水平不变或者上升的罪犯"两个不足之上发展的。因此，在第三代危险性评估中，不仅考虑了犯罪史和其他静态预测因子，还考虑到一些描述罪犯当前或是以前环境变化的动态预测因子（如"当前就业情况"、"家庭关系"以及"朋友关系"等）。此外第三代评估还依据"RNR 理论（Risk，Need，Responsivity）"将罪犯的需要以及反馈情况纳入评估的范围之内，故这一代的工具也被称作"Risk-Need"工具，代表性的评估工具包括"服务调查量表（Level of Service Inventory-Revised，LSI-R）"（Andrews & Bonta，1995）和"威斯康辛风险需要评估量表（Wisconsin Risk and Needs Assessment Instrument）"（Baird，Heinz & Bemus，1979）。第三代危险性评估理论和工具相继推出以来，已有大量研究表明第二代和第三代评估分数间的变化确实和罪犯再犯可能性之间存在相关（Andrews & Robinson，1984；Arnold，2007；Motiuk，Bonta & Andrews，1990；Raynor，2007；Raynor，Kynch，Roberts & Merrington，2000）。这一代评估工具有"服务调查量表（LSI-R）"以及"威斯康辛风险需要评估量表（WRNAI）"。

第四代危险性评估被称为"个案管理系统（Case Management System）"，相对于第三代危险性评估，这一代评估除了考察更多以前没有用过的预测因子和那些对矫正过程十分重要的罪犯个人相关因子之外，还将评估的过程结果与系统化的干预监管措施相整合（Andrews，Bonta & Wormith，2006）。第四代评估不仅强调风险原则（RNR 原则之一）以及对罪犯犯因性需要的重视，还认同罪犯个人能力在塑造其亲社会性中的作用以及罪犯对危险性评估结果的反馈在对其矫正效果上的作用。第四代危险性评估的工具包括发展于 LSI-R 之上的"水平评估/个案管理量表（Level of Service/Case Management Inventory，LS/CMI）"（Andrews，Bonta & Wormith，2004），英格兰与威尔士使用的"罪犯评估系统（Offender Assessment System，OASys）"（HM Prison Service and National Probation Directorate，2001）和"暴力风险量表（Violence Risk Scale，VRS）"（Wong & Gordon，2006）等等。

第五代危险性评估，目前正在设计发展之中，根据这一代理论的主要论点，其被称为"精神生物心理学模型的评估（Psychobiological Modeling）"。其主要观点认为，罪犯的攻击行为与其精神生物心理学基础之间是存在对应的关系的，心理学基础决定了罪犯在实施攻击行为时的决策方式，因而对罪犯的生理心理学基础进行评估便能在一定程度上对罪犯未来的攻击行为做出预测。虽然这代评估尚未有成型的理论或工具，但它为罪犯矫正过程提供了一个新的工作方向与策略取向。

（六）我国犯罪心理预测的探索性研究

我国监狱改造系统至今尚无具有普遍适应性的罪犯出狱再犯罪预测表（上海监狱系统从 20 世纪 90 年代开始探索性编制应用《再犯罪预测量表》）。适合中国国情与犯罪人情况的罪犯心理测试量表（COPA）正处于检验性应用阶段（2006 年 8 月通过了国家司法部组织的专家组评定）。根据国外预测因素选择情况和我国出狱人员再犯罪的原因构成情况，可以选择出适合我国再犯罪状况的预测因素，其中至少应当包括如下主要内容：①出狱时年龄；②服刑期限；③犯罪类型；④有无共犯；⑤罪犯各项人格因素；⑥出狱后的安置状况，有无正式的经济来源；⑦家庭结构状况，父母与配偶的态度；⑧社会舆论的支持与拒绝；⑨不良人际交往关系；⑩精神异常情况（心理异常的表现记录与精神医学诊断）；等等。其中，每一因素的分值大小，可以通过罪犯自评和专家评定结果综合而定；达到多少分值具有再犯罪的可能性，这需要专家依据专业知识技能、经验判断和追踪调查等各种手段，经历一个较长时期的严密调查与分析才能最后得出比较科学而有预测力的结论。

中国罪犯心理调查表及其分量表研究始于 1994 年，自 2000 年起处于试测与修正阶段；自 2006 年起进入第二阶段检验与验证阶段自 20 世纪 90 年代以来，在国内外交流不断增加、国内社区服刑制度不断推广、监狱罪犯矫正等司法实践工作中迫切要求的情况下，我国不少学者开始了罪犯危险评估或类似（如重新犯罪预测）的理论或实证研究，例如南京大学的狄小华，上海华东政法大学的邬庆祥，[1]中国政法大学的刘邦惠，浙江警官学院的黄兴瑞、孔一，以及全国范围内多数监狱的管理与矫正人员都开展了关于罪犯重新犯罪评估、罪犯人身危险性评估、少年犯再犯问题等多方面的探索和研究，也尝试编制了用于评估罪犯再犯风险的量表（工具），如《刑释人员再犯风险评估量表（RRAI）研究》（孔一，2011）。这些司法实践的实证性研究多数取得了较好的应用性效果（例如，多数研究报告的危险性预测有效率达到 80% 以上）。目前，罪犯再犯危险评估在我国处于一个蓬勃发展的时期。当然，我国现阶段的罪犯危险性预测与评估仍然处于探索性与总结阶段，其研究需要在学习借鉴西方理论与经验的基础上，进一步提高实证性与规范化验证的水平，以达到更理想的司法操作性与运用有效性。

专题资料链接：我国犯罪心理预测与预防的探索性实证研究

中国罪犯心理评估系统的研究（北京，罗大华课题组，1994～2006 年）

为适应监狱系统开展罪犯心理矫治工作的实际需要，中国心理学会法制心理专业委员会于 1994 年向司法部监狱管理局提出研制符合中国国情的罪犯心理评估系统的建议。达成共识后，决定由司法部监狱管理局、中国心理学会法制心理专业委员会、司法部预防犯罪研究所和中央司法警官学院联合组成中国罪犯心理评估课题组，共同研制中国化的、适合罪犯人群、较全面客观评估罪犯心理特征和行为表现、有助于罪犯改造和预防犯罪的中国罪犯心理评估系统。中国罪犯心理评估系统中的人格测验 COPA-PI（Chinese Offender Psychological Assessment-Personality Inventory，COPA）于 2006 年 8 月研制成功并通过专家组鉴定。[2]

COPA-PI 的检验阶段：2000 年 8 月，司法部监狱管理局在中央司法警官学院举办全国性的 COPA-PI 及软件试用培训班，并陆续在全国 30 个省 200 多所监狱大范围试用。据统计，截至 2005 年底，参加测查的罪犯至少超过 20 万人次。确定后的 COPA-PI（正式版）维度包括说谎、

〔1〕 邬庆祥："刑释人员人身危险性的测评研究"，载《心理科学》2005 年第 1 期。
〔2〕 周勇、罗大华、马皑："中国本土化的罪犯人格测验 COPA—PI"，载中国科学技术学会主编、中国心理学会编著：《2008～2009 心理学学科发展报告》，中国科学技术出版社 2009 年版。

认真两个效度指标以及外倾、聪敏、同情、从属、波动、冲动、戒备、自卑、焦虑、暴力倾向、变态心理、犯罪思维。COPA-PI 正式版的题量为 122 个。

信度指标：整个测验的克劳巴赫 a 系数为 0.93，具有较强的内部一致性信度；12 项临床维度的分半信度为 0.67~0.83，整个测验的分半信度为 0.86，具有较高的分半信度。重测信度是采用间隔三星期（21 天）重测的方法，通过计算两次测验结果之间的相关系数来估计的。对来自两所监狱的 74 名犯人间隔三星期的两次重测结果的相关分析表明，其重测信度为 0.73~0.91 之间。

效度指标：结构效度，探索性因素分析结果发现，在指定的 12 个因子的情况下，9 个因子上具有较高载荷的题目分别与原理构想上的维度基本一致。其总体结构基本符合理论上的构想，因子结构比较明晰合理；区分效度，COPA-PI 的区分效度分析结果表明其能显著地区分出一半罪犯组与顽固危险罪犯组，罪犯组与社会人士对照组以及不同犯罪类型罪犯组；量表的效标效度，与艾森克人格问卷、卡特尔 16 项人格问卷、心理健康症状自评问卷和明尼苏达多项个性测验为效标的相关分析发现呈显著正相关，具有良好的效标关联效度。

常模：COPA-PI 的常模样本由成年男犯、成年女犯和未成年男犯三种类型组成，主要根据司法部监狱管理局提供的 2004 年底的最新押犯数据，采取分层按比例随机抽样的方法于 2006 年 3 月抽取，并根据成年男犯、成年女犯和未成年男犯的关押特点采取不同的具体抽样方法。

根据常模样本建立的 COPA-PI 的常模有两种：一是平均数和标准差，根据 COPA-PI 维度结构计算获得；二是标准常模表，计算出各常模样本每个维度的原始分数、平均分数和标准差，转换成标准分数，转换成标准 T 分数，从而形成罪犯个性分测验的常模。

项目后续进展：作为我国历时十余年研制的、符合我国国情与犯情的、拥有全国常模的、贴近监狱工作实际的罪犯专用人格量表，在监狱系统中应用表明，它比较适合我国监狱系统开展心理矫治工作使用。其推广使用不仅填补了我国监狱系统缺乏符合中国国情、适合中国罪犯人群的罪犯心理测试量表的空白，同时对于当前坚持"把刑释人员重新违法犯罪率作为衡量监管工作的首要标准"，提高罪犯改造质量，促进监狱工作科学发展等具有重大意义。2008 年 10 月召开的全国监狱教育改造工作会议明确要求，要充分运用 COPA-PI 对罪犯进行心理测试，以完善罪犯心理测试工作。目前 COPA-PI 软件正在全国监狱系统推广使用。

犯罪人再犯可能性评估的研究
（浙江，黄兴瑞、曾赟、孔一等，2003 年起）

在综合伯吉斯、格卢克夫妇、吉益修夫、欧林、张甘妹等学者再犯预测经典研究的基础上，2003 年 11 月至 2004 年 5 月期间，浙江警官职业学院黄兴瑞、曾赟、孔一采用主观抽样方法在对浙江省 715 名在押罪犯抽样调查的基础上，运用数理统计方法从 61 项社会因素中鉴别出与是否再犯相关的 36 个项目，从 16 项心理因素中鉴别出 5 个项目。再根据显著性、独立性和有效性检选出早年不良行为，不良行为模式，犯罪时职业，对被害人态度，第一次逮捕时年龄，罪名，前科次数，刑期，服刑期间是否学到就业技能，释放前的管理级别，出狱时年龄，出狱时婚姻等 12 项因素作为预测因子，分别制成判刑前，入狱前，服刑中，释放前四种再犯预测表。[1]

研究方法：正式调查前查阅大量国内外学者关于再犯可能性评估的研究成果，随后到各监狱、管教所与监狱人民警察座谈，并访谈了 30 多名羁押于监狱的有两次以上服刑经历的罪犯。该研究调查了研究者人为可能与再犯相关的两大类因素：社会因素共 7 大类别 61 个项目，心理因素共 16 个项目。其中心理因素采用了国内修订的卡特尔人格量表（16PF）。

研究结论：社会因素中，是否再犯与出生和成长环境、文化程度、学习成绩无关；与家庭结构和母亲的教育方式无关，与父亲的教育方式有关，早年时其父采用专制或粗暴的教育方式者，则有更高的再犯可能性；与早年借钱不还、强要别人东西、喝酒、与父母争吵、当面骂老师、性生活经历、破坏公物、赌钱，骗家长的钱等行为无关，与早年打架、偷盗、吸烟、逃学、说谎等行为有关，该类项目多者，则有更高的再犯可能性；与不良交友、酗酒、吸毒、文身、开支无度等不良行为均有关，涉及项目者，则有更高的再犯可能性等。

心理因素：是否再犯与可疑性、紧张性、忧虑性、有恒性、聪慧性有关，再犯者表现出更高的怀疑性、紧张性、忧虑性和聪慧性，更低的有恒性。

2008 年 3 月到 2010 年 9 月，研究小组对浙江刑释人员再犯状况进行了再调查。

调查对象的实验组与对照组分别为 2005 年 1 月 1 日至 2005 年 12 月 31 日期间出狱的 5 年内重新犯罪的 313 名和未重新犯罪的 288 名浙

---

[1] 黄兴瑞、孔一、曾赟："再犯预测研究——对浙江罪犯再犯可能性的实证分析"，载《犯罪与改造研究》2004 年第 8 期。

江籍刑释人员。本次研究设定 P < 0.05 作为显著性水平的临界值。对 P < 0.05 的各因素，通过求 a 或 E2 系数来分析其预测效力。最后，对拣选出的有效变量进行数据转化，并制订出结构化定量风险评估表。

研究结果借鉴：从再犯者的生命历程看是重新犯罪积累的过程，即一个人的再犯风险蕴含在他的经历和遭遇之中，是一种劣势积累和负向强化的过程。从社会化的过程看，再犯原因的结构可以概括为：社会化功能紊乱，即家庭、学校、单位、监所、社会组织这些社会化的基本场所和单元没有能够实现应有的功能，使再犯者没有能够通过纪律训练熟悉并遵守规则从而扮演合乎社会期待的角色。资本落差是再犯的重要机制，即刑释者在与自己纵比和与他人横比中认识到刑罚前后巨大的"资本落差"，这种落差导致主观的心理失衡，有时也直接带来客观的生存危机。由此，刑释人员再犯风险评估因素的选取应当以犯罪人生命历程为线索，分析其生活中重要的人物、事件和关系尤其是重大的生活转折点对其犯罪生涯的影响。

刑满释放人员人身危险性测评的研究（上海，邬庆祥，2005 年起）

研究方法：收集和研究国外有关人身危险性测评的资料；调查制约我国刑释人员重新犯罪的影响因素（项目涉及刑释人员的个人基本状况，出狱后 2 年内表现等于再犯可能有相关关系又可作为客观评定的 31 种主要因素，获得有效问卷 14 794 份）；建立评估刑释人员人身危险性的数学模式。

研究结果：检测出的影响人身危险性的因素及其影响力的统计结果显示：性别因素、文化程度因素、被捕前的职业身份因素、婚姻状况因素、罪行种类因素、判决刑期因素、前科次数因素、剥夺政治权利因素、离监类型因素、改造表现因素、就业状况因素、帮教情况因素、被捕时年龄因素、释放时年龄因素共 14 种因素与刑释人员是否会重新犯罪的相关关系显著。

建立测定刑释人员人身危险性的数学模式：以上述确定的 14 种因素为自变量，以释放后表现（2 年内都重新犯罪）为因变量，除了被捕时年龄、释放时年龄、前科次数和刑期这四种原本就计量的因素外，其他各类影响重新犯罪的因素下各选项都按该类刑释人员的再犯率的百分位数转化为定量数据。将 1994 年至 1999 年所释放的 14 794 名上海籍刑释人员的调查资料转化为数据输入电脑，用 SPSS 统计软件，采用 Logistic 回归分析的数学模式建立测定刑释人员人身危险性的运算公式：

刑释人员人身危险性标志值 P = 性别 × 0.081 + 文化程度 × 0.034 + 捕前职业 × 0.012 + 婚否 × 0.01 + 罪名 × 0.077 - 刑期 × 0.007 + 剥夺政治权利 × 0.033 + 前科次数 × 0.11063 + 离监类型 × 0.065 + 改造 × 0.074 + 就业 × 0.155 + 帮教情况 × 0.2042 - 逮捕年龄 × 0.032 - 释放年龄 × 0.024 - 7.379。该公式算出的刑释人员人身危险性的标志值 P 在 0 至 1 之间，反映某刑释人员个体在 2 年内重新犯罪的可能性大小（可直接转换为百分率）。[1]

刑释人员人身危险性测定方法准确性的检验结果显示：2000 年释放的 2264 名上海籍刑释人员中，对 2122 名为重新违法犯罪者的测定准确率为 95.4%，对 142 名重新违法犯罪者的测定准确率为 38.7%；总体准确率为 91.8%。

研究借鉴：刑释人员个体的人身危险性是可以在对刑释人员大规模调查的基础上，根据其个体的特点，采用客观评定的方法和建立数学模式予以测定的，并可以达到较高的准确度。

二、犯罪心理预测的类型

在司法实务工作中，犯罪心理预测的常见类型主要有：

（一）直观型预测

所谓直观型预测，就是直接凭借人们的经验、知识和综合分析能力进行预测。具体预测方法有以下几种：

1. 专家预测法。分为个人预测和集体预测，前者是通过征求个别专家的预见性判断进行预测，虽然简单易行，但较片面；后者是通过召开专家小组会议获得预测性判断的方法，这种方法有利于集思广益，但也可能出现专家之间相互（积极性或消极性社会心理因素）影响的情况。

2. 特尔斐（Delphoi，希腊语）预测法。它是专家预测法的变式，但具有独特性。这种方法主要是通过简单扼要的专家意见征询表，征求一组专家的意见，经过数次有控制的反馈，取得尽可能可靠的统一的预测意见。其特色体现在三个方面：①匿名性，采用书信方式，专家互不见面，排除了相互暗示和干扰；②反馈性，增加了思考的机会和深度，并易于保证不偏离目标；③统计性，采用统计方法对预测意见进行定量评价和处理。这种方法也有明显的缺点：①缺乏严格的考

〔1〕 邹庆祥："刑释人员人身危险性的测评研究"，载《心理科学》2005 年第 1 期。

证，排除极端因素时也可能将正确预测倾向排除在外；②缺乏一致的评估标准；③难以避免专业偏见；④对超前的发展趋势有时可能估计不足。

3. 未来脚本法。也被称为前景方案法或未来情境描述法，是通过全面设想和描绘预测对象的未来发展的各种可能性进行预测。

（二）因素分析型预测

即从事物发生发展规律中，找出制约该事物发展的重要相关因素，作为对事物发展趋势进行预测的预测因素，然后测知各因素的相关度和预测能力，依据某种标准预测该事物的发展趋势。如美国犯罪学家格卢克夫妇于 20 世纪 50 年代进行的早期行为预测和再犯预测研究所采用的就是这种因素分析型预测方法。

> 该预测法具有明显的主观经验的特征，其理论基础是回归性因素分析理论

（三）指数评估型预测

即对构成行为人犯罪心理结构的若干重要因素，分别按一定的标准评分，然后加以综合，做出总的估量，得出可能犯罪性格指数以作为某一个体犯罪可能性的量的指标。根据所测定的可能犯罪性格指数所属的不同区间，以及指数的变化趋势，分别加以统计，从而可以对某一个体或群体犯罪可能性及其趋势进行预测。

三、犯罪心理预测的技术

犯罪心理预测的技术主要体现在预测工具——预测表的制作上。预测表的一般制作过程如下：

（一）资料的收集

收集资料的方法有两大类：①展望法，即对确定为预测对象的人，选定必要的预测时限，如对初犯的预测，可定在未成年期开始；对重新犯罪的预测，可定在入监时或释放时。然后确定是进行短期预测（两三年）或长期预测（如 5 年或 10 年）。在此期间，把认为与初次违法犯罪或重新犯罪有关的资料，全部或重点地按调查对象分别收集起来，进行综合分析。②回溯法，即对确定为初犯预测或重新犯罪预测的对象，采用回溯到预测所需要的那个时限的记录资料，或让调查对象及其周围的人进行回溯而取得预测所需要的资料，再将全部资料进行综合分析。展望法花费的时间长，耗力大，因此，在实际调查时多用回溯法。但如何保证回溯法所得资料的可靠性，是相当困难的。因

为，无论是预测对象或是有关人员的记忆，都难免与过去的事实真相有误差。如果预测对象不愿配合或潜在地对抗预测，则提供的资料更不可靠。

收集预测资料的具体方法主要有观察、谈话、调查、访问、问卷以及活动产品分析等。这些方法互为补充，相辅相成。收集某个预测对象资料的时候，必须确定该人的现实状况。当然，他（她）的现在是由过去演变而来的，也是通往未来的，因此，应当把收集反映现实状况的资料作为中心，同时也要注意收集过去的资料和预示未来的资料。最能充分反映现实状况的资料是行为观察和活动产品分析。谈话和调查访问，既能得到过去的情况，也能了解现实的表现，还可以得到一些展望未来的信息。问卷法只不过是书面形式地把观察、谈话的内容等加以组织化和系统化而已。

预测者在采用各种方法收集预测对象的资料时，必须始终持客观、公正、诚实的科学态度，不存偏见，实事求是，切忌主观臆断，固执己见，甚至弄虚作假。

（二）预测因素的选择

在所获得的资料中，选择与犯罪心理结构形成有显著关系的因素作为预测因素。选择时，必须运用科学的统计技术计算各因素与犯罪心理结构形成相关联的程度，以作为取舍的标准。为了预测表适用上的简便，因素的数目不宜过多。国外的预测研究，少的取 5 个项目，多的达 21 个项目。实际研究操作中，以 12 ~ 15 个项目为宜。

（三）预测因素的数量化

对所选定的若干个预测因素，依其与犯罪心理结构形成相关联的程度，给以适当点分数，也就是说，以点分数表示各因素与犯罪心理结构形成的关联程度，根据得到的点分数的多少，测量犯罪可能性的大小。预测因素给点分数的具体方法，因为学者的研究方法论而有所不同。

（四）预测表的制作

分别计算各预测因素所得的点分总数，依据得点分总数的多少分成若干阶段，制成得分多少与犯罪可能性的关联表即预测表，作为犯罪心理预测的操作性工具。

四、犯罪心理预测的适用范围

犯罪心理预测既可适用于对初犯可能性的预测，也可行之有效地应用于对重新犯罪可能性的预测。

（一）初犯可能性预测

初犯，在此指初次违法犯罪。

1. 初犯可能性预测。主要适用于青少年，即 14～25 岁的未成年人和青年，其理由如下：

（1）在我国现阶段，青少年犯罪人数在全部犯罪人数中占有相当的比例，而初次违法犯罪，大多数开始出现在青少年阶段。因此，在青少年中开展初犯预测，并结合预测结果有效地进行犯罪心理预防，对扭转社会治安形势，控制犯罪现象恶化具有十分重要的意义。

（2）青少年大多集中在学校，便于犯罪心理预测工作的开展。学校作为教育场所，一方面担负着传授知识、培养能力的责任；另一方面，还必须承担帮助青少年完成社会化的重任。学校教育的成败得失，对青少年一生的发展起着关键作用。如果学校具有预防青少年犯罪的意识，并将犯罪心理预测作为教育工作的一个组成部分，将会有力地促进犯罪心理预测的开展。

（3）走出校门的青少年，大多还没有脱离父母的管教和单位领导的管理，这也便于单位和家庭互相配合，进行犯罪心理预测。相反，中年和老年，由于独立性较强，不便于预测工作的开展。

2. 初犯预测的主要方法。根据犯罪征兆进行预测是初犯预测的主要方法。所谓犯罪征兆，就是犯罪人在犯罪前出现的征候或异常现象。个体犯罪心理的形成，总有一个渐进的过程，随着这一过程的发展，必然要发生相应的外在行为表现或显露某些迹象。初犯在犯罪之前心理冲突激烈，外在表现突出，容易被察觉；再犯者由于有了犯罪经验，活动隐蔽，善于掩盖，往往以假象蒙骗他人，不容易露出破绽，不易被人察觉。但犯罪征兆既然是客观存在的，不管犯罪人怎样隐蔽和竭力掩盖自己的心理活动，总会不同程度地流露出来，只要细心观察，认真分析，是完全能够掌握的。

（1）犯罪征兆的主要体现。

第一，人际关系的变化。已经产生犯罪意识的人，在人际关系、交往等方面往往出现一些变化，如疏远要求上进、作风正派的人，厌烦家长、老师、领导的教育帮助，以至常常发生顶撞，与品质不良的

当前，世界范围内青少年在总体刑事犯罪人中的百分率为 10%～15%

此为犯罪心理外化机制的具体表现

人交往甚密，等等。

第二，物质需要的变化。犯罪意识的产生与恶性膨胀的物质需要密不可分，因而已经形成犯罪意识的人往往过分追求物质上的享受，如出门时不愿挤公共汽车，吃饭得上高级酒楼，衣服必须是名牌的、新潮的，家庭陈设要高档华贵，等等。他们在物质上的需求往往超出他们的实际支付能力，因而极有可能藏匿不义之财或希望取得不义之财。

第三，精神状态方面。产生犯罪意识的人，心理活动比正常人更为复杂，从而使其精神状态表现出一些怪异，如经常独坐不语、深思默想，言语、行为方面经常与别人不协调，对有关犯罪的话题异常警觉或有意回避。

第四，性心理方面。性犯罪属于一类犯罪，而且一些财产犯罪、暴力犯罪也与性心理有一定的因果关系。因此，性心理方面表现出的异常，也是犯罪征兆的重要组成部分。主要表现为：偷看淫秽书刊、色情录像；喜欢追求异性，言语庸俗，故意挑逗，甚至对异性动手动脚；有的对幼女显示出极大的兴趣。

（2）预测犯罪征兆的方法。

第一，观察法。这种方法最适用于同被观察者经常接近的父母、老师。父母、老师最易同被观察者在自然条件下进行接触，有利于发现被观察者不加掩饰的心理痕迹。观察的范围应当包括日常活动规律、服饰、饮食、兴趣、爱好、学习和工作态度、社交活动、处理事务方式以及情感表现等。这种观察应在与被观察者接触中随时进行。在掌握了一定的心理资料后，再较系统地分析被观察者的意识倾向，社会交往结构和需要结构，从中发现可能犯罪的征兆。对于一切可能犯罪的征兆，还应该进行重点观察，以便掌握反常真相的原因，防止被假象所迷惑，被偶然情况所误导。

此与社会科学研究调查的基本方法大致相同

第二，谈心法。谈心可以由家长、老师、领导进行，也可以由同学、同事、朋友进行。谈心者必须有正确态度，既要诚恳，使对方感到善意；又要自然，使谈话气氛活跃。谈心者可以从对方感兴趣的话题入手，引起对方谈话的欲望，从而可以广泛地进行思想交流。在谈话时，也要注意方式，防止自己滔滔不绝地说，不给对方谈出其感受的机会。要多用启发式，少空洞说教。如果预测对象已经形成犯罪心理，谈话很难深入进行，因为谈话对象已具有掩饰其真实想法的意识，以防犯罪意识被他人窥破。因此，在谈话中，回避深谈，甚至表现出厌烦对立情绪，但这也为预测者提供了重要迹象。更为有效的谈心法可借鉴结构性访谈法与非结构性访谈法。

第三，活动产品分析法。这种方法是从被预测者活动的产品中，即在主观转化为客观的实物、活动中寻找其心理痕迹。一个人进行活动就必然有其成果，比如生产的物品，学习的作业，兴趣的成果，个人日记、家务劳动等。这些活动产品，不仅是主体活动的收获，也是主体心理活动的外在表现。通过对活动产品分析，会从中发现预测对象的心理活动的线索。按照一般规律，不同活动产品中所反映出的心理活动线索的多少也有所差别。那些需要心理因素少的活动产品，所留下的心理痕迹就不明显；那些需要紧张的智力参与的活动产品所留下的心理痕迹就丰富。另外，在分析活动产品时，还必须参照被预测者过去的产品及其个性心理，因为只有了解被预测者过去的情况，才能发现当前产品的变化情况，只有了解他的个性特点，才能准确判断产品中的差异是否能够表示心理变化的本质问题。从活动产品中可以分析出主体两方面的心理活动痕迹：①兴趣指向。能够反映出被预测者的兴趣指向的活动产品主要有音像制品、报刊和文艺作品等。例如，统计被预测者看过哪些刊物、影片、文艺作品，哪些是看过多次的，了解他喜欢哪些内容，哪些情节记忆最清晰，复述时感情色彩鲜明程度，哪些情节对他最有吸引力等，就可以发现被预测者的兴趣中心。如果被预测者对淫秽书籍或文艺作品中有关色情、暴力的章节、段落有异常兴趣，这本身就有可能潜伏着犯罪征兆。②情绪状态。这在职业活动的产品中表现明显。如一个一贯工作认真踏实的工人，在机器运转正常的情况下连续生产出次品；或者一个品学兼优的学生的学习成绩开始下降等现象，说明一种消极情绪正很大地影响着被预测者。但这种消极情绪出现不一定都与违法犯罪行为相关，尚须配合其他方法深入了解，才能判断其真正原因。

第四，调查询问法。即根据预测需要询问有关人员，查阅有关的档案材料，从中了解预测对象的生活经历和现实表现的方法。调查询问的对象是经过观察、谈心、产品分析发现有犯罪征兆的人。调查询问的项目包括预测对象在工作、学习、生活过程中的表现，在家中的情况，和亲密朋友交往或与有劣迹的人接触中的表现等。通过调查询问，把他们在不同场合、不同活动和社会交往中的各种心理现象和行为表现收集起来，进行综合分析，找出影响被预测者近期表现的主观因素和客观因素以及它们之间的相互作用，为预防犯罪提出建议。实施询查时切忌主观、片面，要耐心倾听知情人介绍情况，并嘱咐知情人不要透露询查情况，以免产生副作用；还要请他们协助做好预测对象的思想教育工作。

问卷法中存在着一些局限性，如有意识或潜在的对抗心理与掩盖倾向等

（二）再犯可能性预测

再犯，主要指重新违法犯罪。与西方一些国家相比，我国重新犯罪率较低，但近年来，重新违法犯罪率呈上升趋势。因此，做好出狱时的再犯预测，也是犯罪预防体系中的重要环节之一。

出狱人员再犯罪预测的理论基础和实践依据。犯罪预测的理论基础，是犯罪行为发生的规律，即犯罪行为是由一定的原因所引起的。犯罪心理结构是支配犯罪人实施犯罪行为的心理原因，是由主体内外因素相互作用、形成综合动力的结果。只要科学分析影响出狱人员的主体外因素及主体因素，以及它们之间的相互作用机制，就能够对其再犯罪的可能性做出推测。因此，正确预测出狱人员再犯罪的可能性，首先必须了解影响罪犯再犯罪的主体外因素及主体因素。

为了研究刑满释放人员和解除劳动教养人员再犯罪的原因，据对某监狱关押的164名"二进宫"（重新犯罪后入狱服刑者）以上的男犯，进行再犯罪的问卷调查，其中有关年龄特征、犯罪原因两个项目的调查结果如下：

1. 再犯罪的年龄特征。[1]

再犯罪的年龄特征

项目	18 岁以下	18~20 岁	21~25 岁	26~30 岁	31~40 岁	41~50 岁
数目	3	5	71	70	15	1
百分比（%）	1.8	3	43	42.5	9.1	0.6

上表反映的是被调查人员在什么年龄段重新实施犯罪行为的情况。从表中可以看出，18 岁以下和 40 岁以上重新实施犯罪行为的占极少数，绝大多数重新犯罪者是处于 18 岁到 40 岁之间，其中尤以 21 岁至 30 岁之间居多。这一年龄段重新犯罪的共有 141 人，占全部人数的 85.97%。这说明青少年犯罪者在刑满释放或解除劳动教养之后更容易再犯罪。需要注意的是 18 岁以下再犯罪的虽然只有 3 人，但应引起特别注意，因为这些未成年犯在经过第一次教育改造之后，时隔不久即再次犯罪，说明前次的惩罚对他们并没有起到所期望的作用。

---

〔1〕 罗大华主编：《犯罪心理学》，中国政法大学出版社 2007 年版，第 391 页。

2. 再犯罪的原因。[1]

再犯罪的原因

项目	主体外因素						主体内因素								
	家庭拒绝	原学校单位拒绝	未安置	婚恋的挫折	同伙胁迫引诱	生活困难	恶习未改	报复	自暴自弃	逞强显能	一时冲动	哥们儿义气	补偿牢内损失	精神空虚	对现实不满	其他情况
人次	11	17	39	9	8	34	51	17	24	16	55	48	18	28	13	10

上表反映的是影响被调查者再犯罪的主体内外因素的因子分布状况。调查结果表明，被调查人员再犯罪原因较为复杂。在主体外因素中，因没有得到妥善安置的回归人员再犯罪的比重最大（有39人次），其次是生活困难的（有34人次），以下依次是遭原学校、单位拒绝的，不被家庭接受的、婚恋受挫的，同伙胁迫引诱的。这说明，回归人员能否得到安置、能否解决生活困难等实际问题，很大程度上影响着他们是否重新犯罪。而影响他们是否重新犯罪的主体因素主要有恶习未改、哥们儿义气、精神空虚、自暴自弃、"牢内损失牢外补"的想法、报复、逞强显能、对现实不满以及其他原因（如虚荣、拜金主义等）。此外，分析过程中还发现，164名罪犯有90人声称自己之所以再犯，完全是由于主体内因素引起的，而没有将再犯罪的原因归于主体外。这在某种程度上说明监所矫治环节中，仍然存在很多问题，致使这部分人原有的犯罪习惯仍继续支配着他们的行为，冲动、自控力差的个性特征仍未得到矫正。但事实上，人的心理是对客观现实的反映，这些重新犯罪者的犯罪心理内容一方面来自于原有不良心理的残余部分，另一方面来自于他们所生活的现实环境，只有当主体内因素同主体外因素发生相互作用，才能促使犯罪动机的最终形成，从而在某一现实的动机推动下去实施犯罪行为，纯粹由主体内因素而引起的犯罪当属少数情况。上述的90名被调查者之所以做出如此归因，与他们在经过一段时间的再改造之后形成的自责心理有关。

---

[1] 罗大华主编：《犯罪心理学》，中国政法大学出版社2007年版，第391页。

（三）再犯罪预测的方法

再犯罪预测的方法较多，归纳起来主要有两种形式。一种是根据矫治工作者的经验进行预测。经验来源于对罪犯日常表现的观察、心理测验结果及其变化情况，日常改造成绩考核情况等各种心理诊断的结果。矫治工作者可以根据多种结果，综合分析罪犯的心理矫治状况，从而判断其有无再犯罪的可能性。另一种是制定专门的再犯罪预测表，根据分值的高低评价被试再犯罪可能性。这种方法操作过程简单，有量化的标准，可以说是简单易行，其难度主要体现在预测表的制作上。

再犯罪预测表的制作程序，可以参照"预测技术"的有关内容。其主要问题在于预测因素的选择。预测因素的选择，是制作再犯预测表的关键所在，国外学者在这方面提出了很多种不同意见。例如，美国格卢克夫妇提出了三因素，即家庭结构、母亲的监督、母亲的管教；德国的希德提出了15种因素（如遗传消极因素、先辈的犯罪情况、不良教育、性格异常、释放后的不良社会关系、初犯罪时的年龄、释放时的年龄等），伯吉斯提出了21种因素（如犯罪性质、共犯罪人数、国籍、双亲情况、犯罪类型、婚姻状况、社会类型、犯罪行为地点、居住社区、邻居情况、有无固定住所、司法机关对犯罪人宽大处理的意见、以前的犯罪记录、年龄、智能年龄、性格类型、精神医学诊断等），美国的詹金斯（Jenkins）提出了30种因素（如无感情、攻击倾向、残忍性、嫉妒倾向、不顺从、吵架癖、说谎、白日梦、烟毒癖、情绪不安、家庭混乱、附属于犯罪组织、是否拥有武器、失业等）。

> 犯罪类型的差异可能较大地影响到预测因素的选择

第三节 犯罪心理预防

犯罪心理预防包括犯罪心理结构形成的预防和犯罪行为发生的预防。前者是在研究犯罪心理结构形成、发展和变化规律的基础上，为家庭、学校和社会提供犯罪心理预防的建议，以便更好地培养和保护社会成员，特别是青少年的健康成长，防止他们形成犯罪心理，发挥社会治安综合治理的最大效能，此类预防称为一般预防。后者是在研究犯罪行为发生规律的基础上，为企事业单位、社会团体、人民调解组织、公安机关、检察机关、法院组织、监狱与劳教机关等部门提供预防突发性犯罪行为的发生、揭露犯罪以及改造犯罪人提供建议，此类预防称为特殊预防。

一、国外犯罪心理预防理论

犯罪预防理论是以犯罪原因理论为基础，着力构建抑制个体犯罪性的方法系统。国外具有代表性的犯罪心理预防理论有：

（一）古典理论

贝卡利亚（C. Beccaria，1738～1794）发表的《论犯罪与刑罚》（1764年）标志着古典学派的开始：刑事制度需要以残酷为特征，通过严酷的刑罚来预防犯罪。费尔巴哈（Feuerbach，1775～1833）的心理强制说主张通过刑罚对潜在犯罪人的心理强制来实现犯罪的一般预防：国家制止犯罪的第一道防线是道德教育；制止犯罪的第二道防线是心理强制（人类有趋利避害的本能，刑罚的威吓能起到心理强制的作用）。

古典理论将人看作是有自由意志的人。然而，人并非完全理性的人，当个体因为各种原因而产生犯罪动机时，刑罚能否促成产生反对动机，是难以预料的。事实上古典理论并没有过在当时起到有效预防犯罪的作用。

（二）实证主义理论

实证主义起始于龙勃罗梭的《天生犯罪人》（1876年）：天生犯罪人是具有隔代遗传和病理关系物质性特征的人，是本性生而为恶有恶者，他们的犯罪是自然的、不可避免的，其犯罪不可预防。而对非天生犯罪人，可以通过改变社会环境、改变人的物质条件与心理状况而控制其犯罪，犯罪是可以预防的。其著名弟子菲利认为，即使是有天生犯罪倾向的人，如果其生活在良好的环境之中，也可能不会实际表现出犯罪行为来。

（三）精神分析理论

弗洛伊德认为，人天生富有犯罪性与攻击性和对性的需要，但多数人由于有控制的能力，所以大多数人不会犯罪。如果没有培养出自我控制能力，则可能成为实际的犯罪人。对于已经形成冲动性的人，通过精神分析法，可使行为人释放出心理压力，并转移到社会认可的方向上，而起到预防越轨、违法犯罪或心理疾病的目的。

（四）不同接触理论

不同接触理论作为行为主义的具体代表，认为犯罪行为与其他行为一样是后天习得的。要预防犯罪就是强调对家庭关系、同伴关系、社会环境及个人价值观、态度、动机的调控；要预防个体犯罪，就要避免和消除环境中的消极的、不良因素。

（五）情境犯罪预防理论

美国学者克拉克倡导的情境犯罪预防理论主张犯罪的情境（时空、机会和条件等）对犯罪人理性抉择和犯罪决策的影响；犯罪利益超过犯罪成本时，犯罪就可能发生。因而，针对特定的犯罪，以一种较为系统和常设的方法对犯罪可能利用的环境加以规划与管理（如目标的强化、防卫空间设计、社区犯罪预防策略等），以增加犯罪的难度和风险，减少可能的犯罪回报，就能达到预防犯罪的效果。此理论可看作是行为主义原理在犯罪预防中的具体运用。

二、一般心理预防的内容和原则

（一）一般心理预防的内容

1. 排除和减少主体外环境中的消极因素。美国著名犯罪学家萨瑟兰的"不同接触理论"和班杜拉的社会学习理论，都强调个体形成犯罪心理是与不良的环境因素有关，是学习他人的犯罪经验的结果；我国南宋理学家朱熹所说"近朱者赤，近墨者黑"的观点也表达了同样的犯罪心理学思想。这些都说明，个体生活在其中的环境及其社会交往，对个体（尤其是青少年）品德的形成至关重要。因此，应当加强社会主义精神文明建设，净化社会环境，使个体心理反应的客观现实和生活内容不至受到诸如暴力文化、色情文化等的污染，以防止犯罪动机的萌生。

2. 防止犯罪心理结构的形成。生活在同一微观环境中的个体，有的能洁身自好，自觉抵制各种不良习气的影响；有的却反其道而行之，与不良环境同流合污，使原本已不纯净的环境更加污浊，形成一种恶性循环。所以有这种差别，在于个体原有的心理是否健康，是否具备正确的心理选择机制。因此，应当引导个体形成正确的人生观、世界观，养成良好的行为习惯。保持积极的情绪情感活动，防止个体形成不良的需要结构，因为具有不良需要结构的个体，在一定诱因的刺激下，较易产生犯罪动机，导致犯罪心理的形成。

（二）一般心理预防的原则

1. 主体外因素的预防。从主体外因素看，影响和诱发犯罪动机形成的主要是不良的社会环境，特别是小社会环境，包括家庭的不良影响，学校的不良风气，以及不良交往等因素。这些不良因素通过各种渠道，通过文化生活的侵蚀、毒化个体的心灵。因此，有必要进行主体外因素的预防，排除和减少外在环境中的消极因素。具体预防措施如下：

（1）政府应当在发展经济、提高综合国力和人民生活水平的前提下，保证各项政策的稳定性，坚定不移地进行反腐倡廉工作，使人民群众体会到安定的政治环境和充满生机活力的经济环境，防止人们形成信仰型犯罪心理、物欲型犯罪心理等。

（2）净化文化环境，树立良好的社会风尚，以法律手段禁止与打击制作、传播各种诲淫诲盗和宣扬暴力的出版物及网络信息，防止青少年萌生、受诱导产生性犯罪和盗窃或抢劫的犯罪心理。

物质文明与精神文明建设相结合，两者相辅相成

（3）加强法制建设和执法人员的队伍建设，使"法律面前人人平等"得到真正意义上的实现。刑罚应当公正、适当，不宜畸轻畸重（以防处罚不公而心理失衡、对抗）。

（4）家庭作为社会的基本细胞，应当发挥其赡养老人、抚育未成年人的功能。父母不能只顾自己的职业或恣情享乐，不顾孩子是否有一个健康的生活环境。父母应为孩子选择适宜的文化书籍，关心孩子的交友状况和学习情况，培养孩子的独立生活能力。

（5）学校作为文化教育、思想教育的场所，应当采取各种措施完善教育内容，避免只重应试教育而忽视素质教育等现象的出现。学校应切实关心每一个在校生的健康成长，切忌对"双差生"歧视冷淡、简单粗暴、滥加处罚等，防止学生形成自卑感和对立情绪。应当加强学校管理，赏罚严明，杜绝不正之风。

（6）企事业单位不能只抓经济效益和物质利益，不抓思想政治教育；应当处理好领导与职工之间，职工与职工之间的人际关系，防止因处理不当带来的矛盾激化现象；健全各种规章制度，防止因有章不循、管理混乱而引发的盗窃、贪污行为。

（7）基层的居民委员会、村民委员会应当关注居民及村民的工作、和平和生活，对家庭关系、邻里关系中出现的纠纷应在和谐理念（心理和谐、家庭和谐、人际和谐与社会和谐）的引导下，及时调解矛盾，避免因矛盾激化而产生的突发性事件或者预谋性犯罪行为。

2. 主体因素的预防。个体的心理活动内容，就大多数人来说，既包含积极的因素，也包含某些消极的因素。一般是积极的因素占主导地位。如果消极因素占主导地位，并且形成相对稳定而有机的结合，在一定条件下，就有可能深化为犯罪心理。因此，一般预防中的主体因素预防，就是要注意加强对个体的社会化过程的监督，使其具有优良品德和文化素养，增强其自身的心理"免疫力"，能够有效地防御外界不良因素的侵蚀。一般而言，主体因素预防的主要原则包括：

（1）早期预防原则。在个体未成年阶段，就应当对其实施全面的社会化教育、培养未成年人形成正确的道德观、价值观、掌握正确的科学的认知方式、思维方式以及一定的知识经验和劳动技能，养成劳动习惯，防止个体的社会化过程出现缺陷。

（2）心理卫生原则。家庭作为未成年人活动的主要场所，不仅应担负着使孩子的身体健康成长的责任，而且还应当担负使孩子的心理健康成长的重任。个体心理健康与否，对其是否能够自觉抵制不良环境的侵蚀有着重要作用。因此，注意心理卫生，使个体心理保持健康发展是心理预防的原则之一。

个体心理健康与精神文明是社会安定的根本前提

影响个体心理健康，造成心理障碍的心理社会因素是多方面的。其中关系比较密切的包括：①早期教育与家庭环境。对个体早期发展的研究表明，那些在单调、贫乏环境中成长的婴儿，其心理发展将受到阻碍，并且会抑制他们的潜能的发展。另外，在个体的早期发展中，父母的爱、支持和鼓励容易使个体建立起对初始接触者的信任感和安全感，从而保证其成年后与他人的顺利交往；同时，对子女的过分保护或者过分严厉，也同样会影响他们人格的独立性以及自信心的发展，出现过分地依赖或过分地自我谴责倾向。②生活事件与环境变迁。生活事件指的是人们在日常生活中遇到的各种各样的社会生活的变动，如结婚、升学、亲人亡故等。由于生活事件的增加而产生的应激体验与各种各样的生理和心理障碍有着明显的关系。除生活事件的影响外，个体所处环境的巨大变迁也会使个体产生心理应激。心理应激的增加则会影响到个体的生理反应和心理平衡，从而对个体的躯体和心理健康产生不良的影响。③心理冲突。心理冲突的产生往往发生于难以做出选择的情境。这种冲突情境在很多情况下都会对个体的心理和躯体健康产生不良的影响。例如，如果一个人对某人很不满，但又不想得罪对方，不能表达自己的情绪，这时就处于一种心理冲突状态。心理冲突对个体的直接影响就是心理压力，这种压力往往会增加个体适应环境的困难，对生活和工作也产生不良的影响。④特殊的人格特征。

因为人们总是依其人格特征来体验各种致病性因素，并建立对紧张性刺激的反应形式，因而特殊的人格特征往往成为导致某种心理障碍或精神病原因中的内在因素之一。因此，培养和锻炼健全人格已成为实施心理卫生、预防心理障碍的一项重要任务。

如何维护和保护心理健康，以及出现心理失调时怎样恢复心理平衡，是个体进行犯罪心理的自我预防的一个重要方面，主要措施如下：①要树立正确的人生观、世界观；②不对自己过分苛求，把奋斗目标确定在自己能力所及的范围内；③对他人期望不要过高，以免产生失望感；④学会情绪的自我调控，排除愤怒情绪；⑤多找朋友倾诉或进行心理咨询，以疏导积郁情绪；⑥自我娱乐，防止心境压抑；⑦不盲目地处处与人竞争，以避免过度紧张；⑧积极参加社会活动，扩大友善的人际交往；等等。

（3）防微杜渐原则。范仲淹的名言"勿以恶小而为之"，说明了人们应当时刻反省自己的言行，如果发现自己有一点不美的语言和不光彩的行为，都应当及时更改，挖掘思想根源，不因为"恶小"就对其轻视，因为"小恶"的积累就很可能变为"大恶"。防微杜渐原则，有两层含义：①个体要进行犯罪心理的自我预防，就应当避免做那些极微小的损人利己之事，如果曾有过这样的行为，就应警惕不再犯类似错误，防止积小过为大过。②家庭、学校、社会应当切实关心未成年人的成长，对他们的错误应当及时指出，并进行正确的引导；企事业单位也应关心职工的工作和生活状况，对内部职工或其他领导成员的不正之风问题，贪污、挪用或盗窃小额公款或其他公私财物问题，应及时加以处理，不能放任不管。

（4）启发自觉原则。即应当使个体自觉认识到进行犯罪心理的自我预防的重要性，并积极地用社会规范来约束自己的言行。外因总是通过内因才能发挥作用，无论家庭、学校、社会创建多么优良的生存环境，对个体进行多么细致的说服教育，都只有反映到个体的头脑之中，并通过个体的认知选择和加工，才能发挥心理预防的功能。因此，在孩子成长的过程中，家长和老师应当向其灌输自觉遵守各种规章制度的重要性，可以通过正反两方面的教育向孩子讲明违反规章制度所带来的痛苦，并让孩子从遵守校规校纪做起，使年轻的一代认识到社会上每一个人都应遵纪守法。

（5）持之以恒原则。这个原则包括两层含义：①进行自我预防的个体始终保持高度的警觉性，防止自己产生不良的心理品质。②家长和教师对未成年人的思想教育和行为引导应当常抓不懈。因为未成年人尚未

应该特别注意已经表现的外在行为对心理现象的反馈与

形成固定的世界观，容易接受新事物，而且对事物的辨别力低，优劣难 强化作用
分，因此家长和教师在以身作则的同时，应当始终如一地关心和教育他
们，防止因一时的疏忽而酿成终身痛苦的恶果。发挥主体内心积极的潜
在力量及主观能动性。可以结合人本主义心理学关于潜力理论而加以进
一步分析。

（6）导之以行原则。即引导青少年把对道德和法制的认识、情感
变为行为，在实践活动和交往中，不断消除不良的行为习惯，养成和
巩固良好的行为习惯，培养和锻炼做好事不做坏事、坚持正确方向的
意志力。只有当良好品质转变成经常自觉的良好的行为习惯时，犯罪
的心理预防才能真正得以实现。如果只是心中所想，不能落实到行动，
那么，行为人对社会规范的遵守也可能是一句空话。

三、特殊心理预防的内容和原则

（一）特殊心理预防的内容

1. 预防突发性犯罪行为的发生。有些犯罪类型具有突发性，即从
犯罪心理形成到犯罪行为发生，过程极为短暂，具有瞬时性。这类犯
罪，多是由于日常生活中的纠纷没有及时得到解决，使矛盾激化所致，
同时，也与行为人个性心理缺陷有关。因此，要加强对人民内部矛盾
的调解工作，善于缓解矛盾、冷处理，避免当事人之间的纠纷激化。
对那些气质、性格方面有明显缺陷，易冲动，少理智、盲目行事、不
计后果的人，平时要帮助他们提高自我控制力，使他们在情绪激动时
将理智因素和自我控制力调动起来，进行自我调节控制，以减少突发
性犯罪行为的发生。又如，西方有些国家采用的"TAP"（特别强调警
察人员及时到达犯罪现场的时间，一般为 5 分钟以内）犯罪预防就是
应付社会性犯罪的一种行之有效的途径。

2. 破除已形成的犯罪心理结构。主要是对那些有违法犯罪历史的
刑满释放人员、解除劳动教养人员，以及有劣迹的青少年加强教育改
造，并不断巩固其改造战果，预防再违法犯罪。监狱、劳教单位的监
督改造工作，也可视为全社会性的犯罪心理预防的一个组成部分，因
为对罪犯和劳动教养人员的心理矫治，实际上也是再犯罪的心理预防。
破除已形成的犯罪心理结构是一项相当艰巨的工作，其工作方法要因
人而异。要针对不同的个体进行具体的分析，找出起主导作用的消极
心理因素加以控制和排除，破坏旧的动力定型，改变各心理因素的组
合方式，逐步形成以积极的社会性需要为核心，以符合社会规范的人

生观为主导的守法心理结构。只有这样，才能起到预防某一个体犯罪或再犯罪的效果。

3. 消除实施犯罪活动的机遇。犯罪机遇大体上可分为两类。一类是由于多种防范制度不健全造成的空隙；另一类是被害人的疏忽或失误形成的诱因。犯罪机遇是实施犯罪行为不可缺少的条件，又是行为人萌生犯罪动机的诱因刺激。因此，消除或减少犯罪机遇有利于进行犯罪心理预防，防止犯罪行为的发生。

犯罪机遇的出现是产生犯罪的重要诱因

（二）特殊预防的原则

由于特殊预防的对象是已经具有消极的心理因素的个体或者已经形成犯罪心理结构的个体，其预防的方法也不同于一般预防，主要是根据以犯罪心理为基础而自觉或不自觉表现出来的犯罪征兆进行针对性的预防。

1. 消除犯罪征兆的心理学依据。心理学关于刺激—反应的理论认为，外部的刺激会在主体的大脑皮层形成一个兴奋中心。由于主体在其所处的环境中往往同时接收着多种刺激，不仅有正面的文化教育、思想教育的刺激，同时还有反面的腐朽文化等的刺激。这两种不同性质的刺激如同时作用于主体，其大脑皮层就会形成两个兴奋中心。如果正面刺激形成的积极性中心强于反面刺激所形成的消极性中心，那积极性中心就成为优势兴奋中心，并抑制消极性中心的扩展。反之，如果消极性中心成为优势兴奋中心，就会抑制积极性中心。前一种情况出现，主体在积极性中心的支配下，会做出符合社会规范的行为反应；而后一种情况出现，主体的行为反应便会越轨。因此，只要人们对主体增加正面教育的刺激量和刺激强度，就可以使主体做出正确的行为反应，在此基础上，如果长期给予主体正面教育的刺激，就可能巩固积极反应的结果，能逐渐形成一种良好的心理定型。因此，根据刺激—反应理论，对有犯罪征兆的个体，改变刺激的内容，从而塑造积极意识，调整其不良的需要结构，疏导郁积的受挫情绪，就可达到消除犯罪征兆、避免违法犯罪的目的。

2. 消除犯罪征兆的原则。犯罪征兆一经发现，就要尽最大可能将其消除。由于各类犯罪征兆错综复杂，产生的原因各不相同，有的从其产生到被发现，经历了很长的时间，已经形成了较牢固的犯罪心理结构；有的则发展速度很快，一经发现已距犯罪近在咫尺。因此，要使犯罪征兆得到转化至最终消除，困难重重，在工作中，除应遵循及时、彻底、果断、因人施教的原则外，对于具体对象还必须从其是否积极配合心理预防工作的实际出发，"辨证施治"，坚持以下几条原则：

（1）以诚相待的原则。对于出现犯罪征兆的个体，要主动接近他们，尊重其人格，不能表现出歧视和不信任的态度。已有犯罪意识的人，对周围事物的认识比较敏感，因此，预防工作者的态度稍有变化，都会对他们的心理变化发生相当大的作用。要避免居高临下，简单说教。必须以诚相待，以心换心，实现交流者之间的心理相容，只有这样，才有助于消除他们的疑惧心理和对立情绪，为消除犯罪征兆打好基础。

（2）动之以情的原则。一般来说，产生犯罪心理的主体，在日常生活、工作或学习的过程中，或多或少会表现出一些越轨的行为，如爱占小便宜，言语粗野，与有劣迹的人结交等。他们的这些表现，常会导致父母的打骂，同学、同事的疏远，领导的批评，邻居的指责，使他们深感人们厌恶自己、歧视自己，家里得不到"爱"，学校或工作单位没有"温暖"，社会"冷酷无情"，致使他们的自尊心和尊严感受到严重挫伤。因此，他们对于"关心"过他的"哥们儿"，则感恩戴德，言听计从。这一方面说明他们还是富有感情的，并非铁石心肠；另一方面也说明他们很需要别人的关心，只要有人关心他们，他们就可以受到感化。根据这个特点，在帮助他们消除犯罪心理的过程中，要以真情感化他们，如在生活上适当照顾，使他们感受到温暖和关怀；在工作上给予引导和帮助，使他们看到前途和未来，增强工作的信心；要及时解决他们存在的实际问题，暂时不能解决的，要教育他们正确对待。

（3）晓之以理的原则。就是借助于谈心、访谈，通过摆事实讲道理，使有犯罪心理的人接受真理，明辨是非善恶，从而使其犯罪心理发生良性转化。认识上的无知和是非善恶的颠倒，往往是个体产生犯罪心理的重要的内在因素。对于他们的思想认识问题或偏激的言词，不能采取强制、压服的办法，只能循循善诱，采取说服、教育、疏通、引导的办法。要允许他们申辩和反映思想，对于他们错误的、消极的、有害的思想认识，要及时抓住，有针对性、有理有据地积极开展工作，把犯罪心理消除在萌芽阶段。在实际工作中，动之以情和晓之以理是同时进行的，如果晓之以理脱离了动之以情，就容易成为空洞的说教；而动之以情离开了晓之以理，就不可能使可能犯罪者明辨是非善恶，提高心理水平与思想觉悟。

（4）言传身教的原则。在通常情况下，个体的父母、老师、领导和同学的言行对其影响很大，所以父母、老师等人的一言一行，都应当对可能犯罪者起正面引导的作用。无数事实证明，只要个体周围的亲朋好友、老师、家长有良好的思想作风和行为举止，个体也会养成相应的行为习惯；反之，如果个体身边有品质恶劣的人作为其模仿的对象，个体产生消极心理的后果也就难以避免。言传身教既不同于对

知、情、意等心理过程的多维度运用与行为引导监控相结合

罪犯的帮教工作，又区别于政党的思想政治工作。所谓言传，一是由具有一定说服能力。使可能犯罪者信服的家长、亲友或老同学、老朋友等，对其进行启发、劝导、帮助；二是请那些自觉遵纪守法或过去走过弯路的人介绍自己的经验教训和体会，让可能犯罪者警醒、觉悟，唤醒他们尚未泯灭的良知。所谓身教，就是让潜在（可能性）犯罪者的亲朋好友、同事领导首先要检点自己的言行，不要把自己的坏作风、坏习惯传染给他们，注意要给他们选择与树立正确的榜样。

（5）正面激励的原则。已经形成犯罪心理的人往往很大程度上丧失了自尊心和自信心，破罐子破摔。而自尊自信，是推动一个人积极向上、努力克服缺点和纠正错误的动力。因此，在消除犯罪征兆的过程中，要注意对症下药，尽力发现他们身上的积极因素，更多地采用赞扬、肯定成绩的办法；也可以发挥集体舆论的作用，公布表扬当事人的工作成绩或某一方面的良好表现，使他们重新认识自我，感受到自己仍然是一个受人尊重并为社会所需要的人，自觉地权衡守法和违法的利与弊，逐步打消犯罪念头。

積極强化与外部监督控制互相结合，家庭、人际关系与社会机构相配合

（6）加强管理的原则。对于那些已经形成稳定犯罪心理结构的人，仅仅强调思想教育是远远不够的，必须坚持说服教育与行政管理相结合的原则，对可能犯罪者加强管理，对他们严格要求，严格管理，严格执行制度纪律，使他们深刻地感受到制度和规范无处不在，甚至于刑罚之威严，即使遇有犯罪性的情境或机会，也不敢随意产生罪恶意念与实施犯罪行为。

□小　结

本章在阐述犯罪心理预测与犯罪心理预防相互关系的基础上，系统介绍犯罪心理预测的技术与犯罪心理预防的基本理论、原则、策略与方法。其主要内容包括：

一、犯罪心理预测与预防概述

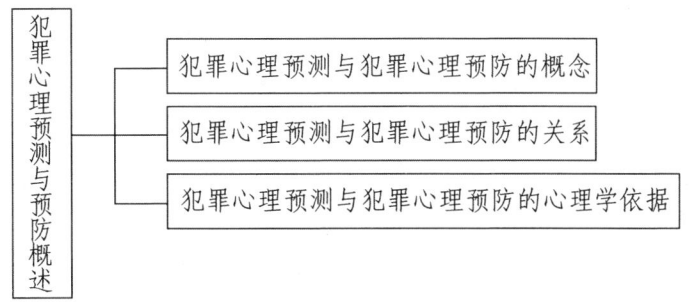

二、犯罪心理预测

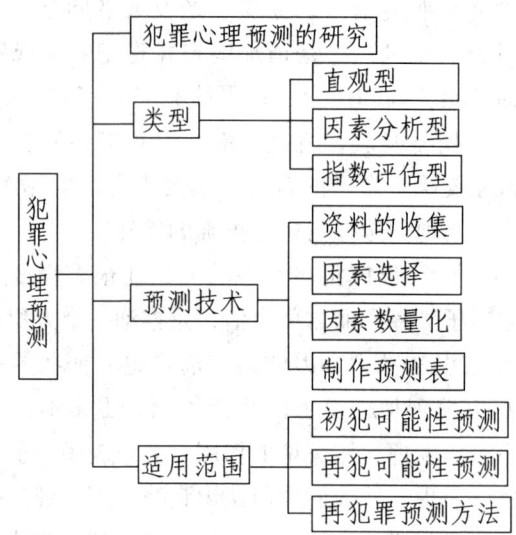

三、犯罪心理预防

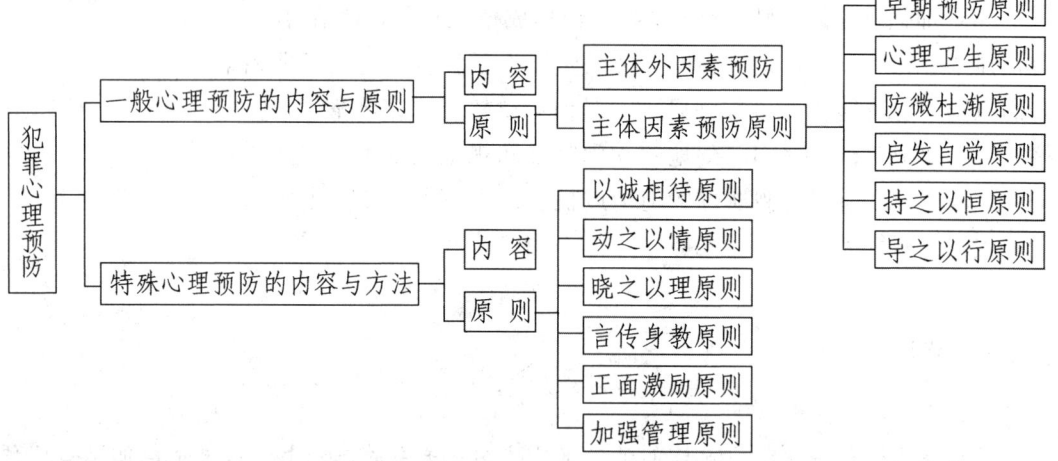

□练习与思考

一、名词解释

1. 犯罪心理预测

2. 犯罪心理预防

3. 初犯预测

4. 再犯预测

二、简述题

1. 简述初犯预测与再犯罪预测的技术与方法。

2. 简述一般心理预防与特殊心理预防的原则。

三、论述题

1. 论述犯罪心理结构在犯罪心理预测与犯罪心理预防活动中的地位。

2. 试述犯罪心理与犯罪行为之间的关系对于犯罪心理预防的价值。

第十五章

犯罪心理矫治

■**学习目的和要求**

通过本章学习，要求学生

● 重点掌握：犯罪心理矫治，罪犯心理诊断，罪犯心理咨询以及罪犯心理治疗的概念。

● 掌握：罪犯心理档案的建立，罪犯心理咨询与罪犯心理治疗的异同，罪犯心理咨询的方法。

● 一般了解：犯罪心理矫治的意义，犯罪心理矫治的现状和发展趋势，罪犯心理治疗的理论与方法。

第一节　犯罪心理矫治概述

一、犯罪心理矫治概述

（一）犯罪心理矫治的概念

犯罪心理矫治是指系统地运用心理学的理论知识和方法技术，深入剖析犯罪人的犯罪心理结构的特点和个性心理特点，并采取相应的措施和方法，改造其犯罪心理结构，完善其人格的一种活动。

犯罪心理矫治比罪犯心理矫治的涵盖面广。

犯罪心理矫治的对象是那些对社会产生了危害、触犯了刑事法律，并且应该受到刑罚惩罚的犯罪人。在这一章谈到的犯罪心理矫治主要针对在监狱服刑的罪犯。

犯罪心理矫治的理论依据是心理科学的知识。对犯罪人进行心理矫治，要运用心理科学中的很多知识，如普通心理学（研究正常成年人心理活动的规律，揭示人的心理的普遍规律和特点），发展心理学（研究不同年龄阶段的个体心理发展的特点和规律，揭示个体从婴幼儿、青少年至老年的发展规律），变态心理学（研究个体异常行为的特点和规律的科学），还有临床心理学，心理卫生学，心理咨询和心理治疗等。依据这些心理学的理论知识，对犯罪人进行心理诊断，并采用相应的方法和技术（如精神分析技术、行为矫正技术、认知—行为矫正技术等）对犯罪人的犯罪心理及其心理障碍进行矫正和治疗，以消除其犯罪心理，树立守法心理，增强其心理调适能力，更好地适应不断变化的社会，从而达到预防犯罪的目的。

（二）犯罪心理矫治的目标

明确犯罪心理矫治的目标是十分必要的，它不仅能为矫治工作提供方向，也有利于对矫治工作进展及其效果进行评估。犯罪心理矫治的目标主要有：

1. 改变犯罪人的认知。犯罪者的犯罪心理和行为反应与他们的认知偏差和不合理信念密切相关，因此要矫正犯罪者的不良个性和行为习惯，也应当从改变认知入手。认知品质不良、反社会意识、不成熟或歪曲的自我认识以及与社会背离的智能结构等认知障碍，不仅是导致犯罪人进一步形成犯罪心理的基础，也是阻碍其改造进程的重大障碍。犯罪心理矫治，就是运用心理学的原理和方法，采取切实有效的措施，使犯罪人的不良认知结构得以改变。

2. 调整犯罪人的情绪。良好的情绪状态是心理健康的重要因素，相反，不良的情绪，如焦虑、抑郁、恐惧、沮丧等，则会导致各种身心疾病。如不良情绪状态可能会引起心血管功能紊乱，消化性溃疡，支气管哮喘，内分泌系统和神经系统的各种疾病。近年来，大量的心理测验结果表明，我国在押犯的情绪状态在总体上明显低于正常人水平。罪犯在服刑期间大都存在不同程度的情绪障碍。如果这些障碍得不到治疗，就会影响他们的改造。犯罪心理矫治的目标之一就是通过咨询与治疗使罪犯消除不良的情绪状态，以平静的心态面对服刑生活，防止因产生过激情绪或绝望而出现突发性事故。

3. 矫正犯罪人的不良行为。社会学习理论认为，人的行为包括不良行为是后天通过观察模仿而习得的，因此，人的行为包括不良行为或不适应行为同样也可以通过学习加以消除。"行为疗法"就是基于这一原理提出的。因此，犯罪心理矫治的目标之一，就是要根据一定的心理学原理，运用特定的治疗措施或行为训练技术，达到对犯罪人不良行为或病态行为的矫正。

4. 减轻乃至消除犯罪人的异常心理。近十年来，有关罪犯心理的研究表明，我国在押犯中，有相当一部分存在着不同程度的心理障碍。例如，有心理专家运用《中国罪犯心理评估个性分测验》等专业量表对深圳监狱服刑人员的心理状况进行抽样评估，结果发现 70.3% 的服刑人员心理筛查呈阳性；再在筛查阳性的人员中随机抽取 111 人，由专家进行面询，发现有 70.3% 的服刑人员存在不同程度的心理问题、心理障碍或心理疾病，其中心理异常者占 21.6%。[1]那么，通过专业性心理咨询与治疗，使罪犯的异常心理得以减轻乃至消除，自然是犯罪心理矫治的一项主要目标，也是一项复杂而艰巨的任务。

5. 完善犯罪人的人格。一个人的人格是在社会化过程中形成、发展和变化的。人格具有稳定性，它决定着个体发展的趋向和生活轨迹。有学者按照一定的概率分布，将全体社会成员划分为健全人格和不健全人格两大类。[2]健全人格就是社会化程度较高或基本上达到社会化要求的人格，它能较好地适应社会生活，与他人保持协调、良好的关系，行为方式与社会规范相一致。不健全人格就是经历了错误的社会化或不完全的社会化而形成的不成熟人格、矛盾冲突人格和反社会人格。全体社会成员中，绝大多数人的人格是健全或基本健全的。犯罪心理学研究表明，不健全人格是产生违法犯罪行为的心理基础。犯罪人的不健全人格既不利于他们接受改造，更是他们重新社会化的障碍。犯罪心理矫治把完善犯罪人的人格作为重要的目标之一，通过开展心理健康教育，进行有针对性的咨询和治疗，使犯罪人的人格结构得到重塑。

（三）犯罪人心理矫治的操作体系

这里的犯罪人心理矫治的操作体系主要面向服刑人员，因此也可叫做罪犯心理矫治操作体系。罪犯心理矫治操作体系的建立，一方面要依据现代心理学的有关原理，另一方面又要反映监狱工作的实际情

---

〔1〕 深圳监狱课题组："深圳监狱服刑人员心理专家评估结果"，载《中国监狱学刊》2012 年第 5 期。
〔2〕 罗大华主编：《犯罪心理学》，群众出版社 1992 年版，第 56 页。

况和现实需要，本着既有科学性、逻辑性，又便于实际操作的原则去进行。基于这种认识，将罪犯心理矫治的体系结构分为以下几个部分：

表 15.1 罪犯心理矫治的操作体系[1]

项 目		对 象	方 法	目 的
罪犯心理评估	入监评估	新入监的罪犯	心理测验、观察、调查等	了解罪犯的个性特征、社会心理缺陷及其他心理问题，为建立心理档案和实施矫治提供依据
	矫治效果评估	服刑一定阶段或即将刑满释放的罪犯	心理测验、考核评定、调查	了解矫治成效，为改进矫治计划、进行心理预测提供依据
罪犯心理健康教育		全体罪犯	利用传播媒介进行宣传、专题讲座、课堂教育等	让罪犯学会认识自己、接纳自己，自觉调整心理状态，提高自我教育和接受改造的自觉性
罪犯心理咨询		心理基本正常或有一定心理问题的罪犯	共情、聆听、暗示、激励、疏泄等	帮助罪犯发现自身问题，挖掘内在潜力，改变认知与行为，提高对监狱生活的适应性
罪犯心理治疗		适应不良和患有各种心理疾病的罪犯	心理分析法、行为疗法、认知疗法、患者中心疗法、支持疗法等	帮助罪犯解除心理疾病、消除不良行为、增强自我控制和社会适应能力，重塑健康人格
心理预测和危机干预		心理预测面向全体罪犯；危机干预面向有心理危机的罪犯	直观预测、量表预测法等；面对面干预、家庭和社会干预等	通过心理预测，把握罪犯心理发展变化的趋势，了解心理问题的性质与程度，通报其重新违法犯罪的可能性，以便进行及时的预防或干预；通过心理危机干预，缓解罪犯心理冲突，防止发生突发事件或者发展成严重精神疾病

[1] 刘邦惠主编：《犯罪心理学》，科学出版社 2009 年版，第 349 页。

二、犯罪心理矫治的意义

对犯罪人的犯罪心理进行矫治有着深远的政治意义和重大的现实意义。

1. 对犯罪人开展的心理矫治是中国司法走向世界，适应国际行刑制度的发展，开展国际交流的需要。国际行刑制度发展的总趋势是更加文明和人道，很多国家的法律明文规定必须有心理卫生方面的专家参与对罪犯的矫治工作。联合国《囚犯待遇最低限度标准规则》第49条第1款也明确规定，管理人员尽可能有足够人数的精神科医生、心理学家、社会工作者、教员等"专家"。我国监狱部门在党的十一届三中全会之后，尤其是在《监狱法》颁布实施之后，犯罪心理矫治工作受到普遍的重视。这不仅充分展示了我国监狱工作文明、人道的新风尚，有力地回击了国际敌对势力对我国人权的诋毁和诽谤，树立了我国良好的司法形象，捍卫了祖国的尊严，而且也大大促进了我国现代化文明监狱的创建工作，带动了广大干警的知识更新，促进了新方法与传统方法技术的衔接，加快了我国同国际司法交流合作的步伐。

2. 对犯罪人进行心理矫治是全面提高改造质量的需要。新中国成立以来，我国监狱对犯罪人的改造工作取得了举世瞩目的成就。但是，20世纪70年代末期以来，监狱在押犯的情况发生了根本的变化，劳动人民家庭出身的青少年普通刑事犯逐渐成为在押犯的主体，导致这些人犯罪的心理原因较为突出，如畸形的需求欲望，易激惹的情绪情感，意志极端薄弱，消极不良的心境，挫折承受能力低，还有某些变态心理、精神障碍等，这往往成为引发犯罪的直接原因。因此，随着时代的发展和情况的变化，我们对犯罪人的改造工作无论是工作内容还是工作方法，都必须根据情况变化有所发展和创新，开展心理矫治，便是这种发展和创新的重要内容之一。此外，犯罪人经过一系列刑事诉讼程序后，就以罪犯的角色进入服刑程序。在长期的监禁生活中，罪犯形成监狱人格，产生心理疾病，极大地妨碍对他们的正常教育和改造。罪犯入监以后，受环境的威慑与控制，犯罪心理潜伏起来，如果不进行专门的矫治，就不可能自行消除，犯罪人还有可能因为同类相聚，彼此认同，发生共振，得到负强化。罪犯在监狱中再犯罪和刑满释放后重新犯罪的统计资料表明，他们多数是由于其犯罪心理没有消除而旧病复发的，从罪犯"回炉"的原因看，对罪犯的心理矫治是十分必要的。

三、我国犯罪心理矫治的现状与发展

新中国成立以来，广大监狱干警在实际工作中自觉不自觉地运用心理科学的理论知识，成功地改造了包括末代皇帝、日伪战犯和国民党战犯在内的形形色色、成千上万的罪犯，取得了丰硕的成果，积累了丰富的经验。但由于狱内在押犯构成的变化以及罪犯心理问题的日益突出，20 世纪 80 年代以来，我国的监管改造工作在政策和方法上作了重大调整，逐步推行了累进处遇、分押分管分教、百分考核等一系列新措施，并且在 1981 年《全国第八次劳改工作会议纪要》中明确提出，"要用心理学等科学知识改造罪犯"，掀起了监狱民警学习心理学知识的热潮，促进了心理学知识在改造领域的运用。罪犯心理矫治工作就是在这种背景下应运而生的。

1987 年上海市少管所率先在未成年犯中开设了全国监狱系统第一家心理诊所，对未成年犯进行心理测量和心理咨询。接着，北京、山东、辽宁、黑龙江、河北等地的监狱系统中也先后开展了对罪犯的心理矫治。20 世纪 90 年代中期，《中华人民共和国监狱法》颁布实施，司法部提出了创建现代化文明监狱的奋斗目标，在贯彻执行监狱法、建设现代化文明监狱的过程中，罪犯心理矫治是尤为引人注目的新举措之一。据中央司法警官学院章恩友等人对全国 31 个省市 145 所监狱未管所的调查，到 2000 年，全国已有 93% 的监狱成立了心理矫治机构，开展了不同形式的心理矫治工作，为心理矫治工作逐步向科学化、规范化、专业化方向发展打下良好的基础。2003 年 6 月，司法部第 79 号部长令发布的《监狱教育改造工作规定》专列一章共 7 条对罪犯心理矫治的工作内容、机构设施、从业资格等作出了较为具体的规定。2007 年 7 月，司法部印发的《教育改造罪犯纲要》明确要对罪犯开展心理健康教育，发挥心理矫治对罪犯心理的调适干预作用。据统计，2006 年，全国罪犯心理健康教育普及率达到 95% 以上，新入监罪犯心理测试率达到 90% 以上，接受心理咨询的罪犯达到 25 万余人次，有 3 万余人接受了心理治疗。当前，随着监管工作"首要标准"的提出，监狱体制改革全面实行和监狱布局调整取得重大进展，以及教育改造成为监狱工作中心任务，一些长期制约罪犯教育改造和心理矫治工作的困难和问题得到有效解决，罪犯心理矫治工作面临前所未有的发展机遇。[1]。

---

[1]　周勇、张灵："新时期罪犯心理矫治工作发展思路的思考"，载《中国司法》2011 年第 11 期。

近些年来，国内监狱系统开展罪犯心理矫治工作已初见成效，主要做了以下几个方面的工作：

1. 建立机构，制定规章，培训干警。建立组织机构，制定规章制度，培训心理矫治人员，是开展罪犯心理矫治工作的基础。从目前已经正式开展罪犯心理矫治工作的省、市和单位来看，建立了不同层次的组织机构：省（市）监狱管理局建立罪犯心理矫治工作指导中心；监狱成立罪犯心理咨询室，全国的监狱都已建立心理咨询室；大、中队设立罪犯心理辅导站；有的省市还成立了罪犯心理互助组。组织机构的建立，为罪犯心理矫治工作的开展奠定了坚实的基础。

为了保证罪犯心理矫治工作顺利有序地开展，一些省市逐渐建立起较为完善的规章制度。如《心理咨询员守则》、《心理咨询岗位责任制》及心理矫治工作干警持证上岗制度等，如今许多省市的规章制度也不断完善和创新，如广东省 2006 年颁行的《广东省监狱管理局罪犯心理矫治工作规定》、《心理功能室建设标准》等规范性文件，2007 年制定的《广东省监狱管理局罪犯心理矫治工作手册》等。这些规章制度的建立，对于罪犯心理矫治工作的有序开展以及罪犯心理矫治工作的规范化是十分有益的。

心理矫治干警队伍的建设是罪犯心理矫治工作得以顺利开展的基础。许多省市监狱通过举办培训班，邀请专家教授到监狱开办的心理咨询门诊，举办了专题讲座，对干警进行指导培训。近几年来，许多监狱、劳教干警通过自学、参加各种培训，已经取得了心理咨询员、心理咨询师的资格证书。截至 2010 年，全国监狱系统获得心理咨询师资格（三级及以上）的人员已达到 15 722 人，接近于押犯总数的 1%。

2. 开展心理测量，对罪犯进行心理诊断并建立心理档案。从 20 世纪 80 年代初期开始，我国就有人在监狱对服刑罪犯进行心理测验。20 世纪 90 年代以后，对罪犯的心理测验更多，近几年已逐渐成为日常工作的一部分。对罪犯的心理测验所使用的量表绝大部分是翻译和修订西方的量表。主要有艾森克个性问卷（EPQ）、卡特尔 16 种个性因素测验（16PF）、明尼苏达多相人格测验（MMPI）、症状自评量表（SCL - 90）以及智力测验量表、心理健康测验量表等。从 2000 年 6 月份起，我国部分监狱开始试行《中国罪犯心理测试量表》，这是由国内犯罪学、心理学方面的专家和实践部门具有丰富经验的人员合作研制成的第一个专门用于罪犯的心理测试量表，这套心理测试量表已经在全国监狱系统广泛使用。近几年，国内有学者对国际上一些可用于犯罪评估的量表进行了修订，如刘邦惠对精神病态人格评定量表（PCL - R）

进行了修订，也有学者编制了本土化的可用于罪犯评估的量表，如贺超等编制的《反社会人格倾向评估问卷》，这些成果在理论和实践上促进了我国罪犯的心理测量工作的发展。

一些监狱在对罪犯进行心理测验的基础上，对罪犯进行初步的心理诊断，注重对重点案例、典型案例的分析研究，注意对有脱逃思想、自杀倾向、自伤自残行为以及精神不正常罪犯的心理分析，建立起罪犯心理档案，为进一步实施心理咨询和心理治疗以及有针对性的教育改造提供依据。目前，全国各地监狱已建立起数万份的罪犯心理档案，为罪犯心理矫治工作的进一步开展奠定了基础。

3. 开展了多种形式的罪犯心理矫治，成效显著。根据心理咨询的一般要求和罪犯改造的实际情况，监狱内的心理咨询除了社会上通用的门诊咨询、电话咨询、书信咨询等形式之外，还有个别咨询、团体咨询、现场咨询和利用高新技术咨询等形式。个别咨询通常是在罪犯医院设置的心理咨询门诊或监狱心理咨询室进行的，一般采用填写心理咨询预约单的方式与咨询者建立联系，咨询者也可以主动预约罪犯咨询。团体咨询是咨询者针对一些罪犯所具有的共同心理问题，让他们组成团体，通过咨询者的分析、讲解和罪犯互相之间的讨论、自我评价、角色扮演等活动，找出解决问题的途径或方法。现场咨询通常是咨询者深入到大中队，配合教育或生产劳动，在现场进行个别或集体咨询，这是实现罪犯心理矫治与思想教育之间有机结合的新途径。利用高新技术咨询是监狱通过电话、录像、计算机网络等现代高新技术对罪犯进行心理咨询。

近来，罪犯心理矫治又涌现出很多新的形式。如湖南女子监狱对女犯进行了绘画治疗，实践证明，绘画治疗在促进干警与女犯的沟通、促进女犯的自我成长等方面具有显著成效；有的省市利用优秀的传统文化开展矫治活动，如四川某监狱开展了"东坡故里，长寿之乡"等具有传统文化特点的心理矫治活动，潜移默化地改变罪犯的不良心理和人格，引导罪犯向善发展。此外，音乐疗法，心理剧疗法、箱庭疗法等心理矫治方式也逐渐进入到罪犯心理矫治的实践中，这些罪犯心理矫治的新形式，对于促进罪犯心理健康起到了重要作用，同时也是新形势下罪犯改造工作取得新发展的重要体现。

4. 广泛开展心理健康教育，普及心理卫生知识，启发罪犯自觉地调整心理状态，增强社会适应能力，消除心理障碍，逐步达到恢复或重塑健康心理的目的。一些省市的监狱，通过心理健康讲座、心理健康报或定期上课等形式向罪犯宣讲心理卫生知识，受到罪犯的普遍欢迎。随着监狱矫治系统对罪犯心理矫治的重视程度的提高,监狱内的罪犯心理健康教育近十年来已有很大的发展。例如,有的监狱定期排摸罪犯中存在的普遍心理困惑问题,以"如何适应环境"、"改善我的人际关系"、"如何远离冲动"等具体的心理困惑为主题,组织存在此类困惑的罪犯举行心理座谈会,进行"集体头脑风暴",在畅所欲言中使每个参与者获得启发和变化,进一步提升罪犯自我的心理健康水平。[1]有些省已编辑出版了罪犯心理卫生教材,如山东省组织力量编写出版了《服刑人员心理卫生手册》,编辑印制了《罪犯心理健康100个怎么办》、《罪犯心理健康知识60问》等心理健康教育辅导教材。[2]这些基础性的工作,不仅使罪犯心理咨询和心理治疗工作得以顺利开展,还大大增强了罪犯的自我心理调适的能力。

尽管国内罪犯心理矫治工作已初见成效,但是,受主客观条件所限,这一工作还存在很多不足。例如,专业人才的数量不足,矫治人员的水平不高,适合我国文化背景和监狱情况的心理测量工作也远远不够,无论是软件还是硬件设施都还相差很远。因此,今后一段时期,我们还需要在以下几个方面下功夫:①引进专业人才,培训干警,建立一支高水平的心理矫治队伍。②继续完善罪犯心理矫治的规章制度,使罪犯心理矫治工作走上规范化、专业化的道路。③加强理论研究,总结一套适合我国国情的犯罪心理矫治的方法,并在此基础上创立新的罪犯心理矫治的理论和方法。

第二节 罪犯心理诊断

一、罪犯心理诊断概述

(一) 罪犯心理诊断及其步骤

"诊断"一词,原是医学用语,指医生对病人疾病的原因和状况作出科学的判断和解释,并据此制定出治疗方案。罪犯心理诊断,就是运用心理测验等方法,对罪犯的智力、气质、性格以及整个人格状况进行考察与判断,以掌握其心理活动的特点、罪犯心理的个别差异,

---

[1] 刘胜利:"罪犯心理矫治工作创新之路径",载《中国司法》2013年第3期。
[2] 王本群:"坚持落实'首要标准'着力提高罪犯生存发展素质",载《中国司法》2010年第1期。

为分类处理和心理矫治打下基础的一项专门工作。[1]

罪犯心理诊断与医学中的诊断是有区别的。

国内有学者提出，对罪犯进行心理诊断包括一系列的操作程序，它们是：心理测验、面谈、行为观察、间接调查（即向干警和罪犯家属了解有关情况）和综合分析五个步骤。[2]这五个步骤可概括为两个阶段，即收集资料阶段（包括前四个步骤）和做出心理诊断结论（即第五个步骤）。这对我国的罪犯心理诊断工作无疑起到重要的指导性作用。具体操作步骤如下：

第一步是对罪犯进行心理测验。主要是了解他们个性中的缺陷及变态心理，以便进行有针对性的矫治工作。在对罪犯进行心理测验时，我们应注意要创造一种自然、和谐的气氛，消除罪犯的防范心理；测验的方式也应根据具体情况而定；测验的时间、地点及参加的人数也应有适当的限制。对测试的结果进行统计分析后，我们就可以了解到罪犯个性和心理健康状况。

第二步是与罪犯面谈，即用谈话法对罪犯进行心理诊断。与罪犯面谈的内容可归纳为两史：即罪犯的生活史和犯罪史。这两史不是截然分开的，它们之间有着错综复杂的交叉关系。了解罪犯的两史，可遵循两条线索：①时间线索，即过去——现在——将来；②空间线索，即家庭——学校——社会。这些因素与罪犯人格的形成有密切关系。面谈中应着重了解有关罪犯的生活环境、罪犯生活中的"重要他人"、罪犯生活过程中发生的重大生活事件的信息，还要了解罪犯对其犯罪行为的归因，了解罪犯现在的想法及对自己将来的期望，了解罪犯家庭及本人的病史，特别是精神病史。

第三步是观察罪犯平时的行为表现，这是运用观察法对罪犯的心理活动进行了解。行为观察最好由专管罪犯的干警进行，主管建立心理档案的同志可向干警了解有关情况。

第四步是向罪犯家属、亲朋好友和街坊邻居等有关人员进行调查。这种间接调查收集来的资料可以从旁印证前几种方法收集到的资料的准确性和可靠性，并可能发现一些新的线索和材料，对我们全面了解罪犯心理有帮助。

经过收集资料阶段，就可以对全部资料进行综合分析了。这一步工作难度较大。这种分析可以遵循如下思路进行：①从罪犯的生活史、

---

〔1〕　罗大华、何为民、解玉敏：《司法心理学》，人民教育出版社2007年版，第431页。

〔2〕　刘邦惠："罪犯心理诊断及其注意点"，载《犯罪与改造研究》1998年第5期。

犯罪史并结合心理测验描绘出罪犯个性的基本轮廓，确定其个性类型。②分析罪犯的心理缺陷。如罪犯是否智力低下、个性偏执、自制力差、有情绪障碍等。③罪犯有无精神障碍，如变态人格、神经症或精神病等。④罪犯有无不良行为习惯，如盗窃癖等。总而言之，在给罪犯下诊断结论时，一定要认真负责，小心行事，否则将影响随后的心理矫治工作的顺利开展。

总的说来，对罪犯的心理诊断主要包括以下内容：①通过测验了解罪犯的人格特征，勾画出罪犯人格的主要轮廓，并确诊罪犯是否人格变态；②了解罪犯的智力特征，如罪犯智力发展水平的情况，是不是智力低下者；③了解罪犯有无精神疾病，如恐惧症、强迫症、疑病症、抑郁症、躁狂症等各种神经症、精神病等。除此之外，我们也通过对罪犯生活史、犯罪史的调查，了解其犯罪心理形成和发展的原因和进程，以便进行有针对性的教育改造和心理矫治工作。

（二）罪犯心理诊断的目的和意义

1. 对罪犯进行心理诊断的目的。对罪犯进行心理诊断的目的是什么呢？一般来说，主要包括以下几个方面：①了解罪犯人格结构的基本轮廓及人格缺陷，以便确定心理矫治的重点。如通过心理诊断发现某罪犯个性偏执、情绪不稳定，我们就应该注意对该罪犯的情绪方面做心理矫治工作，并注意预防由于该犯情绪爆发可能出现的危险情境。②深入了解每个罪犯犯罪的具体原因和犯罪心理形成的整个过程，以便进行有针对性的改造和教育。③发现罪犯的精神疾患，开展相应的心理治疗工作。例如，通过心理诊断发现某罪犯有恐怖性神经症，就要有计划地对该罪犯进行心理治疗。④发现罪犯的犯罪行为倾向，加强管理和控制，预防狱内恶性事件的发生。

2. 对罪犯进行心理诊断的意义。对罪犯心理诊断的重要意义主要在于：①可以帮助我们更全面、更深入、更细致地了解罪犯，从而开展更有针对性的教育改造工作，使罪犯心服口服，尽早产生认罪、悔罪心理，使罪犯更快地醒悟，告别昨天，自觉地加强改造，成为一个对祖国、对人民有用的人。②对罪犯的心理诊断也可以使我们对罪犯的一些变态心理和行为进行专门的矫治，使之以后不会因为同样的心理变态行为而再次犯罪，如对性变态者、偷窃癖者等进行心理治疗，使他们根除其变态行为，不再重新犯罪。③对罪犯进行心理诊断也可以帮助我们及时发现罪犯的反常行为，预防狱内恶性事件的发生，保证监所的安全和稳定。总之，对罪犯的心理诊断，可以使监狱的工作上一个新的台阶，推动创建现代化文明监狱的工作顺利开展。

二、罪犯心理诊断的方法

（一）常用的诊断方法

目前，对罪犯进行心理诊断采用的主要方法有心理测验法、调查法、观察法和综合分析法等，分别介绍如下：

1. 心理测验法。心理测验法就是采用标准化的量表来测量罪犯的智力、性格及其他个性特征的方法。这是目前对罪犯进行心理诊断中采用的主要方法。运用这一方法最关键的问题是测验量表的选择。以下量表是我国监狱系统比较常用的。

国内监狱一般采用这些方法对罪犯进行心理诊断。

（1）明尼苏达多相人格测验（MMPI）。这是美国明尼苏达大学教授哈撒韦和麦金利于20世纪40年代初编制的自我报告形式的个性测量表，包括556个自我报告形式的题目。其题目内容范围很广，包括身体各方面的情况（如神经系统、心血管系统、消化系统、生殖系统等）、精神状态及对家庭、婚姻、宗教、政治、法律、社会等的态度。要求受试者根据自己的情况将所有的题目分为三个范畴，即"是"、"否"、"无法回答"。该测查表由14个分量表构成，包括10个临床量表和4个效度量表。临床量表的内容有：Hs疑病，D抑郁，Hy癔病，Pd精神病态，Mf男子气、女子气，Pa妄想狂，Pt精神衰弱，Sc精神分裂症，Ma轻躁症，Si社会内向。效度量表的内容包括：L说谎分数、F诈病分数、K矫正分数、Q无法回答题目数。MMPI是目前国内外用于诊断精神疾患的主要量表，不仅可以帮助我们对罪犯的精神疾病、心理变态做出较为准确的诊断，而且还可以使我们了解罪犯是否具有自杀、潜逃等行为倾向，预测罪犯出狱后是否会重新犯罪，因此，这一量表的测验结果对我们了解罪犯的精神状况十分有用。

（2）韦克斯勒智力量表。韦克斯勒智力量表是韦克斯勒编制的测量智力的量表，包括两个分量表，即言语量表和操作量表，分别测量言语智商、操作智商和总智商，从不同侧面提供诊断信息。韦克斯勒智力量表在西方国家的使用率最高，在近代文献引用最多的50个心理测验中，韦氏儿童智力量表（WISC-R）和韦氏成人智力量表（WAIS-R）分别居第二位和第三位。这两个量表的中国版已由我国的心理学家林传鼎和龚耀先于20世纪80年代初分别修订完成。智力测验是司法程序中常用的测试，其结果是判定一个人的民事或刑事责任能力的重要标准。

（3）艾森克个性问卷（EPQ）。由英国心理学家艾森克编制的个性问卷，分儿童和成人两种，分别调查 7～15 岁和 16 岁以上被调查人的个性类型。该问卷由四个分量表组成，即 N 量表，主要调查神经质；E 量表，主要调查内外向；P 量表，主要调查精神质；L 量表，效度量表。艾森克个性问卷在我国由陈仲庚和龚耀先主持进行大面积测试并作了修订，取得了中国常模。修订后的艾森克量表项目较少，易于测查，在我国监狱使用较多。

（4）卡特尔 16 种人格因素量表（16PF）。卡特尔 16 种人格因素量表是由美国伊利诺州立大学个性及能力测验研究所教授卡特尔主持编制。他利用因素分析法归纳了 16 种人格的根源特质，它们是：A 乐群性、B 聪慧性、C 稳定性、E 恃强性、F 兴奋性、G 有恒性、H 敢为性、I 敏感性、L 怀疑性、M 幻想性、N 世故性、O 忧虑性、Q1 激进性、Q2 独立性、Q3 自律性、Q4 紧张性。16PF 是目前国内外应用较广、信度和效度都较高的量表，其测试结果能反映出罪犯智力、人格特征和心理健康等方面的多种信息。

（5）中国罪犯心理评估系统（COPA）。目前，我国监狱系统基本上是使用国外的人格量表进行罪犯心理测试的。这些量表虽然标准化水平较高，但是由于文化、价值观、历史背景和语义等方面的差异，势必会降低罪犯心理测量和诊断的针对性。因此，1996 年，由司法部监狱管理局、中国心理学会法制心理专业委员会、司法部预防犯罪研究所、中央司法警官教育学院组成的课题组开始联合编制中国罪犯心理评估量表。中国罪犯心理评估系统（Chinese Offender Psychological Assessment，COPA）包括两套测验量表：一套为入监时的罪犯心理测试量表。旨在了解和掌握罪犯服刑初期的人格状况、心理状况、罪犯心理结构的个别差异。另一套是出监人员行为评定量表，用于评估监狱机关对出监者的改造质量，预测其重新犯罪的可能性，为出监后的安置帮教和预防再犯罪提供依据。

除了在量表的选择上应严加注意之外，对罪犯这一特殊群体，施测时的各个环节都应有所考虑，以便取得较为真实的数据。例如，测试前，测试人员应向罪犯交代清楚测验的目的，创造一种自然、和谐的气氛，解除他们的防范心理，以提高测验的信度和效度。测验时信息输入的方式也应有所考虑。对具有初中以上文化程度的罪犯一般采用自己一边看测题一边答题，即以视觉通道输入信息。而对那些文化程度低的罪犯和视力有缺陷者，则应采用听觉通道输入信息，即主试念一题、罪犯做一题的作答方式。此外，测试的时间、地点以及一次参加测验的人数也应有适当的限制。

对测验结果的处理应严格按测验手册上载明的方法进行，测验分数也应按一定的依据解释，不能随意解释。

2. 调查法。调查法是指通过交谈、书信和问卷等方式，要求被调查者就某个或某些问题回答自己的想法。例如，与罪犯面谈，同罪犯的亲属、朋友、邻居及有关人员交谈，通过书信或问卷向这些人了解罪犯的生活史、犯罪史等，都是调查法的运用。其中，与罪犯直接面谈是一种重要的调查方式。通过与罪犯面谈，不仅可以了解他的生活史、犯罪史，而且还可以直接观察罪犯的言谈举止以及他对自己的成长和犯罪经历的态度、认识。一个好的谈话者会通过面谈获得大量的信息，积累很多有用的资料。

但是，在与罪犯面谈时应注意以下几点：①谈话前要有充分的准备。比如参考心理测验的结果，拟定谈话的重点及顺序，做到胸有成竹。②要注意消除对方的防范心理。谈话者态度要温和，面带微笑，建立一种轻松的谈话气氛，讲清找他谈话的目的，诚恳地希望他予以配合等。③因为谈话中会涉及罪犯过去的一些不愉快的经历，可能引起罪犯低沉、消极的情绪，不利于改造，所以谈话结束前应对其配合谈话表示感谢，并鼓励罪犯树立信心，积极改造，争取早日成为守法公民。

3. 观察法。观察法是在自然情境中对罪犯的行为作系统的观察记录以了解其心理的一种方法。

为了避免观察的主观性和片面性，获得真实有用的资料，观察时应注意：①必须有明确的目的，做好计划，进行系统的观察。②必须做详细的记录。如确定了某罪犯为观察对象，则把他的言论、行为随时记录下来，有时还可以为某个目的设置一个特殊的情境，观察该罪犯在特殊情境中的行为表现，收集更多的第一手资料。③应注意在罪犯处于自然状态的情况下进行观察，这样才能反映出他的真实情况。

对罪犯心理活动的观察主要从三方面入手，即言语、表情和行为动作。言语是罪犯心理内容输出的一种方式，我们可以通过罪犯平时的谈话（口头言语）和写出的书面材料（书面言语）了解他的心理活动，判断其个性；也可以对罪犯在各种情境中的情绪表现进行观察来判断该人精神是否正常。另外，我们直接观察罪犯在日常的生活、学习和劳动中怎么做，也可以了解他的个性及心理活动。比如，通过观察罪犯是否遵守监狱的纪律，在劳动中是否偷懒，与同监犯人是否友好相处等，都可以了解大量的情况。如果观察者训练有素，所收集的资料不仅齐全，而且还非常真实可靠。这样的资料对于罪犯的心理诊断是很有用的。

4. 综合分析法。这是运用逻辑推理对收集的大量第一手资料进行抽象、概括，深层次加工的一种方法。运用观察法、调查法、心理测验法获得的资料都属于感性资料，我们通过思维加工，对这些感性信息进行"去粗取精、去伪存真、由此及彼、由表及里"一系列的理性思维，就可以发现罪犯个性及心理活动的基本特点，再现出罪犯的本来面目，做出恰当的心理诊断。因此，综合分析法是一种重要的理性思维方法。

（二）对特殊罪犯的心理诊断方法

在监狱对一些特殊罪犯如危险的罪犯、严重的人格障碍者等识别具有重要的意义，因为这些特殊罪犯对监所的安全构成极大的威胁，他们随时可能进行脱逃、伤害他人、毁坏财物等暴力行为。国外有学者进行了这方面的研究工作，结果被证明是有效的。

例如，美国精神病学家哈里·科泽尔（Harry Kozol）等人1972年提出的对危险犯罪人的诊断。他们通过对592名男性罪犯长达10年的研究，提出了确定危险犯罪人时应考虑下列12个因素，它们是：严重地伤害了别人或者具有这种企图；怀有愤怒、敌意和怨恨情绪；喜欢目睹或者进行使他人遭受痛苦的行为；对别人缺乏利他精神和同情心；把自己看成是被害人，而不把自己看成是加害人；不满或者抵制权威；首先关心自己是否舒适；是否具有挫折耐受力或者是否能够延迟满足；对自己的冲动缺乏控制；对社会责任有不成熟的态度；对自己的心理结构缺乏认识；根据自己的愿望和需要曲解对现实的认识。[1]根据他们的研究结果发现，上述因素对罪犯的危险性预测是十分准确的。

又如，加拿大精神病学家罗伯特·黑尔（Robert D. Hare）在深入研究的基础上，编制出了一个《反社会型人格障碍症状清单》，用来专门诊断反社会型人格障碍。[2]这项测验由以下22个项目组成：圆滑善辩，表面迷人；从前有过人格障碍的诊断；自我中心和夸张的自我价

〔1〕 吴宗宪编著：《国外罪犯心理矫治》，中国轻工业出版社2004年版，第115~116页。
〔2〕 吴宗宪编著：《国外罪犯心理矫治》，中国轻工业出版社2004年版，第117页。

值；易于厌烦，易于波动，缺乏稳定性；有病理性说谎或者欺骗行为；喜欢对别人发号施令，缺乏对人的忠诚态度；缺乏悔过和自责心理；情绪或情感肤浅、表面化；冷酷而缺乏同情心；寄生性生活方式；性情暴躁，行为控制不良；乱伦的性关系；发育期早年的行为紊乱；没有现实的长远计划和打算；极易冲动；对子女不负责任；不稳定而多变的婚姻关系；未成年时有劣迹和违法行为；多次犯罪，由于态度不端正很少得到假释或者缓刑处理；对自己的行为不负责任；有许多缺乏充分的犯罪动机和犯罪目的的犯罪行为；滥用酒精或者药物，但这些不是违法犯罪主要原因。用上述《清单》测验的结果表明，该测验能很好地识别反社会型人格障碍者。

三、罪犯心理档案的建立

罪犯心理档案是监狱通过入监甄别、心理矫治收集而成的反映罪犯心理发展轨迹的各种文件资料。罪犯心理档案是对罪犯进行心理矫治的依据，也是了解罪犯心理的发展变化，预测罪犯是否重新犯罪的重要资料。

罪犯心理档案不是一次完成的，它是在罪犯入监时对罪犯进行心理测量，运用各种方法了解其基本的心理和行为特点及其心理是否变态等基本资料的基础上，通过多次心理诊断（入监时、服刑中期、服刑后期）以及多次心理咨询、心理治疗逐步完善的。通过罪犯心理档案，我们可以了解罪犯心理动态、变化的轨迹，快速、有效地了解罪犯各种心理和行为特征，以便对其进行针对性管理、教育和心理矫治。

罪犯心理档案与狱政管理中的罪犯档案是有区别的。

罪犯心理档案，主要包括以下几个方面的内容：

1. 罪犯的基本情况。包括罪犯的自然情况（年龄、性别、体貌特征等）；罪犯的犯罪史（犯罪次数、案由、刑期、犯罪主要事实、犯罪原因、堕落过程等）；罪犯的生活史（家庭情况、受教育情况、邻里关系、人生中的主要挫折事件等）；家庭的遗传病史等。

2. 罪犯心理测试的结果及诊断结论。

3. 对罪犯的心理矫治方案。

4. 心理矫治实施情况记载，包括罪犯心理咨询记录、定期对矫治质量进行的心理学评估及分析、罪犯心理治疗情况的记录。

第三节 罪犯心理咨询

一、罪犯心理咨询概述

(一) 心理咨询与罪犯心理咨询

心理咨询是运用心理学的知识，帮助前来寻求咨询的人发现自己的心理问题，改变原有的偏常认知和不良的行为模式，以维护和增进被咨询者的身心健康，促进其人格发展和潜能开发的过程。心理咨询的对象是在日常生活中需要帮助的正常人。

这里要注意罪犯心理咨询的特异性。罪犯是受刑罚处罚并失去人身自由的特殊人群，其特定的处境和地位决定了他们将比正常人承受更多的心理压力并有更多的心理不适应的问题。通过心理咨询，可以帮助他们发现自身的问题，更好地适应环境。因此，所谓犯罪心理咨询，即指监狱咨询人员运用心理学的理论和方法，帮助有心理问题的罪犯发现自身的问题及其根源，从而挖掘罪犯的潜在能力，改变其原有的认知结构和行为模式，以提高对监狱生活的适应性和应付各种不幸事件的能力。[1]

(二) 罪犯心理咨询的特点

罪犯心理咨询既有与一般心理咨询相类似的特点，也有自己的特异性。

1. 咨询内容的特异性。一般意义上的心理咨询，内容涉及人们社会生活的方方面面，如学习择业，人际交往，婚姻家庭等，而犯罪心理咨询的内容涉及服刑生活的方方面面，主要有：刑事政策和法律知识方面，包括认罪伏法、犯罪原因、改造前途等问题；狱内生活方面，包括狱内人际关系、监规纪律及服刑过程中遇到的困难和问题等；家庭社会关系方面，包括家庭关系、婚姻问题、恋爱问题、子女抚养、财产分割与继承等问题；心理健康方面，包括自我意识、生活习惯、监狱适应、情绪障碍、变态心理等问题。[2]

---

〔1〕 刘邦惠主编：《犯罪心理学》，科学出版社 2009 年版，第 356 页。
〔2〕 刘邦惠主编：《犯罪心理学》，科学出版社 2009 年版，第 357 页。

2. 咨询方法的特异性。社会上一般的心理咨询方法，形式灵活多样，有电话咨询、书信咨询、门诊咨询、团体咨询、咨询人员挂牌坐堂等人上门咨询等。监狱内的心理咨询，尽管也采取上述各种形式，但这些形式是在监狱条件许可的情况下有选择地使用。罪犯心理咨询由于受到时间及罪犯活动范围的限制，更常见的是咨询人员主动找上门为罪犯咨询。

3. 咨询人员知识结构的特殊性。一般来讲，心理咨询人员的知识应包括三个层次，第一个层次包括社会科学及医学知识，如哲学、社会学、教育学、伦理学、卫生学、精神病学等；第二个层次是心理学知识，如发展心理学、教育心理学、人格心理学、变态心理学、社会心理学、职业心理学等；第三个层次涉及咨询心理学的知识，如心理咨询与治疗的基本理论、个别咨询与治疗的方法技术、集体咨询与治疗的方法技术、心理测量与临床心理学等。对罪犯进行心理咨询的人员，除了具备上述知识外，还必须熟悉精通法学、犯罪心理学、罪犯教育学的知识，也要了解监狱系统有关的监规纪律，才能较好地对罪犯进行心理咨询，收到一定的成效。

二、罪犯心理咨询的内容与形式

(一) 罪犯心理咨询的内容

罪犯心理咨询的对象是特殊人群。因此，咨询的内容既有一般人心理咨询的内容，又有其特定的内容，归结起来，主要有下面几类：

1. 偏常认知的问题。这方面的问题包括认罪服法、犯罪原因的探究，对监狱生活各方面的认识等。例如，在对自己犯罪的问题上，有的罪犯认为自己犯罪是因为社会风气不正，有的则认为自己被判刑是某人的报复陷害，还有的罪犯则抓住枝节问题，试图证明案子有问题，法院办案水平不高，自己是无罪的，这种偏常认知往往导致错误的归因，从而产生心理冲突，诱发心理问题。偏常认知是罪犯心理咨询中的重点内容。

2. 心理不适应的问题。罪犯的心理适应问题涉及面很广，既包括监狱生活的适应，也涉及狱内人际关系的协调以及服刑中的学习、劳动、生活中的各种问题的心理适应。例如，罪犯在入狱初期，往往存在对监狱生活的适应问题，可能会表现出焦虑，抑郁，悔恨，恐惧等不良情绪。罪犯从一个自由的、熟悉的环境，来到一个强调规范纪律的、完全陌生的环境，一方面，他们无法从原来的人际关系中得到原有的社会支持；另一方面，由于制度上的约束、心理上的防备及交往对象上的限制等原因，他们无法在短期内与监狱警察或其他罪犯建立起和谐的人际关系，这使一些罪犯由于缺乏一定的社会支持而感到孤独、苦闷，再加上对监狱枯燥的、纪律严明的生活的不适应，易使一些罪犯产生心理障碍。

3. 变态的心理问题。有些犯罪人在入狱前就存在一些变态心理，如强迫症、躁郁症、焦虑症等神经症，反社会型人格障碍、偏执型人格障碍等各种类型的人格障碍，恋童癖、施虐狂、恋尸癖等性变态，还有些罪犯入狱后产生拘禁反应，狱内同性恋等，甚至形成监狱人格，这些心理变态需要进行心理咨询，严重的必须进行心理治疗。

4. 心理危机干预。罪犯在服刑期间遇到一些重大生活事件，如婚姻破裂，父母伤亡，或狱内的人际冲突等，往往会产生心理危机，如不及时干预，易导致恶性事件的发生。因此，在罪犯服刑期间遭遇重大生活事件的打击时，心理危机干预是十分必要的。

（二）罪犯心理咨询的形式

罪犯心理咨询的形式与社会上一般心理咨询的形式大致相仿，也采用门诊咨询、电话咨询、书信咨询、集体咨询等形式。但是，监狱是刑罚的执行机构，有严格的规章制度，罪犯不可能像社会中一般成员那样自由支配自己的时间，随意行动，因此，罪犯心理咨询主要采用电话咨询和门诊咨询，在具体操作中还会受到一定限制。

1. 电话咨询。这是利用电话对罪犯进行劝告和安慰的咨询形式。这种方法的优点是：①迅速、及时，不受地域限制，能有效地对罪犯的心理危机进行干预；②咨询人员与求询人员不见面，清除了求询罪犯的戒备心理。罪犯在电话中可以毫无顾忌地倾诉与干警的冲突，对配偶移情的怨恨，对手淫、同性恋的不安，并且能听到不同于一线干警的见解，讨得了办法，消除了疑虑。这种咨询形式特别对于那些不会写字、胆小不敢见人的内向、低龄或老年犯人，开通了一条反映内心冲突、宣泄情感的渠道。这种咨询形式在监狱内也会受到一些限制，尤其是对于政治权利被剥夺的罪犯，他们不可能像普通人一样随时与外界的心理学家用电话沟通。

2. 门诊咨询。门诊咨询是咨询人员在监狱心理咨询室或监狱医院的心理门诊室内对求询罪犯进行心理咨询，这是心理咨询中最有效的一种方法。在咨询过程中，咨询人员根据求询罪犯自诉的基本情况，选用相应的心理测验对求询者进行测试，并对测验数据进行分析，然后提出指导性意见。如果一次解决不了咨询中的问题，可反复进行。这种咨询形式的优点是咨询人员能与求询罪犯进行面对面的直接交谈，容易从对方的言行举止，表情变化中及时发现问题，随时调整咨询对策和形式。这种咨询形式对咨询人员的要求很高。

3. 现场咨询。这是咨询人员深入到大、中队，配合教育或生产活动，进行现场个别或集体咨询。其中，集体咨询作为一种经济有效，又能充分利用集体积极力量的咨询方式，现被广泛地应用于监狱的罪犯咨询工作中。在罪犯中开展集体咨询的主要方法包括心理剧法，团体讨论法，心理游戏法等。实践证明，集体咨询在改善罪犯的人际交往能力，提高自我认识，增强自信心和责任感，提高社会适应能力等方面起到了积极的作用。

4. 书信咨询。这是通过书信往来进行咨询的形式。这种咨询形式适用于暂时不愿暴露身份的罪犯。咨询人员可针对罪犯信中所描述的情况和提出的问题，进行较为详细的解答和指导。这种咨询形式的优点是不受时间和空间的限制，可以畅所欲言，就某个问题进行深入的探讨。但这种方式的效果不如门诊咨询。鉴于许多罪犯对心理咨询心存疑虑，可以在监狱内部设置咨询信箱，一般问题通过书信咨询解决，但对于问题较严重者应及时登门咨询或预约门诊咨询。

此外，有些省、市的监狱根据自己的特点，在监狱中开展了一些特殊的活动或建立特殊机构，以促进对罪犯的不良的心理与行为的矫治。如山东省鲁南监狱借弘扬传统文化、构建"文化鲁南"为契机，通过在罪犯中开展传统美德教育，来促进罪犯的自我教化，提高罪犯的心理健康水平；上海市青浦监狱通过各种文体活动如监狱运动会、大型歌咏比赛、书法班、美工组、锣鼓队、玉雕等对罪犯进行艺术矫治；南京监狱于2007年正式成立了监狱罪犯危机干预中心，其工作理念是"三全"，即全面关注、全程控制、全员参与，工作模式为"三位一体"，即"以狱情排查、民警谈话和罪犯心理测量为基础，以机干预软件系统为载体，以柔性干预为重点其效"，其结果是：及时反映狱情，为监狱及时进行针对性教育提供依据；及时处置罪犯的矛盾危机，有利于监管安全；监管安全隐患实行动态监测，初步建立罪犯危机的预警机制，为超前防范提供帮助；在一定程度上缓解了基层民警的压力。[1]

这些是我国监狱的特色之举。

---

[1]　彭春芳："当前罪犯改造新方法综述"，载《河南司法警官职业学院学报》2011年第9卷第2期。

三、罪犯心理咨询的具体操作技术

（一）罪犯心理咨询的一般程序

心理咨询是由一系列有序步骤组成的连续过程。在心理咨询的整个过程中，无论咨询时间的长短，无论咨询人员持何种心理咨询理论，必然包含一些基本的咨询阶段，国内有学者把咨询过程分为三个阶段，即初期阶段——了解情况，建立关系；中期阶段——诊断分析、帮助指导；后期阶段——逐渐结束，检查巩固。[1]

1. 初期阶段——了解情况，建立关系。在心理咨询的最初阶段，咨询员的主要任务是了解求询罪犯的情况，在较短的时间内建立融洽的咨询关系。

一般来讲，咨询员应该在有限的时间内了解求询罪犯下列几方面的情况：①个人特征（年龄、民族、身体健康状况，个人的大致生活经历）；②社会文化背景，包括家庭背景（父母的职业、文化程度、宗教信仰、养育方式）和社会背景（上学时情况、社区中的各种情况）；③个人生活史和犯罪史（如个人生活中的重大生活事件，犯罪类型、犯罪原因、所判刑期，罪犯对自己行为的认识等）。收集资料越丰富，对后面的心理诊断和帮助就越有利。

建立相互信赖的咨询关系是咨询过程中头等重要的事，咨询员应在初次见面时，对来访者表示欢迎、热情、关心和愿意提供帮助，细心倾听求询罪犯的谈话，无条件地接纳对方，给求询罪犯留下良好的第一印象。

2. 中期阶段——诊断分析、帮助指导。根据最初的接触和交谈，咨询员应对来访者的问题进行诊断分析，找出求询罪犯的问题所在。然后明确咨询目标，选择合适方案，进行帮助指导。

根据监狱中心理咨询的实践经验，罪犯前来咨询，主要涉及下列问题[2]：①希望得到具体实际的帮助。如家庭生活困难、夫妻关系紧张或破裂、释放后的谋职、生活道路和前途等。②寻求解决现存人际关系中的种种问题。这包括与管教干警间、与同监罪犯或同组劳动的罪犯之间的种种矛盾、冲突。③倾诉在生活中各方面积累的烦恼、郁闷、痛苦情绪。这些消极情绪有些是入监前积累的，有些是在狱内产

〔1〕 郑日昌：《咨询面谈的一般程序》，北京师范大学心理系内部印刷1990年版。

〔2〕 张文华等主编：《罪犯心理矫治理论与实践》，群众出版社1997年版，第158页。

生的。④探索某些社会问题的答案，以求解开久存于心中的疙瘩。⑤以各种方式来反映周围生活中的一些问题和情况，以求得到肯定的评价。这包括其他罪犯的违纪或违法行为，隐藏的或有所暴露的罪犯的不轨图谋或策划的揭露或暗示，生产劳动中存在或可能发生的问题。⑥希望咨询员帮助自己改掉不良行为习惯。通过诊断分析，明确问题的性质之后，可与求询罪犯共同商定具体的咨询目标，然后选择合适的方案，给予帮助指导。

3. 后期阶段——逐渐结束，检查巩固。咨询一段时间后，逐步达到咨询目标，咨询员就可以综合所有资料作出结论性的解释，并且帮助求询罪犯运用所学的知识和积累的经验于日常生活中，独立地解决类似的问题，还可以通过定期对求询罪犯进行访问等方式，以检查咨询效果。

（二）罪犯心理咨询的技术

在心理咨询过程中，为了顺利地与求询罪犯交流，达到咨询目标，咨询员应当掌握一些咨询技术。下面介绍几种主要的咨询技术：

1. 倾听技术。在心理咨询过程中，倾听是一种很重要的技术，倾听能使咨询员有效地了解来访者的问题，并且能缩短双方的心理距离，使求询罪犯对咨询员产生信任感与亲切感，有助于达到咨询目标。

善于倾听是心理咨询员必备的基本技能。

有效的倾听必须注意以下几点：①耐心地倾听。耐心细致地倾听本身就是对罪犯的安慰和鼓励，不要随便打断求询罪犯的话，也不要过早地作出评价。在倾听求询罪犯的陈述时，咨询员要及时发出非言语性的反馈信号，如点点头、微笑、用嘴角与眉毛表示理解，使求询罪犯产生"咨询员对我的话很感兴趣"的感觉，从而缩短彼此的心理距离。②适当的重复和澄清。咨询员用简明的语言对求询罪犯所述内容进行适当的重复，既可以验证自己对来访者提供信息的理解是否正确，也可以鼓励他们继续讲下去，把谈话引向深处。有时，咨询人员可能对求询罪犯所谈的内容感到费解，就必须让求询者重新解释这部分的含义，或补充所遗漏的部分，以澄清这些问题。③恰当的提问。在倾听过程中，咨询员为了在较短的时间内获得更多的信息或控制谈话的内容，往往要适时地提问。提问是否恰如其分，会直接影响到咨询关系和信息的交流。提问有两种：一种是封闭式提问，通过它得到具体精确的答案，但信息量不大，如"你近来睡眠好吗?"罪犯只能以"好"或"不好"回答；另一种是开放式提问，通过求询罪犯的联想和自由交谈，咨询员可以获得大量的信息，如上述问题改为"你能谈谈近来的睡眠状况吗？"罪犯会谈得很详细，咨询者可以得到很多有用的信息。但开放式提问可能会使求询罪犯述说时间过长，内容也可能太分散。所以，咨询员应当适时采用封闭式提问来控制咨询过程，缩小交谈范围。④对情绪的反应。咨询员必须有较强的情绪敏感性，善于通过求询罪犯的言语表述及体态语言体察对方的情绪状态，使对方产生被人理解的感觉，从而使双方更好地实现共鸣。

2. 影响对方的技术。在心理咨询过程中，咨询者往往通过自己的专业理论知识和方法技术、个人的人生经验、对罪犯特有的理解影响求询罪犯，使其从中受益。这种影响靠的是真诚的态度和高明的技术。主要有：①对焦距和质疑的技术。对焦距指的是咨询员引导来访者抓住问题的要害和关键，使对方从混乱的思绪中理顺思路，从一大堆问题中找出矛盾；质疑则是指出求询罪犯说话的前后矛盾、口头语言与体态语言之间的矛盾、态度与行为之间的矛盾，探察对方的深层动机。质疑可能会打破来访者的心理平衡，带来其他暂时性危机，因此，应用时必须慎重。②解释的技术。解释是咨询员给罪犯提供一种新的认识他们的问题和自身的方式，这种新的认识可能来自某一理论，也可能来自咨询员自身的观察和经验，可能使求询罪犯的世界观产生认知性的改变，从而有助于问题的解决。对解释的应用要慎重、仔细，运用得当。③指导与忠告。咨询者告诉求询罪犯怎么做，提出特殊的建议或指示，或为其提供具有指导意义的思想观点来帮助他们。国内的心理咨询工作中常有这种指示，这与我国的文化背景有关。④总结。在面谈结束时，咨询者给罪犯所作的咨询的总结。这种总结有利于双方对这次咨询的情况了解更为清楚、全面，加深印象。

3. 观察的技术。在心理咨询过程中，咨询员与求询罪犯之间的交流除了交谈之外，还有大量的非言语信息。认真观察这些非言语行为，不仅能揭示人的真实心态，而且有助于发展咨询的关系。一个好的咨询员应学会观察与理解对方的面部表情、躯体动作、语言的变化等，并从中对求询罪犯作出全面、正确的理解。

体态语言能传达很多信息，有关知识请参看专门的书籍。

面部表情是确认情绪反应最重要的部位，咨询员首先要注意对方的眼睛。一个有心理负担的罪犯，目光回避的时间较多，普通人触及敏感话题，目光也会回避。一个经验丰富的咨询员可以从对方的面部表情中分辨出迷惑不解、大彻大悟、惊奇、专注等不同的情绪色彩。

求询罪犯躯体动作的改变也可以传递大量的信息。情绪抑郁的人可能双肩微驼，双手持续做某一种单调的动作，身体运动速度较慢，似乎需要付出很大的努力才行；一个行为退缩的人可能习惯双手紧紧插在衣兜里，头目下垂，目光闪躲；内心矛盾与烦躁不安的人往往身体坐立不稳，左右扭动，手不停地转动东西，双手相互搓擦，或用手抚摸头发或衣服。

罪犯前来咨询的目的不同也会在体态语言中有所表现。有的罪犯前来咨询是为了寻求注意，在会谈中他们往往表情极为丰富，言词夸张，语气快速变化使人注意，以显示自己；有的罪犯为了寻求理解，寻求宣泄，表情中流露出期望与深情，说话滔滔不绝，不太注意咨询员的表情与指导，只求一吐为快。咨询员能够及时认识这些非言语行为的意义，就能够作出恰当的反应，使咨询过程顺利进行，并较好地达到咨询目标。

第四节　罪犯心理治疗

一、罪犯心理治疗概述

（一）什么是心理治疗

心理治疗是由经过严格专业训练的心理医生运用心理治疗的理论和技术，对患有心理疾病的人进行帮助的过程。通过心理治疗，消除或缓解患者的心理疾患，促进其人格向健康、协调的方向发展。

以上对心理治疗概念的表述，揭示了以下几个重要特点。①心理治疗中的治疗者必须是受过专业训练的心理医生。②治疗对象是患有心理疾病的人。对于罪犯这个特殊环境下的特殊群体，心理治疗主要针对一些有心理障碍的人和人格失调者，例如，患有神经衰弱、强迫症、恐惧症、焦虑症、抑郁症的罪犯，有不良癖好（恋物癖、窥阴癖、同性恋、偷窃癖等）和药物依赖（嗜酒、嗜烟、吸毒者）的罪犯，有偏执性人格障碍、情绪爆发性人格障碍的罪犯，对他们采用系统脱敏疗法、厌恶疗法、生物反馈和放松训练等方法进行治疗，往往收到较好的疗效。③心理治疗的理论依据是心理学的理论和技术，如精神分析理论与技术、行为治疗理论与技术、认知疗法理论与技术等。④心理治疗的目的是缓解或消除患者的心理疾患，促进其人格向健康、协调的方向发展，更好地适应监狱生活，积极地投入改造。

罪犯心理治疗就是对正在监狱服刑的有心理疾病的罪犯进行帮助的过程。

（二）心理治疗与心理咨询的关系

心理咨询和心理治疗都是面对有心理问题和疾病的对象，采用的都是心理学的理论和方法，目的都是为了帮助前来就诊的人消除心理疾患、增进心理健康、促进其人格发展。不论是心理咨询还是心理治疗，都必须是在医生和前来诊断者之间建立的一种和谐、信任的心理气氛中进行。因此，有时人们很难把二者严格区分开。但事实上，二者在很多方面还是有区别的：①医治的对象有差别。心理咨询的对象大多是正常人、正在恢复或已复原的病人。心理正常的人有时也会有一些情绪上的异常、心理上的困扰，自己很难控制自己，或很难解开心中的疙瘩，需要人帮助自己认清问题是什么、问题的根源在哪里，以便寻求解决之道。例如，罪犯人际关系处理不好感到很痛苦，以致影响到平时的改造，自己感到苦恼，寻求咨询员的帮助。心理治疗则主要面对有心理障碍的人。如人格变态者、性变态者、神经症病人，及有各种不良行为习惯者（如盗窃癖等）。这些人的心理问题较严重，必须经系统的、有计划的、较长时间的专门治疗才能使之正常。②二者处理的问题不同。心理咨询着重处理正常人所遇到的各种问题，例如，人际关系问题、教育过程中的问题、职业选择的问题、婚姻家庭问题等等。而心理治疗则主要针对各种神经症（强迫症、恐惧症、疑病症等）、性变态（如露阴癖、窥阴癖、同性恋等）、人格障碍（偏执型人格障碍，反社会人格障碍等）和各种心理行为障碍。③二者工作的方式也有差别。心理咨询主要启发前来咨询者自己解决面临的问题，一般不参与问题的解决，而且可以与亲友、同事等共同做工作。例如，对一个婆媳关系处理不好的来访者，咨询人员可以与来咨询者的家人一道帮助其解决。心理治疗则必须由心理医生与病人面对面的治疗，花费的时间很长，有时需几年才能治愈。心理咨询人员与心理治疗人员犹如医生与专科医生的关系。总之，在对罪犯的心理矫治工作中，二者都很重要，有时很难截然分开。

二、罪犯心理治疗的方法

（一）精神分析疗法

精神分析疗法是奥地利著名精神病学家和心理学家西格蒙德·弗

洛伊德所创立的心理治疗方法。19 世纪末 20 世纪初，弗洛伊德从其临床治疗工作中逐步总结出一套心理分析理论学说及有关的心理治疗方法。他的工作是心理治疗领域中的开创性事件，使这一领域第一次有了自己完整的理论体系和工作方法。

弗洛伊德的精神分析理论内容很丰富，请参看有关著作。

弗洛伊德的精神分析理论主要包括无意识理论、性心理发展理论和人格结构理论。他认为人的心理活动可分为意识和无意识两大部分。人在清醒状态下进行的各种有目的的活动，可以直接感知到的心理称为意识活动。反之，自己不能直接知觉的但却对活动有影响的心理部分称为无意识或潜意识。人的潜意识中包含了各种为人类社会伦理道德和宗教法律所不能容许的、原始的、动物性的本能冲动以及与各种本能有关的欲望，这些无法满足的情感、本能欲望与冲动是被压抑到无意识中去的，这些被压抑的冲动欲望并不肯安分守己地待在那里，也不会消失，而是在无意识中积极的活动，不断地寻找出路，以梦、口误、笔误、记忆错误等方式表现出来，病态的压抑则可能导致心理疾病。无意识理论是弗洛伊德精神分析理论的核心内容。

此外，弗洛伊德有关人格结构分为本我、自我和超我三个部分，三者协调心理就健康，不协调就会导致心理问题出现的理论，有关人的心理发展分为前后相继的五个时期的论述对我们分析人的心理都有极为重要的价值。

例如，有咨询师对一名激情犯罪嫌疑人采用了精神分析法对其进行心理矫治。[1] 犯罪嫌疑人李某，男，25 岁，因女友家人反对二人关系而与女友家人发生争执，在争执中被女友家人打伤。李某事后欲向女友讨说法，未果，遂用匕首威逼女友而涉嫌犯罪被羁押，入看守所后李某对自己的冲动行为感到十分后悔，想了解自己行为失控导致犯罪的原因，主动要求接受心理矫治。

为什么李某会做出这种反常的行为呢？咨询师通过对李某进行精神分析治疗，发现这与李某的早期经验有关。李某家中排行第二，父母尤其是父亲对李某十分溺爱。在矫治过程初期，治疗师感到李某以自我为中心和不能正确理解他人，尤其缺乏人际的界限感。当谈及父亲时，李某觉得父亲是心很好的人，就是太耿直固执了。在部队时曾是模范战士，部队曾号召向他学习，而其父却说："毛主席说过'有了

〔1〕　包建华、刘洁："对一例绑架案激情犯罪嫌疑人心理动力学疗法的心理矫治"，载《社会心理科学》2010 年第 6 期。

功劳不自夸。'"后来，李某谈及自己曾经做过的一个梦，梦见自己出了看守所，心情非常高兴，到家看到家门关着，就走到自家后面的邻居家，看到邻家主人（李某称其为公公）在院铁门内，自己的母亲在房里，李某就叫公公喊自己的母亲，公公看到李某回来高兴地去喊其母亲，这时从房里走出一个警察，李某感到非常失望，梦做到这里就醒了。之后，咨询师让李某谈及对警察和公公所产生的联想。李某认为，警察形象高大，但同时也对警察反感，认为警察有职责任务，有些该管的而不管；邻居公公平时非常朴素，教育小孩常说："平时不要说，做出来才行!"。咨询师对李某的梦进行了分析，梦的显意是因羁押而不能见到亲人产生的焦虑情绪反应，反映早年心理冲突的梦的隐意采用了象征的表达方式，从两个方面反映了对父亲的情绪体验，也就是对父亲又敬又怕的感受。公公代表了父亲平时喜欢孩子的一面，公公说的"平时不要说，做出来才行!"和李某父亲在部队说的"毛主席说过：'有了功劳不自夸'"一句话非常的相似，符合潜意识运用象征、替换进行工作的原理。公公在见到李某回到家时高兴地去叫其母亲反映了李某对父亲喜爱的一面，而警察让李某失望和反感则是表现了父亲让李某感觉不好的一面。

在矫治中期，李某在早年的经历中常提到同父亲的矛盾，埋怨父亲因耿直而在村里得罪了不少的人，为此常和父亲吵架。在吵完架过后李某会想，"要是我还有一个兄弟就好了，我就可以去外面整死一个，然后我自己也去死"，"我死了不重要，还有个弟弟照顾父母"。对于李某同父亲发生冲突的回忆，咨询师的解释是由于从小受到溺爱，形成了自我为中心的性格，惯于将自己的意志强加到他人身上，在自己意志表达受阻时，也就是攻击性的表达受阻时，会把这种攻击性转向自身，在同其父亲的冲突中也就是"出去整死一个人，然后自己也去死"，以此达到惩罚自己的同时又报复父亲——让父亲失去一个儿子的目的。又由于父亲对李某溺爱，李某对其父道德感的认同，使其未回报父母就离开他们，于是想着要是有一个兄弟继续孝顺父母，自己死了也不会受到良心的谴责。这种被动攻击的防御方式，同样也体现在同其女友在案发时的行为表现上：在向女友讨一个说法没有得到回应的前提下，李某将匕首拿出威逼女友，在达到自己的目的的同时也使自己处于不利的境地。在警方介入时李某也曾想：只要她家人给一个说法，可以事后去自首。这和李某同其父吵架后所产生的去死的想法一样，都是将不能表达的攻击性转向自身的被动攻击行为。

在以后的矫治中，李某讲到自己这段时间经常会和监室组长对着干，破坏很多监室管理的规定，这是李某在向咨询师表达自己没有受到咨询师足够的重视，而且还表达了再不重视他就要和咨询师对抗的意向。在接下来的咨询中李某的负性移情得以充分表现出来，咨询师随即对李某的负性移情进行面质并做出解释，使李某对自己在矫治的表现与早年经历的关系得到了领悟。在咨询结束时，李某能够领悟自己冲动犯罪的深层次原因，并在平时的活动中注意体会自己的言行，一定程度地降低了早年形成的行为模式对现实行为的影响。

以上案例中，咨询师根据弗洛伊德创立的精神分析理论，主要运用了释梦、自由联想、解释、移情等技术，完成了对李某的心理矫治。

（二）行为矫正法

行为矫正的心理治疗方法是以行为主义心理学派的学习原理为理论基础的。学习理论的基本原理是，人的行为都是通过后天的学习获得的。不符合社会要求的不正常行为是在不利的环境条件的影响下发生的不适当学习的结果。影响学习效果的重要手段是强化，强化是通过奖励或惩罚方式实施的。通过改变不利的环境条件，采取奖励或惩罚等措施，就可以改变、矫正或治疗病人的不正常行为，使其更好地适应环境。实践证明，行为矫正法对矫正监狱中罪犯的不良及变态行为是很有效的。

行为矫正法在监狱中应用十分广泛

行为矫正的具体方法很多，主要包括系统脱敏疗法、厌恶疗法、满灌或冲击疗法、代币强化法、发泄疗法、模仿疗法、生物反馈疗法等。下面我们主要介绍系统脱敏疗法、厌恶疗法。

1. 系统脱敏疗法。系统脱敏疗法又叫交互抑制法，基本原理是：人的肌肉放松状态与焦虑、恐怖状态是相互对抗的两个过程，一种状态出现必然抑制另一种状态的产生，即交互抑制。放松状态反复与引起患者恐怖、紧张的刺激物相结合，可消除原来因该刺激物引发的恐怖的条件反射。

采用系统脱敏法进行治疗分三步进行：①建立恐怖的等级层次。根据求治者感到恐怖的事件的主观感受程度，按由小至大顺序排列。②进行放松训练。③要求求治者在放松的情况下，进行想象脱敏或实地脱敏。

例如，常州某监狱采用系统脱敏法治疗某一罪犯的神经症性心理问题。[1] 罪犯杨某，性格内向，5 个月前因担心家人身体感到焦躁不

---

[1] 彭光前："一例服刑人员神经症性心理问题的咨询案例报告"，载《中国监狱学刊》2011 年第 4 期。

安，睡不着觉，特别是近一个月来，睡眠极差，白天没有精神，听到机器声音感到恐惧，劳动时经常注意力不集中，无法完成劳动。后被调到远离车间的岗位，偶尔听到车间传来的机器声仍然无法忍受，精神颓废，无法正常改造。咨询师使用系统脱敏法帮助杨某消除对机器声音的恐惧，具体做法是：①对杨某进行放松训练，让杨某学会通过呼吸调节来进行自我放松。②构建恐惧等级，等级项目从低到高分为十个等级，最低一级的项目为"想象听到一点机器的声音"，最高一级为"操作车间不同的机器，机器声音很大"。③呈现等级项目，首先呈现最低恐惧等级的项目，即"让被试想象听到一点机器声音"，让杨某想象十秒，如果没有体会到任何恐惧，就让其停止想象，恢复到舒适的放松状态。在30秒钟后再次呈现该项目。如果求助者对其中任何一次感到恐惧，就应指导其继续想象项目并鼓励他疏通恐惧，缓慢做深呼吸以及使用应对式的自我对话。④完成第一等级项目的脱敏后，再呈现第二等级的项目，按上述方式对该项目进行脱敏，以此类推，由低到高逐一完成对所有项目的脱敏。经过近三个月的系统脱敏疗法，杨某已能适应在嘈杂的机器声音环境里操作机器。

以上整个矫治过程，是让罪犯从轻到重逐渐适应机器声音环境，最后转变思维，巩固良好的行为，达到改造的目的。事实证明，这种针对性很强的方法是极其有效的。

2. 厌恶疗法。厌恶疗法是应用条件反射的原理，把令人讨厌的刺激，如电击、呕吐或某种想象等与病人的变态行为联系起来，形成新的条件反射，最后达到消除或减少这种变态行为的目的。厌恶疗法治疗期较短，效果较好。

在监狱系统中，厌恶疗法常用来矫治罪犯的酒癖、药癖、性变态行为、攻击行为、偷窃癖、纵火癖等不良行为。

常用的厌恶疗法有三种：药物厌恶法，想象厌恶法，电击厌恶法。例如，对某一有酒癖的罪犯可以采用电击疗法。[1] 即在监狱内的心理咨询和治疗室内，让来访罪犯想象某一相关情境，如开始饮酒。当来访罪犯想象清楚这一行为时，抬食指向咨询师示意，咨询师立即向来访者施以电击，休息几分钟后再进行第二次。每次治疗时间为20~30分钟，在此期间内反复进行，治疗次数可从每日六次到每两周一次。使用电击厌恶法的过程中，对来访罪犯施加的电击强度须引起足够的疼痛，但应该是来访罪犯能够忍受的。这种方法可以把饮酒情境与痛

---

〔1〕 连春亮、张峰：《人文关怀下的罪犯心理矫治》，群众出版社2006年版，第329页。

苦联系起来，促使酒癖罪犯对饮酒产生厌恶，从而戒除罪犯的酒瘾。

（三）理性情绪疗法

理性情绪疗法是 20 世纪 50 年代由艾利斯在美国创立的，这是当代认知疗法中较有代表性的一种治疗方法。

理性情绪疗法的理论要点是：人的情绪问题不是由某一种诱发事件本身所引起的，而是由经历该事件的个体对这一事件的解释、评价造成的。这又被称为 ABC 理论。

理性情绪疗法对罪犯偏常认知的矫正十分有效。

A——代表诱发性事件；

B——代表个体对 A 的解释和评价；

C——代表个体的情绪及行为的结果。

将上述 ABC 的关系表述为：A→B→C。

意思为：A 不能直接引起 C，只能通过 B 达到 C。例如，王犯、周犯两人因在监狱中打架而被扣分（A. 诱发事件）；王犯认为这是因为自己做得不对，违反了纪律，周犯却认为自己是一时冲动，而且是他人挑衅在先，被扣分是管教干部处理不公（B. 对 A 的解释）；于是王犯努力改造，认真遵守监规，而周犯对教官干部抱怨不满，从此破罐破摔（C. 行为结果）。

在监狱的心理矫治工作中，改变罪犯的一些偏常的认知模式是非常重要的，如罪犯不认罪，认为自己之所以被关进监狱，是某人整他的结果；或者认为自己是轻罪重判，司法机关执法不公等。矫正罪犯的偏常认知，理性情绪疗法作用是较明显的。

例如，对某监狱一患有严重心理问题的罪犯的心理矫治就是采用这种治疗方法。某监狱一位因故意伤害罪被判入狱 10 年的在押犯王某，自从和组长打架被扣分后，两个月来心里一直不服气，感到苦闷，经常性心慌头疼、烦躁、睡眠质量差，记忆力下降、体重下降，严重影响了改造生活，被诊断为严重心理问题。[1] 王某向咨询员谈到，当时打架是组长先挑起事端，而自己也被警察给予扣分处理，他感到很不服气。并且，他认为自己平时表现良好，一直期盼可以减刑早日出狱，给家人一个交代，若扣分事件发生就无法得到减刑，因此他一直要求自己不能犯错误和被扣分。发生打架事件后，王某一直觉得自己减刑无望，这难免会让家人失望，并且他觉得身边的民警和同犯们对他的

---

[1] 文海芳："一例严重心理问题的咨询个案"，载《社会心理科学》2013 年第 1 期。

看法也发生改变。因此，王某感到苦闷，烦躁，提不起精神，饭也吃不下，对什么都不感兴趣。

对王某的心理治疗可采用理性情绪疗法来改变造成其情绪困扰的不合理信念，即向王某说明在改造过程中扣分和犯错误不是完全可以避免的，而扣分并不意味着不能减刑出狱，让他改变这种认识，不要过度折磨自己，陷入焦虑自责中而不能自拔。除此之外，还可以辅之放松训练、自信疗法等让其放下包袱，重新振作，自觉加强改造，尽快成为新人回归社会。

除了以上介绍的几种心理治疗方法外，还有很多其他的心理治疗方法与技术，如美国心理学家罗杰斯创立的来访者中心疗法，日本森田正马博士的森田疗法等，这里就不一一介绍了。

第五节　罪犯心理危机干预

近年来，随着社会的快速发展，各种竞争日益激烈，社会矛盾日趋复杂，应激事件的频发给人们带来极大的心理压力，造成了心理危机的多发。罪犯作为社会特殊群体，是心理危机高发人群，在经历犯罪、被捕、预审、判决入狱一系列应激事件后，极易引起各种各样的心理危机，轻则诱发各种心身疾病，重则造成斗殴、自杀、脱逃等恶性事件的发生。若不及时发现，将会严重破坏监管安全，影响罪犯改造质量的提高。因此，做好罪犯心理危机的预防和干预，具有十分重要的意义。心理危机干预作为罪犯心理危机的急救措施，是罪犯心理矫治工作的重要组成部分。

一、罪犯心理危机概述

（一）罪犯心理危机的概念

罪犯心理危机是罪犯在改造过程中，因遭遇重大变故而产生的严重的心理失衡状态，是对急性的或短期的心理应激状态的称呼。罪犯心理危机产生与罪犯的幼年社会经历、犯罪经历和改造环境（生活、学习、劳动及人际关系）有直接关系。罪犯入狱后，与外界的社会信息源基本被切断，狱内生活的不适应、人际关系冲突、错误的认知模式、家庭及改造中的突发事件等都可能导致心理危机的发生。

罪犯作为社会的特殊群体，是心理危机的高发人群。

罪犯心理危机的产生不是突发性的，有一个不断积聚、逐渐变化的过程。根据危机的起因、严重程度及性质，可将其划分为突发性危机和累积性危机、一般违纪危机和重大事故危机、心理障碍危机和人际关系危机。[1]这些危机伴有很大的隐蔽性和突发性，容易造成服刑人员的行为失范，给监管安全造成严重的破坏。因此，这就要求管教干警要时刻注意罪犯心理的细微变化，把心理学的相关原理、技术应用到管教中，做好罪犯心理危机的预测和干预，进而促进监管安全，提高改造质量。

（二）罪犯心理危机的特点

罪犯心理危机尽管离不开特定的诱发因素，但从一定意义上讲，它其实是罪犯原有异常心理的急性发作，因此，它既与罪犯业已存在的心理问题、神经症、心理障碍等异常心理有着密切联系，又与这些异常心理存在明显区别，而表现出自身的特点：[2]

1. 爆发性。心理危机从发生的进程来看，具有明显的爆发性，具体表现为：①来得突然，危机发生之前，罪犯能够应用日常的应对技巧和解决问题的技术维持与环境之间的稳定状态，但当罪犯遭遇重大应激事件时，稳定状态便被打破。②情绪反应异常强烈，罪犯从危机前个体与环境之间的平衡状态，转向严重的心理失衡状态，往往引起紧张、焦虑、抑郁和悲观等异常情绪。这时罪犯的认识水平降低，应付能力下降，最终引发对抗、自杀、脱逃等安全事故。

2. 短期性。罪犯心理危机的产生，其中包括面临逆境或不能解决的问题时所出现的情绪脆弱期和危机活动期，一般不超过 4～6 周。

3. 多发性。从心理危机发生的概率来看，罪犯群体较其他群体明显要高，具有多发性的特点。一方面，罪犯因错误的或不完全的社会化，其个性或多或少存在缺陷，这可能使其爆发心理危机；另一方面，被判刑的罪犯在监狱接受惩罚改造，是一个重大的负性事件，再加上受其特殊身份、地位和所处的特定环境的影响，罪犯既不能以自己的行为满足在狱内的基本需求，又无法承担自己对家庭和亲人的责任。因此，其脆弱的情绪和诱发危机因素的大量存在，都容易使罪犯在狱内爆发心理危机。

---

〔1〕　赵希柱、奚道林、邱金良、苏兰霞："罪犯心理危机的预测和干预"，载罗大华主编：《法制心理学的新起点》，吉林人民出版社 2004 年版。

〔2〕　狄小华：《罪犯心理矫治导论》，群众出版社 2004 年版，第 252～253 页。

4. 复杂性。处于心理危机活动期的罪犯，不仅表现出难以忍受的紧张和焦虑，而且常常表现出对改造的消极态度和对监狱人民警察的对立情绪等。这样，发生在罪犯身上的心理危机极易与反改造行为相混淆，因而具有复杂性的特点。

5. 危害性。这种危害不仅针对罪犯本人，而且针对整个改造工作的。对罪犯本人来说，会严重损害其身心健康；对改造工作而言，罪犯在严重的心理矛盾与冲突中，还会因情绪爆发或寻求解脱而对抗、自杀、脱逃，甚至行凶等，增加了改造工作的难度，严重威胁监管安全。

二、罪犯心理危机的预测及预防

（一）罪犯心理危机预测

罪犯心理危机预测是指运用心理学的理论和技术，根据心理调查的结果，依据罪犯心理特征和发展规律，对罪犯个体发生心理危机的倾向性所作的科学评估和推断。[1]罪犯心理危机预测是罪犯危险性预测的重要组成部分，主要包括两个方面：①根据罪犯的个性特点、心理发展变化的过程和趋势，预测罪犯是否具有发生心理危机的倾向性。②依据已经发生的心理危机诱因，预测罪犯心理危机发生的概率和强度。对罪犯心理危机进行预测和及早预防是处理危机的最为有效的方法。

对罪犯进行心理危机预测，可以进行群体预测，但更多的是针对个体心理的预测。常见的罪犯心理危机预测方法有以下几种：①观察法。罪犯心理危机的发生总是会表现在其一言一行中，对异常的个体进行密切关注，详细掌握其材料，对其做出客观准确的预测。②调查法。在罪犯入监教育阶段，对罪犯的各种信息展开广泛的调查，如对罪犯中可能发生的挫折事件的预测，对来自狱外的挫折事件信息的控制，推测和判断罪犯心理危机发生的倾向性和实施危险行为的可能性。③心理测验法。运用心理测验量表对罪犯的心理危机发生的潜在可能性或处在危机中的罪犯的人身危险性的推测和判断。我们还可以通过心理测验来评定心理危机所处阶段，并预测危机活动期的危险倾向。

---

〔1〕 狄小华：《罪犯心理矫治理论与实践》，群众出版社 1997 年版，第 257 页。

（二）罪犯心理危机预防

预测是为了更有效地预防，而对罪犯心理危机的预防也是为了从根源上消除监管安全事故的隐患。罪犯心理危机预防是指在心理评估或心理危机预测的基础上，通过控制或消除心理危机诱因，提高罪犯自我调节与控制能力，防止罪犯心理危机发生的一种管理和矫治活动。开展罪犯心理危机预防，既有利于矫治罪犯的异常心理，完善其人格，提高其适应环境和应付挫折的能力；又有利于减少或消除罪犯人身危险性，从根本上消除自杀、伤害、脱逃等事故隐患；还能改善监管环境，增强罪犯的心理素质，提高改造质量。

根据罪犯心理危机产生的原因及其特点，结合罪犯心理矫治工作的整体目标，罪犯心理危机的预防可采取下列措施：①提高心理素质。提高心理素质，增强其抗挫折能力，是预防罪犯心理危机的最基本、有效的措施，具体可分为三个层次进行预防。一般预防，又称普遍预防，是以整个罪犯群体为预防对象，以增长罪犯的心理卫生知识、提高其自我调节和社会适应能力为主要目标，以适应教育、挫折教育、应激教育等心理卫生知识为教育重点，并主要采取集体教育的方式进行；重点预防，又称个别预防，主要以有心理问题、轻微神经症或轻微人格障碍的罪犯为预防对象，以缓解症状或恢复心理健康为目标，以咨询、治疗为主要手段，并主要以个案矫治为方式；特殊预防，专对具有发生心理危机倾向的罪犯进行，它以心理危机预测结果为前提，以减少或消除其潜在心理危机倾向为目标，并以综合的心理矫治措施为预防途径。②控制危机诱因。这是预防罪犯心理危机发生的指标措施。首先要了解危机诱因，对狱外诱因、狱内诱因以及罪犯自身的诱因，采取不同的方法加以控制，并对诱因出现后的疏导和控制予以特别重视。③实施危机干预。预防心理危机的更深层次意义在于预防安全事故的发生，危机干预无疑是解决这一问题最为有效的方法。

三、罪犯心理危机干预

（一）罪犯心理危机干预概述

罪犯心理危机干预，是指在诊断、预测、发现心理危机征兆的基础上，采取心理诱导、危机调停和劝解等措施，以缓解罪犯的心理冲突，平息焦虑，防止演变为严重的精神疾病和突发事故的发生。它是一种特殊的预防，具有干预急迫性、对象特定性和目标现实性等特点。

罪犯心理干预一般可以按以下步骤进行：①评估问题。心理危机爆发时，心理矫治工作人员一方面应尽快获取关于罪犯的问题评估信息，全面掌握罪犯心理危机发生的内外因，作出客观准确的评估；另一方面，要根据评估结果，迅速制定切实可行的危机干预方案。②实施干预。一套完整的干预措施，一般包括宣泄情绪、心理支持、澄清问题和选择方案四个方面的内容。③巩固效果。干预工作结束之后，要着眼于促使罪犯学会自己应对挫折，以恢复或保持心理平衡。

（二）常见的罪犯心理危机干预

心理危机在监狱内常表现为自杀、脱逃、狱内冲突等行为。针对不同的行为，应采取不同的干预措施。

1. 自杀。防止服刑罪犯自杀一直是监管改造工作的重要任务之一。对具有自杀倾向的罪犯，首先要做到及时发现，通过心理测验等方式加强对罪犯自杀行为的心理预测；其次，对于具有自杀倾向的罪犯，要对其进行疏导和教育，并采取必要的干预措施，如对罪犯表示同情与关注，对其强调生命的重要性，并寻求专业医生的帮助；此外，还要在狱内积极开展防自杀的相关教育，如对罪犯开展"珍爱生命"专题讲座，对罪犯开展挫折教育、情绪教育，以提高罪犯的抗挫能力，更好地预防罪犯自杀。

2. 脱逃。脱逃所引起的心理危机，既可以发生在脱逃的实施阶段，也可以发生在脱逃被抓回以后。对脱逃罪犯的危机干预，既要消除他们的脱逃念头，又要避免其因脱逃被揭露而产生的恐惧、敌对等消极心理。所以，对脱逃罪犯进行心理危机干预，首先要了解罪犯脱逃的动机，然后帮助分析脱逃的危害，最后还要教给罪犯摆脱心理危机的方法。

3. 狱内冲突。这里的狱内冲突主要指罪犯间、罪犯与管教干警间的个体冲突，表现为争吵、打斗、对抗、行凶等。对这类罪犯的心理危机的干预主要把握好几个环节，稳定罪犯的情绪，使其认识到后果的严重性，分析发生冲突的原因，最后提供解决现实危机的各种选择方案。

□小　结

　　本章主要阐述对罪犯的犯罪心理进行矫治的有关问题，包括对罪犯的心理诊断，建立罪犯心理档案，罪犯心理咨询和罪犯心理治疗的理论及方法。其主要内容是：

一、犯罪心理矫治概述

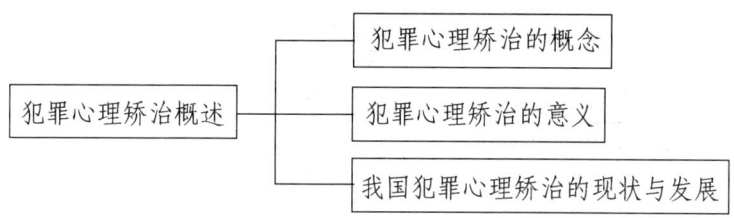

二、罪犯心理诊断

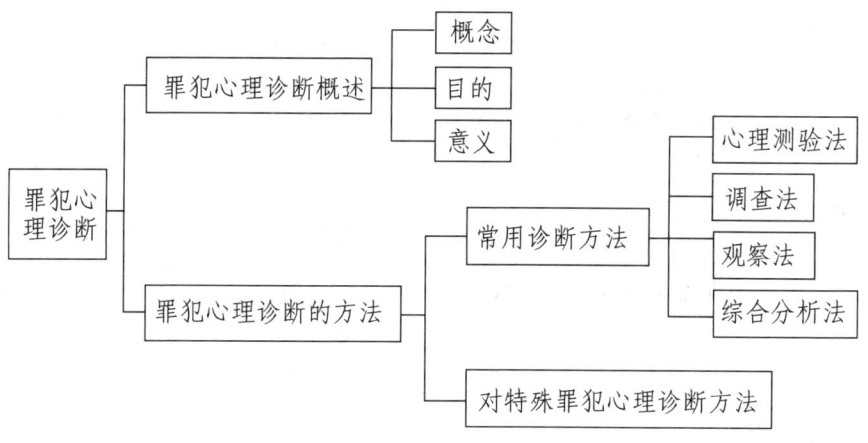

三、罪犯心理档案的建立

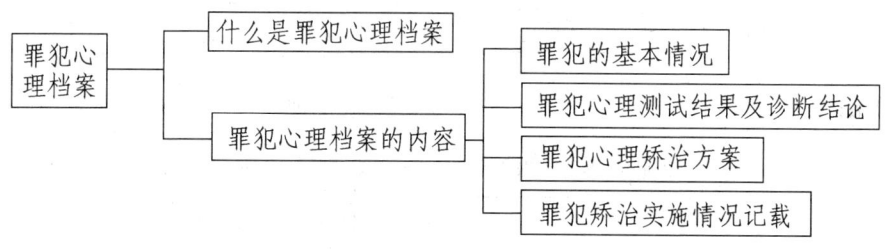

四、罪犯心理咨询

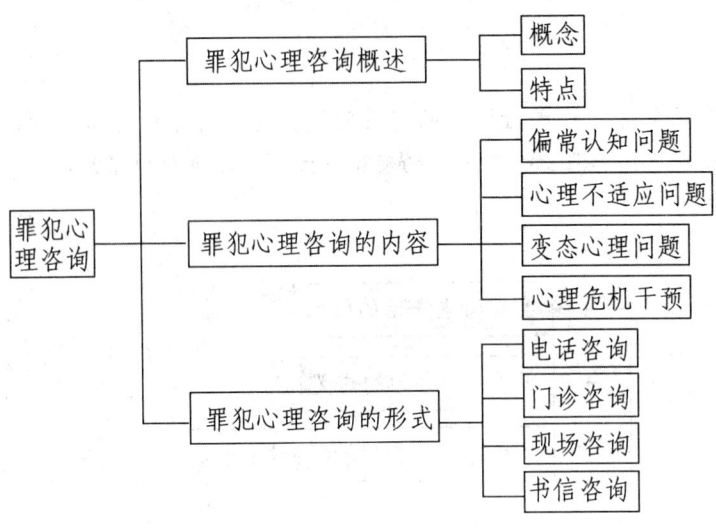

五、罪犯心理咨询的具体操作

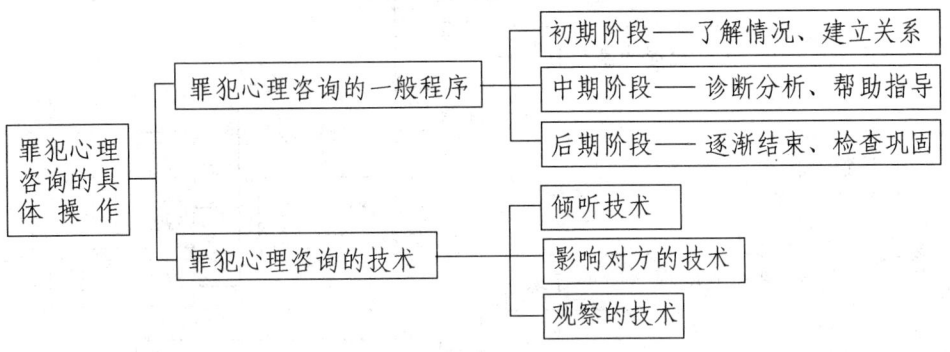

六、罪犯心理治疗

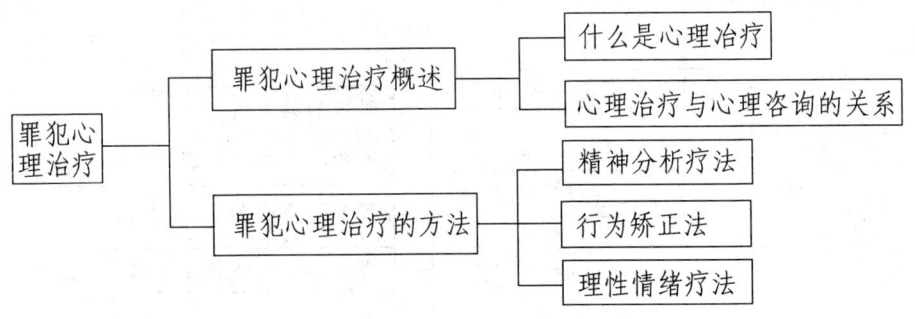

七、罪犯心理危机干预

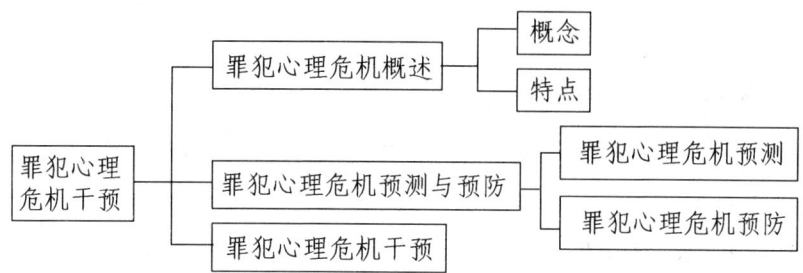

□练习与思考

一、名词解释

1. 犯罪心理矫治

2. 罪犯心理诊断

3. 罪犯心理档案

4. 罪犯心理咨询

5. 罪犯心理治疗

6. 罪犯心理危机干预

二、简答题

1. 简述罪犯心理咨询与罪犯心理治疗的异同。

2. 简述犯罪心理矫治的意义。

3. 简述对罪犯进行心理诊断的过程及意义。

4. 进行罪犯心理咨询主要应掌握哪些技术，请简述之。

三、思考题

1. 根据国内罪犯心理矫治的现状，你认为罪犯心理矫治工作应该从哪些方面有所突破？请结合实例进行分析。

2. 结合一个实际案例，设计一个系统脱敏法的矫治程序，如恐惧症、强迫症、盗窃癖等方面的案例。

3. 结合监管实践工作，谈谈对罪犯进行心理危机干预的必要性以及针对不同心理冲突所采取的不同干预措施。

图书在版编目（CIP）数据

犯罪心理学 / 罗大华主编. —3版. —北京：中国政法大学出版社，2014.6
（2021.6重印）

ISBN 978-7-5620-5484-9

Ⅰ.犯…　Ⅱ.罗…　Ⅲ.犯罪心理学　Ⅳ.D917.2

中国版本图书馆CIP数据核字(2014)第132862号

出　版　者	中国政法大学出版社
地　　　址	北京市海淀区西土城路25号
邮寄地址	北京 100088 信箱 8034 分箱　　邮编 100088
网　　　址	http://www.cuplpress.com (网络实名：中国政法大学出版社)
电　　　话	010-58908435(编辑部)　　58908334(邮购部)
编辑邮箱	fadapress@126.com
承　　　印	固安华明印业有限公司
开　　　本	787mm×1092mm　　1/16
印　　　张	30.25
字　　　数	508 千字
版　　　次	2014 年 6 月第 3 版
印　　　次	2021 年 6 月第 4 次印刷
印　　　数	19 001～24 000
定　　　价	49.00 元